제 5 전정판

국제경영학

김 신

博 英 社

제 5 전정판 머리말

5대양 6대주 지구촌 어떤 오지에도 한국인, 한국상품이 진출해 있다. 한국은 미국, 중국, 러시아, 일본 등 세계 4강에 이민이 진출한 세계에서 유일한 민족이다. 세계 경제 10대국, 반도체, 조선, 철강 등 세계 1등 상품이 전 세계에서 사용되고 세계수출입이 5,000억 달러를 넘어섰다.

글로벌 시대를 맞아 아일랜드에서 잊혀져 가던 켈트어(語)가 다시 활기를 띠기 시작한 것처럼 한국어 사용인구가 세계 10위 안에 들고 동남아지역에서는 코리안 드림을 위해 한국어를 배우려는 열기가 뜨거워지고 있다. 이뿐만이 아니다. IT시대의 한글은 알파벳보다 더 글로벌한 잠재력을 과시하게 된다. 노사모 · 박사모 등 한자에 눌렸던 조어기능이 정치적 키워드로 발전하면서 그 동안 잠자고 있던 한국 로컬 문화의 사화산이 다시 불을 뿜기 시작했다.

'피' (사람)의 교환과 그 드라마는 어떤가. 지구 전체에서 한국인처럼 단일민족으로 수천년 동안 순혈을 지키며 살아온 사람들은 거의 없다. 100여 개 인종이 모여 일하고 있는 실리콘밸리의 미국은 말할 것도 없고 가까운 중국만 해도 56개 민족으로 구성돼 있는 다민족 · 다문화의 나라다. 순혈주의를 내세우고 있는 일본조차도 알고 보면 북방에는 아이누, 남방에는 오키나와의 인종문제를 끌어안고 사는 나라다.

이렇게 피의 동질성이 짙은 한국에서는 혈족이 아닌 남의 말을 믿지 않는 의식이 강하다.

프랜시스 후쿠야마의 말대로 글로벌 시장의 사회자본인 '트러스트' (사회의 신뢰문화)가 취약할 수밖에 없다. 한국의 경제 · 기업 모델은 거의가 가족을 기반으로 한 것이고 선거 때 지역주의를 벗어나지 못하는 것 역시 같은 이유에서이다. 무엇보다도 "피는 물보다 진하다"는 분단상황의 극복논리는 한국 특유의 '싸리장벽' 을 높여줬다. 그러나 가족주의가 해체되고 순혈주의의 신화가 붕괴되면서 젊은이들의 외혼(外婚) 비율은 10%에 달하고 있다.

농촌마을의 토담에 붙어 있는 동남아시아인 신부광고는 더 많이 나붙게 될 것이다. 이제는 국가가 개인을 선택하는 세상이 아니라 개인이 국가를 선택하는 세상이 됐기 때문에 한편에서는 640만 명에 달하는 디아스포라(Diaspora)의 시대가 시작되고 있다. 따라서 한국도 다인종주의를 표방하는 정책을 수립하고 있다.

이제 한국도 글로벌 기업과 글로벌 CEO에 대한 연구가 본격적으로 일어나야 할 시점인 것 같다. 이번 전정판에서는 21세기의 새로운 화두로 등장하고 있는 글로벌 기업과 글로벌 CEO를 새롭게 추가했다. 또한 한국기업이 글로벌화됨에 따라 큰 이슈로 제기되고 있는 글로벌 스탠더드와 글로벌 경영윤리를 넣어 2개 장을 새롭게 늘렸다. 그리고 포춘지가 선정하는 글로벌 500대 기업 중 100위 내에 드는 27개 글로벌 기업의 인터넷 웹사이트를 분석하여 사례연구를 실었다. 이 사례연구는 학계뿐만 아니라 업계에서도 벤치마킹할 수 있는 자료로 활용할 수 있게 했다.

끝으로 본 제 5 전정판이 나오기까지 격려와 성원을 아끼지 않은 동료 교수들에게 감사드리며, 아울러 어려운 환경에서도 책의 출판을 허락하여 주신 박영사와 관계자께 깊은 사의를 드리는 바이다.

2012. 2.

著 者 識

전정판 머리말

국제경영이라는 개념은 최근 들어 널리 사용하기 시작한 개념이다. 물론 이 개념과 같은 파생어인 global이라는 단어는 400여 년 전부터 사용되기 시작했다. 그러나 글로벌화가 세계 학계에서 본격적으로 사용하기 시작한 것은 1980년대 중반 이후의 일이고, 2000년대에 들어오면서 학계에서나 일반사회에서 매우 광범위하게 사용되고 있다.

이러한 글로벌화 현상의 가장 중심적인 측면은 세계경제의 통합수준이 심화된 데 따른 것이다. 높은 수준의 자율성을 가졌던 국민경제들 사이에 무역, 투자, 금융, 기술, 정보 등의 흐름이 대규모로 활발하게 이루어지고, 이에 대한 국경통제가 대폭 줄어들거나 사실상 불가능해지면서 세계경제가 이제 명실상부하게 하나의 경제체제라는 인식이 크게 증가했다.

21세기에 들어 국제경영환경은 새로운 패러다임에 직면하고 있다. 지식과 정보의 생산과 소비가 범지구적 차원에서 동시에 이루어지고, 무역과 환경문제가 세계차원으로부터 분리시켜 다룰 수 없는 일이 되면서 국제경영이 더욱 중요시되고 있다. 현상으로서의 국제경영은 인류에게 이익과 혜택을 가져오는 측면과, 반대로 사회악을 세계차원으로 확장시키는 양적인 효과도 가져오고 있다. 전략으로서의 국제경영이 필요한 이유는 바로 국제경영의 이익을 증대시키는 반면 마약범죄, 환경오염과 같은 국제경영이 가져오는 역기능은 세계차원에서 극복해야만 인간의 생존과 생활의 질이 담보될 수 있기 때문이다.

국제경영은 인류역사의 전개와 더불어 나타난 것인만큼 이것에 어떻게 대응하느냐에 따라 미래의 결과는 다르게 나타날 수밖에 없다. 이 때문에 국제경영은 더욱 중요해진 것이다.

또한 인터넷을 비롯한 정보통신기술의 속성 자체가 대규모 기업이 다수의 상이한 국가적 입지에서 그들의 연구 · 개발, 제조 및 마케팅 설비를 배치하며, 핵심적인 기술 및 중간재 투입물을 국제적으로 조달하고 세계적 수준에서 실시간으로 가치 및 이윤창출활동을 관리할 수 있게 하였다. 즉 정보통신기술은 다국적기업으로 하여금 새로운 유형의 국제기업인 '네트워크' 기업으로 발전할 수 있도록 만드는 기술적 기초를 제공하였다. 그리고 기술혁신에 따른 급격한 기술 환경변화의 위험과 기회가 상이한 다국적기업간의 협력을 촉진함으로써 기업간 전략적 제휴라는 '네트워크'를 창출하는 경향이 있다. 결국 새로운 기술혁신은 국제경영을 가능하게 하는 요인임과 동시에, 국제경영을 보다 확대하고 촉진하는 압력요인으로 작용하고 있다고 할 수 있다.

본서에서는 이러한 환경으로서의 국제경영의 역사적 의의와 중요성을 밝히고, 국제경영을 통하여 달성해야 할 기업의 비전을 설정하였다. 그 다음으로 국제경영을 통해 이루고자 하는 한국형 글로벌기업의 모델을 만들고 이를 달성할 국제경영의 기본전략을 제시하고자 한다. 그리고 글로벌 500대 기업을 선정하여 사례분석을 해 봄으로써 이론과 실제를 함께 적용시켜 보았다.

이와 같은 관점에서 불충분하지만 국제경영학의 입문서로서의 역할을 한다면 다행이라고 하지 않을 수 없다. 본서의 내용 중 여러 미비한 점과 잘못된 견해에 대해서는 동학 선배님들의 기탄 없는 지적과 가르침을 기대하는 바이다.

끝으로 전정판이 나오기까지 격려와 도움을 주신 동료교수님들께 마음으로부터의 뜨거운 감사를 드리며, 아울러 이 책의 출판을 허락해 주신 박영사와 관계 직원들께 깊은 사의를 표하는 바이다.

2003. 2.

著 者 識

제 2 개정판 머리말

이제 세계 경영지도에 국가간 담장은 없다. 비좁은 한반도를 벗어나 세계시장을 무대로 뛰는 기업들의 행보가 눈부시다. 대기업들은 물론 이제는 중소기업들까지 「금맥」을 찾아 세계 구석구석을 누비고 있다. 본사와 해외지사라는 개념도 무너지고 있다. 바야흐로 기업현장에 초국적경영시대가 본격적으로 개막되고 있는 것이다.

「포춘」이 발표한 세계 500대 기업에 한국기업은 13개사가 랭크되어 있다. 13개사는 세계에서 일곱 번째로 500대 기업에 많이 랭크된 국가이다. 또한 업종별로도 세계 최고를 자랑하는 기업도 생겨나게 되었다. 한국기업의 국제화는 눈부시게 이루어지고 전 세계 5대양 6대주에서 상사맨들이 국제경영활동을 하고 있다. 국내에서 제품을 생산하여 해외에 내다 팔기 위해 세계 방방곡곡을 누볐던 한국인이 이제 현지 경영을 위해 해외로 거침없이 뻗어 가고 있다.

이와 같은 국제화 · 정보화시대에 국제경영학에 대한 관심은 학계는 물론 업계에서도 급속히 확산되고 있다. 국제화시대의 전개에 따라 세계적인 다국적기업들이 한국 내에서 한국기업과 경쟁하고 있는데, 이에 대한 대응전략은 무엇인가, 또한 한국기업도 초국적화되어 세계 각국에서 경영활동을 벌이고 있는데, 현지에 진출한 현지법인의 경영과 관리는 어떻게 하는가, 그리고 해외 주재원관리는 어떻게 하는가 등 새로운 국제경영에 부응하기 위해서는 세계적인 국제비즈니스맨의 양성이 당면과제가 된다.

또한 OECD의 가입이 있었고, 세계적으로 무역마찰이 일어나고 있으며, 미국에 진출한 한국기업은 미국과 조세전쟁을 벌이고 있다.

이와 같은 국제경영환경 속에서 한국기업은 기업체질을 개선해야 하며 경영의 국제화와 생산거점의 범세계적인 전개를 도모해야 한다. 따라서 한국기업은 단순한 해외진출이 아닌 초국적기업화에 새로운 관심을 가져야 한다. 이에 대비해 학계와 재계, 관계는 기업경영을 국제화하고, 국제적 수준의 국제경영자와 상사맨들을 육성시켜야 하며, 국제비즈니스맨의 경영감각을 국제적으로 개혁해 나가야 한다. 기업이 그 조직과 활동을 국경 너머로 확대할 때, 경영을 둘러싼 환경으로서의 대응과 행동은 경영의 범위가 외적으로 확대되었다는 사실뿐만 아니라 그 기업의 경영활동이 국내에서 이루어질 경우와는 전혀 다르며, 그 대응과 행동의 주체인 경영자의 의식도 변해야 하기 때문이다.

2000년대의 세계 시장에서는 더욱 격렬한 경제전쟁이 예상되고 있다. 중국 등 신개도국들은 뒤를 바싹 추격해 오고, 일본 등 선진국들은 견제를 거듭하며, 미국과 EU는 블록화로 한국기업을 막고 있다. 이와 같은 국제경영의 파고를 헤쳐 나가려면 국제경영의 현장에서 뛰는 국제경영자, 국제경영관리자, 상사원, 해외주재원의 육성밖에 없다. 이들의 발상의 대전환이 촉구되는 때라고 할 수 있다.

이와 같은 관점에서 불충분하지만, 본서가 국제경영학의 입문으로서의 역할을 한다면 다행이라고 하지 않을 수 없다. 그러나 본서를 집필하면서 저자는 용어의 선택과 개념혼동, 그리고 다루어야 할 내용의 범위 등에 고심했다.

이 책자 중의 여러 미비한 점과 잘못된 견해에 대해서는 동학 선배님들의 기탄 없은 지적과 가르치심을 기대하는 바이다.

끝으로 본 제 2 개정판이 나오기까지 격려와 도움을 주신 동료교수님들께 마음으로부터의 뜨거운 감사를 드리며 아울러 어려운 중에서도 이 책의 출판을 허락하여 주신 박영사와 관계직원들께 깊은 사의를 표하는 바이다.

1997. 2.

著 者 識

머 리 말

국제경영에 대한 관심은 최근 학계는 물론 업계에서도 급속히 고조되어 주목과제가 되고 있다. 전반적인 국제화시대의 전개에 따라 외국의 다국적기업들이 한국 내에서 본격적인 활동을 하고 있는데, 이에 어떻게 대처하는가, 또한 한국기업도 이미 외국에 진출하여 해외사업을 하고 있는데, 이 현지법인의 경영과 관리를 어떻게 하는가, 이것은 참으로 중대하고 어려운 문제이다. 따라서 이에 부응할 국제경영자, 국제관리자, 국제적 비즈니스맨의 육성은 한국이 처한 당면과제가 아닐 수 없다.

특히 최근 한국은 세계적으로 무역마찰에 직면하고 있다. 이 같은 세계무역환경 가운데 한국기업은 수출의존의 체질을 개선하여 경영의 국제화, 생산거점의 국제적 전개를 도모하지 않으면 안 된다. 이와 같은 관점에서 우리 나라 기업의 해외진출뿐만 아니라 다국적기업에 대해 새롭게 관심을 가질 필요가 있다. 이에 대비해 학계와 한국기업은 회사경영을 국제화하고 국제적 수준의 국제경영자와 관리자를 육성하고 비즈니스맨의 경영감각을 국제적으로 개혁해 나가야 할 것이다. 기업이 그 조직과 활동을 국경 너머로 확대할 때, 경영을 둘러싼 환경으로서의 대응과 행동은 범위가 외적으로 확대되었다는 사실만이 아니라, 그 기업경영활동이 국내에서 이루어질 경우와는 전혀 다르며, 그 대응과 행동의 주체인 인력(경영자, 중간관리자와 종업원)의 의식도 변해야 하기 때문이다. 이와 같은 관점에서 불충분하지만 본서가 국제경영학의 입문서로서의 역할을 한다면 다행이라 하지 않을 수 없다.

끝으로, 본서가 완성될 때까지 직접 · 간접으로 많은 사람들의 도움을 받았다. 그 가운데에서도 콜롬비아대학의 패트릭, 레프 교수 등이 많은 협조를 해 주셨다. 아울러 여러 가지 어려운 여건에서도 본서의 출간을 맡아 준 박영사의 안종만 사장, 이종운 부장, 천금기 씨를 비롯한 제위의 노고에 충심으로 고마움을 표시한다.

1988. 3.

著 者 識

목 차

제1부 국제경영의 세계

제 2 부 국제경영환경

제 3 부 국제경영이론

제 4 부 국제금융환경

제 9 장 외환과 환위기관리

제10장 국제금융시장과 인터내셔널 뱅킹

제 5 부 다국적기업과 글로벌경영

제11장 다국적기업의 글로벌 비즈니스

제 6 부 국제경영정책 및 전략

제14장 국제경영전략이론

제15장 해외진출의 형태

제 7 부 국제경영관리

제21장 국제인사 및 조직

제22장 국제경영자관리

제 1 부

국제경영의 세계

제 1 장

국제경영학 총설

사례연구 ▶ Global 500대 기업

TOYOTA MOTOR's

1 Web Site

http://www.toyota.com

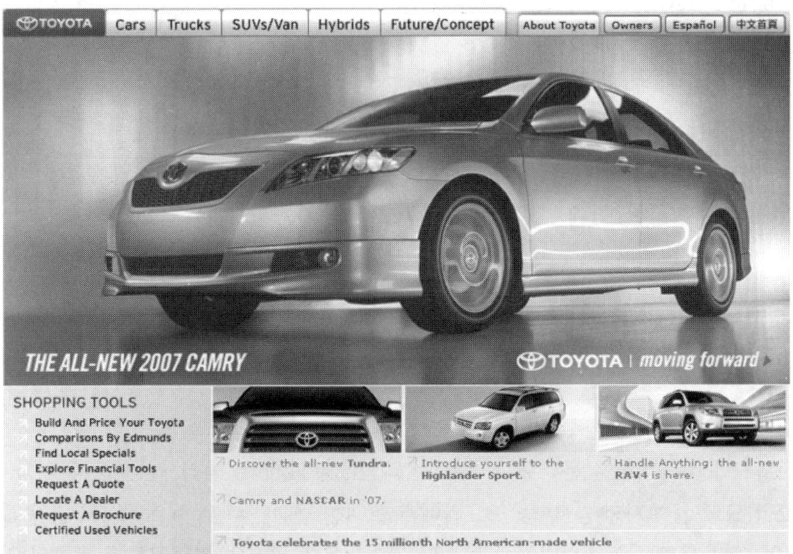

2 회사개요

1) 회사의 탄생

일본의 발명왕 도요타 사키치(豊田佐吉, 1867~1930)가 G형 자동방직기 특허권을 판 돈으로 그의 아들 키이치로(喜一郎, 1894~1952)가 1933년 도요타 자동직기제작소 내에 자동차부(部)를 설치하면서 출발하였다. 1937년 자동차제조회사로 독립하였고, 지금은 주택, 금융, 정보통신 쪽에도 진출하고 있다. 회사명은 원래 '도요다'이나, 명료한 인상을 위해 곧 '도요타'로 고쳐 읽었다. 1936년 승용차 'AA'를 만들었으며 1938년부터는 훗날 도요타시(市)가 된 고로모에 공장을 짓고 주로 트럭을 생산하였다.

1989년에는 '렉서스(Lexus)'라는 브랜드로 고급승용차를 출시하여 벤츠와 BMW를 넘어서는 성공을 거두고, 실용차종의 강자에서 전(全) 차종의 강자로 올라섰다.

2) 회사연혁

1933년 도요타 자동차부 분리 1937년 '도요타 자동차공업㈜'를 설립

1948년 경영난 봉착 1950년 판매부문 분리

1951년 한국전쟁 특수에 힘입어 위기에 벗어남

1963년 도요타 생산방식의 핵심인 '간판방식' 도입

1966~76년 '히노자동차', '다이하쯔' 의 계열회사를 둠

1982년 '도요타자판'과 합병, '도요타자동차' 설립

1984년 미국 내 현지 공장 설립, 1988년 미국 내 현지공장에서 생산개시

1992년 기준 년간 매출액 8조 9천억 엔을 넘는 일본 최대 규모의 기업

2006년 현재 생산, 판매 부문 세계 2위의 초우량 자동차기업

3 도요타의 경영 노하우

도요타라는 기업은 자주적 개선활동으로 항상 기업혁신방식을 추구해 나간다. 도요타의 여러 키워드와 성공비결을 본다면 저스트 인 타임(Just in time) 방식, 간반, 안돈(이상을 알리는 표시), 포카요케(실수 사전 방지) 등 도요타에서 쓰이는 용어는 이제 세계에서도 통용되고 있다. 도요타의 여러 장점들을 벤치마킹하고자 타 기업들은 도요타의 기업문화를 그들의 기업 문화에 적용시키고자 했는데 성공한 기업들은 거의 없다. 도요타의 생산방식에 대한 분석이 어려운 이유는 방문자들이 공장에서 본 도요타 생산방식의 본질을 거기에서 이용하고 있는 도구나 수법과 혼동하고 있기 때문이다.

도요타의 생산 방식은 과거 50년에 걸친 노하우의 축적이다. 이렇기 때문에 그것이 문서

화된 적이 없으며, 도요타 직원조차 그것에 관해 논리 정연하게 설명하지 못하는 경우가 많다.

1) JIT(Just In Time)

모든 생산과정에서 필요할 때 필요한 것만을 필요한 만큼만 생산함으로써 생산시간을 단축하고 재고를 최소화하여 낭비를 없애는 데 주력한다.

2) LEAN 생산방식

여분의 '지방이 없는(lean)' 생산시스템. 군살을 제거한 생산시스템을 설계하기 위해 개개의 공정을 세부적으로 분석하고 철저한 작업효율화를 지향하는 생산방식을 의미한다.

3) 간반기법

1950년대 후반에 도입된 생산방식이다. '간반방식'이란 요컨대 후 공정이 앞 공정에 필요한 부품을 가지러 가고, 앞 공정은 그 분량만큼 보충하는 방식이다. 간반은 그 수단으로서 부품상자에 붙여져 앞 공정과 후 공정을 왔다갔다 하는 일종의 순환 전표이다.

이와 같이 도요타 특유의 생산방식은 획일적인 생산방식을 다품종 생산시스템으로 유연하게 바꾸면서도 Cost면에서도 경쟁력을 가지게 하는 원동력으로 작용한다.

4) 새로운 생산과 노동방식의 네 가지 컨셉

① 최신의 생산기술에 의한 고품질의 추구(Pursue high quality through the latest production technologies)

② 노동이 즐거운 직장 건설(Make the plant a pleasant place to work in)

③ 지구환경을 보호하기 위한 기술 개발(Develop production technologies for protecting the environment)

④ 작업의욕과 능력, 팀워크의 제고(Raise worker's motivation, abilities, and teamwork)

이러한 네 가지 컨셉을 구체화하기 위하여 도요타가 특히 유의한 사항은 작업환경의 개선, 공정,작업조직의 재편성, 인사/노무관리의 개선이다.

4 도요타의 국제경쟁력의 핵심역량

도요타가 가지고 있는 국제경쟁력의 진정한 원천은 사람이며 진화능력이라고 할 수 있다. 도요타의 진화의 축은 한세이(반성)와 카이젠(개선)이다. 한세이의 다음 단계는 문제 발견이며, 문제를 해결하기 위해 아이디어가 만들어진다. 도요타 자동차에서는 6만5천 명의 종업원들에 의해 매년 60만 건의 제안이 이루어지고 있다. 이 아이디어가 실천되어 카이젠이 이루어지고 그 결과 도요타는 매일 진화하고 있다. 이 진화능력은 도요타의 가장 핵심이면서도 밖에서는 잘 보이지도 않고 모방하기도 어려워서 벤치마킹이 거의 불가능하거나 어렵다.

5 TOYOTA MOTOR's의 국제경영전략

1. 차세대 자동차의 개발

배출가스의 억제에 신속히 대응하고 연료비가 적게 들기로 소문난 일본의 자동차는 오일쇼크 이후 세계시장에서 크게 환영받았다. 1980년에는 수출이 일본 국내 판매를 상회하였고, 1985년에는 673만 대라는 최고기록을 세웠다. 도요차자동차는 21세기에 살아남을 수 있는 자동차를 연구하기 위해 1993년에 위원회 형식의 프로젝트 G21을 발족하였다. 이 위원회의 검토결과 '외형은 작게, 실내는 넓은 자동차'라고 하는 21세기형 새로운 차량의 컨셉을 결정하였다.

Prius

2. 렉서스

1982년 도요타 에이지 회장은 '세계 최고의 차'를 생산하겠다고 선언하였다. 도요타의 디자이너와 엔지니어는 그 후 7년에 걸쳐 미국 소비자에 대한 면밀한 조사를 한 뒤에, 소비자들이 현재 타고 있는 도요타 차량보다 좀더 비싼 고급차량으로 바꿔 타기를 원한다는 것을 알게 되었다.

이리하여 완성된 것이 렉서스 LS400이었다. 1989년에 발매되자마자 이 차는 격찬을 받았으며, 그 후 주문이 쇄도하기 시작하였다. 그 후 2002년에 이르러서는 렉서스의 판매량이 다른 여러 가지 고급차량의 브랜드를 능가하게 되었다.

렉서스는 도요타와 독립된 별도의 브랜드 개념으로서 대리점도 따로 만들어서 렉서스의 소유자만이 경험할 수 있는 특별한 서비스를 제공하였다. 예를 들면 정기정검을 받으려는 고객은 렉서스를 몰고 가면 더없이 산뜻한 접수처로 안내되고 차에서 내려 키를 전해주기만 하고, 신문을 보거나 인터넷을 사용하면서 기다린다. 점검이 끝나면 기술자가 먼저 돌아온다. 기술자는 의자 옆에 다가와서 어떤 조치를 하였으며, 필요한 수리내용을 설명해 준다. 차는 깨끗이 세차하여 돌아온다. 이와 같이 최고의 서비스가 하나의 이유가 되어 렉서스는 12년간에 걸쳐 고객만족도 조사에서 고객에의 대응과 품질의 양면에서 톱으로 뽑혔다.

LS400

앞에서 살펴본 것처럼 도요타는 저가에 고효율을 가진 자동차부터 세계 최고급 자동차까지 다양한 모델들을 보여주고 있다. 이러한 다양화는 무한궤도 경쟁시장인 글로벌시장에서 다양한 도로와 다양한 고객들에게 다가갈 수 있는 원동력으로 작용하고, 렉서스만의 최고급을 고집하는 정신은 소비자에게 신뢰감을 주고 렉서스를 선택하게 해준다.

제 1 절 국제경영학의 역사

1. 고대의 국제경영

국제경영은 우리가 생각하는 것보다는 훨씬 오랜 역사를 가지고 있다. 아마도 인류의 역사와 함께 시작되었다고 보아도 될 것이다.

상업이나 기업에 대한 역사상의 기록이나 흔적을 살펴보면, 기원전 3000년경 현재 이라크의 티그리스 강과 유프라테스 강 사이에 있는 초승달 모양의 비옥한 지대인 메소포타미아 지역에 자리잡은 도시국가 수메르의 상인들이 먼 지역까지 드나들며 식료품이나 옷감을 주석과 교환하는 거래를 하였다고 한다. 물론 이는 하나의 예에 불과하며, 고대 이집트 등의 역사에도 많은 기록들이 남아 있다.[1]

기원전 2000년경에는 푸슈켄(Pusu-Ken)이라는 기업가가 티그리스 강 상류, 현재 이라크 북부 지방의 앗시리아에 있는 도시 아슈르에 복합적인 국제상사를 세우고 상당수의 종업원을 거느렸다고 한다. 이들 종업원 중 관리자는 오늘의 경영자와 같다고 할 수 있다.

기원전 1000년경에는 상업의 중심이 유럽으로 이전되는데, 이때 바다에 접한 페니키아(현재 튀니지 지역)의 도시들은 교역을 하기 위해 지중해에서 대서양까지 진출하였다고 한다. 당시 페니키아 도시의 왕들은 고위 성직자직을 겸임하였고, 때문에 그들의 사원(寺院)은 하나의 강대한 기업이었으며 사원을 통해 교역을 감독하고 통제하였다고 한다.

상업의 중심은 소크라테스와 플라톤이 활약한 시기인 기원전 500년경 페니키아에서 아테네로 이전되었고, 기원전 200년경에는 로마로 넘어갔다. 그에 따라 기업 형태도 페니키아에서 그리스를 거쳐 로마로 발전하였다.

당시 교역의 대상은 도자기, 직물 같은 물품과 동양의 향신료인 후추, 생강 등이었다.[2] 동양의 향신료는 페니키아 시대에 서구로 전해졌으며, 그 후 향신료 교역에 인도와 아라비아, 그리고 지중해 주변국가가 중요한 역할을 했다. 특히 경제적 번영으로 로마제국에서 향신료의 수요가 크게 늘어나자 이런 교역이 전

1) 윤종용, 「초일류로 가는 생각」(삼성전자, 2004), pp. 257~260.
2) 졸저, 「무역사」(1995), pp. 31~35.

성기를 맞았다고 한다.

2. 중세의 국제경영

대기업형 경영의 시초는 중세의 수도원이라고 할 수 있다.

기원후 510년경 이탈리아 로마 부근의 수도원장으로 추대된 '베네딕투스' 라는 사람이 수도원의 규율과 조직을 크게 개혁하였다. 초기 카돌릭 교회의 계율이 성문화되었음에도 불구하고 널리 인정받지 못한 데 반해, 단순하면서도 따르기 쉬운 베네딕투스의 계율은 발표되자마자 큰 호응을 얻었다.

수도원이 세워지고, 그 공동체의 수도사들이 '베네딕투스' 수도원 서약에 동의함으로써 '베네딕투스회' 가 본격적으로 확산되었다. 그리고 600년경 '베네딕투스회' 는 모든 수도사들이 수도원장과 수도사총회에 보고하는 교단으로 발전하였다.

12세기 '베네딕투스회' 와 경쟁하던 '시토회' 까지 급속히 성장하자, 1330년경에는 두 교단이 유럽과 중동을 넘어 광활한 지역에 걸쳐 수천 개의 수도원을 운영하였다. 이 거대 교단은 종교적 임무를 띤 대규모 공동기업으로서, 16세기 종교개혁이 일어날 무렵 유럽 농경지의 1/4 내지는 1/3을 관리하였다고 한다.

이들 대교단들의 각 수도원들은 자급자족을 원칙으로 삼았다. 현대 기업처럼 자급자족의 운영능력이 없는 수도원은 폐쇄하였고, 수도원장과 회계 담당, 조달 담당 등 경영진이 사업적 결정을 내리는 데 많은 시간을 보냈다. 수천 에이커의 토지를 경작하는 대형 수도원들은 소작농과 유급 농부를 부리기 위해 거의 모든 수도사들에게 관리책임을 부여하였다.

이들은 수녀원과도 관계를 맺었는데, 일부 수녀원은 규모와 재정 면에서 수도원과 비슷하였다고 한다.

수도원의 경영방식은 영국과 프랑스의 행정제도 발전에 큰 영향을 미쳤다.

그 후 이탈리아, 네덜란드, 영국을 중심으로 현대 기업경영의 발전이 본격화되었다. 기원후 1000년경을 전후하여 이탈리아의 항구도시 베네치아 등에 비단, 향신료, 염료, 약재 등 동양물품을 교역하는 중개상들이 나타났다.

중세에 기업 활동이 가장 활성화된 시기는 15세기 중반으로, 이탈리아 피렌체의 작은 가문인 메디치 가(家)는 몇 세대에 걸쳐 무역과 금융업으로 번영을 누렸다고 한다. 메디치 가는 모든 사업을 경영전문가에게 맡겼으니, 이 메디치 가가 바로 본격적인 전문 경영의 시대를 열었다고 할 수 있다.

3. 지리상 발견시대의 국제경영

1600년경 해상무역을 장악하기 위해 경쟁을 하던 영국과 네덜란드가 인도와 자카르타에 각각 최초의 주식회사 형태인 동인도회사를 설립한 이래, 오늘날의 기업형태로 발전하기 시작하였다. 그 과정에서 근대적 경영방식도 발전하였다.

자본주의의 주춧돌은 17세기 초반 네덜란드인들이 놓았다.

16세기 르네상스 때 이탈리아에서 만들어진 복식부기 등 자본주의적 요소들은, 네덜란드인들에 의해 은행, 증권, 보험, 유한회사 등의 개념과 유기적으로 결합되면서 자본주의의 금융과 상업 시스템으로 발전하였다.

17세기 후반, 영국과의 전쟁에 패하여 영국에 빼앗긴 뉴암스테르담(미국 뉴욕의 옛 이름)을 다스렸던 네덜란드인들은 이 도시에 오늘날 세계 금융의 중심지가 된 월스트리트의 기초를 닦았다.

뿐만 아니라 네덜란드는 370여 년 전인 1630년 중반, '튤립'에 역사상 유래를 찾기 힘든 어마어마한 투기를 5년 동안이나 하였으며 '튤립경제공황' 사태를 일으켰다. 이는 역사상 최초의 자본주의적 투기였다고 한다.

이처럼 국제경영은 단순히 기업에 국한된 것이 아니라 사회 전반과 깊이 관련되어 있으며, 최근 몇백 년 사이에 갑자기 생긴 것이 아니다. 인류의 역사와 함께 변화, 발전되어 왔으며 앞으로도 계속 변화해 나갈 것이다

제 2 절 국제경영학의 역사적 의의

1. 국제경영학의 역사적 의의

국제경영학의 역사적 전개는 세계적으로 전개되고 있는 20세기 산업사회가 21세기 정보사회로 전환하는 과정에 필연적으로 나타나는 현상이라는 관점에서 파악해야 한다. 한국에 있어서 지난 1세기 동안의 국제경영의 역사는 1876~1962

년은 개방화와 국제화의 실패기, 1963～1991년은 개방화 촉진기, 그리고 1992～2020년은 글로벌화 추진기라고 구분될 수 있다.[3]

첫 번째 기간은 국제화와 개방화의 실패로 갖은 고난과 어려움을 겪어 민족적 수난 및 정체기로 규정할 수 있고, 두 번째 기간은 개방화 촉진을 통해 중진국 도약에 성공한 시기로 볼 수 있다. 이제 국내 정치 · 경제 · 사회 및 문화의 각 측면을 고려할 때, 세 번째 기간인 현재는 과거를 바탕으로 글로벌화를 필연적으로 추진할 수밖에 없음을 [그림 1-1]이 잘 요약하고 있다.

그림 1-1 한국에 있어서 국제경영학의 역사적 의의

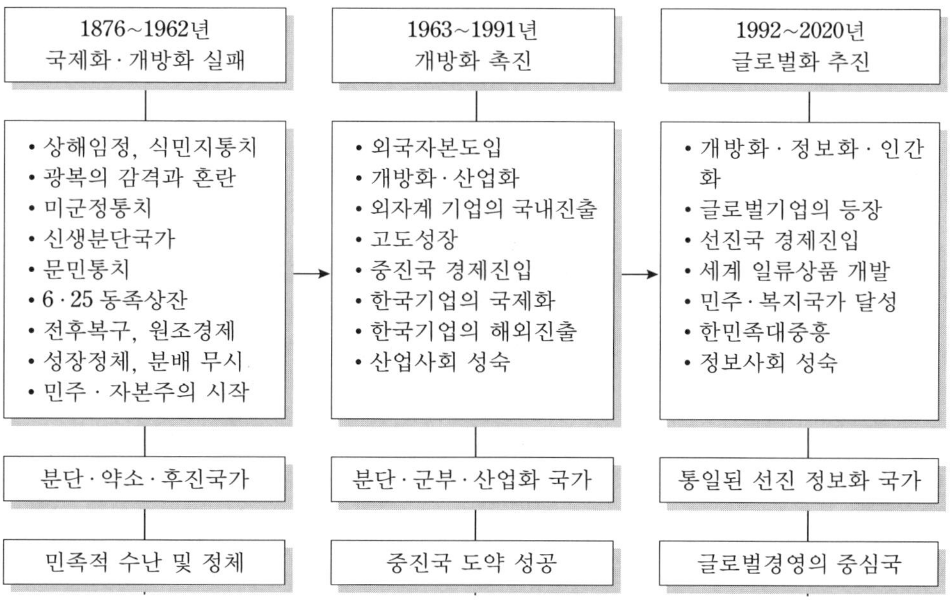

2. 국제경영학의 거시환경

국제경영학이 현상으로서만이 아니라, 전략으로서 필요한 것은 인류역사가 농업사회에서 시작하여 20세기까지의 산업사회를 거쳐 21세기의 정보사회로 전환하면서 세계 정치 · 경제 · 사회 · 문화가치 등 사회의 기본질서가 변화함에 따라 적극 대응하여야 하기 때문이다. 20세기 산업사회에서는 국제화 · 산업화 및

3) Commission on Global Governance 1995, *Our Global Neighbourhood*(New York: Oxford University Press, 1995), pp. 26~36.

근대화전략을 적극적으로 추진한 국가들이 성공적인 성과를 달성할 수 있었다.

그러나 21세기에는 기본적으로 사회의 지배원리가 바뀜에 따라 국제화전략에서 글로벌화전략으로, 산업화전략에서 정보화전략으로, 그리고 근대화전략에서 인간화전략으로 기본전략을 바꿀 것을 요구하고 있다. 왜냐하면 20세기 산업사회는 자본이나 노동과 같은 경제적 요소가 발전의 전략변수이었으나, 정보사회에서는 인간이 창출하는 지식과 정보가 모든 부가가치 창출의 원동력이 되기 때문이다.

[그림 1-2]는 이러한 세부변수의 성격변화를 체계적으로 대비시키면서 요약하고 있다.

그림 1-2 국제경영학의 거시환경분석

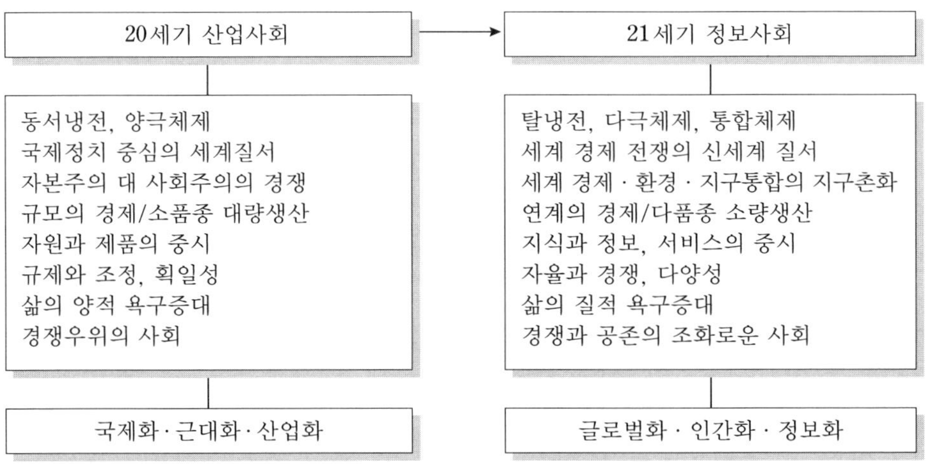

3. 한국에 있어서 국제경영학의 중요성

국제경영학은 인류역사에서 처음으로 나타나고 있지만, 과거 국내외 역사의 국제화와 개방화의 경험을 비교함으로써 그 교훈을 찾아볼 수 있다.

19세기 말 한·일간의 첫 개항의 사례비교에서 교훈을 발견할 수 있다. 서세동점의 19세기 중반 서구 열강의 개항압력에 대해 일본은 1854년 미·일통상조약을 수동적·소극적으로 체결하였으나, 1868년 명치유신을 통해 근대화를 능동적·적극적으로 추진한 결과 20세기에는 서구 열강을 대신하여 동아시아의 식민종주국으로 부상할 수 있었다. 반대로 한국은 서구 열강의 개항압력에 대해 계속

버티다가 1876년 강화도조약을 체결하고 20세기에 들어와 어려운 환경에 처하게 된다.

국가 산업화의 성공 여부가 주로 개방화 · 국제화전략의 채택 여부나 그 정도에 달려 있음을 알 수 있다. 이는 산업사회의 국제화전략이 정보사회에서의 글로벌전략과 비교될 수 있으므로 글로벌화의 대응전략의 내용과 방법에 따라 21세기 국가의 미래가 달라진다. 학문으로서의 국제경영학은 역사적 과제이면서 국가융성의 기회임을 보여 주는 것이다.

제 3 절 국제경영의 의의

1. 국제경영의 개념

국제경영은 글자 그대로 두 개 이상의 국가간에 이루어지는 경영활동의 현상을 의미한다. 그 대상은 재화, 서비스, 자본, 인력, 기술과 아이디어이다. 국제경영활동은 국가(state)가 생성되기 시작한 이미 오래 전부터 인류사회에 존재해 왔다고 할 수 있다.

한편, 국제경영은 국제거래활동이 더 많은 숫자의 국가들을 포함하는 범위로 확대된 개념이라고 할 수 있다. 1930년대 이후 국제경영활동이 세계 전반으로 확대되면서 국가간 경영활동이 다른 국가들에 중요한 영향을 미치게 되었다. 특히, 제1·2차 세계대전을 겪으면서 범세계적인 경제협력의 필요성이 인식되었고, 이러한 배경에서 중요하게 사용된 개념이 국제경영이라고 할 수 있다. 이러한 관점에서, 국제경영은 기업경영활동이 범지구적 경영활동으로 확장되는 현상으로 정의될 수 있다.

그러나 국제경영은 국가간 경영활동이 단순히 범지구적 범위로 확장되는 것을 의미하는 것은 아니다. 국제경영은 기업활동이 범지구적 시스템(system)과 네트워크(network) 안에서 작용하는 것을 뜻한다. 여기서 말하는 범지구적 시스템이라는 것은 주로 세계의 많은 국가들과 정책 등을 중심으로 형성되는 국제기구, 국제협약, 또는 지역경제권 등을 의미하고, 한편 범지구적 네트워크는 다국적기업(多國籍企業, multinational enterprises), 또는 초국적기업(超國籍企業, transnational enterprises)들에 의해 만들어지는 기업활동의 네트워크를 말한다. 한편, 다국적기업들과 초국적기업들에 의한 글로벌기업활동의 네트워크는 국가와 정책에 의한 글로벌 시스템보다 훨씬 빠르고 강력하게 국제경영의 통합을 촉진하고 있다.

이와 같이 국제경영은 단순한 공간적 확대라는 의미만이 아니다. 시기적으로 국제경영화 현상은 1980년대 중반 이후에 두드러지게 나타나고 있다고 볼 수 있다. 물론 1980년대 중반 이전에도 GATT 및 IMF와 같은 국제기구나 규범들이 존재하였다. 그러나 1980년대 중반 이후 국제금융의 발달, 초국적기업의 활발한 활동과 같은 새로운 경영현상들이 나타나면서 국제경영은 과거와는 다른 새로운 행동원칙과 질서를 강화해 가고 있다.

그리고 국제경영은 선·후진국간의 제휴·갈등·긴장을 야기시키며, 또한 매판·예속성 문제·공해·조세·부조리·노사문제 등 정치, 경제, 사회적인 문제와 깊은 관계를 가지고 있으며, 이를 둘러싼 환경에 크게 영향을 받는다.

2. 국제경영의 특성

21세기에 있어서 국제경영의 특성은 몇 가지로 들 수 있다.

첫째, 인터넷 시스템과 금융 시스템의 존재이다. 세계경제 안에서 각 국가들을 포함하는 범지구적 경영 시스템의 존재는 경영활동의 연계성을 높이게 된다.

둘째, 다국적기업(多國籍企業, multinational enterprises)들에 의한 네트워크의 형성이다. 현재 지구상에는 3개국 이상에 걸쳐 활동하는 약 5만 개 정도의 다국적기업들이 있다. 이 다국적기업들은 전 세계 부(富)의 3분의 2를 차지하며, 각국의 각종 규제와 장벽들을 철폐시키는 데 큰 영향력을 발휘하고 있다. 이들이 만들어내는 '세계상품(world products)은 각국의 고유생활이나 문화를 바꾸어 놓고 있다. 국제경영의 세 번째 특징은 세계 금융자본의 존재이다. 이 세계 금융자본은 인터넷망을 통하여 지구촌을 하루에도 수십 바퀴씩 돌아다니며 수익이 높은 곳이면 과감하게 투자했다가, 수익이 떨어질 것으로 예상되면, 대량으로 이탈하여 시장에 막강한 영향력을 행사한다. 초국적기업들의 이러한 행동은 이제 한 국가의 존멸 자체를 결정할 정도의 위력을 발휘하고 있다. 따라서 각국 정치가들조차 서로 이들과 손을 잡으려고 아우성 칠 정도이다.

이상과 같은 특징들을 나타내는 국제경영화 현상의 빠른 진전은 세계 각국들로 하여금 독창적이고 자생적인 경영활동 이념을 갖추도록 요구하고 있는 것이다.

세계경제 안에서 각 국가들을 포함하는 범지구적 경영 시스템의 존재는 국가간 경제활동의 연계성을 인위적으로 높이게 되어 획일적인 행동원칙을 강요하는 복잡하고 긴밀한 경제활동의 공간을 구성하게 된다. 이러한 배경에서 세계가 갖고 있는 다양한 경영 가치관에 대한 인식이 더욱 중요해지고 있다. 오늘날 세계에는 다양한 경영적 규범과 가치관들이 공존하고 있다.

따라서 국제경영의 행동원칙 속에서 세계 각국의 경영이념 및 가치관이 조화를 이루어가는 것이 국제경영의 새로운 과제가 되고 있다.

제 4 절 국제경영의 이해

1. 국제경영의 동기

국제경영을 추구하는 데는 세 가지 주요 동기가 있는데, 판매확대, 자원획득, 판매와 공급원의 다양화가 그것이다.[4]

(1) 판매확대

판매는 기업의 상품과 서비스에 관심이 많은 사람들과 소비자의 구매능력에 의하여 제한을 받는다. 사람의 수나 구매력의 크기는 일반적으로 한 국가보다는 전 세계가 크므로 국제적인 경영활동은 기업의 판매시장 잠재력을 높일 수 있다.[5]

일반적으로 높은 판매량은 많은 수익을 의미한다. 즉 대량판매는 대량생산을, 대량생산은 규모의 경제에 의하여 국제경쟁력을 높여 준다. 그러므로 국제적인 판매와 기업확장이 국제경영의 주요한 동기라고 할 수 있다.

---

4) John D. Daniels and Lee H. Radebaugh, *International Business*(Addison-Wesley, 1986), pp. 7~11.

5) The Stateless World of Manufacturing, *Business Week*(1 May 1990), p. 103.

⑵ 자원획득

제조업자와 유통업자들은 해외에서 생산된 제품이나 부품뿐만 아니라, 상품이나 서비스를 얻으려고 한다. 해외를 통한 자원의 획득은 거래비용과 생산비를 절감시키게 되고 이익을 증가시켜 결과적으로 소비자에게 이익이 돌아가게 된다. 따라서 보다 많은 사람들이 그 상품을 구입하게 된다. 그리고 해외자원의 획득은 본국 내에서는 쉽게 이용 불가능한 독특한 능력을 갖게 해준다. 그러한 전략이 기업에게 상품의 품질을 개선시키게 하거나 적어도 경쟁상품과 차별화시키게 된다. 그리하여 그 회사의 시장점유율과 이익을 증가시킨다. 또한 외국에서의 자원조달은 국내에서 할 수 없는 것을 하게 함으로써 수익의 증가를 가져올 수도 있다.

⑶ 다 양 화

기업은 판매와 이익이 크게 흔들리는 것을 회피하려고 한다. 이런 목적으로 해외시장과 해외에서의 생산을 추구한다. 많은 기업들은 각 국가들 사이에 비즈니스 사이클이 다르다는 사실을 이용한다. 그리하여 경제후퇴가 진행중인 국가에서의 판매감소 기간 동안에 회복기의 다른 지역에서는 판매를 증가시킨다. 결과적으로 해외 여러 나라에 상품이나 부품공급을 분산함으로써 기업은 한 국가 내에서 부딪칠 수 있는 가격의 격변이나 생산부족과 같은 충격들(예를 들어 스트라이크)을 피할 수 있게 된다.

GE는 서로 다른 사업을 영위하는 6개 사업군으로 구성된 복합기업이다. 6개 사업군은 완전히 다른 사업을 하고 있지만 별도 법인으로 분리돼 있지 않다. 이것은 주식투자시 포트폴리로 전략을 짜는 것처럼 리스크를 피하기 위한 것이다. 즉, 전 세계에 다양한 기업을 진출시킴으로써 리스트를 피하기 위해 다양화 전략을 쓰는 것이다.

2. 국제경영의 생성배경

⑴ 통신 · 인터넷 · 항공기의 발달

만약 경영자와 기술자들이 지난 세기 동안 국제적 공간을 좁히는 방안을 발견하지 않았더라면 국제경영은 오늘날처럼 이렇게 일반화되지는 않았을 것이다.

국제전화, 컴퓨터 그리고 민간항공기는 국제경영에 필요불가결한 요인이었다. 통신의 개선과 더불어 컴퓨터가 개발되었다. 국제경영의 관점에서 볼 때 컴퓨터의 중요성은 전 세계에 걸친 활동의 방향과 통제에 필요한 많은 자료들을 통제할 수 있으며, 또한 짧은 시간 내에 정정을 하여 다시 재구성할 수 있다. 이렇게 됨으로써 문서와 말로써 전달된 정보의 애매성이 크게 줄어들게 되었다. 전화와 컴퓨터의 성장을 뒷받침해 준 것은 전 세계에 퍼져 있는 자회사와 해외여행 대리점, 국제신용카드와 민간항공사의 발전이었다.

금세기에 들어와서 국가간의 거리가 좁혀짐에 따라 재화와 용역의 생산은 인류가 지금까지 증가시켜 왔던 것 중에 가장 큰 증가를 보였다. 지구의 거의 모든 지역에서 수많은 생산물이 흘러 나왔다. 수송과 통신의 개선으로 얻어진 국제적 공간의 축소는 이 지구상의 커다란 변화 중의 하나가 되었다. 모든 사람들은 소비와 생산에서, 구매와 판매에서, 그리고 계획을 세우고 그것을 받아들임에 있어 다국적기업의 조직망을 통하거나 다른 수단을 통하여 이 같은 변화들을 연관시켰다.

(2) 국제적 공간축소의 영향

국제적 공간의 축소가 모든 형태의 기업에 미친 근본적인 영향 중의 하나는 소비자의 기호를 급격하게 일치시켰다는 점이다.[6] 전 세계적인 구매자선호의 일치에 관한 증거는 아직 체계적으로 밝혀지지는 않았다. 그러나 그것이 갖는 의미는 명백하다. 플라스틱 그릇이 조롱박과 토기 등을 대신하게 되었으며, 토속적인 초가지붕이 양철지붕으로 바뀌게 되었다.

고소득수준에 있는 소비자들의 경우 세계의 서로 다른 지역에 살면서도 소비유형은 거의 비슷한 경향을 보여 주고 있다. 프랑스산의 술과 이탈리아산 구두가 거의 모든 지역에서 팔리고 있으며, 그것들이 없는 지역에서는 모조품이 팔리고 있다. 맥도날드 햄버거 상표는 런던과 동경의 거리에서뿐만 아니라 서울의 종로거리에서도 쉽게 찾아볼 수가 있다.

(3) 기술과 지리적 확장

오늘날의 시대는 수백 년의 지리적 개척과 기술적 발전의 누적된 결과라는

---

6) Raymond Vernon, *Storm over the Multinational*(President and Fellows of Harvard College, 1977), pp. 10~11.

것을 너무 당연하게 생각한다. 기술개발로 인해 제조업자들은 상품을 만들어내고 판매할 수 있게 되었다.

그리고 운송시설의 발달로 여러 지역으로 신속히 이동할 수 있게 되었다. 또한 인공위성을 통한 통신의 발달은 상호간의 연락은 물론 특정 국가의 사람들이 다른 지역에서의 경영활동을 통제할 수 있게 되었다.

(4) 제도의 발달

오늘날은 또한 능률적인 기술혁신을 가능하게 하는 기업과 정부의 누적된 제도적 발전의 결과를 당연하게 생각한다. 외국에 상품이나 서비스를 배급하는 능력은 교통의 진보에도 있지만, 한편으로는 제도상의 발전에 기인한다.

과거에는 물물교환 시스템이 가장 일반적이었는데 물물교환 거래는 대개 번거롭고 시간이 걸리며, 위험하며, 비용이 많이 들었다. 오늘날의 생산자들이 해외에서 판매하는 재화와 서비스에 대한 결제를 비교적 용이하게 할 수 있는 것은 광범위한 혁신에 의해서이다. 여기에는 물물교환을 대신하는 화폐와 신용카드, 일국의 통화를 다른 통화로 바꾸는 외환교환협정, 구매자의 미결제에 의한 손해를 보상해 주는 보험, 은행신용협정들이 포함된다. 이외에도 우편우송협정 등 국제경영을 용이하게 해 주는 수많은 제도적 협정들이 있다.

(5) 전 세계적 경쟁의 격화

오늘날의 기업들은 과거의 기업보다 많은 해외기회를 가질 수가 있다. 한 곳에서의 사건과 혁신에 대한 소식은 인터넷을 통해 거의 동시에 다른 곳으로 전달된다. 많은 신상품의 정보와 외국판매가 훨씬 더 신속하게 확산된다. 기업은 해외의 시장과 생산기회와 접하기 때문에, 경쟁이 점점 더 세계적으로 격화된다. 이제까지 국내에서만 활동하고 경쟁자를 국내기업으로만 생각했던 기업들은 해외기업과 국제화되는 국내기업으로부터의 경쟁증가에 직면하게 된다. 만약 그들이 새로운 세계적 경쟁을 인식하지 못하고 이에 대응하지 않으면 그 결과는 대실패(파멸)를 가져오게 될 것이다.[7)]

(6) 정보화와 인터넷 거래

기업이나 가정에 휴대용 컴퓨터가 급속히 확산되고 있다. 이런 기술의 전자

7) Thomas F. O'Boyle, "Rise and Fall," *Wall Street Journal*(4 January 1984), p. 1.

화, 소형화, 디지털화 그리고 소프트웨어의 확산은 지금까지의 시간과 공간의 개념을 파괴시킨다. 예컨대 지구촌의 정보와 주위의 활동은 '실제시간'(리얼타임)에 일어난다. 서울에서 런던까지 우리는 인터넷을 통해 상대방의 말과 행동을 즉각 감지한다.

이처럼 현실을 조직하는 방법과 일치해 왔던 공간과 시간의 파괴와 재구축은 지금까지의 국가간 거래의 개념도 발전적으로 변모시키게 된다. 인터넷이나 정보망을 통해 공동의 이익을 가진 기업과 집단들의 의사소통욕구가 증대되며 쉽게 규제되지 않음으로써 국제적 경영활동을 활성화시킨다.

3. 국제경영 논의의 쟁점

현대의 국제경영 논쟁의 중요성은 기본적으로 최근 국제경영활동 수준의 급격한 증가를 지칭하더라도 국제적 경제거래와 그 상호 연계성의 정도를 측정하는 것을 넘어서는 것이다. 오히려 실질적인 문제는 국제경영활동의 현황에 대한 자신들의 해석에 입각하여 다양한 규정과 정의를 동원하여 이루어지는 진단과 처방이라고 할 수 있다. 몇 가지 쟁점에 대한 검토는 다양한 논의들이 국제경영의 성격을 어떻게 규정하고 있으며, 어떠한 정의에 입각해 있는지를 보여 준다는 점에서 유용하다.[8]

국제경영을 둘러싼 다양한 논점을 파악하기 위해 편의상 극단적 국제경영론(hyper-globalization these)과 국제경영회의론 또는 비판론간에 대립할 수 있다.

(1) 극단적 국제경영론

도식적으로, 극단적 국제경영론은 기술진보에 의해 초래된 자본의 무한한 이동성으로 진정한 의미에서 세계경제가 출현하여 국경의 의미는 없어지고(지리의 종언, 국경 없는 세계경제), 자유시장체제의 막대한 영향력으로 모든 규제 등은 무의미해질 뿐만 아니라, 소수의 거대기업이 내부화된 생산체계를 통해 세계경제를 지배함으로써(글로벌기업의 존재, 다국적기업의 절대적 영향력) 국가는 필연적으로 약화 내지 소멸(개별 국가의 미약성, 국가의 종말)하고, 단일화된 자유시장경제하에서 생활수준, 소비자의 기호, 문화가 동질화될 것(사회 · 정치 · 경제의 동질화 또는 수렴)이라고 주장한다.[9]

---

8) *The Economist*(21 June 1997).

첫 번째 논점은 정보의 수집, 전달 및 가공과 관련된 새로운 기술의 출현에 따른 지리의 종언이라는 명제(the end of geography these)이다. 이는 세계적 차원에서 자원과 활동을 배치하며 효과적으로 이를 관리, 통제할 수 있게 하는 기술혁신에 의해 이미 지리(geography)는 더 이상 경제활동의 입지와 조직에 영향을 미치지 못하게 되었다는 주장이다.

두 번째 논점은 동유럽 공산주의체제의 붕괴와 시장경제로의 이행, 제3의 길로 간주되었던 스웨덴 사회민주주의 모델의 구조적 위기, 프랑스 등 유럽 집권 사회당 정책의 실패, 동아시아 신흥공업경제(NIEs)의 급격한 성장 등을 배경으로 한다. 과거 공산주의 국가들의 붕괴와 시장경제로의 이행은 계획경제에 대한 시장경제의 승리로 평가되어 자본주의적 시장관계가 지리적으로 확산된다. 또한 시장 우위의 앵글로색슨식 자본주의 유형과 경합관계에 있었던 유럽의 사회민주주의형 및 국가주도형 자본주의의 실패는 체제 다양성의 종결과 규제되지 않거나 최소한의 규제만 존재하는 시장경제라는 단일모델의 수렴(convergence)으로 간주되었다. 나아가 동아시아 신흥공업경제의 급속한 성장은 세계경제로의 통합을 통한 선진 자본주의 국가에 대한 성공적인 추격 또는 따라잡기(catch-up)의 모범사례로써 수렴이론의 증거로 간주될 뿐만 아니라, 성장과 생활수준 향상의 새로운 전망을 제공하고 있다.

세 번째 논점은 지리와 역사가 경제활동을 형성하는 데 중요성을 상실하고 있다는 사고와 관련되어 있는, 국민국가의 종말(the end of nation state)이라는 명제이다. 현대의 글로벌화는 '전통적인 국민국가가 부자연스러워지고, 글로벌 경제에서 불가능한 사업단위가 되는, 인류역사의 새로운 시대(new epoch)'를 나타낸다. 1970년대부터 시작된 국가개입에 대한 불신은 1980년대 신자유주의 정책의 확산으로 강화되었으며, 이제 글로벌화를 통해 증폭되기에 이른다.

자유시장체제의 영향력은 막대해져 모든 규제, 원칙, 정치적 성향 등은 무의미해진다. 세계경제에서 상이한 국가로부터 나온 재화간, 생산요소간 그리고 금융자산간에 거의 완전한 대체가 존재하게 되고, 이러한 상황에서 일국적 목적을 추구하면서 자율적인 의사결정력을 가진 국민국가를 상징하는 것은 더 이상 불가능해진다는 것이다.

---

9) Stan Davis and Christopher Meyer, *Blue: The Speed of Change in the Connected Economy* (Addison-Wesley, 1998), pp. 132~148.

⑵ 국제경영회의론

이상과 같은 극단적 국제경영론에 대해 회의론은 국제무역, 국제투자 및 노동의 국제적 이동에 대한 19세기의 고전적 금본위제 기간(1870~1914년)의 통계적 자료를 근거로 오늘날의 국제거래의 증가수준은 결코 역사적으로 유례 없는 것이 아니며, 1930년대 대공황과 제2차 세계대전의 붕괴 이후 원래 상태로의 복귀에 지나지 않는다고 반박한다. 나아가 경우에 따라서는 이전의 시기보다 덜 개방적이고 덜 통합적이라고 주장한다.

첫째, 지리의 종언이라는 명제와 관련된 비판이다. 비록 지리적 범위가 국제적으로 확장되었음에도 불구하고 다국적기업이 탈국가화되었다는 주장은 현실에 대한 부분적인 해석에 불과하다는 것이다. 국제화 과정에 오랫동안 관여하였더라도 미국의 대규모 기업들은 오직 부분적으로만 다국적화하였다. 제조업 기업 중 포드사 등의 해외고용이 전체 고용의 50%를 넘을 뿐, 일본 기업은 그 비중이 매우 작다. 실제로 글로벌화한 기업은 소규모 국가의 다국적기업에 불과하다는 것이다. 따라서 글로벌기업은 초국적화한 대규모 기업의 실천이라기보다는 대부분의 경우 과장된 기업프로젝트의 영역에 속하는 것이라고 비판한다.

둘째, 시장에 의한 경제적 · 제도적 수렴에 대한 비판이다. 강력한 시장관계는 국가적 차이를 소멸시키지 않았다. 세계적 금융규율의 제약과 신자유주의 경제원리의 확산에도 불구하고, 경제적 성과에 있어서나 제도에 있어서도 세계적 수렴은 사실과 다르며, 오히려 불균등성이 강화되고 있음을 주장한다.

오늘날 무역과 투자의 흐름은 압도적으로 OECD국가에 집중되어 있으며, 진정으로 글로벌화되기보다는 세계경제는 3대블록, 즉 유럽, 중국 및 일본, 그리고 북미라는 삼극에 의해 지배되고 있다. 따라서 국제무역, 국제자본흐름, 기술흐름 등은 글로벌화라기보다는 삼극화(triadization)라고 하는 것이 타당하다. 일부 논자의 경우 대부분의 국제활동의 증가는 세계적 차원이기보다는 대륙적 지역수준에 머무르는 소위 지역화(regionalization) 현상으로 파악한다.

셋째, 국민국가의 종말이라는 명제에 대한 비판이다. 회의론자들은 규제에서 국가의 중심성, 국제화에 있어서 적극적인 촉진정책 등을 강조한다. 경제활동은 대부분 출신국가에 기반을 두고 있으며, 국제적 흐름의 증가는 세계적 경제활동의 출현이라기보다는 국민국가들간의 상호작용의 증가, 즉 국제화를 나타낼 뿐이라는 것이다. 따라서 국민적 경제정책은 최소한 잠재적으로 응집적이고 유효하다.

비록 국제경영이 부과하는 제약이 정부의 정책의 효과를 감소시키기도 하지만, 국제화는 국가에 따라 상이한 영향을 미치며, 그 사회적 · 정치적 결과도 국가별로 매우 다양하다. 따라서 자본의 국제화는 정책선택을 제한할 뿐만 아니라, 마찬가지로 확대시키기도 한다.

제 5 절 국제경영에 영향을 미치는 요소

1. 글로벌 스탠더드

21세기에 접어들면서 글로벌 스탠더드가 국제경영의 새로운 키워드로 등장했다. 어떤제품이 생산되더라도 전 세계를 대상으로 생산되어야 하고 상품을 판매하더라도 전 세계적인 규격에 맞추어야 하는 것이다. 즉, 글로벌 스탠더드에 맞추어야 국제경영이 가능한 것이다.

2. 경제적 상황

제2차 세계대전 이후 세계적 풍요 속에서 세계무역과 해외투자는 상품의 형태, 개별 국가들이 차지하는 국제경영의 비례적 가치에 영향을 미쳤다.

1970년대의 호경기 동안에 무역은 생산보다 더 빠르게 성장하였으나, 1980년대 초와 1980년대 후반 사이의 기간 동안에는 생산보다 더 느리게 무역의 증가를 가져왔으며, 2000년대 초반에는 무역과 생산이 비슷한 비율로 증가하였다.[10]

변화하는 세계의 풍요로움은 세계무역의 상대적 중요성과 상품형태에 영향을 미쳐왔다.[11] 19세기 중반 독일의 정치경제학자이며 통계학자인 엥겔은 소득이 증가하면 식료품비에 쓰이는 비중은 감소하는 반면, 다른 품목에 쓰이는 비중은 같거나 증가한다는 것을 발견했다. 비록 보다 비싼 식료품비 때문에 식료품에 쓰이는 절대액은 증가하겠지만 이것은 사실이다. 이러한 경향이 국제무역과 해외

10) U. N., *Multinational Corporations in World Development*(1973).
11) 김진봉, 「우리나라 다국적기업의 실태에 관한 연구」(중앙대학교 대학원, 1975), p. 10.

투자에서 차지하는 농산물의 비중을 감소시켰고 제조업의 비중을 증가시켰다.

3. 기 술

이 시대의 급격한 기술변화는 새로운 상품들을 창출하였고 구상품을 대체시켰으며 세계무역과 투자에 있어 국가들의 상대적 지위에 영향을 미쳤다. 가장 분명한 예로 제트기, 컴퓨터 같은 새로운 상품들이 국제경영에 큰 비중을 차지한다. 이전에 존재하던 상품들은 생산공정의 기술개발이나 새로운 사용법이 발견됨으로써 세계무역을 확대시켰다. 다른 상품들도 대체재에 의해 부분적으로 대체되어 왔다.

대부분의 기술적 발전이 선진국에서 이루어졌기 때문에 선진국의 기업들이 제조업부문에서 무역과 해외투자의 많은 비중을 차지하며, 제조업부문이 주요 성장부문이 되었다. 그 결과 많은 대부분의 후진국들은 국제경영에서 비례적으로 작은 비중을 차지하게 되었다.

4. 전 쟁

군사적 갈등은 생산능력과 운송체계가 전쟁으로 인하여 바뀜으로써 전통적인 국제경영 유형을 방해한다. 그리고 정치적 적대감이나 운송의 어려움으로 교역경로가 방해될지도 모른다. 또한 교역재의 구성도 소비재에서 군사적 목적에 부응하는 산업재로 이동하기 때문에 변한다. 국제적인 투자는 해외소유 공장들이 종종 파괴되거나 수용됨으로써 방해를 받는다. 외국으로의 이동 가능한 자본은 거의 없으며, 만약 있다고 해도 불확실성이나 정치적 규제로 이를 못하게 된다. 이전의 전쟁과는 다르게 20세기의 전쟁들은 세계적 상호관계가 매우 증가했기 때문에 먼 곳까지 충격을 준다. 그리고 민족적 분규조차도 국제적으로 크게 영향을 미치게 된다.

5. 정치적 관계

(1) 정치적 블록

최근의 주요한 정치적 분리는 공산주의와 비공산주의 국가들이다. 두 집단

사이에는 아주 적은 교역만이 있고 직접투자의 경우는 공산주의 국가가 개인 소유권에, 특히 해외자산일 경우는 제한을 두기 때문에 두 집단간의 투자는 매우 적다. 그러나 공산주의 국가의 붕괴 이후로 상호간 대부분의 교역제한을 없애기 시작하였다. 그리고 EU는 2002년에 모든 회원국간의 통화장벽을 철폐하여 회원국간 총교역이 증가하고 있다. 이러한 회원국의 성장으로 세계 총무역에서 차지하는 비율도 증가하고 있다. 이러한 성장은 공동사회의 대시장접근과 함께 해외투자자들에게 주요한 매력이 되고 있다.

(2) 다국간 협정

세계적 경영에 영향을 미치는 많은 국제적 조약과 협정이 있다. 이에 따라 국가간의 상호의존이 증가되고 국제적인 상품과 서비스의 흐름에 이들 조약과 협정이 영향을 미치게 된다.

이와 같은 조약과 협정의 예로는 IMF(국제통화기금), IATA(국제항공운송협회), 선적에 관한 협정, 국제특허권과 상표권에 관한 협정, 이중과세협정, WTO(세계무역기구) 등이 있다.

제 6 절 국제경영학의 학문체계

1. 국제경영학의 정의

국제경영학(international business)의 연혁은 페니키아 시대를 지나서 고대의 교역상인 시대에까지 이르고 있다. 그러나 '세계적으로 상관관계를 가지고 생산과 판매의 거점을 구축하는 다수의 기업'이라는 오늘날의 의미로 파악한다면, 국제경영학의 존재가 처음 주목되기 시작한 것은 1950년대에 들어서면서부터라고 할 수 있다.[12]

따라서 "국제경영 관리문제의 연구에 있어서는 아직 체계적인 어프로치를 모색하는 초기단계에 있다"고 뉴욕대학의 페어웨더(J. Fayerweather) 교수는 그의

12) John Fayerweather, *International Business Management*, p. 3.

저서 「국제기업경영론」(1969년)에서 말하고 있다. 그만큼 이 학문은 새로운 것이다. 페어웨더는 MIT의 로빈슨과 더불어 국제경영학의 개척자라고 할 수 있으나, 그 최초의 저서인 *Management of International Operations*가 나온 것이 1960년이며, 로빈슨의 *International Business Policy*는 1964년에 발간되었다.

국제경영학이란 무엇인가? 이것을 정확하게 정의하는 것은 곤란하다. 페어웨더는 "2국이나 그 이상의 국가에 걸쳐서 사업을 영위하는 경영"이라고 정의하고 있다. 로빈슨은 국제경영을 다음의 [그림 1-3]과 같이 국제관계라는 넓은 원 안에 두고, 국제법제 · 국제정치 · 국제경제의 원과 더불어 상호 교차시키고 있다. 즉, 국제경영학은 여러 분야와의 경계영역에 걸친 학문분야라고 할 수가 있다.

또한 콜드(E. J. Kolde)는 기업목적을 중심으로 같은 원을 몇 개 겹쳐서 그것이 얼마나 많은 영역과 관계하며 그것들에 영향을 미치고 있는가를 나타내고 있다([그림 1-4] 참조).[13] 이것은 기업에 있어서도 해외경영은 국내경영의 연장이라고 똑같이 이해되고 있다. 해외경영이 세계전략이라는 입장에서 중요시되어 다국적기업이 대두되고, 그 세력이 세계경제에도 영향을 미치기 시작하기에 이른 것은 이 때문이다.

2. 국제경영학의 연구분야

국제경영분야가 확립된 것은 페어웨더나 로빈슨 등의 노력도 무시할 수 없으나, 그 이상으로 다국적기업의 급속한 발전이라는 객관적인 정세의 변화에 의한 것이 크다는 점이 간과되어서는 안 된다. 모든 학문이 그러하듯이 처음부터 이론이 생성되는 것은 아니다. 국제경영에 있어서도 탐구와 시행착오가 거듭되었다는 것은 의심할 여지가 없다. 오랫동안 미국에 있어서 국제경영은 국내의 연장에 지나지 않았다라든가, 국내경영에 사용되는 분석방법 · 개념 · 지식이 세계적으로 타당하다고 하는 사고방식에 묶여져 왔었다.

이에 대하여 로빈슨 교수는 국내의 경험과 분석방법은 세계 어디서나 유익하며, 또한 국내에서 성공한 경영자가 해외에서도 훌륭하게 경영하는 것이 가능하다고 인정하면서 다음과 같이 논하고 있다. "사람이 문화적 · 정치적 경계를 넘는 경우 그가 직면한 변수는 시스템의 작용원리를 변화시켜 버리는 성질의 것이다."[14]

13) Endel J. Kolde, *International Business Enterprise*(1968), p. 8.
14) Richard D. Robinson, *International Business Policy*(1964), p. 411.

그림 1-3 국제경영의 국제적 관계

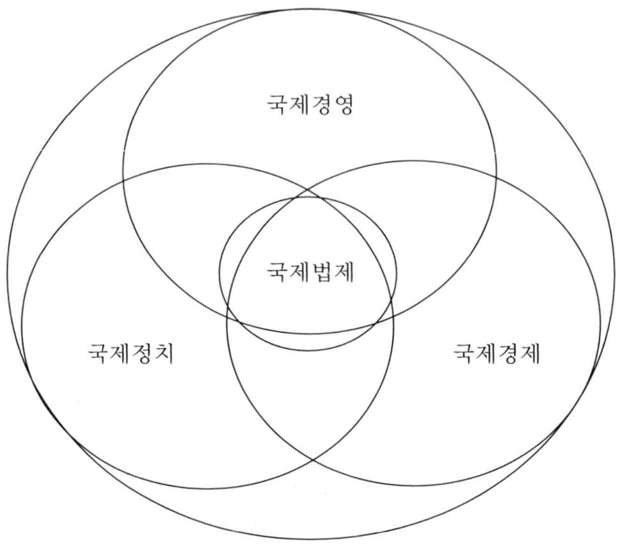

자료: Robinson, *International Business Policy*(1964).

그림 1-4 국제기업의 문제영역

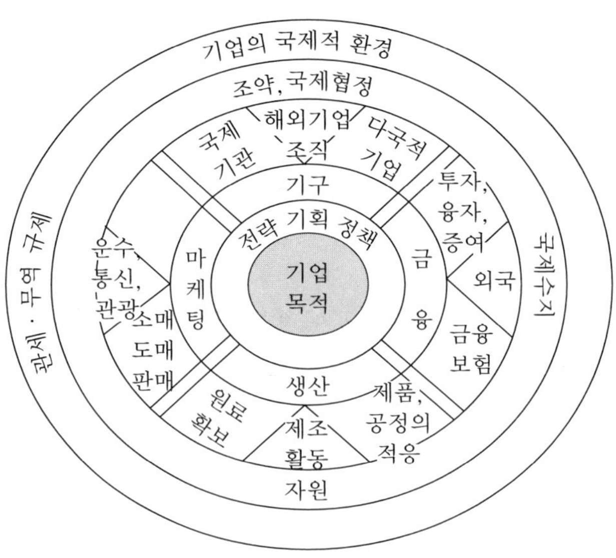

자료: Kolde, *International Business Enterprise*(1968), p. 8.

가령 국내의 마케팅 전문가는 법률에 특별한 규정이 없는 한 자기가 판매하는 제품의 사회적 · 정치적 · 경제적 영향에 대해서 생각하지 않는다. 그러나 일단 국경을 넘으면 그 양상은 변하게 된다. 그 제품에 대한 대중수요와는 별도로 공업화에 대한 그 국가의 장기적 목표가 있어서 그 제품의 수요는 억제되고, 그 제품의 수입과 제조 · 판매는 금지되거나 제한된다. 따라서 "국제마케팅 문제에 대한 고려는 단순한 국내의 연장은 아니다"라고 로빈슨은 말하고 있다. 아주 새로운 변수가 이런 상황에 도입되어서 그 일부는 시스템을 지배해 버릴지도 모른다는 것이다.

3. 국제경영학 연구의 종합성

국제경영은 세계환경의 광범한 배경 속에서 운용되기 때문에 지리 · 역사 · 정치 · 법률 · 경제와 문화 등의 수많은 기본적 사회과학 원리들의 기여 위에서 접근해 가야 한다. 여기에 국제경영은 마케팅, 경영관리와 금융 등의 기능적 분야까지도 포괄하고 있다.

이러한 기본적 원리들과 기능적 분야가 국제경영의 수행과정에서 중요한 역할을 하게 되며, 경영자가 국제환경 가운데서 효과적인 기능을 수행하려면 그 같은 환경들의 중요성을 기본적으로 파악하고 있어야 한다.

(1) 지 리 학

지리학의 이해는 국제관리자에게 세계자원의 위치 · 양 · 질 등과 그것들의 개발가능성을 결정하기 때문에 중요하다. 이러한 자원의 배분으로 전 세계적으로 서로 다른 지역에서 서로 다른 재화와 서비스를 생산한다. 높은 산, 광활한 사막, 정글과 같은 지리적 장벽은 기업의 유통과 유통경로에 영향을 준다. 그리고 기업의 국제경영관계를 결정하는 중요한 요인이 된다.

(2) 역 사

역사는 사상과 제도에 대한 평가의 체계적인 기록을 국제관리자에게 제공한다. 과거를 돌이켜보는 것은 국제경영인들에게 현재의 국제경영활동의 기능에 대해 명확하게 이해를 시키게 된다. 역사는 오늘날 어떻게 경영활동을 수행해야 하는가를 결정해 주는 인간경험의 축적이다. 그리고 기술적이고 제도적인 발달은 국제경영의 범위를 확대시켰다.

⑶ 정 치 학

정치학은 국제적 경영형성에 중요한 역할을 해 왔고 앞으로도 계속 그럴 것이다. 정치학은 경영과 국가의 정치적 조직과의 관계를 설정해 주고, 이해가 상충되는 지역에서의 기업과 정부의 행동패턴을 설명하는 데 도움을 준다. 각 국가의 정치지도층은 국제경영활동이 발생되는 조건을 결정하고 국제경영에 대해서 통제를 한다.

⑷ 법 률 학

국내법과 국제법은 국제기업의 경영자가 경영활동을 하느냐 못하느냐를 결정한다. 이것은 세금 · 고용 · 외환거래 등과 같은 문제를 통제하는 투자모국과 현지국의 국내법을 모두 포함한다. 2개국간의 국제법률협정은 양국에 의해 어떻게 세금을 부과할 것인가를 조정한다. 경영활동이 발생하는 각 국가의 법률과 국가간 협정에 대한 이해를 통해 기업들은 어느 곳이 수익이 좋을 것인지를 정할 수 있다.

⑸ 경 제 학

경제학에 대한 이해는 투자모국이나 현지국의 경제에 미치는 국제기업의 영향과 국제기업에 대한 국가의 경제정책의 영향을 분석할 도구를 제공한다. 경제이론은 또한 왜 국가들이 재화와 서비스를 서로 교환하는가를, 왜 경영활동에 있어 자본과 인력이 이동하는가를, 왜 한 나라의 화폐가 다른 나라의 화폐에 비해 특정 비율의 가격이 결정되는가를 설명해 준다.

경제학은 한 나라가 다른 나라에서 보다 싸게 어디서, 언제, 왜 제품을 생산하는가를 이해하는 기초를 제공해 준다.

⑹ 문화인류학

인류학의 연구를 통해 관리자들은 사람들이 그들 자신 및 환경에 대해 갖는 가치, 태도, 믿음을 이해할 수 있고, 그리하여 그들의 환경과 다른 사회에서의 그들의 활동을 용이하게 할 수 있다.

4. 국제경영학에 관한 문헌의 발전

국제경영학에 관한 문헌은 크게 두 가지 범주로 나누어 볼 수 있다. 즉 경영전개상 세분된 구체적인 문제를 취급한 것과 직능별 실제관행과 경영정책을 취급한 두 가지로 분류할 수 있다.

(1) 경영전개상 문헌

경영전개상 세분된 구체적 문제(operational detail)에 관한 문헌은 경영에 영향을 미치고, 세계를 무대로 활약하는 기업의 활동과 거대한 양의 특수한 문제, 예를 들면 수출서류의 작성, 금리, 인간관계, 해외파견 종업원의 고용에 관한 문제 기타 기업경영의 모든 측면에 관한 특수한 문제들을 취급하고 있다. 그러나 국제경영관리에 필요한 기초적 능력의 개발이라는 관점에서 본다면, 이런 종류의 문헌이 가지고 있는 가치는 극히 한정된 것에 불과하다. 그리고 기업경영의 모든 구체적 측면에 관한 사실과, 세계적으로 모든 국가에 대한 지식을 얻는 것은 불가능하다.

이에 비해 경영의 각 직능분야의 정책(functional policy)과 관행에 관한 연구에서는 보다 큰 성과를 얻을 수 있다고 생각된다. 기업을 둘러싼 환경여건과 경영자 사이에 거듭되는 반응의 형태 가운데 우리는 국제기업을 관리하는 능력의 양성에 유익한 것을 발견할 수 있기 때문이다. 가령 해외에 있어서의 인사관리에 대해서 고찰해 보자. 종종 여기에는 가족주의, 임금수준 그리고 기술수준 문제라는 각국에 공통적인 특성이 발견된다. 어떤 특정한 사고방식이나 일반적인 인사정책을 여러 국가에 동시에 적용하는 것은 어려운 일이다. 따라서 각국의 특수한 사정에 따라 경영전개상 세분된 구체적인 문제를 치밀하게 조정해 나가는 것이 최종적으로 필요하다.

(2) 직능별 기능상 문헌

그러나 국제경영에서는 일반적인 직능별 기능도 그 유효한 움직임의 여지를 남겨 두고 있다. 해외에 파견된 종업원의 생활비, 또는 배치전환 등이 인사관리상의 문제에서 얻어지는 경험에는 많은 반복이 있으므로 거기서 일반적인 원칙을 발견하는 것이 가능하며, 이로써 국제적인(international) 인사관리담당 관리자의 능력이 축적된다. 이와 같은 능력은 어느 특정한 외국에 한정된 인사관리능력보다도 광범위한 것이며, 국내적인 인사관리능력과도 구별되어서 평가되어져야 하는 능력이다. 이런 수준의 문제를 취급한 문헌은 제2차 세계대전 후에 축적된 경영에 관한 체험을 바탕으로, 실무자 및 학자의 연구결과로 많이 나왔다.

직능별 문제점에 대해서는 여러 문제를 취급한 많은 문헌들이 있다. 이러한 문헌은 국제적 업무를 포함한 새로운 업무에 적응해 가지 않으면 안 될 국내판매 담당관리자와 인사관리의 강좌에 국제기업에 관한 항목을 추가하고 싶어하는 교수 등에게도 크게 유익한 것이다.

연구 과제

1. 국제경영학의 역사를 고대, 중세, 현대로 나누어 개관하시오.
2. 국제경영학의 역사적 의의를 한국의 사례에서 비교 검토하시오.
3. 한국은 왜 국제경영학이 중요한가?
4. 국제경영의 개념적 의의를 제시하시오.
5. 국제경영의 특성은 무엇인가?
6. 국제경영의 동기를 세 가지로 요약 검토하시오.
7. 국제경영은 독특한 생성배경을 가지고 있다. 그것을 검토하시오.
8. 최근 국제경영에 대한 부정적 시각도 있다. 이를 검토하시오.
9. 국제경영에 영향을 미치는 제 요인들을 열거하시오.
10. 국제경영학의 연구분야를 체계적으로 논하시오.
11. 다음의 용어를 설명하시오.
    1) 다국적기업
    2) 국제경영학의 거시환경
    3) 국제적 공간 축소
    4) 극단적 국제경영론
    5) 국제경영회의론

제 2 장

글로벌기업과 글로벌 CEO

사례연구 ▶ Global 500대 기업

MICROSOFT

1 Web Site

http://www.microsoft.com

2 마이크로소프트의 연혁과 프로필

1975년 04월 04일 마이크로소프트 설립
1986년 03월 13일 마이크로소프트 주식 상장
1990년 05월 22일 마이크로소프트, Windows 3.0 발표
1995년 08월 24일 마이크로소프트, Windows 95 전 세계적으로 발표
1998년 06월 25일 마이크로소프트, Windows 98 전 세계적으로 발표
1999년 06월 07일 마이크로소프트, 오피스2000 전 세계 출시
2000년 02월 17일 마이크로소프트, Windows 2000 발표
2000년 06월 22일 빌게이츠와 스티브 발머,
마이크로소프트의 웹 서비스를 위한 닷넷 전략 발표
2001년 05월 31일 마이크로소프트, 오피스 XP 발표
2001년 10월 25일 마이크로소프트, 윈도우 XP 발표
2002년 01월 15일 빌게이츠, Trustworthy Computing 발표
2005년 12월 '결합판매'에 대하여 한국 공정거래위원회 제재

○ '신뢰할 수 있는 컴퓨팅(Trustworthy Computing)'이라는 마이크로소프트의 선도적인 제안은 사람들이 오늘날 전기로 작동되는 장치를 사용할 때처럼 컴퓨터와 소프트웨어로 작동되는 장치를 편안하게 사용하기 위해 이루어져야 하는 모든 종류의 개선을 지칭하는 표현이다. 이것은 소프트웨어 제작 및 제공방법뿐 아니라 우리 사회가 컴퓨팅을 바라보는 '전면적인 변화'를 의미한다.

신뢰할 수 있는 컴퓨팅은 소프트웨어와 서비스 및 제품의 보안, 개인정보 보호, 안정성, 그리고 비즈니스 프렉티스의 무결성 등 네 가지 기준을 바탕으로 이루어진다.

○ '모든 책상과 가정에 컴퓨터를'

마이크로소프트는 1975년 4월 4일 '모든 책상과 가정에 컴퓨터를'이라는 비전 아래 윌리엄 H. 게이츠 3세(빌 게이츠)와 폴 G. 앨런(Paul G. Allen)에 의해 공동 설립되었으며 1981년 6월 25일에 주식회사가 되었다.

창사 이래 마이크로소프트는 직장과 학교 및 가정의 PC 사용자들이 최대한의 능력을 발휘할 수 있도록 지원하겠다는 일관된 신념을 지키고 있다. '모든 책상과 가정에 컴퓨터를'이라는 마이크로소프트의 초창기 비전은 오늘날 PC 및 PC 사용자들의 파워와 영역을 확장해 주는 인터넷 관련 기술에 대한 강력한 지원약속과 결부되어 있다.

마이크로소프트는 호기심 많은 사람의 장난감으로 취급되던 초창기 PC 시절에 BASIC을 사용할 수 있게 하여 PC의 개념을 바꾸어 놓았으며, 현재까지 1억 이상이 전세계에서 사용하

고 있는 실제적인 표준 PC 운영체제인 윈도우로 컴퓨터 사용환경을 표준화시켜 놓은 것이다.

세계적인 소프트웨어 공급업체로서 마이크로소프트는 고객들의 변화하는 요구를 만족시켜 주는 혁신적인 제품 생산을 위해 노력하고 있다. 마이크로소프트의 R&D에 대한 대대적인 투자는 고객의 피드백을 지원하려는 강력한 의지와 최고 품질의 소프트웨어를 공급하는 현재 마이크로소프트의 원동력이 되고 있다.

○ 생산성 향상에 기여하는 마이크로소프트의 제품들

마이크로소프트는 윈도우98 및 윈도우2000 등 운영체제와 워드, 엑셀, 파워포인트 등의 응용 프로그램, 그리고 SQL, Exchange, SNA Server, SMS 등의 서버 제품으로 생산성 향상에 기여하고 있다. 이 외에 Visual Basic 및 Visual C++ 등 프로그래밍 언어와 CD-ROM용 각종 소프트웨어 등 항상 선두를 달리는 기술과 제품을 전세계에 보급하고 있다. 또한 인터넷 시대를 맞아 기존 제품에 인터넷 기능을 포함하여 제공하고 있으며 웹 브라우저인 Internet Explorer와 각종 인터넷 서버 제품들을 통해 전세계 컴퓨터 산업의 발전에 밑거름이 되고 있다.

마이크로소프트의 첨단기술 소프트웨어 제품들은 60여 개 언어로 이용할 수 있으며, 78여 개 국가에서 판매되고 있으며 인텔 마이크로프로세서를 장착한 컴퓨터와 애플 컴퓨터를 포함한 대부분의 PC에서 사용할 수 있다.

3 기업현황

○ 마이크로소프트의 모든 비즈니스 그룹은 2004회계연도에 성장을 기록하였으며 총매출은 미화 46억 5천만 달러인 약 14%가 증가한 368억 4천만 달러를 기록하였다.

2004회계연도 중 마이크로소프트 이사회는 정기 배당금 확대 및 마이크로소프트 주식 재매입 확대 등을 통하여 2005회계연도부터 시작하여 향후 4년간 최대 미화 750억 달러를 주주에게 되돌려주는 안을 승인하였다. 이사회는 또한 2005회계연도 중 주당 미화 3달러의 1회성 특별 배당금을 발표하였다.

배당금 지급 후 직원의 주식지분 보상의 가치를 유지하기 위하여 마이크로소프트는 주식계획을 수정할 필요가 있었다. 이러한 조정은 2004년 11월 거행된 마이크로소프트 연례회의에서 주주들로부터 승인을 받았다.

○ 전 세계 78여 개국 5만여 명의 정식직원

마이크로소프트는 약 78개국에 지사를 두고 있으며 전세계 고객 및 기업의 요구를 만족시켜 주는 제품들을 개발하고 있고, 시장개발을 위한 장기적인 투자전략과 현지 개발업체들과의 긴밀한 협력관계는 마이크로소프트가 세계시장에서 앞선 제품을 제공하는 데 도움을 주고 있다.

현재 마이크로소프트에는 50,621명의 정식직원이 근무하고 있다. 미국 내에 34,598명, 그 밖에 전세계적으로 25,235명이 근무하고 있는데, 직원분포를 보면 연구 개발부문에 21,037명, 영업 및 지원부문에 23,569명, 그리고 관리부문에는 6,015명이 근무하고 있다(마이크로소프트 전체 수입 중 56%를 전세계 지사에서 달성함).

4 CEO와 CEO의 세 가지 혁신전략

○ William H. Gates 3세: 회장/Chief Software Architect
스티브 발머: 사장/CEO

○ 첫 번째 혁신 — 작고 가벼운 것이 무겁고 큰 것을 이긴다.
두 번째 혁신 — 단기적인 이익보다 인기(표준화)가 중요
세 번째 혁신 — 기술보다 중요한 것은 시장

5 마이크로소프트의 7가지 Business core units

① **Windows 클라이언트**: Microsoft Windows XP 데스크톱 운영 체제, Windows 2000, Windows Embedded 운영 체제

② **정보근로자**: Microsoft Office, Microsoft Publisher, Microsoft Visio, Microsoft Project, 기타 독립 실행형 데스크톱 응용 프로그램

③ **Microsoft 비즈니스 솔루션**: Great Plains 및 Navision 비즈니스 프로세스 응용 프로그램, Central 비즈니스 서비스

④ **서버 및 도구**: Microsoft Windows Server System 통합 서버 소프트웨어, 소프트웨어 개발자 도구, MSDN

⑤ **모바일 및 포함된 장치**: Windows Powered Pocket PC, Mobile Explorer 마이크로브라우저, Windows Powered Smartphone 소프트웨어 플랫폼을 비롯한 모바일 장치

⑥ **MSN**: MSN 네트워크, MSN 인터넷 액세스, MSNTV, MSN Hotmail, 기타 웹 기반 서비스

⑦ **홈 및 엔터테인먼트**: Microsoft Xbox, 소비자 하드웨어 및 소프트웨어, 온라인 게임, Microsoft TV 플랫폼

Microsoft가 지속적으로 제품을 업데이트하고 개선해 온 이유는 새로운 기술이 등장함에

따라 이를 더욱 발전시키고 고객에게 보다 우수한 서비스를 제공할 수 있는 최고의 위치를 점유하기 위해서이다.

6 마이크로소프트의 미션 및 핵심가치

전 세계의 개인과 기업이 스스로의 잠재력을 최대한으로 실현하도록 돕는 것이 마이크로소프트의 기업사명이다. 마이크로소프트의 사명은 마이크로소프트의 6개의 핵심가치를 반영하고 있다. 6개의 핵심가치는 기업에 대한 마이크로소프트의 윤리적인 접근 및 마이크로소프트가 사업을 영위하고 있는 국가 및 지역에서 기업 시민으로의 성실한 의무를 이행한다는 것을 반영하고 있다. 마이크로소프트가 사명을 준수할 수 있는 능력은 아래의 가치를 공유하는 지적이고 창조적인 사람들에게 달려 있다.

- 마이크로소프트는 정직하고 성실하게 행동한다.
- 마이크로소프트는 고객 및 파트너들 그리고 마이크로소프트 기술에 대한 자부심이 있다.
- 마이크로소프트는 타인을 존중하고 타인에게 개방되어 있으며 이들이 향상될 수 있도록 노력한다.
- 마이크로소프트는 커다란 도전을 받아들일 자세가 되어 있으며 이를 완수한다.
- 마이크로소프트는 자신에 대해 냉정히 판단하며 개인적으로 최고의 성과를 낼 것과 끊임없이 자기개발을 할 것을 약속한다.
- 마이크로소프트는 약속, 결과, 품질을 위해 고객, 주주, 파트너 및 직원에 대한 책임을 진다.

7 마이크로소프트의 연구 및 혁신기반

마이크로소프트는 혁신을 기반으로 발전한 기업으로 마이크로소프트의 미래도 혁신에 달려 있다. 마이크로소프트는 서로 보완적으로 디자인된 다양한 기술과 제 3 자 제품 및 서비스 등을 통하여 탁월한 가치를 고객들에게 제공한다. 이러한 혁신통합(integrated innovation)은 마이크로소프트 비즈니스 전략의 기본적인 요소다.

이러한 혁신을 더욱 더 촉진하기 위하여 마이크로소프트는 연구 및 개발에 대한 장기적인 약속을 하고 있다. 지난 1986년 이후 마이크로소프트의 연구개발 투자는 현재까지 약 미화 400억 달러에 이르며 이러한 연구개발 투자를 통하여 마이크로소프트 고객들에게 가치 있는 제품을 성공적으로 제공하게 되었다. 또한 지적재산권과 관련해서 탁월한 자산을 보유할 수 있도록 하는 결과를 가져다 주었다.

2005회계연도 기간 중 마이크로소프트는 최근 달성한 혁신과 관련하여 2,000여 건이 넘는 특허를 출원한 바 있다. 마이크로소프트는 2005회계연도에 3,000여 건의 추가적인 특허를 출원하였다. 마이크로소프트는 현재 미국에서 3,876건의 특허를 보유하고 있으며 7,929건은 특허 출원 중이다. 국제 특허 건수는 1,292건에 이르며 7,193건이 특허 출원 중이다.

8 마이크로소프트의 국제마케팅전략

1. 변화에 대응하는 벤처정신 · 수평적 조직체계
   — 빌게이츠 회장 개발자로 전환
   — 컨설팅 · 메가포털 MSN 부문 강화
2. 기업 · 중소형 서버시장 공략으로 매출 급성장
   — 저비용 · 고효율 정책 기업 서버시장 공략 '해법
3. 협력사 수익성 제고 등 채널지원 강화
   — 3대 총판체제→다우데이타 · 인성디지탈 · 소프트뱅크
   — 다양한 파트너 정책
4. 윈도XP, 기업용 라이선스 시장 적극 공략
   — '빨라진 부팅속도 및 복원속도, 애플리케이션 응답시간의 향상
5. 닷넷 비전 실현 원년
   — 닷넷 · XML 웹서비스 부문 총력
   — 3단계 웹서비스 전략 추진(개발자준비시기-일반사용자를 위한 인스트럭쳐 구축시기-닷넷을 통한 웹서비스 구현시기)
6. 국내 IT 인트라 발전 적극 추진
   — 반MS 세력에 대한 이미지 개선을 위한 노력이 MS 본사 차원에서도 이루어지고 있다. 특히 스티브 발머가 경영권을 쥔 이후로 대외적인 이미지 개선에 노력하는 것이 표면화되고 있다는 평가가 업계에 일반적이다.

9 국제경영전략

첫째, 무기가 되는 표준을 개발해야 한다. 빌게이츠는 경쟁력 있는 운영체제를 구입, 개발 · 개량하여 주도권을 장악했다. 21세기 초는 글로벌화와 표준화가 한층 심화될 것이다. 표

준의 냄새를 맡고 공격적으로 프론티어에 나서는 기업만이 승리한다.

둘째, 조기 시장을 선점해야 한다. 빌게이츠는 베이직 언어, IBM PC의 운영체제를 통해 표준으로 자리잡았다. 무료 배포, 불완전한 제품의 조기 출시 등은 서둘러 표준을 선점하기 위한 것이었다. 국내 기업은 고유의 강점이 있는 제도를 정립하고 사내와 국내에서부터 표준으로 정착시키는 것이 바람직하다. 정부와 협력하여 회계 · 조세 · 환경 등 글로벌 스탠더드의 수용이 시급한 부문을 우선 변화시키고 다음 적용 부문을 넓혀가야 한다.

셋째, 표준의 힘을 이용하여 영역을 확장해 나간다. 빌게이츠는 PC의 중심에 있는 운영체제에서 출발하여 주변으로 뻗어나갔다. 이때 운영체제에서 벌어들이는 자금과 소스 코드를 장악한 데 따른 기술적 우위를 십분 활용할 수 있었다.

넷째, 네트워크를 구축하고 아웃소싱을 적절히 배합한다. 국적과 출신을 불문하고 경륜이 있는 인재를 널리 구하여 국가 역량을 극대화했다. 빌게이츠는 IBM의 지원으로 PC의 최초 표준에 참여하였다. IBM PC 호환업체들이 마이크로소프트 운영체제를 탑재했기 때문에 빌게이츠는 네트워크의 심장부에 설 수 있었다. 애플은 1994년에야 자사의 운영체제를 다른 회사 하드웨어에 탑재할 수 있어 기회를 상실했다. 빌게이츠는 Q-DOS · 파워포인트 등 좋은 소프트웨어가 눈에 띄면 저작권을 사들였다.

마지막으로 표준을 방어하고 오만을 경계해야 한다. 유능한 후계자를 선발하고 천하 인재가 그를 보필하도록 하는 시스템을 구축하도록 하여야 한다. PC에서 출발한 빌 게이츠의 표준도 영원할 수 없다.

넷스케이프와의 경쟁에서 빌게이츠는 크게 고전하였다. 개인용 단말기인 PDA에서는 아직 표준에 접근하지 못하고 있다.

제1절 글로벌기업

1. 한국의 글로벌기업

1955년 포춘(Fortune) 500대 기업들 중 2005년까지 살아남은 기업은 150개뿐이었다. 우리나라도 마찬가지다. 1965년 매출액 100위에 들었던 우리나라 기업 중 2006년까지 존속한 기업은 12개에 불과했다.

'삼성과 LG' 한국의 대표적인 '지속성장' 기업군이다. 이들 만큼 '선의의 경쟁'을 벌이면서 국내외 시장에서 1, 2위 다툼을 지속적으로 벌여 온 글로벌 라이벌 기업도 드물다.

지속성장은 그냥 이뤄진 게 아니었다. 비결은 무엇일까.

첫째는 위기감이었다. 삼성그룹 이건희 회장은 위기감을 강조하는 리더십으로 유명하다. "미래에 먹고 살 일을 생각하면 등에 식은땀이 흐른다"고 말한다. 그의 '메기론'은 조직 내 긴장과 위기감을 대변한다.

둘째는 자신감이었다. LG 구본무 회장은 "경쟁자들보다는 훨씬 도전적인 목표를 세우고 남들이 생각 못하는 방식으로 승부한다면 어떤 사업에서든 1등을 할 수 있다"는 '자신감의 철학'을 갖고 있다. '할 수 있다'는 의지만 있다면 불가능한 목표도 달성가능하다는 의미다.

셋째는 합리와 현실감이었다. 삼성전자 윤종용 부회장은 IMF 외환위기를 겪으면서 돈 안 되는 사업은 당장 철수하고 차별화된 기술 · 제품으로 경쟁우위를 확보하는 실리전략으로 전환했다.

넷째는 1위에 대한 집념, 삼성전자는 2010년까지 세계 1위 품목을 디지털 TV, MP3플레이어 등을 포함한 20개로 늘린다는 목표다. 현재 1위 품목은 D램 · 플래시메모리 LCD(액정화면) 등 9개, LG전자 김쌍수 부회장은 2010년까지 전자 · 정보통신 업계의 '글로벌 3대 기업'에 진입하겠다고 선언한 상태다.

지속성장하는 무한(無限)기업들에게는 공통점이 있다. 기업의 역사는 변신의 역사이며, 탁월한 변신능력이야 말로 무한기업의 필수조건이며 이를 지키지 못하는 기업은 탈락하고 마는 것이다.

핀란드 '노키아'는 1865년 설립 당시 펄프제지업체였다. 미국의 대표적인 깡

통제조업체였던 '아메리칸캔'은 지금 '프리메리카'라는 금융회사로 변신해 있다. 미쓰비시종합상사는 한 해 이익만 1000억 엔을 벌어들인다. 비결은 무역업에 있지 않다. 이익의 70% 이상은 글로벌 80개국에 뿌리내린 500여 '사업회사'들이 거둔 것들이다. 종합상사가 첨단 나노기술에까지 투자할 정도로 과감하게 변신한 결과다.

'변신의 성공사례'는 우리에게도 많다. 현대모비스, 신세계, 대한해운, 동국제강, 동양제철화학, 에스원, 팬택, 호남석유화학…. 최근 5년간 연간 매출총이익 증가율이 20~40%에 달한 초고속성장기업들이다. 비결은 변신에 있다.

현대모비스는 IMF 외환위기 이후 구조조정을 통해 탱크와 갤로퍼 · 싼타모 등을 만들던 중장비 제조업체에서 자동차 종합부품업체로 변신했다. 에스원은 1981년 국내 최초로 시스템 경비사업을 시작했지만, 최근 디지털 보안기업으로 변신을 추구중이다. 신세계는 호황일 때는 백화점사업에서, 침체될 때는 할인점사업으로 매출을 늘리고 있다.

기업에게 난관을 돌파할 위기관리 및 성장능력 확보여부는 무척 중요하다. 장밋빛 희망만으로 고성장을 달성할 수는 없다. 새롭고 이질적인 시장에 진출해 성장동력을 발굴해야 한다. 아울러 경쟁자들의 지속성장 전략을 철저하게 벤치마킹하는 것도 중요하다.

2. 글로벌 초일류기업의 핵심역량

최근 삼성전자 등 한국기업이 톱랭킹에 오르고 있는 「포춘」지가 선정하여 발표하는 세계 500대 기업에 선정된 기업들의 평균수명이 고작 30~40년 정도에 불과하다. 유럽과 일본의 기업들은 평균수명이 12~13년이고, 닷컴기업들의 평균수명도 몇 년이 안 된다.

그렇지만 일부 기업들은 수백 년을 영속하기도 한다. 일본의 스미토모 그룹은 300년이 넘었고, 스웨덴의 종이화학그룹 스토라(Stora)는 700년 넘게 장수하고 있다. 기업들의 평균수명이 짧아지고 있음에도 불구하고 장수하는 기업이 있다. 글로벌 초일류기업의 핵심역량은 무엇인가?

(1) 피터스와 워터맨

1982년 피터스(Peters)와 워터맨(Waterman)은 「초일류기업을 찾아서(In

Search of Exellence)」에서 IBM, GE, P&G 등 미국의 62개 우량기업을 5년 동안 심층조사하여 초일류기업의 특징을 제시하였다.

일류기업은 단기적 성과가 높으나 미래지향적으로 매우 보수적인 반면, 초일류기업은 행동을 중시하고 기업가정신이 투철하여 끊임없이 생산성 향상을 도모하며 고객과 밀착되어 있다고 설명한다. 즉 초일류기업은 소프트적 요소가 큰 비중을 차지한다고 보았다.

(2) 마이클 트레이시

마이클 트레이시는 창의적 제품개발력, 효율적 생산력, 고객지향의 마케팅 등 3가지 경쟁력을 만족시키는 기업을 글로벌 초일류기업이라고 정의하고 있다.

(3) 포 춘

「포춘」지는 혁신성, 경영능력, 장기적 투자가치, 우수인재 보유, 재무건전성, 자산의 효율적 활용, 제품의 질, 사회적 책임 등 8가지 조건을 제시하였다.

3. 글로벌 초일류기업의 특징

(1) 산업의 주도권을 장악하는 혁신제품

글로벌 초일류기업은 산업을 주도할 수 있는 사업이나 혁신제품, 서비스를 지속적으로 개발하는 기업이다.

혁신제품은 산업발전을 주도하고 경쟁의 패러다임을 변화시킬 수 있는 제품이나 서비스를 말한다. 히트제품은 남들이 쉽게 모방할 수 있고 노력하면 만들 수 있는 것이지만, 혁신제품은 모방에 많은 세월이 소요되고 장기간 시장을 지배할 수 있는 제품으로 브랜드가치를 확실히 올려주는 제품이다.

혁신제품의 대표적인 예는 포드의 T형자동차, IBM이 1964년 출시한 메인프레임 컴퓨터 360시리즈를 들 수 있다.

(2) 글로벌 경쟁력

기업이 성장 발전하고 장수하는 데 있어 가장 중요한 것 중 하나가 경쟁력이다. 그 중에서도 가격경쟁력이 중요하다. 그 좋은 예가 도요타자동차이다. 이 회사는 위기의식으로 철저하게 무장하고 있으며, 낭비제거와 원가절감이 생활화되어 있다. 경쟁력 향상을 위해서는 기술개발과 원가절감, 낭비제거, 프로세스 혁신과 스피드 향상 등에 힘써야 한다.

(3) 글로벌 고객 흡인력

글로벌 초일류기업은 우수한 제품을 만드는 데 그치지 않고 고객이 원하는 가치를 항상 제공하고 있다. 아무리 기술적으로 우수한 제품이라해도 소비자에게 가치를 제공하고 호평을 받을 수 없으면 실패하기 마련이다. 이를 위해 기업은 유행을 이끌어가며 소비자의 새로운 라이프스타일을 창조할 수 있는 능력을 갖추어야 한다. 대표적인 예로 전자제품은 삼성전자, 자동차는 BMW, 의류는 루이비통을 들 수 있다.

4. 글로벌 초일류기업의 전략

21세기 새로운 환경에 직면한 기업에게 난관을 극복할 위기관리와 성장동력 확보는 매우 중요하다. 새롭고 이질적인 시장에 진출해 성장동력을 발굴해야 한다. 아울러 경쟁자들의 지속성장전력을 철저하게 대응하는 것이 필요하다.

따라서 초일류기업이 가지고 있는 경쟁력, 경영이념, CEO의 능력, 글로벌 경쟁력, 기업이 가지고 있는 핵심역량, 기업에 특화된 성공요인이 중요하다고 할 수 있다.

제 2 절 글로벌 CEO

1. 글로벌 CEO의 정의

(1) 글로벌 CEO의 정의

글로벌 CEO에 대한 정의는 다양하다. 경영자는 경영의 주체로서 조직체(기업)의 목표를 설정하고 설정된 목표를 달성할 수 있도록 필요한 여러 활동을 행하며 조정기능을 수행하는 사람이라고 정의할 수 있다.

(2) 글로벌 CEO의 중요성

글로벌 CEO는 망망대해를 항해하는 배에 비유할 때, 선장에 해당된다. 선장이 없으면 배가 목표로 하고 있는 곳으로 항해할 수 없다. 따라서 경영자가 없는 조직체(기업)는 목표의 설정 및 그 목표를 효과적으로 달성하기가 어렵다.

2. 글로벌 CEO의 유형

경영자는 조직의 계층에 따라 수행하는 역할 및 책임이 다르며 이에 따라 3가지 유형으로 나눌 수 있다.

(1) 최고경영자(top manager)

조직의 최상층부에 위치해 있는 경영자로 기업의 중장기 목표와 전략의 수립, 회사방침과 비전의 설정, 사회적·법률적으로 이해관계자집단과 우호적인 관계가 형성되도록 하는 역할을 수행한다. 최고경영자에 속하는 사람은 최고경영자(CEO: chief executive officer), 임원(COO: chief operation officer; 영업담당 임원, CFO: chief financial officer; 재무담당 임원, CIO: chief information officer; 정보담당 임원, CDO:chief design officer; 디자인담당 임원, CKO: chief knowledge officer; 지식담당 임원) 등이 포함된다.

(2) 중간경영자(middle manager)

최고경영자 아래에서부터 하부경영자 위까지를 포함하는 것으로 공장장(plant manager), 부사장(section manager) 등이 이에 포함된다. 중간경영자는 최고경영자가 결정한 사항들을 하부경영자들에게 전달하는 역할을 수행한다.

(3) 하부경영자(first-line manager)

하부경영자에는 일선감독자(supervisor), 작업반장(line manager) 등이 포함되며 이들은 최고경영자가 결정한 사항들이 종업원들을 통해 실제로 집행되도록 하는 역할을 수행한다. 즉 종업원들의 관리책임을 지게 된다.

3. 글로벌 CEO의 개념과 가치

슘페터(Joseph A. Schumpeter)는 새로운 결합을 수행하는 주체자를 글로벌 CEO로 보고 있다. 그리고 새로운 결합으로는 ① 새로운 재화 또는 재화의 새로운 품질 창출, ② 새로운 생산방법의 도입, ③ 신규시장의 개척, ④ 원료나 부품의 새로운 공급처 확보, ⑤ 새로운 산업의 조직 등을 들고 있다. 그리고 이러한 새로운 결합이 이루어지는 공간을 기업이라고 부르고 있다.

한편 드러커(Peter F. Drucker)는 기업가란 "변화를 탐구하고 변화에 대응하며 또한 변화를 기회로 이용하는 자다"라고 정의하고 있다. 따라서 그에 따르면 CEO의 역할은 이윤의 극대화보다는 기회의 극대화를 추구하는 것이다.

또한 베스퍼(Karl Vesper) 교수는 "다른 사람들이 발견하지 못한 기회를 찾아내는 인간 또는 사회의 상식이나 권위에 사로잡히지 않고 새로운 사업을 추진할 수 있는 인간이야말로 글로벌 CEO이다. 그러나 가장 중요한 것은 사업이 행복을 추구하는 수단이라는 점이다. 어떻게 살 것인가, 무엇을 행복으로 여길 것인가와 같은 점들을 진정으로 이해하고 있는 인간이야말로 기업가가 아니겠는가"라고 말하고 있다.[1]

이러한 여러 학자들의 정의로부터 알 수 있듯이 글로벌 CEO에게 가장 중요한 가치는 돈이나 물질보다는 개인적인 열정, 독특한 경험과 지식이다. 따라서 사회적으로 성공한 사람들과 보통사람들 간의 차이는 자신만의 지식과 열정, 경험을 자산으로 하여 기회를 자기의 것으로 만드는 실현 과정이 존재한다는 것이다. 그러므로 기업가란 ①어디에 실현가능성이 있는 기회가 있는가? ②기회를 어떻게 활용해야 하는가? ③어떠한 자원이 필요한가? ④그런 자원들을 어떻게 확보할 것인가? ⑤어떤 조직구조가 가장 바람직한가? 등에 대하여 끊임없이 살펴야 한다. 즉 기업가는 투자자원의 규모나 양을 이익의 크기와 비교하거나 위험도에 비추어 결정하기보다는 사업기회의 발견, 성취가능성을 염두에 두고 타이밍을 고려하는 사람이라고 할 수 있다.

1) 이광순, 「경영자론」(청운대출판부, 2002), pp. 9~15.

4. 글로벌 CEO의 핵심역량과 능력

(1) 글로벌 CEO의 능력

오늘날의 경영자는 일련의 능력을 갖추고 글로벌 경영환경에서 벌어지는 복잡한 문제를 성공적으로 관리할 수 있어야 한다. 이런 능력을 '필수 경영 능력(essential managerial capability)'이라고 부른다. 이것은 사람관리 능력(ability to manage people), 실행관리 능력(ability to manage action), 정보관리 능력(ability to manage information), 문제대처 능력(ability to cope with pressure), 핵심 비즈니스 지식(core business knowledge)이다. 훌륭한 리더십을 위해선 이 다섯 가지 능력이 필수적이다. 활동무대가 글로벌이든 로컬이든 상관없다. 미국 캘리포니아 주 L.A.시에 있는 사람들과 일하든, 인도 뭄바이에 있는 사람들과 일하든, 아니면 양쪽 지역 사람들과 일하든, 유능한 매니저가 되려면 이 다섯 가지 능력을 발휘해야 한다.

(2) 글로벌 CEO의 핵심역량

글로벌 CEO의 '핵심역량'에는 국제 비즈니스 지식(international business knowledge), 문화적응 능력(cultural adaptability), 관점수용 능력(perspective-taking), 혁신자역할 수행능력(ability to play the role of innovator) 등이 있다. 복합적인 글로벌 환경에서 기업을 경영할 경우, 핵심역량을 촉매로 사용해 필수 경영 능력을 적용시키거나 범위를 확대할 수 있다. 시간, 국가, 문화의 장벽을 뛰어넘어, 스웨덴이나 카자흐스탄, 베트남, 튀니지의 경영자와 일대일로 상대하든 그들 모두와 함께 일하든, 핵심역량을 적극 활용해야 한다. 그러나 글로벌 매니지먼트를 위한 핵심역량이 필수 경영능력에 반드시 부가되는 것은 아니라는 점을 강조하고 싶다. 핵심역량은 글로벌 업무의 요구를 충족시킬 수 있으며, 아이러니컬하게도 기술과 커뮤니케이션의 발달로 인해 빚어진 차이를 없애는 데 도움을 주는 수단과 촉매를 의미한다.

핵심역량을 익히면 매니저는 자국에서 성공을 거둔 경영방법을 다른 국가나 문화, 여러 시간대에 걸쳐 적용시킬 수 있다. 핵심역량은 글로벌 책임(global responsibility)을 지닌 유능한 매니저가 경영 일선에서 취하는 행동방식과 태도의 기본이 된다. 핵심역량은 다양한 시간대, 다양한 국가, 다양한 문화에 적용될 수 있다. 또한 이 혁신적인 능력을 사용해서 관점이나 세계관, 준거기준(frame of reference)이 다른 사람들의 상호작용 속에서 새로운 발전을 이끌어 낼 수 있다. 이런 핵심역량을 적응시킨 덕분에 패스트푸드를 생산하는 대기업이 뉴델리에서는 양고기 버거를, 일본에서는 해초버거를 판매할 생각을 하게 된 것이다. 기본적인 영업 방식이나 경영 인프라를 바꾸기 위해 힘들게 로비를 할 필요가 없는 것이다.

(3) 글로벌 복합성과 핵심역량

이제 '핵심'이라는 개념을 사용한 이유를 자세히 살펴보자. 이해의 폭을 넓히려면, 지구라는 행성을 생각해 보라. 지구 앞에 서 있다고 생각해 보자. 당신의 나라는 쉽게 찾을 수 있다. 당신은 자국에서는 유능한 매니저다. 지식과 수완, 기술, 경험, 즉 필수 경영능력을 가지고 있기 때문이다. 이제 지구가 회전하기 시작한다고 생각해 보자. 회전하는 지구는 글로벌 복합성을 의미한다. 지구가 돌면서 시간과 국경, 문화도 같이 움직인다. 성공을 거두려면 당신의 지식을 회전하는 지구에 적응시킬 수 있어야 한다. 적응은 하되 매번 다른 방식으로 적응시켜야 한다. 똑같으면 안 된다. 잠시 시간을 두고 지구의 회전축에 대해 생각해 보자. 회전축이 있어서 지구가 회전할 수 있는 것처럼, 핵심역량이 있기에 당신의 지식을 상황에 맞게 적용시킬 수 있다. 지구의 회전성은 글로벌 복합성을 나타내며 핵심역량은 바로 축을 의미한다. 따라서 글로벌 복합성을 다스리는 것은 핵심역량이라고 할 수 있다.

실제로 글로벌 CEO들을 만나보면 잘 알 수 있다. 지금까지 일류라고 불리는 많은 경영자를 만나보면, 그들은 예외없이 사람들의 장점만을 보는 유형이었다. 물론 단점을 알고 있지만 말하지 않을 뿐만 아니라 남을 비방하지도 않는 것이다.

글로벌 CEO가 되면 이제 경쟁자는 없다. 그렇게 되면 남의 단점이 보이지 않게 되는 것이다. 지금까지는 남의 단점을 찾아내서 발목을 잡고 태클을 걸면서 올라왔다 하더라도 글로벌 CEO라는 정점에 서면 더 이상 그렇게 할 필요가 없다. 그것을 인식하지 못하고 발로 차버리기만 하는 글로벌 CEO는 결코 대성하지 못한다는 것이 이제까지 확인된 사실이다.

(4) 글로벌 CEO의 역할

글로벌 CEO에게는 어떠한 능력이 필요한가를 알려면 우선 "사장이 해야 할 일이 무엇인가"를 분명하게 해두어야 한다.

한 기업의 운명을 짊어지고 있는 사장으로서 해야 할 가장 중요한 일은 과연 무엇일까? 지금까지 영국과 미국의 학자들을 비롯하여 일본의 일류 경영학자들이 '경영자의 기능'에 대해 다양한 학설을 주장해왔다.

글로벌 CEO로서 해야 할 일은 크게 다음의 3가지로 나뉜다.

첫째, 기업의 미래에 대한 구상과 경영 이념의 명확화

둘째, 전략적 의사결정

셋째, 집행과 관리

'기업의 미래에 대한 구상'이란 회사가 추구해야 하는 10년, 20년 후의 바람직한 모습을 끊임없이 구상하여 그려내는 것을 말한다.

'경영 이념의 명확화'라는 것은 한마디로 말해서 무엇을 위해 사업을 하고, 어떻게 돈을 벌어들일 것인가를 회사의 일반 사원들까지 알게 하는 것이다.

'전략적 의사결정'이란 기업의 미래에 대한 구상과 경영 이념에 기초하여 기업의 최고 책임자로서 취해야 할 방안을 결정하는 것을 말한다.

'집행과 관리'란 사장이 내린 결정에 대해 성과가 나올 수 있도록 임직원들에게 업무를 지시하는 것을 말한다.

소규모 기업의 사장이든 대규모 기업의 사장이든 이상의 3가지 역할을 다하지 않는다면 CEO라고 이야기할 수 없다.

5) 글로벌 CEO의 비즈니스 지식

국제 비즈니스 지식은 해당 사업과 매니저가 속한 조직이 운영하는 활동영역 전체에 걸친 경영수행 방식에 대한 철저한 이해를 말한다. 국제 비즈니스 지식을 보다 넓은 관점에서 보게 되면 핵심 비즈니스를 철저히 이해해서 자기 자신과 관련된 시장이나 판매상, 제조업체, 천연자원 등을 국가의 내외적 상황에 맞게 사업을 적응시키고 활용하는 방법을 이해하는 것을 의미한다. 좁은 관점에서 살펴보면, 국제 비즈니스 지식은 담당 국가의 법규, 역사, 관습에 대한 지식이다.

유능한 글로벌 매니저가 되려면, 전문가에게 항상 조언을 구하고, 수업을 듣고, 서적을 읽어야 한다. 국제 비즈니스 지식을 잘 파악하면, 매니저는 행동방식에 대한 정보를 얻어서 문제 발생을 피할 수 있다. 또한 광범위한 전략을 개발할 수 있으며, 한곳에서 세운 의사결정이 다른 곳의 결과와 가능성에 미치는 영향을 항상 의식할 수 있다. 하지만 지적 지식만 가지고는 불충분하다. 일류 경영대학원의 MBA 과정을 이수했다 해도 소용없다. 머리로 아는 것과 깊은 이해, 즉 체험하고 느끼고 실행하는 것은 별개의 문제다.

제 3 절 글로벌기업과 CEO

1. 글로벌 CEO의 위치

기업환경이 급변하면서 CEO의 의사결정 능력과 자질이 기업의 성쇠를 결정하는 시대가 됐다. 때론 CEO의 말 한마디는 주가를 춤추게 한다. 지난 1999년 7월19일, 미국 휴렛패커드(HP)는 CEO로 루슨트테크놀로지 사장인 칼리 피오리나를 영입한다고 발표했다. 당시 HP CEO 경쟁률은 무려 800 대 1이나 됐다. HP의 류 플랫 전 회장은 "피오리나는 변화하는 HP에 꼭 필요한 인물"이라고 밝혔다. 미국 증권시장은 HP와 루슨트테크놀로지에 희비교차로 응답했다. 이 날 오후 HP 주가는 2달러 68센트나 올랐다. 반면 루슨트테크놀로지 주가는 1달러 87센트나 떨어졌다. "HP는 적합한 사람을 골랐으나 루슨트테크놀로지는 유능한 경영인을 잃었다"는 증시의 반응 때문이었다.

투자의 귀재 워렛 버핏은 CEO를 보고 투자하는 것으로 유명하다. 그가 만든 투자회사인 버크셔 해더웨이는 코카콜라 · 아메리칸익스프레스 · 질레트 등의 지분을 상당량 갖고 있다. 버크셔의 투자 신조는 'CEO를 보고하라' 다.

IBM의 루 거스너 사례는 지금도 회자되고 있다. 80년대 들어서도 IBM은 대형 컴퓨터 사업에만 매달렸다. '퍼스널 컴퓨터 혁명' 을 간과했다. 결국 92년 말 회사의 현금은 거의 바닥이 났다. 이듬해에는 해체위기까지 맞았다. 이때 CEO로 영입된 인물이 루 거스너. 그는 수익성이 없는 자산부터 팔아치웠다. 심지어 IBM 설립자인 토마스 왓슨 1세가 1937년부터 수집하기 시작한 그림 350점도 팔아치웠다. 소비자의 소리에도 항상 귀를 기울였다. 그의 CEO 취임 2년째 IBM은 판매량이 30% 늘었다. 주가도 치솟았다. 그 때 시장은 거스너를 "IBM의 주력 기종인 메인 프레임(대용량 고속컴퓨터)처럼 만들어진 사람"으로 묘사했다.

2. 한국의 글로벌 CEO관

우리나라 기업에서도 요즘 글로벌 CEO의 우수한 능력과 자질이 요구되고 있다. 삼성 이건희 회장은 전천후 글로벌 CEO를 강조한다. '종합예술가' 로서의 CEO를 중시하는 것이다. 그래서 삼성전자의 경우 경영과 기술을 아는 '엔지니어 CEO' 들이 대거 중용되고 있다. LG, 구본무 회장은 "훌륭한 CEO를 키우는 것이 가장 중요하며, 그 CEO는 미래를 내다보고 경영을 잘 할 수 있는 CEO여야 한다"고 강조한다.

SK 최태원 회장은 인내사(人乃社)론(사람=회사)을 내세운다. 그러면서 "기업에 있어서 사람은 시작이자 마지막"이라며 CEO의 중요성을 역설한다. 현대자동차의 정몽구 회장은 "자동차산업에 대한 소명의식이 분명하고 긍정적 사고로 일에 열정적으로 몰입하는 인재상을 찾고 있다"는 말로 CEO 선택의 기준을 제시했다. 포스코의 이구택 회장과 KT의 이용경 사장은 "지속적인 성장을 위해선 변화와 혁신이 불가피하다"며 항상 기업혁신을 강조하는 경영자로 꼽힌다. 그러나 CEO는 외부 평가에 일희일비하지 말아야 기업을 올바르게 이끌수 있다는 지적이 많다. 씨티그룹의 CEO 샌포드 웨일의 경우 2000년 비즈니스위크지로부터 '최고의 경영자' 로 선정됐으나 2년 뒤엔 '최악의 CEO' 라는 불명예를 안기도 했다. CEO는 외부 평가에 연연해하지 말고 실적으로 승부해야 한는 것이 CEO의 자세인 것이다.

3. 글로벌 CEO의 리더십

성공한 회사에는 늘 성공한 글로벌 CEO가 있다. 그러나 그런 글로벌 CEO들은 우연히 성공을 낚아챈 것이 아니라 리더십을 갖추기 위해 남몰래 고민하고 나름의 비결을 연마했다. 미국의 경제잡지 포춘은 10명의 유명 글로벌 CEO에게 리더십은 무엇이고, 훌륭한 리더십을 갖추기 위해서는 무엇을 하는지를 물어봤다.[표 2-1]

4. 글로벌 CEO의 능력

글로벌 CEO가 기본적으로 갖추어야 할 능력과 특성은 다음과 같다.

표 2-1

글로벌 CEO의 리더십

이름	직함	리더십의 배경	존경하는 인물
AG 래프리	P&G CEO	주어진 대화 시간의 3분의 2를 듣고, 그 질문에 대답하는 데 사용한다	에이브러햄 링컨 (전 미국 대통령)
칼리로니	'더놋' 공동 창업자 겸 최고편집자	회사를 이끄는 것은 육아와 비슷하다. 아이들이 커가면서 어느 정도 포기해야 하는 것처럼 조직에 대해서도 포기할 건 포기해야 한다.	바츨라프 하벨 (전 체코 대통령)
테리 룬트그렌	페더레이티드 CEO	열심히 남의 말을 들은 뒤에는 무엇을 해야할지에 대한 결정을 내려줘야 한다.	마틴루터킹주니어 (인권운동가)
케빈셰러	앰진CEO	새로운 일을 하는 건 항상 무서운 것이지만, 리더는 그런 위험의 최전선에 자신을 내던져 모험을 감내할 각오를 해야 한다.	넬슨 제독 (영국 해군 제독)
캐럴바츠	오토데스크 CEO	자신을 너무 진지하게 만드는 것은 가장 잘못된 행위다.	빌 클린턴 (전 미국 대통령)
스탠리 오닐	메릴린치 CEO	고결함을 잃지마라. 그것이 가장 중요한 CEO의 덕목이다.	마틴루터킹주니어 (인권운동가)
빌 졸러스	엘로로드웨이 CEO	리더는 실패란 단어에 친숙해져야 한다. 새로운 것을 시도하는 데 두려움이 없어야 하기 때문이다.	해리 트루먼 (전 미국 대통령)
행크 폴슨	골드먼삭스 CEO	내가 저지른 실수에 대해 얘기하는 것으로 대화를 시작한다.	주룽지 (전 중국 총리)
브래드 앤더슨	베스트바이 CEO	나 자신만의 관점을 가지기 위해 더 고집스러워지려고 노력했다.	조지부시 (아버지 부시, 전 미국 대통령)
폴 택리어뷰	전미풋볼리그 (NFL)커미셔너	미래는 결심에 따라 그 모양이 바뀐다.	윈스턴 처질 (전 영국 총리)

1) 강한 의욕

글로벌 CEO의 강한 의욕은 사업과 일에 열정적으로 몰입하는 데 도움을 준다. 특히 새로운 사업을 설립하고 운영하는 데는 많은 노력과 열정이 필요하기 때문에 이러한 개인의 특성은 중요한 역할을 한다. 그러나 열심히 일만 한다고 성공이 보장되지 않듯이 강한 의욕만으로는 부족하다. 많은 경우 합리적인 계획과 판단이 결여된 채 의욕만 앞세운 결과 실패하는 경우가 종종 있다.

2) 정신적 능력

글로벌 CEO의 정신적 능력이란 IQ와 지적 능력, 창조적 사고력, 분석적 사고력 등을 의미한다. 기업가는 이러한 정신적 능력에 의하여 사업의 당면문제를 체계적으로 분석해내고 창조적인 문제해결력을 제시하며 합리적인 일처리를 할 수 있다. 이러한 능력은 기회를 포착하여 현실화하는 데 중요한 역할을 한다.

3) 인간관계 능력

인간관계 능력은 주로 정서적 안정성, 대인관계의 기술, 사교성, 타인에 대한 배려도, 감정이입 능력 등을 의미한다. 예를 들자면 감정이입 능력이 뛰어난 글로벌 CEO의 경우 타인의 입장에서 사물을 바라보고 생각하기 때문에 타인의 느낌과 생각을 효과적으로 파악할 수 있다. 이러한 인간관계 능력은 고객과 종업원의 생각과 입장을 이해하게 함으로써 사업운영에 많은 도움을 줄 수 있다. 기업가는 궁극적으로 고객이나 종업원 등 이해관계자들과 좋은 관계를 유지하여야 하기 때문에 인간관계 능력은 사업성공에 중요한 영양요인이 된다.

4) 의사소통 능력

의사소통 능력은 문서 또는 말로써 자신의 의사를 효과적으로 전달하는 능력을 말한다. 글로벌 CEO는 사업을 원활하게 운영하기 위하여 고객, 종업원, 공급자, 채권자 등과 효과적으로 의사소통을 하여야 한다. 따라서 이러한 능력은 성공적 사업운영을 위해 필요한 요소라고 할 수 있다.

5) 기술적 지식

사업이 성공하기 위해서는 궁극적으로 시장에서 판매될 수 있는 제품과 서비스를 실제로 만들어내야 한다. 이러한 기술적 지식은 고객이 원하는 제품과 서비스를 만들어서 판매하는 과정에서 필요한 기술과 기법을 포함한다. 예를 들자면 제품제조 기술, 설비가동 기술, 판매기법, 재무분석 기법 등이 그것이다.

6) 의사결정 능력

글로벌 CEO가 사업운영과 관련하여 정확한 의사결정을 시의적절하게 내리는 것은 사업성공에 중요한 영향을 미친다. 이러한 의사결정을 통하여 회사는 여러 가능한 대안 중 가장 적절한 방향을 선택할 수 있다.

7) 개념적 능력

개념적 능력은 복잡한 현상의 핵심을 간파하고 그것을 간결한 형태로 재구성함으로서 보다 효과적인 문제해결력을 제시할 수 있는 능력을 말한다. 글로벌 CEO는 이러한 개념적 능력에 기초하여 아무도 간파하고 있지 못한 기회를 포착하고 효과적인 전략적 대안을 제시할 수 있다. 또한 회사내부에 관한 문제에서도 전체 조직의 특성과 문제점을 파악하여 조직의 각 부문들이 사업성공을 향해 함께 힘을 모을 수 있는 방법을 강구할 수 있다.

5. 글로벌 CEO의 덕목

(1) 위기의식

글로벌 CEO는 항상 부딪칠 수 있는 위기상황과 문제들을 분명히 알고 그것을 조직전체가 확실히 인식하도록 해야 하며, 그 위기감이 항상 지속되도록 해야 한다. 오늘날과 같이 급변하는 환경에서는 내일이 어떻게 될지 누구도 모른다. 매일 매일이 위기임에 틀림없다.

(2) 통찰력과 선견력

오늘날의 경영환경은 워낙 복잡하고 다원화되어 쉽게 파악하기가 어려울 뿐 아니라, 그 변화가 불연속적이고 워낙 빨라 대처하기가 매우 어렵다. 따라서 글로벌 CEO는 이러한 변화를 읽을 수 있는 통찰력과 선견력이 있어야 한다.

(3) 강력한 리더십

글로벌 CEO는 경영환경 변화에 따라 스스로 변할 수 있는 유연성과 융통성, 그리고 변화할 수 있는 결단력이 있어야 하며, 또한 조직을 변화시킬 수 있는 리더십과 추진력이 필요하다. 구성원들에게 변화의 방향과 비전을 명확히 제시할 수 있고, 그 목표를 향해 한 방향으로 일사분란하게 끌고 갈 수 있는 강력한 리더십이 있어야 한다.

(4) 경영상의 계수 파악

기업경영에서는 중요하든 중요하지 않든 많은 계수들과 지표들이 만들어지고, 배포되고, 보고된다. 경영자는 이들 계수의 뜻을 정확히 읽을 수 있어야 한다. 그래야 빠른 경영 판단을 할 수 있고 올바른 의사결정을 내릴 수 있다.

(5) 국제감각

경영자는 넓은 안목과 시야를 가져야 한다. 세상은 너무나 넓고 다양하며, 많은 풍습과 서로 다른 문화들로 가득 차있다. 그리고 세상에는 살아가는 많은 방법들이 있다. 따라서 글로벌 CEO는 국제감각을 길러야 한다.

(6) 현장경영

글로벌 CEO는 현장과 경영프로세스를 꿰뚫어 볼 수 있고 솔선수범해야 한다. 현장과 경영프로세스를 꿰뚫어 볼 수 있는 안목을 배양하기 위해서는 현장경험을 많이 해야 하며, 사무실에 앉아있는 시간보다 현장에 있는 시간이 더 많아야 한다.

(7) 인재육성

인재육성은 선택이 아니라 절대적인 과제이다. 인재를 키우지 못하거나 키우지 않는 관리자는 무능한 관리자이다. 인재를 육성하는 것은 쉽고 간단한 것이 아니다. 많은 열정과 관심과 지속적인 투자가 있어야 한다.

제 4 절 기업활동의 글로벌화

1. 기업활동의 글로벌화

(1) 경쟁우위와 비교우위의 종합

기업활동의 글로벌화는 결국 글로벌기업이 자신이 지니고 있는 '경쟁우위'(competitive advantage) 요소와 피투자국이 지니고 있는 '비교우위'(comparative advantage) 요소를 결합하는 전략적 선택의 결과로 나타난 것이라고 할 수 있다. 글로벌기업은 기업활동을 글로벌화함으로써 경쟁우위를 확보하고자 하는데, 글로벌기업이 기업활동의 글로벌화를 위해 투자지역을 선택하는 문제는 지역간 비교우위에 의해서 결정되기 때문이다. 비교우위는 국가간에 상대적인 생산요소비용의 차이에 의해서 결정된다.

반면 경쟁우위는 기업이 이러한 생산요소를 가장 '효율적'으로 상품화할 수 있는 능력의 차이에 의해서 결정된다. 여기서 문제는 이러한 비교우위와 경쟁우위가 고정되어 있는 것이 아니라 '불확실'하고 동태적으로 변화한다는 데에 있다.[2]

(2) 규모의 경제와 범위의 경제실현

글로벌기업은 투자대상국들의 '입지조건의 차이'(national differences)를 활용하고, 부가가치활동의 재배치를 통해서 '규모의 경제'(scale economies)와 '범위의 경제'(scope economies) 등을 실현한다. 이는 자신이 소유하고 있는 경쟁우위를 공고히 하는 방법이 된다. 글로벌기업이 이렇게 경쟁우위를 확대하는 것은 '효율제고', '기술혁신 및 전파', '위험분산', '고객만족' 등의 구체적인 '전략적 목표'를 달성하기 위함이다.

글로벌기업의 활동은 높은 고정투자비용을 수반하기 때문에, 글로벌기업이 이를 극복하기 위해서는 국제적 단위의 규모의 경제와 범위의 경제를 실현하는 것이 필수적이다. 따라서, 규모의 경제와 범위의 경제를 실현하는 것이 투자의 목적이다.

(3) 불확실성의 재정과 시장지배

글로벌기업이 영리추구를 최우선 과제로 삼는다는 점에서는 일반 기업과 다르지 않다. 글로벌기업도 이윤추구라는 '목표'를 달성하기 위해 일반 기업처럼 '시장여건'에 맞는 '투자수단'(투쟁수단)을 선택하고 조직내부의 '경영자산'을 효율적으로 '관리'하고자 노력한다. 그러나 글로벌기업은 경제활동의 본거지를 국경을 넘어선 여러 지역으로 확대한다. 따라서 조직내부의 경영자산을 효율적으로 '관리'하고, 불확실성에 대비하여 '정보처리'를 신속히 하며, 환경변화에 잘 적응하기 위해서는 일반 기업보다 '유연한 조직'(operational flexibility)을 유지해야 한다. 이러한 유연성은 기존의 기업자산에 대한 의존도에 반비례하고, 글로벌기업이 '시장의 불확실성'을 재정(arbitrage)하는 능력과 '시장지배력'(market power)을 창출하는 능력에 비례한다.

2) 이홍구, 「외국인 직접투자와 투자정책」(KDI,1994), pp. 98~129

어떤 면에서 글로벌기업은 세계시장의 불확실성 요인을 자신의 이익실현에 최대한 활용하면서, 세계시장의 점유율뿐만 아니라 실질적인 시장지배력을 제고하는 데에 기업활동의 초점을 맞춘다고 할 수 있다. 직접투자를 통해 국제생산비 격차를 활용하고, 새로운 시장진입을 통해 경쟁력 있는 공급자 네트워크(supplier capabilities)를 활용하면서 수요변화와 기술변화에 대한 대비와 위험분산을 도모하는 것이다.

2. 글로벌화에 따른 기업의 변화

차크라바티와 펄뮤티(Chakravarthy and Perlmutter, 1985)는 글로벌화에 따른 기업의 변화를 다음과 같이 네 가지로 범주화하였다.

(1) 본국시장 중심기업(Ethnocentric)

마케팅활동을 포함한 기업의 활동과 자원배분이 본국시장(home market)을 중심으로 이루어진다. 해외시장은 본국에서 생산한 제품의 수출시장으로서 의미를 갖는다. 조직은 수출부 혹은 제품별 국제사업부의 형태를 가지고, 본사에서 설정한 목표에 따라 세계적 통합전략을 수립하고 판매지점 및 지사에 명령을 하달한다.

(2) 현지시장 중심기업(Polycentric)

기업의 활동과 자원배분의 해외의 현지시장(local market)을 중심으로 이루어진다. 기업의 해외직접투자에 의해 현지시장에 자회사가 설립되고, 현지시장은 상품의 생산지인 동시에 판매시장으로서의 중요한 의미를 갖게 된다. 본국 모기업의 조직은 일반적으로 지역별 사업부 형태를 가지고, 현지시장에서 자율적으로 목표를 설정하고 그 시장환경에 적합한 전략을 수립하고 현지 자회사의 책임 아래 마케팅활동을 수행한다.

(3) 지역시장 중심기업(Regiocentric)

기업의 활동과 자원배분이 지역시장(regional market)을 중심으로 이루어진다. 해외자회사의 숫자가 늘어나면서 지역 내 자회사간의 협력 필요성이 대두된다. 모기업은 다국적기업으로서 소수의 지역본사를 통해 해외자회사를 관리한다. 지역본사는 그 지역 내 해외자회사들과 협의하여 경영목표를 설정하고 전략을 개발함으로써 현지시장에 적응하는 동시에 지역적 통합을 꾀한다.

(4) 세계시장 중심기업(Geocentric)

기업의 활동과 자원배분의 전 세계시장(global market)을 중심으로 이루어진다. 본국과 해외시장의 구별이 없이 세계적 관점에서 최적의 국가에 기업활동을 배치하고 또한 전사적 과점에서 전략을 수립하며 해외자회사들의 경영관리를 통합한다. 연구, 생산, 마케팅, 물류, 정보 등의 기업활동의 네트워크 조직구조를 통하여 전 세계적으로 연계된다. 이들 회사를 세계기업(global corporation)이라고 부른다.

위와 같은 네 가지 범주의 기업 프로필을 영어의 앞문자를 따서 'EPRG Profile' 이라 부르는데 이를 요약하며 〈표 2-2〉와 같다.

이와 같이 기업활동이 세계적으로 증대되는 한편, 국내기업이 세계적으로 변화된다는 것은 필연적으로 생산관리, 마케팅관리, 재무관리, 인사관리, 회계 및 정보관리 등 경영관리 제 분야의 국제적 확장, 다시 말하면 경영의 글로벌화를 가져온다. 경영의 글로벌화가 따르지 않는 기업의 글로벌화는 사상누각과 같

표 2-2

글로벌화와 기업의 EPRG 프로필

기업의 태도	본국시장 중심형	해외시장 중심형	지역시장 중심형	세계시장 중심형
1. 목 표	수익성(생존)	공적수용 (합법성)	수익성 및 공적 수용 (생존 및 합법성)	
2. 전 략	범세계적 통합전략	국별 반응전략	지역별 통합 및 국별 반응전략	범세계적 통합 및 국별 반응전략
3. 조직구조	계층적인 제품사업부	자치적 국가단위를 가진 계층적 지역 사업부	매트릭스를 통해 결합된 제품 및 지역조직	네트워크조직
4. 관리 • 커뮤니케이션 • 자원의 배분	• 계층적 (본사 하달) • 본사결정	• 거의 없음 • 자회사 결정	• 지역 내 수직, 수평적 커뮤니케이션 • 본부지침 아래 지역본사가 자유배분	• 지역 내 수직 수평적으로 글로벌화된 커뮤니케이션 • 글로벌화 전략에 따른 범세계적 계획, 배분

자료: B. Chakravarthy & H. Perlmutter, "Strategic Planning for a Global Business,' *Columbia Journal of World Business*(Summer 1985), pp. 3~10.

다고 할 수 있다.

기업이 세계적으로 경영활동을 수행하기 위해서는 세계의 일류기업들과 견주어 우월하거나 대등한 위치에 있어야 한다. 다시 말하면 기업의 국제경쟁력이 있을 때 비로소 세계적 경쟁에서 살아 남고 성장할 수 있게 된다.

따라서 기업주체의 관점에서 기업의 글로벌화란 어느 기업이 세계 일류기업의 수준으로 변화하고 국제경쟁력을 향상시켜 나가는 과정이라고 볼 수 있다. 기업의 글로벌화에 대한 학자들의 정의는 상호 유사하면서도 관점에 따라 다소의 차이를 보이고 있다.

Johanson and Widershiem(1975)은 기업의 글로벌화란 기업이 당면한 문제의 점진적인 의사결정의 배열이라고 정의하고 이에 가장 장애가 되는 것은 지식자원이라고 하였다. 즉, 기업의 글로벌화 과정을 국내시장에서 처음 활동하기 시작한 기업이 점진적인 의사결정과정을 통해 해외시장에 진출함으로써 성장 · 발전해 나가는 과정으로 정의하였다.

또한, Johansona and Vahlne(1977)는 해외시장에 대한 지식의 결여는 국제경영활동에 방해가 되기 때문에 변화하는 기업의 여건과 환경에 적응하기 위하여 기업이 학습과정을 통하여 해외시장의 지식을 획득하여 국제경영활동을 점진적으로 확대해 나가는 단계적 과정이라고 정의하였다. 그리고 개발도상국 기업의 글로벌화 과정을 연구한 Wortzel(1981)은 기업의 글로벌화를 기업이 해외에서의 마케팅기능과 생산기능을 점차 내부화시켜 나가는 과정이라고 정의하였다.

이상의 견해를 종합하면 기업의 글로벌화란 기업의 목적달성을 위하여 보유하고 있는 각종 경영자원을 해외로 이전하여 해외시장을 내부화함으로써 진출국가 수를 증대시키고, 해외활동의 통제(Control) 국제적기업활동의 개입 수준을 현지시장에 심화시키는 동시에 기업이 조직, 경영관리, 경영전략적 측면의 글로벌화를 추진하여 성장 · 발전해 나가는 점진적 · 단계적 과정이라고 정의할 수 있다.

3. 글로벌화 과정

(1) 기업의 글로벌화 단계

기업의 글로벌화는 지난 10여 년 동안 기업활동이 국제적으로 확산되고 통합되는 추세의 과정이라고 말할 수 있다. 각종 통계자료에 의하면 점점 더 많은 기업들이 해외생산을 증가시키는 동시에 기업의 해외생산 시설의 비중을 높이고

그림 2-1 글로벌화 단계: 표준형

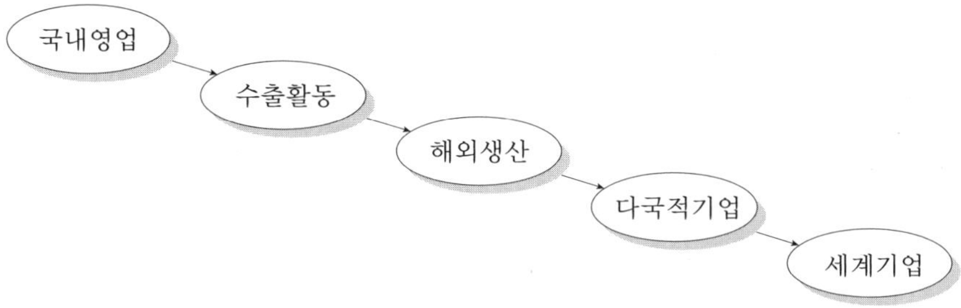

있다.

분명히 이러한 기업경영의 추세는 국제경영환경의 변화에 따른 대응인 동시에 이를 반영한 것이라고 할 수 있다. 이와 같은 기업활동의 유형을 분석하고 설명하는 연구가 지속되고 있으나 대체로 매우 단순한 행동모형으로 분석하고 있다. [그림 2-1]과 같이 국내영업에서 출발하여 수출, 해외시장, 다국적기업으로

그림 2-2 글로벌화 단계: 보다 완전한 형태

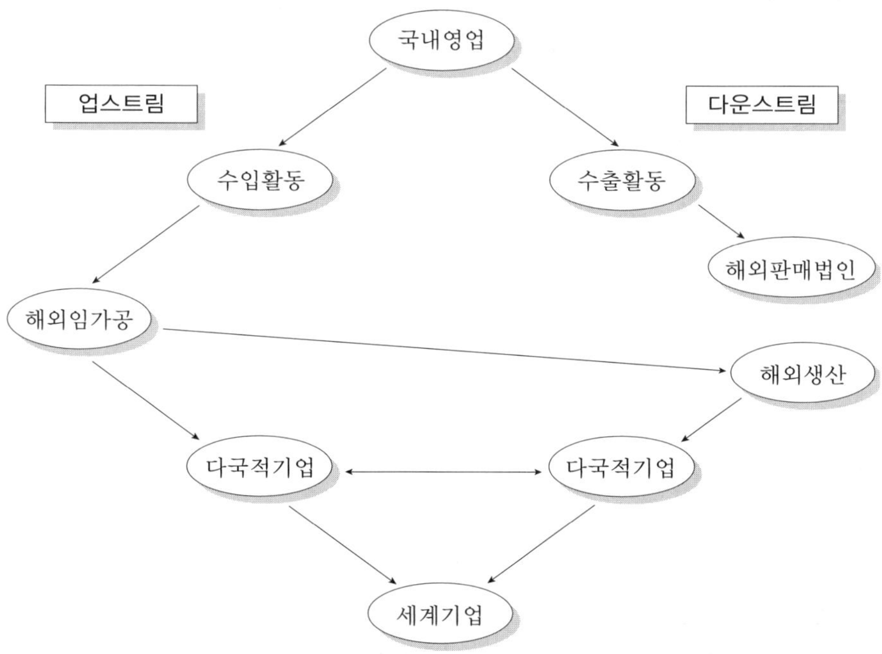

발전해 나가는 안정되고 예측가능한 선형패턴을 이룬다. 최근에 이 모형의 최종 단계로서 국가적 동질성이 상당히 희박해지는 것을 의미하는 세계기업의 단계(final step of global)가 추가되었다. 글로벌화로 가는 단계가 어느 정도 선형적 패턴을 유지한다고 해도 현실적으로 훨씬 복잡한 형태로 나타난다. [그림 2-2]에서 보듯이 다이어몬드형으로서 해외로 나가는 기본적 의사결정과정을 보다 잘 이해하는데 도움이 된다. 기업은 단순히 외국시장에 판매만 하는 것이 아니고 구매도 한다. 많은 기업들이 실제로 원자재투입 측면을 세계로 나가는 판매 쪽의 의사결정 못지 않게 중요하게 취급하고 있다.

글로벌화로 가는 역동성에 대해 계속 논의되겠지만 21세기의 글로벌화는 8, 90년대와는 매우 다르고 앞으로는 지금과 같은 형태의 글로벌화가 지속될 것이다. 초기에는 정책변화와 거시경제조건, 특히 경제성장기에서는 진입장벽의 해소가 핵심적인 요인이었다. 기술이 전 세계로 확산됨에 따라 글로벌화도 더욱 촉진되어 다양한 형태의 글로벌화 추세가 나타났다. 아직도 거시경제와 정책요소가 개방과정에 있는 국가에 있어 글로벌화의 주요인이 되지만, 현재의 주요인은 어디가지나 기업의 전략과 행동이라고 할 수 있을 것이다.

기업측에서 보면 글로벌화는 지역과 국격을 초월하는 변화와 경쟁 및 복합성이 날로 가속화되는 새로운 환경을 의미한다. 이러한 환경변화에 적응하기 위해서 기업은 그들이 가진 역량을 앞으로 새로운 도전에 대응하는 데 적극 활용할 분명한 전략이 필요하다. 나라에 따라, 사업유형에 따라, 그리고 기업가에 따라 이러한 도전에 접근하는 방식이 다르지만, 만일 21세기에서도 국가와 산업, 기업이 계속 번영을 누리기를 바란다면 모두가 이 새로운 환경에 대응해야 하는 것은 분명한 사실이다.

(2) 관리측면의 글로벌화 과정

관리적 측면의 글로벌화는 조직 경영관리 및 경영전략 등의 과정이 기업활동의 지리적 확대에 따라 점차 변화되어 가는 과정을 나타내는 것으로 Robinson은 해외사업의 내용, 해외사업의 비교, 소유국가, 경영관리의 특성을 기준으로 글로벌화 과정을 [표 2-3]과 같이 구분하였다.

따라서 지금까지 살펴본 기업 글로벌화의 특징을 다음과 같이 정리할 수 있다.

첫째, 기업의 지식, 자원, 제품 등 각종 경영자원의 국경을 넘어 이전된다.

둘째, 국제시장에 대한 시장내부화가 진행된다.

표 2-3

관리적 측면의 글로벌화 과정

단 계	명 칭	해외사업의 내용	해외사업의 비교	소 유	경영관리
1	국내기업	상품수출 및 제휴	국내사업의 일환	본국	본국 모기업
2	국제기업	상품수출 및 현지생산 · 판매	상호 의존성과 독립성 공존	본국	본국 모기업
3	다국적기업	상품수출 및 현지생산 · 판매	국내 · 해외 동등화	다수국	본국 모기업
4	초국가기업	상품수출 및 현지생산 · 판매	국내 · 해외 동등화	다수국	다수국
5	초국가 세계기업	상품수출 및 현지생산 · 판매	국내 · 해외 동등화	국제기업	국제기구

셋째, 진출대상 국가의 수가 증가된다.

넷째, 수출 등으로 시작하여 라이센싱 직접투자 등의 방법을 통하여 시장 개입수준을 고도화시켜 나간다.

다섯째, 경영관리의 글로벌화가 추진된다.

제 5 절 글로벌화 행동양식과 발전과정

1. 글로벌기업의 행동양식

이들 행동양식은 매우 보편화될 것이다. 글로벌기업의 출현으로 현재 세계 각지에 흩어져 있는 자원들은 새로운 부가가치의 사슬구조로 편입될 것이다. 이러한 인적 자원, 기술들이 하나의 사슬로 연결될 때 자원 본연의 잠재력이 발산될 것이다. 이는 세계 전체 소득과 부, 그리고 구매력의 증가로 나타날 것이다. 글로벌기업의 존재는 결국 전 세계경제의 고도성장으로 연결되는 것이다.

2. 글로벌기업의 발전과정

기업의 글로벌화에 대한 관심이 높아지고 있다. 기업의 글로벌화란 2개국이상의 주권영토에서 전개되는 경영활동인데 본국과 전혀 상이한 경영환경 여건하에서 경영활동이 전개된다는 데에 그 특징이 있다.

기업의 글로벌화란 기업활동이 국제적으로 발전하는 과정을 의미한다. 하나의 국내기업이 수입 또는 수출단계를 지나거나 또는 생략하고 순수한 의미에서 세계기업이 되기까지는 실제상으로 뚜렷하게 구별할 수 없으나 여러 단계를 거치는 것은 사실이다. 이러한 단계를 여러 가지고 표현할 수 있겠으나 보통 활동자체의 큰 의미에서 다음과 같은 세 가지로 대변할 수 있다.

첫째, 수용국 현지의 수요를 충당하기 위하여 다수국에 생산시설을 건립하는 행위

둘째, 세계시장의 수요를 충당하기 위하여 해외 생산시설로부터의 수출행위

셋째, 기업의 모든 부문 영역에서의 국제지향 등으로 말할 수 있다. 그러나 기업의 글로벌화가 진전되는 과정 내지 단계에 관해서는 여러 학자의 견해가 있으나 그 내용은 비교적 유사점이 있다. 그러면 몇몇 학자들의 주장과 공통적인 글로벌화의 단계에 대한 견해는 다음과 같이 정리할 수 있다.

3. 발전과정 모델

(1) 레이튼 모델

레이튼 교수는 기업이 글로벌화되어 가는 발전과정을 기업활동의 중심으로 다음과 같이 설명하고 있다.

제1단계: 상품수출활동(merchandise export activities)

제2단계: 기술노하우 경영노하우의 수출입

제3단계: 자금의 수출입

제4단계: 경영인재 노동력의 수출입

제5단계: 이상의 사항을 패키지한 것 같은 의미의 플랜트 수출입

제6단계: 주재원 사무소, 영업소, 지점, 100% 소유의 자회사, 합병회사 등을 개설해서 하는 경영활동이고 그 다음 단계에서는 해외에 퍼져 있는 경영활동의 거점을 하나로 통합하여 국내경영과 구별하여 관리한다.

(2) 자코비 모델

국제기업의 발전단계를 기업의 확장 · 발전단계로 보고 다음과 같이 구분하고 있다

제1단계: 제품의 수출입

제2단계: 기술노하우 · 경영노하우의 수출입

제3단계: 자금의 수출입

제4단계: 경영인재 노동력의 수출입

제5단계: 이상의 사항을 패키지한 것 같은 의미의 플랜트 수출입

제6단계: 주재원 사무소, 영업소, 지점, 100% 소유의 자회사, 합병회사 등을 개설해서 하는 경영활동이고 그 다음 단계에서는 해외에 퍼져 있는 경영활동의 거점을 하나로 통합하여 국내경영과 구별하여 관리한다.

(3) 레이웨이 모델

이 모델은 경영경제적 관점에서 기업이 해외에 수출할 경우 다음과 같은 단계를 거친다고 한다.

제1단계: 해외 대리점들을 통하여 자국기업의 제품을 수출 또는 판매하는 단계

제2단계: 판매조직망을 구축하는 단계

제3단계: 해외에서 해당 수출용 부품을 조립하는 단계

제4단계: 수입한 노하우를 기초로 생산하는 단계

제5단계: 자기개발의 노하우를 기초로 생산하는 단계

제6단계: 제1단계에서 제5단계를 통합 결합하는 단계

이상의 몇몇 글로벌화 단계에 대한 과정을 살펴보았다.

국제기업의 발전단계에 관해서 학자에 따라 각 단계에 대한 정의가 다르기 때문에 전체적 입장에서 볼 때 다음과 같은 단계로 살펴볼 수 있다.

제1단계: 수입

제2단계: 간접수출

제3단계: 직접수출

제4단계: 기술적 관리적 노하우의 수출(국제 라이센싱, 국제기술제공, 국제관리계약)

제5단계: 해외 마케팅 자회사를 통한 국제(현지국 및 제3국) 마케팅
제6단계: 해외직접투자를 통한 해외 단순 생산활동을 전개하는 다국적기업
제7단계: 해외직접투자를 확대하여 통합된 다국적 생산마케팅을 하는 다국적기업
제8단계: 해외기지회사 및 해외운영회사 등을 거느린 다국적기업
제9단계: 범세계적 다국적기업 내지 범세계기업

제6절 글로벌기업의 글로벌화 경영전략

1. 단일시장형 글로벌전략

기업 글로벌화 전략에는 단일시장형 글로벌전략과 지역글로벌형 전략이 있다. 단일시장형 글로벌전략은 글로벌화가 세계 단일시장(a single world market)을 창출한다는 인식에 근거한 것이다. 단일시장의 출현은 세계 무역장벽이 축소되고 세계적인 소비패턴의 변화와 통신, 교통, 컴퓨터 등 급격한 기술혁신의 산물로서, T. Levitt가 최초로 이러한 견해를 피력하였다.

그에 따르면 두 가지 힘의 축, 즉 기술과 글로벌화가 이 세상을 변화시켜 나간다고 한다. 따라서, 글로벌화는 기업으로 하여금 생산, 물류, 마케팅, 경영에 있어 막대한 '규모의 경제'를 누리도록 해 주는, 세계적으로 표준화된 소비자 시장의 출현을 의미한다는 것이다. 이런 유형의 세계기업은 상대적으로 낮은 비용으로 전 세계 또는 주요 지역을 마치 하나의 단일체로 간주하고 어느 곳에서나 동일한 제품을, 동일한 방법으로 판매하는 매우 일관된 경영관리를 하는 기업을 말한다. 한편 레비트는 소비자 시장의 글로벌화를 강조했으나 생산요소 시장의 글로벌화와 중간재 조달의 글로벌화도 역시 포함하고 있다.[3]

단일시장형 세계기업은 제품개발, 생산, 판매체제를 세계적으로 통합함으로

3) T. Levitt, "The Globalizations of Markets," *Havard Business Review* (1983), pp. 92~102.

써 이들의 활용을 극대화할 수 있다. 이들 기업은 생산시설을 전 세계로 확대하는바, 지역선정은 각 지역의 비교우위에 바탕을 둔다. 이를테면 노동집약적 생산시설을 노임 코스트가 낮은 나라로, R&D센터는 과학기술인력이 풍부한 나라를 택하게 된다. 1차적 우선 순위는 전 세계를 상대로 생산의 효율성을 추구하는 것이다. 생산은 표준화되어 재고수준의 극소화, 제조비용의 절감, 생산공정의 효율적 관리 등을 가능하게 한다.

한편으로 수요의 글로벌화(Globalization of demand)는 제품에 대한 표준화된 세계시장을 창출하게 됨으로써 일일이 지역조건에 적응할 필요성을 줄일 수 있다고 한다. 정보통신, 컴퓨터 기술의 발달로 본사에서 이 거대한 세계 단일체를 효율적으로 경영해 나갈 수 있게 된다(회사의 신경조직). 반면에 기술향상, 전 세계를 연결하는 저비용의 항공 및 해상 교통망에 힘입어 생산 단계별 유통단계별로 중간재와 최종재를 유기적으로 연결할 수 있게 되었다(회사의 동맥).

단일시장의 세계기업은 생산표준화로 이룩한 규모의 결제의 중요성을 강조하고 기업 내 분업과 국제분업에 의존하고 있다. 이들 기업은 자유무역체제, 고도로 발달된 국제 교통 통신망, 세계 소비시장 등의 존재를 전제로 하고 있다. 포드, IBM, GM과 엑슨, 쉘, 영국석유(BP)와 같은 석유회사가 단일시장형 글로벌 전략 접근방식을 취하고 있는데, 포드자동차의 거듭된 'World Car' 개발과 판매 노력의 성공은 전형적으로 이러한 접근법의 좋은 예가 된다.

2. 지역글로벌화형 글로벌전략

또 다른 세계기업의 유형은 일본에서 나온 '지역글로벌화'(golcalization)형으로 단일시장형과 접근방식을 완전히 달리한다.[4] 먼저 세계 단일시장의 개념을 거부하고 그 대신에 국가별 · 지역별로 시장이 현재만 서로 다를 뿐 아니라 앞으로도 계속 다를 것이라고 주장한다. 그러므로 이 유형의 옹호론자는 글로벌화경영을 위한 지역을 선정할 때 주요 시장이나 인근시장을 대단히 강조하게 된다. 사업장을 소비자와 가까이 있는 것을 중시하는데, 이는 시장의 수요나 소비자 기호가 변하더라고 생산자가 이에 신속히 대응할 수 있도록 항상 양 방향으로의 정보

4) W. Ruigrok and R. van Tulder, The logic of International Restructuring(London; Routledge, 1995);배양해, 「경영환경변화에 대응하는 한국 철강산업의 세계화 전략」, 한국과학기술원(2000), pp.5~15.

의 흐름을 가능케 하기 때문이다.[5] 다음으로 이 지역글로벌화 모형은 표준제품의 개념은 물론 세계조달의 아이디어도 역시 배척한다. 대신에 생산자와 공급자, 그리고 생산자와 소비자간의 실질적 인접성을 중시한다.

이 개념을 지지하는 것은 생산관리에 있어서 적기생산(Just in Time:JIT)의 접근방법이다. JIT생산은 생산과정에서 중간재 투입과 최종재의 흐름을 긴밀하게 조정하여 과잉재고가 생기지 않도록 하는 것이다. 그러나 JIT는 단순히 과잉재고의 비용만을 제거하는 것이 아니라, 기업이 자사제품을 시장수요에 더욱 밀접하게 연관시킬수 있는 소량다품종을 촉진하고, 핵심시장에 급변하는 시장여건의 변화에 기민하게 대응하는 신축성을 높을 뿐 아니라 개별시장의 요구에도 적응이 가능하게 한다.

그 과정에서 판매와 생산 사이에 긴장관계가 나타나게 된다. JIT시스템에서는 마케팅조직과 생산조직간의 끊임없는 긴장관계를 해소하는 것이 중요하다. 마케팅조직은 이윤을 증대시키기 위해 제품의 다양화를 추구하는 반면에 생산조직은 이러한 다양화에 저항을 하게 되는데, 이는 공장의 복잡성 문제가 발생하게 되고 재고가 늘어나 비용이 상승하기 때문이다. JIT는 제품다양화에 따른 생산비용을 현저히 줄일 수 있어 결국 마케팅조직이 점차 낮은 비용으로 필요한 제품을 확보할 수 있게 된다.[6]

지역글로벌화 전략모형을 선호하는 또 다른 요인은 많은 기업에 있어서 단순노동비용이 총생산비용에서 차지하는 비율이 낮아지게 된 것이다. 이 결과 저임금을 찾아 지구촌 구석까지 나가던 이른바 생산공장의 재배치 혜택이 축소되었다. 단순노임의 절감이 수송과 통신비용의 증가를 상쇄하지 못하는 경우가 있다. 물론 기업들이 아직도 저임금 지역을 찾아 나서고 있으나, 지역글로벌화 전략의 접근방식에 입각하여 저비용 지역을 선택한다는 점이 종전의 해외이전 패턴과 다르다.

예를 들어, 유럽에 소재한 기업은 세계 전 지역을 대상으로 하기보다 인근의 아일랜드나 남부유럽 또는 동부유럽, 북아프리카 등지로 진출을 시도한다는 것이다.

지역글로벌화는 또는 무역장벽이 높았던 시기에 이루어진 해외직접투자를

5) C. Oman, "Globalization and Regionalization: The Challenge for Developing Countires," *OECD Development Center Studies*(March 1994).

6) G. W. Mechling, J. W. Pearce, and J. W. Busbin, "Exploiting AMT in Small Manugacturing Firms for Global Competitiveness," *International Journal of Operations and Production Management*, vol. 15, No. 2(1995), pp. 61~76.

합리화하는 수단이기도 하다. 많은 다국적기업들이 이미 세계의 곳곳에 막대한 투자를 해 놓은 상태이다. 이러한 투자는 주요 세계시장의 접근을 목적으로 관세장벽을 뛰어넘기 위해서 이루어진 것이다. 지역글로벌화된 기업(glocalized coproation)은 글로벌화 마케팅과 생산 네트워크 안에서 이러한 생산공장에 대해 지역마케팅 전략을 적용할 수 있다.

연구 과제

1. 글로벌 CEO란 무엇인가?
2. 글로벌 기업이란 무엇인가?
3. 글로벌 초일류기업의 핵심역량은 무엇인가?
4. 글로벌 CEO의 핵심역량은 무엇인가?
5. 글로벌 CEO의 역할은 무엇인가?
6. 기업활동의 글로벌화를 논하시오.
7. 다음의 용어에 대하여 설명하시오.
    1) CEO
    2) 글로벌 CEO의 리더십
    3) 글로벌 CEO의 능력
    4) 글로벌 CEO의 덕목
    5) 글로벌 고객

제 3 장
글로벌 스탠더드

사례연구 ▶ Global 500대 기업

Johnson & Johnson

1 Web Site

http://www.jni.com

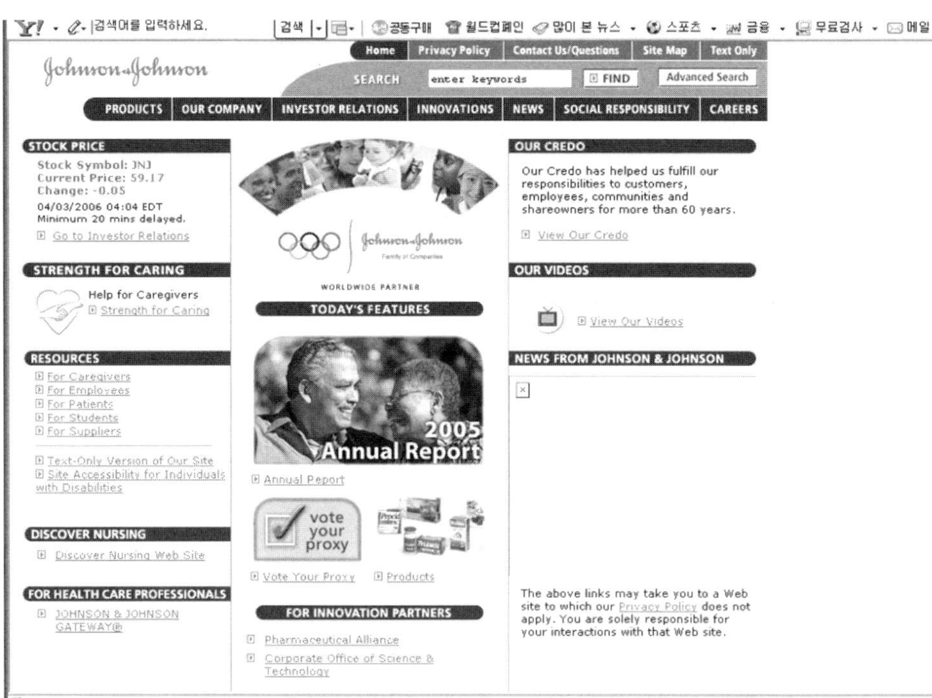

2 회사소개

Johnson & Johnson의 어제 그리고 오늘

미국의 Robert Wood Johnson은 1886년 그의 두 형제인 Edward Mead Johnson, James wood Johnson과 함께 미국 뉴저지 주의 New Brunswick에 Johnson & Johnson사를 설립, 외과용 방부 드레싱을 생산하기 시작했다. Johnson & Johnson은 소독용품뿐 아니라 열과 증기, 그리고 압력을 이용한 완전 무균제품을 생산하는 데 성공했으며 이는 곧 '외과용 드레싱에서 가장 신뢰할 만한 이름'이라는 회사의 슬로건을 재창하는 바탕이 되었다.

Johnson & Johnson은 계속해서 의사, 환자, 병원을 위한 혁신적인 신제품을 개발하는 데 매진, 1894년에는 'Simpson's Maternity Kit'을 발매하였는데, 이 가운데는 세계 최초의 유아용 파우더도 있었다. 이것이 Johnson & Johnson Baby Care Products의 시초로서 그 후 다양하고 믿을 수 있는 유아용품을 개발하여 오늘날 세계 유아용품 대명사로 자리잡게 되었다.

1932년, 창업자의 장남인 Robert Wood Johnson이 사장에 취임했으며 '우리의 신조(Our Credo)'를 작성하여 자신의 기업 경영에 관한 윤리관과 신념을 확고히 했다. '우리의 신조'는 소비자, 직원, 지역회사, 주주들에 대한 책임을 다하자는 데 기본을 두고 있으며 이 내용은 오랜 세월을 거치는 동안 많은 시험을 거쳐 모범적인 현대 기업의 윤리라는 것이 입증되었다.

3 사업분야

소비재 부문: 타이레놀, 모트린등 진통제, 리치칫솔, 드에이드 반창고 등
전문용품: 아큐브 콘택트렌즈, 수술기구, 관절 대용품 등
의약품: 암 치료제 에르가미솔, 경구피임약 오소노붐 등

4 Johnson & Johnson의 자회사

○ Johnson & Johnson Vision Care. Inc.

전 세계인의 시력관리에 혁신을 이루고자 헌신하는 회사이다. 시력관리 분야에서 전 세계의 선두주자로 자리잡았다.

○ Johnson's ® Baby – Johnson & Johnson

아기들을 위한 제품을 만들어온 회사로 아기들이 편안하고 건강하게 자랄 수 있도록 로션 하나도 여러 피부타입에 맞게 제조하고 있다.

○ CLEAN & CLEAR ® – Johnson & Johnson

1995년 국내 유일하게 십대 피부 특성에 꼭 맞춘 십대 전용 스킨 케어 제품

'클린 앤드 클리어' (CLEAN & CLEAR)를 출시

기존의 성인용 화장품이나 피부트러블 치료제와는 전혀 다른 개념의 피부 트러블 예방 스킨케어 제품을 탄생시켰다.

○ Biosense Webster, Inc.

Biosense Webster, Inc.는 심장 내막에 관한 진단법과 심장 내막의 치료에 관한 산업에서 전 세계적인 선두주자로 인정받고 있다.

5 Johnson & Johnson의 조직구조

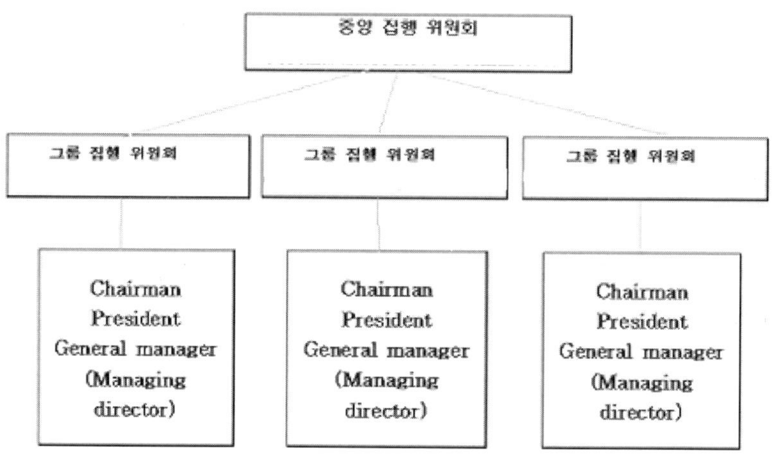

1) Johnson & Johnson의 분권적 구조

100여 년 전 기업이 세워질 당시부터 존슨의 조직 구조는 비슷한 규모의 기업과는 다른 구조를 형성하였다. 존슨은 198개의 Unit로 구성되어 있는 37개의 자회사로 이루어져 있다. 신제품이 시장에서 어느 정도 자리를 잡기 시작하면 이것을 완전히 분리시켜 독립적인 사업부로 운영하기 때문이다. 존슨이라는 회사는 하나지만 실질적으로는 200여 개의 독립된 회사로

운영되고 있는 것과 마찬가지이다. 이들 자회사는 그들의 사업에 대해 자율적인 경영권을 갖고 있으며 경영권에 책임을 진다. 이 독특한 조직구조는 사업전략을 세계시장에서 광범위하게 효과적으로 유지시킬 수 있기 때문이다.

2) '작은 조직 환경! 강한 조직 영향력!'

존슨 앤 존슨의 조직구조는 기업 캐치프라이즈를 통해서 명확히 알 수 있듯이 존슨 앤 존슨은 작은 조직구성을 추구한다.

조직의 수직적 단계가 다층적이고 거대한 Big-company는 전략뿐 아니라 새로운 전술의 도입에도 많은 시간적 손실을 감수한다. 이러한 조직구조로는 다변화하는 시장경제에서 살아남을 수 없다고 판단하고 Small-company제를 조직구조의 명제로 생각한다. 존슨 앤 존슨은 작은 조직구조를 통하여 빠르게 변화하는 시장환경에 적극적으로 대응하고자 하는데, 그 이유는 작은 회사(Small company)의 각 제어능력은 소수의 경영층들과 비판적 결정은 빠르게 수용할 수 있다는 장점에서 기인한 것이다.

6 Johnson & Johnson의 글로벌 윤리경영

존슨 앤 존슨은 윤리경영으로 위기를 기회로 바꾼 사례로 이름 높다. 존슨 앤 존슨은 창업 초기단계부터 윤리경영에 대한 관심이 높았다. 1943년 3대 회장으로 취임한 로버트 우드 존슨은 기업의 책임을 명시하는 우리의 신조(Credo)를 핵심가치로 선정한 바 있다. 그는 당시 사업부와 해외 관련회사들에게 전략적이며 재무적인 자율성을 부여하는 한편 사회 구성원으로서 기업이 준수해야 할 책임을 강조했다. 이러한 전통은 계속 이어져 내려와 1950년대 이후 인수 합병된 모든 회사들에게 우리의 신조와 리더십 역량을 집중 강조하고 다른 경영활동에는 자율성을 허용하고 있다.

존슨 앤 존슨의 '우리의 신조'는 1979년과 1987년 두 차례 수정되었다. 1979년에는 환경보전에 대한 책임을 추가하고 적용범위를 글로벌 차원으로 확장했다. 1987년에는 양성 평등을 강조하면서 가족에 대한 책임을 다할 수 있도록 직원들을 배려할 것을 명시했다. 우리의 신조에는 기업의 책임을 소비자—종업원—지역사회—주주의 순서로 규정하고 있다. 주주를 가장 나중에 배치한 것은 소비자, 종업원, 지역사회에 기여하면 주주에 대한 책임은 자연스럽게 이루어진다고 보았기 때문이다.

기업윤리에 대한 강조 때문에 종종 존슨 앤 존슨은 시간을 질질 끄는 기업이라는 비난을 받곤 했다. 그러나 의사결정이 다소 지연되더라도 윤리적인 관점에서의 대안을 충분히 검토하는 존슨 앤 존슨의 자세는 가시적인 성과를 나타내고 있다. 과감한 신규투자와 인수합병 등을 통해 줄곧 두자리 수의 성장률을 기록해 오고 있기 때문이다. 더욱이 윤리경영은 종업원들의 자긍심과 직무 몰입도를 높이고 이직률을 줄여 기업의 생산성을 높이는 가치창조기능을 하고 있는 것이다. 특히 빠른 승진과 많은 보수로 확보한 인재가 언젠가 같은 이유로 회사를 등질 수 있는 반면 선한 사람들이 만든 선한 기업이라는 이미지는 구성원들에게 일생을 통해 추구할 만한 숭고한 가치를 부여함으로써 인재확보 측면에서 강점을 발휘하는 원동력이 되고 있다.

7 글로벌 성공요인

존슨 앤 존슨의 기업신조는 다른 기업과는 달리 단순한 슬로건이 아니라 몸으로 익혀 실천하는 행동강령이며, 모든 가치체계의 근본, 의상결정의 기준, 기업경영의 나침반이 되고 있다. 또한 노사가 기업신조를 지키고 유지하기 위한 다각적인 노력을 하고 있으며 몇 가지 사례로도 알 수 있듯이 실천으로 이어지고 있다. 제품에도 이러한 철학신조가 반영되어 규격보다는 고객이 원하는 만족에 초점을 맞추고있다. 그러한 결과는 미국의 여론조사 결과에서도 알 수 있는데, 존슨 앤 존슨이 미국 기업 중 기업이미지가 가장 좋은 것으로 나타났다고 월스트리트 저널이 기업이미지 평가회사인 해리스 인터랙티브의 조사결과를 인용, 보도한 적이 있다.

제1절 글로벌 트랜드

1. 트라이앵글 트랜드

요즘 기업들은 트라이앵글 트랜드(Triangel Trend) 속에서 생존한다. 트라이앵글트렌드란 삼각추세(三角趨勢)란 뜻으로 △글로벌화 △네트워크화 △디지털화를 뜻한다. 21세기들어 기업이 성장하려면 혁신을 통해 이 세 가지 추세를 따라잡아야만 한다. 그렇지 않으면 곧장 도태되고 만다. 그러나 한국기업들은 이 세가지 트랜드 가운데 디지털화에만 중점을 두는 편이다. 때문에 글로벌화와 네트워크화를 추진하는 데 상당히 뒤져 있다. 이제는 베이징에서 나비가 날면 뉴욕의 주가가 떨어지는 그런 상황이다. 이른바 '나비효과' 처럼 지구촌은 지금 언제 어느 곳에서든 서로 영향을 미치게 됐다.

현실적으로 베트남의 한적한 시골에서 닭 한 마리가 비틀거리면 미국의 식품가공업체의 주가는 폭락할 수밖에 없는 처지에 놓이게 된다. 조류독감이 발생하면 전세계의 치킨수요가 급감하기 때문이다. 이제 기업은 글로벌 정보를 모르고서는 생존 자체에 위협을 받을 수밖에 없게 됐다.

하지만 글로벌화를 위해선 단순히 해외시장으로 뛰쳐나가는 것만 중요한 것은 아니다. 해외시장으로 나가기 위해선 만들어내는 제품자체를 글로벌화해야 한다.

2. 글로벌화

세계는 지금 다양한 표준(standard)을 만들어 가고 있다. 바로 표준을 장악하는 기업이 시장을 장악할 수 있게 됐다. 글로벌 스탠더드도 지금까지 ISO 위주였으나 갈수록 다른 시스템이 생겨나고 있다.

우주항공분야시스템(AS 9100) 정보통신경영시스템(TL 9000) 정보보안시스템(ISMS) 등이 그것이다.

특히 올해부터 기업의 사회적 책임(SR Social Responsibility)이 새로운 규격으로 등장했다. 한국에서도 산업자원부 기술표준원 등에서 SR를 국제규격화하려는 작업을 시작했다.

앞으로 이 SR는 ISO보다 훨씬 강력하게 기업을 지배하는 글로벌 인증시스템이 될 전망이다.

회사 안에서 영어만 쓰도록 하는 기업도 증가하는 추세다. 무역업체인 켐즈콥은 회사 안에서 자국어를 쓰면 1만원의 벌금을 내는 제도를 마련하자 사원들의 영어실력이 부쩍 늘었다고 한다.

벤처기업인 디테크건축은 매일 아침 사원들이 함께 중국어를 배운다. 배운 중국어를 업무시간 중에 많이 하도록 권장한다. 중국어 실력이 부쩍 늘어난 사원에게는 포상도 한다.

이 같은 현상은 아무리 디지털화가 잘 돼 있더라고 상대방에게 영어로 즉시 응답하지 않으면 고객을 잃고 마는 글로벌시대에 접어들었기 때문이다.

인터넷으로 기업간 거래를 하는 시대가 오면서 다시 외국어 실력이 교역의 성패를 좌우하게 됐다. 외국어 실력을 쌓아야 하는 측면에서는 가방 속에 샘플 하나를 넣고 오지를 뛰어다니면서 직접 상담을 해야 하던 시절로 되돌아 간 셈이다.

3. 네트워크화

한국인들은 네트워크에 강한 편이다. 학교를 졸업한 뒤 사회에 나오면서부터 지역 · 학벌 · 취미 등에 따라 사람들을 조직화하기에 바빴기 때문이다.

이런 조직화 전략을 전 세계 무대에서 활용해야 할 시기에 이르렀다. 세계시장이 지역별 · 기능별로 통합되면서 서로 필요에 의해 네트워크를 짜지 않으면 이겨낼 수가 없게 됐다.

루프트한자 등 거대한 항공사들까지 스카이팀 등으로 네트워크화를 추진하는 이유가 바로 글로벌 시장에서 살아남기 위한 전략인 것이다.

네트워크화는 작은 기업들이 조직화를 통해 큰 힘을 낼 수 있게 만든다. 따라서 중소기업들도 네트워크를 통하면 전 세계를 상대로 제품과 용역을 팔 수 있게 해준다.

4. 디지털화

디지털화는 더 이상 강조하지 않아도 한국의 기업들이 잘 추진해 나가고 있다. 다만 유비쿼터스 시대를 맞아 기업들은 세계에서 일어나는 다양한 정보를 수집, 정확하게 분리하고 합리적으로 분석해야만 한다. 결국 이같이 트라이앵글 트랜드는 서로 꽉 물려 있는 피라미드다.

제 2 절 글로벌 스탠더드

1. 글로벌 스탠더드의 개념

지난 1997년 말 불어닥친 외환위기 당시 한국은 IMF 구제금융을 받는 조건으로 IMF의 처방을 따를 수밖에 없었다. 글로벌 스탠더드로 불리는 소위 IMF 처방은 그 동안 한국의 경제성장 논리를 부정하고 고금리, 강력한 재벌 해체, 외국자본 투입 등을 요구했다. 그 결과 문을 닫는 기업과 은행이 속출했고 많은 사람들이 길거리로 내몰렸다.

그렇다면 글로벌 스텐더드가 무엇이기에 이처럼 많은 변화를 몰고 왔을까?

일단 글로벌 스탠더드(Global Standard)의 사전적인 의미는 세계적으로 보편타당한 원칙이라고 할 수 있다. 글로벌 스탠더드는 기본적으로 실리를 추구하는 합리주의를 바탕으로 한다고 할 수 있다. 우리가 살고 있는 이 세상을 지구촌이라고 부르며 이 시대를 글로벌 시대라고 말한다. 즉, 글로벌 시대를 살아가기 위한 원칙이 글로벌 스탠더드라고 할 수 있다.

한 물건을 만들더라도 세계 무대에서 통하는 제품을 만들어야 한다. 또 외국기업을 유치하기 위해 외국인이 생활하는 데 불편이 없도록 생활환경을 개선해야 한다. 이처럼 하드웨어와 소프트웨어를 세계적인 수준으로 벗어나지 못하면 선진국을 따라잡지 못할 수 있기 때문이다.

그러나 '글로벌 스탠더드'를 맹목적으로 추종하는 것은 바람직하지 않다. 그러다간 이미 세계시장을 장악한 기득권층의 지배력에서 벗어나지 못해 선진국을 따라잡지 못할 수 있기 때문이다.

IMF 처방은 고성장에 따른 부작용을 안고 있었던 한국의 체질을 개선시켰다는 평가를 받고 있으면서 동시에 '한국에 맞지 않은 조치'였다는 비판을 받는 이유가 바로 여기에 있다. 노벨경제학상 수상자인 조셉 스티글리츠 미국 컬럼비아대학 교수는 지난 97년 말 아시아 국가에 불어닥친 외환위기에 대해 IMF의 처방이 잘못됐다고 강도 높게 비판한 바 있다.

결국 한국이 글로벌 시대를 주도하기 위해서는 선진국이 수긍할 수 있는 세계적으로 보편타당한 원칙과 방향을 세워야 한다. 또 오랫동안 우리 사회를 지탱해왔던 전통적 사고방식인 집합주의, 권위주의 등을 시장경제체제에 맞도록 건전한 개인주의, 평등주의, 합리주의 사고체계로 바꾸어야 한다.

2. 글로벌 표준

(1) 글로벌 표준

휴대전화 통신기술은 일본이 세계 최초로 개발한 PDC방식이 유럽연합(EU)의 GSM방식이나 미국의 CDMA방식보다 기술적으로나 효율성에서 앞선 것으로 평가받았다. 그러나 국제표준기구에서 적극적인 활동을 펼친 EU가 GSM방식을 먼저 국제표준으로 만드는 바람에 PDC방식 휴대전화는 시장에서 밀려났다. 반면 유럽의 노키아는 세계시장 점유율 35%의 세계 1위 기업이 됐다.

기술을 먼저 개발한 기업이나 국가보다 국제표준을 선점하는 쪽이 시장을 장악하는 시대가 왔다. 이 때문에 국제표준을 선점하려는 세계 각국과 기업의 경쟁은 갈수록 치열해지고 있다. 그러나 대표적인 국제표준기구인 국제표준화기구(ISO)와 국제전기기술위원회(IEC)의 2만 2000여 건의 국제표준 가운데 한국이 주도적으로 제안한 표준은 고작 51건에 그치고 있다.

(2) 국가표준

한 나라가 국민 편의와 기술 개발의 촉진을 위해 공업제품이나 서비스 등의 규격과 생산방법, 기술, 용어 등을 규정해 놓은 것을 말한다. 한국의 국가표준은 공산품의 경우 산업자원부 기술표준원이 관리하는 KS, 정보통신 분야에선 정보통신부가 관장하는 KICS가 있다.

1986년 우주왕복선 챌린저호 폭발사고, 99년 화성 탐사선 폴라랜드의 궤도 진입실패

미 항공우주국(NASA)의 역사에 오점을 남긴 두 사건의 공통점은 무엇일까?

정답은 단위 착오에서 생긴 사고라는 것이다. 당시까지 NASA는 미국에서만 쓰는 인치와 파운드 단위를 국제표준단위(SI)와 섞어 썼다. 그 결과 센티미터와 인치가 혼동된 부품이 챌린저 호에 들어갔고, 파운드로 잘못 계산된 로켓이 화성 탐사선에 장착되었던 것이다.

(3) 글로벌 표준정책

유럽연합(EU)이나 미국 등 서구에서는 표준정책을 민간기구가 주도한다. 그러나 민간기구라고 해도 국가기구에 못지 않은 권위와 공신력을 인정받고 있다. 국제적인 표준기구인 ISO와 IEC에 대응하는 EU의 민간기구인 유럽표준화위원회(CEN)와 유럽전기표준화위원회(CENELEC)는 표준정책에 관한 한 회원국 정부나 민간단체를 실질적으로 통솔한다.

일본, 중국 등 뒤늦게 표준정책을 수립한 나라에서는 정부가 국가표준을 주관하고 있다. 특히 중국은 2001년 세계무역기구(WTO)에 가입하자마자 '국가질량감독검험검역총국' 이라는 통합표준인증기관을 장관급으로 신설하고 국가표준 통합에 나섰다. 이 기구는 1년도 안 돼 중국의 각종 인증제도를 'CCC 인증' 으로 강제 통합했다. 2002년부터는 중국시장에 진출하는 세계 각국 기업에 CCC 마크를 받도록 법으로 강제하고 있다. 국제표준기구의 활동에 무관심했던 일본도 국제표준을 선점당해 막대한 피해를 본 뒤 국가표준 전략을 바꿨다. 기존의 소극적 대응에서 벗어나 적극적인 국가표준 통합과 국제표준기구 참여를 추진하고 있다.

제 3 절 글로벌 인증제도

1. 한국의 인증제도

국가표준을 공인하는 인증제도는 한국의 KS마크처럼 대부분 임의 인증이다. 일본의 JIS나 영국의 Kite, 독일의 DIN 마크가 대표적인 예이다. 그러나 자국민의 보건 안전 환경 등의 보호를 위해 반드시 지키도록 한 규정은 강제 인증으로 통합하는게 세계적인 추세다. 이는 세계무역기구(WTO)의 흐름과도 무관하지 않다.

WTO는 세계 각국이 표준제도를 이용해 수입을 막지 못하도록 하는 '무역상 기술장벽(TBT) 제거 협정'을 1980년 체결했다. 국제기준과 맞지 않는 인증이나 기술규정을 만들 때 반드시 WTO에 사전 통보하도록 한 것이다. 단 자국민의 보건 안전 등과 관련한 규제는 예외로 했다. 세계 각국이 보건 안전 등의 강제인증을 통합하고 있는 것은 이 같은 WTO의 예외규정을 활용해 수입품으로 자국시장을 보호하려는 의도가 깔려 있다.

대표적인 사례가 유럽연합(EU)의 CE마크다. EU는 나라마다 각기 다른 인증제도가 유럽의 통합을 해친다는 판단에 다라 85년 유럽의 인증제도 통합에 나섰다. 그 결과 90년 CE마크가 탄생했고, 93년엔 이를 관장할 유럽시험인증기관(EOTC)이 설립됐다. 현재 CE마크는 유럽시장에 진출하는 공산품의 통행증이 됐다. CE마크를 받지 못한 공산품은 아예 유럽으로 수출이 금지되고 있기 때문이다.

2. 국제적 인증제도

(1) 국제표준기구

1996년 홍콩, 행정청 대변인은 "공공사업에 입찰하려는 기업은 ISO(국제표준기구) 9000 인증을 따야 한다"고 발표했다.

ISO 9000이란 국제표준기구가 정한 품질관리 표준이다. 이 인증을 딴 기업의 제품이나 서비스는 일정 수준의 품질을 충족한다는 사실을 인정하는 것이다.

그러자 일본 건설업체가 발칵 뒤집혔다. 홍콩의 건설시장에서 앞서가던 일본 업체들은 ISO 9000보다 더 엄격한 자체 품질관리시스템을 운영했다. 따라서 일본 건설업체들은 ISO 9000인증을 받을 때까지 홍콩의 공공건설 시장에서 고전을 면치 못했다. 표준을 놓쳐 시장을 잃은 것이다.

그로부터 5년이 지난 2000년 일본 정부와 건설업체는 몽골에 고속도로를 깔아줬다. 이는 일본 자동차의 수출까지 고려한 것이었다. 몽골의 고속도로를 일본의 표준으로 닦으면 일본 자동차의 수출도 그만큼 쉬워진다는 계산이었다. 예상대로 일본차의 몽골 진출은 계속 늘고 있다.

표준을 선점해야 시장 경쟁력을 확보할 수 있는 시대가 활짝 열렸다. 정부가 앞장서 자국의 표준을 세계 표준으로 만들기 위한 치열한 경쟁이 국제 무대에서 벌어지고 있다. 시장과 돈이 걸려 있기 때문이다.

(2) 유럽의 국제표준정책

ISO와 국제전기기술위원회(IEC)를 주도하는 곳은 유럽이다. 그런데 92년 일본이 자동차 엔진, 인공관절 등에 사용되는 파인 세라믹의 일본 기술을 국제표준으로 만들려고 ISO에 관련 위원회의 설치를 제안했다. 당시 일본의 기술력은 최상이었다. 하지만 프랑스, 독일, 영국은 일본의 제안을 힘으로 막았다. 수백억 달러에 달하는 세계시장을 일본에 내주지 않기 위해서다.

국내 표준에 안주하다 거듭 쓴짠을 마신 일본은 결국 해외로 눈을 돌렸다. 2000년 이후 정부 차원에서 86억 원을 투입해 기계 물류 등 11개 일본 기술을 국제표준으로 만드는 데 성공했다. 이에 따라 일본 기술이 세계로 펴져 11개 분야에서 올린 경제 효과가 8조 2,000억 원이라고 일본정부는 분석했다.

민간 중심으로 표준을 정했던 미국도 점차 정부가 나서 민·관 연대로 국제표준화 활동을 적극 펴고 있다. 96년 미 정부는 '국가기술 이전 및 진흥법'을 제정하고 ISO·IEC 간사 진출과 세계표준 제안활동을 대대적으로 확대했다. 그 결과 현 ISO·IEC 간사 중 미국인이 166명으로 가장 많게 되었다.

(3) 미국의 국제표준정책

미국은 민.관 전문가의 해외파견을 통해 미국 표준을 세계표준으로 채택하는 전략도 쓴다.

멕시코 정부가 2000년에 수도 계량기를 새로운 표준규격으로 바꿀 계획을 세우자 미국 민·관 전문가들이 대거 멕시코로 날아가 미국 표준을 멕시코 표준으로 채택하도록 했다. 이후 멕시코 계량기 시장의 절반을 미국산이 차지했다.

중국이 2002년 5월부터 중국에서 판매·수입되는 제품에 정부의 강제인증제(CCC) 마크를 부착하도록 의무화한 것도 엄청난 내수시장을 보호하기 위한 조치다.

(4) 한국의 국제표준정책

국제표준기구(ISO)와 국제전기기술위원회(IEC) 같은 표준기구에서 한국의 위상은 낮은 편이 아니다. 한국은 1963년에 각각 두 기구에 가입했다. ISO가 47년에 생겼고, IEC가 1906년에 출범한 것을 감안해도 정부 차원의 표준기구 가입이 늦은 것은 아니다. 미국·영국 등 주요 선진국에 비해서는 늦었지만 웬만한 중진국보다는 이른 편이다.

한국은 두 국제표준기구에 분담금도 꽤 낸다. 1년에 ISO에 3억 9,000만 원, IEC에 1억 7,000만 원을 낸다. 세계 10위권 규모의 분담금이다.

표준기구에서 실질적으로 업무를 담당하는 기술위원회(280개) 중 현재 213개(정회원)에 가입돼 있다. 가입률이 72.5%로 세계 7위권이다. 가입률은 2000년만 해도 37.8%에 그쳤으나 현재는 배 가까이 올랐다.

3. 국제표준의 미래

국제표준도 진화한다. 대표적인 것이 1990년 이후 등장한 ISO 9000(품질경영시스템), ISO 14000(환경경영시스템) 등 시스템 표준이다.

종전의 표준은 주로 작업장 안전관리, 직원교육 등 각종 절차를 인증하는 표준으로 발전한 것이다.

ISO 9000은 영국이 일본의 품질관리시스템을 전수받아 국가표준으로 채택했고, 87년 영국 주도로 국제표준으로 발전시킨 것이다. 품질을 관리하기 위한 각종 절차와 방법 등을 규정하고 있다.

여기서 발전한 것이 ISO 14000이다. 환경을 고려한 친환경적인 경영을 하기 위한 각종 절차를 규정했다.

최근에는 ISO 26000(사회적 책임경영시스템)도 논의되고 있다. 국제표준기구 주도로 2008년까지 기업의 사회적 책임에 관한 규정을 표준화할 예정이다.

기업활동에 요구된 윤리 · 환경 · 사회공헌 등의 가치에 대한 최소한의 기준을 만들어 기업의 사회적 책임을 경쟁력으로 발전시키자는 뜻이다.

만약 기업의 노사관계 · 사회공헌 · 소유경영구조 개선 등에서 사회적 책임을 다하지 않으면 국제입찰 등에서 불이익을 주겠다는 의도가 담겨 있다. 최근의 두산그룹처럼 소유주끼리 경영분란이 생기면 사회적 책임을 다하지 않은 것으로 간주돼 국제입찰이나 수출에 불이익을 받게 된다.

제 4 절 글로벌 윤리경영

1. 글로벌기업과 윤리경영

(1) 윤리경영의 필요성

기업의 투명성문제는 이제 기업들에게는 글로벌 이슈(global issue)가 되고 있다. 2000년 기준으로 시가총액 700억 달러로 최근까지 미국기업들 중 가장 훌륭한 기업의 하나로 지적되었던 엔론이 파산신청을 하는 사태에 이르렀는데, 엔론은 그 동안 투자자들에게 밝히지 않은 채 불투명한 경영을 일삼아 왔다.

즉, 대차대조표(balance sheet)에 기재하지 않은 경영활동(business activities)을 빈번히 해왔던 것이다. 이러한 활동으로 대규모의 손실이 발생하면서 채권자들과 사업파트너들은 엔론의 신용위험(credit risk)을 의심하게 되었으며 이는 곧 시장의 신뢰를 상실하게 되어 주가는 폭락하게 되었다.

한때 미국 최우량기업 중의 하나였던 엔론사태는 수많은 기업들에게 다음과 같은 교훈을 던져주고 있다. 즉, 기업은 반드시 투자자들에게 기업활동에 대한 투명한 설명과 그에 수반되는 위험을 알려야 한다는 것이다.

적절한 시기에 기업투자자들에게 기업활동에 대한 투명한 설명을 제공하지 않는다면 예상치 못한 나쁜 뉴스가 시장에 전해졌을 때 투자자들은 실제상황을 신속하게 이해할 수 없기 때문에 해당기업을 손쉽게 외면해 버리게 된다. 기업이 투자자들의 신뢰를 상실하게 되면 결국 주가의 폭락을 야기시키게 되며 최악의 경우 시장에서 퇴출당하게 된다.

(2) 글로벌기업의 윤리문제

자본시장(capital market)은 경영이 불투명한 기업에 대해 시간적 여유나 그러한 상황에 대한 설명의 기회를 제공해 주지 않는다. 자본시장은 기업의 뉴스, 특히 좋지 않는 뉴스에 대해 신속하게 반응하기 때문에 일단 시장의 신뢰를 상실하게 되면 그 결과 해당기업의 경영위기 또는 시장에서의 퇴출을 초래하게 된다. 이러한 바람직스럽지 못한 결과를 방지할 수 있는 유일한 방법은 적절한 시기에 투자자들에게 충분한 투명성을 제공하는 것이라 할 수 있다.

엔론사태의 여파는 세계 각국에 신속하고도 지대한 영향을 미치고 있다. 세계 최우량기업으로 평가받아 온 제너럴 일렉트릭(GE: General Electric)마저도 경영투명성에 대한 의문이 시장에 확산되면서 주가가 급락한 적이 있다. 이제 미국에서는 경영투명성 여부가 자본시장의 냉엄한 평가를 받는 상황이 전개되고 있다고 할 수 있다.[1)]

일본에서도 대표적 식품회사인 유키지루시 식품이 최근 수입쇠고기와 돼지고기를 일본산 고기로 속여 정부에 납품하다가 적발되어 경영위기에 봉착하는 등 세계 각처에서 부정직하고 불투명한 경영활동을 하는 기업들이 시장에서 퇴출되는 위기에 직면해 있다.

기업경영의 투명성이 미국, 일본, 유럽 등 주요 선진국에 비해 상대적으로 결여되어 있고 투명성을 제고시키기 위한 제도적 장치도 제대로 갖추고 있지 않는 우리의 경우 기업경영의 투명성 확보는 이제 기업의 경쟁력 강화를 위해 가장 시급히 해결해야 할 중차대한 과제가 되고 있다.

우리의 경우 거대 재벌 대우를 비롯하여 수많은 기업들이 분식회계와 허위공시, 주가조작 등 불투명한 경영으로 인해 시장신뢰(market confidence)를 상실하고 결국 패망의 길을 자초한 사실은 투명성 확보가 한국기업 및 경제의 건전한 발전을 위해 얼마나 필요한지를 일깨워 주고 있다.

2. 글로벌기업의 윤리경영과 투명경영의 현황

(1) 미 국

1) 기업의 지배구조

미국 기업의 지배구조가 타국에 비해 비교적 선진화되어 있다고 평가할 수 있다. 대부분의 경우 소유와 경영이 철저하게 분리되어 있다. 즉 미국 유수 기업의 최고경영자(CEO: Chief Executive Officer)들에 대한 평가는 완전 독립적인 이사회와 주주들에 의해 이루어지고 있다. 즉, 최고경영자는 기업실적과 주가에 의해 평가되며 기업실적이 저조한 경우 항상 해고될 수 있는 문화가 정착되어 있다.

우리의 경우 외환위기 이후 구조조정의 여파로 기업의 지배구조가 부분적으로 개선되고 있기는 하나 아직도 대주주(오너)가 경영전반에 걸쳐 막강한 권한을

1) 김종성 · 윤영선, 「국제경제환경론」(한국방송대 출판부, 2004), pp. 110~169.

행사하는 경우가 많다고 볼 수 있으며 외국투자자들은 한국기업의 투명성과 관련하여 시급한 과제로 기업의 지배구조 개선을 지적하고 있다.

2) 주식시장의 투명성

2000년 말 제정된 '공정한 정보공개법안(Regulation Fair Discolsure)'은 상장사가 기업의 정보를 개인투자자(Private investor), 에널리스트(analyst), 펀드매니저(fund manager) 들에게 동일한 시간에 공개하도록 규정하고 있다. 즉, 미국의 주식시장은 기업의 정보가 특정인에게 우선적으로 유출되는 것을 원칙적으로 금지하고 있다고 평가할 수 있다.

정부에서 발표하는 통계수치도 모든 투자자가 알 수 있도록 발표일시가 정해져 있으며 비상사태가 발생되지 않는 한 이러한 일정이 변경되는 일은 없다. 언론들은 이러한 일정을 주요 일간지와 인터넷에 공개하여 모든 투자자들이 동시에 알 수 있도록 하고 있다. 기업들이 발표하는 경영실적도 동일한 원칙이 적용되는데, 기업마다 경영실적에 대한 발표일정을 정해 투자자들에게 공시하고 있다.

미국기업의 경영실적은 사전에 예상경영실적을 발표하고 경영실적이 최종 집계된 뒤에는 최종실적과 예상실적의 차이가 클 경우 차이가 크게 발생한 이유에 대해 설명하고 있다.

이러한 제도가 미국 주식시장의 투명성을 제고시키는 데 크게 기여하고 있다. 즉 미국의 뉴욕 증권거래소 시장이 세계금융의 중심지로 확고한 위치를 차지하고 있는 이유가 이러한 기업정보공개의 투명성에 있다고 할 수 있다.

상기한 바와 같이 경영실적과 주가에 의해 평가되는 최고경영자, 정부 및 기업정보를 함께 공유하는 문화의 정착 그리고 이러한 원칙을 위배했을 경우 커다란 손실을 감수해야 하는 법규의 엄격한 집행 등이 미국기업 및 주식시장의 투명성을 제고시키는 요인이라고 할 수 있다.

(2) 유 럽

유럽기업의 경우에도 경영투명성을 제고시키기 위한 여러 가지 시도를 다각도로 벌이고 있다. 다국적 생활용품업체인 유니레버와 영국의 최대 생명보험기업 CGNU 등 유럽기업들은 기업경영의 투명성을 제고시키기 위해 회계감사의 독립성과 투명성을 강화시키고 있다.

유니레버는 2001년에 자사회계법인 프라이드워터하우스쿠퍼스(PwC)에 감사

비용 1,300만 유로와 컨설팅 관련비용으로 6,200만 유로를 지불하였으나 앞으로는 경영투명성을 높이기 위해 감사계약을 체결한 기업으로부터 컨설팅 서비스를 제공받지 않는다는 방침을 세우고 있다.

(3) 한국현황

국내기업들이 투명경영에 대한 대내외적 평가는 아직 높다고 할 수 없으나 IMF 관리체제 이후 국내기업의 투명경영에 대한 관심이 제고되면서 투명경영을 위한 여러 노력들이 부분적으로 가시화되고 있다고 평가할 수 있다. 국내기업의 투명경영노력을 두 가지 측면에서 간략히 살펴보고자 한다.

1) 기업지배구조의 개선

최근 들어 국내기업들의 기업지배구조가 크게 개선되고 있다. 그 동안 유명무실했던 사외이사의 권한을 대폭 확대하거나 이사회의 승인사항을 보다 폭넓게 적용하고 있다. SK텔레콤은 계열사간에 일정금액 이상의 거래가 발생하면 사외이사의 승인을 받도록 하고 있으며 삼성전자는 일반 투자자들에게 피해를 줄 수 있는 불공정 내부거래에 대해 이사회 승인 및 공시를 의무화하고 있다.

사외이사의 구성에 있어서 대주주와 관계 없는 외부인사의 영입의무 등 엄격한 기준을 적용한 결과 그 동안 대주주의 이익을 옹호하는 역할을 주로 수행해 왔던 사외이사들이 이제는 기업의 주요 의사결정에 관여하여 최고경영자를 견제하는 핵심기구 역할을 나름대로 수행하고 있다고 평가할 수 있다.

2) 기업정보의 공개

정기적인 IR 및 인터넷과 컨퍼런스 콜을 통한 기업정보의 수시공시도 최근 들어 확산되고 있어서 국내기업의 투명경영 수준을 한 단계 끌어올리는데 크게 기여하고 있다.

국내의 선도기업들이 기업경영에 대한 월별실적 및 분기별 실적을 발표하는 추세에 있어서 미국과 유럽기업들에서도 찾아볼 수 없었던 정기기업실적 및 예측에 대한 공시를 하는 earning announcement가 국내에도 정착되어가고 있다.

휴맥스는 2000년 초부터 상장등록기업 중에서 최초로 월간실적을 공개하고 있으며 최근에는 주택은행과 합병한 국민은행도 투명한 기업실적을 공개하고 있다. 또한 KTF는 1년 예산을 정기적으로 공시하여 일반투자자들이 기업의 경영을 자세히 알 수 있게 하였으며 이사회회의록도 일반인들이 자유롭게 열람할 수 있도록 하고 있다.

제 5 절 글로벌기업의 윤리경영전략

외환위기 이후 국내기업들이 경영투명성을 제고시키기 위해 상당한 노력을 기울여 왔으며 그 성과가 국제적으로 높은 평가를 받기에 이른 것은 고무적인 일이라 평가할 수 있다.

국내기업의 투명경영이 상당히 진전된 것이 사실이기는 하나 아직도 해결해야 될 과제는 산적해 있다고 할 수 있다. 노동부가 최근 「우리 회사 결국 망했어요」라는 책을 발간하였는데, 이 책에 따르면 회사의 불투명한 경영은 노사간의 불신을 증폭시키고 결국은 회사가 파산하는 결과를 초래한 사례가 적지 않음을 지적하였다. 이러한 사례는 국내기업들이 경쟁력 강화와 생존을 위해서는 투명경영을 더욱 강도 높게 추진해야 함을 일깨워주고 있다.

한국기업의 가치가 국제사회에서 과소평가되고 있는 주된 원인 중의 하나가 불투명한 경영임을 인식할 때 한국기업, 나아가서는 한국경제가 올바른 평가를 받기 위해서도 투명경영의 확립이 절실한 과제라고 지적할 수 있다.

기업의 불투명한 경영은 주로 우리 기업의 회계정보의 불투명으로 인한 신뢰도 저하로 나타나고 있다. 따라서 기업 회계정보의 투명성과 신뢰도를 제고시키는 것이 기업의 투명도를 향상시키는 첩경이라고 할 수 있다. 기업 회계정보의 투명성을 제고시키기 위한 과제는 다음 다섯 가지 측면에서 파악할 수 있다.

1. 기업의 회계정보를 기본으로 한 투자 및 대출의사 결정과정의 확립

기업의 투명한 회계정보가 자본시장에 제공되어야 건전한 자본시장이 육성될 수 있으며 이는 다시 투명한 경영과 회계정보를 생성시키는 성숙한 구조를 발생시키게 된다.

2. 과도한 차입위주인 기업자본구조의 획기적 개선

아직도 국내의 일부기업은 과도한 차입구조로 인해 영업이익으로 금융비용도 충당하지 못하여 기업의 존립마저도 위협받고 있는 상황에 직면해 있다. 이러한 환경에서 기업은 생존을 위해 분식회계의 잘못된 관행을 일삼게 된다.

3. 건전한 기업지배구조의 확립

기업의 의사결정권한이 소유주에게 집중될 경우 대다수 주주의 이해가 무시되거나 간과되는 경향을 나타나게 된다. 따라서 기업의 의사결정이 합리적으로 되려면 의사결정권이 소유주에게 집중되어서는 안 되며 다수 주주와 사외이사를 통합한 이사회에도 적절하게 배분되어야 한다.

4. 국제적 수준의 기업회계기준 마련

기업회계기준을 국제적 수준에 적합하도록 수립하여 외국투자자들의 신뢰를 얻어야 한다. 현대 정부는 이러한 상황을 인식하여 기업회계기준의 개정작업을 진행하고 있는데, 예상되는 검토과제는 다음과 같다.

① 국내회계기준과 국제회계기준의 차이

② 국제회계기준의 도입전략(도입방법, 적용범위, 적용시기)

③ 주재무제표를 '개별재무제표'에서 '연결재무제표'로 전환할 경우, 이에 따른 개선사항(공시 및 감리체계 개편, 내부회계관리제도 개편, 지배회사와 종속회사 간 회계처리방법 통일 등)

④ 회계기준에 대한 해석 등 회계기준위원회(IASB)와의 협력체제 구축방안 등이다.

5. 외부감사인의 독립성 및 직업윤리의 확립

경영자가 일방적으로 제공하는 회계정보 이용시 발생할 수 있는 투자자의 위험을 감소시키기 위해서는 독립성과 더불어 확고한 직업윤리를 바탕으로 한 외부감사인의 수준 높은 회계감사가 절대적으로 필요하다.

이와 관련하여 회계감사인이 회계감사기준에 따라 기업의 회계정보를 철저히 감사할 수 있도록 가능한 모든 협력과 지원을 다하여 한다.

제 6 절 글로벌 가버넌스

1. 글로벌 가버넌스의 개념

90년대 중반 세계화란 용어가 본격적으로 사용되기 시작하면서, 이와 함께 회자되기 시작한 용어가 글로벌 가버넌스(global governance)란 용어이다. 그러면 이 용어가 갖는 의미는 무엇인가?

먼저 가버넌스란 용어를 살펴보자. 가버넌스란 한 집단의 행동을 통제하여 이를 어떤 방향으로 이끄는 공식적인 또는 비공식적인 절차와 제도를 의미한다(Keohance and Nye, 2000).

말할 필요없이 정부는 가버넌스를 행하는 주체의 대표적인 예이다. 정부는 국민들로부터 위임받은 공식적인 권한을 갖고 국민들이 준수해야 하는 의무를 창조하여 가버넌스를 행하는 경우이다. 환경단체가 환경보호라는 방향으로 사회를 이끌기 위해 감시와 사회적 압력을 행사하는 것도 가버넌스이다. 이는 비공식적인 절차와 제도를 통한 가버넌스의 경우이다. 기업이라고 하는 집단에는 경영진, 노동자, 주주 등 다양한 이해를 갖고 있는 당사자들로 구성되어 있다. 기업이 잘 운영되야 한다는 공통된 목표하에 이들의 이해관계를 조정하고 행동을 관리하는 모든 것들은 기업의 가버넌스라 할 수 있다. 의무 위반시 강제탈퇴와 같은 제재가 부여된다면 이는 공식적인 절차와 제도를 만든 것이다. 단지 회원간의 약속의 형태로 의무를 지키자고 했다면 이는 비공식적인 절차와 제도를 가버넌스를 행하고 있는 것이다.

가버넌스란 사실상 모든 집단—크든 작든지 간에—에 존재하는 행위라 할 수 있다. 그런데 가버넌스란 행위가 특히 필요시되는 경우가 있다. 대표적인 예로서는 국방을 생각할 수 있을 것이다. 세금을 내지 않은 사람은 국방의 대상에서 제외시킬 수 있는 방법이 있는가? 내가 국방의 혜택을 보고 있다고 해서 다른 사람에 돌아가는 국방의 혜택이 줄어드는가? 환경보호도 비슷한 예라 할 수 있을 것이다.

2. 글로벌 가버넌스의 주체

글로벌 가버넌스를 행하는 가장 대표적인 주체로 국제기구, 특히 각국의 정부를 구성원으로 하는 정부간 국제기구를 들 수 있을 것이다. UN, WTO, IMF 등 쉽게 생각나는 국제기구들이 수행하는 역할이 바로 글로벌 가버넌스이다. 최근에는 정부간 국제기구뿐만 아니라 세계 시민단체들도 글로벌 가버넌스의 중요한 주체로 부각되고 있다. 예컨대 그린피스와 같은 환경단체는 비공식적인 절차와 제도를 통해 지구촌의 환경문제를 자발적으로 가버넌스하는 기구라 할 수 있다. 여러 국가에 자회사를 두고 있는 다국적기업이 기업을 운영하고 관리하는 행위도 글로벌 가버넌스라 할 수 있을 것이다.

3. 국제기구의 개념

(1) 글로벌 가버넌스와 국제기구

국제기구가 수행하는 역할은 글로벌 가버넌스이다. 그러나 글로벌 가버넌스를 행하는 모든 주체를 국제기구라 부를 수는 없다. 예컨대 다국적기업은 글로벌 가버넌스라는 행위를 하고 있지만 우리는 보통 이를 국제기구라 부르지 않는다(국제기구를 넓게 정의하는 경우 다국적기업을 국제기구에 포함시키기도 한다). 세계적 조직망을 갖고 있는 마피아가 세계 조직을 관리하고 운영하는 행위도 글로벌 가버넌스라 볼 수 있을 것이다. 그러면 마피아는 국제기구인가?

국제기구 연감(The Yearbook International Organization)은 지구상에 현재 존재하는 국제기구들을 수록하고 있는 책자이다. 이 연감은 이에 수록될 수 있는 기구의 기준, 즉 국제기구의 기준으로 다음의 일곱 개 기준을 제시하고 있다.

① 목표의 국제성: 최소한 3개국을 커버할 의도를 가진 목표를 설정하고 있어야 한다.

② 회원자격의 국제성: 최소한 3개국으로 구성된 개인 또는 집단이 완전한 투표권을 갖고 참여해야 한다.

③ 공식적인 구조: 기구의 집행부 구성에 관한 규정, 상설적인 본부(permanent headquarter)의 운영에 관한 규정 등을 명시한 기구의 헌장(constitution)을 갖고 있어야 한다.

④ 직원의 국제성: 일정기간에 있어 직원이 모두 동일 국적인이어서는 안

된다.

⑤ 예산의 국제성 및 비영리성: 기구의 예산은 3개국 이상에서 분담되어야 하며, 기구의 활동은 비이윤적 동기에 기초해야 한다.

⑥ 기구의 독립성: 다른 기구와 유기적인 관계를 갖고 있는 기구의 경우는 그 기구 자체가 독립적으로 존재하고 독자적으로 직원을 선출함을 입증해야 한다.

⑦ 활동: 기구의 활동에 관한 자료를 발표하거나 요구시 제출할 수 있어야 한다.[2)]

이 기준에 따르면 다국적기업은 ⑤에 위배되어 국제기구가 아니다. 마피아의 경우는 ⑤와 ⑦의 기준을 만족하지 못하는 것으로 볼 수 있을 것이다. 또한 이 기준에 따르면 국제기구가 되기 위해서는 최소한 3개국이 참여해야 한다.

(2) 국제기구

국제기구는 회원자격에 따란 정부대표로 구성된 기구(IGO: International Governmental Organization), 비정부대표로 구성된 기구(INGO: International Non-governmental Organization), 그리고 정부대표와 비정부대표가 모두 참여하는 혼합적 기구로 나누어진다.

UN, NATO, IMF 등은 정부가 국제기구이며, 그린피스, 구세군 등은 비정부간의 국제기구이다. 혼합적 기구의 대표적 예로는 국제노동기구(ILO)를 들 수 있다. ILO의 경우 정부대표뿐만 아니라 각국의 노동단체들도 참여한다.

우리가 보통 국제기구라 부르는 것은 정부간 국제기구라 할 수 있다. 이는 각국 정부로부터 일정한 권한을 위임받아 공식적으로 글로벌 가버넌스를 수행하는 기구라 할 수 있다. 마치 정부가 국민들로부터 권한을 위임받아 가버넌스를 수행하는 것처럼, 국제기구의 존재는 각국의 정부로부터 위임받은 권한에 기초한다. 다시 말해서 한 국가가 어떤 국제기구의 참여한다는 것은 그 국가의 주권 일부를 그 국제기구에 양도하는 것을 의미한다. 이렇게 양도한 부분의 주권에 대해서는 행사를 요구할 수 없으며, 국제기구에서 결정된 사항을 따라야 하는 것이다.

2) 김광호, 「세계화와 글로벌경제」(박영사, 2003), pp. 351~360.

4. 국제기구의 체계

(1) 국제경제기구

국제경제기구란 경제분야에 있어 글러벌 가버넌스를 수행하는 기구이다. 국가간의 경제적 교류가 양적/질적으로 확대되면서 각국의 경제는 더욱 긴밀하게 연결되고 있다. 이에 따라 국제경제기구의 활동 영역은 확대되고 있으며, 국제경제기구의 역할에 대한 기대도 증대되고 있다.

국제경제기구의 역사에서 1944년은 중요한 의미를 지닌다. 제2차 세계대전이 막바지에 이르고 있던 당시, 전후 세계경제질서의 문제를 논의하기 위한 모임이 미국 뉴햄프셔 주의 소도시 브레튼우즈에서 연합국 45개국 대표가 참석한 가운데 개최되었다. 이 회의의 기본적인 정신은 전후 세계경제를 다시 부흥시키고 전쟁재발을 방지하는 경제적 환경을 마련하자는 것이었다. 황폐된 유럽경제의 재건이 시급한 과제였다. 또한 양차대전 사이에서 경험했던 국제통화질서의 문란, 보호주의의 만연이 전쟁이 경제적 배경이 되었다는 인식하에 이러한 상황의 재발을 막기 위한 국가간의 협력체제를 구축할 필요가 있었다.

이 회의에서 일단 두 개의 국제기구를 만들기 위한 협정을 체결하였다. 국제통화기금(IMF) 설립협정과 국제부흥개발은행(IBRD) 설립협정이 그것이다.

(2) 국제통화기금

IMF(international monetory fund) 설립의 기본적인 취지는 일시적인 국제수지 적자상황에 직면한 국가가 과다한 수입규제나 수입을 억제하기 위한 국내 긴축정책을 시행하지 않고도 국제수지 불균형 문제를 해결할 수 있도록 지원해야 한다는 것이었다. 이는 2차대전 이전 각국이 경험했던 극심한 국제수지 불균형 문제가 2차대전 발발의 배경이 되었다는 인식에 따른 것이었다.

(3) IBRD

IBRD(international bank for reconstruction and development) 설립의 취지는 전쟁으로 파괴된 각국의 경제를 부흥시키고 저개발국의 경제성장을 지원한다는 것이었다. 즉, IMF가 단기적인 국제수지 불균형 해소에 목적을 두고 있다면, IBRD는 각국의 장기적인 경제발전 촉진에 목적을 두고 있는 것이다.

(4) WTO

GATT 체제는 WTO 체제로 바뀌어졌다. GATT 체제가 출범할 당시 국제무역분야에서 논의된 의제는 크게 세 가지가 있었다. 그 하나는 바로 ITO의 설립에 관한 것이다. 또 다른 의제는 관세인하협상에 관한 것이었다. 2차대전 이전에 지나치게 높아진 각국의 관세수준을 조속히 낮출 필요성이 있었던 것이다. 이에 따라 1947년 4월부터 제네바에서 23개국이 참가한 가운데 관세인하협상이 시작되었다. 그리고 또 하나의 의제는 관세와 관련된 각종 규정을 만드는 것이었다. 예컨대 관세와 이외의 보호주의 수단을 사용해서는 안 된다든지, 관세를 부여함에 있어 국가간에 차별을 해서는 안 된다든지 등과 같이 각국이 준수해야 할 의무규정들을 만드는 것이었다. 그리고 GATT는 이 두 번째와 세 번째 의제의 논의결과를 결합하여 출범하게 된 협정인 것이다. GATT는 제네바 협상에 참가한 23개국을 최초의 가입국으로 하여 1948년 1월부터 협정 효력이 발효되었다.

따라서 엄밀히 따지면 GATT는 국제기구가 아니라 하나의 국제협정일 뿐이다. GATT의 출발은 협정의 형태로 시작되었지만 이후 관련 업무가 확대되면서 사실상 국제기구로서의 역할을 수행하게 된다.

(5) 브레튼우즈체제

따라서 2차대전 이후 IMF, IBRD, GATT를 3개의 축으로 하는 세계경제체제가 형성되었고 이를 브레튼우즈체제(bretton woods system)라 부른다. 지금의 국제경제기구체제도 이때 만들어진 브레튼우즈체제를 골격으로 하고 있다. IBRD는 이후 업무가 확대되면서 세계은행(world bank)이라는 명칭하에 기능을 수행하고 있다. GATT는 1995년 WTO의 설립으로 발전하였다. IMF, 세계은행, 그리고 WTO는 현재 3대 국제경제기구이다.

(6) OECD와 UNCATD

이를 3대 기구 다음으로 중요한 위치를 부여받을 수 있는 국제경제기구로서 OECD와 UNCTAD를 들 수 있다. OECD(경제개발협력기구: organization for economic cooperation and development)는 우리가 흔히 선진국 클럽이라 부르는 기구로서, 현재 세계경제를 이루는 중요한 역할을 담당하고 있다. UNCTAD(UN무

역개발위원회: UN conference on trade and development)는 UN의 산하기구로서 개발도상국의 문제를 주로 취급하고 있다.

이러한 기구들은 다자간기구, 즉 다대륙에 걸친 다수의 국가들이 참여하는 기구들이다(OECD를 다자간기구라 부르는 것에 대해서는 좀 유보적일 수도 있을 것이다).

(7) EU

한편 한 대륙 내의 국가들(전부일 수도 있고 일부일 수도 있다)만이 참여하는 지역경제기구들도 있다. 가장 대표적인 것이 유럽연합(EU)이다. 물론 EU는 단지 경제문제뿐만 아니라 정치, 외교, 사회 등 제반 문제에서 협력을 도모하는 포괄적인 기구이다. 미국, 캐나다, 멕시코 간의 자유무역지대인 NAFTA, 그리고 동남아국가연합인 ASEAN 등도 지역경제기구라 할 수 있다. 아시아/태평양지역 국가들의 협력체인 APEC, 동아시아, 유럽국가들의 협력체인 ASEM 등은 지역간 경제기구라 부를 수 있을 것이다.

이 밖에도 특정한 분야만을 취급하는 다수의 국제기구들이 있다. 예컨대 노동문제만을 다루는 국제노동기구(ILO), 지재권 보호에 관한 문제만을 다루는 국제지재권기구(WIPO), 국제식량농업기구(FAO) 등도 우리가 자주 듣는 국제기구들이라 할 수 있을 것이다.

제 7 절 글로벌 스탠더드와 불공정거래

1. 글로벌 스탠더드와 국제적 견제

반도체, 가전, 항공, 철강 등 국내업체를 상대로 한 선진 경쟁국들의 전방위 견제가 심화되고 있어 산업계에 비상이 걸렸다. 반도체, 가전, 철강 등은 국내 수출의 중추적 역할을 담당하는 것으로 향후 수출전선에 검은 그림자가 드리우지 않을까 촉각을 곤두세우고 있다. 특히 가격담합을 이유로 국내 기업인이 미국에서 실형에 처해지는 등 글로벌 시장 독주에 대한 압박이 거세져 국내 기업은 선진 기술개발 등 자구책 마련이 절실하게 됐다.

2006년 3월 D램 가격담합행위와 관련, 하이닉스반도체 간부 4명에게 5~8개월의 징역형을 선고했다. 가격담합 등 불공정거래행위와 관련, 한국인이 미국에서 기소돼 실형에 처해지기는 이번이 처음이다.

하이닉스반도체 이천 본사와 유럽 법인 등에 근무하는 이들은 1999년 4월부터 2002년 6월 15일까지 다른 메모리 반도체회사 직원들과 미국 내 컴퓨터 및 서버 제조회사에 공급되는 D램 가격을 담합, 미국 법을 위반한 혐의를 받고 있다.

이 이외에도 한국기업은 경쟁국들의 집중적인 견제를 받고 있다. 세계 최대 D램 업체인 삼성전자도 이 사건과 관련, 전 · 현직 간부 7명이 연루혐의를 받았다.

미 법무부는 이와 함께 대한항공과 아시아나항공에 대해 화물운임 담합행위 여부에 대해서도 조사하였다.

한편 유럽연합(EU) 집행위원회는 반덤핑을 문제삼아 한국산 양문형 냉장고에 대해 잠정관세를 부과키로 했다.

EU는 6개월간 삼성저자 4.4%, 대우전자 9.1%, LG전자 14.3%의 잠정관세를 각각 부과키로 결정했다.

이와 같은 반덤핑조사는 경쟁기업인 이탈리아에 있는 미국계 월풀사의 제소에 따른 것이다.

2. 글로벌 스탠더드와 국제담합

미국의 하이닉스 임직원에 대한 징역형 선고는 외국에 진출한 국내기업의 가격담합(카르텔)을 단순히 '국내적인 시각'으로만 바라볼 수 없는 냉정한 세계시장 현황을 분명히 보여준다.

공정거래위원회 등 우리 정부는 이번 사태가 담합에 대한 우리 기업들의 눈높이를 '글로벌 스탠더드'로 높이는 계기가 돼야 한다고 지적하고 있다. 국제 담합제재가 사안에 따라 해당국가의 민족주의 발현이나 통상압박카드로 활용될 수도 있지만, 소비자에게 엄청난 피해를 떠넘기는 담합이 얼마나 큰 범죄인지를 먼저 확실하게 인식해야 한다는 것이다.

미국의 경우 최근 5년간 담합과 관련해 약 40명 가량이 1년 이상의 징역형을 받았고, 이 중 25%가 외국인이었다.

1997년 팩스용지 담합사건과 관련해 외국에 있는 외국인 임원에게 미국 내에서 징역을 살도록 선고한 이래 담합 관련 제재수위는 날이 갈수록 강화되고 있다.

미국에서 담합혐의로 징역을 살거나 살고 있는 외국인은 오스트리아, 벨기에, 캐나다, 프랑스, 독일, 이탈리아, 일본, 멕시코, 노르웨이, 영국 등 10여 개 국민에 달한다.

미국은 2004년 담합에 대한 형량을 징역 3년에서 10년으로 크게 높였으며, 이러한 추세에서 알 수 있듯이 징역형 선고일수도 갈수록 늘어나고 있다.

특히, 기업활동의 국가간 장벽이 허물어지면서 국제적인 거대 담합행위가 등장하고 있는 데 대해, 각국 제재당국의 연대 움직임도 강화하고 있다. 한국과 미국, 유럽연합(EU)이 자국 내 항공사들의 화물운임 국제담합 혐의에 대해 같은 날 동시에 현장조사를 벌인 것이 대표적인 사례다.

연구 과제

1. 21세기의 글로벌 트랜드는 무엇인가?
2. 글로벌 스탠더드는 무엇을 의미하는가?
3. 글로벌 표준의 예를 들어 설명하시오.
4. 한국이 당면하고 있는 글로벌 표준정책은 어떤 것이 있는가?
5. 한국의 글로벌 인증제도를 설명하시오.
6. 국제적 인증제도에는 무엇이 있는가?
7. 유럽과 미국의 국제표준정책을 비교 설명하시오.
8. 글로벌 윤리경영은 현대기업에 어떻게 중요한가?
9. 글로벌 기업이 가지고 있는 윤리문제는 무엇인가?
10. 글로벌 거버넌스의 중요성을 설명하시오.
11. 다음의 용어에 대해서 설명하시오.
    1) 글로벌화
    2) 네트워크화
    3) 국가표준
    4) 기업지배구조
    5) 국제기구
    6) 국제경제기구

제 2 부 국제경영환경

제 4 장 21세기의 국제경영환경

사례연구 ▶ Global 500대 기업/후지쯔(Fujitsu)
제 1 절 글로벌환경과 디지털환경
제 2 절 국제경영환경과 국내경영환경

제 5 장 글로벌 문화환경

사례연구 ▶ Global 500대 기업/Exxon Mobil
제 1 절 글로벌 문화환경
제 2 절 글로벌 문화모형
제 3 절 글로벌 문화비교
제 4 절 글로벌 문화전략

제 6 장 법 · 정치 · 경제적 환경

사례연구 ▶ Global 500대 기업/폭스바겐(Volkswagen)
제 1 절 법적 환경
제 2 절 정치적 환경
제 3 절 경제적 환경
제 4 절 기술환경

제 4 장

21세기의 국제경영환경

사례연구 ▶ Global 500대 기업

후지쯔(Fujitsu)

1 Web Site

http://www.fujitsu.com

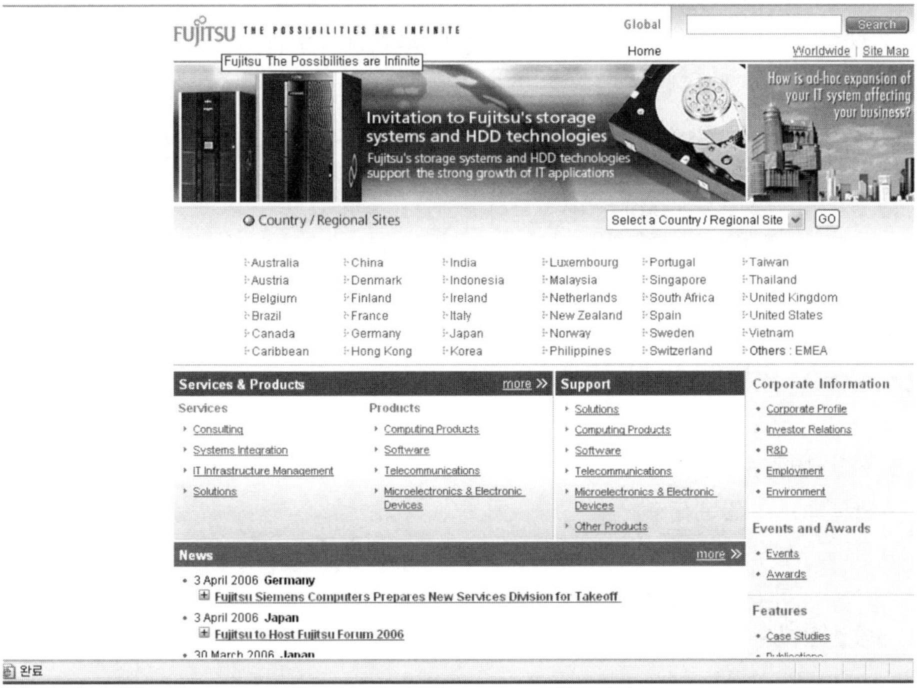

2 후지쯔 연혁

1935. 6	후지전기 통신부문이 분사해 설립
1949.	도쿄 주식시장에 상장
1951. 5	컴퓨터 제조 시작
1954. 4	일본의 최초 상업 컴퓨터 파콤(PACOM) 100 개발
1967. 3	뉴욕에 최초의 해외 사무소 설립
1967. 6	사명을 후지쯔 유한회사로 변경
1971. 10	히타치와 컴퓨터 분야에서 합작
1972. 12	암달사에 투자
1974.	파콤 코리아 설립
1974. 11	세계 최초의 4세대 다목적 컴퓨터 파콤 M-190 출시 독일 프랑크푸르트 주식시장에 상장
1981. 12	일본 최초의 슈퍼컴퓨터 파콤 VP-100/200 생산
1990. 11	영국의 ICL 주식의 80% 매입
1996. 7	유럽에 PC회사로 후지쯔 ICL 컴퓨터 설립
1997. 9	암달사를 100% 자회사로 인수
1999. 7	차세대 ISP '@nifity' 개시
1999. 7	사쿠라 은행과 일본 최초의 인터넷/온라인 은행 설립
2000. 6	차세대 네트워크 사업 기회를 탈취하기 위하여 Lucent과 전략연립 형성
2002. 3	세계 첫번째 90나노미터 LSIAkiruno기술센터 생산라인 도입
2002. 4	ATM 기술 지도력을 강화하기 위하여 NCR과 후지쯔의 전략 연립 형성
2002. 6	후지쯔와 마이크로소프트의 세계적인 협력. 새로운 시작은 XML웹 서비스사업, 기동성에 초점.

3 후지쯔 한번에 보기

○ 설립: 1935년 6월 20일
○ 본사 소재지: 일본 도쿄
○ 경영진: 나오유키 아키쿠사 대표이사 회장
히로아키 쿠로카와 대표이사 사장
○ 종업원: 후지쯔 그룹 151,000명
○ 사업 분야: 소프트웨어

서비스

계산

커뮤니케이션 플래트홈 전자장치

○ 수익: 4조 762.7억 엔

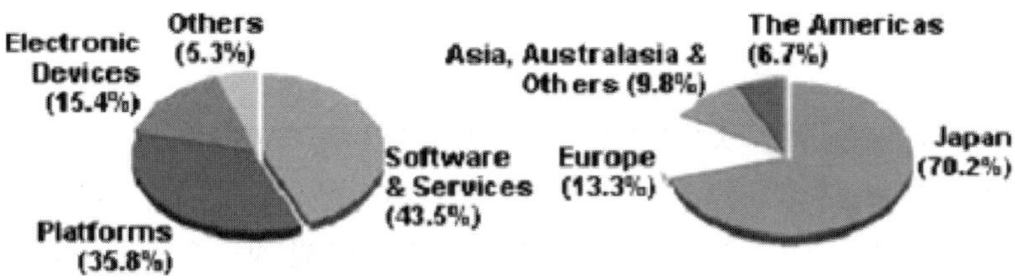

○ 순수입: 31,910억 엔

○ 연구 및 개발비용: 2,402억 엔

○ 해외 사무소: 워싱턴, 뉴욕, 런던, 하와이, 콜롬비아, 하라레(짐바브웨)

○ 주요시설: 연구소(일본, 중국, 유럽, 미국)

생산시설(일본, 아시아, 유럽, 미국)

데이터센터(12개국 50여개)

판매(60여 개국)

○ 주식정보: 후지쯔의 주식은 도쿄 증권거래소, 오사카, 나고야, 프랑크푸르트, 런던 및 스위스의 증권거래소에서 거래된다.

4 기업이념

— 후지쯔의 사업모토: 지속적인 글로벌화

기술의 리더십 확보

서비스 주도형 비즈니스 모델로 전환

즉, 일본 IT시장의 맹주에서 글로벌 IT시장의 TOP기업으로 도약하기 위한 의지를 담고 있다. 초기 전화기 회사에서 출발해 메인프레임 시대를 주도했던 후지쯔는 이제 인터넷을 사업영역의 핵심으로 삼고 인터넷 시대를 리드하는 세계 제 1 의 기업이 되는 것을 목표로, 웹을 위한 플랫폼, 소프트웨어, 서비스, 솔루션 비즈니스에 역량을 집중하고 있다.

5 국제경영전략

후지쯔의 글로벌 경영전략은 첫째, 발상의 전환이다. 후지쯔가 국제화된 비즈니스에서 성공할 수 있었던 것은 시장을 보는 관점을 달리했기 때문이다. 몇 년 전만 해도 일본의 대다수 기업은 "일본 내에서 성공한 제품을 해외에서도 판매하겠다"는 생각을 갖고 있었으나, 후지쯔는 "해외에서 각광받을 수 있는 제품을 개발해 일본에서도 팔겠다"는 발상의 전환을 했다.

후지쯔의 글로벌 경영전략 둘째, 합작투자이다. 즉, 다른 나라의 우수한 기업과 합작을 하거나 해외에 후지쯔 자회사를 세우는 것이다. 유럽의 대표적인 IT회사인 지멘스와 합작사를 설립한 것이나, 과거 메인프레임으로 유명했던 암달을 인수한 것도 이런 글로벌 경영전략을 잘 보여주는 사례라고 할 수 있다.

후지쯔의 글로벌 경영전략 셋째, 글로벌 브랜딩이다. 후지쯔는 통일된 하나의 이미지로 그룹의 브랜드를 채택하여 기업의 이미지와 인지도를 높이기 위해 '후지쯔'라는 이름을 전 그룹의 공통 브랜드로 구축했다. 이를 위해 그룹 내 50여 개사로 하여금 이전의 브랜드와 상표를 버리고 통일된 기업 로고를 사용하게 함으로써 그룹 전체의 통일된 이미지를 강조하고 있다.

후지쯔는 전 세계 고객에게 새로운 기업 메시지로 'The Possibilities are Infinite(가능성은 무한하다)'를 내세우고 있다. 이 메시지는 후지쯔 로고와 함께 사용되며, 'Everything on the Internet(인터넷에서 모든 것이 이뤄진다)'는 후지쯔의 사업전략과 연계돼 '인터넷 시대에 전 세계 고객에게 최적의 제품과 서비스를 제공하는 기업'임을 강조하고 있다.

6 국제경쟁우위요인

후지쯔의 강점은 첫번째. 반도체 디바이스 등 원천기술에서부터 플랫폼 사업, 소프트웨어 및 서비스 부문에 이르기까지 IT부문별로 포트폴리오를 잘 갖추고 있을 뿐만 아니라 고른 매출을 확보함으로써 토털 IT기업의 면모를 갖추고 있다는 데에 있다.

두 번째. 후지쯔의 두 번째로 큰 사업영역인 서버, 모바일 및 IP 네트워크 장비, 전송장비, PC 및 모바일 폰, 하드디스크 드라이브 등으로 구성된 플랫폼 사업이다.

세 번째. 후지쯔는 지식경영에 최신의 정보기술을 활용하고 있다.

제 1 절 글로벌환경과 디지털환경

21세기의 인류역사는 유례 없는 변혁의 도전을 받고 있는 시대에 접어들고 있다. 역사의 흐름을 단순히 연대적 구분이 아니라, 큰 분수령을 이루는 변화의 관점에서 본다면 20세기의 출발이 1914년 이후의 대변혁에서 시작된 것과 같이 다음 세기를 주도해 갈 큰 변혁의 물결이 이미 시작되고 있음을 감안할 때 21세기는 보다 일찍 시작되었다.

역사가 사람들의 자의적인 잣대에 대하여 별로 관심을 기울이지 않을 지라도 세계적으로 새로운 변화가 휩쓸고 있는 증거는 곳곳에서 나타나고 있다. 역사의 흐름에 분수령을 이룰 만한 근본적인 변화로는 세계적으로 일고 있는 각기 다른 도전, 즉 문화적 · 법적 · 경제적 · 기술적 환경을 논의해 볼 수 있다.

1. 글로벌환경

새 천년의 기업환경은 글로벌화와 디지털화로 요약될 수 있다. 여기서 글로벌화와 디지털화는 서로 독립적인 요인이 아니라, 상호 연결되어 증폭되어 나타나는 현상을 보이고 있다. 디지털 정보기술의 급격한 발전에 의하여 공간과 시간을 초월하는 실질적인 자유경쟁무역이 가능한 글로벌화가 이루어진다고 해도 과언이 아닐 것이다.

우선 범지구적으로 시장이 통합되고 전 세계가 네트워크로 연결되는 글로벌화의 특징은 다음과 같이 요약할 수 있다.[1]

세계는 어느 나라든 구분 없이 아이디어와 제품을 동시에 입수할 수 있는 거대한 쇼핑센터가 되어가고 있다. 이러한 변화로 선택권이 소비자에게로 가고 있으며 기업경쟁의 조건도 급격히 바뀌고 있다. 이러한 세상에서는 세계적인 초우량기업들은 국경을 초월한 네크워크를 활발하게 형성하여 월드클래스로 부상하고 있다. 이제 아무리 국내를 지향하는 기업이 있다고 하더라도 이러한 변화와 무관한 기업은 존재하지 않게 될 것이다. 왜냐하면 이러한 변화가 공급망을 흔들어 놓고 있으며, 중소기업들도 세계에서 제일 좋은 품질, 부가적 서비스, 그리고

1) 로자베스 모스 켄터 지음(1998), 「월드클래스-세계일류만이 살아남는다!」(한·언), pp. 43~55.

소수 공급업자들과 긴밀한 협력관계를 원하는 고객의 요구로 인해 세계화의 충격을 받고 있기 때문이다.

따라서 글로벌시장을 지향하든 그렇지 않든 기업은 글로벌화에 걸맞는 의식구조를 갖춰야만 하고, 업무영역이 확대될수록 네트워크를 확장해야만 한다. 왜냐하면 제휴와 협력관계를 구축해야만 고객들에게 세계적인 선택기회를 제공할 수 있기 때문이다. 글로벌화란 국경을 넘나드는 활동과 전 세계적으로 거의 동시에 커뮤니케이션을 가능케 하는 정보기술의 결합에서 비롯되는 변화의 과정이다. 이로 인해 어디에 살든 누구라도 세계 최고에 접근할 수 있게 된다. 이러한 글로벌화는 네 가지의 광범위한 과정에 관련되어 있다.

첫째, 이동성의 증대현상이다. 자본, 노동, 아이디어와 같은 주요 경영자원들은 갈수록 국제적으로 이동하게 된다.

둘째, 동시성의 증대현상이다. 세계화 과정은 재화와 용역이 세계 곳곳에서 동시에 매매된다는 것을 의미한다. 특히 신기술의 경우에 한 지역의 재화 또는 용역이 도입되고 다른 지역으로 확산되는 기간이 급격히 단축되고 있다.

셋째, 우회성(다양한 선택)의 증대이다. 해외여행의 자유화와 규제완화, 그리고 정부 독점사업의 민영화에 따른 국제경쟁의 활성화로 글로벌화가 촉진되며 이 모두가 선택대안을 증가시킨다. 휴대전화와 위성시스템 등 무선망이 시장 유선망을 우회하고 있다.

넷째, 다원성의 증대이다. 소수의 특정 지역에 국한되었던 독점적 중심지가 상대적으로 쇠퇴하고, 다양한 전문성과 영향력을 갖는 복수의 중심지가 등장하고 있다. 즉 전 세계에 걸쳐 중심이 흩어지고 있는 현상이 나타나고 있다. 헐리우드가 영화산업의 중심지 역할을 하고 있으나, 플로리다의 올란도에 MGM, 디즈니, 유니버셜 등의 핵심 스튜디오가 들어서고 있다.

이와 같은 글로벌화 현상은 과거의 산업경제 시대의 낡은 사고방식인 생산수단을 장악함으로써 권력이 창출된다는 논리를 퇴색시키고 있다. 이 같은 글로벌화·정보화 사회에서는 권력이 소비에 대한 영향력으로부터 나온다. 기동성과 다양한 선택수단이 있기 때문에 고객의 선택권이 강화되면서 권력은 재화와 용역을 생산하는 자로부터 구매하는 고객에게로 이동하게 된다.

2. 디지털환경

다음은 디지털화의 현상에 대해 살펴보자. 디지털 정보기술의 급격한 발전은 전 세계적으로 시간과 공간을 뛰어넘는 동시성의 연결을 가져왔다. 이로 인하여 온전한 의미에서 글로벌화를 실현시킨 중요한 요인으로 등장하였다. 이와 더불어 나타난 인터넷은 가장 효율적인 네트워킹 수단으로서 실물경제와 다른 이른바 인터넷비즈니스라고 하는 사이버경제 공간을 창출시키고 있다. 이러한 새로운 사이버경제의 출현은 다음과 같은 이유로 더욱 가속화되고 있다.

첫째, 컴퓨터 용량이 가공할 정도로 늘어났다는 점이다.[2]

둘째, 컴퓨터가 서로 연결되고 있다는 점이다. 세계의 컴퓨터를 연결하는 수단인 인터넷은 이처럼 네트워크화된 컴퓨터가 얼마나 큰 위력을 발휘하는가를 생생히 보여 주고 있다.

(1) 무어의 법칙

컴퓨터 용량과 성능의 발전은 인텔의 공동 설립자인 고든 무어의 이름을 딴 이른바 '무어의 법칙'(Moore's law)에 따라 이루어져 왔다. 1965년 무어(Gordon Moore)는 컴퓨터 성능이 18~36개월마다 2배씩 늘어난 것이라고 예측한 바 있으며, 지난 40년간 실제로 그렇게 변화해 왔다.

이러한 급속한 컴퓨터 용량의 증가와 더불어 1980년대 초반에 컴퓨터간 전송규약인 TCP/IP가 만들어지고 1994년 World Wide Web의 등장으로 텍스트는 물론이고 그래픽, 음성, 동영상 등의 온라인 전송이 가능해졌으며 마크 앤드리슨의 브라우저 프로그램인 넷스케이프의 등장으로 급격하게 지구상의 사용자가 늘어나게 되었다. 이는 바로 사이버경제를 출현시켰다.

(2) 메칼프의 법칙

인터넷 이용자 수의 급격한 증가는 3Com의 창업자인 메칼프(Robert Metcalfe)의 이름을 딴 메칼프의 법칙에 의해 설명된다.[3] 네트워크—전화 네트워크, 컴퓨터 네트워크든, 또는 사람들 사이의 네트워크든간에—의 가치는 노드나 사용자가 추가될 때마다 크게 증가한다는 것이다. 메칼프의 법칙의 내용은 네트

2) 프랜시스 케언크로스 지음(1999), 「거리의 소멸ⓐ디지털 혁명」(세종서적), 제1장.
3) 래리 다운즈 · 춘카 무이 지음(1999), 「킬러 애플리케이션」(국일증권경제연구소).

워크의 유용성은 사용자 수의 제곱에 비례한다는 것이다. 철도의 표준궤간, 모르스부호, 전화, 팩스 그리고 오늘날의 인터넷의 프로토콜을 생각해 보면 어떤 표준의 사용자 수가 일단 충분한 수량에 도달하게 되면 그 가치는 비약적으로 증가한다는 사실을 알 수 있다.

이 같이 무어의 법칙과 메칼프의 법칙이 상호작용함으로써 기업조직은 뿌리부터 흔들릴 뿐만 아니라, 비즈니스의 사회, 경제 심지어 정치적인 체계의 기반까지도 예상치 못한 변화를 겪게 될 것이다. 즉 사회제도는 점진적으로 발전하는데 기술은 급진적으로 발전하기 때문에, 이 둘 사이의 갭이 증가할수록 비연속적이고 파괴적이며, 혁명적인 변화가 일어날 가능성이 높아지기 때문이다.

이 같이 디지털화는 각 산업의 급속한 규제철폐와 시장의 글로벌화를 가속화시켜 기존 기업의 전통적인 경쟁체제를 해체시키고 있다. 기업가 정신으로 가득찬 창의적인 기업가들은 이 새로운 디지털혁명을 잘 활용함으로써 회사의 경쟁력을 급진적으로 개선시킬 수 있는 잠재력을 발견하여 새로운 경쟁환경에서 성공할 수도 있을 것이다.

(3) 킬러앱

실리콘 밸리, 보스톤 128루트와 같은 기술중심지역에서 성공한 주식투자가들은 최초로 시장에 나와 완전히 새로운 카테고리를 형성함으로써 시장을 지배하여 처음에 투자한 비용을 수십 배로 회수하는 새로운 제품이나 서비스를 '킬러애플리케이션'(killer application) 또는 애칭으로 '킬러앱'(Killer App)이라 부른다. 활, 도르래, 컴퍼스, 안경, 활자, 증기기관, 아스팔트, 포드의 T모델 등은 과거의 킬러앱이었다. 탁상출판, 세가의 비디오게임, 애플의 메킨토시 등 모두가 최근의 킬러앱이라고 할 수 있다.

이러한 킬러앱의 영향은 전혀 무관한 기존의 제품들을 시장에서 쫓아내거나 무관해 보이는 산업들조차 파괴하고 재구성하며 협력업체, 경쟁자, 고객, 시장지배자들 사이의 복잡한 관계를 뿌리채 흔들어 놓게 된다. 인터넷의 출현은 금융서비스에서부터 제조업, 정부, 컴퓨터 산업에 엄청난 영향을 미치고 있다. 지식을 디지털 형태로 변화시켜 컴퓨터로 조작하고, 네트워크를 통해 전송하는 인터넷의 출현과 사용자의 급격한 증가는 킬러앱들의 숫자를 폭발적으로 증가시키고 있다. 이런 대표적인 e-business기업들이 바로 아마존, 찰스 스왑, 브룸버그, e-bay 같은 이른바 닷컴(.com) 기업들일 것이다.

따라서 오늘날 기업들은 글로벌화라는 흐름 안에 실물경제와 사이버경제로 구성될 것이다. 그러나 실물경제와 사이버경제는 밀접하게 연결될 수밖에 없다.

이 같은 내용을 볼 때 현재 실물경제에서 활동하고 있는 기업들의 사이버경제에 대한 관심은 더욱 증대될 것이다. 결국 오늘날 기업은 실물경제와 사이버경제가 서로 연결된 복합경제체제하에서 경쟁을 해야 하는 새로운 글로벌 경쟁환경에 직면하고 있는 것이다.

제 2 절 국제경영환경과 국내경영환경

1. 국제경영환경과 국내경영환경

국제경영환경의 요인은 세계환경과 국내환경에 산재하고 있다. 먼저 세계환경의 압력요인으로는 WTO, TR, CR, GR, BR 등과 같은 뉴라운드를 형성하는 세계주의(globalism), EU, NAFTA, APEC, ASEAN 등을 유지시키는 지역주의(regionalism), 슈퍼 301조의 발동에 의한 통상압력과 같은 상호주의(bilateralism)가 공존하면서 개혁주의(reformism)와 보수주의(conservatism)가 함께 영향력을 발휘하고 있다.

다음으로 국내환경의 요인으로는 FTA, 남북문제(북한 핵문제, 군사대결 및 민족이질화 현상), 이기주의(집단 · 지역 · 기관이기주의, 무임승차 욕구증대), 발전동력약화(전통적 사회간접자본 · 사회기반구조 취약, 노동생산성 약화, 소비향락 추구 심리확대, 3D현상 등) 및 사회활력 감퇴(사회적 경직성 증대, 왜곡된 경쟁팽배, 개발독재체제의 폐해 등) 등이 새로운 발전전략으로서 국제경영전략의 적극적 · 능동적 채택을 요구하고 있다.

대응전략의 내용과 추진방식에 따라 결과는 한국이 21세기 국제경영의 중심국가 또는 지역경영국가가 되든가, 국가의 점진적 몰락 또는 국가체제의 존립위협과 심지어는 붕괴까지 우려되는 것이다.

2. 국가와 기업의 환경

경제환경의 변화에 의하여 국가와 기업은 새로운 환경을 맞게 되며 그에 대처할 수 있는 새로운 대응책을 요구받고 있다. 가장 중요한 변화로서 국가는 개방체제로 변환된다는 것이며 기업은 초국가적 성격을 강화하게 된다는 것이다. 이러한 방향의 세계경제의 구조재편은 세계경제를 국가중심의 무역체제에서 국가와 기업이 대등한 위치에서 공존하는 글로벌화체제로 전환시키게 된다.

(1) 환경변화가 국가와 기업에 미친 영향

세계경제환경의 변화가 국가에 미친 영향을 몇 가지 측면에서 살펴볼 수 있는데 우선 시장측면에서의 영향을 보면, WTO의 출범과 정보화의 진전, 그리고 소득의 격차축소는 모든 국가에 공통적으로 시장개방을 촉진하고 있으며, 국내시장의 국지적 성격을 약화시키면서 세계적 통합을 촉진하고 있다. 한편, 지역통합은 역내국에게는 시장개방효과를 가져오지만 역외국에 대해서는 시장장벽적 효과를 가져오고 있다. 소비자의 개성화는 국내시장을 비롯한 세계 각국의 시장 분화를 촉진하고 있다.

환경의 변화가 기업에 미치는 영향을 크게 세 가지 측면에서 볼 수 있다. 우선 해외시장 지향성과 관련해서 보면, WTO와 FTA를 비롯하여 모든 환경변화가 기업들의 해외시장 개척을 적극 강화하도록 요구하고 있다. 해외시장의 개척방식으로서 해외투자를 강화할 것을 요구하고 있는 분야는 정보화의 촉진을 비롯하여 소비성향의 개성화, 지역통합 등이다. 여기에서 주목할 것은 정보화는 해외사업활동의 비용을 절감해 줌으로써 해외생산 일반을 촉진하는 반면에, 개성화되는 소비성향은 수요적응을 위하여, 지역통합은 역외국기업의 경쟁력 약화방지를 위하여 현지 지향성을 갖게 된다는 것이다.

한편, 신기술의 등장과 기술혁신의 가속화는 생산의 국내회귀 현상까지 초래하면서 해외생산의 증진을 오히려 제약하는 요인으로 작용하고 있다. 시장측면과 생산측면에서의 세계성의 정도 차이는 기업들의 세계시장 진출전략과 밀접한 관계를 가진다는 점에서 주목해야 할 부분이다. 경쟁측면에서 보면, WTO의 타결은 공정경쟁을 강화함으로써 기업이 정부로부터 수혜할 수 있었던 인위적 경쟁력을 더 이상 제공받을 수 없게 만들고 있다. 또한 지역통합은 역외국기업들에게 불리한 경쟁여건을 초래하고 있으며 정보화의 진전과 신기술의 등장, 기술혁신의 가속화 등 기술관련 분야에서의 변화는 기업들의 협력을 촉진하고 있다.

(2) 개방화와 정책환경의 변화

세계경제의 환경변화에 의하여 국가경제, 특히 개도국의 경제가 맞이하게 된 가장 큰 변화는 개방체제로의 재편과 기업에 대한 직접적인 지원 및 개입의 차단이다. 개방체제는 자국의 산업이 국제경쟁으로부터 보호될 수 없도록 함으로써 경쟁력의 문제를 제일차적 정책과제로 부각시키게 된다. 더구나, 기술분야에서의 급격한 변화가 기술력의 중요성을 더욱 높여주고 있는 상황에서 각국은 기술력의 제고를 통한 국가경쟁력의 강화를 새로운 정책과제로 등장시키고 있다.

각국의 경제는 WTO에 의하여 개방체제로 전환하는 것이 불가피하게 되었다. 그 동안 각국의 의사에 맡겨두었던 농산물과 서비스 분야의 의무적 개방으로 모든 생산물과 대부분의 생산요소가 자유롭게 국경을 넘나들 수 있게 되었다. 이러한 상황변화는 개방에 소극적이었던 개도국들에게 특히 심각한 영향을 미치고 있다. 다자간섬유협정(MFA)과 수출자율규제협정(VRA)에 의거하여 쿼터규제에 묶여 있던 많은 제품들 또한 자유무역으로 환원되도록 결정되었다.

개방으로 경제의 세계화에 첫발을 내디딘 각국 경제는 한 걸음 더 나아가 외국과 다른 국내제도를 그대로 온존시킬 수 없게 되었다. 무역에 영향을 끼치는 모든 분야에서는 '우물 안 개구리' 식의 자국기준을 무조건 관철시킬 수 없게 된 것이다. 빗장 풀린 문으로 들어온 외국상품에게 불합리하게 부과되던 자국의 표준규격을 무조건 강요할 수 없게 되었고, 자국상품의 경쟁력을 향상시키기 위하여 수출품이나 수입경쟁 제품에 주어지던 보조금도 더 이상 지급될 수 없게 되었다. 무역에 관련된 모든 분야에서는 국제적으로 요구되는 원칙들에 국내제도가 조화될 수 있도록 개선을 강요받게 된 것이다.

이것은 바로 경제의 글로벌화를 향한 제2단계로 진입하는 것을 의미한다. 국제적인 원칙을 수용하도록 요구받고 있는 대표적인 국내제도 분야는 기술규정, 지적재산권, 투자제도, 서비스 분야에 관한 규정 등이며 그 밖에도 광범위한 분야에 걸쳐 있다.

3. 개방과 제도의 글로벌화

개방과 제도의 글로벌화에 의하여 더욱 치열해지는 국제경쟁과 급속하게 진행되는 기술변화에 자국산업이 보다 효율적으로 대처할 수 있도록 하기 위해서 각국은 경쟁력제고에 주력하게 된다. 우리나라를 비롯한 선발 개도국에서 이 문제가 더욱 중요한 이슈로 부각되고 있는 이유는, 그 동안 국제경쟁으로부터 격리되어 무풍지대로 남아 있던 상당 부분의 내수산업이 개방에 의하여 타격을 받을 것으로 예상되고, 정부가 재정지원과 금융지원을 통하여 수출기업의 경쟁력을 인위적으로 인플레시켜 주던 관행이 더 이상 용납되지 않기 때문이다.

국가경쟁력이란 국민들의 생활수준을 지속적으로 향상시킬 수 있는 경제 전체의 능력에 다름아니다. 이러한 면에서 볼 때, 국가경쟁력 문제는 어제 오늘의 문제가 아니며 단지 오늘날 이 문제가 새롭게 제기되고 있는 것은 제도적 · 기술적 환경변화에 의한 제약 속에서 그 동안 추진해 오던 정책들이 유효성을 상실하거나 국제적 제약에 의하여 더 이상 사용할 수 없게 되었기 때문인 것이다. 환경변화에 의하여 정책이 요구받고 있는 것은 한 마디로 인위적인 보호와 지원의 중지이다. 국경에서의 수입경쟁산업의 보호와 자국 수출기업에 대한 지원은 더 이상 지속되어서는 안 되며 국제경쟁이 공정하게 이루어질 수 있도록 되어야 한다는 것이다.

연구과제

1. 글로벌환경과 디지털환경을 논하시오.
2. 메칼프의 법칙을 논하시오.
3. 킬러앱이란 무엇인가?
4. 국제경영환경의 요인은 무엇인가?
5. 국가와 기업의 환경상의 차이점은 무엇인가?
6. 개방화제도의 국제화를 논하시오.
7. 다음의 용어에 대하여 설명하시오.
    1) 지역주의
    2) 상호주의
    3) 개방체제

제 5 장
글로벌 문화환경

사례연구 ▶ Global 500대 기업

Exxon Mobil

1 Web Site

http://www.exxonmobil.com

2 Exxon Mobil의 역사

Exxon과 Mobil은 원래 같은 기업이었다. 19세기 말에 미국의 공업은 여러 분야(철강, 철도, 은행 등…)에서 발전하였다. 국가 석유산업은 등유, 윤활유, 수지의 수요가 성장의 첫걸음이었다.

John D, Rockefeller는 이 기간 동안 석유산업으로 이익을 많이 얻었다. 그리고 1882년 Standard Oil이란 회사를 설립하였다. 같은 연도에 New Jersey와 New York에 두 개의 정제회사를 만들었다. Jersey Standard 와 Socony가 Exxon과 Mobil의 모체이다.

두 회사는 미국을 넘어서 세계로 확장되었다. 다량의 제품을 해외로 출하하였다. 유럽과 아시아에 판매대리점을 설립하였다. Standard Oil의 MEI FOO등유 램프는 중국쪽에서 새로운 시장을 찾았다.

1970년대에 석유산업은 중동의 석유파동과 이란의 혁명으로 큰 혼란을 겪었다. 이 두 사건으로 석유 공급이 중단되었으며 가격이 급격히 상승하였고, 이는 에너지 보존 노력과 대체 에너지 개발을 촉진시켰다. 엑손과 모빌을 비롯한 석유회사들은 중동지방을 넘어서 북해, 멕시코, 아프리카, 아시아 등지로 탐사와 개발을 확대해 나갔으며 그 결과 1980년대 초, 석유는 과잉공급되어 가격은 떨어지게 되었다.

그 후 20세기 말까지 Exxon과 Mobil은 상대적으로 낮은 가격, 낮은 차익 환경에서 경영을 해갔다. 미국과 유럽에서의 시장은 성숙되어 갔고, 신기술을 개발하고 마케팅을 혁신시켜 신흥시장으로 뻗어나갔다.

1998년 Exxon과 Mobil은 최종적으로 합병을 결정하였으며, 새로운 회사의 이름을 엑손 모빌로 정했다. 그리고 조정을 거친 후인 1999년 11월 30일 합병이 완료되었다.

3 Exxon Mobil의 국제경영활동

1) 기업의 경영전략

— 선택되고 통제된 투자 실시
— 성장사업과 시장에서 유리한 지위 확립
— 비용 효과적인 탐사계획 도입
— 석유, 가스 광구를 적절한 시기에 개발
— 코스트와 고액투자 억제
— 강력한 재무적 지위 유지
— 기술적인 리더쉽에 의해 프로세스와 제품의 질을 개선

2) 인사제도

① 인사이념

○ 분야별 전문가를 고용하여 적재적소에 배치하며 능력별로 대우
- — 공학, 화학, 지리학 등의 석 · 박사 학위자와 MBA 출신 우대
- — 연봉제와 차등급여(프로젝트 수행능력 평가결과 반영) 등으로 능력에 맞는 인센티브와 승진

○ 단순한 지식인재가 아닌 신뢰할 수 있고, 끊임없이 연구하는 인재등용
- — 사회에서 신뢰받는 기업이미지를 이어나갈 수 있는 인재의 발굴

② 인사정책

<채용정책>

○ 대학졸업생 채용시 각 대학교의 주요한 특정부문 졸업생을 채용
- — Alabama주 Auburn University에서는 컴퓨터공학부문 학과에서, 캘리포니아 버클리 대학에서는 화학, 공학부문 학과에서, 예일과 하바드에서는 MBA 출신만을 선발
- — 이는 그 대학에서 가장 경쟁력 있는 학과에 고급인력이 모이기 때문이며 이들 고급인력 선발이 그만큼 중요하기 때문

○ Internship And Coops Program(인턴사원제도)
- — 졸업생 및 고급인력의 인턴 제도 확립(매년 선발)
- — 이 인턴사원을 각 프로젝트의 기간인력과 함께 참여시켜 그 능력을 테스트.

○ 고급인력 채용분야
- — 화학공학, 토목공학, 전기공학, 기계공학, 자원공학, 컴퓨터공학, 회계, 금융, 세무전공자, MBA 출신자

3) 사업활동 부문

Upstream: 석유의 탐사 및 개발부문

Downstream: 석유의 정제 및 수송, 석유제품의 판매부문

Chemical: 석유화학 제품의 생산 및 판매부문

Coal, minerals & Power: 석탄, 광석 및 전력부

<UPSTREAM 전략>

- ◆ 기존의 원유와 가스 생산의 수익성을 최대로 한다.
- ◆ 모든 유망한 개발 기회를 입증하여 추구한다.
- ◆ 높은 수익을 보장하는 프로젝트에 투자한다.
- ◆ 확대되고 있는 천연가스 시장을 공략한다.

<DOWNSTREAM 전략>

- ◆ 개별 사업비의 지속적 삭감

◆ 가장 경제적인 원료의 사용

◆ 고부가 제품의 판매량 증가

◆ 정제 및 판매설비 개선과 근대화

◆ 고도성장 시장, 사업확대 등이다.

<Chemicals 전략>

◆ 수익성 있는 사업을 세계의 급성장 시장으로 확대(특히 아시아지역 판매 및 투자 촉진)

◆ EXXON.MOBIL의 석유, 가스 및 정제의 양 사업과 상승효과를 최대한 활용

◆ 코스트 삭감의 계속적 실시로 수익성 유지

◆ 독자기술 강화로 상업화 도모(한 예로써 새로운 타입의 플라스틱 제조용 메탈 로센 촉매기술을 판매해 포트폴리오 확대)

◆ 사업의 포트폴리오를 지속적으로 개선해 비전략 자산을 매각하는 한편, 선택된 투자 · 매수 · 합작 등을 통한 중핵사업 강화 등이다.

<Coal, minerals & Power부문의 사업전략>

◆ 기반사업을 강화하고 비전략사업을 매각해 자산 포트폴리오를 개선

◆ 코스트삭감과 생산성의 증강에 의해 탄광사업을 강화

◆ 광산자원을 선별해 개발하고 광물사업 발전기회를 모색

◆ 홍콩의 전략사업을 수요의 증가에 맞춰 확대하고 또한 중국 내 사업확대를 포함해 기타 매력적인 전력투자의 기회를 추구하는 것 등이다

4 Exxon Mobil의 글로벌 경영

Exxon Mobil은 석유 및 석유화학제품의 개발과 생산에 있어 세계 최고라 자부할 수 있는 회사로서, 세계 200여개의 지역에서 활동하고 있으며 고품질의 인력과 최고의 기술력을 바탕으로 석유산업에서의 리더로서의 위치를 확고히 해 나가고 있다. 7개의 대륙 중 6개의 대륙에서 석유와 천연가스를 탐사하고 있으며, 세계적인 대규모의 가스시장과 소유지의 확보를 통해 계속적인 사업 확장을 꾀하고 있는 Exxon Mobil은 이러한 광대한 지역적 분포에 더하여 혁신적인 기술을 개발해 나감으로써 석유 및 석유화학제품 사업을 보다 나은 방향으로 발전시켜 나가는 데 선두주자의 역할을 하고 있다.

1) Exxon Mobil의 글로벌 생산

— 캐나다 지역 근방에서의 오일과 가스 생산

— 성장을 거듭하고 있는 북해지역의 오일과 가스생산

— 유럽에 위치한 대규모 정제(제련) 및 석유화학제품 생산단지

— 카스피해 지역에서의 석유생산 및 가공
— 중국에서의 윤활유 개발 및 판매
— 말레이시아의 대규모 오일 생산지
— 오스트레일리아에서의 오일 및 가스 생산
— 카타르 지역에서의 천연가스 생산 및 수출판매
— 서아프리카 심해의 오일 생산을 위한 광대한 소유지
— 브라질은 최고의 석유시장 중의 하나
— 멕시코만 심해의 탐사 및 생산
— 연안지방의 주요 정제(제련) 및 석유화학제품 공장단지

2) 산업 부분별 국제활동 및 핵심역량

<Upstream>

Exxon Mobil은 전 세계 50여 개의 지역에서 원유생산활동을 하고 있으며, 새로운 가능성이 있는 세계의 탐사, 생산지역에서(멕시코, 서아프리카 그리고 카스피해… 등) 선두주자이다.

Exxon Mobil의 광대한 포트폴리오는 세계 50개 지역과 그 밖에 장래성 있는 탐사지역에서 7억 배럴 상당의 오일과 가스를 찾아내는 것에 부합하여 효율적인 방식으로 시행되고 있다.

<Downstream>

Exxon Mobil은 26개의 나라에서 정련(제련) 및 판매 활동을 하고 있으며, 100여 개 이상의 나라에 45,000여개의 service stations을 보유하고 있다. 또한 전 세계적으로 200여개 이상의 지역에서 윤활유 시장을 확보하고 있다.

제 1 절 글로벌 문화환경

1. 글로벌 문화구조

대개의 다국적기업은 여러 나라에서 다양한 사업과 생산 및 시장 부서를 지니고 있다. 이들은 다른 국가의 문화를 서로 연결시켜야 하지만, 또한 다른 사업문화도 서로 연결시켜 주어야 한다. 가치에 뿌리박고 있는 국가적 문화차이의 심각성은 크다. 사업문화의 차이는 직업요소와 조직요소로 구성된다. 이런 문화차이는 사람들의 가치보다는 그들의 관행에 존재한다.[1)]

어느 조직이든 조직구조의 목적은 활동의 조정에 있다. 이들 활동은 '사업단위'가 담당해서 하는데, 각 단위는 한 나라에서 한 가지 종류의 일을 맡아 한다. 대기업 구조의 설계는 계획적이든 아니든 각 사업단위에 대한 세 가지 선택에 토대를 두고 있다.

그림 5-1 이(異)문화관계

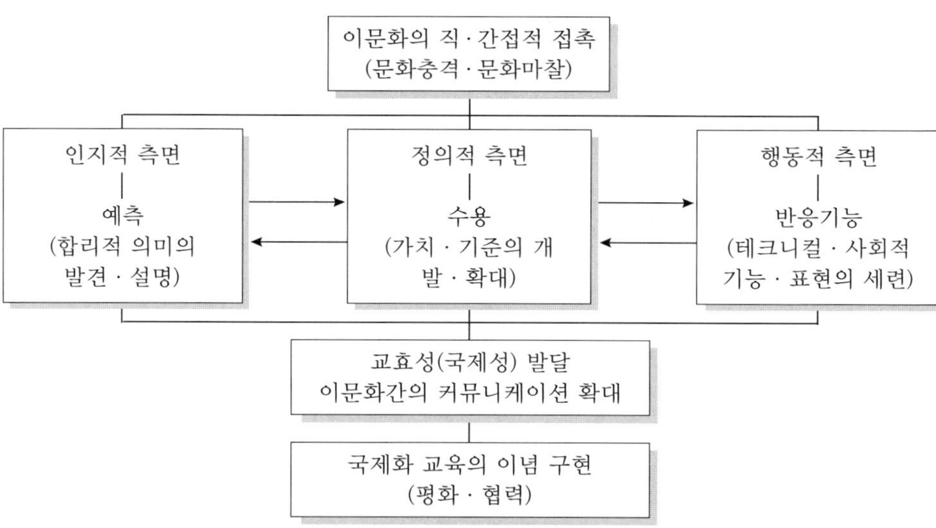

1) H. J. Heck, *The International Environment*(AMA Inc., 1969), p. 6.

(1) 이(異)문화 교육의 필요성

21세기의 글로벌화 환경에서는 지금까지와는 비교할 수 없을 정도로 각국의 문화적 환경이 연구의 대상이 되고 있다. 각 국가의 이문화에 적응하는 이문화 교육은 글로벌시대의 실제적인 원동력이라고 할 수 있다.

(2) 문화란 무엇인가

① 문화란 지식, 신앙, 예술, 도덕, 법률, 관습 그리고 사회 성원인 인간에 의해서 획득된 모든 능력과 습성들이 포함되는 복합적 전체(complex whole)이다(E.B. Tyler).

② 문화는 역시 집합적인 의미로 볼 때, 역사적으로 학습된 인간행동과 활동양식들(ways of doing things)의 총합(sum total)이다(J.E. Spencer).

③ 문화는 학습(learned)되는 것이고, 공유적(shared)이며, 역사적 및 누적적이다. 아울러 통합적(integrated)이며, 지리적이다.

④ 문화란 특정 구성원들간에 공유된 지식, 태도, 습관적 행위유형을 나타내는 관념체계이다.

⑤ 문화란 학습하고 동화하고 내재화한 인식이나 행동이다.

⑥ 문화란 개인의 인생이나 생활에 대한 관점, 기대하는 방향으로서 당연시하거나 상식이라 생각하는 그 무엇을 일컫는다.

(3) 국가와 문화

국가란 지리적 · 정치적 실체이다. 그러나 문화는 국가를 초월한 실체로서 민족적이거나 인종적인 특성이 강하다.

international/intercultural

inter-national inter-cultural
trans-national trans-cultural-company-mgt
multi-national multi-cultural-company-mgt
cross-national cross-cultural
borderless world uni-cultural

global(-ism) globalization globalist -company -mgt

⑷ 두 문화의 만남

1) 만남의 단계

① 1단계　문화차이를 느끼는 단계

② 2단계　실질적인 접촉 단계

③ 3단계　문화적 상대성에 대처하는 단계

2) 이문화의 경험과정

① 1단계　어떤 사상(事象)을 단순히 지각했다(learn about).

② 2단계　그 의미(유래나 이유)를 알았다(understand).

③ 3단계　그것을(그럴 듯하다, 바르다, 바람직하다) 믿는다(believe).

④ 4단계　자신의 인지 시스템 속에 통합되어 행동으로까지 나타낸다(behavior).

⑤ 5단계　자신의 동기부여 구조의 일부분으로 내재화된다(internalized).

⑸ 커뮤니케이션

과거에는 연사, 청중, 내용만으로 커뮤니케이션이 이루어졌으며, 메시지 전달 자체에 의미를 부여하였으나 현재는 커뮤니케이션이 유발한 행동의 의미를 탐구해야 한다.

표출된 행동이 여하히 인지되고 해석되는가가 보다 중요하다. 특히 외국인끼리의 커뮤니케이션에서는 서로의 문화적 배경이 달라 메시지 외적인 행동에 더 관심을 갖게 된다.

그리고 이문화권간의 커뮤니케이션은 결국 동형적(同型的) 의미를 부여할 수 있는 능력을 기르는 것이다.

한편 이문화간의 커뮤니케이션이란 서로 다른 문화 사이에 어떤 공감대를 이루어 가는 역동적 과정이라 할 수 있다.

⑹ 문화와 커뮤니케이션 갭

어떤 행동에 의미를 부여할 때, 그 문화권을 잘 모르는 사람일수록 의미의 차이가 커진다. 말할 때의 부가적인 제스처나 의사언어에 신경을 쓰게 된다. 따라서 외국인과의 대화시에는 자기 문화 속에 존재하는 기대와 전제조건을 먼저 이해해야 한다.

(7) 이(異)문화간의 커뮤니케이션 오류

1) encoding과 decoding

송신자: 의미(A) → 부호화(말과 행동) → 메시지 전달 수신자: 의미(B) ← 부호 해독 ← 수신 메시지

송신자와 수신자가 서로 자신의 문화적 배경에 기초하여 의미를 부호화하고 이를 해독하고 있어 양자의 문화차이가 크면 클수록 커뮤니케이션의 오류가 커진다.

2) 지각상의 오류 각 개인이 자기 스스로 의미 있는 경험을 제공하기 위하여 외부환경으로부터의 자극을 선택하고 조직하고 평가하는 과정으로서 이는 선택적이고, 학습되고, 문화적으로 결정되며, 일관성이 있으나 부정확하다.

3) 해석상의 오류 개인이 관찰한 것에 어떠한 의미를 부여하는 것으로, 지각한 것으로부터 어떤 뜻을 이해하는 과정을 말한다.

해석은 우리의 경험에 유기적인 형태를 부여한다. 따라서 해석에 대한 일관된 패턴은 우리로 하여금 일상적인 세계 속에서 적합하고 신속하게 행동하도록 하고 있다.

① 지각의 범주

선택된 지각(지각된 이미지) → 범주화 → 해석에 근거한 행위표현

이문화간 범주화의 오류는 외국의 낯선 상황에 의미를 부여할 때 자국의 범주를 이용하는 데 기인한다.

② 고정관념 고정관념이란 민족 및 국가적 집단에 대한 우리의 경험을 체계화하고 우리의 행위를 통제하는 범주화의 형태를 말한다.

고정관념은 어떻게 이용하느냐에 따라 이로울 수도 해로울 수도 있다.

잠재적으로 형성된 고정관념은 우리가 개인에 대한 실제 정보를 수집한 후에도 그것을 수정하거나 포기하기가 어렵다. 유능한 경영자는 실제상황(모순된 증거)에 직면하는 경우 그들의 고정관념을 변형시켜 나간다.

③ 오역의 근원 오역은 실제로 존재하는 것이 보이지 않을 때 발생하는 사람이나 상황에 대한 부정확한 지각에 의해 야기되거나, 보이는 어떤 것에 대한

부정확한 해석에 의해 야기될 수 있다.

2. 커뮤니케이션 수단별 특성

(1) 언어적 커뮤니케이션 특성

1) 언어의 기능 언어란 유대감의 상징이자 소속감을 나타내는 수단이며, 표현의 도구이면서 현실을 보는 눈이다. 현재 지구상에는 2,790여 개의 언어가 있으며, 사용인구 1천만 이상의 언어는 50여 개이다.

주요 어족으로는 인도-유럽어, 중국-티벳어, 드라비다어, 샘-햄어, 우랄-알타이어, 오스트로네시아어, 니제르-콩코-반투어 등 7대 어족이다.

2) 언어와 문화와의 관계 사람들이 지각하고, 생각하고 행동하는 것의 대부분은 말할 때와 생각할 때 사용하는 언어의 영향을 받는다. 문자란 말하는 것의 대치로서, 문자체계가 사고와 지각에 영향을 미칠 수도 있다.

언어에는 일정한 틀이 있어 이 틀에 맞추어 현실을 해석해야 하기 때문에 그 언어를 사용하는 사람의 사고방식에 영향을 미친다(E. Sapir).

3) 사고와 행동을 변화시키는 언어 언어가 문화의 현실이나 지각에 영향을 준다면, 반대로 현실이나 문화의 요구가 언어를 형성한다.

4) 연상에 의한 의미 비교 두 사람에게 꼭 같은 의미를 연상시킬 수 있는 단어는 없다. 또한 어떻게 말하느냐에 따라 의미가 달라진다. 대체적으로 언어에 대한 느낌도 문화에 대한 느낌과 비슷하다.

① 어휘 관련개념 비교

② 어휘에 대한 이미지 비교

5) 언어와 문자와의 관계 언어란 말을 의미하고 문자는 언어의 대치적인 표현이다. 그러나 성스러운 말의 문자화를 기피하는 문화도 있다.

언어만의 사회가 문자사회의 사람들보다 기억력이 좋다. 그리고 표음문자 사회가 표의문자 사회보다 합리적이고 추상적 활동이 활발하다.

(2) 메타 커뮤니케이션

메타 커뮤니케이션(Meta communication)이란 대화시 상대방의 메시지에 숨은 의미를 캐는 것이다. 커뮤니케이션이 유발한 행동의 의미를 탐구하고, 전달되는 메시지에 숨은 의미를 바로 헤아려 보아야 한다. 메시지의 맥락을 헤아려 상대의 속마음을 재빨리 읽어 내야 한다.

(3) 비언어적 커뮤니케이션 특성

언어란 커뮤니케이션의 일차적인 도구이다. 그러나 언어 자체의 모호성과 이중성 등으로 완벽한 커뮤니케이션 수단으로서의 한계를 지니고 있다. 게다가 같은 언어로 대화를 나누어도 외국인끼리는 서로의 문화차이로 인하여 의미부여와 해석이 서로 다르기 마련이다.

그리하여 지구촌 사람들은 몸짓언어 등 다양한 비언어적 커뮤니케이션(non-verbal communication) 수단을 널리 활용하고 있다.

(가) 비언어적 커뮤니케이션 행위

1) 슈내퍼(Mel Schnaper)가 제시한 영역

① 동작(kinesics)

② 근접거리(proxemics)

③ 시선(oculescis)

④ 촉각(haptics)

⑤ 침묵(chronomics)

2) 콘돈(John Condon)이 제시한 영역

① 손을 사용하는 제스처

② 얼굴을 사용하는 제스처

③ 자 세

④ 의복이나 두발, 걸음걸이

⑤ 대인 거리

⑥ 시 선

⑦ 촉 감

⑧ 실내장식

⑨ 사물을 지칭하는 기호, 뱃지, 귀금속 등

⑩ 안내표지나 기호

⑪ 수사 방법 퍼레이드, 데모 등

⑫ 체형·취각 체취나 향수 등

⑬ 미 각 음식물의 상징적인 의미

⑭ 온 도 춥게, 덥게

⑮ 화　　장　　　일시, 영속(문신 등)

⑯ 시간의 상징적 의미　　　일찍, 늦게

⑰ 언어행동의 타이밍, 침묵

⑱ 지구촌 사람들은 한 의미를 똑같은 몸짓으로 표현하지 않고 있으며, 같은 몸짓마저 문화권에 따라 서로 다른 의미를 지닌 경우가 많다.

⑲ 타 문화권에 속한 사람들은 통상의 행동을 의미 이상 해석하거나, 의미 있는 행동을 제대로 해석하지 못하고 있으며, 언어적 행위와 비언어적 행위가 일치하지 않을 경우 비언어적 행위에 비중을 둔다.

㈏ 디지털식 표현과 아날로그식 표현

디지털식은 이진법으로 계산하며, 정확성이 있다. 그러나 이는 기초가 되는 추상적인 시스템에 대한 사전 지식이 필요하다.

아날로그식은 이미 계산되어진 것에 연속적인 표현으로 반응하며, 유연성이 있다. 그러나 실물과 유사점이 있어 훈련 없이도 사물의 의미를 추측할 수 있다.

㈐ 국제적인 기호 표현방식

비언어적 기호나 상징이 보편적으로 이해되지 않을 수도 있다. 문화권이 다를 경우 같은 그래픽이 전혀 다른 의미로 해석되는 수도 있다. 눈의 착시에도 문화적 차이가 있다.

㈑ 언어와 제스처

말과 몸짓, 손짓은 완전히 일치하며 말은 음악에, 동작은 말에 맞추어 움직인다.

(4) 바디 랭귀지의 활용

바디 랭귀지는 말보다 오래된 것으로 말보다 우월성을 지니고 있다. 따라서 바디 랭귀지를 잘 활용하면 보다 효과적인 커뮤니케이션이 가능하다.

3. 가치관 · 종교 · 사회적 통념과 문화

(1) 가치관 · 신념체계와 문화특성

문화의 가치관이란 문화 내부에 있는 눈에 보이지 않는 그 무엇을 말하며, 가치체계란 기대나 희망 · 요구 · 금지된 것을 의미한다. 이는 실제의 행동이 아니라 행동을 판단하고 규제하는 기준체계이다.

가치관은 이상이나 기준에 의해 표현되며, 그것을 평가함으로써 가치관이 평가된다. 그리고 신념이란 무엇이 진실이고 무엇이 허위인가를 결정하는 것이다.

1) 가 치 관 다음에 열거하는 가치관들은 특정 상황하에서 반응과 문제를 해결하는 방법을 선택하도록 하여 우열의 가치관 순위를 결정한 것들이다. 이러한 시도는 지배적인 가치지향성을 파악할 수 있다. 그러나 지나친 대칭성이나 일관성이 오히려 정확성과 응용 가능성을 경시할 수도 있다는 점이다.

가치지향의 전제로서 모든 사회는 인간의 공통된 문제에 직면한다는 것과 그 문제를 해결하는 한계는 한정되어 있다는 것, 그리고 해결에는 반드시 차선책이 있다는 것이다.

① 인간의 고유한 본성 …………… 선/선악 중간/악
② 자연에 대한 인간의 관계 …… 자연에 종속/자연과 조화/자연 정복
③ 시간의 본성 …………………… 과거지향/현재지향/미래지향
④ 인간행위의 양식 ……………… 존재적/존재와 행위의 중간/행위적
⑤ 타인에 대한 관계의 양식 …… 직계적/방계적/개인적
⑥ 개인주의/상호의존성 개인주의－개인－상호의존
⑦ 연 령 청년－중년－노년
⑧ 성 별 남성우위－남녀평등－여성우위
⑨ 활 동 성 행동지향－발전과정의 존재－존재지향
⑩ 관계지향성 개인주의－직계주의－방계주의
⑪ 권 위 민주주의－권위중심－권위주의
⑫ 이 동 성 고이동성－부분적 이동성－저이동성
⑬ 사회적 상호관계 독립성－의무 대칭성－보충의무
⑭ 집 단 성 집단성 강함－적절함－집단성이 약함
⑮ 중 개 중개자 없음－보완적 중개－전문적 중개
⑯ 형 식 비공식성－선택적 공식성－공식성
⑰ 재 산 사유－실리적 소유－사회공유

2) 신념체계 인간성, 자연, 초자연에 대한 의문은 가치관의 문제인 동시에 신념의 문제이다. 인간성에 관한 연구는 인간의 합리성과 일관성, 변화 가능성을 전제로 한다.

① 합 리 성 합리적－직관적－비합리적
② 선 악 선－선악 균형－악

③ 행　　복　　　목표적 행복－행 · 불행의 불가분성－인생 비탄

④ 변　　화　　　변화 성장－약간 변화－불변

⑤ 인간과 자연과의 관계　　　인간이 자연지배－상호 조화－자연이 인간지배

⑥ 자연에 대한 인식방법　　　추상적－귀납과 연역의 순환－구체적

⑦ 자연의 개념　　　기계적－유기적－정신적

⑧ 시간의 개념　　　과거－현재－미래

⑨ 인간과 초자연과의 관계　　　신이 지배－범신론－인간이 지배

⑩ 인생의 의미　　　물질적 목표－지적 목표－정신적 목표

⑪ 신의 섭리　　　세상의 선은 무한－행 · 불행 균형－세상의 선은 유한

⑫ 우주질서의 인식　　　질서는 이해가능－신념과 도리－신비하고 불가해(不可解)

3) 문화권별 가치관 분류체계

① 동　　양　　　계급, 감사, 평화, 겸손, 숙명론, 집단책임감, 경로, 손님환대, 유산, 환경보호, 토지애착, 종교, 권위주의

② 서　　양　　　개성, 계급, 금전, 시간엄수, 구세주, 일위지향, 적극성, 어린이 우대, 남녀평등, 인격, 능률, 종교, 솔직, 교육

③ 회　　교　　　계급, 집단책임감, 경로, 종교, 권위주의

④ 흑　　인　　　금전, 적극성, 인격, 종교, 교육

⑤ 아프리카　　　계급, 감사, 금전, 집단책임, 경로, 손님환대, 종교, 권위주의

(2) 가치관 · 신념체계와 경제발전과의 관계

① 합 리 성　　　합리적

② 행　　복　　　목표적 행복

③ 변　　화　　　학습, 성장

④ 자연과의 관계　　　인간의 자연지배

⑤ 인식방법　　　추상적

⑥ 시간의 개념　　　미래

⑦ 자연의 구조　　　기계적

⑧ 신의 섭리　　　세상의 선은 무한

표 5-1

문화권별 가치관 분류체계

〔W=서양, E=동양, M=회교, A=아프리카, B=흑인(미국)〕

가 치	제1	제2	제3	문 제 외
개 성	W	B	E	M
계 급	WEMA	B	–	–
금 전	WAB	M	E	–
평 화	E	B	WA	M
겸 손	E	BAM	–	W
감사하는 마음	EA	MB	W	–
구 세 주	W	M	–	EBA
숙 명 론	E	–	–	MWBA
종 교	WBMAE	–	–	–
일 위 지 향	W	B	–	EAM
적 극 성	WB	M	AF	–
집 단 책 임 감	EAM	B	–	W
경 로	EAM	B	–	W
어 린 이 우 대	W	MABE	–	–
손 님 환 대	EA	B	MW	–
유 산	E	–	MWAB	–
환 경 보 호	E	BA	W	M
토 지 애 착	E	A	–	BMW
여성의 평등	W	EB	A	M
인 격 (품 위)	WB	EAM	–	–
권 위 주 의	EMA	WB	–	–
능 률	W	B	EM	–
시 간 엄 수	W	B	ME	A
솔 직	W	BEMA	–	–
교 육	WB	EAM	–	–

자료: Foundations of Intercultural Communication, 1982.

(3) 종교와 문화

1) 불 교 6세기 초반에 성립된 불교는 3장, 4성, 8 정도가 기본교리이다. 자기부정과 극기, 참선 등 심리적 안정을 강조하므로 문화적인 특징은 대체적으로 정적이고 소극적인 면을 드러내고 있다.

자기구제를 중요시하는 정통 소승불교(인도 차이나반도, 스리랑카 등)는 더욱 소극적이며 삶이 비교적 정적이다. 대승불교(중국, 한국 등)는 중생구제를 주목표로 삼고 있으나 역시 정적이고 소극적인 면을 보이고 있다.

〈기본교리〉 삼장, 사성, 팔정도

■ 삼장(三藏) – 율장(律藏): 승려의 규칙 관련
경장(經藏): 부다와 제자들과의 대화와 논설
논장(論藏): 소승불교의 이념 중심(중핵을 이룸)

■ 사성(四聖) – 생노병사의 인생 고해
고통은 욕망에서 비롯
욕망 극복만이 고통에서 벗어남
고통 극복은 자기부정과 8정도를 지키는 길
※ 4진리라고도 함.

■ 팔정도(八正道) – 정견(正見), 정사(正思), 정언(正言), 정업(正業), 정명(正命), 정념(正念), 정정(正定), 정정(正精)

2) 이슬람교 7세기 초반에 성립된 이슬람교는 유태교와 기독교의 영향을 많이 받았다. 코란은 이슬람의 경전으로 알라신의 말씀을 담은 교조 모하메드의 교시집이다.

기본교리로서 유일신 알라에 절대 의지하며 인간평등, 베풀기, 공정, 명예, 의무와 실천을 강조하고 있다. 문화적인 특성은 모든 게 신의 뜻이라 생각하므로 인간의 의지력이 약하고 추진력이 미흡한 면모를 나타내고 있다.

이슬람(islam)이란 알라신의 의지에 복종을 뜻하며, 성지 메카는 알라신의 교시가 내린 카바성전이 있는 곳이며 메디나는 교조 모하메드의 최초 포교지이다.

수니파(Sunnite)는 정통파 다수이며, 시아파(Shiite)는 개량주의를 도입한 종파이다. 이란만이 시아파이다.

〈5대 기둥〉

① 알라만이 유일한 신임을 매일 고백

② 성지 메카를 향해 하루 5회 기도하기

③ 빈자와 불행한 사람에게 희사하기(수입의 1/40)

④ 라마단월 동안, 일출–일몰 동안 단식하기

⑤ 일생에 한번 이상 메카 순례하기 이 밖에 이교도와의 성전에 참여하기와 도박, 음주, 간음, 돼지고기를 철저히 금하기이다.

3) 힌 두 교 힌두교는 브라만교에서 근원하였으나 브라만, 토착종교, 불교, 자이나교의 혼합이라 할 수 있다. 경전은 베다(Veda)이며 고통과 열반을 지향하고 영혼의 윤회와 재생을 수용하며 자기해방을 추구한다.

사회적인 특성으로는 영적이고 조용한 소극적인 생활을 영위하며 카스트제도와 연계한 숙명사상으로 현실에 충실함을 견지하고 있다. 대체적으로 진취성, 향상의욕, 활기가 미약하다.

〈카스트제도〉

① 브라만(힌두교직자)

② 크샤트리아(왕족, 전사)

③ 바이샤(상인, 농부) ①, ②, ③의 합계 22%

④ 수드라(하인, 막노동자) 62%

⑤ 해리잔(불가촉 천민) 16%

4) 기 독 교 세기 초에 성립된 기독교는 사랑, 선행, 용서, 자기극복과 자기확신, 사랑에 의한 자기확신의 재생, 아버지로서의 하나님, 성(性) 등을 이념으로 하고 있다. 문화적인 특성은 교리상 적극성과 물질적 가치도 중시하여 진취적이고 강한 미래지향성을 나타내고 있다.

4세기에 로마제국의 국교로 인정되었고, 12세기에 동로마의 그리스 정교(교황무, 사제결혼)와 서로마의 가톨릭으로 분리되었으며, 16세기에는 종교개혁으로 개신교가 성립되었다. 가톨릭은 십계명, 금욕, 고해, 단식 등을 중시하고 있다.

5) 유 태 교 기원전 1300년경 모세를 교조로 성립된 종교이다. 야훼를 유일신으로 신봉하며 십계명을 기본교리로 하고 있다. 유기적 행동을 강조하며 적극성과 물질적 풍요도 중시하는 종교이다. 그들은 야훼가 유태민족에게만 은사를 베풀고 이상향을 약속했다고 믿는다.

4. 문화권간의 사고방식과 커뮤니케이션 스타일

(1) 문화권간의 사고방식과 표현양식

1) 합 리 이치에 맞는다는 것은 기대되는 것이나 우리들이 충분히 이해할 수 있는 것이다. '합리적'이다 하는 것은 말하는 사람이나 말의 내용에만 달려 있는 것은 아니다. 듣는 사람의 기대나 신념에도 좌우된다.

사실이란 것도 우리가 주위를 보는 인지방법과 분리하여 생각할 수 없다. 지식이란 인간의 머리 속에 있는 게 아니라 환경 속에 있다.

논리는 환경에의 인지와는 전혀 다르다. 일관적인 관계를 표현하는 것으로서 추상적이고 연역적이다. 논리란 타당성을 가지고는 있지만 타당하다 해서 반드시 진실은 아니다.

논리란 학습된 체계이며 학습된 문화의 일부이다. 수많은 논리는 각각 독자적인 전제와 일관성을 갖는 것으로 문화가 다르면 그것을 표현하는 논리 또한 다르다.

2) 논증의 4요소 무엇을 보고 어떻게 해석하나 하는 것은 문화의 영향을 받는다. 문화의 영향 속에서 지각한 데이터를 증거로 바꾸고, 그 증거로부터 문화적 근거를 바탕으로 결론을 얻어 낸다. 증거의 선택에 따라 결론이 다를 수도 있다. 데이터는 변화하므로 가능하면 데이터와 증거를 구별하는 게 좋다.

3) 한 정 사 한정사(限定詞)를 많이 사용하는 경우 지나치게 신중하다거나, 자신에 차 있다거나, 저항감을 불러 일으킬 수도 있다. 상대가 한정사를 사용하는 경우 한정사 속에 내재된 문화적 영향을 고려해야 한다.

개인의 행운, 사고, 찬스의 표현은 문화에 따라 다양한 형태로 나타나고 있다. 이러한 표현은 논증이 전개되는 사회의 가치관이나 전제에 따라 이치에 맞는다거나 맞지 않는다고 생각할 수 있다.

4) 서양인의 사고 패턴

① 보편적 이유로 이성을 통해 일반개념 속에서 현실을 찾아 냄－연역적 이유와 견해 강조

② 명목론적 혹은 가설적 이유로 순수이성이나 범주의 확대 불신－귀납적 견해와 경험주의 강조

③ 직관적 혹은 유기체적 이유로 귀납적·연역적 시스템을 직관을 통해 주목－전체와 부분과의 통일 또는 유기체적 관계 강조

④ 변증법적 이유

5) 문화권의 스피치 패턴

① 연역적인 경우

② 귀납적인 경우

6) 논증자료로서의 유머 수사에 있어 문화적인 차이는 내용의 확실성, 빈도와 일관성, 문화적인 맥락 속에서의 연설의 기능 차원에서 평가할 수 있다.

속담이나 격언은 문화적인 증거의 자료가 된다. 그러나 속담이나 격언의 인용 그리고 유머의 사용은 문화권의 차이로 오해의 소지가 많아 사용에 유의해야 한다.

(2) 커뮤니케이션 과정의 변수

국제사회에서의 유능한 커뮤니케이터가 되려면 상대국의 가치체계를 잘 파악하고, 커뮤니케이션 과정의 변수와 그 지역의 구체적인 문화특성을 알아야 한다.

8개 정도의 변수가 있다. 이 변수의 값은 문화에 의해 결정된다. 이들 각 변수는 인식에 영향을 미치고, 그 인식은 행동에 어떤 의미를 부여하는가를 좌우하게 된다.

① 태　도　　일정한 행동양식에 따라 행동케 하는 심리적 상황
② 사회조직　　지리적 사회와 역할사회
③ 사고방식　　이론의 추진방법도 문화에 의해 달라짐
④ 역　할　　상대의 지위나 신분에 따라 역할이 달라짐
⑤ 언　어　　문화간의 갭을 메우기 위하여는 통역에 의존함이 현명
⑥ 공　간　　접촉문화와 비접촉문화에 유의
⑦ 시간감각　　선과 원의 개념
⑧ 비언어적 커뮤니케이션　　각국의 바디 랭귀지를 연구

(3) 이문화간의 효과적인 커뮤니케이션

① 의미를 제대로 파악하려면
② 외국인과의 효과적인 커뮤니케이션을 위하여
〈언어적인 표현〉
㉠ 상대방의 표현방식을 사용하라.
㉡ 분명히 그리고 천천히 말하라.
㉢ 중요한 아이디어는 반복하라.
㉣ 단순한 문장을 사용하라.
㉤ 가능한 한 능동태의 문장을 사용하라.
〈비언어적인 행위〉
㉠ 시각적으로 설명하라.
㉡ 몸짓을 최대한 사용하라.
㉢ 실물로 설명하라.
㉣ 이야기를 쉬어가며 하라.

ⓜ 가끔 요약하라.

ⓑ 침묵을 깨지마라.

ⓢ 지적 능력을 과소평가하지 마라.

ⓞ 상이점을 인정하라.

ⓙ 확인하라.

③ 비교문화적 자기인식을 위하여

㉠ 자기 자신에게서 한 걸음 물러선다.

㉡ 자신이 모든 것을 알지 못할 수도 있다.

㉢ 어떤 상황은 의미가 없을 수도 있다.

㉣ 자신의 추측이 옳지 않을 수도 있다.

ⓜ 어떤 상황은 모호성이 계속될 수도 있음을 자각한다.

(4) 아날로그형 문화와 디지털형 문화

지구촌의 문화는 크게 아날로그형 문화와 디지털형 문화로 나눌 수 있다.

비교형, 제한적 코딩, 고문맥성은 아날로그형 문화에 해당하고 선택형, 신중한 코딩, 저문맥성은 디지털형 문화에 해당한다.

제 2 절 글로벌 문화모형

1. 테프스트라 모형

(1) 문화충격과 문화적응

문화간 접촉에는 으레 있기 마련인 여러 가지 심리적 · 사회적 과정이 있다. 가장 단순한 형태의 문화간 접촉은 한 사람의 외국인과 새로운 문화환경간의 만남이다.

외국인은 대개 어떤 모양이든 문화충격을 체험한다. 우리의 정신적 소프트웨어는 기본적 가치를 내포하고 있다. 이들 가치는 우리 생애의 초기에 습득된 것으로 너무 익숙해져서 우리는 그들을 의식하지 못한다. 이들 토대 위에 우리가 의식하고 있는 보다 피상적인 문화산물인 의식(儀式), 영웅 그리고 상징이 존재한다. 경험이 없는 외국인은 새 환경이 지니고 있는 이들 상징과 의식(어떤 말을 써야 할지, 어떻게 인사를 해야 하는지, 언제 선물을 해야 하는지)을 이해하려는 노력은 할 수 있지만, 저변에 깔린 가치를 느끼는 것은 고사하고 알아본다는 것조차 거의 기대할 수 없는 일이다. 어떤 의미에서 낯선 이국문화 속에 있는 방문객은 제일 쉬운 것도 새로 배워야 하는 유아의 정신상태에 되돌아 와 있다고 볼 수 있다. 이로 인해 고통의 느낌, 무력감 그리고 새 환경에 대한 적대감을 겪게 된다. 때로 신체적인 기능에 고장이 일어날 수도 있다. 외국근무자나 이민자는 그 전이나 후보다 출국한 후 얼마 뒤에 병원 신세를 지는 경향이 있다.[2), 3)]

이국 문화환경에 임시배치를 받은 사람들은 흔히 [그림 3-2]와 같은 문화적응곡선을 보고한다. 이 그림에서 감정(긍정적 또는 부정적)은 수직축에 표시되어 있고 시간은 수평축에 그려져 있다.

단계 1은 (대개 짧은)황홀감(euphoria)의 시기이다. 즉 밀월여행, 여행과 새 땅을 보는 흥분의 시기이다.

그림 5-2 문화적응곡선

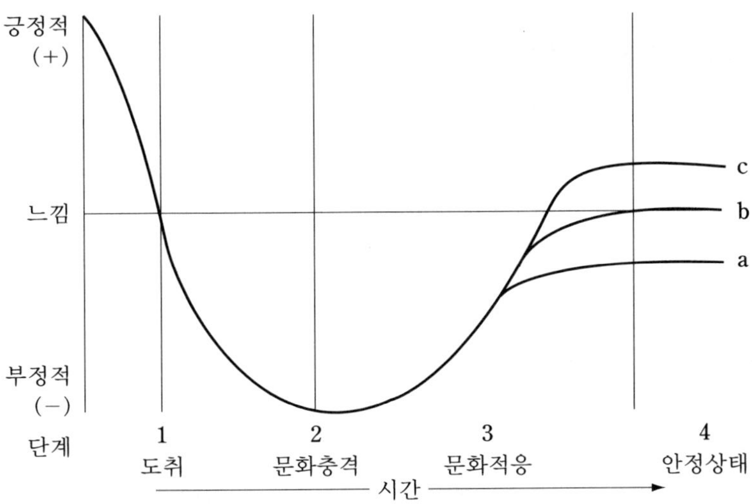

2) William H. Durham, "Applications of Evolutionary Culture Theory," *Annual Review of Anthropology*, vol. 21(1992).

3) Vern Terpstra, and Kenneth David, *The Cultural Environment of International Business*, 3rd ed.(Cincinnati: South-Western, 1991), p. 93.

단계 2는 문화충격(culture shock)의 시기로서 앞에서 말한 새로운 환경 속에서 실제 생활이 시작되는 시기이다.

단계 3은 문화적응(acculturation) 단계로서, 방문자가 새로운 조건하에서 활동하는 것을 천천히 배워가며 현지의 가치를 얼마간 수용하고, 어느 정도 자신감을 갖게 되고 새로운 사회망으로 편입이 될 때 시작된다.

단계 4는 최종적으로 도달하는 마음의 안정상태(stablestate)이다. 만일 방문자가 계속 소외감을 느끼고 차별대우를 받고 있다는 느낌을 지니고 있으면, 마음은 모국에 대해서보다는 부정적으로 남게 된다(4a). 전과 다를 바 없는 상태가 될 수도 있는데, 그 경우는 방문자가 양 문화적응을 한 경우이다(4b). 또는 전보다 더 좋을 수도 있다(4c). 이 마지막의 경우는 방문자가 '본토인화', 즉 그가 로마인보다도 더 로마인으로 된 경우이다.

앞의 [그림 3-2]에서 시간단위의 길이는 고정적인 것이 아니다. 시간의 단위는 출국기간의 길이에 맞춰지는 것 같다. 3개월 이내의 단기 외국근무를 하는 사람은 이 기간 내에 황홀감, 문화충격 그리고 문화적응을 보고하는 반면 수 년에 걸친 장기 외국근무자들은 1년 이상이나 문화충격을 겪고 그 후에 문화적응을 겪는다.

(2) 문화충격과 문화환경

문화충격과 이에 따른 신체적 증상은 심할 때는 근무를 중도에 중단해야 할 정도로 심각할 수가 있다. 대개 국제상사의 직원 중에는 이런 경험을 한 사람들을 찾아볼 수 있다. 또한 외국근무자 중에는 자살을 한 예도 있다. 외국근무자 자신보다는 그들의 배우자가 겪는 문화충격 문제가 임기를 끝내지 못하고 조기귀환하는 원인이 되는 경향이 있다. 그래도 외국근무자는 본국과 문화적으로 연속되는 직장환경을 가지고 있으니 나은 편이다. 여행자의 천국이라 할 프랑스 니스에 남편을 따라간 어느 미국인 부인이 아파트 방안에 틀어 박혀서 한 번도 밖에 나가지 않았다는 이야기가 전한다.

망명입국자나 이민자 중의 일부분이 특히 첫 1년 이내에 육체적 · 정신적인 중병을 앓거나 자살을 하거나 또는 본국으로 되돌아가야 할 정도로 심한 망향병을 앓는다.

외국근무자나 이민자들이 문화적응에 성공한 후 귀국을 하게 되면 이번에는 옛 문화환경에 재적응하면서 '역문화충격'을 체험하게 된다. 이민자로서 귀국한 사람들은 때로 자신이 그 곳에 들어맞지 않는 것을 발견하고, 다시 이번에는 영구적으로 출국을 하게 된다. 출국한 사람으로서 새로운 외국환경으로 옮겨가 본 사람들의 이야기를 들으면, 문화충격 과정이 새로 되풀이된다고 한다. 이로 보아 문화충격은 환경마다 다른 것이다. 문화환경이 바뀌면 새로운 충격이 기다리고 있는 것이다.

2. 클러크혼의 모형

각 문화의 가치체계에 따라 문화적 차이를 비교하기 위하여 클러크혼(F. Kluckhohn)은 다섯 가지의 기본적인 질문에서 사회의 주류가 어떻게 답변을 하는가에 따라 그 사회의 문화를 구분하고 있다. 물론 한 문화권 내에서도 수많은 사람이 있고 제각기 다른 가치관과 행위유형을 갖고 있겠지만, 그 중에서도 다수의 구성원들이 갖고 있는 공통적 가치관과 사고방식을 찾아내 보자는 것이다. 클러크혼의 다섯 가지 질문은 다음과 같다.

① 인간의 본성은 기본적으로 선한가, 악한가?

② 인간과 자연의 관계는 어떠한가?

③ 삶의 주관심사가 과거인가, 현재인가, 미래인가?

④ 사람의 활동양식이 정적인가, 동적인가?

⑤ 인간관계는 개인주의적인가, 그룹 중심적인가, 권위주의적인가?

경영자는 우선 자기 문화나 자기의 가치관, 혹은 행위가 어떤 행위인가를 이 질문을 통해서 확인한 후 비교하고자 하는 외국문화의 가치관과 행위를 조사하여 두 문화의 차이를 음미해 볼 수 있다. 이 질문에 대한 답변의 범위를 표시하면 〈표 5-2〉과 같다.

〈표 5-2〉는 수평적으로 읽어야 한다. 그리고 각 기준에 대해서 유형이 반드시 한 줄로 나올 것으로 기대할 수는 없다. 예를 들면 한국인의 행위와 사고 유형은 '선과 악의 혼합—자연과의 조화—미래지향적—동적—권위주의적' 식으로 지그재그형의 유형이 나올 수 있다. 사실 한국인의 사고 유형은 현재 근대화 과정에 있는만큼 과도기적인 중간 유형이 주류가 아닐까 추측해 볼 수 있다.

한편 서구사회는 〈표 5-2〉에서 최우측의 유형이 주류가 될 것이고 보다 전통적인 사회는 아마도 최좌측의 유형이 주류가 될 것이다. 클러크혼 모형을 아랍문화권과 일본문화권에 적용해 본 예는 〈표 5-3〉에 나와 있는데, 이것이 주관적이

표 5-2

클러크혼 모형

기 준	행위 및 사고유형		
인간의 본성[a]	기본적으로 약함	선과 악의 혼합	기본적으로 선함
인간과 자연의 관계	자연에 복종	자연과의 조화	자연을 정복
시간지향적	과거지향적 (전통적)	현재지향적 (찰나적)	미래지향적 (목표지향적)
활동양식[b]	정 적	내면성장	동 적
인간관계	권위주의 (상하관계)	그룹 중심적 (공존관계)	개인주의적 (동등한 관계)

a) 인간의 본성은 선과 악 말고도 가변성인가 불변성인가를 기준으로 분류할 수도 있다.
b) 정적: 인생에 꼭 무엇을 달성해야 되는 것은 아니고 존재하는 것만으로도 충분하다.
내면성장: 인간의 존재이유는 내면적 성장에 있다.
동적: 인간이 노력하면 그것에 대한 대가를 받게 되며, 사람은 일을 성취하기 위해서 존재한다.
자료: Florence Kluckhohn and Fred Strodtbeck, *Variations in Value Orientations*(Evanston, Illinois: Row. Peterson & Co., 1961).

기는 하나 일본문화의 복잡성을 잘 반영하고 있다. 또한 흥미 있는 사실은 1960년의 미국 히피족들의 사고 유형은 〈표 5-2〉 모형의 가운데 줄로서 미국의 주류 및 전통적 사고방식과 상당한 갈등이 있었다는 점이다.

클러크혼 모형은 물론 문화의 여러 측면 가운데 일부만을 보여주고 있으므로 이것만 가지고 외국문화를 이해할 수 있는 것은 아니다. 그러나 이 모형의 매력은 그것이 아주 간단하다는 데 있으며, 그러면서도 이를 통해서 외국문화에 대한 이해를 상당히 높일 수 있다는 점이다.

표 5-3

클러크혼 모형의 적용

아랍문화권		일본문화권		
	선악 혼합		선악 혼합	
자연에 복종	자연과 조화		자연과 조화	
과거지향적		과거지향적		미래지향적
정 적		정 적		동 적
권위주의적		권위주의적		그룹 중심적

3. 홀의 모형

문화적 차이를 이해하기 위해 문화를 비교하는 또 다른 하나의 비교문화적인 분석방법으로 홀(E. Hall)의 모형을 들 수 있다. 그는 각 국가의 문화를 고배경문화와 저배경문화의 개념으로 이원화하였다. 여기에서의 배경은 사상을 보는 방법들 중의 하나로서 각 국가의 문화를 평가하는 데 중요한 역할을 한다고 보고 있다. 홀이 고배경문화와 저배경문화로 각 국가의 문화를 분류하는 데 있어 기준으로 삼은 몇 가지 문화요소 또는 차원을 중심으로 양자의 차이점을 평가한 것을 개략적으로 살펴보면 다음과 같다.

먼저 고배경문화(HCC: High Context Culture)에서는 커뮤니케이션 또는 메시지의 정보가 대부분 신체적 배경 또는 개인에 내부화되고 명백하게 부호로 나타나거나 메시지로 옮겨지지 않는다. 다시 말해서 의사전달자의 배경 또는 개인에 내부화되고 명백하게 부호로 나타나거나 메시지로 옮겨지지 않는다. 즉 의사전달자의 배경, 연상, 기본적인 가치관 등 커뮤니케이션 배경에 더 많은 정보를 포함하기 때문에 실제로 구두로 나타낸 메시지에는 적은 정보가 적게 포함된다는 것이다. 반면에 LCC에서는 메시지가 명백한데 커뮤니케이션에 있어서 실제의 대화를 통해서 대부분의 정보가 교환된다고 보고 있다. 이러한 차원에서 볼 때 중국, 일본 및 아랍문화는 HCC에 속하며, 미국 또는 독일의 문화는 고배경문화(LCC: Low Context Culture)로 분류된다. 미국의 경영자들이 일본 기업의 경영자들과 협상을 할 때 일본의 파트너들이 분명하게 그 핵심을 밝히지 않는다고 불만을 표시하는 이유 중의 하나가 이와 같은 문화적인 차이에서 기인한다고 할 수 있다.

다음으로 LCC에서 중요한 것으로 여기는 법률적인 서류사무가 HCC에서는 오히려 그것보다 한 개인의 말이 더욱 확실한 보증서적인 역할을 한다. 즉 책임과 신뢰가 중요한 가치로서 강조되는 HCC에서는 외부적인 법적 인가 등이 그렇게 필요한 것이 아니고 책임, 명예, 신뢰 등에 더 큰 의미를 두고 있다는 것이다.

조직상의 책임문제가 발생했을 때 HCC에서는 그 조직의 최고위층에게 그 책임이 주어지나 LCC에서는 가능한 한 그 책임과 관련된 최하위층에게로 옮겨진다.

또 이 양자의 문화에서 사람들은 공간을 인식하고 구분하는 독특한 방식을 가지고 있다는 점이다. 여기에서의 공간은 서로 접촉하는 개인 사이의 의사전달체계로 보는데, 예를 들면 HCC의 민족인 아랍인들은 대화를 할 때 매우 가깝게

표 5-4

고배경문화와 저배경문화의 비교

요소 및 차원	고배경문화(HCC)	저배경문화(LCC)
법 또는 법률가	덜 중요함	매우 중요함
개인의 말	그 개인의 보증임	서면으로서의 보증임
조직의 실책에 대한 책임	최고위층이 짐	최하위층이 짐
공 간	상대방과 근접함	개인적 공간을 지니며 침해받는 것을 싫어함
시 간	폴리크로닉함 즉, 생활에 있어서 매사는 그 자신의 시간에 의해 처리됨	모노크로닉함. 즉, '시간이 돈이다' 라는 관념이 강함
협 상	매우 오래 끌게 됨. 그 목적을 모든 당사자들이 서로 알게 하는 데 있음	매우 신속히 진행됨
경쟁입찰	빈번하지 않음	일반적임

자료: W. J. Keegan, *Mutinational Marketing Management*, 2nd ed.(Englewood Cliffts, New Jersey: Prentice-Holl Inc., 1980), p. 87.

접근하여 상대방을 향해 숨을 내쉰다는 것이다. 만약 숨을 죽이고 내쉬지 않으면 상대방은 부끄러워하는 것으로 받아들인다. 그러나 LCC 국가에 속하는 미국은 많은 여타 국가들과 비교해 볼 때 상대방과의 지나친 접근은 피한다. 통상적으로 사업상담은 1.5~2.7m 정도의 거리를 두고 진행되며, 단지 극히 개인적인 상담일 경우 46~91㎝ 정도의 거리를 두게 된다.

이 밖에도 HCC와 LCC의 차이를 구분하는 중요한 요소 또는 차원으로서는 경쟁적 입찰, 협상 등을 들고 있다. HCC에서는 그 입찰대상 작업을 가장 잘 수행할 수 있고 또 입찰자가 가장 통제하기 용이한 응찰자에게 낙찰시킨다. 반면 LCC에서는 입찰요건을 명시하여 낙찰자가 작업을 수행함에 있어 그 요선을 위반하지 못하게 한다는 것이다. 이상에서 살펴본 고배경문화와 저배경문화를 구별하는 요소 및 자원들을 요약하면 〈표 5-4〉와 같다.

홀은 이 밖에도 LCC 국가의 사람들보다 HCC 국가의 사람들이 보다 집단지향적이며 또한 개인을 희생한다고 보았다.

이상에서와 같이 홀은 각 국가의 문화를 몇 가지 요소들을 기준으로 분석하였으나, 이 모형이 지나치게 기술적이고 주관적이라는 한계점을 지니고 있다. 아울러 HCC와 LCC로 구분하는 데 있어서 경계가 불분명하다는 약점을 지니고 있다. 그러나 국제경영의 관점에서 각 국가의 문화적 차이를 이해하는 데 클러크혼 모형보다 유용성이 높다고 하겠다. 특히 이 홀의 분석방법은 비교문화적인 훈련에 대해 생소한 우리나라 해외진출 기업들이 그들의 해외파견 사업의 현지문화 적응훈련모형의 설계에 도움을 줄 수 있을 것으로 여겨진다.

제 3 절　글로벌 문화비교

1. 문화차이와 인간관계

(1) 동서양의 문화비교

1) 동서양 문화의 비교기준

공동사회와 이익사회의 차이점은 공동사회에서는 가족 구성원이나 사회 구성원들에 대해 지고 있는 의무관계는 테두리 안에서 자신의 사회적 위치를 규정한다. 그러나 이익사회에서는 조직의 구성원이 스스로 선택한 의지에 따라 결정한다.

2) 동서양의 문화비교

〈표 3-2〉는 전통적으로 우세한 문화현상에 따른 분류이다. 또한 한 문화 내에서도 예외와 변형된 문화의 본질을 이루는 속성이며, 어느 문화나 가능한 다양성을 내포하고 있다. 한 문화 안에는 기본적으로 상황변화에 따른 대처능력이 잠재되어 있다.

(2) 대립하는 사고유형들

1) 상관형 사고와 분석형 사고

〈상관형 사고〉

① 전체의 특성에 민감

② 소속 집단에 보다 깊이 뿌리를 둠.

③ 책임과 의무 공유의식

④ 직관이나 신비주의가 경험의 핵심으로 침투하고 그러한 경험은 관찰자 자신과 동일체가 됨

표 5-5

동서양의 문화비교

동양(東洋)	서양(西洋)	동양(東洋)	서양(西洋)
공동사회(共同社會)	이익사회(利益社會)	비논리적(非論理的)/직관적	논리적(論理的)
저이동성(低移動性)	고이동성(高移動性)	추상적(抽象的)	구체적(具體的)
상하체제(上下體制)	평등체제(平等體制)	평면적(平面的)	입체적(立體的)
집단주의(集團主義)	개인주의(個人主義)	신비적(神秘的)	구명적(究明的)/실증적(實證的)
방계주의(傍系主義)	직계주의(直系主義)	사색적(思索的)	기술적(技術的)
통합주의(統合主義)	분리주의(分離主義)	묵시적(默示的)	사실적(寫實的)
권위주의(權威主義)	민주주의(民主主義)	전인적(全人的)	기능적(機能的)
인도주의(人道主義)	물질주의 (物質主義)	비공식성(非公式性)	공식성(公式性)
존재지향(存在指向)	행동지향(行動指向)	유연성(柔軟性)	경직성(硬直性)
사회정서지향(社會情緒指向)	과제지향(課題指向)	개연성(蓋然性)	정확성(正確性)
전통지향(傳統指向)/과거지향	미래지향(未來指向)	은유적(隱喩的)	직설적(直說的)
타인지향(他人指向)	자기지향(自己指向)	상호보완성(相互補完性)	독립성(獨立性)
정신적(精神的)	물질적(物質的)	상관형 사고(相關形 思考)	분석형 사고(分析形 思考)
자연적(自然的)	기계적(機械的)	연역적 사고(演繹的 思考)	귀납적 사고(歸納的 思考)
숙명적(宿命的)	의지적(意志的)	수직적 사고(垂直的 思考)	수평적 사고(水平的 思考)
체념적(諦念的)	도전적(挑戰的)	아날로그형(Analog Pattern)	디지탈형(Digital Pattern)
비관적(悲觀的)	낙관적(樂觀的)	비교형(比較形)	선택형(選擇形)
보수적(保守的)	진보적(進步的)	고문맥성(高文脈性)/고도암시	저문맥성(低文脈性)/저동암시
소극적(消極的)	적극적(積極的)	제한적(制限的) 코딩(Coding)	신중(愼重)한 코딩(Coding)
피동적(被動的)	능동적(能動的)	심정문화(心情文化)	이지문화(理智文化)
상대적(相對的)	절대적(絶對的)	인화(人和)의 문화	개성(個性)의 문화
포괄적(包括的)	배타적(排他的)	여백(餘白)의 문화	완벽(完璧)의 문화
구심적(求心的)	원심적(遠心的)	심층(深層)문화/내형문화	표층(表層)문화/외형문화
종합적(綜合的)	분석적(分析的)	무채색(無彩色)의 문화	채색(彩色)의 문화
관계적(關係的)	개인적(個人的)	중개문화(仲介文化)	직통문화(直通文化)
결과지향적(結果指向的)	수단지향적(手段指向的)	비접촉문화(非接觸文化)	접촉문화(接觸文化)
결과주의(結果主義)	과정주의(過程主義)	정적(靜的) 문화	동적(動的) 문화
최상책(最上策)	대안적(代案的)	청각문화(聽覺文化)	시각문화(視覺文化)
명분적(名分的)	실리적(實利的)	도(道)의 문화	신(神)의 문화
현시적(顯示的)	실용적(實用的)	수치(羞恥)의 문화	죄(罪)의 문화
예술적(藝術的)	과학적(科學的)	지시(指示)의 문화	팀워크의 문화
정감적(情感的)	이지적(理智的)	종(縱)의 문화	횡(橫)의 문화
비합리적/합정적(合情的)	합리적(合理的)	너그러운 사회	편협한 사회
비공개적(非公開的)	공개적(公開的)		

〈분석형 사고〉

① 사물의 부분 중시

② 공식적으로 조직화.

③ 집단 내의 특권 · 책임 · 지위가 질서 있게 분포, 역할 분담

④ 가입이나 이탈이 자유로움

2) 연역적 사고와 귀납적 사고

〈연역적 사고〉

① 사상을 사실 자체의 일부로 보아 유기적이고 생명력이 있는 것으로 인식하려는 경향

② 새로운 개념을 '새로운 사실의 현시'나 '발견'이라 생각

③ 주관과 객관을 분리함.

〈귀납적 사고〉

① 현상을 '구성'이나 '발명'이라는 관점에서 생각함.

② 개념은 모호하고 명료치 않아 실례를 들어야 명확해진다고 생각함.

③ 개인의 경험에 지나치게 의존하고, 객관적인 사실이나 개념에서 경험자를 분리시키지 못함.

3) 객관적 평가와 자기중심 평가

〈객관적 평가〉

① 주어 불분명

② 사건이나 행동에 책임 불분명

③ 상황의 전개과정 고려하며, 전체의 맥락에 의미부여함.

〈자기중심 평가〉

① 주어 분명함.

② 사건이나 행동에는 책임질 행위자 있음.

③ 주변관계 불고려, 개인의 취향에 따라 판단하고 행동을 정당화함.

(3) 문화차이 발생요인

기본적으로 인간은 수십 세기 동안 서로 다른 기후와 환경 속에서 끊임없이 생존을 위한 투쟁을 계속해 오면서 서로 다른 형태의 적응을 요구당해 왔기 때문이다. 사람의 시각은 750만 가지의 빛깔을 감지해 낼 수 있다. 빛깔 외에 형태, 명암, 공간 인식 같은 차원 추가시 지각세계에 포함될 수 있는 자극의 범위란 실

로 엄청나다.

한편 청각도 34만 가지의 음조와 음색의 구별이 가능하다고 추정하고 있다. 뿐만 아니라 냄새, 촉감, 근육운동 지각, 고통, 입맛 등의 인간의 지각 경험에 도움을 주고 있다.

문화를 구성하는 사고방식, 가치관, 문화적 통념들을 습득하는 과정에서 지각자는 자극을 분류하는 방법을 배움으로써 감각세계의 복잡성을 줄이고 있다. 지각반응의 기초를 이루는 자극의 범주들을 후천적으로 습득한다.

지각유형이 다름은 지각과 사고의 밑바닥에 깔려 있는 분류와 추상화의 방식이 문화마다 다르기 때문이다.

2. 문화차이와 국제비즈니스

(1) 문화차이를 극복하려면

① 문화의 상대성에 입각하여 자기 문화에 대한 객관적 태도를 지니고, 상대방 문화의 속성을 감지하려는 능력을 길러야 한다.

② 쌍방문화를 교차적 시각에서 바라보도록 노력하고, 자신의 행동과 자기 문화의 기반을 먼저 이해하며, 이를 타 문화와 비교하는 감각을 지녀야 한다.

③ 한국인으로서 행동해도 안 되고, 현지인처럼 행동해서도 안 된다. 자기 자신의 문화와 상대방의 문화를 폭넓게 이해함으로써 얻을 수 있는 제3의 문화[4] 속에서 행동하는 게 바람직하다.

(2) 문화충격과 갈등을 해소하려면

① 이문화에 대한 준비 철저해야

② 현지의 커뮤니케이션 체계 익혀야

③ 현지인과 사귀어야

④ 무엇이든 창조적으로 해 보아야

⑤ 현지문화에 민감해야

⑥ 상대 문화의 복잡성 인식해야

⑦ 자신을 자기 문화에 편향된 사람으로 인식해야

---

4) 제3의 문화란 서로 다른 사회집단의 사람들이 그들의 사회나 사회내부의 소집단들을 서로 연관시키는 과정 속에서 창조하고 공유하며 습득하는 문화이다.

⑧ 상대와 자신을 있는 그대로 수용해야

⑨ 비현실적 기대 버려야

⑩ 이문화 체험을 하나의 도전으로 수용해야

(3) 다문화 집단의 효율적 관리

1) 다문화주의

① 동 남 아

② 유　　럽

③ 북　　미

④ 이스라엘

2) 과업 집단과 집단의 다양성 조직의 기본구조를 형성하는 집단의 자원에는 과업달성에 이용 가능한 사람, 정보, 원자재, 시간, 자본 등이 있다. 그러나 중요한 것은 사람이다.

① 단일문화 집단(homogeneous groups)

② 다문화 집단

㉠ 토큰 집단(token groups)－한 명의 이문화 구성원

㉡ 이중문화 집단(bicultural groups)－두 개의 문화권 출신자

㉢ 다문화 집단(multicultural groups)－세 개 이상의 문화권

3) 문화적 다양성이 집단에 미치는 영향 다문화 집단은 지각, 해석, 평가 및 의사소통에 있어 많은 오해가 따른다. 따라서 종업원들은 스트레스가 쌓이고, 기대, 정보의 적합성 및 취해야 할 특정의 의사결정에 대한 묵시적으로나 명시적으로 합의에 이르지 못하는 경우가 잦다.

또한 다양성은 집단의 업무수행 과정에 있어 모호성, 복잡성 및 내재적인 혼동을 증가시킨다. 이러한 과정상의 손실이 생산성을 감소시킨다.

집단의 응집력이란 필요시 유사하거나 상호 동의된 방법으로 세상사를 인지하고, 해석하고, 행동케 하는 능력을 말한다. 다문화 집단은 이러한 응집력을 약화시킨다.

4) 다문화 집단의 이점 다문화 집단은 잠재적 생산성이 높다 할 수 있다. 많은 대안(분산의 결과)을 통해 일치된 의사결정(수렴의 결과)을 이끌어 내야 한다－분산과 수렴의 균형

5) 집단효율성의 조건 문화의 다양성을 어떻게 관리하느냐에 달려 있

다. 다문화팀의 생산성은 그들의 과업, 발전단계, 다양성 관리방법에 달려 있다. 다양성은 합의에 대한 필요성(응집력)이 발명에 대한 필요성(창의성)에 비해 상대적으로 낮게 유지될 때, 그리고 창의성과 합의의 균형이 유지될 수 있을 때에 그 진가를 발휘하게 된다.

(4) 이문화권에서의 리더십 발휘

경영스타일은 문화에 따라 다르다. 경영자들은 지휘, 동기부여 및 의사결정을 할 때 그들이 관리행위에 접근하는 방법은 부분적으로 그들 자신과 종업원들의 문화적 배경에 의해 결정된다. 따라서 다문화 관리자는 개개의 특별한 상황과 특정한 나라들에 충분히 적응할 수 있는 융통성이 있어야 한다. 아울러 특정한 상황에 가장 적합한 양식을 선택할 수 있는 능력과 함께 보다 광범위한 사고패턴과 행위를 개발하여야 한다.

국제경영자들은 리더십 스타일, 동기부여계획, 의사결정의 장기적 또는 단기적 기준 중에서 어느 것을 사용할 것인지를 결정하여야 한다.

3. 국민성 · 의식구조 · 상관습

(1) 주요국의 국민성

1) 국민성을 규명하는 기준

① 국민은 문화가 규정한 성격적 특성을 공유한다.

② 같은 육아양식에서 성장한 개인은 유사한 성격을 갖는다.

2) 일 본

① 베네딕트의 '국화와 칼' (The Chrysanthemum and the Sword, 1946)

② 명치유신(1868) 하층 무인과 상인 중심의 친위혁명

③ 은혜사상

- 은혜와 의리
- 기본 덕목

④ 죄문화(guilt culture)와 수치문화(shame culture)

〈죄 문 화〉

① 도덕의 절대적 기준에 따라 양심을 개발

② 내면적 죄의 자각에 근거하여 선행

③ 죄를 짓지 않는 사람이 덕인

④ 기독교적인 내세관

〈수치문화〉

① 타인의 조소와 거절에 행위의 기준을 두고 행운을 기원하는 의식을 촉구하는 문화

② 외면적 강제력에 의해 선행

③ 부끄러움을 아는 사람이 덕인

④ 사후 징벌

3) 독 일

① 권위적 인성(Authoritarian personality) '자유로부터의 탈출'(Escape from freedom, 1941); Erich Fromm

- 자유를 누리고 경쟁을 원칙으로 하는 민주적 제도를 두려워하거나 거부
- 자유로부터 도피하여 상하질서에 의한 권위주의체제에 돌아가야만 안정을 느낌

② '환상적인 민족주의'(Eric Erikson)

4) 러 시 아

① 강보가설(襁褓假說, swaddling hypothesis) – Geffrey Gorer, L. Rickman

② 내적 동기나 내적 감정 중시

- 사람을 평가하는 데 외적 행동이나 신체적 특성보다 내적인면 중시
- 행동이나 말이 그 사람의 감정이나 내적 동기를 직접 반영하는 것이라 생각지 않음.
- 집단생활을 가치롭게 여기고 사회적인 귀속에 의존하는 성격
- 가정에서 남녀역할 분명
- 다정하고 감정적 · 낭비적 성격이 짙어 때로는 비이성적인 면을 드러냄.

5) 미 국

① 레빈(Kurt Lewin)의 연구

- 성취욕구가 강하고 행동이 민첩하여 과감한 게 특징

② 프롬(Fromm)의 연구

- 시장인성(market personality)

③ 월펜슈타인(M. Wolfenstein)과 라이테스(N.M. Leites)의 연구

- 외부세계에 관심이 많고(외부지향적), 타인의 공격에 민감하며 도발적임.

④ 맥그래나한(D.V. McGranahan)

－권위에 대하여 반항적

－개인에 대해 죄를 짓는 게 범죄의 으뜸

⑤ 고러의 연구 미국인(The American People, 1948)

－유럽의 조상과 전통 거부

－평등, 권위에 대한 저항

－아버지가 가정의 중심이거나 모범이 되는 게 아님

⑥ 리스맨의 연구(David Riesman) '고독한 대중'(The Lonely Crowd, 1950): 변화하는 미국의 성격 연구

－전통지향적인 사람

－내부지향적인 사람

－타인지향적인 사람

⑦ 클럭혼(Florence Kluckhorn)의 연구

－성취 중시

－가시적 업적 강조

－측정에 역점

－'게으름으로부터의 해방'(I am busy)

(2) 주요국의 문화특성과 상관습

비즈니스에서 가장 중요시되는 점은 거래상대가 어떠한 회사이며, 어떤 유형의 사람인가를 파악해야 한다. 이를 위해서는 상대방의 국적, 연령, 교육 정도, 취미 및 기호 등을 파악한 후 상대방의 문화성향에 맞추어 거래를 진행하면 상호 일체감이 조성되고 협력관계가 지속될 수 있다. 따라서 각국의 일반적 국민성 및 상관습을 이해하고 있으면 직접 상담시나 통신시에 업무의 효율을 높일 수 있다.

〈이슬람 관습〉

① 살라(기도)

② 라마단 금식

③ 하 지

〈비즈니스 시즌〉

① 라마다 개시 2개월 전 라마단 수요

② 라마단 종료 1개월 후 하지 수요

③ 하지 종료 2개월 후 새해와 학교방학 수요

제 4 절 글로벌 문화전략

1. 국제협상에서의 문화간 접촉

미국에는 협상기술에 관한 몇 권의 책이 나왔다. 이것은 훈련과정에서는 인기가 있는 주제이다. 협상과정은 협상장면에서의 최적 선택의 산출을 가능케 하는 게임의 수학적 이론을 이용한 컴퓨터 모의실험이 되기까지 한다. 이런 접근은 외교관이나 정치가나 기업대표들이 벌이는 국가간 협상과는 별로 관계가 없다. 이런 미국의 접근은 쌍방 모두 미국의 가치를 지니고 있고 미국에서 통하는 협상목표를 전제로 하고 있기 때문이다. 국제적 협상에서는 쌍방의 가치가 같고 협상목표도 같다는 가정을 할 수 없다. 게임의 참가자는 각자의 규칙에 따라 게임을 한다.

노련한 외교관은 나라에 상관없이 대개 자기에게 협상권한이 주어진 문제에 대해서 다른 외교관을 상대로 한 성공적인 협상을 가능케 하는 전문가로서의 경륜을 지니고 있다. 그러나 문제는 진정으로 중요한 문제에 있어서는 대개 외교관은 권력은 있지만 협상기술이 없는 정치가의 지시를 받아가며 협상한다는 점이다. 정치가는 가끔 국내 소비용 발언을 하고 외교관은 협상 상대국 외교관에게 이것을 설명해야 될 입장에 놓인다. 외교관에게 주어지는 재량권의 양 자체도 하나의 문화적 특징으로 사회나 정치체제에 따라 다르다. 현대의 통신수단의 증가는 외교관의 재량권을 제약하는 데 한몫을 한다.

그럼에도 불구하고 국제적 협상에서 협상 당사자의 지위가 현안문제 결정에 걸맞는 수준의 사람으로 되어 있다는 조건하에서는 문화간 접촉의 질이 불필요한 갈등을 피하는 데 공헌을 한다는 점에 의심의 여지가 없다. 그래서 정상회담이 그처럼 중요한 것이다. 즉 협상의 실권을 쥔 사람들의 모임이기 때문이다. 불행히도 이들 정상은 대개 자기 나라의 국가적 가치와 합치되는 신념을 강하게 지님으로 해서 현재의 지위에 오르게 된 사람들이다. 그렇기 때문에 다른 정상은 다른 정신적 프로그램에 따라 움직인다는 사실을 잘 인정하려 하지 않는다. 국가수뇌에게서 신임을 받고 또 동시에 외교관적인 감각을 익히 갖춘 그런 외무장관은 나라에는 대단한 보탬이 된다.

사업협상에서도 실제 협상은 좀 지위가 낮은 사람들이 하더라도 적당히 권력과 지위를 지닌 사람을 협상대표로 파견하는 것이 문화적으로 매우 중요하다. 성공적인 문화혁신을 위해서는 권력추진자(Machtpromotor)와 전문추진자(Fachpromotor)가 합동으로 움직이는 모델이 사업협상의 경우에도 적용될 수 있다.

2. 국제기업조직에서의 문화적 접촉

1990년대 이후 역사상 최초로 세계는 하나의 시장이 되었다. 자국시장의 보호는 아직도 존속하지만, 세계규모의 기업활동에서는 절대적이라기보다는 상대적인 장애물이 되고 있을 뿐이다. 국제적 기업조직 안에서는 아주 강력한 문화적 접촉이 일어난다. 그런데 이런 문화적 다양성이 만들어 내는 간격을 메우는 교량적 역할은 문화간 교섭이 해야 하는 것이다.

국제기업이 자체의 활동을 조정하는 한 방법은 관리직 직원을 외국에 파견하는 것이다. 관리직이 아닌 직원도 때로는 국외파견이 있는데, 이런 경우는 대개 현지인과 교섭을 할 필요가 별로 없고 어떤 특수한 과제를 수행할 때로 한정된다. 그러나 관리직의 경우에는 외국인과의 교섭이라는 분명한 목적하에 국외로 파견된다.

국외파견자가 그들의 업무를 효과적으로 수행한다는 것이 외국파견 기간을 채우는 것으로 되는 일은 물론 아니다. 외국근무 관리자의 본부 상관이 이들 국외파견자의 효과성을 평가하기란 늘 쉽지만은 않다. 단기적 과제 수행만 해야 하는 것이 아니라 현지 후계자의 훈련, 현지 동료와 고용인의 회사에 대한 충성심과 자긍심의 함양 그리고 현지인, 예컨대 고객, 물자공급선, 노조, 정부관리 등과의 친선관계 확립 등 장기적 관심사도 처리해야 하는 것이다. 문화적으로 어설픈 해외근무자가 끼친 손해는 그들이 본국으로 귀국한 연후에나 드러나게 되는데, 비용으로 따져 그들이 해외파견 직접비의 몇 곱절이 되는 것은 어렵지 않다. 이 직접비용도 만만치 않은 것으로서 가족동반비까지 합치면 월급 이외에 해외파견자 일인당 연 미화 10만 내지 20만 달러에 달하는 것은 예사이다.

기업은 외국합병과 인수를 통해서 확장을 하는 추세로 나가고 있다. 이런 사실은 문화간 교류의 절대적 중요성을 의미하는데, 이런 교섭에는 국가문화만이 아니라 기업문화까지 문제가 된다.

3. 다국적적인 조율

대개의 다국적기업은 여러 나라에서 다양한 사업과 생산 및 시장 부서를 지니고 있다. 이들은 다른 국가적 문화를 서로 연결시켜야 하지만 또한 다른 사업문화도 서로 연결시켜 주어야 한다. 가치에 뿌리박고 있는 국가적 문화차이의 심각성은 앞에서 이미 보아 온 바이다.

사업문화의 차이는 직업요소와 조직요소로 구성된다. 이런 문화차이는 사람들의 가치보다는 그들의 관행에 존재한다. 어느 조직이든 조직구조의 목적은 활동의 조정에 있다. 이들 활동은 '사업단위'가 담당해서 하는데, 각 단위는 한 나라에서 한 가지 종류의 일을 맡아 한다. 대기업 구조의 설계는 계획적이든 아니든 각 사업단위에 대한 세 가지 선택에 토대를 두고 있다.

① 그 단위의 입력과 출력 가운데서 어느 것을 기업의 다른 부서가 조정하게 할 것인가?

② 조정은 어디서 할 것인가?

③ 조정은 어느 정도 엄격히 할 것인가?

다국적·다종사업 대기업체는 조정을 업종별로 할 것인지 또는 지역별로 할 것인지의 여부를 선택하여야 한다. 핵심적인 문제는 사업지식과 문화지식 중 어느 것이 운영의 성공에 더 결정적이냐 하는 것인데, 전형적인 해결방안은 '행렬구조'를 쓰는 것이다. 행렬구조란 각 사업단위의 관리자 한 사람이 각각 두 사람의 상사를 갖게 하는 것인데, 즉 모든 나라에서 이루어지는 특정 사업을 조정하는 사람과 어느 한 나라 안의 모든 사업단위를 조정하는 사람을 상사로 두는 것이다. 1980년대에는 한 동안 행렬구조가 인기가 있었다.

연구 과제

1. 클러크혼의 모형을 논하시오.
2. 홀의 모형을 논하시오.
3. 해외진출 기업의 문화적 충격을 논하고 해외 주재원의 대응방안을 제시하시오.
4. 문화차이와 인간관계의 상관관계를 논하시오.
5. 국제적으로 대립하는 사고유형들을 제시하시오.
6. 다문화 집단의 효율적 관리를 논하시오.
7. 세계 각국의 국민성과 상관습을 사례를 들어 설명하시오.
8. 한국 기업이 중동에 진출했을 때 받게 되는 문화적 영향을 논하시오.
9. 다음의 용어에 대하여 설명하시오.
   1) 삼 장
   2) 사 성
   3) 팔 정 도
   4) 5대기둥
   5) 카스트제도
   6) 아날로그형 문화
   7) 문화충격
   8) 바디 랭귀지

제 6 장
법 · 정치 · 경제적 환경

사 례 연 구 ▶ Global 500대 기업

폭스바겐(VOLKSWAGAN)

1 Web Site

http://www.volkswagen.com

2 폭스바겐의 탄생과 성장

1937년 5월 히틀러의 명령에 의해 설립된 독일국민차(폭스바겐) 준비회사가 전신이며 1938년 9월 폭스바겐 유한회사로 개칭하였다. 폭스바겐은 독일어로 '국민차'란 의미이며 히틀러에게 국민차의 가능성을 제안한 것은 명설계자 페르디난트 포르셰(Ferdinand Porsche) 로 그는 이미 1936년 10월에 딱정벌레형 폭스바겐의 원형을 발표하였다. 니더 작센주 볼프스부르크의 대공장은 제2차 세계대전으로 파괴되었으나 1945년 생산을 재개하였고 미국에 상륙한 폭스바겐은 초기의 부진을 씻고 1959년 획기적인 대대적 광고로 판매에 호조를 기록하였다. 1960년 주식을 공개, 민영화하고, 1969년에는 아우디의 전신인 아우디NSV아우토우니온을 산하에 두었다.

딱정벌레형은 기본적인 모델을 바꾸지 않은 채 1978년 1월 서독 본국에서 생산이 중단될 때까지 1927만 대나 생산되었고 그 후속으로는 각종 후보차가 있었으나 결국 1974년 봄에 발표된 래빗으로 결정되었다. 폭스바겐은 전 세계에 자회사를 두고 있으며 이들 공장에서는 승용차, 미니버스, 봉고 등 차량과 자동차 부품도 생산하고 있다.

1990년 체코의 자동차회사인 슈코다(Škoda)를 인수하여 유럽 최대의 메이커가 되었다. 연간 평균 생산대수는 약 520만 대(독일 180만 대, 기타지역 340만 대)이고 고용규모는 총 30만 명(독일 15만 명, 기타 지역 15만 명)이다. 본사는 볼프스부르크에 있다. 유럽, 아시아 및 아프리카 등지에 총 42개의 자동차 생산공장을 갖고 있으며 150여 개국에 자동차를 수출하고 있는 유럽 최대의 자동차 메이커이다. 각 나라 공장에는 약 30만 명의 직원이 2만 대가 넘는 자동차를 매일 생산하여 전 세계에 보급하고 있고, 그 결과 폭스바겐의 가장 큰 시장인 서유럽에는 5대의 자동차 중 1대가 폭스바겐이다.

3 회사개요

설립년도: 1983년
본사소재지: Wolfsburg
대표자: Ferdinand piech(페르디난트 피에히)
종업원수: 총 30여만 명(독일-15여만 명, 기타 지역 15여만 명)
총생산대수: 약 520만 대(독일-180여만 대, 기타 지역-340여만 대)
자본, 기술제휴업체: 롤스로이스(영국 100%), 시트(스페인 100%), 아우디(독일 99%),
상해VW(중국 50%), 만(독일, 중형트럭 공동생산)

4 폭스바겐 연혁

1930년 독일 남부의 슈투트가르트에서 페르디난트 포르쉐 박사가 '타입8반더러(Wanderer)'를 완성함.

1934년 히틀러가 요구한 독일 국민차 계획에 의해 포르쉐 박사가 설계한 첫차인 '카데프(KdF, Kraft der Freude의 머리글자, '기쁨의 힘'이란 뜻)'가 생산됨.

1939년 2차 세계대전 발발로 국민차는 더 이상 양산되지 못하고 군용차 생산을 주관하여 영화에 자주 나오는 '쿠벨바겐(Kubelwagen)'과 그 변종인 수륙양용 '슈빔바겐(Swimmwagen)'을 대량으로 생산함.

1945년 독일이 전쟁에서 패한 뒤, 폭스바겐 공장은 연합군의 관리하에 재건되기 시작하였고 공장이 있는 마을 이름을 '볼프스부르크(Wolfsburg)'라 부르기로 함.

1946년 재건된 공장에서 폭스바겐의 진정한 1호차가 생산됨.

1953년 브라질에 현지 법인을 설립함.

1957년 프랑크푸르트 모터쇼에 최신형 2인승 승용차인 '카르만 기아 카브리올레(Karmann Ghia Cabriolet)'를 출품함.

1965년 1천만 번째 '비틀'이 생산됨.

1969년 아우디의 전신인 '아우토 우니온'을 인수함.

1972년 2월 12일 15,007,034번째 '비틀'이 생산되어 단일차종 최대 생산기록을 깸.

1983년 신형 '골프'가 선보임.

1984년 '제타(Jetta)'가 출시됨(국내 모델명은 '보라(Bora)'임).

1985년 중국에 합작으로 '상하이 폭스바겐 자동차회사'가 설립되어 '산타나'가 생산됨.

1986년 스페인의 자동차 회사인 '세아트(Seat)'를 인수함.

1988년 신형 3세대 '파사트'와 '코라도'가 생산됨.

1990년 체코의 자동차 회사인 '스코다(Skoda)'를 인수하여 유럽 최대의 메이커가 됨.

1997년 제 4 세대 '골프'가 선보임.

1998년 롤스로이스와 람보르기니를 인수함. '뉴 비틀'이 생산됨.

현재 폭스바겐 그룹은 현재 세계 4위의 자동차 그룹이며, 전 세계 시장점유율이 약 12%로 연간 생산대수가 약 520만 대(독일-180여만 대, 기타 지역-340여만 대)이다. 고용규모는 총 30여만 명(독일-15여만 명, 기타 지역-15여만 명)임.

5 폭스바겐의 글로벌 전략

1998년 5월 7일, 전 유럽 자동차 메이커를 놀라게 한 사건이 있었다. BMW의 롤즈로이스 인수가 굳어질 무렵, 폭스바겐이 BMW보다 훨씬 높은 가격을 제시해 롤즈로이스를 가로챈 것이다. 이로써 폭스바겐은 소형차뿐만 아니라 중형차(아우디), 초호화 세단(롤즈로이스)을 아우르는 대 메이커의 위치를 탄탄하게 다지게 되었다.

최근 유럽 최고의 뉴스메이커로 불리고 있는 폭스바겐은 1930년 독일남부의 슈투트가르크에서 페르디난트 포르쉐 박사가 '타입8반더러'를 완성하면서 역사가 시작되었다.

전쟁이 끝난 뒤 연합군의 배려로 공장이 재건되었고 국민차가 굴러나오기 시작했다. 폭스바겐은 재정적인 어려움 때문에 한때 미국 메이커와 합병을 원했으나 Gm, 포드 등이 이익이 남지 않는다고 외면했다. 하지만 50년대 중반 이후 사정은 달라졌다. 미국시장에도 진출했으나 미국시장에 맞지 않는 너무 작은 차체와 소극적인 판매 전략으로 판매부진을 면치 못했다. 독일에 주둔한 미군들이 이 차를 갖고 귀국해 '비틀(딱정벌레)'이라는 애칭을 붙여주기 시작하면서 미국시장에서도 인기가 올라 1959년 유럽메이커로는 처음으로 100대 생산을 돌파했다.

VW은 70년대 들어 새로운 타입의 차를 만들었는데, 파사트(73년)와 골프(74년)다. 특히 골프는 비틀에 버금가는 큰 인기를 얻으며 VW의 주력차종으로 자리매김했다. VW은 74년 3월에 시로코, 75년 폴로, 77년 데비, 79년 제타, 81년 산타나 등 소형차를 차례로 내놓았다. 창립 50주년을 맞는 1988년에는 제3세대 파사트와 코라도를 선보였다. 현재 생산되는 모델은 루포와 루포3LTDI, 폴로, 뉴비틀, 골프Ⅳ, 골프세단인 보라, 골프 카브리오, 파사트, 샤란 등이다.

롤즈로이스와 람보르기니를 갖고 있는 폭스바겐은 더 이상 '소형차의 명문'으로만 남지 않을 것이다. 지난해 프랑크푸르트 모터쇼에서 발표된 컨셉트카 D1은 폭스바겐이 대형차 시장에 첫발을 내딛는 역사적인 모델이다.

폭스바겐의 공격적인 경영은 현재 진행 중이고, 앞으로도 계속될 것이다. 이처럼 저돌적인 개혁을 해나가고 있는 인물은 93년 취임한 페르디난드 피에히 회장이다. 포르쉐 박사의 외손자인 그는 포르쉐911 개발에 관여했던 일류 엔지니어이기도 하다. 피에히가 이끄는 한 폭스바겐에는 후퇴란 없을 것이다.

6 폭스바겐 비틀의 단종

비틀이 세계시장에 첫선을 보인 것은 1947년이었다. 유럽을 시작으로 1950년엔 미국시장에도 진출했다. 10년 후 비틀의 미국 판매는 절정에 달해 약 400만 명이 이 차를 몰았고 여러 할리우드 영화 속에서도 스타로 떠올랐다.

폭스바겐은 후속 모델인 '골프'의 개발에 착수하면서 1978년 비틀의 독일공장 폐쇄를 시작으로 멕시코 푸에블라 공장만 남을 때까지 서서히 생산을 줄여왔다. 그러나 이제 이 곳의 생산도 줄어 지난 2~3개월 동안 겨우 50대만 생산했다. 그러나 비틀이 완전히 사라지는 것은 아니다. 1998년부터 디자인을 대폭 바꾼 '뉴비틀'을 생산하고 있기 때문이다.

7 폭스바겐의 경영위기

1990년대 폭스바겐은 외부적으로 동서독 통일 비용의 과다한 지출로 인한 독일 경제의 급락이라는 위기를 맞고 있었다. 대표적인 저성장 지역인 서유럽에서 자동차 시장은 급속히 냉각되었고, 92년부터 99년까지 독일의 평균 경제성장률이 불과 1.35%에 머물면서 독일기업의 경쟁력은 약화되었다. 동시에 유럽 자동차산업의 위기마저 대두되게 되었다.

8 폭스바겐의 경영위기 극복전략

1993년 1월 피히(Ferdinand Piech) 회장은 기존의 확장위주의 경영기조를 포기할 것을 선언했다. 90년대 초반 유럽 시장의 불황으로 인해 모든 자동차 회사가 투자를 축소했을 때, 폭스바겐은 전임 회장에 의해 93년 100달러 규모의 투자가 결정되어 있었다. 그러나 피히 회장은 기존의 확장노선을 전면 부정하고 감량경영에 착수하기 시작했다.

첫째, 피히 회장은 투자 규모를 3분의 1 수준인 37억 달러로 축소하고 노조의 동의를 얻어 독일 국내 종업원을 1만 2,500명 감원하였다. 이는 전 종업원의 13%에 달하는 수준이었다. 취임 첫 경영이사회에서는 회사의 채무 및 운영담당 임원 대부분을 해임하여 임원들은 언제나 살얼음판을 딛는 심정으로 회의에 임하곤 하였다.

둘째, 구매의 혁명을 통해 효율경영을 추진하였다. 93년 1단계 효율화 목표로 효율적인 아웃소싱을 활용해 구매경비를 5% 삭감하였다. 2단계로는 내부의 생산성을 높이기 위하여 부품수의 삭감, 공용 부품의 확대, 플랫폼(차체 기본구조)의 공동화를 추진하였다. 또한 GM의 구매담당 수석 부사장인 로페즈(Jose I. Lopez)를 구매담당 중역으로 영입하여 제품의 비용절감에 주력하였다. 미국 GM에서 '코스트 커터(Cost Cutter)'라는 별명이 붙은 로페즈에게 회장은 내부 생산성 향상에 관한 모든 권한을 위임하여 노력한 결과, '골프(GOLF)'의 1대당 조립시간이 44시간에서 10시간 이상 줄어들어 30시간으로 대폭 단축되었다.

셋째, 수주상황에 따른 유연한 근무시간제를 도입하여, 인건비를 절감하엿다. 노무 담당 임원인 하츠(Peter Hartz)의 지휘 아래 수주상황에 따라 주 4일 근무를 시행하는 등의 노력을 통해 인건비를 110억 달러 수준으로 동결하였다.

넷째, R&D 리드타임의 축소를 통해 신제품의 적기 공급체제를 구축하였다. 기존 풀 모델 체인지의 경우 43개월이 소요되던 것을 숙련 중심의 팀 체제를 통해 26개월로 단축하였다.

이러한 노력의 결가 93년 최악의 경영성과를 발표했던 폭스바겐은 94년부터 흑자로 전환하여, 21세기 들어 사상 최고의 경영성과를 달성하였다.

제1절 법적 환경

다국적기업들이 활동하는 각 국가들은 법적 · 경제적 제도, 다양한 경제개발 수준 그리고 다양한 경제적 상황들로 특정지을 수 있다. 다국적기업들은 여러 상황에 대해서 그들이 해외에서 얻은 교훈뿐만 아니라 국내경험을 참조하게 된다. 기업이 성공하려면 경영자는 효율성을 극대화하기 위해서 기업의 정책과 법적 · 정치적 그리고 경제적 환경간의 관계를 면밀하게 분석해야 한다.

본 장에서는 경영자들이 직면할 수 있는 법적 · 정치적 그리고 경제적 제도에 대한 배경과 여러 국가에서 경영자가 의사결정을 할 때 고려해야 하는 정보를 제공하는 것을 목적으로 한다. 뵈룬 텔프스트라는 국제경영환경에 관한 저서에서 [그림 4-1]로 국제경영환경의 복잡성을 보여주고 있다.[1]

1. 법적 환경

기업경영에 영향을 미치는 대외환경요인의 하나는 법제도로서 경영자는 국가간의 법관계뿐만 아니라 경영활동을 하는 현지국의 법을 특별히 인식해야 한다.

2. 법제도의 종류

법제도는 일반적으로 불문법, 성문법, 종교법으로 나눌 수 있다. 불문법은 판례나 관습 등을 기초로 하는 것으로 미국과 영국, 과거 영국의 식민지 국가들이 채택하고 있다.[2] 성문법은 법규로 명문화한 법제도로서 독일, 프랑스, 일본 그리고 러시아 등 70개 이상의 국가들이 이 제도를 사용하고 있다.

양 제도의 차이는 계약법에서 나타나는데 불문법 국가의 계약은 모든 발생가능한 사항을 기록하는 아주 상세하고 복잡한 반면, 성문법의 경우에는 계약법상의 내용의 대부분이 성문법에 있기 때문에 보다 간략하다.[3]

1) Vern Terpstra, *International Dimensions of Marketing*(Boston: Kent Publishing, 1982), p. 4.
2) Michael Litka, *International Dimensions of the legal Environment of Business*(Boston: P.W.S. Kent, 1988), p. 4.
3) Richard N. Farmer and Barry M. Richman, *Comparative Management and Economic Progress* (Homewood, Ill.: Richard D. Irwin, 1965), p. 238.

그림 6-1 국제경영환경

언 어
말하는 언어
쓰는 단어
공 용 어
복수언어주의
언어의 계급
국제언어
매스 · 미디어

종 교
신성시되는 것
철학적 체계
신념과 규범
기 도
금기(Taboo)
휴 일
의 식

아래 항목에 대한 가치관과 태도
시 간
업 적
일
부(富)
변 화
과학적 방법
위험을 무릅쓰는 일

법 률
관 습 법
성 문 법
외국의 법률
자국의 법률
독 금 법
국 제 법
규 제

교 육
공식교육
직업훈련
초등교육
중등교육
고등교육
비문맹률
인적 자원계획

정 치
Nationalism
주 권
제국주의
권 력
국 익
이데올로기
정치적 리스크

과학기술 및 물질문화
교 통
에너지 체계
도구와 그 대상물
Communication
도 시 화
과 학
발 명

사회적 기구
연고관계
사회제도
권력구조
이익단체
사회유동성
자위의 체계

종교법은 종교적인 계율에 입각한 것으로 그 사례는 모슬렘법이다. 이는 이슬람교를 토대로 한 것으로 비록 법적인 부문이 적은 부분을 차지하고 있으나 생활의 모든 면을 지배하고 있으며 27개국이 이 법을 따르고 있다.

법률은 경영요소에 영향을 미치는데 이는 국내경영뿐만 아니라 국가간의 경영도 통제하고 있다. 법의 영향을 받는 주요 부분은 거래나 계약, 환경, 기업의 설립, 노동법, 반트러스트와 카르텔, 가격, 세금 등이다. 다국적기업의 경영자는 영업을 하는 모든 국가의 법규를 알아야 하는데 흔히 현지법률 사무소나 세계적인 지점망을 가진 국제법률기업과 협력하고 있다. 유능한 법률고문은 현지법인을 이해하는 데 필수적이라 할 수 있다.

3. 국 제 법

국제법은 광의로는 국제거래에 관한 모든 법을, 협의로는 주권국가간의 관계를 규율하는 조약을 말한다. 국가간 관계는 재화, 생산요소, 자본의 흐름을 포함하고 있다. WTO와 같은 다자간협정과 미국과 캐나다간 자유무역협정은 항해, 우호, 통상에 관한 조약이다. 이러한 조약은 국제거래를 용이하게 할 뿐만 아니라 국가와 국가의 문제와 분쟁을 해결하는 데 도움이 된다.

치외법권은 해외의 기업활동에 자국의 법을 적용시킬 때 발생하는 것으로 많은 국제적인 문제의 원칙이다. 국제기업이 직면한 문제의 좋은 사례는 홍콩의 경우로 홍콩의 법은 영국법에 기초하고 있는데 영국법이 폐지되는 1997년 이후 50년간은 중국법에 따라 경영이 이루어질 것이다. 따라서 양 제도에 익숙하지 않은 기업들은 그들의 경영을 계획하는 데 상당히 어려울 것으로 예상된다.

4. 국가별 법규의 차이

대부분의 국가는 제품의 포장에 관한 법규를 가지고 있다. 거기에서 곤란한 문제를 일으키는 것은 '좋지 않은 색깔'이라기보다는 국가마다 고유의 법규적용을 요구하고 있으며, 그 법규에 상반되면 높은 대가를 지불하게 된다. 예를 들면 코카콜라사는 이탈리아에서 주성분을 병뚜껑에 인쇄하여 표시하자 문제가 생겼다. 법정의 판결은 "뚜껑은 쉽게 버려지고 말기 때문에 성분의 표시 위치로는 적당치 않다"라는 것이었다. 그래서 코카콜라사는 서둘러 이 뚜껑을 바꾸고 성분을 병에 표시했지만 비용을 낭비하게 된 것이다.

'에임' 크림치약 메이커인 UNILEVER사는 경쟁제품과 비슷한 용기사용을 금지하고 있는 호주의 법률에 저촉되어 경쟁사에 의해 재판에 회부되었다. 이 법규는 매우 엄격하게 해석 · 시행되어 UNILEVER사는 '에임'의 선전에 이미 5백만 달러를 투입하였으나 용기를 바꾸지 않을 수 없게 되었다.[4]

---

4) Len Blanket, "Aussi Court Bans Package Ad.," *Advertising Age*(12 October 1981), p. 72.

5. 법규차이와 분쟁

지금은 모든 나라가 광고에 관한 법규를 가지고 있다. 이 법규에 따르지 않으면 꼭이라고 해도 좋을 정도로 각종의 법률적인 분쟁에 휘말리게 된다. 싱가포르 항공은 이것을 증명한 회사의 하나이다. 노르웨이의 한 잡지에 베개를 베고 있는 소녀의 사진을 찍은 광고를 게재했다. 그 메시지의 요지는 "나에게는 베개를, 피곤하신 아빠에게는 브랜디를 갖다 주세요"라는 것이었다. 그런데 그 광고는 오해를 낳고 성차별을 초래한다는 판결을 받았던 것이다.

GOODYEAR사는 '3T' 타이어를 많은 나라에 선전하였는데 미국에서 사용하였던 광고의 복사판을 사용했다. 그 광고는 타이어가 쇠사슬을 끊는 장면을 찍어 '3T'의 강한 면을 나타낸 것이다. 미국을 포함한 몇몇 나라에서 그 캠페인은 효과적이었다. 그러나 독일의 법률은 과대광고를 금지하고 있기 때문에 법적 문제에 부딪쳤다. 어떤 제품이 다른 것보다 우월하다(또는 강하다)라는 표현을 금지하고 있었던 것이다. 그러나 이 회사는 아직도 그 판정에 불복하고 있다.

비키니 차림의 여성으로 인기를 끌려고 한 CM으로 GOODYEAR사는 또다시 문제에 부딪쳤다. 이 CM이 방영된 몇몇 국가는 그런 차림이 허용되지 않았던 것이다. 따라서 그 장면은 미녀 대신에 정장한 사람들로 바꾸어 놓지 않을 수 없었다. "재미있는 곳으로 가자"라는 광고문구는 변함이 없었으나, 상대편이 쾌히 받아들여 광고효과도 높았다.

담배회사인 CLARIDGE사는 호주에서 로빈후드와 수도승을 사용한 캠페인으로 제품을 광고하였다. 호주인들은 그 광고가 어린이들에게 영향을 미칠 것이라고 생각하여 CLARIDGE사에 광고를 바꾸도록 하였다.

FORD사도 노르웨이에서 게재되었던 광고 중 하나로 같은 문제를 경험하였다. 그 광고에는 어린이들과 자동차 세일즈맨의 대화장면이 그려져 있고 "포드자동차를 갖기 위해서는 어느 정도의 돈을 갖고 있지 않으면 안 된다는데, 정말?"이라는 문장이 쓰여 있었다. 현지의 단체들은 어린이들이 그 제품과 아무런 직접적 관계가 없는 데도 등장시킨 것은 어울리지 않는다면 고소한 것이다. 많은 사람들은 이러한 광고를 즐거운 것이라고 가볍게 생각할 수 있겠으나, 회사측은 만일 자기들의 광고를 변호하지 않으면 안 될 경우에 필요한 잠재비용 등을 염두에 두어야 한다.

PHILIP MORIS사와 R. J. REYNOLDS TOBACCO사가 많은 이익을 올

리고 있던 프랑스에서 기상천외한 일이 일어났다. 실제로 이 두 회사는 대단히 성공을 거두었기 때문에 'SEITA'라는 현지회사가 자기네 담배를 외국수입품인 것처럼 하여 팔려고 했던 것이다. 담배상자에는 'NEWS'라는 이름을 붙여 전부 영어로 인쇄했다. 그 모회사의 프랑스 이름은 유명했지만 그것까지 기재하지 않았다. 그런데 이런 일은 프랑스법률에 위배되는 것이었다. 결국 적어도 이 한 예에 대해서는 외국과의 경쟁을 막으려고 한 법률문제를 떠맡은 것은 오히려 그 현지의 회사였던 것이다.

6. 해외진출시의 법률적 제문제

해외직접투자의 경우 직면할 수 있는 법률적 문제들은 다음과 같이 나누어 볼 수 있다.

첫째, 외국인의 경제활동에 적용되는 투자수용국의 법률제도로서 국내법상 외국인의 지위와 보호, 출입국관리 등의 일반적인 것과 외국인의 특정 경영활동의 권한, 외국법인의 정의, 외국이 소유하거나 그 통제하에 있는 법인에 대한 취급, 준거법에 대한 각국의 태도 등 특정적인 문제가 포함된다.

둘째, 국제법상 보장되는 경제규범으로서 국제관습법, 조약과 국제기구의 규범 등 국제법과 해외직접투자의 관계에 관한 법적 문제점이 있다.

셋째, 국제법과 국내법의 관계로서 외국인의 재산몰수 또는 수용에 관련된 사항과 국제법의 국내법화 과정 및 그에 반대되는 사항이 있다.

넷째, 자국 또는 외국법원과는 주권상의 관계로서 재판관할, 외국판결의 국내집행, 제소법정의 결정 등이 포함된다.

다섯째, 독점금지법과 공업소유권 등 경제관계 법령 및 조세법의 대외적 효력 또는 외국인에 대한 적용 여하에 관한 문제가 있다.

마지막으로 구체적인 계약법, 상사법, 매매법 등 사법상의 문제가 많이 제기된다.

이와 같이 국제기업은 경영활동을 하는 데 있어서 너무나 다양한 법률의 적용을 받게 되며, 이러한 법률적 문제는 투자국과 피투자국의 이해관계로 인해 충돌의 소지를 안고 있다. 또한 국가마다 산업분야나 활동영역에 따라 규제가 상이하며 법분야도 외자도입법, 대외경제법, 외국인투자법 등 직접적인 투자규제법은 물론이고 회사법, 재산권 보호에 관한 헌법 및 민법, 노동법, 사회법, 경제법, 외환관계법, 조세법, 광공업법, 공해방지법 등도 종합적으로 검토하지 않으면 안 된다.

제 2 절 정치적 환경

국제경영에 커다란 영향을 미치는 두 가지 제도가 있는데 이것은 정치와 경제제도이다. 정치제도는 사회를 기능적인 단위로 통합하는 것을 목적으로 하고 있으며 경제제도는 희소자원을 유능한 사용자에게 분배하는 것을 목적으로 하고 있다. 현대사회는 다원주의 사회인데 이는 모든 사람에 의해 수용되는 이념이 없기 때문에 사회에는 다양한 이념이 공존한다는 것을 의미한다. 정치제도에 대한 궁극적인 검증은 다양한 이념의 압력에서도 사회를 통합할 수 있는가이다. 이것이 1900년대 동유럽과 소련의 주요 문제라고 할 수 있다. 인종과 이념적인 갈등이 많은 국가들 특히 유고, 체코, 소련이 해체된 것이 그 예라고 할 수 있다.

이론적으로 볼 때 정부의 형태는 민주주의와 전체주의가 있는데, 이 극단적인 제도에서 참여도에 따라 각 제도가 발전하여 왔다. 오늘날 많은 독재정부는 다양한 민주주의 체제로 대체되고 있다. 소련의 경우 전체주의로부터 민주주의로 변하고 있는 것을 볼 수 있다. 라틴아메리카의 많은 독재정부는 1970년대와 1980년대에 무너져 보다 민주적인 정부형태로 바뀌었다.

1. 민주주의

민주주의는 원래 고대 그리스에서 나온 것으로 모든 시민이 의사결정과정에 직접 참여하는 제도로 모든 시민은 정치적 · 법적으로 동등하고 광범위한 자유를 향유한다.[5] 그러나 사회가 인구증가로 복잡해져서 완전한 참여가 불가능함에 따라 대부분의 민주국가들은 대의민주주의 형태를 실시하고 있다.

---

5) Robert Wesson, *Modern Government-Democracy and Authoritarianism,* 2nd ed.(Englewood Cliffs, N.J.: Prentice-Hall, 1985), pp. 41~42.

민주정치 제도의 특징은 언론 · 출판 · 결사의 자유, 선거 · 선출공무원의 임기제한, 공정한 사법제도, 비교적 비정치적인 관료, 국방 · 국가의 개방 등이다.

2. 전체주의

전체주의 국가에서는 단일정당이나 개인이 정치를 독점하고 반대를 인정하거나 허용하지 않으며 의사결정에서의 참여기회가 소수에게만 제한된다. 오늘날 전체주의는 세 가지 주요 형태가 있는데 잘 알려진 공산주의, 중동의 이슬람국가들의 신권적인 전체주의, 많은 라틴국가와 이라크, 이집트, 대만과 같은 군사적 전체주의가 있다.

공산주의는 정치제도와 경제제도를 분리할 수 없는 복합이념으로 칼 마르크스는 사회의 진로를 경제력이 결정한다고 말하고 자본주의 사회는 결국에는 정치사회혁명에 의해 멸망할 것이라고 예언한 바 있다. 정치혁명이 먼저 완성되고 이는 주로 경제적인 불평등에 의한 장기간의 변혁인 사회혁명을 일으키게 되며 정치혁명은 노동자계급인 프롤레타리아의 독재를 가져오게 된다. 그리고 나서 사회혁명이 완성됨에 따라 독재는 사라지고 공산주의가 이를 대신하게 된다. 그러나 마르크스의 예언은 실현되지 않았고, 2000년대까지 세계의 여러 지역에서 불신을 받고 있으며 현재는 거의 붕괴된 상황에 있을 뿐만 아니라 그 운명도 불확실하다.

3. 정치적 변화의 추이

세계적으로 일고 있는 정치적 변화를 보다 잘 이해하기 위해서는 종전의 많은 권위주의 국가들이 민주주의 체제로 전환하고 있고, 소련의 붕괴, 냉전시대의 종식 등이 전술 지정학적(geostrategic)으로 세계사의 획기적인 전환점을 이루고 있다는 점을 파악해야 한다.[6]

역사상 전례 없이 많은 나라의 많은 국민들이 자기들의 의사대로 통치할 수 있는 능력을 갖게 되었다. 이러한 민주주의로의 전환은 공산주의 체제의 확실한

6) S. Huntington, "The Clash of Civilization?" *Foreign Affairs, 72*(Summer 1993); F. Fukuyama, "The End of History and the Last Man"(N.Y., Free Press, 1992); J. S. Nye, Jr., "What New World Order?" *Foreign Affairs, 71*(Spring 1992).

붕괴, 글로벌 정보기술의 발달에 따른 지식의 보급, 경제발전의 영향에 따른 개인의 정치적 참여요구 증대 등을 반영하고 있다. 그러나 아직도 많은 나라에서 민주주의에 이르는 길이 확고하다고는 할 수 없다. 이들 중 지난 수 년간 착실히 민주화의 기초를 다져온 몇 나라(예를 들면, 터키, 한국, 대만)에서 만일 이러한 민주주의의 진행을 이탈시키려는 시도가 있다면 이는 바로 엄청난 재난의 초래를 의미하게 될 것이다. 독재나 권위주의 통치로 민주주의의 뿌리가 큰 손상을 입은 나라들(헝가리, 발트 3국, 필리핀, 많은 남미 국가 등)의 경우에는 성공 가능성이 높지만 주변 여건에 따라 달라질 가능성도 매우 많다. 그 밖에 민주주의 뿌리나 전통이 없는 나라들(구소련 공화국들, 보스니아, 많은 아프리카 국가 등)은 성공 여부가 매우 불확실하고 아직 민주주의의 중요한 전제가 되는 진정한 복수정당제에 대해서조차 강한 저항을 보이는 나라들도 있다(중국, 북한, 미얀마 등).

4. 민주주의의 확산과 시장경제체제

궁극적인 성공 여부는 차치하더라도 민주화 과정에서의 분열과 불확실성은 피할 수 없다. 몇 나라의 실험은 실패할 것이고, 또 많은 나라에서는 서구식 민주주의 형태로까지 발전하지 못할 수도 있다. 몇몇 사회주의 국가와 종전에 사회주의 체제하에 있던 국가들에 있어서는 민주화의 압력과 현존하는 권력구조 사이에 충돌이 일어나면 안정이 저해될 것이다(특히 러시아와 중국의 경우, 그들의 영향력이 전 세계에 미치기 때문에 문제의 소지가 더 많다). 시간을 두고 시장경제 체제는 정치적 안정효과를 가져오겠지만, 그 과정이 느리고 불확실하다. 나라마다 그 결과가 어떻게 나타나든 간에 21세기에는 전 세계적으로 정치적 의사결정에 대한 시민의 참여도가 상당히 높아질 것이 분명하다. 증명이 된 것은 아니지만 역사적으로 민주적 체제가 대결과 전쟁의 성향이 적다는 분석으로 미루어 민주주의의 확산은 결국 세계평화를 진작시키고 시장경제 체제의 확대를 조장하는 한편, 국경을 넘는 자유경쟁과 정치적 분쟁을 해결하는 데 기여할 것으로 보인다.

소련의 붕괴와 냉전종식이 초래한 전술지정학적 변화로 인하여 국제기구, 국제관계, 국제동맹 등에 대한 재검토 작업이 진행되고 있다. 제반 국제관계의 구성이 냉전시대를 반영한 것임에도 불구하고 소련이 붕괴된 지 한참이 지난 오늘날까지도 많은 나라들이 그 의미와 씨름하고 있는 실정이다. 정책결정에 있어서 한 가지 분명한 도전은 예측가능성을 잃었다는 점이다. 과거는 이제 더 이상 미래의 합리적인 지침서가 될 수 없다. 미국, 유럽, 일본 등의 강대국들은 세계적인 공감대를 불러일으킬 만한 핵심적인 소재를 잃어버린 셈이다. 즉 외교, 안보원칙에 있어서 더 이상 구소련 등 공산주의의 견제(containment)와 같은 획기적인 것이 없다.

국가안보에 대한 정책과 인식이 근본적으로 변하고 있어 구시대의 안보문제는 현저한 변화를 겪고 있다. 러시아가 소련이 아님에도 여전히 제2의 핵대국으로 남아 있으며 국내적으로 심각한 혼란에 직면해 있다. 중국은 경이적인 경제성장과 혼란을 함께 겪으면서 위태로운 후계자 계승과 정통성 위기를 관리해 나가고 있다. 시대착오적인 몇몇 나라들은 냉전종식으로 강력한 군사적 후원자를 잃고도 호전적 습성을 버리지 못하고 있다.

5. 새로운 형태의 분쟁

새로운 안보문제와 새로운 형태의 분쟁은 늘 대두되어 왔고 앞으로도 계속될 것으로 보인다. 사실 냉전시대가 막을 내려도 세상이 그렇게 살기 좋은 곳으로 변모되지 않았다. 긴장과 분쟁이 지속되고 있으며 새로운 분쟁가능성이 지구촌 곳곳에 비등하고 있다. 대부분 국제적 분쟁이라기보다는 국내(intra-state) 분쟁으로서 직접 관련 당사국이 아닌 제3국이 외교 및 안보정책 등을 통해 이러한 분쟁을 해결하는 데 도움을 줄 만한 방안이 별로 없다.

또 다른 심각한 문제는 안보정책을 경제정책 등 여타 정책과 관련된 분쟁과 분리시키는 것이 종전보다 더욱 어려워지고 있다는 점이다. 웬만큼 외부적 위협이 없으면 민주국가는 이해관계가 복잡하게 얽혀있는 국제분쟁을 적극적으로 해결하려 들거나 우선 순위를 부여하려 하지 않는다. 전 세계적인 현상으로서 대부분의 민주주의 체제는 국제기구의 가치나 기존의 국제적 약속사항을 의문시하는 경향이 있는데, 특히 보스니아 문제와 같이 새로운 외교 · 안보정책을 다루는 데 있어 이러한 약점이 그대로 노정되었다.

단순히 군사적 안보문제만을 다루기 위한 냉전탈피의 유엔식 협력이 한때 다국적 안보협력(걸프전 증후군)에 대해 과도한 낙관론을 낳게 하였으나 곧 이에 대한 회의론이 대두되어(특히 미국에서), 결국 안보문제에 있어 보다 광범위하고 제한된 다국적 협력의 역할을 재평가하기 시작했다. 전반적으로 이러한 재평가 결과, 민족국가들 사이에 '안전판'(stabilizers)이 될 수 있는 국제기구와 그 체제하에서 협력기능과 방식을 도출하여 그것을 강화시키는 방향으로 나갈 것으로 기대된다.

6. 21세기의 군사적 환경

21세기 안보환경에 대해 몇 가지 광범위한 구상이 가능하다. 당분간 '대규모'의 전쟁은 없을 것이라는 견해가 지배적이다. 물론 이러한 공감대가 제1차 세계대전 바로 직후인 1920년에도 있었다는 지적이 있다. 또한 오늘날에는 대규모 전쟁에 휩쓸릴 경우에도 공식적인 선전포고조차 듣지 못할 수 있다. 이라크의 쿠웨이트 침공이나 다국적군의 이에 대한 대응 모두 공식적 선전포고가 없었다.

미래에 실현될 엄청난 기술진보로 미루어 어느 나라, 비록 대륙국가의 심장부라도 미사일과 항공기, 그리고 테러리스트들에 의해 쉽게 공격을 당할 수 있게 되었다. 더욱이 화학 및 생물무기와 같이 간단하면서도 파괴력이 강한 무기들을 보다 쉽게 구할 수 있게 될 것이다. 기술 드라이브에 의한 '무기혁명'(revolution in military affairs)만 아니라 보다 넓은 의미의 국가안보 개념에 있어 근본적인 혁명을 이미 경험하고 있다.

제 3 절 경제적 환경

1. 경제제도

경제제도는 흔히 자본주의, 사회주의, 혼합경제로 구분되는데 이를 다시 자원의 할당과 지배방법에 따라 시장경제나 지시경제로, 그리고 재산권의 소유방법에 따라 민간소유와 공공소유로 분류할 수 있다.

생산수단의 소유는 극단적으로 완전한 개인소유에서 완전한 공적 소유까지 있다. 현실적으로 이러한 극단은 어디에도 존재하지 않는다. 대다수의 국가들은 매우 광범위하고 다양한 공적 · 사적 소유권을 포함하는 혼합분야 중 어디에 속해 있다. 경제활동에 대한 통제는 시장경제에서 통제경제까지 광범하게 일어나고 있으며 현재 엄청난 경제적인 변화, 특히 중앙계획경제에서 일어나고 있다.

(1) 시장경제

시장경제에서는 개인과 기업이라는 두 개의 사회단위가 중요한데, 개인은 자원을 소유하고 제품을 소비하는 반면, 기업은 자원을 사용하고 제품을 생산한다. 시장메커니즘은 자원과 재화의 가격, 수량, 수요와 공급의 상호작용을 포함하고 있다. 노동은 기업이 충분한 임금을 제공하고 한 가계에 의해 공급되며 제품은 가격이 적절한 경우 소비된다. 가계간·기업간의 상호작용뿐만 아니라 가계와 기업간의 끊임없는 상호작용 결과 자원은 적절히 배분된다. 시장경제를 작용하게 하는 주요 요인은 소비자주권과 시장에서의 영업의 자유이다. 이들 양자가 자유롭게 의사결정을 하는 한 수급의 상호작용은 자원을 적절히 배분하게 된다.

시장경제는 선진국에서 성공적이었으나 완전한 시장경제는 대기업, 노동조합, 정부와 같은 요인들 때문에 존재하지 않는다. 대기업은 자원의 구매나 제품의 판매에 대한 통제를 가함으로써 시장압력을 다소 줄일 수 있고, 노조는 노동시장에 대한 경영자의 권력에 대응할 수 있다. 정부정책은 재정금융정책으로 고용과 재화와 용역의 생산과 소비, 화폐의 공급 그리고 보호주의 조치를 통해 재화의 자유로운 흐름에 영향을 미친다.

(2) 중앙계획경제

중앙계획경제에서 정부는 각종 경제부문의 활동을 조정하는데, 극단적인 경우에는 모든 기업의 목표가 설정되고 정부는 생산자, 소비자, 생산량을 결정한다. 중앙계획경제의 중심에는 흔히 5개년계획이라는 청사진이 있고, 이를 기초로 해서 매년 경제의 각 부문의 목표가 정해진다. 정부의 계획은 한 기업의 생산물이 다른 기업의 투입재가 되기 때문에 모든 부문을 조정하려고 한다. 계획경제는 과거의 소련이 그 대표적인 예였는데, 자원을 적절히 배분하기 위해 시장가격에 의존하는 대신 정부목표에 의존하고 있었으나 현재 시장경제 체제로 이행되었다.

(3) 혼합경제

어느 경제체제도 순수하게 시장경제나 계획경제가 아니다. 혼합경제란 일반적으로 미국에서 발견되는 것보다 더 많은 정부개입과 러시아에서보다 더 큰 시장의존도를 가지고 있다.[7] 정부개입은 생산수단의 실질적인 소유와 경제적인 의사결정에서의 영향력이라고 생각할 수 있다. 독일과 스웨덴 같은 선진국가들은 정부의 소유수준이 낮으나 강력한 사회복지의 전통을 가지고 있고 영국도 강력한 복지제도를 가지고 있으나 기업소유에 더 많이 개입하고 있다.[8]

2. 21세기의 경제환경

(1) 새로운 환경의 변화

전 세계에 걸쳐 경제발전이 확산됨에 따라 지난 시대와 뚜렷이 구분되는 새로운 변화가 일어나고 있는데, 이는 부의 분배가 편중되기는 했어도 세계는 역사상 그 어느 때보다도 더 부유해졌다는 점이다. 그러나 아직도 아주 빈곤하고 성장 가능성의 기미조차 보이지 않는 나라나 지역이 있는데, 이는 거의 모두 정치적 붕괴, 전쟁과 혁명, 전체주의 경제체제의 실패, 또는 총체적인 경영부실 등에 기인한 것이며, 적어도 정치적 의지가 있고 적절한 정책을 채택할 능력을 가진 나라들은 한결같이 경제적으로 성공의 결실을 거두고 있다.

이러한 세계경제의 변화는 바로 자본주의 혁명의 산물이라고 할 수 있다. 자본주의가 바로 성공을 보장하는 것은 아니지만 현대국가에 있어 장기적으로 경제발전을 이룩해 온 나라는 한결같이 기능적으로 시장경제 체제를 채택한 나라들이다. 시장경제 체제의 핵심요소는 국내경제의 자유화 조치인데 때로는 느리고 제한적으로, 때로는 외국의 압력에 의해, 때로는 빠른 속도로 그러나 충격완화 대비책과 함께 추진되어 왔다. 그러한 국내 경제정책은 자유화 원칙에 기초를 둔 국제체제와 그리고 각종 장벽해소를 위한 협상라운드의 진행과 결합되어 동참한 나라들이 모두 이익을 얻는 역동성 속에서(in a self-reinforcing positive sum dynamic) 비용을 훨씬 초과하는 부를 창조하게 되었다.

(2) 세계경제의 변화

자본주의 혁명은 정부가 '최선'(best)의 성과를 보장한다는 것과는 반대로 시장메커니즘에 의존도를 높여 주었을 뿐만 아니라 사유재산, 상거래규칙, 계약,

---

7) Clyde Haberman, "Chairman of Top Italian Company Resigns," *New York Times*(23 November 1990), p. C1.

8) *World Development Report, 1984*(Washington, D.C.: World Bank, 1984), p. 67.

표준, 국내외 기구 및 협정 등 다양한 수단을 만들어 이를 발전시켜 왔는데 이는 일관성과 예측가능성을 높여 주었다. 이러한 제도적 틀을 가리켜 서구적이라고 하나 실용적이라고 하는 편이 더 적절하다고 하겠다. 경제성장의 후발주자들이 성공한 패턴은 서구의 선진제국이 훨씬 이전에 그들과 아주 다른 사회 · 문화적 상황에서 성취했던 것과 놀라울 정도로 유사하다. 오늘날의 지구촌 경제에서는 국민성이나 문화가 아무리 달라도 성공적인 접근방법이 복제되거나 응용될 수 있음을 확실하게 보여 준다.

이러한 국내외의 자유화 조치는 국경을 넘어 상호의존성을 크게 심화시키고 있다. 상호의존성의 심화현상을 가장 잘 나타내 주는 지표로는 제2차 세계대전 이후 세계교역 규모가 세계 총생산을 줄곧 상회해 온 사실을 들 수 있다. 비교역 대상품목이 거의 없을 뿐 아니라, 투입요소 중 국경을 넘어온 것이 섞이지 않은 생산제품이란 거의 없는바, 특히 선진국일수록 더욱 그러하다. 최근 무역자유화의 완료와 함께 사회주의 국가들의 시장경제 체제 전환으로 향후 세계무역은 총생산보다 더 빨리 증가하고 격차도 당연히 더 확대될 것이다.

기업의 관점에서 보면 가장 역동적인 시장은 오히려 국경 바깥 쪽에 있다. 기업이 성공하려면 국제시장의 압력을 잘 이용하거나 방어하는 전략을 구사하지 않으면 안 된다. 정부의 관점에서 가장 의미깊은 교훈은 이러한 역사를 거스를 수 없다는 것이며, 따라서 앞으로 성공적인 경제정책이란 개방되고 급변하는 세계시장에서 국내기업의 적응력을 제고하는 것이다.

3. 국제금융시장의 변화

(1) 21세기 금융환경

금융시장에서는 훨씬 더 극적인 변화가 일어나고 있다. 금융거래에는 이제 국경이 없고 24시간 내내 거래가 이루어지며 하루거래가 5조 달러를 초과한다. 지난 5년간 세계 외환시장에서만 일일 거래량이 배가 넘게 증가하였다. 금융시장의 급속한 세계화로 인해 투자가들은 이제 세계 어디서든지 위험성을 감안한 수익률(risk-adjusted returns)이 가장 높은 곳을 찾게 된다. 90년대 이전의 국제 민간자본 시장은 주로 선진국에 국한되었다. 80년대 말부터 민간자본들이 몇몇 개도국으로 갑자기 몰려들기 시작하여 양적 팽창뿐만 아니라 근본적인 구조변화를 가져오게 했다. 70~80년대 개도국에 투자된 민간자본은 주로 뱅크론과 공공차관이었다.

세계은행 보고서에 의하면 1990년까지만 해도 민간부문(private sector)에 대한 장기민간투자(long-term private investment)가 44% 수준에 있던 것이 2000년대에는 3분의 2에 이르렀다. 이러한 변화는 바로 지난 몇 년 동안에 금융시장이 괄목할 만큼 자유화되고 해묵은 개도국 외채문제가 해결되고 있으며 부와 소득의 성장은 물론 많은 새로운 지역자본 시장의 급속한 발전이 있었다는 것을 말해주고 있다.

전 세계적인 민간자본 시장의 성장은 무엇보다도 지난 10년간 투자가의 수익률 극대화에 초점을 맞춘 연금기금(pension funds), 상호기금(mutual funds)과 중개기금(intermediaries) 등 대단히 경쟁적인 국제금융서비스 산업의 출현을 그 배경으로 하고 있다. 이들 기금들이 거대한 규모로 성장하여 해외자산 구입이 허용되고 대규모 증권매입을 할 수 있을 정도로 충분히 유동적이고 안정적인 수 개 이상의 시장을 가지게 된 것은 바로 최근의 일이다.

⑵ 국제 민간자본의 이동

국제 민간자본의 이동 중에서 해외직접투자는 국제무역보다 훨씬 빠른 속도로 증가하고 있다. 이는 해외조달, 생산, 판매 등의 세계화를 의미하는 것으로 이러한 투자기회는 대부분의 나라들에서 중요한 정치적 관심사가 되고 있는 산업구조 재조정을 촉진시키고 있다. 국내기반이 확고한 대기업들도 수익을 최적화하기 위해서는 기업의 자산을 세계시장을 대상으로 재배분하지 않으면 안 되는 경쟁압력을 받고 있다. UN에서는 앞으로 수 년 내에 해외직접투자를 두 배로 늘리는 계획을 추진하고 있는바, 그간의 실적으로 미루어 보아 충분히 실현될 수 있을 것으로 보인다.

⑶ 금융의 글로벌화 추세

금융부문의 글로벌화 추세는 종전과 엄연히 다른 세 가지의 특성을 지니고 있다.

첫째, 규모(size)면에서는 자금동원 능력이 엄청나게 커진 데다 계속 증가하고 있으며 일일 거래규모는 세계 어떤 나라의 외환보유고도 따를 수 없을 만큼 커지고 있다.

둘째, 정보(information)면에서 전 세계의 투자 전문가들은 말할 것도 없고 비전문가들까지도 투자가능성이 있는 세계 곳곳의 시장에 대해 과거와 비교할 수 없을 정도로 더 많은 정보에 접근할 수 있게 되었다. 이는 단순히 컴퓨터와 정보통신의 발달에 따른 현상만으로 볼 수 없으며, 투자자들이 복잡한 시장의 규제와 동향에 대해 보다 자세하고 적합한 정보를 요구하고 있기 때문이다.

셋째, 속도(speed)면에서 자금은 전자매체를 통해 즉시에 동시적으로 전 세계의 어디든지 서로 이동될 수 있다.

여기에서 세 가지 결론이 나온다.

첫째, 투자가들이 가장 높은 수익률을 쫓아 계속 자금을 이전하게 되므로 수익률이 전 세계적으로 동일화되는 경향이 있을 것이다.

둘째, 단기금융시장이나 장기자본시장에서 정부가 자본의 흐름을 막을 수 있는 길이 거의 없다.

셋째, 결과적으로 이러한 자금의 흐름은 실물투자자로 하여금 새로운 시장기회의 포착이나 위험의 극소화 또는 상대적으로 기업의 환경이 불리한 지역에서의 탈출을 용이하게 함으로써 경쟁을 더욱 치열하게 만든다는 것이다.

이러한 추세는 기업의 글로벌화에 여러 가지 의미를 부여하고 있으나 두드러지는 것은 다음 두 가지이다. 먼저, 세계 자본시장에서의 효과적인 접근이 거대 세계기업의 중요한 전략적 가치의 하나가 되었다. 실제로 기업이 여러 통화로 구성된 자금관리를 얼마나 잘 하느냐 하는 것은 단기 가격경쟁력과 장기 투자비용에 미치는 영향이 매우 크다. 다음으로, 자본의 이동성이 높아져 국내 금융시장이 상대적으로 개방되어 있다면 작은 규모의 기업들도 종전에 비해 보다 유리한 코스트로 자본을 조달할 수 있다는 것을 의미한다. 이는 변화하는 경쟁여건에 신속대응할 수 있는 여건을 만들어 주고 있으나 동시에 거래 당사자 모두가 국제적 여건변화에 민감하게 반응하는 자세를 갖출 것을 요구한다. 그러나 국내외를 막론하고 다른 경쟁자들도 뒤지지 않고 이와 같은 저비용의 자본을 활용하려고 할 것이다.

4. 대외환경의 적응

기업들은 대부분 대외환경에 대한 적응이라는 과제를 안고 있는데 기업이 처음으로 다른 나라에 진출할 때 다음과 같은 점을 고려할 필요가 있다.

① 그 나라의 정치구조

② 진출국의 경제제도의 형태

③ 진출국의 동 산업이 민간분야인지 공공부문인지 여부

④ 공공부문인 경우 정부의 민간경쟁에 대한 허용 여부

⑤ 민간부문인 경우 공공소유 방향으로 진행하고 있는지 여부

⑥ 정부가 외국기업을 현지기업과의 경쟁으로 보느냐 협조로 간주하느냐의 여부

⑦ 민간기업의 범위와 정부의 관리방법

⑧ 정부의 경제목표에서 기대되는 민간기업의 기여도

이러한 의문점들은 단순한 것 같지만 정치경제의 동태적인 성격 때문에 해답은 복잡하다. 많은 외국기업들은 1997년 이후 홍콩의 상황이 매우 불확실해졌음에도 여전히 투자를 하고 있다. 또한 동구와 러시아에 투자를 시도하고 있는 기업들은 이들의 환경이 여타국과는 다르기 때문에, 그리고 거기서 일어나고 있는 변화가 너무 빠르고 예측할 수 없기 때문에 커다란 어려움을 겪고 있다.

따라서 외국기업들은 그들의 경험을 인식하고 그들의 경험이 경영철학과 관행에 어떻게 도움을 주었는가를 인식해야 된다. 또한 기업들은 새로운 환경이 국내환경과 어떻게 다르며 경영철학과 관행이 새로운 환경에 어떻게 적응하도록 변화되어야 하는지를 결정해야 한다.

5. 국가의 경제적 분류

(1) 국가의 분류

국가에 대한 통일된 분류는 없으며 기존의 분류마저 정치경제제도의 변화 때문에 변하고 있다.

전통적으로 국가들은 제1세계, 제2세계 또는 제3세계로 분류되어 왔다. 제1세계는 고소득 국가로 공업국가와 몇몇 고소득 산유국을 포함하고 있으며, 제2세계 국가는 중앙계획경제국가라고 할 수 있다. 세계은행에 의하면 제2세계 국가는 중저소득 경제를 가진 국가로 정의하고 있으나 중앙계획국가들이 대부분 시장경제로 이행하는 단계에 있기 때문에 중앙계획경제라고 하기에는 어렵다. 따라서 세계은행은 이들을 전통적 계획경제로 지칭하기로 결정한 바 있으며, 지금 제2세계는 철수가 진행중에 있고 많은 국가들은 제3세계로 분류되고 있다.

개도국으로 알려진 제3세계 국가는 중저소득국이다. 저소득국은 대부분 아

시아, 아프리카와 라틴아메리카에서 발견되며 중소득 국가는 더욱 광범위하게 분포되어 있으며 라틴아메리카 인구의 대부분이 여기에 속한다. 아프리카 국가는 중저소득국, 라틴아메리카 국가는 중상소득국에 집중되어 있는데, 중상소득국과 고소득국이 신흥공업국을 이루고 있으며 일반적으로 세계은행은 아르헨티나, 브라질, 중국, 홍콩, 헝가리, 인도, 이스라엘, 멕시코, 폴란드, 포르투갈, 루마니아, 싱가포르, 대만, 유고를 지정하고 있다.

(2) 주요 지표

국가의 소득수준이 높아짐에 따라 생산(GDP)비중도 농업에서 제조업으로 다시 서비스산업으로 높아져 간다.

부의 지역적 분포를 보면 세계의 부는 주로 고소득 국가에 분포되어 있는데 반해 인구의 대부분을 차지하는 중저소득 국가들은 1인당 소득이 낮은 것으로 나타나고 있다.

6. 선·후진국의 경제적 쟁점

다국적기업에 영향을 미치는 요인으로는 문화적·법적·정치경제적 요인들이 있는데 이들의 영향은 국가에 따라 크게 다르다. 그러나 개도국들은 많은 공통적인 문제와 특징을 가지고 있다. 가장 흔한 문제점으로는 인플레, 외채, 통화가치의 약화, 기능인력의 부족, 정치경제의 불안, 경제개발에서 지나친 정부의존, 전쟁, 빈곤, 인구증가, 상품가격의 하락 등이 있다. 그러나 여기서는 경영자의 의사결정에 영향을 줄 수 있는 6개의 경제요인인 경제성장, 인플레, 통상전략, 국제수지불균형, 외채 그리고 빈곤에 대해서 논의하고자 한다. 그리고 개도국과 선진국간의 문제인 남북간 대화에 대해 설명하고자 한다.

(1) 경제성장

다국적기업은 정치적 안정, 낮은 인플레, 높은 성장률을 가진 국가를 선호한다. 개도국들은 큰 잠재력 시장과 높은 성장률을 보이고 있지만, 투자대상으로서는 선진국보다 위험한 경향이 있다. 특히 동남아의 성장이 강세를 보이고 있는데 이 지역은 엄청난 시장규모와 성장이 있었다. 선진국의 비교적 낮은 성장은 여타 세계의 성장을 점화시키기 때문에 위험한 신호라고 할 수 있다.

1980년대에 흥미 있는 것은 기업의 민영화가 증가하는 추세를 보였다는 점인데 영국과 프랑스는 국영기업을 매각해 오고 있다. 이는 1960~1970년대에 산업을 공공부문으로 흡수한 조치들이 성공적이지 못했기 때문이라고 할 수 있다. 또한 심각한 채무도 민영화를 가속화시키는 요인이 되었는데 아르헨티나 정부는 1990년에 국영기업인 전신회사, 아르헨티나 항공을 매각한 바 있다. 이와 유사한 경향은 다른 개도국, 주로 아프리카에서도 나타났는데 거기서는 국가사회주의가 충분한 경제성장을 하지 못한 것으로 나타나고 있다.

(2) 인 플 레

인플레는 경제환경의 중요한 부분인데 이는 이자율, 환율, 생활비 그리고 그 국가의 정치경제제도에 대한 신뢰도에 영향을 미칠 수 있기 때문이다. 일본과 독일에서는 인플레 우려 때문에 급속한 경제성장을 위해 경제를 촉진하기를 꺼렸다. 1980~1988년에 개도국에서는 엄청난 인플레가 발생하였는데 아르헨티나는 같는 기간중 매년 290%, 브라질 189%, 볼리비아 483% 등의 높은 증가율을 기록한 바 있으나 1989년부터 인플레율이 줄어들었다.[9]

인플레상황에서는 기업이 미래의 계획을 세우고 수익성 있는 영업을 하기가 어렵다. 따라서 기업은 재고품을 대체하기 위한 충분한 현금과 영업활동을 계속하기 위해 거의 매일 가격을 변경해야 했다. 인플레는 또한 국제거래를 하는 기업에 문제를 야기시킨다. 만일 환율이 인플레와 같은 속도로 절하될 경우 인플레가 심한 국가의 수출품에 지급하는 가격은 사실상 변하지 않을 것이다. 그러나 환율이 인플레만큼 변하지 않는다면 기업들은 가격을 인상시켜야 하기 때문에 세계시장에서 경쟁할 수 없게 된다.

또한 인플레는 정치불안을 야기한다. 만일 정부가 임금을 통제함으로써 인플레를 억제하려 한다면 국민의 실질소득이 감소하고 이를 방치할 경우 실질소득이 감소되는 만큼 경제를 악화시킬 위험이 있다. 그러나 이러한 문제가 있음에도 불구하고 인플레국가는 무역회사와 투자자에게 충분한 이익을 제공할 수 있다. 브라질은 주로 인플레를 이용하여 경제성장에 활력을 줄 수 있었고 인플레의 영향은 특별한 재정정책을 통해서 완화시킬 수 있었다. 브라질의 큰 시장과 비교적 건실한 소득은 불확실성과 불안에도 좋은 기회를 창출하였다.

---

9) *World Development Report, 1990*(New York : Oxford University Press, 1990), pp. 202~203.

개도국의 인플레는 1990년대에는 꾸준히 하락하였는데, 특히 21세기 초반기에는 국가에 따라 디플레 현상이 나타나고 있다.

(3) 통상전략

각국은 상이한 통상전략을 가지고 있는데 선진국에서 다국적기업의 투자는 수출입이 비교적 자유롭기 때문에 현지시장에 서비스하기 위해 이루어지는 반면, 개도국에서는 수입억제, 수출장려정책을 실시하고 있어서 그것이 투자형태에 영향을 줄 수 있다. 한국, 홍콩, 싱가포르는 수출지향적인 정책을 실시해 왔으나 아르헨티나, 필리핀 등은 국내생산을 장려하기 위해 무역장벽을 설치해 왔다. 무역정책에 따른 각국의 거시경제에 관한 재미있는 사실은 강력한 수출지향적인 정책을 실시한 국가들이 다른 국가들보다 실질소득증가율, 1인당 소득, 저축률, 공산품 수출비중에서 높은 실적을 보이는 경향이 있으며, 또한 보다 낮은 인플레율을 나타내고 있는 점이다.

(4) 국제수지의 불균형

개도국의 국제수지는 전반적으로 1990년대 중반까지는 적자가 개선되었으나 하반기에는 그렇지 못했다. 그러나 아시아 지역에서는 수지가 개선되었다.

선진국그룹은 미국의 실적 때문에 좋지 않았으며 미국의 거대한 무역적자는 미국과 기타국간의 분쟁의 원인이 되어 왔다. 경상수지는 항상 안정되어야 하는데 미국의 경상수지의 적자를 외자유입으로 상쇄할 수 있었다. 외국은 미국에 계속 투자를 하였는데 이는 미국의 비교적 높은 실질이자율, 정치적 안정, 강한 경제력, 정치·경제제도에 대한 신뢰에 기인하는 것이라고 할 수 있다. 또한 미국기업들은 2000년대 초에 해외보다는 미국에 많이 투자를 함으로써 해외직접투자의 유출을 줄일 수 있었다. 혹자는 미국이 외자에 너무 의존해 온 결과 최대의 채무국이 되었다고 하나 다른 채무국과는 달리 경제적 기회를 찾아 자금이 유입된 것으로 볼 수 있다.

경상수지흑자는 중상주의정책의 증거라고 주장하는 사람도 있다. 흑자국은 만족하고 있으나 최근엔 일본과 대만과 같은 거대한 흑자국은 흑자를 줄이기 위해 소비촉진과 시장개방압력을 받고 있다. 한편 적자국은 수지를 균형시키기 위해 수입을 줄이고 수출을 증가시켜야 한다는 압력을 받아 왔다.

(5) 외 채

1970년대의 유가상승의 영향으로 개도국들의 외채는 급증하게 되었다. 개도국들의 외채는 1970년의 1,000억 달러 미만에서 1990년에는 1,336억 달러로 증가하였는데 라틴아메리카와 아프리카가 2대 채무지역이다.

브라질과 멕시코의 채무액은 엄청난 규모이다. 그러나 한국이 1986년에 3위의 외채국이었으나 1996년에 그 자리로 복귀한 것은 흥미 있는 사실이라고 할 수 있다. 수출에 대한 원리금상환비율이 서반구에서 특히 높은데, 이는 경제개발에 그들의 수출소득을 많이 사용할 수 없다는 것을 의미한다.

외채가 증가하면 위험이 불가피한데, 첫 번째 위기는 1970년대에 폴란드에서 발생하였고 그 다음 위기는 1982년에 멕시코에서 일어났는데, 그 결과 멕시코는 원리금상환을 재조정해야 했다. 21세기에 들어와 아르헨티나는 원금과 이자를 지불할 수 없다고 주장하면서 원리금지불정지를 채권자에게 선포하였다. 이 같이 차관에 대한 불확실성이 증가하자 상환이 불가능한 경우에 대비해서 많은 유보금을 남긴 결과 소득이 감소하게 되었는데, 이러한 소득의 감소는 은행의 대출능력과 금융력을 줄이기 때문에 문제가 되었다.

라틴아메리카 국가들은 부채를 실물자산과 교환함으로써 외채압력을 줄이려는 노력을 시도하였는데 그 예로는 아르헨티나 항공을 이베리아사에 매각한 경우를 들 수 있다.

IMF는 채무국의 경제를 재건하도록 하는 데 있어서 중요한 역할을 하고 있는데 IMF는 IMF기금에서 차관을 얻기 위한 전제조건으로서 강력한 경제적인 제한을 하도록 권고하고 있다. 이러한 제한에는 수출확대, 수입대체, 공공지출의 삭감을 포함하고 있다. 이러한 요건은 IMF기금이 목표를 설정하면 대출의 선결조건으로서 이를 주기적으로 감시하며 민간은행들도 그들의 정책을 결정하기 위해 감시의 결과를 활용하게 된다.

다국적기업들은 높은 부채상황을 우려하는데 이는 그러한 환경에서는 경영을 하기가 어렵기 때문이다. 즉 수입이 자주 삭감되고 경화를 얻기가 어려울 뿐만 아니라 판매에 나쁜 영향을 미칠 수 있는 감속적인 경제성장을 포함하여 부채를 억제하기 위한 다양한 거시경제조치를 취할 수도 있기 때문이다.

(6) 빈 국

지난 40년 이상 소득, 소비 그리고 몇 가지 복지수단에서 세계가 급속히 성장하였음에도 개도국의 10억 이상의 사람들은 연간 370달러 이하의 소득으로 빈곤하게 살고 있다. 사하라 이남의 아프리카에서의 평균수명은 50세인 반면에 일본은 80세나 되며, 아프리카와 남아시아는 라틴아메리카보다 크게 나쁜 상황에 있다.

세계은행은 빈국의 운명을 개선하기 위한 두 가지 전략을 강조하는데 이것은 적절한 시장인센티브, 하부구조, 제도, 기술혁신을 토대로 한 노동집약적인 성장과 기초교육, 의료보호, 가족계획과 같은 사회적인 서비스의 공급이다. 둘째 전략은 다국적기업의 중요한 역할로서 개도국의 낮은 임금은 교육과 기술수준이 향상됨에 따라 제조업에서의 고용기회가 많아지게 된다. 또한 정부는 하부구조 개발을 지원할 수도 있고 경제개발을 촉진시키기 위해 자국에 기업이 입지하도록 인센티브를 제공할 수도 있을 것이다.

7. 지원에 따른 외적인 영향

개발수단은 복잡해서 개도국만이 그 과제에 대처하는 것은 어렵고 IMF와 세계은행이 개발에 유용한 수단이 된다. IMF는 주로 개도국들 국제수지적자로 어려움을 겪는 국가에 금융지원을 하게 된다. 이러한 지원은 다국적적이지만 조건이 붙어 있고 지원을 받기 위해서는 정치적으로 평판이 아주 나쁜 양허를 해야 하는데 많은 국가들은 흔히 국제통화기금의 금융지원은 너무 많은 주권의 손실을 수반한다고 느끼고 있다.

세계은행은 또한 개도국의 교통, 통신, 전력과 같은 하부구조 개발에 금융지원을 하며 원조에 대한 대가로 기본경제정책을 수정하도록 지원하는 데 보다 적극적인 역할을 하고 있다. 그러한 변경은 그 나라의 정책을 IMF의 정책과 보조를 같이 하도록 하는 것이라고 할 수 있다.

제 4 절 기술환경

1. 기술변화의 영향

정치적 및 경제적 급변을 촉진하는 요인은 끊임없이 이루어지고 있는 기술혁명이다. 기술변화가 미치는 영향이 너무 광범하여 간단히 설명하기란 불가능하며 개인생활과 기업활동의 모든 측면에 다 영향을 준다고 볼 수 있다. 예를 들면 교통 · 통신비용의 획기적인 감소는 국제무역의 성장에 박차를 가하는 주요한 원인이 되었다. 오늘날 과학과 기술발전의 추진축은 끊임없이 변하고 있다. 20세기에는 추진축이 물리학, 항공우주학에 집중되었지만, 21세기에는 그 추진축이 생물, 물리 및 정보기술분야 등에 나타나고 있다. 이러한 기술혁명에 대한 몇 가지 검토사항은 향후 10~15년 동안에 일어날 수 있는 변화를 이해하는 데 매우 중요하다.

첫째, 기술혁명은 전 세계적 현상이다. 과학기술부문에서의 발전은 대부분 대중적으로 이용 가능할 뿐 아니라, 이의 활용을 가능케 하는 교육과 훈련(또는 이에 대한 접근) 또한 전 세계적으로 보편화되어 있다. 기술변화의 핵심은 사물이 아니라 사람이다. 여러 가지 장벽에도 불구하고 응용과학 · 기술을 활용할 수 있는 능력이 기술의 원천개발과 무역 및 투자에 수반되는 기술이전 등을 통해 세계적으로 확산되고 있다. 경제가 개방되면 될수록 세계기술에 접근할 수 있는 잠재력은 더욱더 커지게 된다. 경제발전이 전 세계로 확산되는 것과 비례하여 새로운 기술의 흡수능력과 개발능력도 뒤따라 점차 확산되고 있다. 그 결과 주요 시장마다 많은 새로운 경쟁자들이 생겨나고 있어 아무리 기술우위에 있는 기업이라도 기술혁신에서 이익을 얻을 수 있는 기간이 점점 단축되고 있다.

둘째, 소프트웨어는 넓은 의미에서 경쟁에서 성공하기 위한 주요소라는 사실이 잘 인식되고 있다. 변화하는 환경하에서 기업을 성공적으로 운영하기 위해서는 경영과 조직의 혁신도 기술혁신에 못지 않게 중요하다. 기업구조 재조정, 적정규모화, 경영혁신 등은 기업세계화에 필수적인 관리기술혁명(management technology revolution)의 중요한 부분들이다. 컴퓨터 및 정보통신의 팽창과 집중이 주된 추진력이다. 이 결과 많은 산업분야에서 설비규모를 대폭 축소해도 관리가 가능케 되었으며 여러 지역에 분산된 사업장을 효과적으로 관리할 수 있게 되었을 뿐만 아니라 사업장의 위치선정은 더욱 자유롭게(footloose) 되었다.

셋째, 기술의 세계화는 무역패턴과 생산기지의 변경을 예측할 수 없게 만들고 국가, 산업, 기업경쟁력에 예기치 못한 영향을 끼친다. 기본적 자원인 자본과 기술이 아직 중요하기는 하지만 이것만으로는 어떤 산업, 기업 또는 상품이 어떤 지역에서 성공하고 실패하는지 그 이유를 적절히 설명하지 못하고 있다. 노동집약적 산업에서 자본집약으로, 또 기술집약 산업으로 이행된 광의의 역사적 산업화 패턴으로는 많은 산업에 있어서 민간투자 의사결정을 설명하기가 점차 어려워져 가고 있는 것이다. 실제로 전 세계에 걸쳐 제조업뿐만 아니라 부가가치에 따른 재배치와 시장의 전문화가 이루어지는 것을 보고 있다. 주요 서비스 산업들이 세계를 대상으로 급속히 재조정되고 있는데, 인도에서 소프트웨어 부호화(coding)에 성공한 것이 그 좋은 예라고 할 수 있을 것이다.

2. 기술혁명시대의 대두

이러한 지속적 기술혁명으로 인해 기술개발, 활용 및 보호는 많은 나라에서 국내적으로 최우선의 과제가 된 것은 당연하고, 나아가 기술정책이 국제적으로 통상분쟁의 새로운 영역이 되고 있다. 분명히 우루과이 라운드의 주요 산업 및 무역정책협상의 일부는 사실상 기술정책에 관한 것이었으며, 지적소유권 보호를 포함한 이러한 분쟁의 해결은 관측자들이 예측했던 것보다 훨씬 성공적이었다. 완전히 이행되고 법집행이 된다면 WTO와 다른 최근의 다자 및 양자협정은 앞으로의 재협상과 분쟁해결에 있어서 우수한 기준이 될 것이다.

민간의 관점에서 보면 지속적인 기술혁명은 많은 경쟁자들보다 먼저 변화에 적응하는 차원이 아니라 더 심각한 문제가 제기되고 있다. 바로 R&D과정 그 자체가 변화되어 더 이상 단순한 선형(liner)의 과정이 아니다. 혁신에 이르는 새로운 길은 R&D, 제품개발, 시장개척이 병행되어야 하는 것이다. 이러한 현실은 사실상 기업운영에 엄청난 부담이 되고 있다.

연 구 과 제

1. 해외진출시 제기되는 법률적 문제를 논하시오.
2. 국제경영환경 중 법적인 환경을 논하시오.
3. 국제경영환경 중 정치적인 환경을 논하시오.
4. 국제경영환경 중 경제적인 환경을 논하시오.
5. 국가별 법규의 차이를 논하시오.
6. 21세기의 군사적 환경을 논하시오.
7. 국제금융시장의 변화를 논하시오.
8. 금융의 세계화 추세를 논하시오.
9. 다음의 용어에 대하여 설명하시오.
   1) 국 제 법
   2) 민주주의
   3) 전체주의
   4) 시장개방체제
   5) 국제수지의 불균형

제 3 부

국제경영이론

제 7 장
국제경영이론

사례연구 ▶ Global 500대 기업

IBM

① Web Site

http://www.ibm.com

2 회사개요

○ 미국의 컴퓨터 · 정보기기 제조업체.

○ 국가: 미국

○ 업종: 컴퓨터, 사무기기

○ 설립자: H. 홀레리스

○ 설립일: 1911년

○ 본사: 뉴욕주 아먼크

○ 한국지사: 서울 강남구 도곡동 군인공제회빌딩

○ 세계 컴퓨터 시장의 약 50%를 지배하며, 거액의 연구개발비(총수입의 10%이상), 탁월한 영업정책, 강력한 노무관리로 전 세계 164개국에 진출하고 있는 다국적 기업으로서, 미국 뉴욕에 본사가 위치해 있고, 현재 Samuel J.Palmisano가 회장으로 취임해 있다. 164개국에 32만 명의 직원을 두고서 25개 공장이 가동 중이며, 매출이 891억 달러, 순익 76억 달러, 현금보유 63억 달러, 시장가치 약 2000억 달러, 브랜드가치 537억 달러로서, 세계 1위의 서버업체이다.

3 기업연혁

1911년 천공카드시스템을 개발한 홀레리스와 저울 제작사가 합병하여 CTR 설립

1914년 토마스 J. 와트슨을 사장으로 영입하여 급성장함

1924년 회사명을 International Business Machines(IBM)으로 변경

1933년 최초의 전동타자기 개발

1939년 하버드 대학의 에이켄과 공동으로 Mark-1개발

1949년 IBM 월드 트레이드사 발족

1960년 트렌지스터식 계산기 개발

1964년 IC를 사용한 시스템360 발표

1967년 4월 25일 한국IBM 설립

1960~70년대 컴퓨터 시장을 주도함

1981년 IBM PC 발표, 퍼스날 컴퓨터 시장 진입

1983년 파워 PC 워크스테이션 발표

1987년부터 매출 증가율이 둔하하여 1991년부턴 매출액 감소 경영위기

1993년 거스너 루이스 회장 영입—소프트웨어와 e-Business 중심의 사업으로 전환

4 기업이념

◯ IBM의 3대 경영 이념
- ○ 고객서비스(customer service)
- ○ 인간존중(respect for the individual)
- ○ 탁월성(excellence)

5 IBM의 핵심역량

◯ 세계 최대의 정보기술업체 IBM
- ○ IT서비스(360억 달러), 하드웨어(270억 달러), IT렌탈 및 금융(30억 달러) 등 각 부문에서 세계 최고
- ○ 매출 891억 달러, 순이익 76억 달러, 전세계 164개국 직원 32만 명
- ○ 포춘지 선정 '10대 존경받는 기업'(IT부문) 중 1위
- ○ 포춘지 선정 매출기준 상위 미국 500개 기업 중 8위
- ○ 포브스지 선정 "Super 100" 기업 중 9위(매출액, 이익, 자산규모 기준) 및 최고 기술기업 선정
- ○ Business Week과 인터브랜드 선정 브랜드 가치 세계 3위
- ○ 미Business Ethics선정 '1백대 최우수 기업 시민' 중 1위
- ○ 미정부 환경보호위원회로부터 2001 Energy Star Excellence in Corporate Commitment Award 수상

◯ 최다 특허와 최대 연구조직 보유한 기술 기업 IBM
- ○ 세계 최대 IT 연구조직 보유, 6개국 8개 연구소에 3천여 명의 과학자와 엔지니어 종사
- ○ 5명의 노벨상 수상자 배출
- ○ 매년 연구개발 분야에 평균 56억 달러 규모 투자
- ○ 현재 인체의 자율적인 신경시스템을 본딴 'Autonomic Computing' 추진 중.
- ○ 2002년 최초의 대고객 연구조직인 '온 디맨드 이노베이션 서비스' 발표. 이 조직은 IBM 비즈니스 컨설팅 서비스와 함께 혁신적인 연구, 툴, 전문성을 고객에게 직접 전달

◯ 세계 최대의 글로벌 서비스 조직
- ○ 세계최대 비즈니스 컨설팅 및 테크놀로지 컨설팅 회사, 2002년 10월 PwCC 인수로 고객의 비즈니스 문제해결능력 배가
- ○ 업계에서 가장 다양한 온 디맨드 컴퓨팅 서비스 제공. American Express, Mobil

Travel Guide, Deutsche Bank, JP Morgan Chase, Telefonica, Saks 등의 비즈니스 혁신 지원을 위해 유틸리티 컴퓨팅 서비스 제공.

- ○ 세계최대 컨설팅 업체로 2위와 매출 13억불 차이(Consulting News 자료)
- ○ 선도적인 e-business on demand와 호스팅 서비스 업체(IDC, Forrester Research, Gartner/Dataquest, Meta Group 자료)
- ○ 고가용 서비스, 네트워킹 서비스 및 스토리지 서비스 분야 1위(Gartner Group, IDC 자료)
- ○ 무선서비스 분야 1위(IDC 자료)

◯ 미들웨어 및 데이터베이스 선도기업 IBM

- ○ 2002년 매출 131억불 기록
- ○ 지난 3년간 최대 경쟁사 및 업계 성장률 상회
- ○ 오픈인터넷 표준과 애플리케이션 주력: XML 개발자 1천여 명, 리눅스개발자 1,500여 명, 자바 전문가 4천여 명 보유 및 자바 가용 제품과 솔루션 100여 개 제공
- ○ DB 분야 시장점유율 1위(Gartner/Dataquest)
- ○ 애플리케이션 서버 소프트웨어 분야에서 BEA와 공동1위(Giga Information Group)
- ○ 기업용 인스턴트 메시징 소프트웨어 분야 1위(Ostermann Research)

◯ 세계 1위 서버업체 IBM

- ○ 세계 1위 서버업체, 시장점유율 29.8%(IDC)
- ○ z900 OS, z/OS 클러스터 구성의 경우 하루 90억 번의 트랜잭션 처리 가능, 업계 최초의 자동관리 서버
- ○ IBM eServer iSeries 150개국에 75만 대 이상 출시
- ○ 수퍼컴 선도업체로서 전세계 상위 5백대 슈퍼컴에 총 93 테라플롭스(초당 1조 연산 가능) 성능 제공. 미 에너지부와 세계 최고 속도의 슈퍼컴퓨터 2대 개발을 위한 계약 체결
- ○ IBM Blade Center는 메인프레임 기술을 지닌 업계 최강 블레이드 서버.
- ○ Fortune 1백대 기업 중 74%가 IBM 스토리지 서버(샤크) 사용.
- ○ 프랑스, 독일, 일본, 미국 등지에 SAN 연구소 운영. 33개국에 협력업체와 함께 센터 운영
- ○ IBM, 총 디스크스토리지 매출에서 EMC 상회. 10대 디스크스토리지 업체 중 시장점유율 최다증가(IDC)

◯ 최대의 IT 금융업체, 시스템 도입지원

- ○ IBM Global Financing은 세계 최대의 IT 금융업체. 40여개 국가 12만 5천여 고객에게 IT 금융서비스 제공
- ○ 다양한 리스 및 금융 프로그램을 통해 기업들의 하드웨어, 소프트웨어, 서비스, e-

비즈니스 솔루션 도입지원

○ IBM과 타사 제품 취급하는 미국 내 2천여 소매업체와 150개 제조업체 및 공급업체에 금융서비스 제공

6 IBM의 경영혁신

IBM은 80년대 중반 이후 다운사이징 추세와 그에 따른 고객의 변화된 기대에 제대로 부응치 못한 끝에 90년대 초반에는 수십억 달러 적자를 내는 위기에 처했다. 하지만 고객중심의 경영혁신, 명예퇴직제도 등의 과감한 구조조정과 재통합, 하드웨어에서 소프트웨어와 *e*-Business 중심의 사업으로의 변화, IBM의 최대 강점인 세계 최고의 기술과 인력을 앞세워 고객을 위한 가치창출로 극적인 재기에 성공하였다.

7 한국 IBM

◯ 한국IBM의 개요

- ○ 설립 : 1967년 4월 25일
- ○ 자본금 : 255억원
- ○ 직원수 : 2,400명(2005년 말 기준)
- ○ 수출구매 : 1983년부터 2004년까지 총 160억 달러 이상의 한국제품을 IBM이 구매

◯ 한국IBM의 주요 사항

- ○ 87년 이후 수입보다 수출이 더 많은 회사, 매년 평균 15억 달러 규모의 국내 제품을 해외 IBM으로 수출
- ○ 120 여 명의 국내 과학자, IBM연구소에서 공동연구 수행
- ○ 최근 6년간 12개 대학과 산학협동 추진
- ○ 최초의 모바일오피스 도입(1995)
- ○ 최초의 선택적 복리후생제도 도입(1997)
- ○ 삼성전자 영업시스템, IBM *eServer pSeries* 2,000일 무장애 달성
- ○ IBM 유비쿼터스 컴퓨팅 연구소(UCL) 개소

제 1 절 해외직접투자이론

완전경쟁상태하에서는 해외직접투자의 투자동기는 없다. 다른 어떤 이점도 없는 상태에서 국내기업은 외국투자기업보다 더 효율적으로 경영될 수 있다. 국내기업은 국내의 관습이나 습관에 대하여 더 나은 지식을 가지고 있기 때문에 더 높은 효율성을 제고시킬 수가 있다.

그리고 국내기업은 아무런 추가비용도 없이 국내정책이나 노동 등에 대한 지식을 가지고 있다. 이와 같은 지식은 기업성장의 한 부분으로 매우 중요하다. 그러나 외국투자기업이 이와 같은 지식을 얻으려면 많은 비용을 부담해야 된다.

해외직접투자이론이 설명하는 현상은 여러 가지가 있지만 가장 중요한 것은 첫째, 외국기업이 외국기업으로서 갖는 불리점에도 불구하고 왜 투자를 하느냐는 점과, 둘째, 다른 사업형태가 있는 데도 불구하고 왜 직접투자라는 위험부담이 높고 자원투입이 많은 사업형태를 택하느냐의 두 가지로 집약될 수가 있다. 여기서는 해외직접투자를 설명하는 대표적 이론을 검토한 다음 해외직접투자 철수이론을 고찰하고자 한다.

1. 자본이동적 관점의 해외직접투자이론

(1) 이자율격차론

기업의 목적은 그 기업주주의 이익을 극대화시키는 것이다.[1] 해외직접투자의 이자율격차이론에 의하면 기업은 국내에서 취득 가능한 것보다 더 높은 보상이익을 기대하면서 해외투자를 한다. 이는 자본의 한계생산력, 즉 이자율의 격차에 의해 국제간의 자본이동을 설명하는 전통적인 국제장기자본이동이론으로 그 해명이 가능했다. 그러나 국내에서 얻는 것보다 높은 투자이익 자체만으로는 해외직접투자를 유도할 수는 없다.

어떤 이점도 없는 상태에서는 국내기업이 보다 적은 비용으로 경영할 수 있고, 외국기업의 주주는 효과적으로 수인국(受人國)에 주식투자를 하여 더 많은

1) Ezra Solomon, *The Theory of Financial Management*(New York: Columbia University Press, 1963), p. 54.

이익을 얻을 수도 있다. 그러므로 해외직접투자를 통하여 투자 모국 주주의 이익을 극대화시키기 위해서는 수입국 기업이 갖고 있지 못한 우위의 지식을 소유해야만 된다. 이와 같은 우위의 지식은 더 많은 자본을 끌어들일 수 있는 능력이 될 수도 있다. 이러한 우위지식의 존재는 해외투자를 수행하는 기업에 대해서는 중요하고 필수적인 조건이라고 할 수 있다.

우위의 지식을 소유하고 있는 기업은 수출이나 라인센싱과 같은 방법을 통해서도 경제적 대가를 얻을 수도 있다. 그러므로 기업이 해외직접투자를 수행하기 위해서는 우위의 지식을 소유하여야 할 뿐만 아니라, 덧붙여서 해외직접투자는 수출과 라이센싱과 같은 선택적인 경로에 비하여 우위의 지식에 대해 최대의 경제적 이익을 보장해야 한다. 이 우위의 지식에 대한 가설은 해외직접투자가 대기업과 독점적 시장구조하에서 경영되는 기업에 의해 수행된다는 사실에 의해 입증된다.

그러나 해외직접투자 현상을 이자율의 차이에 근거를 두고 설명하는 것은 다음과 같은 이유로 충분하지가 않다. 첫째, 동일산업 내에서 국가나 경제그룹간에 상호 직접투자가 이루어지고 있다. 둘째, 전통적인 자본이동론은 완전경쟁을 가정하고 있는데, 이러한 가정하에서는 해외직접투자가 발생할 수 없다. 셋째, 투자국의 이자율이 수입국의 이자율보다 반드시 낮다고는 볼 수 없다.

(2) 맥도갈 · 캠프이론

맥도갈과 캠프[2)]에 의해 분석 · 검토되었으며, 국제적으로 자본이 자유로이 이동된다면 자본의 한계생산력은 국제적으로 균일화된다. 따라서 세계 자원이용의 효율을 극대화시켜 세계 전체의 생산이 증가할 뿐 아니라 세계 전체 후생도 증가하게 된다.

[그림 7-1]과 같이 O_1은 투자국의 원점, O_2는 수입국의 원점이다. MN은 투자국 자본의 한계생산성을 나타내고, mn은 피투자국에서의 자본의 한계생산성을 나타낸다. O_1O_2는 투자국과 피투자국의 자본량의 합계이다. 해외투자가 행해지기 전에 투자국은 $\overline{O_1Q}$의 자본으로 O_1MTQ의 생산량을 산출한 반면에 피투자국에서는 $\overline{O_2Q}$의 자본을 가지고 O_2mVQ의 생산량을 산출하고 있다. 이러한 상황

2) G. D. A. McDougall, "The Benefits and Costs of Private Investment Abroad: A Theoretical Approach," *Economic Record*(March 1960); M. C. Kemp, *The Pure of International Trade*(Prentice-Hall, 1964), pp. 13~14.

그림 7-1 맥도갈 · 캠프이론 모델

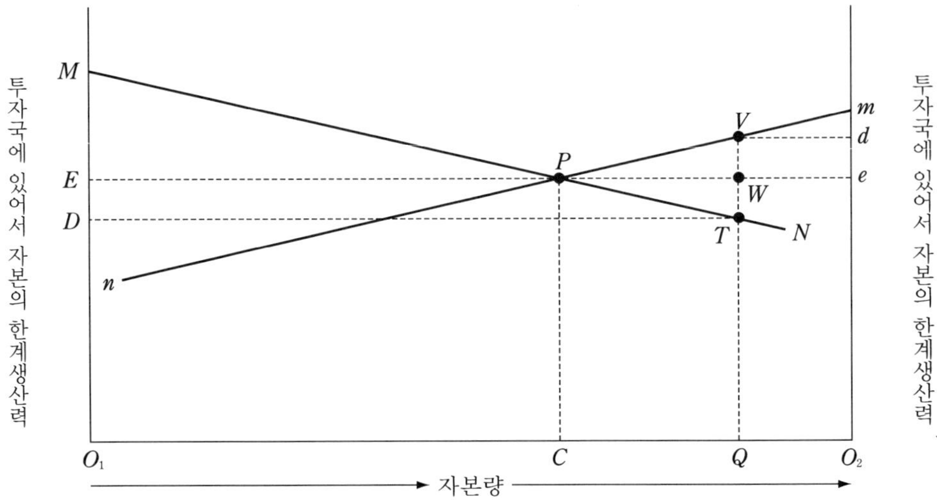

에서 국가간의 자본이동이 허용되면 자본의 한계생산성이 낮은 투자국으로부터 자본의 한계생산성이 높은 투자국으로 $\overline{CQ}$만큼의 자본량이 이동하게 되며, 그 결과로 양국에서의 자본의 한계생산성은 같아진다(그림에서 $\overline{PC}$). 새로운 균형점에서의 투자국의 국내생산량은 O_1MPC가 되며 해외투자로부터 발생하는 소득은 $CPWQ$가 되어 결과적으로 투자국은 해외투자로부터 PWT만큼 순소득증대를 누리게 된다.

한편 피투자국은 외자도입 이후에 $CPVQ$만큼의 소득증대를 얻으며 그 중 $CPWQ$만큼을 해외투자에 대한 과실송금으로 지불하고 난 뒤에도 PVW만큼의 순소득증대를 이루게 된다. 따라서 해외투자로 인하여 투자국과 피투자국에 모두 순소득증대를 가져다 준다. 그러나 이 이론은 국제자본 이동에서 간접투자와 직접투자를 구별할 수 없으며, 외국자본이 국내자본보다 기술 및 경영기법이 앞설 때는 국내자본을 파괴하는 등의 문제가 있다.

(3) 위험분산이론

위험분산이론은 수익률뿐만 아니라 그 위험성을 고려하여 투자를 하는 과정에서 해외증권투자에 대한 제약 또는 현지 증권시장의 비효율성에 의해서 해외간접투자가 불가능하거나 불리할 경우 해외직접투자가 발생한다는 이론이다. 동 이론은 토빈(James Tobin), 마코위츠(Marry M. Markowitz), 라가지(Giorgio Ragazzi),

레사드(Donald R. Lessard) 및 샤베른(A.K. Savern)[3] 등에 의해서 전개되어 온 이론으로서 다음과 같은 가정으로부터 해외직접투자 현상을 설명하고 있다.

첫째, 투자가들은 수익률뿐만 아니라 그 위험성을 고려하여 투자를 한다.

둘째, 한 나라의 증권에 투자하는 것보다 여러 나라의 증권에 투자하는 것이 나라마다의 성장률과 수익률이 다르기 때문에 각국 증권들 사이의 수익률 상관계수가 국내 증권들 사이에 수익률 상관계수보다 훨씬 작아 위험을 회피할 수가 있다.[4]

셋째, 기업의 입장에서 볼 때 간접투자를 통한 자본유출입에 대한 제약이 심하므로 해외직접투자가 성행한다. 또한 개인투자가의 입장에서 보면 국제적 포트폴리오 작성에 의한 위험분산이 국제간 간접투자에 대한 제약으로 불가능할 때는 여러 나라에 직접투자를 하고 있는 다국적기업의 주식에 투자함으로써 국제적 위험분산효과 및 수익률 제고를 할 수 있으므로 해외직접투자는 이러한 국제적 위험분산을 위해서도 발생한다.

넷째, 외국의 증권시장이 개방되어 있어서 간접투자가 가능한 경우라도 현지 증권시장에 비효율성이 존재하면 증권구매를 통한 간접투자보다도 경영권을 장악 행사할 수 있는 직접투자가 유리하기 때문에 직접투자가 발생한다.[5] 즉 현지국의 증권시장이 비효율적이어서 기대수익이 투자수익률을 제대로 반영하지 못할 때 직접투자를 함으로써 높은 이익을 얻을 수 있기 때문에 해외직접투자가 이루어진다. 특히 개발도상국의 경우에는 증권시장이 극히 비효율적이거나 없기 때문에 이들 나라에 대한 자본이동은 직접투자 형태를 통해서만 이루어지게 된다.

동 이론은 위험분산이라는 측면에서 상호투자 현상을 설명할 수 있으나 산업별 해외직접투자 경향의 차이를 설명할 수 없으며 수익률격차이론처럼 통계적 검증의 어려움이 있다.

(4) 국제자본이동적 관점이론의 분석

국제자본의 이동관점에서 개발된 이론들은 선진국의 다국적기업에 의한 해

3) Alan K. Savern, "Investors Evaluation of Foreign and Domestic Risk," *The Journal of Finance*, vol. 24, No. 2(May 1974), pp. 545~550.

4) 이 가정의 근거가 되는 포트폴리오이론은 1958년과 1959년에 토빈과 마코위츠에 의해 정립된 이론이다.

5) Giorgio Ragazzi, "Theories of the Determinants of Direct Foreign Investment," *IMF Staffs Papers*, vol. 20, No. 2(July 1973).

외직접투자 현상의 일부분만을 자본이동의 측면에서 설명하고 있으며 개도국의 해외직접투자 현상이나 규범적인 측면을 언급하지 못하는 한계점이 있다.

국제자본의 이동측면에서 개발된 이론들은 수익률차이, 증권투자에 대한 제한, 투자위험, 증권시장의 비효율성, 통화단위의 차이라는 국제금융시장의 불균형 또는 불완전성을 가지고 해외직접투자를 설명하고 투자가의 입장에서 접근한 이론들이라 하겠다.

해외직접투자 일반이론의 기본요건에 비추어 국제자본의 이동관점에서 개발된 이론들을 분석하여 보면 아래와 같다.

첫째, 국제자본의 이동관점에서 개발된 이론들은 주로 경제발전 단계가 높은 나라에서 낮은 나라로 해외직접투자가 흐르는 경향을 분석하고 있어서 개도국의 대선진국 직접투자를 만족하게 설명하지 못한다.

둘째, 해외직접투자의 발생과정을 금융면에서 주로 분석하였기 때문에 각 유형별 해외직접투자의 특성을 분석할 수 없다.

셋째, 해외직접투자의 경제적 효과를 대개 수익률 측면에서 파악하였기 때문에 기술이전효과, 고용효과 및 경제의존효과 등을 분석할 수 없다.

따라서 국제자본의 이동관점에서 개발된 이론들은 이론의 일반성이 매우 약하다고 볼 수 있다.

2. 산업조직론적 관점의 해외직접투자이론

(1) 독점적 우위이론

독점적 우위이론(monopolistic advantages theory)은 하이머(S. Hymer), 킨들버거(C. P. Kindleberger), 케이브스(R. Caves) 등에 의하여 주장되었다. 해외직접투자에 있어 외국기업은 현지국기업과 비교하여 필연적으로 불리한 입장에 처하게 된다. 이러한 불리한 점, 즉 외국비용을 극복하고 현지국기업과의 경쟁에서 이길 수 있기 위하여는 외국기업은 현지국기업이 갖고 있지 못한 기업 특유의 우위(firm specific advantage)를 가지고 있어야만 한다. 이러한 우위를 소유함으로써 그 기업은 본국에서보다 더 많은 이익을 얻을 수 있을 뿐 아니라, 외국비용을 상쇄하고 현지국기업보다도 더 많은 이익을 얻게 된다.

이러한 외국비용에도 불구하고 해외직접투자로부터 수익을 얻기 위하여는 외국비용을 상쇄하고도 남을 수 있는 기업 특유의 우위요소를 투자기업이 보유하고 있어야 한다. 이러한 기업 특유의 우위요소는 첫째로, 제품차별화 · 기업 특유의 마케팅기술 · 소매가격유지 및 가격관리 등의 제품시장의 불완전 경쟁, 둘째로, 특허기술 · 기업 특유의 비공개기술 · 자본조달의 우위성 및 가격관리 등의 제품시장의 불완전경쟁, 셋째로, 수평적 통합과 관련 있는 내부규모의 경제와 수직적 통합과 관련 있는 외부규모의 경제, 넷째로, 경제정책 · 생산 및 시장진입에 대한 정부간섭 등이다.

이 우위요소는 특정 기업에 한정되어야 하며 기업 내에서는 국경을 넘어 쉽게 이동될 수 있어야 한다. 이러한 우위요소는 새로운 경쟁기업에 대하여는 진입장벽을 형성하게 하는 한편, 기업내부에서는 그 사용에 있어 공공재(public goods)와 같은 성격을 지니고 있는 것이다. 즉 지식 · 정보 및 기술 등의 이러한 우위요소는 최초에 개발과 관련된 비용, 즉 매몰원가(sunk cost)를 다시 발생시키지 않으면서 다른 시장에서 잠재적으로 동일한 수익을 발생시킬 수 있게 한다. 즉 추가적 사용에 따른 한계비용이 제로라고 할 수가 있다.

이러한 우위요소를 이용하여 투자기업이 본국에서 생산하는 것과 동일한 제품을 해외에서 생산하는 수평적 직접투자(horizontal direct investment)를 하는 경우 일반적으로 제품차별화를 하게 되며 산업구조는 과점적 형태를 취하게 된다.[6]

이상에서 살펴본 독점적 우위는 국가에 특유한 것이 아니고 기업에 특유한 것이므로 두 국가의 두 기업이 각각의 기업 특유의 우위요소에 입각한 차별적인 제품을 가지고 상대국 시장에 접근할 수 있다면 두 기업이 설혹 동일 산업에 속해 있다 할지라도 국가간에 상호투자할 수 있다는 것이다.

독점적 우위요소를 보유하고 있다고 해서 모든 기업이 해외투자를 하게 되는 것은 아니다. 해외직접투자를 통해 얻을 수 있는 수익이 다른 대안, 즉 수출이나 라이센싱(licensing)으로부터 얻을 수 있는 수익보다 많아야 한다.

(2) 제품수명주기이론

프로덕트 라이프 사이클(product life cycle)론은 허쉬(Hirsch) 등을 거쳐 버논(R. Vernon)[7]과 그의 제자인 스토바우(R.B. Stobaugh)[8]가 완성한 이론이다. 버논

6) R.E. Caves, "International Corporations: The Industrial Economics of Foreign Investment," *Economica*, vol. 38(February 1971), p. 2.

7) R.Vernon, "International Investment and International Trade in the Product Life Cycle," *Quarterly Journal of Economics*, vol. 80, No. 2(May 1966), pp. 195~196.

은 연구개발요소의 우위에 의해 무역에 있어서 수출력을 확보할 수 있다고 주장하면서 그 이유를 다음과 같이 설명하고 있다. 연구개발요소의 우위가 제품의 라이프 사이클에 따라 순차적으로 선진국에서 후진국으로 이동함으로써 무역의 방향(수출국)은 변화되는 것이다. 또한 이러한 수출거점의 이동에 따른 해외직접투자(외국투자기업의 해외자회사의 설치)의 전개를 지시하는 것으로서 무역이론과 해외직접투자이론을 결합시키고자 시도한다. 따라서 이 이론이 성립되기 위해서는 연구개발투자를 필요로 하는 도입기에 있는 신제품의 경우(구체적으로는 연구개발지출이 큰 제품)는 기술선도국에서 다른 선진국으로 수출되며, 성숙단계를 맞이한 표준제품의 경우(연구개발지출이 적은 제품)에는 타 선진국으로부터 개도국 등으로 수출되고 있는 것이 증명되지 않으면 안 된다는 것 등을 문제점으로 지적하였다.

이상의 논의를 요약하면, 외국투자기업의 기술우위에 의한 연구개발과 직접투자와의 관계에 대한 중심적인 특징은 다음과 같다. 첫째, 실증적으로 이것이 설명할 수 있는 것은 제조공업 제품에 한정된다. 둘째, 기술의 국제적인 이동을 자동적이고 자연적인 과정으로 보았다. 셋째, 기술을 보유하는 외국투자기업의 기업전략으로 기술의 이전과 차단이 마음대로 된다는 점을 무시한다. 즉 기술독점의 의의가 결여된 것이 이 이론의 치명적인 약점이다.[9]

그러면 그의 연구 중에서 제품의 순환과정을 구분한 3단계가 어떠한지를 살펴보겠다.

첫째, 제1단계에서는 예컨대 선진국인 미국에서 신제품을 개발하여 그 신제품을 시험판매하게 되므로 신제품기(new product state)에 해당된다. 이 단계에서는 선진국인 미국에서만 제품이 생산되고 타 선진국으로 수출된다.[10]

둘째, 제2단계는 성숙기(maturing stage)로서 미국의 수출이 급속하게 증가하는 동시에 유럽과 같은 타 선진국도 생산을 시작한다. 판매액은 올라가고 대량생산 방법과 대량판매 방법이 도입되어 더 저렴한 가격으로 생산할 수 있는 타 선진국으로 생산거점이 이동된다.

---

8) R.B. Stobaugh, "The Product Life Cycle, U. S. Export, and International Investment" (Unestablish D.B.A. thesis Harvard Business School, June 1968), pp. 110~111. Evidence on the same point is readily inferred from other analysis; H.B. Chenery and Lance Taylor, "Development Patterns: Among Countries and Over Time," *The Review of Economics and Statistics*, vol. 50, No. 4(November 1968), pp. 391~395.

9) R. Gilpin, *U.S. Power and Multinational Corporation: The Political Economy of Foreign Direct Investment*(New York: Basic Books, 1975), p. 122.

10) L.T. Wells, Jr., *The Product Life Cycle and International Trade*(Boston: Harvard Graduate School of Business, 1972), p. 100.

그림 7-2 제품수명주기이론

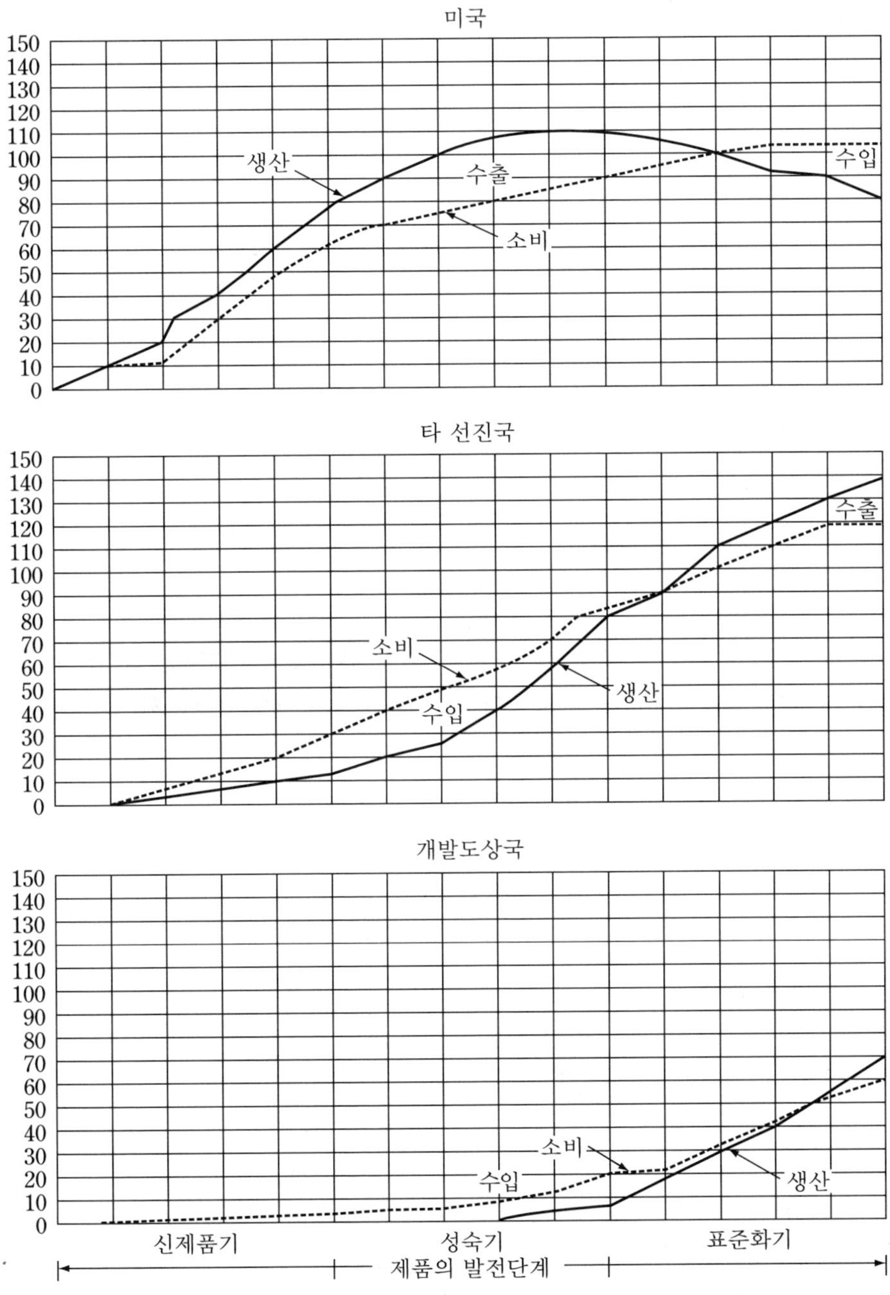

자료: R. Vernon, "International Investment and International Trade in the Product Cycle," *Quarterly Journal of Economics*, vol. 80, No. 2(1966), p. 199.

그림 7-3 ECI와 ICI의 관계

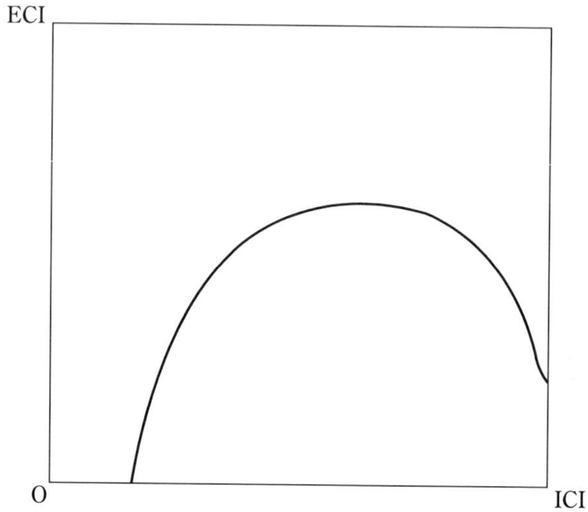

자료: Knickerbocker(1973), table 3~12; Bergsten et. al.(1978), p. 224에서 재인용.

셋째, 제3단계는 성숙기(maturing stage)에서 제품의 표준화 단계(standardized stage)로 이행하여 연구개발활동이나 경제능력과는 별 관계 없이 이제는 미숙련노동이나 반숙련노동이 중요성을 띠게 된다. 따라서 선진국에 정했던 생산거점은 저임금을 찾아 개도국으로 이전되는데, 이는 저임금국인 개도국에서 생산하여 선진국으로 수출하는 것이 유리하기 때문이다.

(3) 과점이론

과점이론(oligopolistic reaction theory)은 니커바커(Knickerbocker)가 미국 187개 제조업부문 다국적기업의 해외직접투자 자료를 이용하여 기업의 해외투자 동기를 조사한 결과 해외직접투자는 기업의 과점적 반응의 결과라는 결론을 얻어 개발되었다. 그는 기업들이 다른 기업의 새로운 해외직접투자를 보고 그에 반응하여 해외시장에 진출하는 성향을 나타내는 진입집중지수(ECI: entry concentration index)[11]를 계산했다. ECI는 어떤 산업에서 과점기업이 타 기업의 해외직접투자로 발생할지도 모르는 자신의 시장점유율 하락을 저지하기 위해 해

11) (연속 3년 동안 i산업에서 신규 자회사 수 합의 최대값) → A

$$ECIi = \frac{A}{B}$$

(분석 총기간중 i산업에서 새로 설립된 자회사의 총수) → B

외직접투자로 대응하는 정도를 나타낸다. 또한 니커바커는 각 산업에서 산업집중지수(ICI: industry concentration index)[12]를 계산하여 ECI와 비교한 후, ICI가 대단히 높은 경우, 즉 과점적 시장구조가 안정적이며 과점기업들이 경쟁보다는 담합을 선호하게 되는 경우를 제외하면 ICI가 높을수록 ECI가 높아진다는 것을 발견했다. 다시 말하면 시장구조가 과점적일수록 기업의 해외직접투자 규모는 커진다는 것이다([그림 7-3] 참조). 이 이론은 일국 내 과점시장구조에 속한 기업들이 다른 기업의 투자에 대응한다는 방어적 투자(defensive investment)[13]이론이 해외투자의 경우에도 적용된다는 것을 의미한다. 니커바커의 이론은 서유럽 여러 나라의 미국에 대한 투자에 대해서도 실증되었다. Flowers에 따르면 캐나다, 영국, 프랑스, 독일, 네덜란드 등의 대미 직접투자에 반 이상이 과점적 반응의 결과라는 사실을 밝혔다. 그래함(Graham)은 한발 더 나아가 유럽의 미국에 대한 투자는 이전에 미국의 대유럽 투자에 대한 방어적 투자의 일환이라고 설명한다. 그는 미국과 유럽의 상호 투자현상을 이론화하면서 유럽 기업의 방어적 투자의 동기로, 과점산업에서 표준화된 제품을 둘러싼 미국과의 '위협의 교환'과 신제품 개발과 관련된 '기술혁신 자극에 대한 노출' 등 두 가지를 들고 있다.

(4) 내부화이론

이 이론의 주요 주장은 다음과 같다. 첫째, 한 기업이 외국시장에 진입할 때 기술라이센싱 등과 같은 계약방식과 직접투자를 통한 국제기업화방식을 택할 수 있다. 여기서 계약방식은 시장방식(market transactions)을 의미하며, 국제기업화방식은 기업방식(firm transactions/hierarchy)으로 간주할 수 있다. 둘째, 경우에 따라서 제 자연적·인위적 시장불완전성이기 때문에, 기업이 재화나 용역의 이전을 위하여 시장방식을 택하는 것이 불가능해질 수 있다. 셋째, 이러한 경우, 즉 시장결함이 나타날 때 기업은 기업방식을 택하여 이전행위를 기업내부화함으로써 기업 내에 시장기능을 창조하게 된다. 넷째, 이러한 기술 등 주요 재화의 국가

12) 〔i산업에서 상위 8개 기업매출액(고용, 생산)의 합〕 → C

$$ICIi = \frac{C}{D}$$

〔i산업에서 총매출액(총고용, 총생산)〕 → D

13) 방어적 투자이론은 Lamfaulssy가 처음 주장한 이론으로 정부가 야기하는 시장불완전성으로 인한 기존 투자의 손실을 막기 위하여 추가투자가 이루어진다는 것이다. 이 이론은 시장불완전성을 상정하고 있다는 점에서 Hymer-Kindleberger이론과 유사하며, 방어적 투자가 집중도가 높은 산업에서 잘 나타난다는 점에서 과점적 반응이론과도 연결된다.

간 이전을 내부화하는 것이 직접투자이며, 기업은 내부화를 통하여 국제기업으로 생성 · 발전하게 된다.

내부화이론(internalization theory)은 여러 가지 다국적기업 및 해외직접투자 이론을 통합할 목적으로 버클리와 카슨에 의해서 처음 제시되었다. 내부화이론은 생산기술, 인간자본, 지식, 마케팅 및 경영기술 등 중간재 시장들이 불완전하다는 가정에서 출발한다. 주요 이론적 논리구성은[14] 다음과 같은 세 단계로 되어 있다. 첫째, 기업은 불완전시장의 세계에서 이윤극대화를 지향하며, 둘째, 중간재시장 등 시장이 불완전할 때 외부시장을 피하고 내부시장을 창조하려는 유인이 존재하며, 셋째, 국경을 넘는 내부화가 다국적기업을 생성시킨다. 기업이 시장을 내부화하기 위해서는 비용-편익분석이 우선되어야 하는데, 한계비용과 한계편익이 같아지는 점까지 시장내부화가 이루어진다고 할 수 있다. 내부화의 편익에는 시간지연회피, 거래의 불확실성 해소, 이전가격 및 가격차별화를 통한 세금절약 등이 있으며, 반면 행정 및 의사교환 비용이 증가한다. 이 때 비용보다 편익이 크면 기업은 시장을 내부화하여 시장불완전성에서 발생하는 손실을 줄일 수 있게 된다.

한편 윌리암슨(Williamson)은 기업조직과 거래비용의 문제를 인간본성의 문제와 함께 고려하여 현대 기업의 성장진화과정을 설명하면서 해외직접투자를 하는 다국적기업의 발생동기를 이론화하고 있다. 그는 인간은 합리성에 한계가 있고 기회주의적 성격이 있기 때문에 인간행동을 초합리적인 것으로 가정하는 신고전학파 모형은 잘못된 것이며 이와 같은 인간본성 때문에 거래는 항상 불완전성 또는 불확실성을 내포한다고 전제한다. 그러나 거래의 불확실성에도 불구하고, 속성상 거래는 반복적이며 판매자와 구매자간 반복성을 유지하기 위해서는 거래에 특화하는 투자가 필수적이다. 따라서 불확실한 거래이지만 시장거래시 거래비용이 그리 크지 않다면 거래는 시장을 통해서 이루어지지만, 여러 가지 이유에 의해 시장거래비용이 지나치게 과대하면 기업은 거래비용 최소화를 목적으로 기업내부조직으로 시장을 대체하여 시장을 내부화하게 된다. 이상의 윌리암슨 논의는 내부화이론과 기본적인 틀을 공유하고 있음을 알 수 있다. 윌리암슨은 한발 더 나아가 거래비용을 최소화하기 위해서는 기업조직의 혁신이 필수적이라고 주장한다. 그는 21세기 미국기업의 대기업화 · 복합기업화 · 다국적기업화는

14) Buckley & Casson(1976); Casson(1979); Agawal(1986); Rugman(1980 a, b); Calvet(1981); Buckley(1985).

거래비용을 최소화하기 위한 기업조직 혁신의 결과라고 지적하고 있다.

결국 내부화이론에 따르면, 기업이 전 세계시장을 자신의 조직으로 내부화하기 위해서는 기업의 규모가 거대해야 하며 자신의 제품 및 그 생산기술에 독점적 우위가 확보되어야 한다.

따라서 다국적기업이론으로서 내부화이론은 하이머-킨들버거이론에 기초하고 있으며 세계시장을 내부화하는 다국적기업은 독점 내지 과점 대기업이어야 한다는 점을 시사하고 있다.

(5) 절충이론

던닝은 기존의 독점적 우위이론, 내부화이론 및 생산입지이론을 결합하여 절충이론(electic theory)을 개발하고 이를 통하여 무역이론과 해외직접투자이론의 통합화를 모색하였다. 수출 · 라이센싱 · 해외직접투자는 기업의 해외진출 형태로서 수출에 대한 이론과 해외직접투자에 대한 이론이 서로 분리되어서는 기업의 해외활동을 제대로 설명할 수 없다고 주장하고, 양 이론을 기업측면에서 통합하고자 하였다. 또한 그는 기존의 해외직접투자이론들은 해외 생산활동에 대해서 부분적으로밖에 설명하지 못하며 해외직접투자와 무역 또는 라이센싱과의 관계를 체계화하지 못했다고 비판하고 절충이론의 필요성을 역설하였다. 절충이론에 의하면 어떤 나라의 기업의 해외투자는 다음 세 가지 조건에 의해서 결정된다고 한다.[15]

첫째, 기업은 특정 시장에 진출하기 위해서는 타 기업에 비해 소유권 특유의 우위성을 보유해야 한다. 이러한 소유권 특유의 우위성들은 대체로 무형자산으로서 구성되며 기업은 이를 일정기간 기업에 특유하게 또는 배타적 형태로 보유해야 한다.

둘째, 첫째 조건이 만족되면 이러한 우위성들을 보유한 기업의 입장에서 볼 때 이 우위성들을 타 기업에 판매하거나 임대하기보다는 스스로 이들을 이용하는 것이 보다 유리한 것으로 나타나야 한다. 다시 말해 소유권 특유의 우위성들을 타 기업에 라이센싱하거나 기타 유사한 방법으로 외부화하는 것보다는 기업 자체의 활동영역을 확대하여 이 우위성들을 내부화하는 것이 보다 유리해야 한다.

셋째, 첫째와 둘째 조건이 만족되면 기업은 자국보다는 외국에 있는 자연자

15) John H. Dunning, *International Production and the Multinational Enterprise*(London: George Allen & Union, 1981), p. 79.

원 등의 생산요소와 기업이 보유한 독점적 우위를 결합하여 이용하는 것이, 즉 해외직접투자가 보다 이익이 커야 한다. 그렇지 않은 경우 기업은 수출에 의해서 해외시장에 진출하거나 또는 타 기업(특히 현지기업)이 현지시장을 장악하게 된다.

따라서 외국비용을 충당하고도 남는 기업 특유의 우위성이 크면 클수록, 기업이 이들 우위성을 자체적으로 이용할 유인이 크면 클수록, 그리고 외국에서 생산하여 판매하는 것이 보다 경제적일수록 기업의 해외직접투자도 점점 커진다. 또한 한 국가의 입장에서 볼 때 그 나라의 기업이 보유한 우위성이 크면 클수록, 자국에 비해 외국의 입지요건이 보다 좋을수록 그 국가의 해외직접투자도 커진다.

이러한 국제생산에 영향을 주는 요소는 크게 기업 특유요소(ownership-specific advantage), 외국에서 생산하는 데 따른 장소 특유요소(location-specific advantage) 그리고 내부화 특유요소(internationalization-specific advantage) 등으로 대별할 수 있다.

절충이론은 해외직접투자이론을 미시적 · 기업적 관점에서 기업 특유우위, 내부화 특유우위를 그리고 거시적 · 국민경제적 · 국제분업적 관점에서의 장소 특유의 요인을 종합하여 절충이론이라고 지칭하였다.

이상에서 살펴본 바와 같이 절충이론은 두 가지로 발전되었다고 할 수 있다. 첫째는 기업이 수출, 라이센싱 및 해외직접투자 중에서 해외직접투자를 택하는 과정을 설명하는 방향이고, 두 번째는 절충적 삼각구조를 이용하여 한 나라의 경제발전단계와 해외직접투자 사이의 관계를 설명하는 투자발전단계설이다.

(6) 기업발전단계이론

기업발전단계설은 국제경영학적 접근방법의 하나로 다국적기업을 기업의 발전단계와 관련하여 포착하려는 것인바, 여기서는 로빈슨(R.D. Robinson)의 설을 소개하기로 한다. 로빈슨은 기업형태를 네 가지로 분류하고 있다. 다시 말해 i) 국제기업(international firm), ii) 다국적기업(multinational firm), iii) 초국가기업(transnational firm), iv) 세계기업(supernational/world firm) 등이 그것이다.

첫째의 국제기업에 있어서는 국내시장이 중심이 되고 해외시장은 부차적이어서 해외거래부문에서 점하는 직접무역의 비중이 상대적으로 높으며, 따라서 해외자회사에 대한 본사의 통제력이 강하며 해외자회사간의 유기적인 관계는 없다.

두 번째의 다국적기업에 있어서는 국내시장이 세계시장의 일환이 되며, 해외거래부문의 비중이 높아지는 동시에 무역으로부터 해외투자로 비중이 옮겨지게 되는데, 이 경우 해외자회사 상호간의 보완성이 충분히 활용되며 기업 내 국제분업의 관점에서 본사의 권한은 자회사로 점차 이양되지만 아직 본사의 통제력은 강하다.

세 번째의 초국가기업에 있어서 본사와 해외자회사간의 자본과 경영이 분리되어 본사는 단순한 지주회사가 된다. 따라서 해외자회사는 비로소 독립된 다국적기업이 된다.

네 번째의 세계기업은 일국 정부의 주권이 미치지 않는 소위 법률적인 무국적기업을 말하며, 따라서 이를 규제하고 과세하기 위한 국제기관이 필요하게 된다.

이와 같은 로빈슨의 이론에 의하면 현재의 다국적기업이라고 불리어지는 것은 일부를 제외하고는 대부분 첫 번째 및 두 번째 형태에 속한다고 할 수 있다.

(7) 전략적 상호작용이론(Strategic Interaction Theory)

전략적 상호작용이론은 투자기업이 속해 있는 본국 내 또는 세계 산업 내 기업간 경쟁의 문제를 통해 해외직접투자를 설명하려고 시도한 점에서, 해외진출기업의 현지 경쟁기업에 대한 경쟁의 문제를 통해 해외직접투자를 설명하려고 한 독점적 우위이론과는 차별성이 있다.

기업이 해외시장에서 초기 투자자가 될 것인가의 여부는 국내 시장에서의 기업간 전략적 상호작용(strategic interaction)에 달려 있는데, 이는 국내시장에서의 기업성장이 제한적이기 때문이다. 국내시장에서 중소 규모의 시장 점유율을 가지고 있는 기업(dominated firm)은 성장이 제한적인 국내시장에서 신제품으로 도약을 시도하거나 새로운 시장으로의 진입을 시도하게 될 것이다. 따라서 이러한 기업들은 국내시장에서 큰 점유율을 확보하고 있는 기업들로부터 받는 압력을 피하고, 총체적으로 시장 점유율을 높이기 위해 해외시장의 초기 투자가가 될 가능성이 크다고 하겠다.

국내시장 점유율이 높은 기업들은 중소 규모의 점유율을 가진 기업들의 선점우위(first-mover advantages)를 극복할 만한 능력을 가지고 있다. 따라서 일반적으로 시장 점유율이 큰 기업은 혁신의 전략을 사용하여 초기 진입자가 되기보다는 오히려 모방의 '초기 추종자'(fast-second)전략을 채택해 왔다. 그러나 적은 시장 점유율을 가지고 있는 기업들은 새로운 시장을 개척할 만한 충분한 자원을 가지고 있지 못하다.

그러므로 중소 규모의 시장 점유율을 가지고 있는 기업들 중에서도 중간 정도의 시장 점유율을 가지고 있는 기업이 큰 시장 점유율을 가지고 있는 기업이나 적은 시장 점유율을 가지고 있는 기업보다 해외시장으로의 첫 번째 진입자가 될 가능성이 크다고 하겠다.

전략적 상호작용이론은 국내에서의 경쟁 심화가 기업이 경쟁자를 피해 해외로 관심을 돌리게 하는 실제적인 압력으로 인식한다는 점에서 제품수명주기이론과 동일하다. 그러나 전략적 상호작용이론에서는 이러한 압력 속에서 시장지배력을 가지고 있는 기업, 즉 선도기업[16]보다는 시장지배력을 가지고 있지 못한 추종기업이 먼저 해외로 나가게 된다. 추종기업이 해외로 나가지 않고 국내시장에 남는 경우 선도기업과의 충돌은 피할 수 없으며, 이 때 선도기업이 가지고[17] 있는 여러 우위들에 대해 열세인 추종기업은 성장의 한계를 경험할 수밖에 없다는 것이 추종기업이 해외시장으로 먼저 진출하는 동기 중 하나이다.

3. 체제론적 관점이론

앞에서 본 주류경제학적인 세 종류의 시각과 달리 체제론적 시각에서 다국적기업을 보는 접근방법은 마르크스주의적이며 급진파적인 견해에서 나온 것으로써 해외직접투자를 자본주의 체제의 내재적 모순을 해결하기 위한 자본팽창의 결과로서 인식한다.

이들은 제국주의 시각하에서 다국적기업을 자본의 축적 및 국제화를 이룩하는 기구로 보거나, 또는 중심부가 주변부를 범세계적인 지배체계 속으로 종속시키는 매체로 보고 있다.

(1) 고전적 제국주의이론

제국주의는 여러 의미를 가지고 있으며 대부분은 감정적인 측면이 있는 단어이다. 그러나 제국주의의 핵심적인 의미는 한 나라가 다른 나라로 세력을 확장하거나 지배하는 것을 말한다. 즉 자본간의 경쟁에 의해 은행자본이 산업자본을

16) 동일산업에서 1위를 고수하고 있으면서 추종기업(non-dominant firm)에 비해 명성, 규모의 경제, 학습효과 등에서 우위를 누리고 있을 때에 그 기업은 선도기업(dominant firm)으로 분류되었고, 선도기업에 비해 시장 점유율이 낮고 지배기업이 보유하고 있는 여러 가지 우위를 누리고 있지 못한 기업은 시장추종기업(non-dominant firm)으로 분류되었다.

17) 선도기업(dominant firm)이 가지는 우위로는 명성(reputation), 규모의 경제(economies of scale), 학습효과(cumulative learning), 산업 표준 설정(setting the industry standard), 선호되는 공급분야의 선점(preemption of preferred supplies), 유통 채널(distribution channels), 고객(customers) 등이 있다(Poter, 1985).

결합하여 독과점적인 금융자본이 출현하면 이들 독점자본은 자본의 유기적 구성도가 고도화되어 발생하는 평균이윤율 저하 또는 과소비를 극복하기 위해 해외로 진출하게 된다. 이 때 독점자본의 이익을 옹호하기 위하여 국가는 식민지 쟁탈전을 일으키게 되어 제국주의 국가간의 갈등이 나타나게 된다는 것이다. 이들은 기업의 해외진출을 평균이익률의 저하를 해소하기 위한 것으로 보고 있어 국제자본이동론 관점에서 개발된 수익률격차이론과 유사하다고 할 수 있으나, 근본적으로 다르다고 할 수 있다. 전자는 자본주의 체제의 내재적인 모순이라는 시각에서 외국의 노동자 계급을 착취하기 위해 기업이 진출하는 과정에서 자본수출이 발생한다고 보는 데 비해, 후자는 신고전파적인 입장에서 각국의 수익률 격차 때문에 자본이 국제적으로 이동하고 이렇게 하여 수익률 차이가 제거되며 양국의 경제발전이 이룩된다고 보고 있기 때문이다.

한편 고전적 제국주의이론은 주로 선진 자본주의 국가간의 경쟁, 즉 경제적인 형태뿐만 아니라 정치적 · 군사적인 형태를 취하면서 결국에는 제국주의 국가들간의 전쟁으로 치닫는 영토분할로 표현되는 경쟁을 의미하므로, 후진국에 대한 선진국의 지배를 언급하는 데 사용되는 오늘날의 제국주의 용어와는 그 의미가 다르다.

결국 이들은 기업의 해외직접투자를 자본주의 체제의 내재적인 모순의 결과의 한 측면으로밖에 인식하지 못했다고 할 수 있다.

(2) 종속이론

국제무역이 총생산량보다 급속하게 확대되고 그보다 더 중요하게 거대기업에 의한 해외직접투자가 더욱 빠르게 성장하여 범세계적인 기반 위에서 경영되는 다국적기업의 급격한 증가가 있었다. 이와 더불어 통신 · 수송수단의 발달로 지리적으로 축소된 영역 안에서 자본주의 세계경제는 그 어느 때보다도 훨씬 더 견고하게 통합되어 개별적인 특정 국가를 세계경제와 분리시켜 이를 통하여 자본주의 체제를 이해하는 것이 어렵게 되었다.

그리고 자본주의 세계는 소득수준에서뿐만 아니라 경제적 · 사회적 구조의 거의 모든 부문에서 서로 상이한 선진국가와 저발전국가로 아주 뚜렷하게 나뉘어졌다. 옛날의 식민지는 정치적인 면에서 형식적인 독립은 얻었지만, 경제적인 면에서 아직도 선진제국에 종속되어 저발전의 상태에 머무르고 있다는 것이다.

이와 같이 통신 · 수송수단과 다국적기업의 발달 등으로 이전보다 훨씬 더 견고하게 통합되고 있으며 선·후진국간 격차가 심화되어 정치·경제·문화적 측면에서의 종속문제가 관심을 끌게 되었던 것이다. 따라서 후진국의 저발전문제가 전면으로 부상되고 이러한 현상을 설명하기 위해 제국주의이론도 발전·변화하지 않을 수 없게 되었다.

현대 제국주의이론은 종속이론으로서 대표되고 있으며, 동 이론은 다국적기업을 중심부가 주변부의 경제적 잉여를 착취하는 연결쇠의 하나의 고리로서 파악하고 있다.

이들은 고전적 제국주의이론과 마찬가지로 해외직접투자 및 다국적기업을 평균이익률의 저하 또는 과소비로 인한 자본주의 체제의 내재적인 결과로 인식하고 있으나, 고전적 제국주의와는 달리 개도국의 산업화가 진실로 이루어지지 않고 저발전만 있을 뿐이라고 주장하면서 종속현상에 있어서 다국적기업의 역할을 부각시키고 있다.

4. 기타 이론

(1) 무역보완론

킨들버거(C.P. Kindleberger) 등에 의해 오래 전부터 주장되어 온 무역보완론은 직접투자를 i) 수입을 증가시키기 위한 자원개발투자, ii) 수출을 대체하는 시장지향형투자, iii) 기술의 국제간 이동을 목적으로 한 기술투자 등으로 분류하고, 이를 무역과의 보완적 측면에서 설명하고 있다.

고전적 무역이론에 있어서는 노동생산비의 비교우위로 상품무역을 설명하였다. 이에 대해 근대경제학적 입장에서는 생산요소의 국제간 이동을 전제로 하여 상품무역은 단순한 노동생산비의 비교에 의하여 이루어지는 것이 아니라 자본·기술·원료를 포함한 생산요소 결합의 비교우위가 이를 가능케 한다고 본다. 그런데 어떤 비교우위산업이 국내투자기회를 갖지 못하여, 그 결과 기술혁신에 의한 투자이익을 상실하든가 또는 수출증가의 기대가 수입국의 인위적 장벽으로 불가능해질 경우 비교우위의 생산요소를 특화한 산업 또는 기업이 그 투자기회를 해외에서 구하지 않을 수 없게 된다는 것이다. 즉 직접투자란 생산요소의 비교우위를 상품무역과의 대체 내지는 보완에서 찾으려는 것으로 보는 것이다.

이와 같은 무역보완론적 견해는 로벅(S.H. Robock)과 시몬즈(K. Simmonds)에 의하여 다음과 같이 설명되고 있다. 전통적 무역이론, 즉 국제분업론은 기업활동의 국제화가 세계경제에 있어 점차 중요하게 될 것으로는 예상하지 못하였으며, 또한 설명하지도 않았다. 각국은 왜 무역을 하는가라는 질문에는 비교우위에 입각한 분업을 촉진시키기 위한 것이라고 답변할 뿐으로 기업이 국경을 넘어 상품과 용역을 이동시키는 수단으로서 기술수출 및 자본이전에 의한 현지에서의 직접생산, 판매활동의 선택에 대하여는 아무것도 고려하지 않았다. 오늘날 선진국에 있어서는 정체산업 때문에, 그리고 개도국에 있어서는 수입대체를 위한 유치산업 때문에 관세 및 그 밖의 인위적 장벽을 높이는 경우 기업은 그 성장을 위한 수단을 선택할 수 있어야 함은 당연하다.

(2) 자원부존이론

해외직접투자에 있어서 자원부존이론은 크라이너에 의해서 제안되었는데 그는 해외직접투자는 투자국의 자원부존에 의해 결정된다는 가설을 설정했다. 원자재가 부족한 국가는 원자재 공급에 깊은 관심을 가지게 되며 해외직접투자와 같은 경로를 통하여 원자재 생산에 주력하게 될 것이다. 원자재 생산에 있어서 해외투자는 국내산업에 보충적인 역할을 하게 되며, 이것은 국내경제와의 관계에 의해 증가하거나 감소하게 될 것이다.

한편, 천연자원이 많이 부존된 국가는 다른 산업을 위하여 해외투자를 받아들이게 된다. 배당을 고려해야 하는 기업은 국내시장이나 해외직접투자 중 하나를 선택해야 한다. 그러나 투자모국에서 자본수요의 감소에 직면하게 되면 기업은 해외에서 그 투자기회를 찾게 된다.

(3) 일본형 해외직접투자이론

고지마(小島清)는 직접투자를 순무역지향형(trade oriented)과 역무역지향형(anti-trade oriented)으로 구분하여, 전자는 무역을 보완하고 창조하여 이를 확대시키나 후자는 무역을 축소시킬 뿐만 아니라, 자원배분의 효율성마저 저해한다는 가설을 내세우고 있다.[18)]

해외직접투자의 특징 중 하나는 화폐자본의 이동과는 달리 자본, 경영기법 및 생산기술의 집합체가 피투자국으로 이동하는 것이다. 따라서 직접투자의 핵심적인 역할은 생산기술, 경영 및 마케팅기법 등을 피투자국에 이식하는 것이라

18) Kiyoshi Kojima and Terutomo Ozawa, "Micro-and Macro-Economic Models of Direct Foreign Investment: Towards A Synthesis," *Hitotsubashi Journal of Economics*, *25*(1984).

그림 7-4 비교생산비에 따른 해외직접투자의 효과

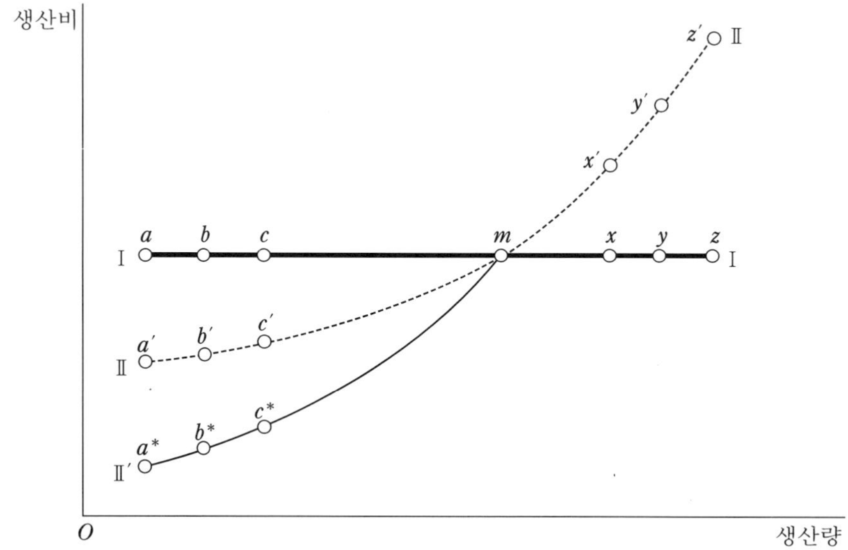

고 할 수 있다. 다시 말하면 직접투자의 중요한 역할은 피투자국의 열등한 생산함수를 우월한 생산함수로 대체시키는 것이다.

해외직접투자의 또 다른 특징은 그것이 특정 산업의 특정 기업에 의해 이루어지고 있다는 점이다. 동질의 생산요소로서의 화폐자본의 이동은 자본을 보다 집약적으로 사용하는 산업의 생산을 증가시킨다. 그러나 직접투자는 점진적인 파급효과를 통하여 특정 산업의 생산함수를 개선시키는 것이다. 따라서 직접투자의 효과는 그것이 어떤 산업분야에서 이루어지느냐 하는 데 따라서 크게 달라질 수 있는 것이다. 이와 같은 점에 착안하여 고지마는 비교생산비원리를 도입하여 직접투자가 무역을 보완하는 경우와 그렇지 않은 경우를 다음과 같이 분석하고 있다.

[그림 7-4]에서 Ⅰ-Ⅰ는 Ⅰ국(예컨대 일본)의 생산비 랭킹선(cost ranking line)으로 *a*, *b*, *c*……*x*, *y*, *z*는 동일한 금액으로 생산 가능한 각 상품의 생산량을 나타내고 있다. 이 때 Ⅱ국(예컨대 미국)의 생산비선을 Ⅱ-Ⅱ라고 하면 *a*′는 0.5달러 *z*′는 3달러 등이 되며 Ⅰ-Ⅰ과 Ⅱ-Ⅱ는 생산비율의 환율(예컨대 1달러-120엔)과 동일한 *m* 상품의 점에서 교차한다. 여기서 *a*, *b*, *c*, … *m* 산업은 Ⅰ국이 비교열위에 놓여 있는 Ⅰ국의 한계산업들이다. 한편 Ⅱ국은 이들 산업에 있어 비교우

위를 갖는다. 따라서 이들 산업으로부터 해외직접투자가 이루어지면 Ⅱ국에 있어 생산비선은 Ⅱ´와 같이 낮아질 수 있으며 그 결과 Ⅰ국의 Ⅱ국으로부터의 수입은 늘어나게 되므로 양국간의 무역은 확대된다. 그러나 x, y, z과 같이 Ⅰ국이 비교우위를 갖는 산업으로부터 해외직접투자가 이루어지게 되면 생산비는 x', y', z'보다 낮아질 수 있으나 x, y, z보다는 높아 Ⅰ국의 수출이 해외생산으로 대체되는 만큼 무역은 축소될 뿐만 아니라 생산자원의 낭비마저 초래하게 된다. 고지마는 전자를 순무역지향형 해외직접투자 그리고 후자를 역무역지향형투자라고 정의하고 있다. 또한 이제까지의 미국의 해외직접투자가 독점적 우위를 이용한 외국에서의 독과점이익의 획득 또는 시장개척을 위한 것이 주종을 이루어 온 반면, 일본의 해외직접투자는 주로 자원개발 또는 개도국에서의 저렴한 노동력을 이용하기 위한 비교적 기술격차가 적은 산업분야에 대한 것이었던 점을 들어, 미국의 해외직접투자를 역무역지향형, 그리고 일본의 해외직접투자를 순무역지향형인 것으로 보았다.

이와 같은 고지마의 분석은 당위론에 치우치고 있다고 할 수도 있으나 투자국에서 비교열위화되고 있는 한계산업으로부터 해외직접투자가 이루어지면, 그것은 피투자국에서 자본, 생산기술 또는 경영능력의 부족으로 이제까지 실현될 수 없었던 잠재적 비교우위를 실현 내지는 강화하고 또한 양국간의 비교우위의 격차를 확대시켜 세계자원의 효율적인 이용과 무역의 확대를 가져다 줄 수 있다는 점을 밝혔다.

제 2 절　해외직접투자이론의 시대적 고찰

제2차 세계대전 후에 다국적기업의 성장과 발전은 전후세계의 경제, 기업경영활동의 구조변화와 궤를 같이 하고 있다. 그리고 제 국가가 미래상을 구축할 때 그 발판이 되는 이론적 배경도 그와 같은 과거 · 현재 · 미래에서의 구조변화에 대한 인식에 의한다.

1. 버논의 수정

다국적기업의 활동에 관한 저명한 프로덕트 라이프 사이클 모델을 버논이 제시한 것이 1966년이었다.[19] 당시의 세계는 미국 주도의 전후세계의 절정기에 있었다. 프로덕트 라이프 사이클 모델은 전후의 세계에 있어서 국제분업을 멋있게 집약한 이론모델이었다.

1979년 버논은 스스로 그 프로덕트 라이프 사이클 모델을 재검토하기에 이르렀다. 모델의 재고에서 그는 i) 자회사 활동의 세계적인 확대, ii) 프로덕트 라이프 사이클 모델을 지탱해 온 미국의 절대적 우위성이 붕괴된 점을 지적하고 있다. 자회사망의 확대로 미국 내에서 신제품이 도입된 시기와 그 제품이 최초의 해외거점에서 생산이 개시되는 시기 사이의 간격이 급속히 단축되고 또 환경조건이 변함으로써 프로덕트 라이프 사이클 모델은 미국경제와 기타 선진제국간의 관계를 설명하기에는 설득력이 결여되었다는 것을 버논은 솔직히 인정하였다.

2. 던닝에 의한 절충

국제생산(직접투자)에 관한 이론구축에 전념해 온 던닝이 현실세계의 변화를 충분히 포용하기 위한 절충론을 1979년에 발표하였다. 여기서 던닝은 현실주의적 입장에서 이론의 절충을 제창하기에 이르러서 현실=국제생산패턴의 변화에 대한 인식을 설명한 부분에 한하여 개관하고자 한다.[20]

(1) 1960년대 초까지 전후 15년간

1960년대 초기까지의 국제생산=해외직접투자의 형태는 특이한 것이었다고 할 수 있다. 그 시기는 미국 일국에 의한 독점의 시대였다. 미국계 다국적기업에 의한 세계 지배를 가능하게 한 전제조건은 i) 제2차 세계대전 전(1939~1945년)에 축적된 기술력 · 경영력의 우위성, ii) 국제수송 · 통신수단의 발달이었다. 그 결과 미국계 다국적기업은 제조업에서 기술집약적이고 제품차별적 고소득을 향

19) Raymon Vernon, "International Investment and International Trade in the Product Cycle," *QJE*, vol. 80(2 May 1960).

20) John H. Dunning, "The Multinational Explaining Changing Patherns of International Production: In Defence if the Electric Theory," *Oxford Bulletin of Economics and Statistics*, vol. 41, no. 4(Nov. 1979), pp. 269~272.

한 소비재산업에 집중되고 자원산업에 있어서는 자본 · 기술집약적 부분에 집중하고, 무역 · 투자면에서도 이들 산업부문이 중심이 되었다. 재외관련 회사의 100% 완전소유형태가 선호되고 100% 소유가 직접투자의 보편적인 형태라고 보고 있다. 그리고 자회사는 모회사의 위성이라고 보고 있다.

(2) 1960년대 초기 이후~1970년대 후반

이 시기에 있어서 최대의 변화는 i) 원투자국(다국적기업 모국)의 다양화이다. 미국 다음으로 구미제국, 일본의 진입이 지적되고 있다. ii) 대외직접투자의 산업별 · 지역별 분포도 변하고 아시아 NICs로의 투자가 현저하게 되었다. iii) 다국적화의 진척도도 높아져서 국제생산은 질적인 변화를 가져와서 소비지생산, 수평 · 수직통합형 투자 등 내용적으로도 풍부해졌다. iv) 무엇보다도 100% 소유가 후퇴한 것이 특징이다. 던닝은 이와 같은 구조변화를 망라하는 이론을 구축하여 기존 이론들의 절충의 필요성을 설명하였다.

3. 펄뮤터의 발전단계

사회공학적 어프로치라는 새로운 관점에서 펄뮤터는 다국적기업의 생성과 발전단계를 다음의 3개 시대로 구분하여 전개하고 있다.[21)]

(1) 세계적 확장의 시대: 1945~1970년

다국적화 현상이 급신장한 이 시기에서는 신속하고 적극적인 국제화가 정상이며 해외사업의 축소와 시장철수는 비정상이라고 보여졌다. 투자모국과 수입국 정부는 모두 다국적기업의 발전을 음양으로 지원해 왔다. 국제경영 그 자체가 세계기업의 발전을 긍정하고 다국적기업의 경영을 지지하며 다국적기업에게는 자유방임의 시대였다.

(2) 일국적 규제의 시대: 1970~1980년대 초기

우선 i) 수입국(특히 개도국)의 현지기업이 다국적기업에 대항하는 세력으로 성장한다. 기업력의 세계적 균형화 현상이 높아진다. ii) 본국과 수입국, 기타 기

---

21) Perlmutter, and D.A. Heenan, *Multinational Organization Development*(Addison-Wesly Publishing Company, 1979), p. 38.

관에 의한 다국적기업의 활동에 대한 우려가 표면화되어 각국별로 규제가 강화된다. 다국적기업은 규제를 배려한 새로운 전략적 대응으로 혼합적 전략을 채택한다. 즉 시장의 선별에 있어서 외부적 이해관계자(external stakeholders)의 권익과 융화될 수 있는 소유형태와 요원배치, 제품개발 등을 입안하고 실시하게 된다.

(3) 다수국적 규제의 시대: 1980년대 초기~1990년대

i) OECD에 의한 다국적기업의 행동헌장의 채택, ii) UNCTAD에 의한 기술트란스퍼에 관한 가이드 라인의 제정, iii) 유엔의 TNCC(다국적기업센터)의 설치, iv) OPEC의 성공 등 현실의 진전 등에 의하여 펄뮤터는 앞으로 도래할 시대는 다수국에 의한 규제의 시대로 이행된다고 예언한다. 여기서 주목해야 하는 것은 앞으로 탈산업주의, 초이데올로기의 시대로의 이행을 추진하는 주요한 주역이 다국적기업이 아니면 안 된다는 것이 펄뮤터의 가치관이다.

4. 로빈슨의 회고

전후의 국제경영사조, 다국적기업관의 변천과 그 시대적 배경을 전망한 논문이 로빈슨에 의해 발표되었다.[22] 동 논문에서 로빈슨은 제2차 세계대전 후부터 오늘에 이르기까지 국제경영계의 발전은 3개의 시대적 변천을 했고 지금 네 번째 시대에 와 있다고 한다.

(1) 제2차 세계대전 후 10년간: 주역 2인의 시대(전후부흥기)

달러 부족으로 상징된 미국 주도의 세계에서는 당연히 신장이라는 일반적 시나리오는 많은 설명을 필요로 하지 않는다. 유리한 환경조건에 있던 미국 다국적기업에게는 세계적인 국제활동을 생각할 필요는 없었고 개별적으로 외국시장의 개척과 유지에 부응하게 되었다. 국가에 의한 관여도 약간은 있었으나 달러를 희구하는 수입국의 호의적 자세로서 미국 기업의 제품은 기본적으로 환영받기 때문이다. 이 시대에는 국제경영인의 경영적 노하우는 제2차 세계대전 전과 종전 직후에 있어서의 경험의 소산에 불과하였다.

22) Richard D. Robinson, "Background Concepts and Philosophy of International Business from World War Ⅱ to the Present," *Journal of International Business Studies*(Spring/Summer 1981), p. 21.

(2) 성장의 시대(1955~1970년) : 주역 3인의 시대

로빈슨의 회상에 의하면, 미국 초기의 국제경영강좌는 1954~1955년 하버드 대학에서 페어웨더에 의한 '해외사업의 경영관리'(managing foreign operation)였다고 한다. 이 1955년경을 계기로 기업에 의한 국제활동의 정치적인 효과와 그 대응에 대한 관심이 높아져 갔다. 다국적기업의 출현은 수입국 정부의 우려를 심화시켰으며, 미국의 기술과 자본면에서의 주도권은 유럽과 일본으로부터 도전을 받게 되었다. 학계에서도 1950년대 후반부터 1960년대 초에 걸쳐 정치리스크에 대한 관심도가 높아졌으나 국제경영관리와 정치학, 조직행동과학을 관계시키고자 하는 노력은 아직 충분치는 않았다.

(3) 미국 국제수지의 적자, 고정환율제도의 철폐

오일쇼크와 세계적 인플레이션의 만연은 국민경제의 상호의존성을 더 한층 보여 주었다. 그 결과 원투자국(모회사 소재국) 정부도 국제경영활동이 가진 경제적 · 정치적 영향에 눈을 떠 국제경영이라는 무대의 주역으로 등장하게 되었다. 각국 정부는 국제경영활동을 기업가와 시장메커니즘이나 개도국 정치가들의 수중에 맡겨 두는 것이 중요한 것이라고 생각하게 되며 OECD제국의 최대의 관심사의 하나로서 국제경영활동의 규제라는 문제가 부상된다. 그리고 정치학자도 다국적기업이 정치적으로 중요하다는 것을 인정하게 된다.

(4) 새로운 국제질서(21세기)

국제경영환경의 변천은 주역 4자의 시대로 끝나는 것이 아니다. 1970년대 중반부터 국제경영활동은 정치화의 색채가 깊어졌다. 환경오염과 에너지, 기업지배 등에 대한 대중의 관심이 높아짐에 따라 투자국과 수입국 정부에 의한 다국적기업에 대한 규제의 소리가 높아졌다. 기업가에게는 그것은 새로운 환경의 도래를 의미하며 다국적기업의 역할과 내용은 변하게 된다. 로빈슨은 이 시대를 탈다국적기업의 시대라고 부르고 다국적기업의 퇴조를 예언하고 있다.

이상으로 5인의 대표적 이론가의 시대인식을 요약하여 검토했다. 그들에게 공통된 것은 다국적기업의 생성과 발전이 시대적 배경에 따라 바뀐다는 점이었다. 그리고 그 발전과정에서 미국형과의 다른 규모와 형태를 가진 다국적기업의 생성가능성이 시사되었다. 프랑코, 미샤레 등에 의한 서구형(영국계 · 프랑스계)

다국적기업에 대한 연구, 요시노 · 고지마에 의한 일본형의 추구, 또한 중진국을 중심으로 하는 개도국형 미니 다국적기업의 발전가능성[23]이 이들 4인을 통하여 명확하게 된 것이라고 생각된다.

따라서 21세기의 과제는 다국적기업의 미래상, 구체적으로는 국제경영환경에서의 한국의 위치와 미래의 방향설정에 대해 검토하는 것이다.

제 3 절 해외투자철수이론

최근 한국기업과 외국기업의 철수가 증가하고 대상지역 및 철수업종의 다양화와 더불어 철수현상을 규명하고 체계적으로 정리하고자 하는 학계의 시도가 점차 높아져 가고 있다.

해외직접투자에 대해서는 지금까지 많은 이론적 설명과 광범위한 연구가 진행되어져 왔으나 해외투자철수에 대한 이론적 규명은 거의 없었던 것이 사실이다. 이는 지금까지 철수 그 자체를 잘못 인식하고, 철수를 단순히 투자의 역으로 생각하는 경향이 많았다는 점과 관련이 있다고 할 수 있다.

1. 윌슨이론[24]

윌슨의 이론은 철수를 기존 사업체에 대한 미래 현금흐름의 현재가치로서 결정할 수 있다고 보았다. 즉 철수의 가치(자회사의 매각가치)가 모회사측에서 판단하는 자회사 가치를 상회하게 되는 시점으로부터 그 철수는 타당성을 갖게 된다는 것이다. 여기서 자회사의 가치는 해당 자회사에 관련하여 발생하는 현금흐름을 자본비용으로 할인한 현재가치로 측정할 수 있으며, 자회사관련 현금흐름이란 해당 자회사의 활동뿐만 아니라 이와 관련하여 기업조직 전체에서 발생하는 현금흐름의 합계를 의미하며 철수가치는 철수할 기업의 자산을 처분했을 때

23) Lomis T. Well Jr., "Foreign Investment from the Third World: the Experience of Chinese Firms from Hong Kong," *CJWB*(Spring 1978).
24) B. D. Willson, "Divestment of Foreign Subsidiaries" (UMI Research Press, 1980).

취할 수 있는 금액, 즉 사업체의 매각가치를 뜻한다. 이와 같은 관계를 식으로 나타내면 다음과 같다.

$$\sum_{t=1} - \frac{CF_t}{(1+K)^t} < \text{철수가치}$$

CF : 장래 예상되는 해당 자회사와 관련된 현금흐름
K : 적용할인율
T : 사업의 경제적 수명

위의 부등식이 성립될 경우에는 철수가 정당화되지만 실제로는 이러한 상황에도 불구하고 철수가 발생하지 않을 수 있는데, 윌슨은 이를 철수장벽의 존재로 설명하고 있다. 철수장벽 중 하나는 자회사가 소유하고 있는 기술의 특성이나 자회사에 투입된 고정자산과 운전자본 등의 특수성과 관계 있는 경제적 요인이며, 또 다른 장벽은 해당 자회사에 대한 기업 전체 시스템의 의존도가 높은 경우에 발생하는 것으로 자회사가 모기업은 물론 다른 자회사들과 상호보완적인 관계에 있는 경우이다. 그러나 가장 결정적인 장벽은 철수를 가급적 회피해 보려는 자회사측 경영자의 방어적 태도 때문인 것으로 나타나고 있다.

투자철수 장벽의 존재를 고려했을 때 당해 자회사의 투자철수 확률은 투자철수를 촉진하는 요인들(현금흐름의 감소 또는 할인율의 증가)과 철수를 방해하는 요인들(특수한 자산의 소유, 자회사에 대한 의존도, 최고경영자의 태도)의 함수로 다음과 같이 타나낼 수 있다.

$$Pd = f(CF, k, I, SA, CMG)$$

Pd : 사업체의 철수가능성
CF : 사업체의 현금흐름
k : 사업체의 할인율
I : 사업체간의 상호의존성
SA : 해당 사업체의 특수자산 보유수준
CMG : 경영시스템 내에서의 상충되는 목표의 존재

위에서 살펴본 철수결정 모델은 철수현상을 체계적으로 잘 설명하고 있으나 다음과 같은 점에서 일반적 이론으로 인정하기에는 미흡하다고 하겠다.

첫째, 해외투자철수의 형태 중 자발적인 투자철수만 고려하고 있다는 점에서 이론으로서 한계점이 있다. 즉 비자발적 철수인 경우 현금흐름 접근법에 의한 이 모델은 적용하기가 불가능하다.

둘째, 자발적 투자철수라 할지라도 전략적 투자철수 현상을 설명하기가 어렵

다. 즉 다국적기업의 경우 어느 정도의 영업실적이 있다고 할지라도 그룹 전체의 전략이나 중점자산을 보호하기 위해서 또는 타 지역으로 투자를 이전하기 위해서 자회사를 처분할 수도 있기에 전략적 철수의 경우 설명하기 어려운 점이 있다.

셋째, 철수결정 모델을 현실에 적용하는 데 있어서 대위변수의 선택과 자료상의 제약으로 검증이 어렵다.

2. 윌렌더이론

윌렌더(H.W. Wallender Ⅲ)는 투자철수가 해외투자의 역이 아니며 그러한 철수가 갖는 특징을, 설정할 때와는 달리 대체안의 부재, 보통은 실패로 끝나고 사기문제를 유발함, 기업 이미지의 손상 및 전문가의 필요성 등으로 지적한다. 그리고 이러한 특징들 때문에 적당한 정책과 능력이 없는 기업이 투자철수를 하려면 추가비용(extra cost)이 들게 된다고 한다.

그는 기존의 철수모형과 새로운 모형을 그림을 통하여 제시하고 있다. [그림 7-5]는 기존의 철수모형을 나타내는 것이며 [그림 7-6]은 새로운 모형을 나타낸다. 먼저 [그림 7-5]에 의하면 첫 번째의 성장단계(growth stage)에서는 만족스러운 실적 때문에 철수를 고려하지 않으며, 두 번째의 정체단계(static)는 실적평가 기준에서 문제점을 인식하여 임시적인 개선책을 실행하지만 문제는 점점 커지는 단계이다. 세 번째는 반전단계(turn around stage)로서 모기업의 경영자까지 문제의 자회사를 구제하려고 개입하며 상황의 완전한 검토 없이 많은 자원을 계속해서 투입하지만 개선되지는 않는다. 따라서 결국 네 번째 단계에서 철수를 하게 된다.

이러한 시나리오를 제거하는 데는 자세의 변화가 요구된다. 즉 투자철수를 단순히 영업의 실패로 보지 않고 환경, 기업목표 또는 능력의 변화에 적응하기 위한 기회로서 인식해야 한다. 즉 투자철수를 자원으로부터 완전한 가치를 얻어내는 유용한 도구로서 인식한다는 것이다. 또한 미래의 철수상황을 가능한 한 빨리 인식하여 철수하기까지의 시간을 단축해야 자원의 낭비가 없는 경제적인 투자철수가 이루어지게 될 것이다.

[그림 7-6]은 이러한 접근방법에 의한 철수단계를 나타내고 있다. [그림 7-5]와는 달리 성장단계 끝부분에서 미래의 철수상황을 예고(flagging)하고 상황이 악화되기 시작하는 시점에서 철저한 분석(analysis)을 하여 악화의 반전단계를 거

그림 7-5 기존의 고비용 철수주기

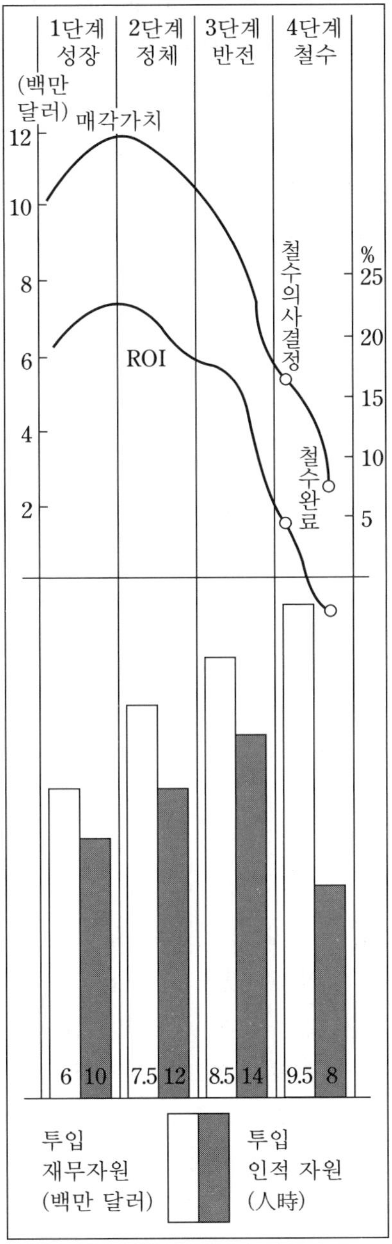

그림 7-6 FAST 철수프로그램

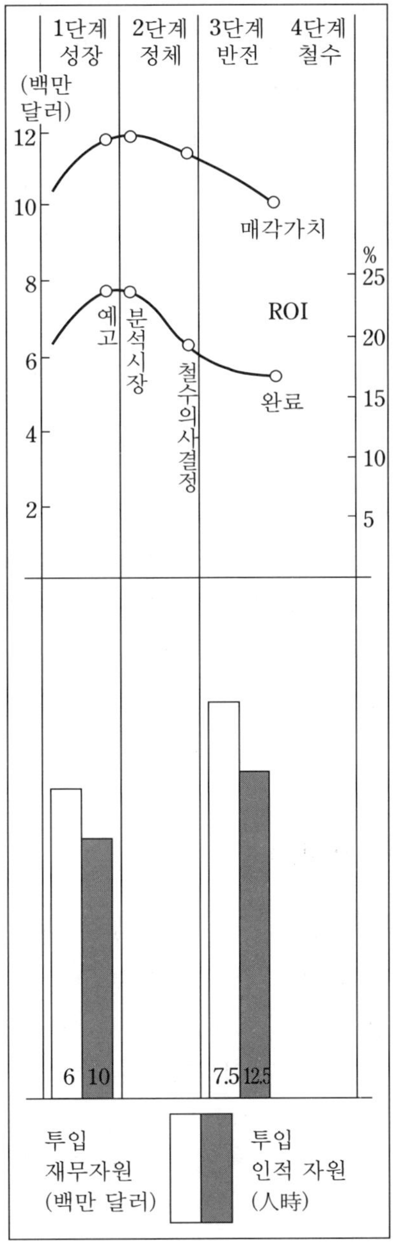

자료: H.W. Wallendar Ⅲ, "A Planned Approach to Divestment," *Columbia Journal of World Business*(Spr. 1973), pp. 34~36.

치기 전에 투자철수 결정을 내리게 된다. 월렌더는 이러한 과정을 예고(Flagging) - 분석(Analysis) - 분리(Separation) - 완료(Termination)라 하여 각각의 머리글자를 따서 FAST 철수프로그램이라고 하였다. 여기서 분리란 조직의 안정과 사기를 유지하기 위하여 자회사의 영업에 책임이 없는 전문적인 투자팀을 구성하는 것을 의미하며 실제로 철수를 행하게 되는 것을 완료라 하였다.

월렌더는 이러한 FAST 프로그램의 전제조건을 다음과 같이 들고 있다.

첫째, 모든 사업단위에 획일적인 지침이나 유인(incentives)이 설정되어서는 안 된다. 각 요소는 전체의 자원프로그램에 특별한 문헌의 관점에서 고려되어야 한다.

둘째, 회사의 주인의식과 적극적인 사내 의사소통 및 협조에 의하여 경영자들이 경쟁보다는 협력해서 일하도록 북돋우어져야 한다.

셋째, 환경이나 회사의 능력이 변화하면 매년 혹은 격년간의 계획이 즉시 변화 혹은 재평가될 수 있도록, 동적 예산(dynamic budgeting)과 계획과정이 필요하다.

넷째, 별개의 계획상황에 대한 훈련과 적응을 위해서 인사관리가 변화되어야 하며 공동의 의사결정이 고무되어야 한다. 즉 계획, 예고(flagging) 및 투자·철수과정을 충분히 이해할 필요가 있다.

다섯째, 철수프로그램과 실제과정에 몰두해서 주요한 역할을 담당할 스탭(staff)을 위한 특별한 유인제도(incentives)와 계획이 필요하다.

3. 보데윈이론

해외직접투자 현상을 설명하려는 이론들은 수없이 많으나 각각의 이론들은 해외직접투자의 결정요인을 부분적으로만 설명할 수 있을 뿐이다. 그 중에서 절충이론은 비교적 보편성을 갖는 이론으로 인식되고 있다. 해외직접투자철수현상에 대해서는 주로 의사결정과정에만 관심이 집중되어 왔으며 철수동기 등도 체계적인 이론은 정립되어 있지 않고 부분적인 나열에만 치우쳐 왔다.

그러나 보데윈[25]은 던닝의 절충이론을 역으로 해외투자철수에 적용시킬 수 있는가를 분석하였다.

절충이론에 의하면 기업특유의 우위, 내부화 우위 및 입지특유의 우위가 있

---

25) J.J. Boddewyn, "Foreign Direct Divestment Theory: Is It the Reverse of FDI Theory?" *Weltwirtschaftliches Archiv*, vol. 119, No. 2(1983), pp. 345~355.

어야 해외직접투자가 존재하게 되며 이들 중 어느 하나라도 충족되지 못하면 현지법인의 부분적인 혹은 완전한 철수가 일어나게 된다.

따라서 절충이론적 관점에서 볼 때 해외투자는 다음의 세 가지 조건하에서 발생하게 된다.

첫째, 타국기업에 대한 순경쟁적 우위가 상실되었을 때

둘째, 또는 이 순경쟁적 우위를 계속 보유하고 있을지라도 계속해서 자기기업 내에서 내부화하는 것이 타 외국기업에 판매하거나 계약을 맺는 것보다 더 이상 유리하지 않을 때, 즉 자국기업이 내부화하는 것보다 타 외국기업에 판매하거나 기술계약을 맺는 것이 유리할 때

셋째, 해외에서 내부화된 순경쟁적 우위를 활용하는 것이 더 이상 유리하지 않을 때, 즉 수출로 해외시장을 충족시키고, 국내생산으로 국내시장을 충족시키거나, 둘 중에서 하나 혹은 양자 모두를 포기하는 것이 더 유리할 때 해외투자철수가 발생하게 된다.

따라서 해외직접투자이론과 투자철수이론의 차이점은 전자가 절충이론의 세 가지 조건을 동시에 만족시켜야 하는 「AND」이론인 반면, 후자는 그들 중에 한 가지라도 충족되지 못할 때 발생한다는 뜻에서 「OR」이론이라 할 수있다.[26]

4. 거시적 철수이론

일본형의 해외직접투자는 모국에서 비교열위에 있는 중소기업에 대한 투자가 많아서 현지국에서 생산여건의 변화가 오면 신속하게 적응하지 못하는 단점을 지니고 있다.

즉 임금이나 에너지 등의 생산요소가 상대적으로 비싸지는 경우에 그러한 여건의 변화에 적응하려는 노력을 열심히 하는 대신 쉽게 다른 지역으로 옮길 수 있는 산업(foot-loose industry)으로서의 특성을 지니고 있다.

일본형의 해외직접투자는 현지국과의 격차가 크지 않은 기술이 수반되기 때문에 여타국의 경쟁기업으로부터 도전을 받게 될 가능성이 많다. 뿐만 아니라, 현지국의 기술습득이 비교적 용이하여 현지기업이 바로 진출기업의 경쟁자로 등

26) 그러나 A.M. Rugman은 "사실상 해외직접투자(혹은 실패)에 세 가지 조건 모두가 상호관련되어 있으므로 그것들을 투자철수에 대한 개개의 설명조건으로서 분리한다는 것은 불가능하다"고 주장한다. A. M. Rugman(ed.), *New Theory of Multinational Enterprise*(N.Y., 1982), p. 15, quoted in *Ibidd.*, p. 348.

장할 가능성도 높기 때문에, 일단 기술이전이 끝났다고 판단되면 철수를 고려하지 않을 수 없게 된다.

일본형 해외직접투자의 이런 현상은 한국의 대중국투자에서도 많이 나타나고 있지만, 최근에는 대기업의 투자도 빈번하기 때문에 일본형 해외직접투자를 설명하는 일반적 이론은 아니라고 생각된다.

연구 과제

1. 이자율격차율을 설명하시오.
2. 맥도갈 · 캠프이론을 논하시오.
3. 독점적 우위이론을 논하시오.
4. 프로덕트 라이프 사이클이론을 설명하시오.
5. 과점이론을 설명하시오.
6. 전략적 상호작용이론을 논하시오.
7. 체제론적 관점의 국제경영이론을 제시하시오.
8. 국제경영이론을 시대별로 논하시오.
9. 다음의 용어에 대하여 설명하시오.
   1) 내부화이론
   2) 절충이론
   3) 기업발전단계이론
   4) 자원부존이론
   5) 무역보완론

제 8 장

해외직접투자와 철수

사례연구 ▶ Global 500대 기업

도시바(TOSHIBA)

1 Web Site

http://www.toshiba.com

2 회사개황

1) 도시바의 탄생

— 창업 1875년 7월

— 창립 1904년 6월

2) 도시바의 성장과정

1875년 나카 히사시게, 도쿄 · 신바시에 전신기 공장을 창설

1921년 세계의 전구 6대 발명의 하나 '이중 코일 전구'를 발명

1959년 첫 트랜지스터식 TV를 완성. 첫 전자렌지를 개발

2004년 세계 최소의 0.85형 지기 디스크장치를 개발. 캐논 주식회사와 공동으로 차세대 엷은 틀 디스플레이 'SED'를 개발

3 규 모

— 자본금 2,749억 엔

— 자산 총액 2조 6,431억 엔

— 종업원수 30,810명

— 연간 매상고 2조 8,163억 엔

— 발행제주식 총수 32억 1,902만 주

— 주주수 479,808명

4 사회공헌활동 등의 CRS 환경

지구 전체를 볼 때, 지역의 룰이나 문화를 존중해 행동기업이 사회적 책임을 이루어 가는 것의 중요성이 더욱 더 커져, 한층 더 그 필요성이 요구되는 시대에 살고 있다. 세계에서 사업을 전개하고 있는 도시바 그룹에 있어서는, 각각의 나라나 지역에 있고, 법령이나 사회규범을 준수하는 것과 동시에, 사회나 환경에 적극적으로 공헌하는 것으로써 사회로부터의 신뢰를 획득해 나가는 것이, 기업으로서 지속적인 성장을 이루어 가는 데 있어서 불가결하다라고 생각한다. 글로벌인 시장을 대상으로 한 기업경영은, '지구 내 기업'이라고 하는 의식으로 진행해야 한다. 1980년대에 주재하고 있던 독일에서는, 당시부터 환경에 대한 관심이 강하고, 환경을 의식한 행동이 요구되고 있었다. 그 후 주재한 미국에서는, 기업도 커뮤니티를 구성하는 일원

이며, 좋은 기업시민으로서 행동하는 것이 당연한 룰이라고 하였다. 세계 전체를 보면서, 지역마다의 요구나 룰, 역사, 문화를 근거로 하고 기업활동을 실시하는 것의 중요성을 강하게 인식하고 있다.

'사람과 지구의, 내일을 위해서'

○ 사람을 소중히 합니다. 풍부한 가치를 창조합니다. 사회에 공헌합니다.

도시바 그룹의 CSR 활동은, 이 그룹 경영이념과 행동기준을 성실하게 실행하는 것으로써 사회로부터 신뢰 받는 것이다라고 생각하고 있다. CSR를 경영의 중요한 기둥의 하나로서 평가해 법령준수, 인권, 환경, 고객만족, 사회공헌 등 CSR에 관련하는 제 활동을 체계화해, 조화를 가진 형태로 진행하고 있다.

사회로부터 신뢰를 얻기 위해서는, 우선 기업활동이 공정해야 한다고 말한다. 도시바 그룹은 모든 사업 활동을, '생명 · 안전'과 '법령의 준수'를 최우선으로 하는 것을 방침으로 하고 있다. 전 세계의 모든 그룹 회사와 종업원이 이 방침에 근거해 행동하는 것으로써, '사람을 소중히 하는 기업', '공정하고 성실한 기업'인 것에 노력하고 있다.

도시바 그룹은 이 글로벌 · 컴팩트의 정신에 근거해, 환경에서의 선행적인 이니시아티브를 발휘하는 것과 동시에, 중국 · 아시아를 중심으로 한 아이들의 교육에의 지원, 디지털 · 데바이드의 해소에의 공헌, 유니버설 디자인의 추진, 재해 · 재해지에의 지원 등에 힘을 쓰고 있다.

5 도시바의 관리체제

이사회는 이사 14 명 중 사외이사 4명에 이사회장 1 명, 사내 출신의 감사위원(상근) 2명을 더한 7명이 집행을 겸하지 않는 체제가 되고 있다. 각 위원회를 구성하는 이사의 과반수는 사외이사로 지명위원회와 보수위원회의 위원장은 사외이사가 맡고 있다.

법령상 위원회 등 설치회사의 지명위원회는 이사의 선거해임의안의 내용을 결정하지만, 도시바에서는 지명위원회가 집행역 사장과 각 위원회 위원의 선거해임의안의 책정도 실시한다고 하는 독자적인 설계를 하고 있다.

도시바의 한국진출

도시바는 2001년 한국에 진출하여 PC 사업본부, VM 사업본부를 두고 활동하고 있다. 자본금은 27억 원으로 약 80명의 사원이 근무하고 있다.

6 도시바의 국제경영전략

(1) 디지털 프로덕츠(products) 사업
(2) 전자 디바이스 사업
(3) 사회 인프라 사업
— 3사업을 평가해 높은 성장성과 안정적인 수익성을 양립할 수 있는 경영을 목표로 하고 있다.

디지털 프로덕츠(products) 사업에서는 모바일, 무선 솔루션 전략의 수행과 유비쿼터스 시대에 대응한 상품의 적극적인 투입에 의해, 글로벌로의 톱 그룹의 지위의 확립을 목표로 하고 있다.

7 글로벌 네트워크

진정한 국제기업으로서의 도시바를 실현하기 위해, 현지화를 적극적으로 진행시키고 있다. 예를 들면, 미국, 유럽, 아시아, 오세아니아, 중국의 각각 각 지역을 단체 관람하는 현지법인이나 통괄기구를 설치해, 현지 생산체제를 시작해 연구개발이나 판매 · 서비스, 사회공헌까지를 컨트롤하고 있다.

각 시장의 요구에는 각 시장에서 대응할 수 있는 사업전개를 실행해, 지역과의 조화를 소중히 하면서 지역과 함께 발전을 목표로 하는 기업으로서 도시바는 확실한 걸음을 계속하고 있다.

도시바는 해외에 10개소의 국제조달 거점을 설치해, 해외로부터의 자재조달의 확대를 도모하고 있다. 또, 해외 자회사의 자재부문도 강화하는 등, 현지조달을 적극적으로 행하고 있습니다. 게다가 도시바는 구입뿐만이 아니라, 판매의 국제화에도 임하고 있다. 중국에 현지법인을 설립하여, 지역에 밀착한 활동을 전개하고 있는 것이, 그 좋은 예이다. 유럽에서는 경제통합의 움직임에 호응해 판매 · 광고활동도 유럽 전체 단위로 실시하고 있으며, 아시아, 아랍, 남미의 각지에서도 현지의 실상에 맞는 사회 인프라 사업을 하고 있다.

제 1 절 해외직접투자의 개념과 형태

1. 해외직접투자의 정의

기존 문헌에서의 정의를 살펴보면 해외직접투자[1]는 대부분이 간접투자와의 상대적 개념에 의해 정의되고 있는 기존 정의들은 공통적으로 해외기업(foreign enterprise)에 대한 "통제권"(control)의 존재를 직접투자의 요건으로 하고 있다.

이 중 대표적인 정의들을 살펴보면 다음과 같다.

① Ragazzi 한 국가의 거주자(resident)가 "실질적 통제권"(effective control)을 갖는 해외기업에 대한 투자분.[2]

② Root "경영에 대한 통제권"(managerial control)을 갖는 해외기업에 대한 장기지분투자(long-term equity investment).[3]

③ Kozima(小島) 해외기업의 "경영과 이익에 대한 통제권"(control over management and profits)을 주목적으로 하는 자본이동.[4]

이 밖에도 여러 정의들은 경영에 대한 "통제권" 혹은 "실질적 통제권"의 유무를 기준으로 직접투자와 간접투자를 구별하고 있는데, 구체적으로는 어느 정도의 소유비율이 이들 "통제권"을 확보하게 하는가에 대한 언급은 없다. 따라서 직접투자의 개념을 파악하기 위해서는 투자한 해외기업이 "정책설정에 있어 상당한 역할을 하려는 의도"(the intention of playing a major role in the direction of policies)가 있고 없음에 따라 투자증권이 갖는 시장성(marketability), 수익(income yield), 세금상의 유리성(tax advantage), 환율전망(exchange rate prospect), 원금에 대한 안전성(safety of principal) 등을 고려대상으로 하는 간접투자(portfolio investment)와 구별하여야[5] 한다.

---

1) 池淸, 「外國人直接投資論」(고대출판부, 1975.)

2) G. Ragazzi, *Theories of Direct Foreign Investment*, p. 223.

3) F. Root, *International Trade and Investment*(Cincinnati Ohio: South-Western Publishing Co., 1978), p. 509.

4) K. Kozima, *Direct Foreign Investment-A Japanese Model of Multinational Business Operation* (New York: Praeger, 1978), p. 57.

5) Y. Hu, *The Impact of U.S. Investment in Europe*(N.Y.: Praeger Publisher, 1973), p. 1.

2. 해외직접투자의 형태

(1) 소유비율에 의한 분류

외국투자가가 소유하는 지분(equity)의 정도에 따라 직접투자를 구분하는 경우, 크게 외국투자자가 100% 지분을 갖는 단독투자와 현지투자자와의 합작투자로 구분된다.

합작투자는 외국투자자가 지분의 과반수를 차지하는 외국인 다수비율투자(majority foreign-owned joint venture)와 양측이 각각 50%를 점하는 공동합작투자(coowned joint venture) 그리고 외국투자자가 50% 미만의 지분을 갖는 외국인 소수비율투자(minority foreign-owned joint venture)로 세분된다.

(2) 투자자에 의한 분류

지분의 100%를 외국인이 투자하는 외국인 단독투자 외에 지분의 일부를 외국투자자가, 나머지는 현지투자자가 갖는 국제합작투자(international joint venture), 이 때 현지투자자가 투자 대상국 정부인 혼합형 국제합작투자(mixed international joint venture), 현지투자자의 참여 없이 각각 다른 국적의 외국인 투자자들간의 외국인 국제합작투자(foreign international joint venture)로 합작투자를 분류하고 있다.[6)]

이상의 분류에 해당되지 않는 합작형태로 각각 다른 국적을 가지는 둘 이상의 외국투자자와 현지투자자간의 다국적합작투자(multinational joint venture)가 있다.[7)]

(3) 투자방법에 의한 분류

어떠한 방법에 의해 투자를 하는가에 따라 다음과 같이 분류할 수 있다. i) 기존 현지기업의 경영에 참여하기 위하여 주식을 인수하거나 그 기업을 매입하는 방법, ii) 100% 지분을 갖는 해외자회사를 신설하거나 새로운 합작투자에 참여하는 방법, iii) 영업활동을 위한 실물자산의 취득방법으로 분류할 수 있다.

---

6) J. Tomlinson, *The Joint Venture Process in International Business*(Cambridge, Mass: The MIT Univ. Press, 1970), pp. 5~9

7) 池淸, 「外國人直接投資論」(고대출판부, 1975), p. 27.

3. 해외직접투자와 다국적기업

기존 연구들을 보면 조작적 정의(operational definition)에 의해 다국적기업을 선정한 뒤 이들 기업들의 해외직접투자를 분석하는 것들이 대부분이었고 이들 두 개념에 대한 구분이 명확하지 못하였다. 따라서 이들 두 개념에 대한 연구는 사실상 같은 방향으로 진행되었다고 할 수 있다. 최근 들어 행위(act)로서 직접투자에 대한 관심에서 이러한 투자를 행하는 제도로서 다국적기업을 강조하는, 기업이론의 확장에 의한 연구방향이 나타나고 있어[8] 이들 두 개념이 갖는 관계성을 명확히 할 필요가 있다.

던닝은 다국적기업을 넓게 정의하여 "해외직접투자에 참여하는 기업"이라 하였고 해외직접투자는 "해외생산을 위해 재원조달"로서 파악하고 있다. 또한 미국 상무성도 미국의 다국적기업을 단순히 "해외직접투자를 행한 기업"으로 정의하고 모기업 및 해외자회사를 포함하는 개념으로 인식한다.

이상과 같이 다국적기업을 넓게 정의할 때 모든 해외직접투자는 다국적기업에 의해 수행되어진다고 할 수 있으나 다국적기업은 직접투자라는 "행위의 주체"로서, 직접투자는 "행위 그 자체"로서 인식되어져야 한다.

따라서 주체로서 다국적기업의 조직, 의사결정과정 등의 특성을 중심으로 하는 연구는 일본 기업의 경우 현지생산 자체로서는 채산성이 없을 때에도 수출활동 연장이나 보완을 목적으로 해외에 투자하는데 이는 일본에서 생산된 제품이나 부품, 원재료, 기자재의 수출을 통해 수익을 얻고자 하기 때문이라 하였고, Kozima도 저이윤율을 일본 투자의 특징으로 들고 이를 "해외투자의 dumping"으로 부르고 있는데, 이는 수출로부터의 전환압력에 따른 것이라 볼 수 있다.

Yoshino는 자본집약도가 높은 제조업체들은 수출을 전제로 규모를 결정하였기 때문에 수출시장의 위협에 대응하는 해외투자시 이들 투자기업의 이익률보다는 일본 내 시설의 규모의 경제를 계속 유지할 수 있는 생산품수출이 주목적이 되고 있다고 지적하였다.

---

8) J. H. Dunning, *International Production and Multinational Enterprises*(London; George Allen and Urwin, 1981), p. 78.

제 2 절 해외직접투자의 특징

1. 미국형과 일본형의 특징

(1) 미 국 형

해외직접투자 활동에 있어서는 미국의 비중은 압도적이다. 미국 다국적기업의 주요 활동분야는, 첫째는 석유 및 동과 같은 자원산업으로 전 세계에 걸쳐 개발 · 생산 · 수송 · 제련 · 판매를 다같이 행하는 거대한 수직적 기업 내 통합에 의해 세계전략을 수행한다. 둘째의 활동분야는 화학, 전기기계, 일반기계, 수송 기계산업 등의 기술우위를 갖는 산업들이다. 셋째의 특징은 완전소유의 자회사에 의한 진출을 선호한다는 점이다. 이를 통해 투자수입국에 인클레이브(enclave)를 형성하게 되는데, 기술 및 경영의 비밀보장 등 세계전략의 수행을 위해서는 불가결한 것이다.

결국 이러한 미국형 해외직접투자의 특징은 거대한 독점체 내지 과점체를 형성하는 것을 의미하여, 기업성장론 내지 산업조직론의 측면에서는 정당화되지만 진출 상대국의 이익이라든지 자국의 노동자의 입장 등은 무시된다.

(2) 일 본 형

일본의 해외직접투자는 자원개발, 제조업 그리고 상업과 은행 등 서비스의 세 분야에 대체로 비슷하게 안배 · 진출되고 있다.

첫째로, 자원개발에 있어서는 최소한의 개발참여, 즉 생산물 분할방식(production sharing) 등과 같은 비주식취득방식(nonequity arrangement), 또는 10~30% 정도의 자본참여 등의 방법을 택한다. 따라서 미국형과 같은 완전소유지배의 자회사 개발형태가 아님은 물론 기업 내 수직통합을 도모하지도 않으며 장기구입계약을 주축으로 해서 일본에의 수입을 유리한 가격으로 안정적으로 확보하려 한다. 이러한 역외조달(offshore supply)에 있어서의 '개발수입 → 장기계약' 방식은 자원민족주의의 물결이 거센 오늘날의 국제정치환경에서는 좋은 자원확보방책이 된다.

둘째로, 제조공업투자는 주로 개도국에 대해 단순기술로 상대국이 쉽게 습득할 수 있는 산업과 중소기업 형태를 취한다. 그런데 처음에는 상대국과의 경영과 기술격차가 적은 노동집약형으로서 상대국이 어느 정도 비교우위를 갖는 산업에서 시작, 점차 고도의 중간재 내지 기계공업으로 단계적 산업이식을 해 나간다. 기술 및 경영지식의 상대국에의 파급효과가 높다는 점도 있지만 일본형 해외투자란 전형적인 무역지향형 해외수직투자라는 특징을 갖는다.

셋째로, 일본의 해외직접투자는 자원개발에 있어서나 제조업분야에 있어서나 미국형과 같은 완전소유지배가 아니고 합작형태를 선호한다. 그리고 또 다른 특징은 대부분의 경우 일본 제조업자가 20~30%, 상사가 15~25%를 각각 출자하고 나머지를 상대국 업자가 출자하는 방식과 같이 상사를 반드시 업고 진출한다는 점이다. 이런 일본형의 특징은 우리나라 기업의 해외진출에 대해서도 시사하는 바가 크다.

2. 지역적인 집중현상

다국적기업의 해외진출은 지역적 집중현상을 보인다. 제2차 세계대전 전에는 선진국으로부터 후진국으로의 수직적 형태가 주류를 이루었다. 그런데 전후에는 다국적기업의 네트워크가 전 세계적으로 확대되었을 뿐 아니라 그 활동의 대부분이 선진국에서 이루어지고 있다. 즉 제2차 세계대전 후 미국과 독일의 대선진국 투자비율은 각각 73%, 76%를 보이고 있으며 영국의 선진국투자도 50%에 달하고 있어 해외직접투자 잔액의 2/3는 선진국으로 행해지고 있음을 알 수가 있다. 이와 같은 현상은 전후에 진전된 경제수준 등 사회구조와 제도상의 유사성이 다국적기업구조의 진전을 촉진하였기 때문이라고 풀이되나 21세기에는 세계경영전략으로 인해 다양한 진출을 보이고 있다.

3. 특정 산업에의 집중현상

세 번째의 특징은 다국적기업화가 특정 산업에 집중되는 점이다. 물론 해외직접투자의 중심을 이루던 첨단산업의 비중은 여전히 높지만 최근 직접투자의 현저한 특징은 제조업에 대한 직접투자가 그 중심을 이룬다는 점이다. 즉 연구집약적 산업, 자본집약도가 높은 산업 그리고 제품차별화가 강한 산업에 집중되는 경향이 있는데, 그 대표적인 것이 IT · 전자 · 자동차 · 컴퓨터 · 의약품 등의 제

산업이다.

4. 과점적 대기업에의 집중

네 번째의 특징은 광의의 다국적기업의 수는 많지만 직접투자는 거대기업에 집중될 뿐 아니라 거대기업의 대부분이 모국에 있어서나 진출국에 있어서나 과점기업이라는 점이다. 전형적인 협의의 다국적기업은 이와 같은 거대한 규모(예컨대, 연간매출 100억 달러 이상)를 갖는 것으로서 하이머(S. Hymer)는 이에 대해 다음과 같이 표현하고 있다. "결속력 · 정보 등 현대기술에의 접근력, 전 세계를 커버하는 네트워크, 장기적인 예측력 등에 의해 한 나라의 정부와 같거나 또는 그 이상의 행동과 힘을 갖는 경우가 많다. 이론적으로는 기업은 국가의 주권 아래서 사업을 영위하는 인격체이지만 많은 경우 정부의 현실적인 힘(power)이란 다국적기업과 비교할 경우에 주권국가라기보다는 1개 시 · 군 정도에 불과하다."

5. 글로벌화와 산업의 공동화

기업이 세계경영을 추진할 때 정부는 우려의 반응을 나타내기도 하는바, 그 중 하나가 늘 반복적으로 외치는 "궁지에 처한 주권"(Sovereignty at Bay)론으로서, 국경을 초월하는 세계경영은 정부의 권한 밖으로 벗어나고 국가적 동질성과 충성심이 사라지는 거대기업이 된다는 이미지 때문이다. 최근에는 기업세계화가 국가의 산업기반을 공동화시킨다는 우려까지 나오고 있다. 기업들이 생산시설을 비용이 낮은 지역으로 옮겨감으로써 높은 임금을 받는 직장이 줄어 들어 정부는 산업기반의 쇠퇴, 실업증가, 실질임금의 감소 등의 문제를 안게 된다는 것이다. 그러나 이러한 우려를 뒷받침할 만한 증거가 있는 것은 아니다.[9]

첫째, 실제로 정부는 아직도 국내에 신규공장을 설립하려는 외국기업에 대해서는 물론 국내기업에 대해서도 계속 큰 권한을 행사하고 있다.

둘째, 노동비용이 생산비에서 차지하는 비중이 감소함에 따라 비관론자들이 우려하는 것처럼 산업공동화가 발생하는 것이 아니라 오히려 지역세계화 전략이 촉진되고 있다.

---

9) W. Ruigrok and R. van Tulder, *The Logic of International Restructuring*(London: Routledge, 1995), pp. 156~159.

셋째, 고도의 인력자원과 높은 생산성을 유지하는 지역에 대한 투자는 감소하는 것이 아니라 오히려 증가하고 있다.

넷째, 세계의 어떤 기업도 앞에서 말한 의미에서 진정한 세계화나 국경 없는 기업이 된 적이 없고 또한 그들이 이런 근본적인 변화과정에 있다는 조짐이 없으며 오히려 기업은 일반적으로 모국과 강력한 연관성을 지니고 있다.

제 3 절 글로벌기업의 해외투자전략

1. 자산거래의 내부화

외국투자기업의 궁극적인 투자목표인 이윤극대화를 달성하기 위해 전개하는 구체적인 투자전략은 다국적기업이 주어진 투자환경을 어떻게 평가하는가에 따라, 그리고 다국적기업이 소유하고 있는 '기업고유의 자산'의 성격, 산업의 성격, 국제경쟁의 양상, 기업 국제화의 방법, 시장판매전략 등에 따라 달라진다. 다국적기업은 우선 기업의 경영목표를 달성하기 위한 투자목적(strategic objectives)를 설정하고, 이를 수행하기 위한 수단으로 자산거래를 내부화하거나 국제조업(international operation) 네트워크를 구축한다. 자산거래를 내부화하거나 네트워크를 구축하여 거래비용을 축소시키고 '조직의 학습'(organizational learning) 능력과 혁신능력을 제고하려는 것이다. 다국적기업이 가지고 있는 기업고유의 경쟁자산(firm-specific advantage)을 시장을 통해 거래하기보다는 기업 내 거래를 하는 경우 '자산거래의 내부화'에 따르는 이익(internalization advantage)이 극대화되고 전유성(appropriateness)이 제고되는 반면, 내부화된 조직의 규모가 커짐에 따라 환경변화에 대한 적응력은 감퇴할 가능성이 있다. 반면 네트워크 형태로 자산거래를 '내부화'하는 경우 자산거래에 관한 '시장실패'와 내부화된 조직이 지니게 되는 '조직의 타성(organizational inertia)을 동시에 극복할 수 있게 된다.

어쨌든 이윤극대화의 필요조건은 자산거래를 내부화하고, 피투자국의 '입지여건상 우위(locational advantage)를 최대한 활용하는 것이라고 할 수 있다.

2. 부가가치사슬의 공간적 재배치

투자목적을 달성하기 위해서 다국적기업은 먼저 본국과 해외 중 어느 곳에 투자할 것인가를 결정한다. 일단 해외투자를 결정한 후에는 어느 나라의 입지여건이 가장 나은가를 결정한다. 입지여건 중 가장 중요한 것은 시장규모와 자원, 토지, 노동력, 자본 등과 같은 생산요소의 가용성이라고 할 수 있다. 즉 다국적기업의 행태에 영향을 미치는 요소는 투자대상지역의 입지우위(locational advantage)이라고 할 수 있다. 따라서 투자활동에 유리한 입지여건이 어느 나라에 더 잘 갖추어져 있는가를 파악하여, Porter가 말하는 부가가치사슬(value-added chain)을 구성하는 여러 활동을 여러 나라에 어떻게 분산 배치할 것인가를 결정하는 것이 다국적기업이 당면하는 투자전략과제가 된다.

다국적기업은 부가가치활동을 공간적으로 재배치할 때, 수평적 형태나 수직적 형태로 결합한다. 수평적 결합은 서로 다른 '부가가치사슬'[10]의 유사한 단계를 결합하는 것이고, 수직적 결합은 같은 부가가치사슬의 여러 단계를 결합하는 것이다. 앞에서 언급하였듯이 다국적기업이 부가가치활동을 공간적으로 재배치할 때 중요한 고려사항이 되는 것은 특정 지역의 경쟁우위(locational competitive advantage)이다. 특정 지역의 경쟁우위가 중요한 것은 생산투입요소의 이동이 완전히 자유롭지는 않기 때문이다. 금융자산의 경우 이동이 비교적 자유로운 반면 자본재의 경우는 '매몰비용'(sunk cost)으로 인해 자유로운 이동이 쉽지 않다. 특히 인적 자본의 경우에는 정치적 · 사회적 이유로 인해 지역간 이동이 매우 어려운 형편이다. 따라서 다국적기업이 부가가치활동을 범세계적으로 전개하기 위

10) 부가가치사슬은 부가가치 창출활동을 분류하는 수단으로서 주요한 활동(**primary activities**)과 보조적 활동(**support activities**)으로 구성된다. 주요한 활동에는 부품생산, 조립, 납품, 마케팅, 사후 서비스 등을 포함시킬 수 있으며, 보조적 활동은 주요한 활동의 각 부문에 영향을 주는 활동으로 R&D, 조달, 인력관리, 기업경영 등을 포함시킬 수 있다.

〈부가가치사슬〉

부품생산	조 립	납 품	마 케 팅	사후 서비스(A/S)
조달, R&D, 인력관리, 기업경영				

다른 기업에 대해 경쟁우위를 확보하기 위해서는 부가가치사슬을 구성하는 여러 활동을 낮은 비용으로 수행하거나 다른 기업과는 차별화된 방법으로 수행할 수 있어야 한다. 따라서 경쟁우위를 확보하기 위해 다국적기업은 부가가치사슬에 해당되는 각종 경제활동을 여러 나라에 분산·배치한다. 특히 부가가치사슬은 국가간에 분산·배치함으로써 다국적기업은 부가가치활동의 범위를 지역적으로 확대하는 데에 따르는 범위의 경쟁력(**competitive scope**)을 확보할 수 있게 된다.

해 부가가치 네트워크를 구축할 때, 지역적 제약요인을 감안하지 않을 수 없다.

이와 같은 맥락에서 다국적기업은 비교적 이동이 자유로운 자본과 지역적 제약을 받는 노동생산요소와 기술하부구조를 어떻게 효율적으로 결합할 수 있는가 하는 문제에 직면하게 된다.

3. 체계적 · 축적적 활동

그런데 다국적기업의 투자활동은 일회적 현상으로 끝나지 않는다. 다국적기업은 해외생산활동을 위해 단순히 일회적으로 기술과 자금을 제공하는 것이 아니라, 부가가치활동을 범세계적으로 재배치하고 연계하는 '경제활동 시스템'(economic system)을 구축하고 이를 지속적으로 유지한다. 따라서 다국적기업의 활동은 종종 유기적인 생산 · 기술 네트워크 형태로 추진된다. 이와 같이 다국적기업이 기업활동을 유기체적 관계로 결합하는 이유는 기업간에 기술을 거래하는 시장이 존재하지 않거나 시장실패가 있기 때문에 기술거래를 '내부화' 하는 데에서도 발견할 수 있지만, 그보다는 기술과 자본의 '축적적' (cumulative) 성격과 '경로 의존적' (path dependent) 특성에 있다고 할 수 있다.

이와 같은 맥락에서 다국적기업은 부가가치활동을 공간적으로 재배치하면서 기술과 자본의 체계적 · 축적적 특성을 최대한 활용하고자 한다. 기술과 자본이 체계적 · 축적적 특성을 갖는 경우에는 기술의 창출과 활용이 서로 다른 과제로 다루어질 수 없기 때문이다. 서로 다른 생산기술을 활용하는 기업들이 자신의 고유기술을 소유하면서 상호 협력과 경쟁을 유도하는 다국적기업의 활동은 투자와 기술을 국제적으로 축적하는 과정이며, 어떤 면에서는 산업사회의 성장을 유지하는 원동력의 일부로 작용한다고 할 수 있다.

제 4 절 해외투자철수의 개념 및 동기

1. 해외투자철수의 개념

어느 현지국(host country)에 설립된 해외자회사가 현지에서 사업활동을 하는 동안 기업의 내적 또는 외적 요인에 의해 모국(home country)으로 투자금액을 회수하거나 현지에서 폐업 또는 제3국으로 사업활동을 이전하는 경우가 있다. 이를 해외직접투자철수(Foreign Direct Divestment: FDD)라고 한다. 기존 문헌의 대표적인 정의를 살펴보면 다음과 같다.

(1) 보데윈과 토네덴(Boddewyn & Torneden)

적극적(active)인 해외직접투자에 있어서 소유비율(ownership percentage)의 자발적 또는 비자발적 감소로서 현지정부의 수용(expropriation)과 국유화(nationalization)뿐만 아니라, 적극적 사업활동의 완전 또는 부분적인 판매나 청산(liquidation).[11]

(2) 샤키데브(Sachdev)[12]

현지국(host country)으로부터 적극적인 해외투자의 자발적 혹은 비자발적인 철수(withdrawal).

(3) 솔로몬(Solomon)[13]

해외자회사의 완전소유에서 부분적인 소유로의 전환 또는 현지인에로의 완전한 이전.

11) J. J. Boddewyn & R. L. Torneden, "U.S. Foreign Divestment: A Preliminary Survey," *Columbia Journal of World Business*(Sum. 1973), p. 26.

12) J. C. Sachdev, "Disinvestment: A New Problem in Multinational Corporation Host Government Interface," *Management International Review*, vol. 16, No. 3(1976. 3), p. 24.

13) L. D. Solomon, *Multinational Corporation and the Emerging World Order*(N. Y., London: Kennikit Press Co., 1978), pp. 112~113.

(4) 그런버그(Grunberg)

사업활동의 폐업, 완전 또는 부분적인 판매, 수용(expropriation) 또는 국유화(nationalization).

이상의 정의에서 '적극적'(active)이란 해외직접투자의 사업활동이 재화나 용역의 생산을 위해 현지인을 고용하는 것을 말하며, 현지국(host country)에 명백한 경영상의 이해관계를 갖지 않는 기업, 즉 조세회피나 법적인 규제조치 등에 대항할 목적으로 설립된 '비적극적'(inactive)인 기업은 제외된다는 것을 의미한다. 또한 '자발적'(voluntary) 투자철수란 사업실적의 부진, 사업전망의 악화, 불리한 환경조건, (당초의) 잘못된 투자, 전략적 혹은 경영적 적합성의 부족, 인적·물적 자원의 불충분, 다른 다국적기업의 문제, 잘못된 경영, 잘못된 사업습관 그리고 심지어 피투자국에 대한 편견 등에 의해 자발적으로 철수하는 것을 의미한다. '비자발적'(involuntary) 투자철수란 현지정부에 의한 수용(expropriation), 국유화(nationalization) 또는 내국화(localization) 등으로 인한 강제철수를 의미한다.[14)]

이상과 같이 해외투자철수에 관한 여러 가지 정의가 있으나 그 내용에 있어서는 거의 일치하고 있다. 즉 적극적인 사업체만을 그 대상으로 하고 있고 자발적 혹은 비자발적 철수를 모두 포함하며 사업체의 완전 또는 부분적 매각 및 청산을 의미한다.

2. 해외투자철수의 동기

기업이 해외사업활동을 철수하는 데는 여러 가지 이유가 있겠으나 크게 기업내부적 동기와 기업외부적 동기로 구분할 수 있다. 기업내부적 동기란 당해 기업의 필요에 의한 경영정책의 변화로 철수하거나 사업능력부족 또는 외부의 불리한 환경에 대해 대처해 나갈 수 있는 능력의 부족 등을 의미하며, 기업외부적 동기란 당해 기업이 외부환경을 구조적으로 감당할 수 없어 철수하게 되는 경우를 말한다.

이러한 내부적·외부적 동기는 경제적인 것과 비경제적인 것들로 나눌 수 있으나 완전 독립적인 구분은 불가능하고 많은 동기들이 서로 밀접한 관계를 갖고 있어 혼합된 형태로 나타난다.

14) J. C. Sachdev, *op. cit.*, p. 25; J. Chopra, J. J. Boddewyn, and R. L. Torneden, *op. cit.*

(1) 기업내부적 동기

1) 경제적 동기

① 자회사의 실적부진 매출액 감소, 원가절감의 실패

② 모기업의 경영악화와 다른 자회사의 실적부진

③ 전략적 고려 특정 제품의 폐기, 생산입지의 변경, 사업업종의 변경, 모기업의 유동성 확보

④ 당초 의사결정의 오류 사전조사의 실패

⑤ 다른 국제경영대안(예: 수출 · 라이센싱 · portfolio investment)의 상대적 유리

2) 비경제적 동기

① 기업조직적 문제 모기업과 자회사간의 의사소통의 부족, 모기업의 자회사 통제능력 부족

② 자회사 경영자의 능력부족

③ 모기업 혹은 자회사 경영자의 부정

④ 투자유치국에 대한 편견

⑤ 전략적 적합성의 부족 다국적기업의 전체 시스템에 부적합

⑥ 관리적 적합성의 부족 자회사의 소규모로 인한 모기업 경영자의 관심부족 및 추가지원의 회피

⑦ 자회사의 모기업 관련회사와의 경쟁 모기업이 중간재를 공급하는 기업과 자회사의 경쟁

⑧ 현지 파트너와의 마찰

⑨ 노조의 압력 임금인상요구, 종업원 해고 반대, 경영참여 요구

⑩ 현지파견 인원의 훈련부족

(2) 기업외부적 동기

1) 경제적 동기

① 외부사업환경의 악화 기술변화 · 소비자기호 및 소득의 변화, 생산요소가격의 상승, 미래전망의 악화

② 현지시장의 규모축소

③ 현지정부의 산업구조 개편정책

④ 현지정부의 규제 　 공해방지시설 설치요구, 국산화비율 제고요구, 본국으로의 송금제한, 지분참여 비율제한

⑤ 환율변동

⑥ 합작파트너의 능력부족

⑦ 외국기업들에 의해 경제적으로 위협받는 현지기업들의 정치적 영향력

⑧ 비효과적인 법률시행

2) 비경제적 동기

① 현지정부의 정치적 국유화 또는 내국화 정책

② 현지의 민족주의(nationalism)

③ 현지정부 또는 단체에 대한 뇌물공여의 회피

④ 정치적 불안과 사회적 혼란

⑤ 내란과 무력충돌

⑥ 본국정부의 정치적 압력 또는 제한

⑦ 본국노조의 요구

⑧ 현지노조의 요구

⑨ 사회적 · 문화적 마찰의 증대

그 외에도 동남아 진출과 같이 경쟁기업이 진출함에 따라 유행처럼 해외로 진출했다가 성공을 거두지 못하고 철수하는 경우도 있다.

그러나 거의 같은 상황에서도 철수하지 않는 잔존기업들이 있을 수 있다. 이러한 잔존기업들의 비철수동기는 대체로 5가지로 나누어 볼 수 있다.

첫째, 대부분의 철수기업들이 미래에 대해 비관적인 전망을 하는 데 반해서 잔존기업들은 낙관적인 전망을 한다는 점이다.

둘째, 문제의 자회사가 전체 기업시스템의 일부이기 때문에 이 자회사를 철수시킬 경우 시너지효과(Synersism)를 감소시킨다는 점이다. 어느 한 자회사의 철수로 인해 기업의 지역(국가) · 제품다양화 전략의 위험분산효과를 감소시킬 수 있고 다른 자회사나 모기업과 연구시설, 지역본부, 인력, 장비 기타 서비스 부문 등을 공유하고 있었을 경우 그들에게 부담이 가중된다는 점이다.

셋째, 자회사의 투자철수로 인해 현지정부나 국민뿐만 아니라 본국과 다른 나라에서의 기업과 상표이미지가 손상될 수 있다. 따라서 매출감소, 기업가치(주가)의 하락, 재무적 평판의 악화 등을 초래하기도 한다.

넷째, 투자철수를 결정했다 하더라도 실제로 그 시행이 불가능할 때가 있다.

예를 들어 구조적 철수장벽(structural exit barriers)이 존재하는 경우, 철수로 획득하는 자금의 더 나은 사용대안이 없는 경우 또는 현지정부가 자회사 매각대금이나 누적이익 등의 송금을 제한하는 경우 등을 들 수 있다.

마지막으로, 행위이론적 동기를 들 수 있다. 즉 해외투자의 경우와 마찬가지로 해외투자 철수도 꼭 경제적이고 합리적 동기에 의해 발생하지는 않는다. 철수에 대한 근본적인 불쾌감, 경영실패를 인정하지 않으려는 경영자의 아집이나 새로운 경영자의 취향 등으로 인해 문제의 자회사가 계속 존속되는 경우도 있다.

3. 해외투자철수의 형태

해외투자철수는 크게 두 가지로 분류되는데 자발적 투자철수(voluntary divest- ment)와 비자발적 투자철수(involuntary divestment)이다.

(1) 자발적 투자철수

자발적 투자철수란 원칙적으로 기업 스스로의 결정하에서 발생하는 투자철수로 기업외부의 요인은 배제되는 상태이다.

기업 자체의 영업활동실적, 현지국의 투자여건 변경, 자원합리화(rationalization), 포트폴리오 등이 발생의 주요인이 되며 특히 자원합리화와 포트폴리오에 의한 철수는 '적극적 투자철수' 라 하기도 한다.[15)]

자원합리화는 철수산업 부진에 의한 것이 아니고 오히려 사업발전을 목표로 하는 합리화에 있는 것이다. 즉 투자자원을 모국으로 철수시키는 것이 아니라 최초 투자국에서 철수와 함께 제3국으로 이전해서 투자하는 것이다. 따라서 이것은 경제효율을 높이는 가장 전략적인 철수라고 할 수 있다. 포트폴리오(portfolio)에 의한 투자철수는 기업의 전략적 차원에서 투자한 기업자산의 재분배를 위한 것이다. 또한 해외투자에서 라이센싱이나 경영계약으로 전환하기 위해 철수를 하는 경우도 있다.

(2) 비자발적 투자철수

비자발적 투자철수란 해외투자기업의 재산이 현지국에서의 공산주의, 민족

15) Michael Z. Brooke, and H. Lee Remmers, *International Management and Business Policy* (London: Houghton Mifflin Company, 1978), p. 62.

주의, 토지개혁 그리고 경제혁명 등에 의하여 강제적으로 국유화, 몰수 또는 압류되는 것을 말하며 강제철수(forced divestment)라고도 한다.[16]

이 방법은 소유권과 경영, 기술에 대한 통제권 확보를 위해서뿐만 아니라 현지국의 정치 · 경제의 목적을 달성하기 위한 정책도구로 이용되기도 한다. 그리고 현지국의 강제 정도에 따라 수요에 의한 강제철수와 잠행성 수용에 의한 강제철수로 구분할 수 있다.

1) 수용에 의한 강제철수 수용에 의한 강제철수는 현지국에 의한 몰수, 유상의 재산이전, 강제매각 등에 의해서 발생하는 철수로 정의된다. 이 경우 기업은 현지정부에 여건완화의 교섭, 모국정부에의 원조요청 등의 손실회피의 행동을 전략적으로 추진할 수 있는 여지가 있다.

국제경영의 전개에 있어서 경제내셔널리즘에 의한 획일적인 반대운동이 있는 것은 아니며 지역, 국가, 산업, 개인기업의 성격에 따라 그 강제철수의 정도는 다르게 나타난다. 기존의 실증분석에 의하면 아랍제국의 경우, 사회주의 국가인 경우에는 강제철수의 비율이 높게 나타났다. 또한 기술수준이 특히 높은 산업은 현지국이 독자적으로 기업을 운영할 능력이 없으므로 수용에 의해 강제철수당할 위험이 적으며, 섬유나 식품가공산업과 같이 기술수준이 표준화된 산업에서도 강제철수당할 위험이 적으며, 기술수준이 중간수준일 때 강제철수의 위험이 높은 것으로 나타났다.[17] 또한 개인기업별로는 본사가 원료공급경로나 자회사 제품의 판매망을 확고히 관리하고 있는 기업 또는 고도의 기술이나 전 세계적으로 강력한 상표(brand)를 가진 기업은 수용에 의한 강제철수의 위험이 적은 것으로 나타났다.

2) 잠행성 수용에 의한 강제철수 이는 현지화 요청이 현저하게 자사의 방침과 모순된 경우에 특정 사업행위를 포기하는 형태의 철수이다. 즉 잠행성의 조세, 외국인 투자비율의 제한, 경영지배의 현지화 요청, 자회사에 불리한 수출체제, 기술이전에 관한 극단적인 계약규제, 현지국의 국영기업과 불공정한 경쟁 등의 현지정부에 요청이 그 자체로서는 직접적으로 철수를 강제하는 것이 아니더라도 이들 요청이 자사경영전략의 전개를 불가능하게 하였을 경우에 부득이 기업의 매각, 청산 등을 이행하게 된다.[18]

---

16) Michael Z. Brooke, and H. Lee Remmers, *op. cit.*, pp. 63~64.

17) D. G. Bradley, "Managing against Expropriation," *Harvard Business Review*(July/August 1977), pp. 78~92.

18) J. J. Boddewyn, "Foreign and Domestic Divestment and Investment Decision: Like or Unlike?," *Journal of International Business Studies*(Winter 1983), pp. 27~30.

즉 국제경영전략에 대응하여 발생하는 철수형태이다. 또한 현지국에서의 전쟁이나 정정불안에 의한 경우도 포함된다. 이것은 특정국에 대한 강제적 수용이 아니고 기업측이 정치조건의 변화를 보면서 의식적으로 폐쇄 또는 매각하기 때문이다.

연구 과제

1. 해외직접투자란 무엇인가?
2. 다국적기업의 해외직접투자를 설명하시오.
3. 미국형 해외직접투자와 일본형 해외직접투자를 논하시오.
4. 글로벌기업의 해외투자전략을 논하시오.
5. 글로벌화와 산업의 공동화를 논하시오.
6. 해외투자철수란 무엇인가?
7. 다음의 용어에 대하여 설명하시오.
   1) 부가가치사슬
   2) 글러벌화 수준
   3) 해외투자철수의 동기
   4) 해외투자철수의 형태
   5) 간접투자

제 4 부

국제금융환경

제 9 장 외환과 환위기관리

사례연구 ▶ Global 500대 기업 / 월마트(WALMART)

제 1 절 환율의 종류

제 2 절 환노출관리의 의의

제 3 절 환노출 대응방안

제10장 국제금융시장과 인터내셔널 뱅킹

사례연구 ▶ Global 500대 기업 / GM

제 1 절 대외자금조달

제 2 절 국제금융시장

제 3 절 유로커런시시장

제 4 절 국제금융센터

제 5 절 인터내셔널 뱅킹

제 9 장
외환과 환위기관리

사례연구 ▶ Global 500대 기업

월마트(WALMART)

1 Web Site

http://www.walmart.com

2 월마트의 연혁

1) 샘 월튼

월마트의 창시자, 창업주인 샘 월튼. 할인소매업의 마술사 샘 월튼은 장사꾼의 영혼을 타고났다. 그는 잡화 할인점 운영을 시작으로 소매업에 뛰어들었고, 1962년에 월마트를 세웠다. 작은 할인점이었던 월마트는 1992년 월튼이 사망할 무렵 430억달러 규모의 거대 체인점으로 성장했고, 그의 뒤를 이는 새 경영진은 월튼의 사업철학과 그가 이루어 놓은 기업문화를 바탕으로 2002년 월마트를 최고의 수익을 거두는 기업으로 만들었고, 현재까지 월마트는 FORTUNE지가 매년 선정하는 GLOBAL 500기업에 4년 연속 1위를 고수하고 있다.

2) 월마트의 연혁

1962년	미국 로저스에 샘 월튼에 의해 월마트 매장 최초로 설립
1970년	월마트의 물류센터 최초로 오픈
1984년	David Glass CEO로 발탁
1987년	유럽의 하이퍼마켓을 모방하여 하이퍼마트 출점
1991년	멕시코에 최초의 해외매장 오픈
1995년	브라질과 아르헨티나 매장 오픈
1997년	미국 최대,최고의 할인점이 됨-1,920개 디스카운트 스토어, 443개 샘즈클럽, 441개 슈퍼센터
1998년	최초로 1억 달러의 매출 달성 초과-전체 1억 5백만 달러의 매장이익 달성
1999년	국제적으로 5억 5천 1백만 달러의 매장이익 달성 영국의 ASDA그룹 인수 포춘지 선정 '전 세계 가장 존경 받는 기업' 중 7위 파이낸셜타임지 선정 '전세계 가장 존경받는 기업' 중 9위
2000년	H. Lee Scott를 CEO로 선정 포춘지 선정 '전 세계 최고 100개 기업' 중 80위
2001년	포춘지 선정 '미국에서 가장 존경 받는 기업' 중 3위
2005년	포춘지 선정 GLOBAL 500 기업 1위

3 월마트 현황

지금은 올해 2005년부터 RFID 기술을 이용하고 있다. RFID의 의미는, 주파수를 통한 인식 시스템이라고 말할 수 있다. 편의점 가서 물건 살 때 Bar code를 찍고 있는데, 그걸 Pos 시스템이라고 하며 200미터 앞에서 찍을 수 있는 기술이다.

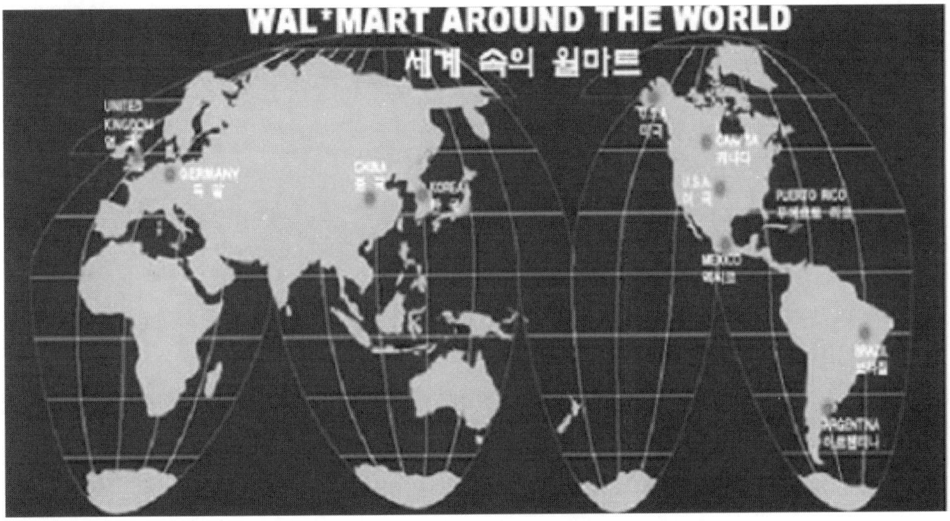

4 월마트의 성장과 성공과정

1970년대 후반과 1980년대 눈부신 속도로 성장하여 1990년대에 세계 최대의 소매기업이 된 월마트는 K마트와 마찬가지로 창업시에는 잡화점 체인으로 시작했다. 즉, 제이씨페니사의 사원으로 근무한 경험이 있는 샘 월튼은 1945년 아칸사스주 뉴포트에 벤 프랭클린 잡화점 체인을 개점했다. 그는 이듬해인 1946년 동생인 제임스 월톤과 동업했으며 베네온빌로 자리를 옮겨와 1962년까지 15개의 벤 프랭클린 가맹점을 경영하였다. 그즈음 샘 월튼은 새로이 번성하기 시작하는 할인점에 흥미를 갖게 되었으며 시골지역에서도 할인점이 성공할 수 있을 것이라고 확신하고 벤 프랭클린 본사에 할인점을 개점할 것을 제안하였다. 그러나 본사에서는그의 제안을 거절하였고, 1962년 그는 제임스 월톤과 함께 아칸사스주 로저스에 월마트 디스카운드 시티(Wal-Mart Discount City)라는 이름의 할인점을 개점하였는데, 이것이 바로 오늘날 세계 최고 소매업체가 된 월마트사의 제 1 호 점포가 되었다.

1960년대까지 월마트는 보잘것없는 시골지역 무명 할인점 체인에 불과했으며, 월마트 스토어즈(Wal-Mart Stores)사라는 이름으로 법인화환 1970년 당시 18개 점포망을 소유했고, 4,400만 달러의 매출액을 실현했을 뿐이었다. 그러나 1970년대에 들어서면서부터 월마트는 상상하기 힘들 만큼 빠른 속도로 끊임없이 성장해 왔으면 현재까지 20여 년 간 매출액과 순이익에 있어 단 한 번도 감소한 적이 없다.

매출액만 놀랄 만한 속도로 성장한 것이 아니다. 순이익 증가속도는 더욱 놀랄 만한 일이어서 1970년대 10년 동안 41배 증가했고 1980년대에도 31배 증가하였다. 이렇게 하여 최근 20년 동안 월마트의 매출액은 1,000배 증가하였고 순이익은 1,600배 증가하였다.

월마트는 이제 전 세계에 매장을 갖고 있는 세계 최대의 글로벌 유통기업이 됐다. 월마트와 동 시대에 출현했던 기업들이 수도 없이 명멸해 가는 중에서도 월마트는 꾸준히 고속성장을 거듭해 왔다.

5 월마트의 성공요인

월마트가 지향했던 핵심적인 가치는 크게 두 가지로 나눌 수 있다. '고객 제일주의'와 '동료주의'이다.

첫째, 월마트의 직원들은 항상 고객이 원하는 상품을 원하는 시점에 합리적인 가격으로 제공한다는 원칙, Every Day Low Price 정신을 직원들이 공유하고 있었다. 월마트가 경쟁사보다 5%가량의 원가 우위를 가질 수 있었던 것도 입지조건이나 물류체계와 같은 시스템적인 요소뿐만 아니라 고객을 최우선시하는 회사철학이 바탕이 되어 있었기에 가능했다.

둘째, 또한 '손실량 감축제도'를 통해 손실량을 줄이는 데서 얻은 이익을 동료들과 공유함으로써 직원 모두 이익을 나눌 수 있게 한다. 이러한 동료주의에는 시간제 직원들도 예외가 아니다. 매장의 수익목표가 달성되면 시간급 직원들에게도 이익을 분배한다.

이처럼 월마트는 솔선수범하는 경영진과 '동료'들의 합심으로 40년 동안 연평균 15%의 성장을 달성하며 세계 최대의 기업으로 우뚝 설 수 있었다. 오늘날 많은 기업들이 월마트의 성공요인을 분석하고 이를 배우고자 노력하고 있는데, 이들의 성공 이면에는 그들을 성공으로 이끌게 한 기업문화가 존재했음을 절대로 잊지 말아야 할 것이다.

6 월마트 경영철학

【한 번에 한 상점을 생각하라】 우리가 이토록 커진 것은 고객들이 우리를 계속 생각하게 해주고, 서비스를 향상시키며, 쇼핑을 하는 고객에게 보다 도움이 되는 일들을 계속해 나가야 함을 경영진이 지시를 내린다고 해서 되는 일이 아니며 한 상점 한 상점, 한 부서 한 부서, 한 고객 한 고객, 한 동료 한 동료 차원에서 그 일을 해야 하는 것이다.

【의사를 소통하고, 소통하고, 소통하라】 만약이 당신이 월마트의 시스템을 하나의 아이디어로 집약하려고 한다면 우리의 성공을 가능한 진짜 열쇠 중의 하나일 것이기 때문이다. 이는 지금도 정보가 생명이듯이 한 회사 내에서 회의를 걸쳐 좋은 방법이 나왔다 하더라도 고객접견 부서에까지 도달하는 데 2-3일이 걸린다면 좋은 방법은 쓸모없어져 버릴지도 모른다.

【여론에 귀를 기울이라】 직접 본인이 육안으로 확인하고 거기서 아이디어를 찾았다고 샘 월튼은 이야기한다. 여기서 샘월튼은 컴퓨터는 당신이 판매한 10%까지 말해 줄 수는 있지만 결코 당신이 얼마나 팔 수 있을지는 말해주지 않는다고, 직접 본인이 확인하고 느껴야만 함을 알 수 있다.

【책임—아울러 권한도—을 전적으로 부여하라】 회사가 커져가면 갈수록 우리에게는 최전선, 즉 매대에 물건을 쌓고 고객들에게 이야기를 하는 부서장들에게로 책임과 권한을 옮겨간다는 것이 점점 더 중요함을 얘기한다.

【아이디어를 끓어오르게 하라】 이는 위의 책임감이 부여되면서 고객을 위해서, 매출신장을 위해서 등의 생각을 하며 이를 실천에 옮기게 하므로 풍부한 아이디어를 발상케 하는 것이 회사의 발전을 가져온다.

【조직을 빡빡하게 유지하라, 관료주의와 싸워라】 급속도로 성장하는 회사 또는 규모가 큰 회사일 경우 중복되는 부분은 생기게 마련이고, 또한 우리가 더이상 필요로 하지 않는 업무영역이 생기게 될 것이다. 이 문제에 대해 항상 생각해야 한다. 안전한 미래를 보장하기 위해서, 관료주의는 자기 자신의 중요성을 강조하기 위해 자기 주위에 대규모의 스텝을 구축하려는 경향이 있는데, 작게 생각하는 동시에 우리가 항상 경계를 게을리하지 않는 또 다른 것이 바로 지나친 자만이다. 자신이 하는 일에 자부심을 가질 필요는 있지만 그것을 작게 보이게 할 수 있는 방법을 아는 것이 중요하다.

7 월마트의 글로벌 경영전략

— 월마트의 경영전략은 확실히 남다른 부분이 있다. 월마트는 3가지 측면에서 그 시대의 다른 기업보다 혁신적인 면모를 갖고 있었다. 이 세 가지는 경쟁업체보다 더 저렴한 가격, 효율적인 물류관리 시스템, 철저한 고객만족주의로 요약된다.

① EDLP(Everyday Low Price) Policy: 저가정책

월마트가 저가정책을 써서 할인판매점으로 성공한 것은 누구나 다 알고 있다. 그러나 그 저가정책은 누구보다도 철저하다. 월마트는 상품을 구입할 때 중간도매상을 철저히 배제하고 생산자에게 직접 구매하며 그것도 대량구입을 통해 매입가격을 대폭적으로 저렴하게 하여 구입한다.

또한 전 세계를 통하여 산지가격 동향을 체크하여 지구상에서 가장 저렴한 원료를, 인건비가 싼 곳에서 가장 가격경쟁력을 갖춘 상품으로 매장에 투입한다. 그리고 임대료와 인건비를 절감하기 위하여 대도시 중심지보다는 도시 외각에, 대도시보다는 소도시에 판매장을 설치한다. 또한 수개의 할인판매점이 있는 근처에 소규모의 창고를 두어 물류비용을 절감하며 신속히 배달이 되도록 한다. 상품의 회전율을 높이고 팔리지 않는 상품의 재고부담을 줄이기 위하여 재고관리의 전산화를 철저히 한다. 월마트 자신만이 전산화하는 것이 아니고 월마트에 판매하는 제조업체까지 전산화하여 월마트에서 어떤 제품이 얼마나 팔리고 재고가 얼마나 있는지 즉시 알 수 있어 적시에 적량을 생산 공급할 수 있도록 한다. 이렇게 하기 위하여 월마트 전용 인공위성을 3개나 소유할 정도이다.

② 효율적인 물류관리 시스템과 유통 시스템(월마트의 전반적인 유통 시스템)

— QR(Quick Response) 시스템의 구축
— 하이테크를 활용한 검품 시스템
— 상품공급 시스템
— 크로스 도킹 배송 시스템
— EDI~POS 시스템, 스캐너 자동발주 시스템

등이 있다. 인공위성 시스템도 큰 공헌을 한다고 볼 수 있다.

창업자 샘 월튼의 선구안도 무시할 수 없다. 그는 소매점의 성공 여부가 효율적인 물류 시스템 구축에 있다고 보고 설립 초기부터 막대한 투자를 아끼지 않았다. 70년대 월마트가 구축한 크로스 도킹(cross-docking) 배송 시스템도 그 중 하나다.

이 시스템은 상품이 열차나 트럭에서 회사 운송차량으로 곧바로 옮겨지게 하고 컨베이어 벨트에 의해 자동 분류됨으로써 신속하고 저렴한 배송을 가능하게 했다. 물건을 쌓아두기만 하는 기존의 창고와는 완전히 다른 개념으로 물류혁신의 계기를 마련했던 것이다.

③ 인간 중시 경영

월마트에서는 회사사원을 직원이라고 부르지 않고 associate, 즉 동업자 또는 친구라고 불렀다. 창업자 샘 월튼은 사망하기 수년 전까지도 매년 전국의 판매점을 순회하면서 판매사원에게 지시하기보다는 그들로부터 의견을 청취하였고 그것을 경영에 반영하였다.

월마트는 또 어떤 기업보다 먼저 종업원들에게 이익배분과 스톡옵션을 제공한 것으로 유명하다. 심지어 매장의 수익목표가 달성되면 시간급 직원에게도 이익을 분배한다. 월마트는 근속연수와 성과에 연동시켜 액면가로 주식을 매입하게 하며, 전 구성원이 시가의 70% 이하로 주식 매입을 하도록 하고 있다. 근속연수 10년 이상된 종업원의 경우 10만 달러에서 3백만 달러까지 이익을 얻는 사례가 비일비재하다.

제1절 환율의 종류

최근 원화가치가 급격하게 변하면서 환율이 국제경영활동에 큰 영향을 미치고 있다. 환율은 이론적 환율과 현실적 환율로 나눌 수 있는데, 이론적 환율이란 대외가치척도 또는 순수교환비율로서 현실적으로 적용되는 환율의 기준이 될 수 있는 환율을 말하며, 현실적 환율이란 이론적 환율을 기초로 하여 현실적 · 구체적으로 결정되고 외환거래에 직접 적용되는 환율을 일컫는다.

1. 이론적 환율

환율이 어느 수준에서 결정되는가, 또 무엇에 의하여 변동되는가를 구명하는 것을 환율이론이라고 할 수 있으며, 여기에는 많은 학설이 있겠으나 크게 세 가지, 즉 국제대차설, 구매력평가설, 외환심리설로 구분할 수 있다. 이 세 가지 학설은 반드시 상호 대립된다고 볼 수는 없으며 각각 환율결정의 일면을 강조하는 것으로서 상이한 화폐제도(금본위제, 관리통화제도)하에서 당시의 시대적 배경을 특색으로 하고 있는 점이 서로 다르다고 할 수 있겠다.

(1) 국제대차설(balance of international)

이것은 상당히 역사가 깊은 학설로서 영국의 고센(G. J. Goschen)에 의하여 주장되었으며, 19세기 후반에서 제1차 세계대전에 이르기까지 각국이 금본위제도를 채택하고 있던 시대에 일반적인 지지를 받았었다.

고센에 의하면 환율은 외환시장에 있어서의 수요와 공급에 의하여 결정된다. 즉 하나의 '상품'으로 볼 수 있는 외국화폐의 자국통화로 표시한 가격이 바로 환율이므로 일반상품과 같이 그 상품에 대환 수요공급으로서 결정된다는 것이다. 그리고 이 수요와 공급을 결정하는 가장 큰 요소가 국제대차관계라는 것이다. 만약에 이 문제를 A, B 두 나라에 국한시키고 어느 특정 시점에 양국간의 채권 · 채무가 균형되어 있다고 한다면 환율의 변동은 있을 수가 없다. 그러나 A국이 B국에 대하여 채권보다 채무보유가 더 많다면(국제수지흑자) 채무상환을 위하여 B국통화에 대한 수요가 커질 것이고, 따라서 B국통화의 가격(A국 통화표시환율)은 상승하게 되는 것이다. 그러나 금의 자유로운 수출입이 허용되는 금본위제하에서의 이러한 환율의 상승은 금가격에 수송비를 합한 금액(금수출점)을 초과하지는 않는다.

이상과 같이 고센의 학설은 국제수지, 특히 무역수지를 중요시하고 있는데, 이 외에도 환투기 등의 심리적 요인, 화폐의 구매력, 금리격차에 의한 자본이동 등도 환율변동의 요인이라고 인정함으로써 많은 지지를 받을 수 있는 이론적인 요소를 내포하고 있었다. 따라서 동 학설은 제 1 차 세계대전까지 환율결정에 관하여 거의 정설로 생각되어졌으나, 금본위제도가 관리통화제도로 이행함에 따라 동 학설은 환율의 결정과 변동을 설명하기에는 이론적인 무리가 있는 것으로 이해되고 있다.

(2) 구매력평가설(theory of purchasing power parity)

스웨덴의 카셀(G. Cassel)이 체계화시킨 구매력평가설에 의하면, 외국화폐에 대하여 일정한 자국통화 표시가격을 지급하는 것은 외국화폐가 당해 국가에서 재화와 용역에 대한 구매력을 가지고 있기 때문이며, 이 같이 각국 화폐가 지니는 대내적인 구매력의 국제적 비율이 구매력평가인데, 이 평가에 의하여 환율이 결정된다는 것이다. 즉 이 학설은 자국과 외국의 구매력평가를 통하여 환율변동의 기준을 제시하고자 한 것으로 환율의 등락이 결코 국제대차의 변화에 의한 것이 아니고 타국과 비교한 그 국가의 화폐의 구매력이 변동하였기 때문이라는 것이다.

구매력의 변동은 현실적으로는 물가의 상승 또는 하락으로 나타난다. 간단한 예를 들어보자. A, B 양국간의 자유무역이 행하여지고 있고 기준시점의 물가수준도 동일하며 1 : 1의 환율이 성립하고 있었다. 그런데 일정기간 후 A국에서는 물가지수가 100에서 200으로 급상승하는 한편, B국의 물가지수는 A국에 비해 다소 완만한 100에서 150으로 상승하는 데 그쳤다고 하자. 그러면 A국통화의 구매력은 기준시점의 1/2로 하락한 반면, B국통화의 구매력은 기준시점의 1/1.5로 하락한 것이다. 이에 따라 A국통화의 B국통화에 대한 구매력평가는 기준시점에 비해 $1/2 \div 1/1.5 = 3/4$ 수준으로 하락하게 되었다. 즉 B국통화에 대한 A국통화의 가치는 기준시점의 3/4 수준으로 하락하게 되어 자국통화표시환율은 1 : 3/4, 즉 4 : 3으로 상승하게 된다.

한편 구매력평가설에는 다음과 같은 약점이 지적되고 있다.

첫째, 구매력평가는 무역 및 외환거래가 균등상태에 있는 시점을 기준으로 산출 · 비교되어야 하는데, 이 기준시점이 달라짐에 따라 구매력평가도 변동하게 된다.

둘째, 교역국간의 물가수준 비교시 교역대상이 되는 재화 및 용역의 가격만 비교하여야 하나, 현실적으로는 이와 같은 방식의 물가수준 비교는 거의 불가능하다.

셋째, 구매력평가에 의한 환율의 변동은 외국과의 상대적인 물가수준의 변동을 통하여 이루어지므로 상당한 기간의 시차를 두고 나타난다. 그러므로 현실의 환율은 환투기 등에 의한 자본이동 등의 요인 때문에 구매력평가환율로부터 괴리되는 것이 불가피하게 된다는 것이다.

이상과 같은 문제점 때문에 구매력평가설은 가장 적절한 환율결정이론이라고 보기는 어려우나 비교적 물가변동이 심한 국가에서 대외경쟁력 유지를 위한 적정환율수준을 검사하기 위하여 많이 이용되고 있다.

참고로 구매력평가환율의 산출식을 보면 다음과 같다.

$$
\begin{aligned}
&\text{비교시점의 구매력평가환율} \\
&= \text{기준시점의 환율} \times \text{비교시점의 구매력평가지수} \\
&= \text{기준시점의 환율} \times \frac{\text{비교시점의 자국물가지수}}{\text{비교시점의 외국물가지수}}
\end{aligned}
$$

(3) 환심리설(psychological theory of exchange)

아프탈리옹(A. Aftalion)이 주장한 것으로, 환율변동은 구매력평가설에서와 같이 물가에 의해 영향을 받는 것이 아니라 어떠한 원인에 의하여 환율이 변동되고 그 결과로서 국내물가가 영향을 받게 된다는 것이다. 그리고 그 '어떠한 원인'을 인간의 심리적인 근거에서 구하고 있다. 물론 심리적 근거란 막연한 추측 · 예상 · 투기 등을 뜻하는 것이 아니라 한계효용가치설(주관적 가치설)에 입각하여 화폐가치에 대한 장래의 예견에서 생기는 심리적 요소를 말한다.

아프탈리옹에 의하면 국제대차설은 환율결정의 양적 요인만을, 그리고 구매력평가설에서는 질적 요인만을 강조하고 있을 뿐이나 환율이론은 양 측면을 모두 포함하는 것이어야 한다고 강조한다. 아프탈리옹도 카셀과 같이 외국화폐에 대해서 일정한 가격을 지급하는 이유가 어디에 있느냐 하는 문제에서 출발하지만 그것은 외국화폐가 보유하고 있는 일반적인 구매력이 아니라 외국화폐에 대하여 우리는 무엇인가를 기대할 수가 있기 때문이라는 것이다. 각자의 기대, 즉 개인적 평가는 한계단위의 효용에 대한 평가에 의존하고, 또한 수요 · 공급의 양에도 의존하게 된다. 따라서 양적 및 질적 요인에 의하여 외국화폐에 대한 개인평가가 성립하게 되고 이것이 모여서 사회적 · 객관적 평가의 수요공급곡선이 형성되므로 그 교차점(수요와 공급이 일치하는 점)에서 환율이 결정된다. 이와 같이 성립된 환율이 변동하는 이유는 개인적 평가에 변동이 생기기 때문이다.

그러면 이 개인적 평가를 변동시키는 요인은 무엇인가? 그 양적 요인으로서는 국제대차와 국제자본이동의 양이며, 질적 요인으로서는 대외구매력과 지급수단으로서의 외화수요, 화폐유통상의 변화, 물가변동, 환투기상태, 경제정책 특히 외환정책 및 이들 제 요인의 장래에 대한 예상 등을 들 수 있다. 외환심리설은 새로운 경험하에서 성립된 것으로 외환이론을 크게 발전시켰다고 볼 수 있다. 즉 물가가 환율을 지배하는 것이 아니라 환율이 물가를 지배한다는 사실을 강조하여 종래의 환율이론이 간과하였던 자본도피와 환투기를 중시함과 아울러 환율이 극히 다원적인 요소에 의하여 결정된다는 점을 강조하였다.

그러나 이 심리설에도 역시 약간의 문제점이 있다. 첫째, 이 설은 한계효용가치설에 입각하여 개인적 · 주관적 가치에서 출발하고 있는데, 화폐에 대해서도 일반 소비재화에 대한 것과 같이 한계효용이론을 적용할 수 있는지의 여부가 문제이다. 둘째로, 장래에 대한 예상을 중시하고 이것을 심리적 작용이라고 하고 있으나 개인의 주관적 심리변동에 앞서 사회적 · 객관적인 여건변화가 개재되어야 하지 않을까 하는 점 등이다.

외환심리설 이후에도 환율의 국제수지 조정기능을 강조한 국제수지기준설 등이 나왔으나 주목할 만한 환율이론은 아직 확립되지 않고 있다. 그 이유는 1930년대에 세계경제공황과 각국의 평가절하경쟁, 나아가서 제2차 세계대전 이후의 국제통화 체제의 불안과 함께 이미 환율결정의 이론보다는 오히려 환율을 어떻게 안정시키는가에 더 관심이 집중되었기 때문이었다.

2. 현실적 환율

(1) 고정환율(fixed rate), 변동환율(floating rate)

고정환율제도는 일정한 평가(par value 혹은 parity)를 설정하여 이를 대외거래에 적용할 환율로 하거나 아니면 환율이 동 평가의 일정범위 내에서 결정되도록 하는 제도이다. 한편 변동환율제도는 환율이 외환시장에서 외환의 수요와 공급에 의해서 자유로이 변동되는 제도이다. 그러나 현실적으로는 완전한 자유변동환율제도(freely floating exchange rate system)란 없다고 볼 수 있다. 변동환율제도를 채택하고 있는 나라의 대부분은 자국화폐의 환율결정을 외환시장의 수급에만 맡기지 않고 중앙은행을 비롯한 관리당국이 개입함으로써 자국의 정책목표가 반영될 수 있도록 유도하는 관리변동환율제도(managed floating 또는 dirty floating exchange rate system)를 채택하고 있는 것이다.[1]

한편 환율의 고정화 또는 변동과 관련하여 일국이 채택하고 있는 환율제도와 현실적인 환율과는 반드시 일치하고 있지 않다는 점에 주의할 필요가 있다. 단일통화페그 또는 화폐바스켓 페그제도를 채택하고 있는 국가에서도 환율변동폭을 평가의 상하로 상당히 확대시키거나(wider band), 페그통화(또는 바스켓)에 대한 평가 자체를 수시 조정함으로써(gliding band) 환율은 매일 변동할 수가 있으며, 이와 반대로 변동환율제도를 채택하였지만 정책당국의 지나친 개입으로 환율의 변동이 거의 없는 국가도 있는 것이다. 우리나라의 경우에도 1974년 12월 7일 이후부터 1981년 2월 26일까지의 기간에는 변동환율제도를 채택하고 있으면서 환율은 사실상 고정운용되어 왔으며, 1981년 2월 27일 이후 복수통화바스켓페그제도로 그리고 최근에는 변동환율제도로 전환하여 실제로 환율은 매일 유동화되고 있다. 외환의 수급에 의하여 환율이 결정되는 본래 의미의 변동환율제도를 채택하기 위해서는 기본적으로 외환시장이 발달되어야 하고 외환관리제도가 폐지되어야 한다. 이러한 기본조건을 갖춘 변동환율제도의 장단점을 살펴보면 다음과 같다.

1) 변동환율제도의 장점

첫째, 자동적 · 계속적 조절기능에 의한 환율변동으로 국제수지 조정정책의 효율성을 제고시키고 고정환율제도하에서와 같은 급격한 환율변동의 부작용을 방지할 수 있다. 변동환율제도하에서는 기본적으로 시장메커니즘에 의한 외환의 수요공급을 통하여 환율이 결정되므로 국제수지불균형을 시정하기 위하여 국내정책목표에 어긋날 수도 있는 가격 및 소득정책을 쓸 필요가 없게 된다. 그러나 고정환율제도하에서는 국제수지균형을 위해서 적자국에는 디플레이션과 실업을, 흑자국에는 인플레이션과 과잉고용(over-full employment)을 요구하는 결과가 되며 국내정책목표가 이와 상반될 때에는 국제수지 조정정책과 서로 모순되는 딜

1) 한국은행, 「한국의 외환관리」(1983), pp. 46~52.

레머에 빠지게 되기 때문이다.

둘째, 변동환율제도는 국제간에 이동하는 인플레이션과 디플레이션의 파급을 효과적으로 방지하게 되며, 따라서 국내경제목표에 보다 중점적인 정책을 수행할 수 있게 함으로써 대내경제정책을 우선적으로 그리고 독자적으로 수행할 수 있다. 예를 들어 변동환율제도하에서 국내정책목표를 달성하기 위한 확대재정 및 금융완화책으로 인하여 인플레이션이 발생했다고 하자. 인플레이션은 수입수요의 증가와 수출수요의 감소를 유발하여 수입은 증가하고 수출은 감소하게 될 것이다. 그러나 이와 동시에 수입증가와 수출감소는 외환시장에서 외환수요의 증가와 외환공급의 감소로 나타나기 때문에 즉각 환율이 인상(평가절하)된다. 인상된 환율은 수입억제와 수출증대효과를 통하여 국제수지의 균형을 이루게 한다. 이와 같이 변동환율이 인플레이션을 즉시에 반영하게 됨으로써 고정환율제도하에서와 같은 인플레이션으로 인한 국제수지불균형과 국제간의 인플레이션 이동은 방지할 수 있게 되는 것이다.

셋째, 변동환율은 금융정책의 효율성을 제고시킨다. 변동환율제도하에서는 인플레이션 억제를 위한 금리의 인상이 환율의 인하와 국제수지의 변동을 통하여 인플레이션을 제어하는 역할을 하고 있다. 즉 인플레이션 압력을 억제하기 위하여 금리인상조치를 취할 경우 금리인상은 국내소비를 억제하는 한편 단기자본의 유입을 조장하고 유입된 단기자본은 외환시장에서 외환공급을 증대시키게 되므로 환율이 인하(평가절상)하게 된다. 따라서 수입은 증대하게 되고 수출은 감소될 것이므로 물가 및 소득하락과 인플레이션 억제에 크게 도움이 된다.[2]

넷째, 변동환율제도하에서는 불필요한 많은 양의 외환보유액을 확보할 필요가 없게 된다. 고정환율제도를 채택하고 있는 국가는 수출입규모 등 경제력의 차이에서 오는 부단한 환율변동의 압력과 투기행위에 대처하면서 평가를 유지하기 위하여 외국환안정기금 등의 형태로 불필요하게 많은 양의 외환보유액을 보유하여야 한다. 물론 변동환율제도하에서도 외국환은 국제유동성으로서 실수요자, 투기자 또는 통화당국에서 각각 필요로 하겠으나 적어도 평가가치를 유지할 목적으로 통화당국에서 방대한 외국환을 보유해야 할 필요는 없을 것이므로 외환보유액은 감소되는 한편, 국제외환시장 메커니즘에 따라 자동적으로 외국환이 이동될 것이므로 국제유동성의 유통은 증가하게 될 것이다.

---

2) 한국은행, 「고정환율제도와 변동환율제도의 비교」(해외연수보고서, 1974), B-1.

2) 변동환율제도의 단점

첫째, 환율의 불안정성 문제이다. 외환수급사정의 교란적인 변동요인도 곧 환율의 변동에 영향을 미치는 등 환율이 불안정함으로써 장래의 예측이 곤란할 뿐만 아니라 불완전하게 환리스크를 발생시키며, 따라서 국제교역을 위축시키고 국제간의 장기자본이동을 저해하며 투기를 조장하게 된다는 것이다.

둘째, 수출입에 대한 탄력성 문제이다. 환율변동이 국제수지를 자동적으로 조정할 수 있다는 기능은 수출과 수입의 증감을 통하여 이루어져야 하는데, 만약 수출입탄력성이 낮으면 환율변동에서 오는 국제수지의 개선효과가 크게 기대될 수 없기 때문이다. 예를 들어 수출과 수입의 탄력성이 1보다 작을 경우에 국제수지 적자국에서 환율을 인상하였다면, 수입가격의 상승으로 수입량은 감소하겠지만 그 물량감소율이 환율인상률을 따라가지 못하기 때문에 자국통화로 표시한 수입액은 증가하게 된다. 그리고 수출에 있어서는 수출가격의 하락으로 수출량은 증가하겠으나 수출량의 증가율보다 수출가격의 하락률이 클 것이므로 외화표시 수출액은 감소하게 된다. 따라서 환율인상이 국제수지 개선효과를 나타내기 위해서는 수입에 대한 자국의 수요탄력성과 수출에 대한 외국의 수요탄력성의 합이 그 이상이어야 한다.

(2) 단일환율과 복수환율

복수환율(multiple exchange rate)이란 특정 외환거래에는 특정 환율을 차별 적용시키고자 기준을 달리해서 설정한 복수의 기준환율을 말한다. 복수환율제도에는 기준을 달리한 2개 이상의 고정환율을 설정하는 방법도 있고, 1개 이상의 고정환율과 특정 외환거래에 대해서 자유환율을 허용하는 방법도 있다.

우리나라에서는 1964년 5월 3일 단일변동환율제도를 채택하기 이전에 일반환율 외에 미국의 원조물자대금의 원화 환산시 적용할 대충자금환율(對充資金換率)을 별도로 정함으로써 복수환율을 유지한 적이 있었다.

이러한 복수환율제도가 취해지는 이유는 국내의 인플레이션 등 사유로 인하여 국제수지의 균형을 유지하기가 곤란한 국가가 불요불급한 수입을 억제하는 한편, 필수적이고 긴급한 수입의 편의를 도모하고 필요한 수출의 촉진을 꾀하려는 데 있다. 그리고 복수환율제도는 직접적으로 수출입제한이나 외환거래를 저해하는 일 없이 환율의 복수화조작을 통해서 간접적으로 같은 목적을 달성하려는 데 그 특색이 있다고 볼 수 있다. 한편 단일환율(single exchange rate)이란 복수환율에 대응하는 개념으로서 대외적으로 단일의 기준환율을 설정하는 것이다. 현재 대부분의 국가가 단일환율제도를 취하고 있다.

(3) 현물환율, 선물환율

현물환율(spot rate)은 외환의 구매계약이 성립됨과 동시에 그 매매계약을 실행하는 현물환거래에 적용되는 환율이며, 선물환율(forward rate 또는 예약환율)은 매매계약이 성립된 후 자금의 수급이 정하여진 장래의 일정시점 또는 일정기간 내에 이루어지는 선물환거래에 적용되는 환율이다.

(4) 직접환율, 간접환율 또는 재정환율

직접환율(direct rate)은 양국 통화간에 직접 설정되어 있는 환율을 말한다. 이러한 직접환율 가운데서도 환거래관계에서 차지하는 비중이 큰 특정국 통화와의 환율을 기준환율(basic rate)이라 하며, 이 경우 동 특정국 통화에 링크(link) 또는 페그(peg)되어 있다고 말한다.

간접환율(indirect rate)은 A국과 B국통화간의 기준환율과 B국과 제3의 C국 통화간의 크로스 레이트(cross rate)에 의하여 산출한 A국과 C국과의 환율을 말하며, 재정환율(arbitrage rate)이라고도 한다. 우리나라의 입장에서 볼 때 원화와 미달러화의 환율은 직접환율, 국제금융시장에서 미 달러화와 영 파운드화와의 환율을 크로스 레이트라 하고, 이 크로스 레이트와 기준환율과의 관계에서 산출되는 원화와 영국 파운드화와의 환율을 간접환율 또는 재정환율이라고 하는 것이다.

(5) 매입률, 매도율, 집중기준율

외국환매매율은 외국환은행 대 고객매매율, 한국은행집중률 및 외국환은행간 매매율로 구분된다. 외국환은행이 고객으로부터 외국환을 매입할 때의 환율을 대고객매입률(buying rate), 고객에게 매도할 때 적용되는 환율을 대고객매도율(selling rate)이라고 한다. 외국환은행에서는 외국환을 매매하는 영업행위를 하는 것이므로 싸게 매입하여 비싸게 매각하는 것이 당연한 것인바, 매도율이 매입률보다 높은 것이 보통이다. 그리고 특히 한국은행이 외국환은행과 외국환을 매매할 때에 적용되는 환율을 집중매입률(selling concentration rate) 및 집중매도율(buying concentration rate)이라고 한다.

한편, 한국은행집중기준율(standard concentration rate)은 각종 매매율의 가장

기준이 되는 환율로서 한국은행이 다음과 같은 거래를 함에 있어서는 집중기준을 적용할 수 있다.

① 외국환평형기금과의 거래
② 국제연합과의 거래
③ 국제금융기구에 대한 출자에 따르는 정부와의 거래

(6) 전신환매매율, 일람출급어음 및 정기출급어음매매율

전신환매매율(telegraphic transfer rate)은 전신환에 의하여 외환매매가 이루어질 경우 적용되는 환율로서 금리요소가 전혀 포함되어 있지 않다. 일람출급어음매매율(on demand rate, O/D rate)은 일람출급어음 또는 수표의 매매거래시 적용되는 환율이며, 정기출급어음매매율(time bill rate 또는 usance bill rate)이란 어음이 발행지로부터 지급지에 도착한 뒤 일정한 기간이 경과한 후에 지급되는 경우 적용되는 환율이다.

제 2 절 환노출관리의 의의

1. 환노출의 의의 및 형태

환리스크(foreign exchange risk)라 함은 장래의 환율변동으로 인하여 외화표시자산 및 부채, 손익흐름(income streams)의 모국통화가치가 절하될 수 있는 위험, 즉 환차손(exchange loss) 위험을 말하는 반면[3], 환노출이라 함은 환차익(exchange gain) 발생 가능성까지를 포함한 중립적인 개념으로 사용되고 있다.[4] 일반적으로 자국통화 이외의 외국통화표시 자산, 부채 및 손익흐름은 모두 환리스크에 노출(exposure)되기 때문에 당해 기업의 외환순자산 또는 총부채(net exchange position)가 바로 환노출을 의미하게 된다.[5]

---

3) 환리스크는 외화표시자산 및 부채를 획득하는 거래방식 시기 및 자산, 부채의 유동성 또는 만기의 구조에 따라 환리스크의 규모와 미치는 영향이 다르게 나타난다.
4) 김경림, 「국제금융 및 자금관리론」(법문사, 1983), pp. 397~398.
5) T. W. Mcrac & P. P. Walker, *Foreign Exchange Management*(Prentice-Hall Int'l, 1980), pp. 47~48.

예를 들어, A라는 한국기업이 미국의 B라는 상사에 3개월 후 대금을 지급한다는 조건으로 $50,000의 상품을 외상수출했을 경우, A기업은 이 기간 동안 $50,000어치의 환율에 노출된 외화자산을 갖고 있는 것이며, 만일 계약체결시 환율이 1US$당 1,250원인데 3개월 후의 환율이 1US$당 1,200원이 되었다면 A기업은 3개월 후 외상매출금을 받으면서 50,000×(1,250−1,200)=2,500,000원의 추가적인 손실을 입게 된다. 그리고 이렇게 손실을 입을 가능성을 환위험 또는 환리스크라 한다. 기업의 활동영역이 커짐에 따라 외화로써 이루어지는 거래의 규모도 커지며, 따라서 환율변동으로 입을 수 있는 손익의 비중도 커지게 된다. 그러므로 기업은 자신의 환노출상태를 정확히 측정하여 환율변동으로부터 입을 위험에 사전에 대처해야 한다.

환노출의 형태로는 기본적으로 국제무역 및 국제금융거래에 관련하여 발생하는 거래와 다국적기업 또는 국제기업의 모기업과 자회사 또는 본·지사간의 연결재무제표 작성 때 발생하는 환산(회계적)노출로 대별되며, 또한 환율변동이 기업에 미치는 모든 경제적 영향을 포괄하는 경제적 노출의 형태도 있다. 이들 세 가지 형태의 환노출을 그림으로 나타내면 [그림 9-1]과 같다.

기업의 환노출 유형은 크게 세 가지로 나누어질 수 있다.[6]

① 환산노출(translation exposure)

② 거래적 노출(transaction exposure)

③ 경제적 노출(economic exposure)

(1) 환산노출

환산노출은 일명 회계적 노출(accounting exposure)이라고도 불리우는데, 이는 환율의 변화가 기업의 재무상태에 미치는 영향을 측정한 것이다.[7] 한 기업이 해외에 자회사(subsidiary)를 가지고 있을 때 이 기업은 회계연도 말에 연결재무제표(consolidated financial statement)를 작성해야 하는데, 이 때 자회사의 현지통화(local currency), 또는 제3국통화(third currency)에 의해 기장된 자산·부채를 자국통화(parental currency)로 환산함에 의하여 발생하는 환노출이다.

따라서 환산노출은 현지통화 또는 제3국통화로 표시된 자산과 부채 중에서 환율변동으로 가치의 변동을 일으키는 자산과 부채의 차로써 측정된다.

6) David K. Eiteman, and Arthur I. Stonehill, *Multinational Business Finance*(Addison-Wesley, 1979), p. 75.

7) 김범식, "환익스포우저관리에 관한 연구"(건국대학교 대학원, 1982), pp. 36~42.

그림 9-1 환노출의 개념적 관계 비교

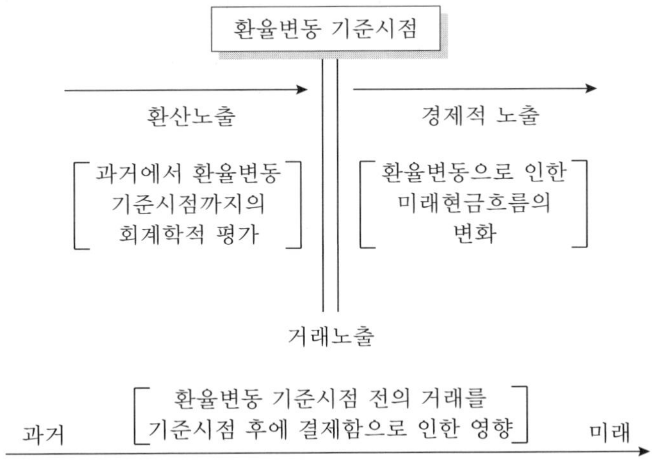

자료: David K. Eiteman & Arthur I. Stonehill, *Multinational Business Finance*(Addison-Wesley Publishing Co., Inc., 1979), p. 76.

우리나라의 기업회계기준에 의하면 화폐성외화자산 및 화폐성외화부채는 대차대조표일 현재의 적절한 환율로 평가한 가액을 대차대조표 가액으로 하며, 비화폐성외화자산 및 비화폐성외화부채는 당해 자산을 취득하거나 당해 부채를 부담한 당시의 적절한 환율을 적용하여 환산하도록 규정하였다.

(2) 거래적 노출(transaction exposure)

거래적 노출이란 외화표시 무역거래 및 자본거래와 관련하여 발생되는 고유의 노출로서 외화표시 수출입대금의 수급시기, 외화차입 및 대출, 외화표시 자산·부채의 취득 또는 처분, 커버링(covering)되지 않은 선물환거래 등의 경우에 나타나는 노출을 뜻한다. 예를 들면 우리나라의 수출기업이 미달러 표시 연지급조건의 수출을 했을 경우, 그 상품의 국내구매 또는 원자재수입에 따른 대금지급일과 수출대금 영수일까지의 기간중에 원화의 대미달러환율의 변화에 따른 환차손 또는 환차익이 발생할 수가 있는데, 이 때의 손익을 외환차손익이라 부르며 대금지급일과 대금영수일의 차이와 지급통화와 영수통화의 차이가 거래노출인 것이다.[8)]

8) 한국공인회계사회, 「기업회계기준」(1981), p. 38.

예를 들어 한국의 A회사가 미국의 B회사에 3개월 후에 대금을 지급할 것으로 약정하고서 US$50,000어치의 상품을 수입하였을 경우, 계약체결일의 환율이 1US$당 1,200원이었는데 3개월 후 1US$당 1,250원이 되었다면, 이 기업은 50,000×(1,250−1,200)=2,500,000원의 환손실을 입게 된다. 따라서 이 때 수입대금 $50,000는 환노출상태에 있다고 할 수 있다.

(3) 경제적 노출(economic exposure)

경제적 노출은 환율변동이 기업에 미치는 경제적 영향을 모두 합친 개념이다. 경제적 노출은 기업의 미래현금흐름의 순현재가치로 측정되는 주주의 부가 환율변동에 따라 변할 가능성을 말하며, 이는 회계과정에서 나오는 것이 아니라 경제적 분석으로부터 도출되는 것이다.[9] 경제적 노출은 장기적인 개념으로서, 예를 들어 환율의 변동으로 인하여 상품의 가격이나 원가, 판매량, 기타 수익이나 비용 등이 변할 가능성을 측정하는 것이다.[10]

2. 환노출관리의 의의

환노출(foreign exchange exposure)은 기업의 현금흐름(cash-flow), 순이익 및 가치에 영향을 미치므로 기업은 여러 가지 방법을 동원하여 환율변동에 따른 불확실성을 감소시키려고 한다. 그러나 환노출관리에는 비용이 따르기 때문에 환노출관리를 실시할 것인지 여부 및 이를 실시한다면 환노출형태별 계산방법 중 어떠한 방법을 동원하여 그 노출을 산정할 것인지를 결정해야 할 것이다.

이에 대한 의사결정은 각 기업의 자산·부채 및 수익·비용의 통화별 구조와 주주의 자산분산의 정도, 외환시장 및 금융시장의 능률성과, 경영자와 주주의 환위험수용상태 등에 달려 있다. 예를 들어 어느 기업의 주주들이 국제적으로 분산된 포트폴리오(portfolio)를 보유하고 있다면, 이 기업이 여하한 비용을 부담하고라도 환위험을 제거하는 것은 주주들의 입장에서 본다면 자원의 최적배분이 될 수 없을 것이다.[11]

---

9) Helmur Hagemann, "Anticipate Your Long-term foreign Exchange Risks," *Harvard Business Review*(March/April 1977), pp. 82~84.

10) Martin Murenbeeld, "Economic Factors for Forecasting Foreign Exchange Rate Changes," *Columbia Journal of World Business*(Summer 1975), p. 82.

11) 이장호, 「외환관리론」(법문사, 1983), p. 131.

3. 환노출관리의 특성

환리스크관리(foreign exchange risk management)라 함은 보다 소극적 · 방어적인 측면에서 환차손(exchange loss) 위험을 방지 내지는 극소화하기 위한 관리를 말하는 한편, 환노출관리(foreign exchange exposure management)라 함은 환차손 위험관리와 동시에 환율변동에 의한 환차익(foreign exchange gain) 발생까지 포함한 중립적인 개념으로 사용되고 있다.

오늘날 국제자금관리의 기본목적이 risk/return분석에 의거, 금리리스크(interest risk) 및 환리스크(exchange risk)의 극소화와 동시에 금리차익 및 환차익을 포함한 실효수익률(effective yield)의 극대화를 추구하고 있는 점을 감안할 경우, 외화자산 및 부채관리에 있어서도 소극적인 환리스크관리보다는 적극적인 환노출관리가 적절한 표현이 되겠다.

제 3 절 환노출 대응방안

환노출에는 경제적 노출 · 거래적 노출 · 환산노출이 있는데, 경제적 노출은 기업이 주주의 장기적 이익을 극대화시키는 것을 목표로 할 때 가장 중요하며, 세금공제 후의 수입을 극대화시키는 것이 기업의 목표이면 거래적 노출이나 환산노출이 가장 중요하게 된다. 즉 장기적인 측면에서는 경제적 측면에 대처해야 하고, 단기적인 측면에서는 거래적 노출이나 환산노출에 대처해야 한다.

1. 경제적 노출에 대한 대응

경제적 노출은 해외직접투자를 포함한 해외경영의 참여, 장기적인 해외시장에의 수출, 해외공급자로부터 원료조달시에 발생한다. 이 경우 기업의 장래의 자본은 환율변화에 영향을 받으며, 경제적 노출은 기업이 장기적 해외경영을 처음 시작할 때 나타난다.

강세 통화국의 기업이 약세 통화국에 수출을 하게 되면, 계속적인 통화의 강세로 인해 수출기업은 가격, 수출량 혹은 이익을 줄여야 한다. 만일 가격을 그대로 유지한 채 수출을 하게 되면 판매수입이 감소하게 되며, 수입에 있어서도 부품이나 원자재 수입에 있어서 추가비용을 부담해야 한다. 또한 무역에 의해 어음을 발행할 때에도 환율변동으로 인한 거래적 노출이 발생된다. 경제적 노출로부터 기업을 보호하는 길은 외환사정을 포함한 장기적 경영에 있어서의 위험을 인식하는 것이다. 경제적 노출에 대응하는 전략은 판매 · 생산 · 재정부문으로 나눌 수가 있다.

(1) 판매전략

판매담당자는 환율변동에 대비한 가격 · 생산의 촉진 · 분배정책을 수립함으로써 경제적 노출을 최소화할 수 있다. 즉 수출에 있어서는 판매촉진비용을 늘리고, 수출단가를 낮추어야 하며, 수입상품에 있어서는 국내시장에서의 가격경쟁력을 높여야 한다.

(2) 생산전략

생산담당자는 장기적 원료구입정책을 수립함으로써 경제적 노출을 최소화할 수 있다. 장기적으로 약세 통화국으로부터 부품을 수입하거나 현지에 생산공장을 세우면 경제적 노출을 줄일 수 있다.

(3) 재무전략

재무담당자는 대부분의 외환 · 금융시장이 비효율적이기 때문에 외국통화의 장기도입을 신중히 결정해야 하며, 해외구매자에 대한 신용의 제공은 외환변화에 따른 적절한 이자율의 변동이 없으면 거래손실을 의미하므로 장기적인 경제적 노출의 측면에서 평가되어야 한다.

(4) 다양화효과

기업의 장기적 전망은 정확도가 낮으므로 기업의 생산 · 판매전략을 전 세계적으로 다양화시키게 된다. 결론적으로, 경제적 노출에 대한 대응책은 경영자가 장기에 걸쳐서 일어난다는 것을 인정하고, 증가하는 미래의 현금의 흐름에서 환율변화를 유리하게 이용할 수 있는 적절한 경영전략을 수립해야 한다.

2. 거래적 환산노출을 최소화하는 방법

거래적 노출은 기업이 외환의 장기지급 또는 수취를 포함하는 계약이나 동의를 할 때 일어나고, 환산노출은 자회사가 현지국통화표시의 자산을 본사로 이동시킬 때 일어난다. 이러한 거래 · 환산의 노출을 최소화시키는 방법은 헤지(hedge)이다. 헤지는 환율변화에 의한 손실위험에 대비한 계약이나 협정을 말하며, 헤지에 있어서의 안전성은 상호균형이나 상호차감에 동의를 함으로써 얻어지고, 외환계약에 의한 손실은 상호차감계약에 의해 상쇄된다.

(1) 선물환시장 이용방법

선물환시장 헤지는 외환시장에서 이루어지며, 간단히 선물헤지라고도 불리운다. 이 방법은 계약과 그 계약을 만족시키는 채권의 조달을 포함하며, 이 계약은 현재시점에서 이루어지고 판매자는 미래의 어떤 시점에 일정한 금액을 다른 통화의 주어진 환율로 제공할 것을 약속하는 것이다.

이 계약의 기본적인 특징은 일정한 미래에 있어서의 외환거래를 현재의 환율로 한다는 것이다. 계약과 동시에 계약의 양측은 채권, 때로는 장기실행을 보장하는 담보를 제공함으로써 신용을 보증하기도 한다. 예를 들면, 한국의 무역회사가 미국에 100만 달러의 상품을 수출할 경우 현재의 환율은 원 : $ =1,250 : 1이다. 3개월 뒤에 100만 달러를 받기로 계약하였기 때문에 이 회사는 현재 달러에 대해서 오픈 포지션의 상태에 있다. 이 포지션을 커버하기 위해 같은 날짜에 100만 달러를 매도하기로 선물환계약을 하면 이 회사는 커버된 포지션을 얻을 수 있다. 이 때 선물환시장에서 3개월 선물환시세가 원 : $ =1,250 : 1이라고 공시되어 있다. 따라서 이 회사는 선물환계약을 함으로써 12억 원을 확정적으로 결제받게 된다. 선물환계약을 안할 경우에는 그 때까지의 시세의 변화에 따라 원화로 받을 액수가 불확실하게 된다. 원화의 가치가 하락하는 경우에는 환차익을 보게 되나, 달러의 가치가 하락하게 되면 환차손을 보게 된다. 이 회사는 이러한 불확실성으로부터 자신을 보호하기 위해서 선물환계약을 하게 되면, 그 때의 비용은 현물환율과 선물환율의 차이인 달러당 50원, 따라서 100만 달러인 경우 5천만 원이 된다.

⑵ 금융시장 이용방법

예를 들면 은행에서 100만 달러를 대부받아 곧 원화로 바꾸는 방법이다. 3개월 후에 미국의 수입업자로부터 수출대금을 결제받아 이 돈으로 은행부채를 갚으면 된다. 즉 100만 달러의 은행부채를 일으켜 자산인 외상매출금 100만 달러에 대응시킴으로써 오픈 포지션을 커버하게 된다. 이 때의 비용은 100만 달러를 차용하는 데 드는 이자와, 100만 달러를 원화로 환전하여 받은 12억 5천만 원에 대한 이자의 차액이 된다. 금융시장 헤지의 구조는 선물환 헤지와 비슷하다. 차이점은 금융시장 헤지의 비용은 서로 다른 이자율에 의해 결정되고, 선물환시장 헤지의 비용은 선물환율시세의 함수이다. 효율적인 시장(efficiency market)에서는 이자율이 거의 같고 비용도 같지만, 대부분의 시장은 효율적이 아니다.

⑶ 대차대조표 헤지

대차대조표 헤지는 나타난 자산과 부채를 같도록 하는 데 사용되는데, 이를 금융균형이라 한다. 대차대조표 헤지는 대부분 환산노출을 줄이기 위해 사용하지만, 경제적 노출, 거래적 노출을 상쇄시키기 위해서도 사용할 수 있다. 이는 화폐자산과 부채에 있어 환율변화가 기업에 최소한의 영향을 미치는 통화를 고르는 것을 포함한다. 환산노출을 최소화하려면 특정 통화에 의한 화폐자산과 화폐부채가 같도록 해야 된다. 경제적 노출과 거래적 노출을 상쇄시키려면 장래의 현금수입의 가치변화를 상쇄시킬 만큼의 가치변화가 예상되는 화폐로 부채를 표시하는 것이다. 대차대조표 헤지는 각각의 대차대조표 계정의 화폐단위를 변경하는 여러 결정을 포함한다.

영업활동 중에서 규격화된 대차대조표 계정과 통화명칭을 결정했기 때문에 환리스크의 최소화나, 노출된 포지션의 조정이 아닌 기업의 목적을 수행하는 결정과정을 구별하기는 어렵다. 대차대조표 헤지는 경영의 효율성에 드는 비용에 있어 어느 정도 외환보호를 이루도록 대차대조표의 명칭이 바뀌는 계약으로 나타난다.

⑷ 리딩과 레깅

기업은 다른 화폐에 의한 어음의 지불시기를 빨리하거나 늦춤으로써, 즉 어음이동을 리드하거나 레그함으로써 외환노출을 줄일 수 있다. 리드와 레그는 자회사간이나 독립된 기업과의 사이에서 일어난다. 만기에 가서 지불을 해야 할 때 다른 통화에 의한 반대효과와 함께 한 통화에서의 자본과 부채의 변화 때문에 발생한다. 이는 대차대조표 포지션의 변화로서 일어나고, 헤지된 대차대조표 포지션을 이루는 기술로서 간주된다. 리드와 레그는 다국적기업의 거래에서 이루어지고 원자재, 조립된 부품의 거래와 선박, 항공, 통신시설, 기술이나 경영서비스 사용에 대한 지불에 의해서도 일어난다. 따라서 리드와 레그는 세계적 경영을 하는 기업에 적합하고, 만일 혼자서 충분히 경영할 수 있으면 리드와 레그의 기회는 없어진다. 다른 지불기회는 해외자회사의 재정 때문에 일어난다.

리드와 레그의 동기는 이것이 다국적기업에 최대의 편의를 제공하는 유용적 채권상태이기 때문이다.

전형적으로 채권은 i) 약세통화국에서 강세통화국으로, ii) 신용이 낮은 나라에서 신용이 높은 나라로, iii) 저금리국가에서 고금리국가로 이동한다.

이러한 지침은 환율이 변하지 않으리라고 예상해도 채권의 유용성과 비용을 포함하기 때문에 환산노출을 최소화하는 데 유리하다. 리드와 레그를 효과적으로 사용하는 조건은 기업과 경영자의 성과에 대한 공정한 평가를 하기 위해 자산에 있어서 측정이익과 투자를 조정하는 모기업의 능력이다.

3. 적절한 보호장치를 결정하는 기준

거래적 환산노출로부터 기업을 보호하기 위한 정책결정은 i) 경영자동기, ii) 비용, 이익관계의 이해, iii) 거래 · 환산노출을 최소화하는 정확한 선택, iv) 보호기법이 언제 적절한가에 대한 이해를 의미한다.

(1) 경영자동기

경영자가 거래 · 환산노출을 최소화시키려는 것은 다음과 같은 동기에서이다.

① 경영자가 그의 경영이 단기에 있어서 성공적인 수입을 얻었다고 평가될 것을 믿는다.

② 경영자는 환손실을 피하기 위한 비용이 높아도 환손실은 지출명세서와 구별되어 높게 나타나기 때문에 외환손실을 중요시한다.

③ 경영자는 단기의 환율변화를 예측하게 되어 이런 예측에 대해 깊이 생각한다.

④ 경영자는 자체의 재무네트워크를 이용하여 외환변동을 이용하려 한다.

⑤ 경영자는 예측 못한 환율변화는 대처할 수 있지만, 예측되는 변화는 대처할 수 없다고 믿는다.

⑵ 비용과 이익의 관계

현물환율을 기준으로 하여 정하는 선물환율은 정확한 예측기준이 아니며, 과거의 환율변화가 장래의 환율변화를 예측하는 데 도움이 되지 못함은 학자들에 의해 밝혀졌다. 또한 다국적기업의 재무담당자가 정확한 환율을 예측하기는 어려울 것이다. 따라서 외환위험에 대한 보호조치를 사용할 때는 이에 드는 비용과 비보호상태에서의 결과를 신중히 비교해야 한다.

⑶ 거래적 노출의 최소화와 환산노출의 최소화 간의 선택

경영자가 보고된 당기순익을 보호하기 위해 거래적 노출과 환산노출을 상쇄시키려고 하면 두 노출을 동시에 상쇄하는 것이 불가능함을 발견하게 된다. 만일 모회사와 자회사의 현금 · 어음 · 부채가 모두 단일통화로 되어 있다면 그런 기업은 환산노출은 없지만, 거래적 노출은 가지고 있다. 현지의 각 회사는 부채를 갚는 데 있어 현지통화의 재정상태에서 손실이나 이익을 나타내게 된다. 이런 손실은 자회사와 모회사가 통합될 때 환차익이나 환차손으로서 본국통화로 대치된다. 따라서 거래적 노출과 환산노출 중 어느 것을 최소화시키기 위한 조치는 다른 노출을 발생시키므로 조치의 선택에 어려움이 있다.

⑷ 언제 보호기법을 사용할 것인가에 대한 결정

경영자는 특정 화폐의 화폐시장이 비효율적이라고 믿으면 이를 이용하려고 하고 이런 상황이 고정환율의 화폐뿐만 아니라 적어도 투기, 정부규정, 외환시장에서의 개입, 정치적 불안정, 일시적으로 비효율적인 조직에 의한 충격이 있을 때 널리 유통되는 몇몇 화폐에서도 존재한다고 믿는다. 또한 경영자는 외환이나 화폐시장이 효율적이어도 예기치 않은 미래환율의 변화에 대비하여 자신을 보호하려 한다. 기업은 장래에 있을 환율의 예측 여부에 관계 없이 자본이나 현금유통에서의 수입변동을 최소화하도록 그들의 재정부문을 조정하려고 한다. 따라서 보호기법은 특정 화폐에 대한 미래가치를 위해서라기보다는 불확실한 변화에 대한 보호로써 사용되어진다.

4. 환위험을 최소화하는 그 외의 방법

통화가치가 급격히 하락할 때 선물시장에 의한 보호장치와 신용스왑을 제공하려는 정부의 의도는 유용하지 않고, 때로는 다른 장치가 특별한 상황에서 사용될 수 있다. 예를 들어 브라질 정부에 신용스왑이 적절하지 않을 때 미국 기업의 브라질 소재 자회사는 i) 미국 모기업으로부터 1년짜리 달러 대부를 브라질은행으로부터 승인받고, ii) 미국 모기업으로부터 받은 달러를 유리한 환율에 의해 real화로 바꾸고, iii) 의무대기기간 후에 대부만기시의 지급에 대비하여 개인은행으로부터 달러를 구입하는 계약을 체결한다. 달러의 구매율은 정해져 있으며, 달러의 구매량은 모기업에 지불해야 하는 것과 같다. iv) 보호가 행해지는 동안 매월 이자를 은행에 지불한다. 이러한 조직에 의해 자회사는 의무대기기간 동안만큼의 노출기간을 줄이고, 남은 기간의 높은 비용은 real화가 빠른 속도로 하락하기 때문에 가치 있는 것으로 간주된다. 이런 경우의 브라질에 유용한 다른 형태의 헤지(hedge)는 현지대부의 담보물로서의 인플레이션 조정증권의 사용에 의할 수도 있다. 회사 내부의 달러 대부는 real화로 교환되고 원래금액은 국내인플레나 환율변화에 따라 증가하는 1년 만기 브라질 공채에 투자된다. 이 증권은 달러의 하락에 대비하여 필요한 헤지를 제공하는 증권의 특징을 발전시킨 것으로 현지대부의 담보물로 사용된다.

5. 환노출에 대한 재무담당자의 반응

스탠리(M. Stanley)와 블록(S. Block)은 보호노력에 따른 주기적인 경제적 노출 때문에 생기는 회계적 노출에 대해서 정상적인 소득을 얻기 위해 보호수단을 사용하는, 「포춘」에 실린 1,000개의 미국 대기업 중에서 315개의 기업을 골라 분석하였다. 결과를 보면 i) FASB 8조가 거래적 노출의 감소를 강조하고, 헤지 거래적 노출에 대해 선물환시장의 사용을 강조했다고 생각하며, 일반적으로 그들은 새로운 것을 많이 시도하지 않지만 점점 더 많이 이용하게 된다. 또한 경제적 노출에 많은 관심을 갖고, 그것을 거래 · 환산노출과 구별하고 있다. ii) 효율적 시장에 대한 여러 연구가 회계방법의 변화가 없거나, 기업의 현금흐름에 영향을 미치는 세금효과를 통해 기업의 경제적 가치가 변화하지 않는 한 시장가치에 영향을 미치지는 않는다고 주장한다. 노출에 대한 대응책은 생산, 판매, 장기적

재무전략과 같은 정책결정을 포함하여, 세계적으로 기업을 분산하는 것은 경제적 노출을 최소화하는 한 방법이다. 만일 기업이 단기수입을 추구하면 거래적 노출에 대비해야 한다. 그러나 이 중 하나의 노출에 대한 보호는 다른 노출을 확대시키므로 이에 적절한 보호책은 헤지(hedge)이다. 최근에는 재무담당자들이 수입에 대처하기 위해 경제적 노출이 확대되어도 거래적 노출에 대응할 필요성을 느끼고 있다.

연 구 과 제

1. 달러화의 약세가 예상된다. 원자재를 미국에서 수입하는 회사의 경우 경제적 노출은 어떻게 예상되는가?
2. 환율결정의 제 이론을 설명하고, 한국의 경우 어떤 이론이 더 적합한지를 설명하시오.
3. 한국의 원화가치가 평가절상되고 있다. 환리스크의 대응방안을 제시하시오.
4. 한국의 환율제도에 대하여 설명하고, 향후 환제도를 예측하시오.
5. 환노출관리의 의의를 설명하시오.
6. 다음의 용어에 대하여 설명하시오.
   1) back-to-back swap
   2) 거래적 노출
   3) 리딩과 레깅
   4) 환 노 출
   5) 환리스크
   6) 고정환율

제10장
국제금융시장과 인터내셔널 뱅킹

사례연구 ▶ Global 500대 기업

GM

1 Web Site

http://www.gm.com

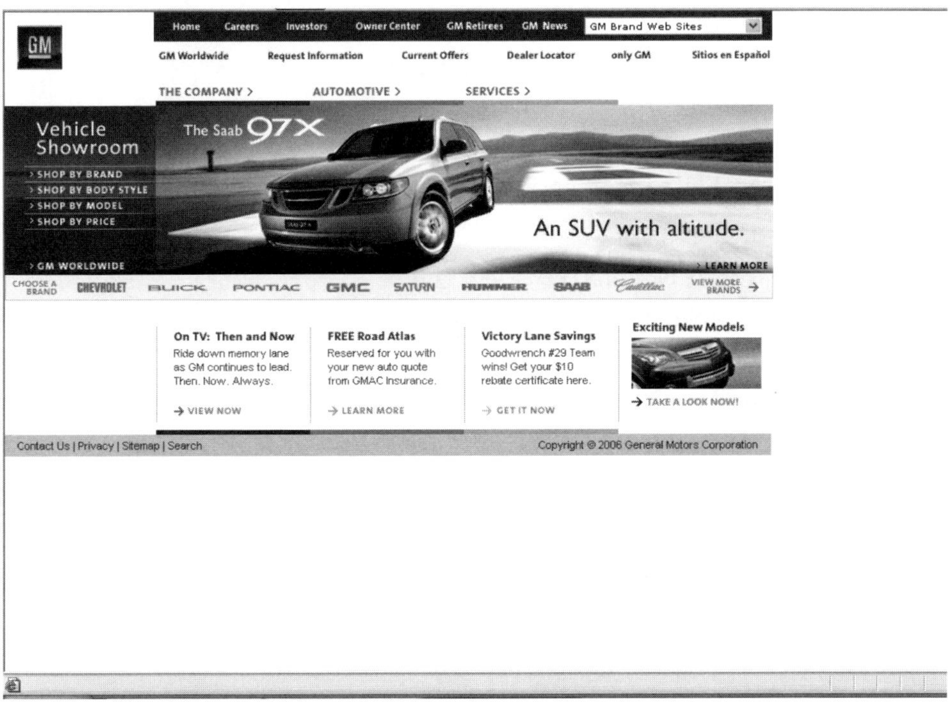

2 기업소개 및 연혁

1) GM의 소개

GM은 General moters corporation의 약자이고, 1904년 미국 미시간주 플린트시에서 마차공장을 운영했던 윌리엄 듀런트가 쓰러져 가는 자동차회사인 뷰익을 인수하여 불과 4년 만에 연간 8,820대를 생산하는 당시로서는 엄청난 규모의 자동차회사로 성장하게 된 것이 시초가 된다. GM은 전 세계 50여 개국에 생산 디자인 조립기반을 갖추었고, 세계의 190개국에 진출해 있으며, 주요 생산품은 자동차이지만 그 밖에도 금속제품 · 디젤엔진 · 가전기기 · 국방 · 우주분야까지 사업범위가 다양하다. 또 요즘에는 금융쪽에도 사업범위를 넓히고 있어, 새로운 이익창출이 기대된다.

2) GM의 개요

전 세계의 36만 5천여 명의 종업원을 두고, 전 세계의 15.1%의 점유율을 기록하며, 현재 자동차업계의 1위를 고수하고 있는 GM은 자동차의 디자인, 생산, 판매 이외에도 금융 및 보험 서비스, 기관차 및 자동 트랜스미션, 텔레커뮤니케이션, 네트워킹, 위성 시스템, 서비스 등 다양한 분야에서 사업을 하고 있는 종합 트랜스포테이션 기업입니다.

3) GM의 역사

(1) 1904~1920 GM의 태동

1902 윌리엄 듀란트, GM의 모체 뷰익을 미시간주 플린트에 설립

1908 뉴저지에 본사 설립, GM 회사이름 사용

1936 파산선고

(2) 1920~1950년대(GM의 구축)

1929 독일 루셀스하임에 위치한 아담 오펠사를 계열사로 인수

GM 차이나 설립

1931 GM-홀덴 주식회사를 호주에 설립

(3) 1960~1980년대(GM의 위기)

1971 알본 이스즈 자동차사 10% 지분 인수

(4) 1980~1992(GM의 잘못된 구조조정)

1980 최고경영자에 오른 로저 스미스는 혹독한 구조조정에 들어간다.

1982 이스즈 자동차사와 합작회사 설립

1984 도요타 자동차사와 합작회사 누미 설립

1981-1990 대규모의 RESTRUCTURING(수천 명의 사원을 감원)

1990 Saturn 출시

1992 미국 역사상 최대 규모의 증자

(5) 1992~2001

1992 잭 스미스 최고경영자로 취임
1993 흑자로의 전환. slim dawn 필요(Spin-off촉발)
1998 UAW파업으로 28억 달러 비용 발생
5개 브랜드의 공정을 통합화
아시아 시장을 위해 SUZUKI 지분을 10% 확대
1999 GM Market site 개설(Commerce One과 합작)
Honda와 상호공급협정 체결
2000 AOL과 마케팅 및 인터넷 접속에 대한 협정 체결
대우자동차 인수
사브 지분 100% 인수 합병
Hughes Electronics의 위성부문 매각

(6) 2002~현재

계속되는 판매부진으로 수익이 급감하고 GM은 대우차를 최종 인수하면서 행후 10년 안에는 1위 자리를 위협받지 않을 것으로 전망되었지만, 계속되는 판매부진으로 수익이 급감하고 있는 상황이며, 적극적인 판촉전략이 필요하다.

4) GM 조직의 SWOT

GM은 큰 이익창출을 위하여 상업 스와트를 도입하였다.(신상품의 약점, 강점, 기회, 위협) 강점에는 높은 글로벌화, 다양한 제품라인, 짧은 제품개발(신 모델의 출시능력이 24개월)이 있고, 약점에는 트럭시장에서의 낮은 점유율, 낮은 이익이 있다. 기회에는 E-비즈니스, 다가올 새로운 유통채널이 있으며, 마지막으로 위협에는 새로운 온라인 달러들의 출연과 글로벌 과잉생산이 있다.

5) GM의 기업문화

GM의 기업문화는 'Winning with Integrity'라는 가이드라인을 비롯한 사내 규정 및 원칙과 일치하는 글로벌 설리반 원칙을 준수한다. 글로벌 설리반 원칙은 다국적 기업들이 전 세계적의 영업지역에서 부딪치는 인권, 노동권, 환경, 지역사회의 관계, 납품업체 관계, 공정경쟁과 같은 중심 이슈들과 관련된 영업관행에 있어서의 지침이 되며, 사내규정 및 원칙들을 조정하는 보다 큰 틀을 제공하는 것이다.

6) GM의 고객만족주의

GM의 고객만족주의에는 첫번째로 개별고객의 편의와 안전, 즉 GM의 온스타서비스가 있다. 이것은 새로운 이동통신기술을 이용한 위치정보시스템을 말하는데, GM의 존 스미스 회장이 "우리가 당면한 최대 과제는 고객만족으로 경쟁자를 압도하는 것"이라고 선언하면서 GM의 고객만족운동은 1988년부터 GM의 자회사 '올즈모빌'에서 시작되었다. EDS와 GM으로부터 130명의 기동타격대가 차출되어 고객지원통신망사업에 배치됐다. 이들은 처음 분석에서 기존 18개의 지역으로 폭주해도 이를 분산처리할 수 있는 방안이 전혀 없다고 진단했다. 이

를 극복하기 위해 이 팀은 본사의 대형컴퓨터와 각 지역을 맡는 140대의 고성능 워크스테이션을 묶어 일원화된 시스템을 구축했다.

3 GM의 기업문화

GM은 'Winning with Integrity'라는 가이드라인을 비롯한 사내 규정 및 원칙과 일치하는 글로벌 설리반 원칙을 준수한다. 글로벌 설리반 원칙은 다국적 기업들이 전 세계의 영업지역에서 부딪치는 인권, 노동권, 환경, 지역사회의 관계, 납품업체 관계, 공정경쟁과 같은 중심 이슈들과 관련된 영업관행에 있어서의 지침이 되며, 사내규정 및 원칙들을 조정하는 보다 큰 틀을 제공하는 것이다.

○ **GM의 고객만족주의**

▶ 개별고객의 편의와 안전: GM의 온스타서비스

— 새로운 이동통신기술을 이용한 위치정보시스템

GM의 고객만족주의에는 첫번째로 개별고객의 편의와 안전, 즉 GM의 온스타서비스가 있다. 이것은 새로운 이동통신기술을 이용한 위치정보시스템을 말하는데, GM의 존 스미스 회장이 "우리가 당면한 최대 과제는 고객만족으로 경쟁자를 압도하는 것"이라고 선언하면서 GM의 고객만족운동은 1988년부터 GM의 자회사 '올즈모빌'에서 시작되었다.

▶ 고객서비스를 꾸준하게 개선

전대 CEO인 존 스미스 회장의 경영철학

▶ 개혁시 외부세력을 빠른 시간 내에 효과적으로 활용하라.

스미스 회장은 취임 12시간 만에 AT커니에 전화를 해 구조개편을 의뢰했다. 그 후 10년째 구조개혁을 공동 진행 중이다. GM의 트레이드마크로 여겨진 관료주의를 청산하기 위해 적절하게 외부세력을 이용한 셈이다.

▶ 개혁은 빠를수록 좋다.

GM의 크기는 전 세계 25번째 국가의 GNP와 비슷하다. 한 국가를 개혁하는 것과 마찬가지다. '한국에서는 특수한 상황이다', '한국에서는 통하지 않는다' 등의 변명으로 구조조정을 늦춘다면 한국기업은 퇴보하고 말 것이다. 글로벌시대에는 변명이 통하지 않는다.

▶ 노동조합과의 문제는 최고경영자가 전면에 나서서 해결하라.

GM은 과거에도 그랬고 지금도 계속 AFL-CIO(미국노동총연맹산업별회의)와의 문제를 해결해야 한다. 최고경영자가 전면에 나서서 노동조합문제를 풀어야 한다.

▶ 기업비전은 10년을 목표로 세우고 실행하라.

스미스는 10년 전에 임직원에게 한 약속을 단계적으로 실행하고 있다. 임시변통이 아니라 10년을 목표로 비전을 세워야 한다. 스미스는 진정한 리더는 장기적 비전을 갖고 행동하는 사람이라고 말한다.

▶ 구조개혁시 CEO가 전면에 나서야 한다.

위기관리자의 역할은 최고경영자나 소유주가 전면에 나서서 수행해야 한다. 진정한 리더쉽은 경영에 대한 책임을 지는 데서 나타난다. 위기의 CEO는 보고만을 받는 것이 아니라 소매를 걷고 함께 뛰는 것이다.

▶ 전략적 제휴관계로 위기를 돌파하라.

GM의 전략적 제휴는 '적과의 동침' 까지도 불사한다. 도요타, 이스즈, 르노, 크라이슬러, 볼보 등 5대양 6대주에 제휴관계가 걸쳐 있다.

▶ 아웃소싱을 적극 활용하라.

GM은 자회사인 EDS를 분사시키고 10년 정보기술서비스 계약을 맺었다. 즉 디자인부터 정보기술까지 주요 기능을 아웃소싱하고 본사조직을 슬림화 하고 있다.

▶ 공급사와 편안한 관계를 청산하라.

GM은 과거 GM임원들이 시작했던 많은 공급회사와의 관계를 청산했다. 즉 relation 관계에서 Business 관계로 전환한 셈이다. 개혁은 편안함이 아니라 새로운 술에 새 부대를 담는 것이다.

4 GM의 글로벌 경영전략

1) 두 번의 개혁을 통한 조직의 슬림화

GM은 1920년대 이후 미국 자동차산업을 선도해 온 거대기업으로서 관료주의의 뿌리가 그만큼 깊었으며 이것이 변화를 방해하였다. GM은 크라이슬러나 포드와는 달리 상대적으로 조직력과 판매력에서 앞섰던 까닭에 기존 체제의 부분적 개선만으로 80년대 초 미국업계에 닥친 위기를 넘길 수 있었다. 즉, 포드가 80년대 초 어려움을 겪은 이후 대형 히트차종 '토러스'를 개발하는 등의 노력으로 재기하였으나, GM은 큰 어려움 없이 지나갔었다. 또 인원조정면에서도 UAW에 30만 명의 고용보장을 약속하였던 까닭에 합리화를 추진하는 것이 곤란하여 90년대 초반까지도 합리화를 위한 노력을 본격화하지 않았었다. 그러다가 근본적 체질개혁이 없이 무리한 사업다각화와 지나친 감량의 결과, 80년대 말 이후 제품의 질과 경쟁력이 급속히 하락하면서 90년대 이후 GM은 대형 영업손실을 기록하며 최악의 경영위기에 봉착하게 되었다. 따라서 GM은 2차례에 걸친 대개혁을 하게 된다.

2) Shift from all type of car

현재는 대부분의 차종을 생산하고 있으며, 점차 소형차의 비중을 줄이는 대신 SUV 및 트럭부문에 대한 투자를 가속화할 계획이다.

3) 글로벌화

세계 제 1 의 자동차메이커 위치를 강화하기 위한 GM의 전략적 제휴가 주목을 받고 있다. 도요타와 북미시장에서 '적과의 동침'을 이룩해 온 GM은 최근 이스즈, 스즈키, 르노와 제휴관계를 강화한다. 아시아 지역에서도 전략적 제휴 노력을 계속하고 있다. GM은 아시아 지역에서만 행후 25억 달러를 투자하겠다고 밝히고 있으며, GM대우와도 전략적 제휴를 하고 있다. 아직 아시아 지역에서의 구체적인 제휴 계획 및 제품전략이 완성되지 않았지만, 일본과 호주를 포함한 전체 아시아 · 태평양지역을 대상으로 한 전략차를 갭라하고 있음을 밝힌 바 있다. 전략차는 태국에서 생산할 계획이며, 이 중 80%를 일본과 호주에 수출할 예정이다.

GM은 이미 유럽의 Opel을 100% 소유하고, SABB의 50%, 이스즈의 37.5%, 스즈키의 3.5% 지분을 소유하고 있다.

4) 분　사

시너지 효과를 극대화시키기 위해서 연관사업들을 별도의 기업으로 분사하고 있다.

5) E-비지니스에 대한 집중적인 투자

① BIG3간의 연합에 의한 통합 B-to-B 회사 설립

② buypower를 중심으로 한 B-to-C 시장 공략

③ WEB Car: 운행중에 Mobile internet을 사용

GM은 디지털 경제시대에 대비하고 인터넷을 중추 기반으로 하는 사업체계를 구축하기 위해 1999년 8월 '*e*-GM'을 설립했다. 이를 계기로 분야별 부가서비스 형태로 운영했던 인터넷 부문을 하나의 포털사이트로 통합, 전략적 핵심사업으로 육성중이다.

현재 최고 책임자인 마크 호건을 중심으로 3백여 명의 전문연구원이 전 세계에 흩어진 사업장을 인터넷으로 연결, 부품 구매에서부터 완성차 생산과 유통 판매 등에 이르는 모든 사업 프로세스를 *e*비즈니스화하는 작업을 진행 중이다. *e*-GM은 비즈니스 서비스 속도를 '자동차 속도'에서 '인터넷 속도'로 끌어올려 전 세계 사업장을 실시간으로 일사불란하게 움직이게 하는 헤드쿼터 역할을 하는 셈이다.

5 GM대우의 글로벌 전략

GM이 대우차를 인수한 것은 세계에서 몇 손가락 안에 꼽히는 내수규모를 갖고 있는 한국시장에 안착하는 동시에 세계에서 가장 빠르게 성장하고 있는 아시아 자동차시장을 공략하고, 궁극적으로는 유럽시장에 집중하면서 나아가 세계 1위의 입지를 굳히려는 글로벌 전략의 일환이기 때문이다.

1) 대우차—소형차 생산기지 및 연구기지로의 활용

GM은 대우차의 연구 · 개발능력, 특히 소형차 개발 및 생산능력에 대해 큰 관심을 보여왔다. 계열브랜드 가운데 대우차처럼 낮은 비용으로 성능 좋은 소형차를 만드는 곳이 없기 때

문이다. 따라서 GM으로서는 대우차를 전 세계 GM의 소형차 생산기지로 만들 계획이다.

2) 아시아시장 진출전략

미국 제너럴모터스가 대우차를 인수한 배경은 아시아에서 일본에 이어 두 번째 시장규모를 갖고 있는 한국시장을 본격 공략하고, 더 나아가 중소형 차종의 아시아 · 유럽지역 수출을 통해 세계 1위 자리를 굳히기 위한 것으로 분석된다.

3) 유럽시장 진출전략

GM은 유럽지역에서도 상대적인 부진을 면치 못해 왔다. 세계 1위인 명성에 걸맞지 않게 유럽에서는 폭스바겐, 르노, 포드에 이어 4위에 머물렀다. GM이 인수한 대우자동차 해외법인은 오스트리아, 베네룩스, 프랑스, 독일, 이탈리아, 푸에르토리코, 스페인, 스위스 판매법인과 네덜란드의 유럽부품회사이다. 여기에 마티스, 라노스, 누비라, 레간자 등 1800cc 이하의 중 · 소형차를 모두 생산하는 베트남 생산공장이 포함됐다.

GM은 소형차 부문에서 대우차가 갖고 있는 강점을 살려 소형차 수요가 많은 서유럽지역에 대한 수출에도 적극 나서고 있다.

GM사는 명실공히 세계 최고의 자동차회사이다. GM은 대우자동차를 인수하여 한국 자동차시장에서 새로운 강자로 떠오르고 있다. 기존의 한국 내 판매대행사를 통한 수출이나 제휴가 아닌 대우공장에서 직접 생산하고 대우의 유통망을 통해 고객에게 직접 접근하고 있다. 글로벌 기업의 세계화 전략을 '시장진입단계—시장확대단계—글로벌단계'로 구분한다면 현 시점은 시장진입단계에서 시장확대단계로 넘어가는 과도기라고 할 수 있다. 시장진입을 위해서는 해당 기업은 어떤 국가에, 어떤 방식으로, 언제 진출할 것인가를 결정해야 한다.

제1절 대외자금조달

일반적으로 대외금융거래는 거주자(내국인)와 비거주자(외국인)간에 이루어지는 모든 자금의 임차거래를 가리킨다.

외자를 조달하는 방법으로는 크게 나누어 원리금의 상환의무가 있는 차입형태의 외자도입과, 외국인의 직접적인 국내 산업활동을 허용함으로써 외자를 도입하는 외국인 직접투자 형태의 외자도입이 있다.

1. 차 관

종래 우리나라 외자도입의 대종을 차지하였던 차관은 최근 다른 외자도입의 증가로 그 비중이 감소되고 있으나, 아직도 가장 중요한 외자조달 수단이다.[1] 차관은 공공차관과 상업차관으로 구분되는데, 공공차관은 우리 정부 또는 법인(정부의 지급보증 필요)이 외국정부나 경제협력기구 및 외국법인으로부터 대외지불수단을 차입하거나 자본재 · 원자재 등을 장기결제 방식으로 도입하는 것을 말한다. 한편, 상업차관은 제조업이나 운수 · 저장시설 등의 산업시설이나 철강 · 지하철 · 전력 등 국가 기간산업의 확충을 위한 자본재 및 원자재의 도입용으로 재정경제원의 인가를 얻어 민간부문에 의해 도입되는 외자이다.

우리나라 외채 잔액 중 차관이 큰 비중을 차지하고 있었는데, 초기에는 공공차관이 많았으나 현재는 공공차관은 거의 없고, 상업차관이 주류를 이루어 왔다. 그러나 상업차관도 한국의 대외 자금조달 방안이 다양화되면서 그 절대금액은 점차 감소하는 추세를 보였으나, 한국은 차관도입국이 아니라 차관공여국으로 변하였다.

2. 뱅 크 론

공공차관과 상업차관 이외에 최근 외자조달의 주요 창구가 되고 있는 것은 금융부문의 해외차입인데, 특히 IMF 외환위기 직후의 대규모 경영수지 적자보

1) 졸저, 「국제금융론」(학문사), pp. 231~233.

전과 외자조달 창구의 다양화 등으로 인하여 bank loan이나 refinance 등 금융기관의 외자조달 기능이 크게 강화되었다.

금융기관 차입의 가장 중요한 형태인 bank loan은 외자대출 및 중장기 소요자금의 공급을 위해 외국환은행이 국제금융시장으로부터 직접 차입하여 특정 프로젝트나 산업분야에 직접적인 관련 없이 주로 자본재 등의 구입을 위한 융자재원으로 활용하고 있는 장기외자를 말한다. 한편 이 bank loan의 대주(貸主)는 대부분 국제적인 금융기관인데 하나의 금융기관이 단독으로 자금을 공급하는 경우도 있지만, 중장기 자본조달에 따른 위험의 분산이나 대규모 자본조달을 위하여 대주측에서 차관단을 구성하여 공통의 조건으로 차주에게 일정 금액씩을 대출하는 신디케이트론(syndicated loan) 방식의 대출이 유로크레디트(Euro-credit)시장[2]과 유로본드시장(Euro-bond market)[3]에서는 국제적 대규모 중장기 자본조달에 있어서 가장 중요한 수단의 하나로 쓰이고 있다.

외국환 취급은행이 장기 외자조달을 위해 도입하는 bank loan은 1968년 한국외환은행이 최초로 도입한 이후 1979년까지 그 잔액이 20억 달러에 그쳤으나 IMF 외환위기를 계기로 크게 증가세를 보였고, 현재는 대외자금조달의 주류를 이루고 있으며 건별 규모도 커지고 있다.

3. 현지금융 · 채권발행

기타 외자조달 방식으로는 bond발행, 무역신용, 현지금융 등이 있는데, 민간 bond발행은 외국환관리규정이 정하는 바에 따라 정부투자기관이나 일정 요건을 갖춘 법인이 자본재 도입자금, 해외투자자금, 또는 연불조건으로 수출할 완성자본재의 생산을 위한 부품의 도입자금 등으로 사용하기 위하여 동경, 홍콩, 싱가

2) 유로크레디트시장(Euro-credit market) : 어떤 나라의 국민통화가 자국영역을 벗어나 외국소재 금융기관에 예치되어 있는 자금을 유로커런시(Euro-currency)라 하는바, 만기 1 년 이상의 유로커런시 중장기 자금시장을 일반적으로 유로크레디트시장 혹은 유로론(Euro loan)시장이라 한다. 유로크레디트는 주로 bank loan을 통해 이루어지는데, 양차의 석유파동을 거치는 동안 오일머니(oil money)의 환류 및 비산유국 개발도상국의 국제수지 적자보전용 대외차입의 격증과 관련하여 유로뱅크론(Euro bankloan)의 규모는 급격히 신장되었다.

3) 유로본드시장(Euro-bond market) : 유로본드란 차입자가 외국에서 제3국 통화표시로 발행하는 채권으로 2개국 이상의 외국 자본시장을 통하여 국제적 채권인수단에 의하여 인수·판매되어 2개국 이상에서 유통되는 채권을 말한다. 한편, 특정국의 자본시장을 통하여 발행지의 통화표시로 발행지의 법률에 따라 상장 유통되는 채권을 외국채(foreign bond)라 하는바, 외국채와 유로본드를 합하여 국제채(international bond)라 부른다.

포르, 런던 등 세계 각 국제금융시장에서 기채방식에 의하여 외화자금을 조달하는 방법이다. 외환 자유화에 의하여 한국기업의 채권발행이 급증하고 있다. 그리고 삼성전자 등이 해외에 각종 채권을 발행하여 기업이 직접 해외시장에서 자본을 도입하고 있다. 무역신용은 수출용 원자재, 외화획득용 시설재 등 필수물자를 일정기간 이내의 결제조건으로 도입하는 것이다.

이 밖에 민간외자로서 외환은행 등 국내 외국환은행이 원유 또는 기타 물품을 수입하는 자에게 외화대출을 한 뒤 그 받은 어음을 국제금융시장에 매각하는 외화어음매각과 군수산업용 수입물품 대금결제용 차입, 연불수출용 원자재 및 외화획득용 원자재의 수입대금 결제용 차입, 그리고 장기차관 계약 또는 외화채권 발행계약에 의하여 차입하는 자금으로 상환하기 위한 일시적 차입(bridge loan) 등 외국에 있는 비거주자로부터 차입하는 자금 등이 있다. 또한 한국기업이 해외에 현지법인을 설립하여 현지에서 자금을 조달하는 현지금융이 급증하고 있다.

4. 외국인 직접투자

외국인 직접투자는 잘못될 경우 국내시장을 교란시키고 국내 산업정책과 상반되어 국내 유치산업의 성장을 저해할 수 있는 부정적 측면도 있다. 그러나 공정거래법 등 외국인 직접투자의 부정적 효과를 막을 수 있는 제도적 장치를 보완함과 아울러, 기술이전효과, 성장효과 그리고 국제수지 개선효과가 큰 산업분야에 대해서 효과적으로 외국인 직접투자를 유치하는 선별적인 외국인 직접투자의 유도는 경제성장에 기여할 수도 있다.

외국인 직접투자는 아직까지는 외자조달 수단으로서보다는 외국인 직접투자의 기술이전효과나 수출 및 고용창출효과 등에 오히려 그 주기능이 있었던 것으로 보이나 바람직한 외자조달방안이라고 할 수 있다.

이외에도 최근 한국의 종합상사들은 국제금융부서를 신설하고 새로운 국제금융기법을 통한 해외자금 조달방안을 모색하고 있다.

제 2 절 국제금융시장

1. 19세기의 외국환센터

19세기의 외국환센터는 파리, 런던, 암스테르담, 앤트워프, 브뤼셀, 프랑크푸르트, 함부르크, 그 뒤에 베를린, 비인, 드리에스터, 스톡홀름, 이탈리아와 스페인의 제 도시, 리스본, 이스탄불, 취리히, 뉴욕과 미국의 제 도시, 아프리카에서는 알렉산드리아, 남미에서는 부에노스아이레스, 리오데자네이로, 극동에서는 상해, 홍콩, 세기 말에는 동경이었다. 외국환시장은 점차 장거리 전화의 발달(최초의 대서양 횡단 해저전선은 1856년에 완성)에 의해 국제화되었다.

19세기의 미국에 있어서는 장기본드어음의 대부분은 영국의 것으로서 면화수출업자가 발행한 어음이었다. 그것이 뉴올리언즈에서 매도되어 보스톤, 볼티모어에서 거래되었다. 그 후 캘리포니아의 골드 러시와 남북전쟁의 시대에는 샌프란시스코가 외국환센터가 되었다. 남북전쟁 후 금본위제의 채택 후에는 런던과 뉴욕의 은행간의 긴밀한 관계가 뉴욕에서의 본드어음의 활발한 시장을 몰고 왔다.

2. 전통적 국제금융시장

국제금융시장(international financial market)이란 국경을 넘어서 자금의 유통이 이루어지는 시장을 말한다. 즉 국경을 넘어서 자금을 대부하려는 공급자와 국경을 넘어서 자금을 차입하려는 수요자가 접촉하는 추상적인 영역을 가리켜 국제금융시장이라 부른다.

일반적으로 금융시장은 자금의 최종적인 공급자와 최종적인 수요자, 그리고 이들을 연결시키는 금융기관으로 구성된다. 국내금융시장의 경우에는 자금의 대부자(lender)와 차입자(borrower)가 모두 국내 거주인이고 금융기관도 또한 국내에 소재하고 있다. 이에 반하여 국제금융시장에 있어서는 자금의 대부자와 차입자 가운데 적어도 하나가 비거주인(non-resident)이거나, 또는 금융기관이 외국에 소재하고 있다.

국제금융시장도 국내의 금융시장과 마찬가지로 자본시장과 중개시장으로 구분할 수 있다. 그런데 국제금융시장을 분류하는 데 있어서는 이보다도 먼저 전통적인 국제금융시장과 제2차 세계대전 이후에 새로이 탄생한 유로시장으로 구분하는 것이 더 중요하다. 전통적인 국제금융시장이란 주요국의 국내금융시장에 비거주자가 참여하여 이루어지는 금융시장을 말한다. 제1차 세계대전 이전에는 런던이 전통적인 국제금융시장의 중심지였고, 양차 대전을 겪으면서 뉴욕이 전통적 국제금융시장의 새로운 중심지로 부상하였다.

이와 같은 전통적 국제금융시장은 직접금융시장인 외국본드시장(foreign bond market)과 간접금융시장인 외국중개시장(foreign intermediated market)으로 구분할 수 있다. 전자는 주요국의 국내자본시장에 비거주자가 참여하여 본드를 발행하고 또 그 시장에서 발행된 본드에 투자하는 시장을 말하며, 후자는 주요국의 금융중개기관에 비거주자가 참여하여 대출을 받고 또 예금을 하는 시장을 말한다.

3. 국제금융시장의 성립조건

(1) 당해국의 통화가 국제통화일 것

국제간의 거래에 넓게 사용되고 있는 통화를 국제통화라 한다. 일국의 통화가 국제통화가 되기 위해서는 그 나라의 정치 · 경제력을 배경으로 하여 통화의 신용이 안정되어 각국 은행은 그 나라의 금융중심지의 지점과 코레스은행에 당해국 통화의 예금계정을 가지고 있고, 그 금융 중심지가 세계의 결제지로서 기능하고 있어야 한다.

(2) 조직적인 장단기 금융시장의 존재

국제금융센터에 각국의 자금이 집중되고 거기서 자금의 조달과 운용이 이루어지기 위해서는 장단기의 금융시장과 금융기관이 존재해야 한다.

(3) 외국환시장의 존재

국제금융센터가 국제결제의 중심지가 되려면 무역, 외국송금, 금리재정, 헤징을 할 수 있는 외국환시장이 존재해야 한다.

(4) 금·상품·해운·보험 등 제 시장의 존재

금시장의 존재는 결제통화의 금태환성이나 금가치의 유지를 위해 필요하며 세계적인 상품 · 해운 · 보험시장의 존재는 국제금융시장의 성립조건이다.

제 3 절 유로커런시시장

1. 유로커런시시장의 개념

유로커런시시장(Euro-currency market)이란 특정 국가의 통화가 통화발행국 이외의 지역에 소재하는 금융기관에 예치되어 그 특정 통화표시의 형태로 대출되는 국제금융시장을 말한다. 예를 들어 미국의 달러가 미국 이외의 지역에 소재하는 은행에 예치된 다음, 이것이 다시 달러표시인 채로 대출되는 국제금융시장을 유로달러시장이라고 한다. 유로커런시시장을 형성하고 있는 중요 통화들로는 유로달러 이외에도 유로스털링, 유로프랑스프랑, 유로스위스프랑, 유로마르크, 유로길더 등이 있다.

한편 유로커런시시장의 유로라는 접두어는 원래 이 시장이 유럽에서 형성되었기 때문에 사용된 개념이다. 그러나 오늘날 유로커런시의 거래는 비단 유럽에서만 일어나는 것이 아니라 싱가포르, 홍콩, 중동 각국, 바하마, 파나마 등 세계 각지에서 이루어지고 있기 때문에 역외금융시장(offshore money market)이라고 하는 것이 더욱 적절한 표현이라고 할 수 있다.

유로커런시시장도 국내금융시장의 경우와 마찬가지로 자금의 공급자와 수요자 및 이들을 중개하는 은행과 브로커들의 집합으로 이루어진 추상적인 개념이며, 유로커런시시장이라고 일컬어지는 구체적인 실체가 존재하는 것은 아니다. 다만 국내금융시장이 통화관리 당국의 규제를 받는 데에 비해서 유로커런시시장은 하나의 자유시장으로서 통화당국의 규제를 크게 받지 않으며, 시장에서의 자금수급을 결정하는 경제적 요인에 의해서 크게 영향을 받는다는 점이 국내금융시장과 다른 점이라고 할 수 있다. 이와 같은 유로커런시시장에서 유로커런시를 예수하고 대출하는 금융기관을 가리켜 흔히 유로뱅크(Euro-bank)라고 한다.

2. 유로커런시시장의 규모

1950년대 후반에 미미한 규모로 처음 탄생한 유로커런시시장은 1970년에 이르러 벌써 총규모로 1,150억 달러, 그리고 순규모로는 650억 달러라는 거대한 국제금융시장으로 성장하였다.

그러나 1970년대의 발전은 더욱 비약적이었다. 즉 1980년까지 10년간 유로커런시시장의 총규모는 13배 이상 증가하여 1.5조 달러 수준으로, 그리고 순규모도 11배 이상 증가하여 7,000억 달러를 상회하는 수준으로 성장하였다. 현재 유로커런시시장은 계속 증가하여 규모면에서 전 세계에서 미국 금융시장 다음 가는 두 번째로 큰 금융시장을 형성하고 있다.

3. 유로커런시시장의 발생요인

유로커런시시장에서 거래되는 미국 이외의 나라에 예치된 달러예금이라고 정의되는 유로커런시의 시장이 형성되었던 것은 1950년대 중반 이후이다. 유로커런시시장 발생의 계기는 다음과 같다.

① 1950년대 초기에 냉전격화에 의한 재래 달러예금의 동결을 염려한 소련 중앙은행 고스뱅크가 그것을 파리의 북구(北歐)상업은행에 예치하여 이것이 유럽계 은행에 대출되었다. 그 뒤 고스뱅크는 런던의 모스코 · 나로드니은행에도 달러예금을 하게 되었다.

② 1957년 가을의 파운드 위기에 대하여 영국이 실시한 비거주자에 대한 파운드 대출의 제한조치가 있었는데, 이로 인하여 영국의 은행은 유로달러를 가지고 고객과 코레스선(先)에 제공하였다.

③ 1958년 말의 서구 통화의 교환성 회복을 위해 각 은행이 외화를 달러로 바꾸어 유로커런시시장에 투입하였다.

④ 미국의 레귤레이션 Q(금리상한규제)로 보다 유리한 금리를 찾아서 유로커런시시장으로 자금이 옮겨졌다.

⑤ 1950년 이래의 미국의 국제수지흑자가 유로커런시의 자원을 풍부하게 하였다.

⑥ 인터넷의 발달로 달러예금의 국제거래가 활발하게 된 것 등이다.

4. 유로커런시시장의 주요 센터

(1) 주요 금융 중심지

유로커런시시장에서 가장 중요한 역할을 담당하고 있는 곳이 런던 금융시장이다. 이는 런던이 국제여신, 무역금융, 상품거래, 주식거래, 외환거래, 보험 등 국제금융활동의 중심지로 오랜 역사를 가지고 있는 데 기인한 것으로, 사실 런던시 동쪽에 위치하고 있는 면적 1평방 마일의 런던시티는 19세기 이래 약 150년 동안 국제금융의 중심지로서 전통을 지켜오고 있다.

한편 런던 이외에도 파리, 프랑크푸르트 등 많은 금융중심지가 은행법, 조세 등의 여러 제약요건하에서도 급속히 성장하고 있으며, 홍콩, 싱가포르도 아시아 지역의 유로커런시 거래의 중심지로 발전하고 있다. 그러나 아시아시장은 유로달러의 수요 · 공급의 규모가 유럽보다는 적기 때문에 아직은 보조적인 역할만을 하고 있다. 그러나 최근 들어 동경, 싱가포르와 홍콩시장의 규모가 확대되고 있다. 한편, 미국은 1981년에 처음으로 유로커런시 영업을 행할 수 있는 IBF(International Banking Facilities)를 설치한 이후 런던 금융시장의 다음 가는 유로커런시시장의 주요 센터로 등장하고 있다.[4)]

(2) 오프쇼어 금융센터(offshore banking center)

오프쇼어 금융센터란 새로운 형태의 국제금융센터로 비거주자간의 금융거래에 대하여 조세제도나 외환제도 등과 같은 각종 규제상의 특전을 제공함으로써 그들의 금융거래를 중개해 주는 금융센터이다.

오프쇼어 금융센터를 통한 금융거래는 국내금융시장과는 거의 절연되어 있으며 오프쇼어 금융센터는 단순한 비거주자간의 금융거래에 대한 중개기능을 수행함으로써 부수되는 여러 가지 소득을 얻는 데 관심을 두고 있다. 현재 세계적으로 유명한 오프쇼어 금융센터로는 카리브해안과 바하마, 케이만군도, 파나마와 룩셈부르크, 홍콩, 싱가포르 등을 들 수 있다.

---

4) 이효구, 「신외환론」(박영사, 1986), pp. 301~307.

제 4 절 국제금융센터

1. 국제금융센터의 개념

국제금융센터[5]는 학자들에 따라 여러 가지로 분류되고 있다. Dufey와 Giddy(1978년)는 국제금융센터의 기능면을 강조하여 국제금융센터를 자본수출센터, 중계센터(entrepot), 역외뱅킹센터(offshore banking)로 분류하였다. 또한 Park와 Essayad(1989년)는 자금의 조달 및 운영 등 자금의 흐름형태에 따라 국제금융센터를 프리머리센터(primary center), 조달센터(funding center), 운영센터(collection center), 기장센터(booking center)로 분류하고 있다.

일반적으로 일국의 국내금융 중심지였던 곳들이 세계시장으로 통합되어, 새로운 금융의 중심지로 부상하게 되었다. 국제은행간의 경쟁 못지 않게, 이들을 유치하려는 금융센터간의 경쟁도 극심하였다. 파나마, 홍콩, 라부안, 그리고 싱가포르 등의 새로운 국제금융센터들의 출현과 급속한 발전이 세계의 금융인들과 많은 관련 인사들의 관심을 불러 일으켰다. 또한 국내금융센터들이 국제유동성의 분배에 있어, 그리고 국제금융의 전반적인 기능에 있어 차지하는 역할이 크게 증대하게 되었다.

그러나 관련된 개념과 용어의 사용에 대한 기준이 없어, 국제금융센터들의 발전과 평가에 대한 연구가 제약을 받아 왔다. 기존의 문헌에서 보면, '세계금융센터(world financial center)', '역내금융센터(regional financial center)', '국제금융센터(international financial cnter)', 역외금융센터(offshore financial center)', '국제은행센터(international banking center)', 역외은행센터(offshore banking center)', '조세회피처(tax heaven center)', 그리고 '부킹센터(booking center)' 등이 주로 쓰이고 있다.

5) 국제금융센터(International Financial Center)란 자본의 공급자와 수요자간 국경을 초월한 금융거래와 다양한 금융활동이 집결되어 역동적인 금융기능을 공급하는 유형·무형의 중심지로서 금융거래뿐만 아니라 정보, 전문인력 등이 지속적으로 집중·파급되는 과정을 통해 자생적으로 성장하는 특성을 지니고 있다.

2. 국제금융센터의 기준

일반적으로 '국제금융센터'는 국제적으로 널리 인식되어 왔고, 외국기업(금융기관 포함)과의 또는 외국기업간의 금융중개가 일어나는 국제적인 금융센터를 의미한다. 각 금융센터가 국제적인 센터로서 가지는 중요성을 평가할 수 있는 기준으로는 다음 두 가지를 생각할 수 있다.

첫째, 해당 센터 내에 국제대출과 차입, 외환거래, 그리고 자금관리 등 국제금융활동을 수행하는 은행 및 여타 금융기관들의 수가 얼마나 되는가 하는 것이다.

둘째, 이 센터 내에서 주식, 채권 또는 파생금융상품 등 외국기업의 금융상품이 얼마나 거래되는가 하는 것이다.

3. 국제금융센터의 종류

전통적으로 국제금융 중심지로 지칭되었던 곳들은 유럽의 런던, 파리, 프랑크푸르트, 함부르크, 빈, 암스테르담, 밀라노, 로마, 취리히 등지와 북미주의 뉴욕, 토론토, 몬트리올, 그리고 동경 등과 같이 고도로 발달된 산업수준과 자본수출국으로서의 경제력에 힘입어 자연스럽게 세계적인 금융활동의 중심지로 성장한 곳들이다. 금융은 이들 국가의 국제적 경제지위뿐만 아니라 국내경제의 성장과도 균형을 맞추면서 성숙된 단계로 발전했다.

또한 버뮤다, 바하마, 바베이도스, 케이만 군도 등과 같이 그 존재가 미미하여 관심의 대상이 되지 못하던 작은 도서국가(島嶼國家)들이나 도시국가들이 저율의 세금과 외환 및 금융에 관련된 규제들로부터의 자유를 보장하여 줌으로써, 세금절약을 노리는 많은 외국금융기관들의 명목상의 사무소들(brass plates)을 유치하여 국제금융업무에 있어 중요한 역할을 떠맡게 되었는데, 이들은 일반적으로 '부킹센터(booking center)'라고 불린다. 외국금융기관들을 유치하기 위한 다양한 유인을 제공한다는 면에서 보면, 이들은 역외금융센터들과는 별다른 차이가 없다. 다만 국내경제의 규모에 있어 이들은 역외센터들과는 비교할 수 없을 만큼 작은 도시국가, 군도, 혹은 여타 소규모 경제국들이라는 차이가 있다.

이들은 금융업무의 기록을 위한 장소로 이용되는데, 여기서는 실제적인 금융거래는 거의 일어나지 않는다. 이들 작은 국가들로 자금이 통과할 수도 있고, 혹은 단순히 장부에 기재되기도 하지만, 이로부터 얻는 혜택은 외국금융회사들의 활동으로부터 오는 고용, 수익, 그리고 금융 외적인 부산물에 국한되어진다. 그들의 경제는 실물적으로나 금융적인 면에서나 거의 대부분 미미하기 때문에 영업면허, 근로허가, 등록, 통신 등에 대해 부과하는 상대적으로 낮은 요금의 수입이나마 그들 경제에 대한 통제를 완화함으로써 발생되는 손실을 보상하고도 남게 된다.

또한 국내금융시장이 국내 또는 역외통화를 사용하는 데 비해, 모든 역외금융시장들이 외국 또는 역외통화들, 즉 비거주자인 고객의 통화 또는 국제통화를 취급하고 있기 때문에, 역외금융시장을 외부금융시장(external) 또는 유로시장과 동일시하기도 한다. 이 경우에는 런던과 같은 전통적인 국제금융센터도 여기에 포함된다.

제 5 절 인터내셔널 뱅킹

국제경영 성장의 중요하고도 필수적인 국면은, 인터내셔널 뱅킹 서비스(international banking service)의 성장에 있었다. 기업들은 적절한 자금공급과 국제은행들의 자금지원 없이는 성장할 수가 없었다. 은행은 자본의 흐름을 용이하게 할 뿐만 아니라 국제금융시장으로부터 많은 외자를 제공해 왔다.[6]

1. 세계 주요 은행

미국의 다국적기업은 세계의 대기업 리스트에서 다수를 차지하고 있지만, 미국의 은행들은 역시 주류를 되찾고 있다. 세계 10대 은행 중 미국계 은행이 1990년대 이후 강세를 보이며 대거 등장하고, 일본계 은행이 탈락되는 한편, 유럽계 은행이 현 수준을 유지하고 있는 것으로 나타나고 있는데, 미국계 은행이 일본계 은행을 누르고 급격한 성장을 이루고 있음을 알 수 있다.

---

6) John D. Daniels, and Lee H. Radbaugh, *International Business*(Addison-Wesley Publishing Company), pp. 345~346.

2. 인터내셔널 뱅킹의 구조

(1) 가맹은행(affiliated bank)

가맹은행은 외국은행이 소수자본을 소유하고 있는 현지은행이다. 이것은 소수주합작(少數株合作)과 유사하다. 이것은 지점이나 자은행을 설립하는 데 필요한 자본이나 경험이 없이 해외시장을 확대하기 위한 한 방법이다.

(2) 대행은행(representative office)

직접적인 외국인의 참여가 적용되지 않거나 은행설립 승인을 기다리고 있는 국가에 설립된다. 대행은행은 예대업무는 허용되지 않지만, 모은행을 통해서는 업무를 수행할 수 있다.

(3) 대리점(agency)

대리점은 대행은행보다는 더 활동적이다. 대리점은 예금은 받을 수 없으나 단기간의 특별예금은 받을 수 있다. 대리점은 현지기업에 대부해 주는 것은 허용된다.

(4) 컨소시엄 은행(consortium bank)

가맹자간의 위험분산을 목적으로 다수의 은행에 의해 설립된 은행이며, 1960년대 후반부터 본격적으로 설립되어 국제금융시장에서 다양한 활동을 하고 있다. 영란은행의 정의에 의하면, "다수은행에 의해 소유되지만 어느 한쪽도 50% 이상의 지분을 소유할 수 없으며, 따라서 1인 이상의 주주에 의한 해외은행인 은행"이라고 되어 있다.

형태별로는 i) 유로커런시시장에서의 중기대출에 초점을 둔 전형적인 형태의 컨소시엄 은행, ii) 유로컨런시 대출뿐 아니라 국제머천트 은행 및 투자은행과의 제휴를 포함하여 광범위한 국제금융활동을 목적으로 하는 컨소시엄 은행, iii) 특정지역에의 금융지원을 위한 컨소시엄 은행, iv) 차입국가가 국제금융시장에서 자국의 자금조달을 전담하도록 설립한 컨소시엄 은행 등이 있다.

(5) 머천트 뱅크(merchant bank)

영국에서 어음인수 또는 증권발행을 주요 업무로 하는 금융기관을 가리키며, 그 기능 여하에 따라 어음인수 등의 인수신용업무에 종사하는 인수회사

(accepting house)와, 주식 및 사채(社債)의 발행 등을 지원하는 발행회사(issuing house)로 크게 구분된다. 머천트 뱅크는 종합적 금융기관의 성격을 띠고 있으며 일반적으로는 종래의 은행업무 개념에는 포함되지 않는 증권업무 등을 포함한 광범한 부수업무를 자유롭게 수행하는 금융기관을 가리키며, 나라에 따라서 투자은행 또는 금융회사라는 명칭을 사용하기도 하는데, 업무범위도 그 나라의 법규와 관습에 따라서 다르다.

(6) 에지법회사(Edge Act Corporation)

미국에서 국제금융업무를 주로 하는 은행출자의 금융회사이다. 최저 자본금은 2백만 달러이며 미국시민이 50% 이상의 지분을 소유해야 한다. 에지법회사는 정부의 제약을 받지 않는다. 에지법회사는 1919년에 W.E. Edge 미 상원의원이 제안하였다.

(7) IBF(International Banking Facilities)

미국에서 1981년 12월에 창설된 IBF는 미국 내의 비거주자 상대 역외금융시장을 말한다. 미국 내의 IBF의 설립목적은 미국 금융기관의 대외경쟁력 제고, 유로달러의 미국 내 환류 그리고 미국 금융시장의 국제적 지위향상으로 1970년대 이후 급속하게 발전한 Euromarket과 offshore financial market에 대항하여 설립되었다. IBF는 별도의 법인이나 지점형태를 취하는 것이 아니라 기존 금융기관의 일개 독립부서에 불과하다.

연구 과제

1. 통신의 발달과 자금이전의 속도가 빨라지면서 은행업에 거대한 이익을 주었다. 국제금융체제의 발전으로 인해 피해를 입을 수 있는 경우를 제시하시오.
2. 한국기업의 대외자금 조달방안 중 현 상태에서 가장 적합한 방법을 제시하시오.
3. 국제관계가 국내은행에 어떻게 도움을 주고, 방해를 하는가를 토의하시오.
4. 해외은행의 파산이 국내기업에 미치는 영향에 대해서 논하시오.
5. 유로달러시장과 유로본드시장에 대해 논하시오.
6. 다음의 용어에 대하여 설명하시오.
   1) IFC
   2) IMF
   3) 뱅크론
   4) 컨소시엄 은행
   5) 머천트 뱅크

제 5 부

다국적기업과 글로벌경영

제11장 다국적기업의 글로벌 비즈니스

사례연구 ▶ Global 500대 기업 / 다임러크라이슬러(DaimlerChrysler)
제 1 절 다국적기업의 진출동기
제 2 절 다국적기업의 기업행태
제 3 절 다국적기업과 개발도상국
제 4 절 다국적기업이 개도국에 미치는 영향
제 5 절 다국적기업의 폐해

제12장 해외진출과 글로벌 네트워크

사례연구 ▶ Global 500대 기업 / 보잉(BOEING)
제 1 절 한국 기업의 해외진출사
제 2 절 해외진출의 전략
제 3 절 해외진출이론
제 4 절 해외진출의 필요성
제 5 절 한국 기업의 해외진출전략
제 6 절 해외진입방식
제 7 절 한국 기업의 해외진출시의 제 문제

제13장 국제경영과 종합무역상사

사례연구 ▶ Global 500대 기업 / 쉘(Royal Dutch/Shell Group)
제 1 절 종합무역상사의 정의와 특징
제 2 절 주요 외국의 종합무역상사의 유형
제 3 절 종합무역상사제도 도입의 배경
제 4 절 종합무역상사의 뉴트랜드

제 11 장

다국적기업의 글로벌 비즈니스

사례연구 ▶ Global 500대 기업

다임러 크라이슬러(DaimlerChrysler)

1 Web Site

http://www.daimlerchrysler.com

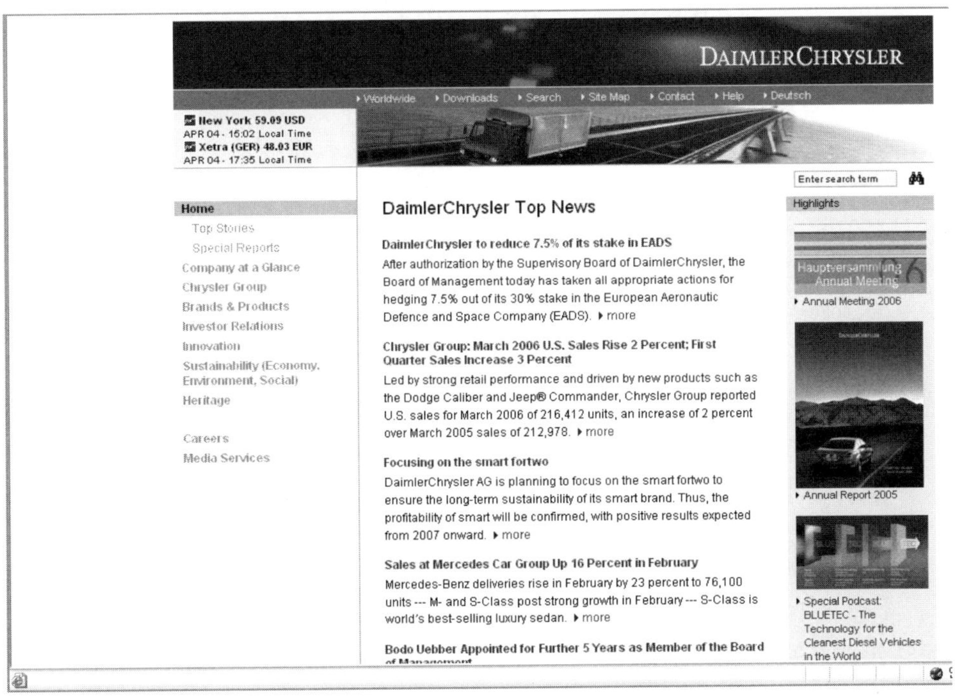

2 다임러 크라이슬러 개황

다임러 크라이슬러는 합병된 회사이나 실질적으로는 두 기업이 따로 운영되고 있으므로 합병 전의 두 회사의 연혁과 발전과정 및 제품 등을 따로 알아보고 합병된 회사에 대하여 간략하게 알아보도록 하겠다.

(1) 벤 츠

1) 회사소개

세계의 명차 메르세데스 벤츠의 창립자는 "고틀립 다임러(Gottlieb Daimler)(1834-1900)와 칼 벤츠(Karl Fredrich Benz)(1844-1929)"이다. Daimler사는 1890년 Gottlieb Daimler가 Wilhelm Maybach의 협력을 얻어 칸슈타트에 Daimler Motor Company를 세운 것이 시초이다. 또 다른 자동차 발명가 Karl Fredrich Benz는 1883년에 Mannheim에 Benz & Company 회사를 설립하고 1885년 세계 최초의 오토바이를 제작한 데 이어 1886년 3륜 자동차를 만들게 된다.

2) 연 혁

1926년 고성능차인 메르세데스-SSK 생산

1930년 세계 최초의 디젤승용차 260D를 개발 생산

1935년 고급차 특화전략을 구사하기 시작

1950년 Krupp그룹 상용차 부문과 Rheinstahl-Hanomag을 매수하여 유럽 최대 상용메이커로 부상

1965년 해외 진출 및 상용차 사업의 영역을 확대

1982년 종합전기 메이커 AEG, 우주항공 메이커 Dornier, 엔진메이커 MTU인수

1997년 5월 7일 다임러 벤츠와 크라이슬러가 1999년 1월 합병한다고 발표. 신회사는 다임러 크라이슬러라고 불리는 3년간의 이행기간을 거쳐 완전 통합

처음에는 공동회장 체제로 가지만 앞으로는 다임러 출신의 Schrempp씨가 회장이 되고, 독일에 본사를 두고, 독일식 경영스타일이 채용. 출자비율도 구 벤츠의 주주가 57%를 차지하게 되어 사실상 벤츠에 의한 매수라고 할 수 있다.

(2) 크라이슬러

1) 회사소개

크라이슬러는 거대한 자동차회사로, 그 안에는 계열사처럼 조그만 자동차 회사들이 있다. 그 중 크라이슬러 지프와 닷지, 이글이 유명하며, 스트라터스, 네온, 비젼, 뉴욕커, 보야거 등의 모델이 있다. 1925년 설립된 Chrysler는 우리나라에서 전후에 찌프차로 널리 알려진 4WD 자동차의 대명사격인 Jeep와, 형제끼리 자전거 수리로 시작하여 당시 Chrysler보다 5배

나 덩치가 컸던 Dodge를 합병하고, 1998년 Daimer Benz사에 합병되기까지 대표적인 미국의 3대 자동차 생산업체로 활동하였다.

1923년 Chrysler의 첫번째 자동차인 Chrysler Six를 New York Automobile Show에 출품하여 선을 보이려 하였으나 차가 완전히 완성되지 못한 탓에 출품을 거절당하고 그 대신 뉴욕시에 위치한 Hotel Commodore 로비에서 선을 보인다. 미래 지향적인 디자인, 혁신적 엔지니어링, 높은 퀄리티의 생산, 소비자 만족, 이런 모든 것이 크라이슬러가 지향하는 소비자를 위한 철학이다.

2) 연 혁

1920년	크라이슬러 설립
1923년	Chrysler번째 자동차 Chrysler Six 발표.
1925년	Chrysler Corporation 설립. Dodge Brother를 매수
1928년	저렴한 가격의 Plymouth 브랜드를 출시. 미국 내 제 2 위의 시장 점유율 Chrysler보다 5배나 큰 Dodge Brothers, Inc를 합병
1933년	미국 내 제 3 위의 시장점유율
1934년	자동차 디자인의 표준을 제시한 자동차 Airflow 발표
1961년	200만 대로 생산확장 및 경영 다각화 추진
1968년	미쓰비시 자동차 설립시 15%의 자본 참여(현재 출자비율 5.88%)
1970년대	NASA와 Partnership 관계로 Space Program에 참여-우주선 엔진제작
1971년	아이아코카 회장 취임 후 연방정부의 재정지원으로 회생되었음
1980년대	Lee Iacocca의 취임으로 1980년대 Chrysler의 신기원을 이룩
1983년	미니밴 Caravan과 Voyager 투입으로 사상최고 순이익 기록(23.8억 달러)
1998년 5월	Daimler Benz사와 합병하여 Daimler Chrysler사 설립

(2) 다임러 크라이슬러

- ㅇ 1887년 설립된 독일의 자동차회사인 벤츠와 1998년 미국의 자동차회사인 크라이슬러의 합병으로 설립된 현재 세계 3 위 자동차회사
- ㅇ 전 세계 200여 개국에서 약 490만 대의 자동차 판매, 종업원수는 46만 6,900여 명
- ㅇ 주요 사업은 자동차(메르세데스 벤츠, 크라이슬러, 스마트, 다지, 플리머스, 스털링, 세트라, 지프 등의 브랜드 상품)
- ㅇ 자동차 외에 디젤엔진, 비행기, 헬리콥터, 우주장비 제조 및 판매 등
- ㅇ 벤츠는 독일 슈투트가르트에 본사
- ㅇ 크라이슬러는 미시건주 오번 힐(Auburn Hills)에 본사
  — 각기 다른 이름의 차를 만들어 내는 4개의 회사로 분할
- ㅇ 제품 브랜드는 고급차 메르세데스 벤츠(Mercedes-Benz), 중형차급 Chrysler, 저가격

소형차급의 Plymouth/Dodge, 4WD 차량의 Jeep/Eagle이고 상용차는 미니밴과 SUV 등 소형 트럭만 생산하고 중 · 대형 트럭은 생산하지 않음

- ㅇ Mitsubishi, Fiat, Renault, Maserati 등에서 OEM으로 완성차 공급받아 제품라인 체제 보강
- ㅇ 벤츠와 크라이슬러의 매출액은 합계 약 1,300억 달러(2,340억 마르크), 세전이익 69억 달러(125억 마르크). 양사의 실적치를 합계하면 캐쉬 플로 127억 달러(228억 마르크), 연구개발비 71억 달러(128억 마르크), 종업원 42.1만 명

3 다임러 크라이슬러의 글로벌 전략

1) R&D 의 선두주자—성패의 관건

- ㅇ 세계적인 자동차 합병 붐은 결국은 새 차종개발에 얼마나 많은 돈을 넣을 수 있느냐 하는 자금력 확보의 경쟁이기도 하다. 하나의 새 차종을 개발하는 데는 수조 원이 들어가나 그 수명은 수년에 불과하다. 다임러가 최근 출시한 뉴 C클래스 세단은 구모델에 근거한 개조임에도 그 개발비가 약 13억 달러나 되었다.
- ㅇ 이런 개발비를 지속적으로 부담할 수 있으려면 회사 규모가 연산 400만 대 이상에 유럽-미국-아시아 3大 시장에 판매망이 확보돼야 한다는 것이다. 이 조건에 맞는 자동차 회사는 GM, 포드, 다임러 크라이슬러, 도요타 정도이다. 나머지 회사들은 독자 생존이 불가능하며 인수 · 합병 · 제휴의 대상이 될 수밖에 없다는 비관론도 있다.

2) 성공적인 합병을 통한 시너지 창출

- ㅇ 세계 자동차시장은 공급과잉 등으로 인하여 더 이상 혼자서는 살아남을 수 없는 상황이 되어가고 있다. 또한 자사의 특화된 차종만으로는 남는 장사가 되지 않는다. 결국 최근에는 비용감축, 원가절감의 2대 과제를 해결하고 덧붙여 시너지 효과까지 발생시킬 수 있는 합병 붐이 일어나 빅3라는 거대회사로 다시 태어나게 된다. 이들 빅3의 합병은 풀라인 체제와 자사의 약세 시장 공략이라는 두 가지 명제하에 연결이 되었다.
- ㅇ 다임러 크라이슬러의 경우, 두 기업의 합병이 자동차업계뿐만 아니라 제조업 및 산업 전반에 걸쳐 세계의 주목을 받는 이유는 이 합병처럼 시너지 효과가 극대화될 것으로 기대되는 합병이 거의 전무했다는 평가를 받고 있기 때문이다. 또한 차종결합과 기술적 결합에서 완벽한 보완관계를 맺을 것으로 기대되기 때문이다. 이와 같은 차종구성의 차이는 양사가 지닌 주력 기술에서의 차이를 야기시켰는데, 벤츠가 최첨단 고급기술에 뛰어난 반면 크라이슬러는 대량생산 기술에 주력해와 기술보완 효과가 클 것으로 관측되고 있다. 또한 북미시장에서는 크라이슬러의 판매망과 벤츠의 고급 이미지

가 결합되어 상승효과를 누릴 것으로 보인다.

3) 전략적 제휴—아웃소싱과 해외진출

ㅇ 다임러 크라이슬러는 이러한 대규모 M&A에 만족하는 것이 아니라, 세계시장에서의 상대적 약점을 보완하기 위하여 많은 추가적 제휴계획을 세우고 있다. 닛산과 소형트럭을, 미쓰비시와는 소형차를 공동개발하기로 한 것도 그 일부이다.

ㅇ 선진국의 유수업체도 자동차전장부문에 있어서는 경쟁기업간 컨소시업 구성이 활발히 이루어지고 있으며(연료전지 개발을 위한 포드, 벤츠, 발라드의 공동개발), 최근 세계 유수자동차업계간의 Global Network 구축을 위한 전략적 제휴(크라이슬러-벤츠, 포드-볼보, 르노-닛산) 못지않게 첨단 고급자동차 개발을 위한 제휴도 활발한 실정이다.

ㅇ 합병 이유와 마찬가지로 현재는 기업군간의 전쟁이다. 독불장군으로는 살아남을 수 없다는 얘기다. 더구나 규모의 불경제 효과로 인하여 더 이상의 확장은 비만이 될 수 있다. 이러한 관점에서 살펴보면 전략적 제휴가 지니는 의미는 합병과는 조금 다르다고 볼 수 있다. 또한 이러한 전략적 제휴는 다국적 기업으로서의 특징이 될 수 있고, 현 자동차 시장에서의 필수요건으로서 이 전략의 성패가 선두기업으로서의 지위를 보장해 준다고 할 수 있다.

4) 정보화를 통한 경쟁력 제고

(1) 크라이슬러의 부품비용절감 프로그램, <SCORE>

크라이슬러는 구매하는 부품의 비용을 절감하기 위하여 1989년부터 부품비용절감 프로그램인 SCORE(Supplier COst Reduction Effort)를 운영

ㅇ 이러한 프로그램의 운영 결과, 1989년부터 4년 동안 부품업체가 제안한 비용절감 방안이 6,600건에 이르고, 5억 달러를 넘는 비용이 절감

ㅇ SCORE는 매년 강화되는 추세에 있는데, 1994년 SCORE의 개선목표는 5억 달러에 이르고 있다. 그 초점은 새로운 방법을 통하여 제안을 끌어냄

ㅇ 예를 들어 크라이슬러는 부품업체가 자동차의 무게를 1파운드씩 줄일 때마다 1달러씩 지급하는 유인제도를 설치하여 부품이 단순화되도록 함

ㅇ 크라이슬러에게 있어 부품거래관계는 더이상 단순히 부품을 구매하는 활동이 아니며, 부품업체는 크라이슬러의 일부

(2) 탄뎀 프로젝트(TANDEM project)

ㅇ 'Shaping the future together'를 모토로 하는 이 프로젝트는 부품메이커와의 긴밀한 신뢰관계 구축을 바탕으로, 부품메이커의 경영자원을 개발과정에서부터 투입할 수 있도록 하는 것을 목표

ㅇ 세계 여타 메이커들의 부품비용삭감 노력이 완성차업체와 부품업체의 수직적 관계를 바탕으로 한 완성차업체의 일방적 삭감압력이라는 형식으로 진행되는 측면이 큰 반면, 이 프로젝트는 개발부터 생산에 이르는 각 공정에서 부품업체의 경험과 노하우를 충분히 활용하되 부품업체와 완성차업체가 상호 이익이 되는 부분을 충분한 상호협의를 거쳐 도출해 낸다는 점에서 차별적이다.

ㅇ 탄뎀 프로젝트의 성과는 이미 부분적으로 나타나고 있다.

(3) 서비스 분야의 정보화—텔레매틱스

ㅇ 다임러 크라이슬러의 금융자회사인 다임러 크라이슬러 서비스는 최근 자동차금융과 서비스에 집중하는 새로운 사업전략을 적극적으로 추진하고 있다.

ㅇ 신전략의 수립과 동시에 대외적으로 회사명도 함께 써 왔던 debis를 사용하지 않고 다임러 크라이슬러 서비스(이하 DC 서비스)로 일원화

ㅇ DC 서비스는 신전략의 효과적인 추진을 위해 자동차금융사업과 함께 그 동안 양대 사업축을 형성해 왔던 IT 사업부(Systemhouse와 debitel) 주식 50.1%를 지난 해 도이치 텔레콤에 매각해 분리했다.

5) 모듈화를 통한 비용절감

모듈화란?

자동차의 섀시부문 전장부문 의장부문 등 부문별로 연료탱크 범퍼 프론트, 리어 섀시 등 **큰 덩어리로 조립단위를 묶는 것**을 말한다. 완성차회사는 수만 개의 부품을 하나하나 부품업체로부터 납품 받아 조립하는 것보다 모듈화된 큰 덩어리로 납품을 받으면 생산효율 납기 개발기간 등을 획기적으로 개선할 수 있다.

6) 글로벌 전략의 특징

선두기업으로서의 다른 특징상의 위치와 그에 따른 다임러 크라이슬러의 글로벌 전략으로서의 특징을 많이 볼 수 있다.

ㅇ 아웃소싱

ㅇ 해외생산방식

ㅇ 조직의 구조 - 조직의 글로벌화와 개별 조직의 구조혁신

ㅇ 표준화 - 모듈화를 포함한 총체적인 면에서의 표준화

제 1 절 다국적기업의 진출동기

1. 다국적화의 역사

다국적기업의 역사나 오늘날 세계경제에 있어 다국적기업이 차지하고 있는 위치 등에 비하여 그 이론적 뒷받침은 아직 혼미상태를 벗어나지 못하고 있다. 다국적기업의 역사는 멀리 16세기까지 거슬러 올라가나 제조업부문에 있어서 다국적기업의 출현은 1860년대에 들어서이며 대체로 1914년까지를 그 생성기로 보고 있다.[1)]

그 후 양차 세계대전간에는 세계무역의 정체 등을 반영하여 기업의 해외투자도 주춤하였고 그 방식에 있어서도 직접투자보다는 간접적인 증권투자(portfolio-investment)에 치중하였다.

그러나 제 2 차 세계대전 후, 특히 1958년 서구 통화의 교환성, 외환 및 무역제한의 대폭 완화, 그 위에 로마조약에 따른 EEC의 발족 후 기업의 다국적화는 다시 활발해지기 시작하였다. EEC의 발족으로 역내관세의 점차적 철폐에 따른 광역시장권의 출현과 대외공통관세 적용에 의한 역외차별은 바로 시장지향형 직접투자의 유인으로 작용하였다.

따라서 오늘날 세계경제에 있어 하나의 혁신적 현상이라고까지 표현되고 있는 다국적기업도 역사적으로 볼 때 결코 새로운 것이 아님을 알 수 있다. 그러나 세계의 주목을 끌게 된 것은 1958년 이후 특히 지난 1960년대부터이며 이런 점에서 우리는 다국적기업에 관한 이론적 혼미의 원인을 찾아볼 수 있다. 그리고 다국적기업이 지닌 복합성 또는 다국적기업간의 이질성 등도 그 이론적 발전을 저해시킨 중요 원인이었으며, 이 밖에도 다국적기업의 정치성도 한 원인으로 들 수 있을 것이다.

---

1) Richard E. Caves, “International Corporation: The Industrial Economics of Foreign Investment,” *Economics*(Feb. 1971).

2. 다국적기업

다국적기업에 관하여는 현재까지 수많은 정의가 내려지고 있다. 다국적기업을 국적 수나 규모 등 외형적인 특징을 기준으로 정의하는 예도 있고, 다국적화의 동기와 기업형태에 따라 정의하는 예도 있으며, 다국적기업을 발전단계에 따라 구분하여 이를 정의하는 경우도 있다.[2]

최근 UN은 다국적기업을 2개국 이상에서 자산(공장, 광산, 판매 및 기타 사무소)을 지배하는 기업이라고 정의하고, 전형적인 다국적기업이란 규모가 웅대할 뿐 아니라 독점적 시장지배가 가능한 범세계적 자회사를 유지하고 있는 기업이라고 규정하고 있다.

레이몬드 버논 교수는 "5개국 이상의 국가에서 5개 이상의 해외 현지 생산공장을 가지고 있으며, 국제적인 경영을 하고 있는 제조기업"이라고 다국적기업을 정의하고 있다.[3]

학자에 따라서는 다국적기업이라는 용어 이외에 국제기업(international corporation), 국가간기업(transnational enterprise), 초국가기업(supernational enterprise) 등의 용어를 사용하고 있다. 그러나 다국적기업에 관한 명확한 정의가 없기 때문에 용어상의 혼란이 일어나고 있다. 'multinational' 이라는 용어가 반드시 표준적인 것이 아니며, 때로는 plurinational, transnational, international, supernation, global, world 등이 사용되고 있다. 또 enterprise라는 용어도 엄격히 법적 의의를 지니고 있는 것은 아니며, 때로는 corporation, company, firm, body corporate, corporate combine, corporate enterprise 등으로 혼용되고 있다. 다만 경영학상 multinational enterprise라는 용어가 널리 사용되고 있다.

그러므로 다국적기업(multinational enterprise)은 막대한 해외자산(assets)을 갖고서 이들 해외자회사의 일부 또는 전부를 소유 · 지배하고 있는 국제적인 대기업을 말한다. 국제수지상에 다국적기업의 활동은 어디에 표시되는가? 다국적

2) The Sales from the direct investment were estimated at 108 percent in the U.S. Department of Commerce Benchmark Study. Ned G. Howenstine, "Gross Product of U.S. Multinational Companies, 1977," *Survey of Current Business*(February 1983), p. 25.

3) R. D. Robinson은 다국적기업을 소유와 기업의 의사결정권의 소재에 따라 international(일반적 개념), multinational(1국이 소유), transnational(다수국 보유), supernational(다국적 조직의 통제) 등 4단계로 구분하였으며("Beyond the Multinational Corporation," 1973), H. V. Permult는 다국적기업을 국내지향형 · 세계지향형으로 구분하였다. "The Tortuous Evolution of Multinational Corporations," *Columbia Journal of World Business*(1969).

기업은 범세계적인 활동을 하므로 전술한 국제경영의 거의 모든 형태를 포함한다고 할 수 있다.

다국적은행은 1960년대 중반 이후 유로커런시시장에서 활동하기 위해 국적을 달리하는 복수의 은행 및 기타가 주주가 되어 설립한 새로운 국제은행이다. 그 후 1960년대 말에서 1970년대 초에 걸쳐 그 수가 급속히 증가하여 세계의 주요 은행은 모두가 이러한 종류의 은행에 참가하게 되었다. 특히 각국의 중간규모 이하의 은행은 여기에 참가하는 것이 국제금융분야에 진출하는 유일한 수단이기까지 했다.

그러나 미국의 대은행은 참가에는 소극적이었으며, 스스로의 거점, 자회사망을 통해 국제활동을 하였으므로, 미국에서는 이것이 다국적기업과 같은 맥락에서 세계적으로 활약하는 것이라 하여 이를 멀티내셔널 뱅크로 부르고 있다.

3. 다국적화의 동기별 분류

(1) 현지마케팅 강화

국내에서 생산하여 해외시장에 수출하던 기업이 수입국의 무역규제가 강화되거나 현지시장에서의 수입대체로 경쟁이 심화되면 수출시장을 상실할 가능성이 높아진다. 이 경우 기업이 그 수출시장을 유지하기 위해서는 직접투자를 하여 현지에서 고객만족을 위한 마케팅활동을 강화하고 가능하면 고객에 적합한 제품을 현지에서 생산하는 것이 필요하게 된다. 또한 기업은 새로운 수출시장을 개척하기 위하여 투자대상국의 내수시장이나 인접국의 시장기회가 많을 경우 수출보다 직접투자를 택하기도 한다. 이러한 시장 추구형 해외투자는 현지에서의 마케팅활동을 강화하기 위하여 마케팅자회사를 설립하거나 혹은 현지에서 제품을 생산하여 현지시장을 보다 효과적으로 공략하기 위한 제조 자회사를 설립하는 형태를 취하게 된다.

(2) 해외조달(international sourcing)

기업이 해외에 직접투자하여 제조회사 혹은 마케팅자회사를 설립하는 것은 생산 및 조달활동의 측면에서도 매우 중요하다. 해외에서 생산하여 필요한 세계시장에 공급하는 해외조달활동은 다국적기업의 특징이라 할 수 있는데 이는 해외의 노동력이나 천연자원을 활용하려는 것이다. 해외노동력 활용의 측면에서 보면 국제 제품수명주기론이 시사하는 바와 같이 생산방식이 표준화되는 성숙기에는 기업은 가격경쟁력을 확보하기 위하여 해외의 저임금국가에 직접투자하여 제조 자회사를 설립하고 완제품 혹은 부품을 생산한다. 이렇게 해외에서 생산된 제품은 그대로 기존의 수출시장에 공급되거나 혹은 국내에 이용하기 위하여 해외에 직접투자하기도 한다. 주로 석유산업, 광업, 임업 등의 산업에서 많이 행해지며 일본이나 우리나라와 같이 천연자원이 부족한 국가들의 경우 필요하다.

⑶ 국제다각화

기업은 수직적 및 수평적 국제분업을 위하여 해외에 직접투자하거나 때로는 전혀 관련이 없는 업종에도 진출함으로써 사업을 국제적으로 다각화한다. 수직적 다각화란 생산 공정상 전후관계에 있는 제품에 새로이 진출하는 것을 의미하며, 수평적 다각화란 동일업종 내에서 신규사업을 수행하는 것을 말한다. 국가마다 각기 비교우위 부문이 상이하므로 무역을 통한 국제분업은 참여 당사자 모두에게 이익을 준다는 것은 주지의 사실이다. 오늘날의 국제분업은 다국적기업의 생산 및 무역활동으로 더욱 활발하게 진행되고 있으며, 특히 중간재 시장과 기술시장 및 자본시장의 불완전성을 활용하여 독점우위를 누리려는 다국적기업의 국제다각화 투자가 많이 일어나고 있다.

⑷ 기술협력

기업은 선진국의 첨단기술이나 경영기법을 습득하기 위하여 해외에 직접투자하기도 하는데, 유럽의 전자 기업들이 미국의 실리콘밸리에 많은 현지법인을 설립한 것은 한 좋은 예라 할 수 있다. 또한 기업은 축적된 우수한 기술을 활용하여 해외에 합작사업을 수행할 수도 있다. 아시아 지역의 많은 국가들이 한국 기업으로부터 기술이전을 기대하고 합작제의를 해 오고 있는 것이 최근의 실정이다.

⑸ 국제 사업망 구축

아시아의 각국 시장은 상호 의존적으로 연계되어 세계시장 속에서 각기 독특한 역할을 수행한다. 기업의 입장에서 어느 국가는 생산기지가 될 수 있고, 다른 국가는 원료조달 거점이 될 수 있으며 더욱이 이는 시간이 경과함에 따라 동태적으로 변하므로 기업은 각국 시장에 어떤 형태든 참여하여 국제적인 사업망을 구축하는 것이 중요하다. 이런 맥락에서 볼 때 수출시장을 잃는 것은 기업의 신경망이 훼손되는 것이며 유기체적인 몸의 한 부분이 병이 들어 다른 부분까지도 기능을 상실해 가는 것과 흡사하다. 세계의 시장이 국경이 없이 하나로 되어가는 무국경 세계(borderless world)에서는 국내시장이나 해외시장이나 상관없이 세계시장을 많이 차지하는 것이 중요하다.

⑹ 경쟁기업에 대한 견제

경쟁기업체에 대한 견제의 목적으로 국제화를 추진할 수 있다. 예를 들어 어느 기업이 해외에 진출할 경우는 함께 따라 나가는 선도기업 추종형(follow the leader)의 직접투자가 있다. 즉, 추종자는 먼저 진출한 경쟁자가 그 진출로부터 이익을 얻게 되면 그 이익을 나누어 갖고, 손해를 보게 되면 경쟁자보다는 적게 볼 수 있다는 생각에서 투자를 행한다. 국내 가전 3사는 어느 기업이 특정 지역에 먼저 진출하면 다른 기업이 곧 이어 진출하는 선도기업 추종형 현상이 두드러진다. 과점적 시장구조에서 경쟁상대에 대한 반응이 즉각적으로 나타남을 알 수 있다.

또한 선점적 지위를 누리기 위해 어느 국가에 다른 기업이 진입하기 전에 우선적으로 진출하는 방법을 택할 수 있다. 국내 많은 기업들이 베트남, 미얀마 등 잠재적 시장으로의 진출은 선점전략의 일환이라 할 수 있다. 부품업체가 제조업체의 필요를 채워주기 위해 동반진출을 하거나 혹은 금융, 보험, 운송업 등 서비스업에서 자국 기업에 서비스를 제공하기 위하여 자국기업이 많이 진출해 있는 국가에 투자를 행하는 경우가 있다. 이런 경우의 해외직접투자를 고객 추종형(follow the customer) 직접투자라고 한다.

제 2 절 다국적기업의 기업행태

우리는 다국적기업의 역할을 보기에 앞서 이와 불가분의 관계를 맺고 있는 다국적기업의 주요 행태(behaviors)를 파악해 둘 필요가 있다. 다국적기업의 행태는 최근 세계적 시장으로 진출하고 있는 국내기업에서도 찾아볼 수 있다. 삼성전자, 포항제철, 현대자동차 등이 대표적인 한국기업의 예라고 할 수 있다. 또한 다수의 다국적기업에 대해 어느 정도 공통적으로 해당되는 행태라 할지라도 기업별 성격에 따라 그 정도를 달리하고 있다.

1. 독점적 시장행태

여기서는 현지기업과의 합병 또는 현지기업의 매수, 수출지역의 제한, 이전가격의 조작(transfer pricing), 시장지배력의 남용 및 기술의 독점 등이 포함되어 있다. 다국적기업이 새로운 시장에 진출할 때에는 현지기업의 합병 및 매수 등과 같은 방법을 취하는 경우가 적지 않다. 그리고 다국적기업은 다수국에 생산시설을 갖고 있으므로 기업의 입장에서 자회사간의 경합을 막기 위하여 수출지역을 할당하는 사례가 많다. 한편 다국적기업의 모회사와 자회사 및 자회사 상호간의 거래에 있어서 그 조건 등은 시장에서만이 아니라 다국적기업의 정책에 의해서도 결정된다.

이 밖에도 다국적기업은 막대한 자금을 이용하여 석유 등과 같은 자원분야에서 지배력을 강화시키기도 한다.

2. 선단 성장기업에의 지향성

다국적기업은 선단 성장산업에의 지향성이 강하다. 다국적기업의 활동은 대체로 연구집약적 부문에 집중되어 있으며 이러한 산업은 수요의 소득탄력성이 높은 제품을 생산하고 있다. 예컨대 1998년부터 2002년까지의 기간중에 미국에서 가장 연구집약적인 4개 산업은 다른 14개 산업에 비하여 유럽에서 2배 반의 설비투자를 하였다고 한다.

이러한 지식산업(예컨대 컴퓨터, 각종 기기, 전자제품, 화학 등)은 하나의 산업으로서의 역할보다도 지식에 대한 일종의 하부구조(infrastructure)를 형성한다는 데 더 큰 의의가 있다고 하겠다. 그러나 거액의 연구·개발비를 투입하여 얻어진 중요기술에 대하여는 비밀유지를 이유로 가능한 한 100%의 자본진출을 원하는 경우가 많다.

3. 자금조달의 다양화

1980년부터 1987년까지 미국계 다국적기업의 현지 자금조달 비율은 10%에 지나지 않았으나, 2000년부터 2002년까지 3년간의 자금조달 상황을 보면 총투자액(캐나다 제외) 중 내부자금 충당액이 31%, 현지조달, 즉 기타 동일계 회사로부터의 차입이 16%로서 현지조달 비율이 51%에 이르고 있다.

그리고 최근 들어서는 다국적기업의 현지자금조달은 미국계 은행의 해외진출, 컨소시엄 뱅크(consortium bank)의 속출, 유로달러 및 유로본드 시장의 발전을 촉진시켰다. 21세에 들어와서는 현지조달 비율이 더 늘어나고 있다.

4. 과실송금방식의 다양화

수익송금은 세제와도 밀접한 관계가 있다. 미국의 경우 수익이 본국에 송환되지 않는 한 과세대상이 되지 않기 때문에 미국보다 법인세율이 낮은 나라에서의 수익은 현지에서의 투자방식이 유리하다(특히 진출국이 세금 회피국인 경우). 그러나 미국이나 영국 등에서는 다국적기업에 대해 해외수익 중 일정률 이상을 의무적으로 송금토록 하였으며 더욱이 주요 각국에서는 이중과세를 회피할 목적으로 외국세액공제제도(credit방식)를 취함으로써 본국에의 송금을 권장하고 있다.

그리고 수익의 본국송금방식을 보면 로열티, 라이센스 피(license-fee), 배당 등의 형태가 있으나, 로열티와 라이센스 피는 해외자회사측의 회계처리상 송금으로 처리되어 과세대상에서 제외되는 반면, 배당금은 이익처리금이기 때문에 과세대상이 되므로 다국적기업의 송금정책은 로열티 및 라이센스 피에 의한 송금비중이 늘어나는 경향을 보이고 있다. 이 밖에 수익송금과 같은 효과를 가진 것으로서는 앞에서 말한 다국적기업의 내부거래에 대한 이전가격의 조작(transfer pricing)을 들 수가 있다.

따라서 많은 나라에서 적용하고 있는 외자계기업(外資系企業)의 수익송금에 대한 지나친 제한조치 등은 경우에 따라서 이전가격의 조작만을 유발할 뿐 그 실질적 효과를 얻기 어려운 것이라 하겠다.

5. 환리스크관리

세계 각국에서 활동하고 있는 다국적기업은 환리스크관리에도 효과가 있다. 그 이유는 투자국과 피투자국간의 물가상승률의 차에 따라 양자간의 환율이 변경되고 이를 반영하여 피투자국의 통화가치가 크게 떨어졌다 하더라도 직접투자에 사용된 자금은 이미 공장기계설비 등 실질자산의 형태로 운용되고 있으며, 직접투자에 의한 수익도 제품판매와 연관되어 있으므로 직접투자 잔액 및 수익의 실질가치는 물가상승으로 거의 영향을 받지 않는다.

이와 같이 고정자산에 대하여는 환리스크를 고려하지 않으나 환리스크가 큰 유동자산에 대하여는 헤징(hedging)을 하게 된다.

다국적기업은 이러한 여러 가지 방법 등을 그때 그때의 사정에 따라 효과적으로 활용함으로써 환리스크를 분산시키고 있다. 그리하여 최근 국제통화 불안 및 평가조정 등에 있어서 다국적기업은 예상되었던 손실을 최소화시켰을 뿐만 아니라 오히려 이익을 보는 경우도 없지 않다고 한다.

제 3 절 다국적기업과 개발도상국

1. 개도국으로의 진출

제 2 차 세계대전 직후에는 선진국을 중심으로 직접투자가 전개되었다. 또한 1970년대 이후에 들어와서는 선진국간의 직접투자의 상호교류 그리고 미국으로의 역류 등 세계적인 직접투자의 흐름과 다국적기업화의 전개가 선진국을 중심으로 이루어지고 있음을 부인할 수 없다. 그러나 자원확보, 시장유지 내지는 확대 그리고 저임의 노동력활용 등을 위한 다국적기업의 대개도국 진출은 불가피한 것이다. 한국은 1972년 외자도입법을 제정한 이래 많은 외국기업이 진출해 있으며 현재 1만 2천여 외자기업이 진출해 있다.

2. 다국적기업 규제론의 대두

이러한 측면에서 나타난 것이 개도국에 의한 국유화(nationalization) 내지 현지화(localization) 현상이다. 1970년 안데스 공동체의 외국투자코드(The Foreign Investment Code)의 선언 이래 소위 소유권의 단계적 위양(fade-out)현상, 그리고 1970년대에 들어와서 신국제질서 요구의 하나로 나타난 다국적기업 규제론 등이다.

3. 선진국의 대처

여기에 대처하여 선진국들은 OECD가 1976년 다국적기업 가이드라인(the guide-lines for multinational enterprises)을 마련한 바 있으며, UN에서는 개발도상국의 이익옹호의 입장을 반영하는 코드(code)를 마련하였다.

4. 다국적기업의 역할

해외직접투자를 통한 다국적기업의 대개도국 진출은 개발도상국들이 필요로 하는 자본, 새 기술, 경영자원 등을 다같이 들여와 이를 필요로 하는 피투자국의 노동력 등 유휴자본과 결합시켜 자본수입국의 경제개발과 수출을 촉진하고 고용을 증대시키게 된다는 것은 사실이다. 이러한 측면을 강조하여 킨들버거는 개도국에 있어서의 직접투자의 역할이 경우에 따라 긍정적인 측면이 더 우세해진다고 분석하고 있다. 허쉬만(Hirschman)도 이를 혼합적 혜택(mixed blessing)이라고 표현한다.[4]

그러나 개도국이 지향하는 개발전략, 즉 수입대체와 소비재산업 육성 등과 같은 기본적 충족에서 시작하여 단계적으로 산업구조의 고도화를 이룩하려는 소위 균형된 경제발전과 거대 다국적기업의 독점적 · 과점적 이윤추구의 세계전략과는 원칙적으로 이질적인 것이며, 따라서 후자가 전자에 공헌하는 측면보다 상호모순되는 경우가 더 많다. 즉 다국적기업은 이윤의 추구, 기업의 성장확대라는 관점으로부터 해외기업 진출을 할 뿐 아니라 세계적인 차원에서의 이윤극대화를 위해서는 수직적 · 수평적 기업내통합을 추진 · 확대해서 독점적 행동을 하는 것이 사실이다.

이러한 다국적기업의 행동이 설혹 기업성장론 내지 산업조직론적 측면에서 긍정적이라 하더라도 우선순위에 따라 균형된 개발전략을 추구하는 투자수입국, 특히 개도국의 이해와는 일치하지 않게 된다. 개도국은 필요치 않은 음료품, 고급 의약품 등을 다국적기업으로부터 고가로 사먹는 결과가 되거나 중요 산업생산을 다국적기업의 수중에 맡기게 된다.

4) Albert O. Hirschman, *A Bias for Hope*(Yale University Press, 1971), p. 226.

5. 해외투자의 지도적 역할론

한편, 최근에는 해외직접투자의 지도(tutor)적 역할론이 또한 제기되고 있다. 즉 그 내용을 보면, 해외직접투자 또는 다국적기업 활동은 i) 개도국이 자본 · 기술 · 경영지식의 부족으로 수입품과의 경쟁에서 국내시장을 확보치 못해 현대적 산업을 키우지 못할 경우 이를 포착해서 신산업을 일으켜 주되 비교우위를 갖고 수출까지 할 수 있게 육성되도록 적극적으로 공헌하는 역할을 한다. ii) 해외직접투자는 기술과 경영능력을 현지인에게 가르쳐 그들 자신이 운영하고 또한 새 기업을 설립하여 나가도록 하는 한편, 이 파급효과를 확산시킨다. iii) 이런 지도적 역할이 성공리에 이루어져 현지 민족기업이 충분히 육성되면 소유권을 단계적으로 위양하고 철수한다는 것이다.

제 4 절 다국적기업이 개도국에 미치는 영향

1. 생산요소에 미치는 영향

(1) 자본형성에 미치는 영향

다국적기업에 의한 직접투자는 개도국의 경제성장에 필수불가결한 생산요소인 자본 및 기술(경영능력 포함)을 보충해 줌으로써 개도국의 경제에 긍정적 역할을 수행한다는 것이 일반적 견해였다. 자본이 기술보다 개발의 주요 요소로 강조되었던 1960년대에 외국인직접투자는 개도국 경제성장의 제약요인인 저축갭과 외환갭을 해소시켜 주는 자금의 공급원으로 인식되어 개도국 정부의 절대적 환영을 받았으며 실제로 당시에는 개도국의 경제성장에 기여했던 것만은 사실이었다.

그러나 외국인직접투자가 개도국의 자본형성에 기여한 정도는 기대했던 것보다 높지 않았다는 것이 사례분석의 결과 밝혀졌다. 즉 1960년대에 라틴아메리카 지역의 외국인직접투자에 의한 자본형성률은 4~5%에 불과했는바, 이것은 첫째, 일부 개도국의 국내저축 수준이 매우 높았으며, 둘째, 외국원조가 활발하였고, 셋째, 목표성장률을 달성하기 위한 자본의 필요액이 당초 예상액보다 적었

던 데에 기인한 것이다.[5]

다국적기업의 직접투자에 의한 자본형성률이 기대보다 낮았던 것에 비해 다국적기업의 투자수입국 내에서의 자본조달률은 매우 높았던 것으로 보여 실제로 개도국의 자본형성에 대한 기여도는 극히 미미했다고 볼 수 있다.

(2) 기술에 미치는 영향

최근의 경제성장론의 전개는 기술의 성장에 대한 기여도가 가장 중요하다는 점을 밝히고 있다. 즉 데니슨(E. F. Denison)이 1950~1962년간 서구 9개국의 성장요인을 기술향상 및 생산요소의 공급증대라는 두 가지 요인으로 구분지어 기술향상에 의한 부분이 60~85%임을 밝혀냈던 것[6] 등을 비롯하여 많은 학자들이 기술의 중요성을 강조하고 있다.

이처럼 성장의 주요 요인으로 간주되고 있는 기술의 이전에 관한 다국적기업의 역할은 매우 중요한 것이 사실이다. 그러나 투자수입국에 보다 중요한 것은 기술이전 그 자체가 아니라 기술이전으로 인한 경제적 이익이기 때문에 이전기술의 적합도 및 기술이전의 비용이 문제가 된다. 이전기술의 적합도란 이전기술이 투자수입국의 요소부존 여건에 적합한 정도를 말하는 것으로 이에 관한 사례분석의 연구들이 내린 결론은 매우 다양하다.

메이슨(R. H. Mason)은 필리핀과 멕시코를 대상국으로 하여 각국에서 활동하고 있는 미국계 다국적기업의 노동자 1인당 자본장비율을 비교한 결과 양자간에 별다른 차이점이 없다는 결론을 도출함으로써 다국적기업의 적응능력을 높이 평가하였다. 이에 비해 뢰버(G. L. Reuber)는 78개 다국적기업을 대상으로 한 조사에서 약 30%의 기업만이 개도국에 진출할 때 국가별·산업별 특수성을 고려하였다는 사실을 밝혀냈다. 이처럼 사례분석의 결과가 상이한 것은 분석방법의 차이에 의한 것이기도 하겠으나, 외국인기업의 기술적용 형태가 복합적 성격을 띠고 있어 그 실태파악이 매우 어려운 데 기인한 것이다.

결론적으로 이전기술의 적합도는 산업 및 나라별로 상황이 매우 다르다는 점과, 이에 따라 투자수입국은 자체의 요소부존도에 맞는 기술을 도입하기 위한 여건을 마련할 책임이 있다는 점을 확인할 수 있다. 한편 기술이전의 비용문제와

---

5) P. Streeten, "The Theory of Development Policy," in J. H. Dunning(ed.), *Economic Analysis and the Multinational Enterprise*(1974), pp. 252~279.

6) E. F. Denison, *Why Grouth Rates Differ*(1967).

관련된 사항으로는 첫째, 기술에 대한 사용료가 지나치게 비싸다는 점과, 둘째, 기술도입계약의 체결시 관련 자본재 및 중간재 등을 모회사로부터 구입토록 제한하는 행위, 셋째, 수출금지조항을 삽입하여 도입된 기술을 사용하여 생산된 상품의 판매를 제한하는 행위 등을 들 수 있다.

2. 국제수지에 미치는 영향

다국적기업의 활동이 투자수입국의 국제수지에 미치는 효과는 투자자본의 유입 및 제품의 수출 등에 의한 긍정적 효과와 투자수익 및 기술이전료 등의 본국송금에 의한 부정적 효과로 나누어 볼 수 있다.[7]

그런데 이 문제에 관한 사례분석의 결과, 후자의 부정적 효과가 더욱 커서 다국적기업의 활동이 개도국의 국제수지 개선에 그다지 큰 기여를 하지 못한 것으로 나타나고 있다.[8]

3. 고용에 미치는 영향

외국투자기업이 진출하고 있는 분야는 자본집약적 분야가 많기 때문에 다국적기업의 종업원 수가 차지하는 쉐어는 판매액 쉐어 등에 비교하면 낮고 직접적 고용효과는 그다지 크지 않다고 할 수 있다. 다만 하청기업 등에 파급적 효과가 있으므로 이와 같은 간접적인 것을 가산하면 영향도는 다소 높아진다. 또한 한국의 경우 노동조건에 대해서도 다국적기업의 높은 급여수준, 짧은 노동시간, 주 5일 근무제의 채택 등이 한국기업에 많은 영향을 미치고 있다.

4. 국내산업에 미치는 영향

생산기술, 제품차별화, 마케팅, 자금조달 등의 능력이 뛰어난 다국적기업이 개도국에 진출함으로써 투자수입국 내 산업에 미치는 영향은 첫째, 국내산업과

---

7) 직접적 국제수지효과를 측정하기 위한 산식으로 'Little-Mirrless산식' 이 있음.

$$=Bd=(X+I)-(C_k+C_r+R+D)$$

(Bd: 직접적 국제수지효과, X: FOB수출가격, I: 자본금 및 장기차입금 유입, C_k: CIF자본재 수입가격, C_r: CIF원료수입액, R: 로열티송금, D: 해외차입이자 및 순이익송금).

8) 졸고, "외국인직접투자의 무역 · 국제수지효과"(고려대학교 대학원, 1985), pp. 66~68.

의 경쟁을 심화시키는 경우와, 둘째, 다국적기업이 독점적 지위를 확보하게 되는 경우로 나누어 검토할 수 있다.

먼저 다국적기업의 진출로 국내기업과의 경쟁이 심화되는 경우에는 투자수입국 내 기존 독점기업이 그 지위를 상실하게 되며 자원의 효율적 배분 등을 통한 생산성 증대에 박차를 가하게 된다. 이에 따라 투자수입국의 경제적 효율성이 증대되는 긍정적 효과를 갖게 될 것으로 추측되나, 개도국에 관련된 연구는 찾아보기 힘들고 영국의 제약업에 대한 다국적기업의 진출이 상기 추측과 일치되는 결과를 가져왔다는 연구가 있는 정도이다. 이는 개도국에 대한 다국적기업의 진출이 대부분의 경우 독과점적 지위를 확보하게 되었다는 가설에 따른 결과인 것으로 보인다. 실제로 바이트소스(C.V. Vaitsos)의 1970년도 칠레의 다국적기업에 대한 분석에 따르면, 분석대상기업의 50%가 독점 또는 과점의 위치에 있었으며, 약 30%가 과점시장에서 선도적 역할을 담당하고 있음이 밝혀졌다.[9]

이와 같은 연구결과 등에서 알 수 있듯이, 개도국에 진출한 다국적기업은 대부분 기업집중도가 높은 산업부문에서 독과점적 지위를 누리고 있다고 하겠다. 그런데 다국적기업이 독과점적 지위를 확보하게 될 경우에는 첫 번째 경우와는 달리 국내자원배분의 왜곡을 초래하게 된다. 즉 범세계적 차원에서 세계시장을 분할하기 위하여 제한적인 수출행위 및 국제적 가격차별화정책을 실시하게 될 뿐만 아니라 경쟁에의 진입장벽을 높이기 위하여 지나친 제품차별화 및 기업간 상이한 거래가격 형성 등으로 자원의 낭비를 초래하게 되는 것이다.

5. 정치 · 경제적 주권에 미치는 영향

외국인 직접투자의 비중이 높으면 높을수록 일국의 독립적인 정책수행에는 많은 제약이 따르게 된다. 특히 그 나라 경제에 대한 영향력이 매우 큰 다국적기업이 많이 진출해 있는 국가일수록 이러한 현상은 더욱 심화될 것임을 쉽게 추측할 수 있다. 다국적기업과 투자수입국간의 갈등은 양자간의 추구목표가 상이한 데서 시작된다. 다국적기업은 범세계적 차원에서 이윤의 극대화를 그 목표로 하고 있는 데 반하여, 공업화를 지향하는 투자수입국 정부는 자국의 경제적 이익의 극대화 또는 사회의 동질성 유지에 정책의 최우선목표를 두고 있다. 따라서 양자

9) C.V. Vaitsos, "The Process of Commercialization of Technology in the Andean Pact," (1971) in H. Radice(ed.), *International Firms and Modern Imperialism*(1975).

간의 갈등은 근본적으로 해결되기 어려운 문제라 해도 과언이 아니다.

현재까지 표면화된 다국적기업에 의한 정치·경제적 주권침해의 사례는 많지 않은 편이나 이는 이러한 사태가 점진적이며 눈에 띄지 않게 진전된다는 사실을 나타내 주는 것이다. 이 문제에 관한 사례연구도 아직은 초기단계에 머물러 있으며 다국적기업이 정치적·경제적 주권에 미치는 영향을 분석할 기준도 명확히 정하여져 있지 않다. 다만 다국적기업의 모회사로부터 자회사로 이양된 권한의 크기가 크면 클수록 투자수입국의 정책에 적절하게 대처할 수 있기 때문에 투자수입국과의 마찰이 발생할 가능성이 작아진다는 관점에서 몇 가지의 연구가 시도된 정도이다.

6. 기업경영면의 영향

(1) 경영관리방식에 대한 영향

한국의 경우 다국적기업의 경영관리방식에 대해서는 부분적(100% 투자기업)으로 외국측의 방식을 도입하고 있는 예도 있다. 그러나 대다수는 한국식 방식에 의해서 경영되고 있으며, 외국투자기업 특유의 경영관리방식이라는 것은 별로 보이지 않는다. 다만 소비재 부문의 마케팅활동에 대해서는 다국적기업의 시장지향형 경영이 한국 기업에 많은 자극을 주고 있다.

(2) 유통판매면에의 영향

다국적기업에서도 독자 판매루트를 창출하는 것은 많은 곤란이 따른다. 때문에 대부분의 기업이 투자수입국의 출자회사에 위임하거나 혹은 기존의 방식에 의존하고 있는 현상이다. 그 가운데에는 소비재에서의 일부 기업과 같은 독자적인 방식을 채택하여 성공하고 있는 예와, 기존 루트의 선별강화로서 합리화를 도모하는 예도 있어서 동업타사에 많은 자극을 주고 있다고 생각된다.

한국의 경우 외국기업의 강대한 판매금융에 의해 한국 기업을 판매면에서 압박하고 있다고 생각되고 있다. 그러나 이에 대해서도 외자도입법의 운용 등으로 회피하고 있어 현재까지는 현저한 사례는 보이지 않는다.

(3) 외자에 의한 경영지배

경영권이 외국측에 이행된 사례를 볼 수 있다. 그러나 그 원인은 자금면·기술면 등에서 투자수입국이 충분한 힘을 가지고 있지 않았다는 면이 강하다. 그러나 우리나라의 경우 외자도입법 등의 적절한 운용으로 산업지배로까지 직결되는 사례는 없고, 현재까지는 국민경제적으로 보아 큰 영향을 주고 있다고는 할 수 없다.[10)]

제 5 절 다국적기업의 폐해

1. 다국적기업 활동의 마찰과 긴장

(1) 긍정적 측면

다국적기업(MNC: Multinational Corporation)[11)]의 출현과 급격한 성장은 국제경제질서에 새롭고 복잡한 문제를 야기시키고 있고, MNC활동의 영향은 격렬한 논쟁의 대상이 되고 있다. MNC의 옹호론자는 MNC는 자본 · 기술 · 경영능력 등 가장 중요한 생산요소를 효율적으로 동원하고 세계적으로 배분할 수 있는 능력을 보유하고 있기 때문에 범세계적 효율성의 제고와 국제적 복지수준의 고도화를 달성할 수 있는 기구라고 주장한다. 또한 그들은 수입국(host country)측으로 보더라도 MNC활동은 고용의 증대, 소득의 재분배, 기술의 이전 등 경제적 효과를 기대할 수 있다고 주장한다.

(2) 투자모국측면

한편, MNC의 모국에 있어서도 대립된 주장이 나타나고 있다. 즉 자국 MNC의 해외활동은 경제성장의 자연적 귀결로서 수입국은 물론 본국에도 유익하다는 견해가 있는가 하면 자국기업의 해외생산활동은 자국의 생산과 경쟁 혹

10) 졸고, “외국투자기업의 한국무역에서의 영향에 관한 연구”(경희대학교 産硏論叢 제8집, 1983), p. 156.

11) 본서에서는 편의상 다음과 같은 약자를 사용하고 있다. 다국적기업: MNC 또는 MNE (Multinational Corporation or Enterprise), 개발도상국: LDC(Less Developed Countries), 국제연합: UN(United Nations), UN무역개발회의: UNCTAD(UN Conference on Trade and Developement), UN경제사회이사회: ECOSOC(UN Economic and Social Council), 제2차 UN 개발의 10년: UNDD Ⅱ (the Second UN Development Decade) 기타 OECD, ICC… 등.

은 대체관계에 있기 때문에 결국 고용기회의 수출이며, 선진기술의 수출은 세계시장에서 자국의 경쟁적 지위를 떨어뜨린다는 비판도 있다.

(3) 수입국측면

수입국(受入國)에 있어서도 MNC에 대한 견해는 통일되어 있지 못하다. 즉 일부에서는 MNC가 자본, 신기술, 경영기법 등 자국이 필요로 하는 희소한 자원을 공급한다고 주장하지만 다른 한편에서는 선진국 의존형 경제구조, 장기적 국제수지의 악화, 문화적 전통의 상실 등을 우려하기도 한다.[12]

MNC에 대한 이와 같은 다양한 견해에서 나타나듯이, 활동의 영향과 효과에 대하여 단정적인 결론을 내린다는 것은 어려운 일이라 생각된다. 그러나 MNC에 대한 견해야 어떠하든 현실적으로 MNC라는 존재가 각종의 문제를 야기시키고 있다는 점은 옹호론자이든 비판론자이든 인정하지 않을 수 없다.

2. 다국적기업 문제의 제기

(1) 다국적기업과 수입국간의 문제

1) 긴장의 발생 이는 특히 수입국이 개발도상국(LDC)일 때 더욱 심각하게 제기되는데, 예를 들어 거대한 MNC(multinational Corporation)가 제한적 상관행의 강요 등으로 현지 국민경제의 자주성을 위협한다거나, 복수국에서 활동하는 MNC가 기업철수, 신규투자의 타국으로의 전환 등을 무기로 하여 현지국으로 하여금 적절한 경제정책의 채택을 어렵게 하여 긴장을 발생시키기도 한다. 한편 수입국측은 MNC의 경영에 부당히 간섭하거나, 현지기업과 차별대우를 하거나, 공정하고 충분한 보상 없이 국유화 조치를 취하여 긴장을 발생시킨다.

2) 정치적 압박 및 경제적 침략 MNC에 의하여 현지국은 정치적 압박과 경제적 침략을 받을 우려성이 있다. 다국적기업은 하나의 사업체에 지나지 않지만 그 배후에는 거대한 경제력을 가지고 있는 국가가 버티고 있다. 그 국가가 다국적기업의 이윤극대화를 위하여 현지국에 정치적 · 경제적 압박을 가한다면 현지국은 정치적 압박과 경제적 침략을 받는다.

3) 국내산업의 위축 MNC에 의하여 현지국의 산업은 위축될 우려성

---

12) 이남주, "다국적기업에 대한 UN의 규제에 관한 연구"(서강대학교 經商論叢 제1집, 1979), pp. 244~246.

이 있다. 다국적기업은 세계를 연결하는 강력한 경영조직, 거대한 생산시설, 광범위한 판매망, 풍부한 자본, 혁신된 우수한 기술, 막강한 교섭력, 강력한 모국의 뒷받침을 가지고 이윤극대화를 위하여 사업활동을 광범하게 전개하므로 이러한 조건을 갖추지 못하고 있는 현지국의 기업은 그 강력한 경쟁에 부딪쳐 위축되지 않을 수 없다.

4) 공해에 의한 자연환경의 파괴 다국적기업이 배출하는 산업공해에 의하여 현지국의 자연환경과 인간정착 환경은 파괴될 우려성이 있다. 다국적기업만이 공해를 야기시키는 것은 아니며 모든 기업이 공해를 야기시킨다. 그러나 선진국에서는 자연환경을 보호하기 위해 공해집단을 규제하려고 강력한 조치를 취하기 때문에 공해기업의 해외진출은 촉진되고 있다. 따라서 현지국은 공해를 수입할 우려성이 있다.

5) 국제수지의 악화 다국적기업이 현지국에서 획득한 이윤을 재투자하지 않고 기업본부가 있는 모국으로 이를 계속 송금한다면 현지국의 국제수지는 악화된다. 그러므로 다국적기업에 의하여 현지국의 국제수지가 개선되느냐 악화되느냐 하는 문제는 그 나라의 정책과 다국적기업의 태도에 달려 있다.

6) 부존자원의 고갈 다국적기업이 현지국의 채취산업에 집중적으로 몰린다면 그 나라의 부존자원은 고갈될 우려성이 있다. 재생산이 거의 불가능한 석유, 광물이 그 대표적 예이다. 그리고 임산자원도 단기적으로 이 예에 속한다. 자원전쟁이 격화되고 있는 오늘날의 국제경제하에서 국내자원의 보전은 상당히 중대한 문제로 대두되고 있다. 각국에서는 자국의 천연자원을 보호하기 위한 자원 내셔널리즘이 점진적으로 일고 있다.

7) 외국의존도의 심화 다국적기업에 의하여 현지국은 외국의존도가 심화될 가능성이 있다. 다국적기업은 생산활동에 필요한 자본이나 기술을 주로 기업본부가 있는 모국에서 가져오기 때문에 현지국의 경제는 그 모국에 얽매일 우려성이 없지 않다. 현지국의 외국의존도는 그 나라의 경제 불안정상태, 정치적 이념, 다국적기업의 비중에 따라 다를 것이다. 외국의존도가 심화되면 자국경제의 자주적 성장이 저해된다.

8) 소비생활의 불건전화 다국적기업에 의하여 현지국의 국민소비생활은 불건전하게 될 우려성이 있다. 인간은 누구나 다 좋은 것을 가지고 싶은 욕망이 있고 또 고통을 피하려고 한다. 그런데 국내에 있는 다국적기업에서 우수한 제품이 나오면 현지국 국민은 이에 대한 강력한 소비욕구를 느끼므로 그 소비생

활이 왜곡되고 이에 따라 국내저축이 형성되기 어렵다. 이는 국내산업에도 심각한 영향을 미친다.

(2) MNC와 본국간의 문제

일반적으로 MNC와 본사국의 해외투자의 보호라든가 투자분쟁시의 지원 등의 분야에서는 상호 긴밀한 관계를 유지하지만, 모국이 MNC를 대외정책의 전달모체로 사용코자 하거나, 국내법규에 대한 역외적용을 시도한다면 기업목표와의 상충으로 마찰이 일어나기도 한다.

(3) MNC본국과 수입국간의 문제

이는 MNC와 수입국 정부간의 분쟁에 본국이 개입하는 경우의 주권의 갈등이나 본국법의 역외적용을 위해 모기업이 자회사의 일정 행동을 강요할 경우의 주권의 마찰 등을 예로 들 수 있다. MNC문제란 MNC에 고유한 것으로서 MNC에 귀책사유가 되는 문제뿐만 아니라, 모국 또는 수입국에 귀속되는 문제까지도 포괄하는, 즉 MNC가 직접 · 간접으로 관련되어 있는 모든 문제를 포함하는 개념으로 보아야 할 것이다.

(4) MNC규제논의

MNC의 규제란 MNC의 옹호론자가 주장하는 MNC의 적극적인 역할을 손상시킴이 없이, MNC와 관련된 여러 부정적인 측면의 문제를 경감시키기 위한 노력을 의미한다고 하겠으며, 국제적 규제란 MNC본사 및 자회사 등 기업뿐만 아니라 모국과 수입국까지를 대상으로 하여 어떠한 구속력 있는 행동강령이나 또는 임의적 · 도덕적으로 준수할 행동기준이나 권고를 국제적 기관에서 제정하거나 행하는 것을 의미한다 하겠다. 국제적 기관에 의한 MNC(또는 대외직접투자)규제논의는 일찍이 ICC를 비롯하여,[13] EC, ANCOM, ILO, ECOSOC 등에서 진행중에 있고 OECD는[14] 이미 MNC행동지침을 공표하였다. 한편 선진 각국과 투자수입국으

---

13) ICC의 규제논의의 주요 경위를 보면 다음과 같다.
1967. 5: ICC총회(몬트리올), 일본대표가 '국제기업의 행동규범' 의 제정을 제안함.
1969. 6: ICC총회(이스탄불), '국제기업과 정부의 행동규제를 위한 원칙' 의 입안에 합의함.
1971. 2: 외국투자가와 수입국 및 투자국 정부에 대한 '국제투자지침', 제 1 차 초안 발표함.
1972. 11: 「국제투자지침」 제 3 차 초안 발표함.

14) OECD의 규제논의의 주요 경위를 보면 다음과 같다.
1968. 3: 과학상회의, 기술이전 매체로서의 MNE의 역할에 관한 연구를 요청함.

로서의 개도국 각국도 MNC에 대한 규제방책을 실시 또는 구상중에 있다.

3. 다국적기업 규제논의의 정치 · 경제적 배경

(1) 선 · 후진국간의 대립

국제적 기관에서의 MNC규제논의는 각 기관의 구성주체와 설립이념의 특성에 따라 규제의 배경, 목적, 내용과 방법 등이 상이하다. UN에서의 규제논의 역시 타 기관과는 다른 배경의 일면을 갖는다. 지난 10여 년간 UN 및 UN관계기관(특히 UNCTAD)에서의 경제문제에 관한 논의는 종종 남북대립, 즉 북미, 유럽, 일본 등 선진 공업제국과 개도국의 대립이라는 양상을 나타내오고 있다. 즉 남북간의 경제문제에 관하여 개도국측은 그 동안 간과하여 왔던 불평등한 현상(LDC의 판단으로)의 개선을 촉구하고 선진국 중심의 국제경제질서의 개편을 요구하면서 북측의 성의 있는 해결을 강력히 요청하였고, 이에 대하여 선진국측은 점진적이고 온건한(선진국측의 판단으로) 대응방법을 모색해 오고 있다. 물론 개도국 요구의 일부가 실현된 경우도 없지는 않았으나, 북측에 대한 남측의 비판은 날로 첨예화해 가고 그 요구는 보다 적극적인 것으로 되어가고 있는 것이 최근의 현상이라 하겠다. MNC를 둘러싼 UN에서의 규제논의도 이와 같은 남북문제의 일반적 배경을 고려하고 이해할 필요가 있다.

(2) MNC의 행동규제

MNC의 행동을 규제한다는 관점에서의 논의는 1960년대 말부터 77그룹을 중심으로 전개되었다. 즉 1968년 제 2 회 UNCTAD총회에서는 선진국 민간기업이 채용되는 제한적 상관행(restrictive business practices)[15]에 대한 검토를 결의하였고, 1972년 5월의 제 3 회 총회에서는 당시까지 일반적으로 다루어 오던 방식을 더욱 구체화하여 MNC의 제한적 상관행을 특별히 지적하고 이를 제거하는 방법을 연구하도록 전문가단에 위탁하였다. 물론 이 단계에서도 MNC문제는 상관행이라는 일국면에 대한 것에 불과하였다.

1970. 10: 공업위원회, 'MNE에 관한 특별 작업부회' 설치함.
1975. 1: OECD이사회, '국제투자 · MNE위원회'(IME委) 설치 결의함.
1976. 6: 각료이사회, '국제투자 및 MNE에 관한 선언' 채택함.

15) 카르텔 등 경쟁제한행위, 사업제한, 수출규제, 시장유통 및 배분에 관한 협정, 기술이전계약상의 제한조건, 임의적인 이전가격조작, 독점적 관행 등을 지칭한다.

MNC 그 자체, 그리고 MNC문제가 포괄적으로 하나의 중심적인 논의대상으로 취급된 것은 1972년 7월 ECOSOC가 '개발과정과 국제관계에 대한 MNC의 영향'(The Impact of MNC on the Development Process and on International relations)이라는 결의를 채택한 것이 최초라고 할 수 있다. 즉 이 결의에서는 LDC의 개발과 국제관계에 대한 MNC의 영향을 연구하고 각국 정부가 취할 수 있는 정책 및 국제적 행동에 관하여 권고안을 제출할 저명인사로 구성된 MNC연구그룹을 구성할 것을 요청한 것이다.

그런데 이러한 결의가 채택된 것은 MNC문제와 남북문제의 해결을 기원하는 LDC측의 경제적인 문제의식도 중요한 이유였지만, 보다 직접적인 계기는 MNC에 대한 정치적인 문제의식이었다. 즉 동 결의는 1970년 7월에 칠레에서 사회주의 정권인 아옌데 정권이 수립될 당시, 미국의 대표적 MNC의 하나인 ITT(International Telephone & Telegraph Corp.)사가 좌파의 아옌데 후보의 당선을 저지시킬 목적으로 대통령 선거에 개입했다는 사실이 1972년에 밝혀지면서 이에 분격한 칠레가 MNC문제를 UN에서 다룰 것을 강력히 요구하여서 이루어진 것이었다.[16]

ITT사건을 계기로 라틴아메리카 제국은 UN에서 즉시 MNC규제를 위한 행동강령을 작성해야 한다는 강경론을 제시하였고, 이에 대하여 서방 선진제국은 우선 MNC의 실태를 객관적으로 파악할 필요가 있다는 점과, MNC활동은 LDC의 경제개발에 공헌한다는 점을 주장하고, 따라서 단순히 규제만을 목적으로 한 협의에는 응할 수 없다고 하였다. 결국 양자의 타협책으로서 우선 정부수준의 작

16) 이 ITT사건은 UN연구그룹의 성립과 UN에서의 MNC문제 토의에 큰 영향을 미쳤으므로 간단히 소개한다. 이 사건은 1970년 칠레 대통령선거에 즈음하여 광범한 토지개혁과 기초산업, 은행, 통신기관 등의 국유화계획을 정책으로 내세운 좌파연합의 Salvador Allende 후보의 대통령 당선 가능성이 높아지면서 발단되었다. 즉 ITT의 Geneen회장을 비롯한 최고경영층은 미국정부 중앙정보국(CIA) 등에 대하여 Allende 후보의 당선을 저지하기 위한 공작을 벌일 것을 촉구하고 그 활동비용으로 100만 달러 이상을 CIA에 제공할 것을 제안하였다는 것이다(ITT는 1964년 칠레 대통령선거시에도 같은 제안을 행한 바 있다). 미국상원 외교위원회(위원장의 이름을 따서 Church Subcommittee라 불렀다)의 조사결과에 의하면, ITT의 이러한 요청에 대하여 CIA 등은 일단 적극적인 반응을 나타내지 않았다고 한다. 동년 9월 4일 선거결과 아옌데는 제1위를 차지하였지만 투표유권자의 과반수 득표에는 실패하게 되었다. 그리하여 칠레의 선거법에 따라 국회의 양원합동회의에서 상위 2인의 후보자를 놓고 대통령 결정을 위한 최종투표를 10월 24일 시행하게 되었다. 그런데 이번에는 오히려 CIA가 최종투표일까지의 기간을 이용하여 칠레의 경제적 혼란을 야기시킴으로써 아옌데의 당선을 저지시킬 계획을 ITT에 제안하였으나 ITT측은 이 안이 목적달성에 적합하지 않다고 거부하였다.
칠레에서는 그 후 1973년 9월 군부쿠데타가 발생하여 아옌데 정권이 실각하였고 우파의 군사정권이 설립되었다. LDC의 MNC에 대한 정치적 활동의 의구심은 아옌데의 비극적 사망 이후 더욱 증대되었다.

업에 앞서 중립적인 저명인사단을 UN사무총장의 자문기구로 임명하여 종합적·객관적으로 MNC문제를 검토할 것에 합의하고 상기 결의를 채택한 것이다. 이와 같이 MNC활동의 정치적 측면과 국제관계에의 영향은 경제적 측면과 함께, 혹은 그 이상으로 UN에서 MNC를 논의함에 있어 중요한 요인이 되고 있다.

연구 과제

1. 선·후진국간에 MNC로 인해 야기된 긴장과 충돌요인에 대해 논하고 그 대응방안을 강구하시오.
2. 다국적기업이 개도국에 미치는 경제적 영향에 대해 논하고 한국의 경우를 분석하시오.
3. 세계투자환경의 변화를 논하고 국제수지흑자를 시현한 한국이 그 흑자분을 해외투자하는 데 대한 타당성을 제시하시오.
4. 다국적화의 동기를 설명하시오.
5. 다국적기업의 행동이 규제되어야 한다면 어떤 방안이 있는가?
6. 다국적화를 동기별로 분류하시오.
7. 다국적기업의 기업행태를 논하시오.
8. 다음의 용어에 대하여 설명하시오.
   1) 투자수입국
   2) 해외투자의 지도적 역할론
   3) 국제수지효과

제12장

해외진출과 글로벌 네트워크

사 례 연 구 ▶ Global 500대 기업

보잉(BOEING)

1 Web Site

http://www.boeing.com

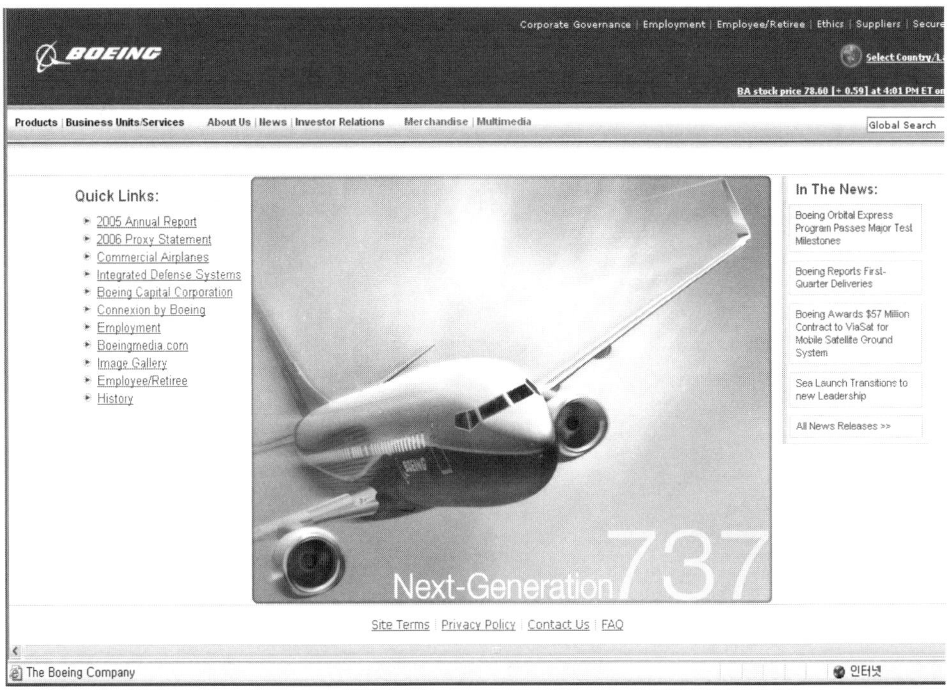

2 회사개황

1916년에 미국에서 설립되어 인류의 100년 항공역사와 함께 발전해온 보잉사는 세계 145개국의 고객에게 다양한 민간/군용 항공기, 인공위성, 방위산업 및 우주항공과 관련된 시스템과 서비스를 제공하여 2003년도 매출액이 500억 달러에 달하는 세계 최대의 항공우주기업이다.

3 보잉사의 조직 및 사업현황

보잉사는 크게 아래와 같은 사업부문으로 구성되어 상호간의 긴밀한 협업과 조화속에 지속적인 혁신과 발전을 추구하고 있다.

Boeing Capital Corporation

Global financing solution 제공자로서 총 100억 달러 이상의 portfolio를 보유하고 있으며, 타 Boeing 사업부문의 지원과 함께 항공기, 위성제품, 그리고 방위시스템 제품에 대한 융자 및 리스 등의 financing을 제공하고 있다.

Boeing Shared Services Group

타 사업부문이 각각의 본연의 임무에 집중하여 수익성을 높이고, 중복업무 해소를 통한 업무 효율성 제고를 위해 전사의 인사, 자산관리, 총무, e-business, 구매, 보안 등의 업무를 수행하고 있다. 이러한 사내 서비스의 공유를 통해 비용절감, 업무 프로세스 단축, 구매력 강화 등 다양한 가치를 창출해 나가고 있다.

Boeing Commercial Airplanes(BCA)

보잉의 상용기 그룹은 세계 최대의 상용기 생산업체로서 급변하는 항공 운송 시장을 주도하고 있다. 현재 항공 운송업계는 군소 업체들간의 제휴 및 협력, 가상 항공사 등의 출현으로 새로운 위협과 도전의 장이 되고 있다. 보잉은 급변하는 항공 운송 시장에 대응해 고객 토털 솔루션을 제공하는 한편 제품 및 서비스를 개발해 나가고 있다.

Connexion By Boeing(CBB)

CBB의 기내 인터넷 서비스를 통해 여행객들은 3만 피트 상공의 기내에서도 노트북이나 PDA를 활용한 인터넷 검색은 물론, 파일 공유 및 전송, 메신저를 통한 실시간 대화, 개인 및 기업 e-mail 확인 등 평상시 집이나 사무실에서와 같이 인터넷을 사용할 수 있다. 이제 항공기여행은 단순한 이동수단이 아닌 즐거운 여행의 일부가 되고 급한 업무를 처리할 수 있는 사무실이 될 것이다. 또한 기내 인터넷은 비행기 탑승객뿐만 아니라, 항공사의 업무효율 증진에도 기여할 것으로 기대되고 있다.

Integrated Defense Systems(IDS)

보잉사의 통합방위시스템(Integrated Defense Systems) 그룹은 대 고객 8개 비즈니스 Unit에 걸쳐 무기/전투기/폭격기 제조능력, 지능망 및 감시시스템, 커뮤니케이션 아키텍쳐 및 광범위한 대규모 통합 전문기술능력이 융합된 집합체이다.

Phantom Works

팬텀웍스는 현재 출시되어 있는 항공기와 우주선의 안전, 성능, 신뢰도를 조사해 한층 업그레이드된 뛰어난 품질의 항공, 우주선을 개발하기 위해 노력하고 있으며, 또한 보다 단축된 시간과 저렴한 비용을 투자해 설계, 생산, 유지가 모두 이루어질 수 있도록 최선의 노력을 기울이고 있다.

1) 보잉사의 사업실적

Annual Report

보잉사는 세계적인 부황에도 불구하고 과거 5년 연속 매출 500억 달러를 달성하였으면 전 사업부문에 걸쳐서 지속적인 성장을 이루고 있다.

2) 보잉사의 경영진

보잉사는 기업경영의 투명성과 의사결정의 공정성 제고를 위해 전문성을 갖춘 다양한 산업 및 정 · 관계인사들로 구성된 사외이사제를 운영하고 있다.

3) 보잉 코리아

보잉의 한국사무소인 보잉 코리아는 한국 내 고객과의 긴밀한 협조체제 구축을 통한 최상의 서비스 제공을 위해 1988년 서울에 설립되었다. 이후 16년간 보잉 코리아는 국내 항공사 및 정부 등 주요 국내 고객들과 함께하며 상호간의 발전을 위해 매진하여 왔으며, 앞으로도 대한민국이 우주 항공 산업의 선진국 반열에 오를 수 있도록 노력할 것이다. 이러한 노력의 일환으로 제품과 서비스의 품질을 최상으로 유지하기 위해 김포, 인천, 창원, 김해, 부산에 사무실들을 설립하였으며, 55명의 임직원이 윌리엄 오벌린 대표이사와 함께 한국 우주항공산업의 미래와 발전에 기여할 수 있도록 최선을 다하고 있다.

4 Boeing History

1) 보잉의 탄생

1915년 가을, 보잉은 글랜 마틴이라는 항공기관사로부터 비행강습을 받기 위해 캘리포니아로 떠났다. 그는 캘리포니아로 떠나기 전, 웨스터벨트에게 '보다 실용적인 새 비행기 설계'를 제안했다. 결국 보잉의 보트창고에서 이중부력 수상비행기를 제작, 두 사람의 이름을 따러 B&W라고 이름지었다.

그러나 B&W가 완성되기 전, 웨스터벨트는 미 동부로 발령을 받았다. 웨스터벨트가 떠난 후 보잉은 혼자 작업을 계속해 1916년에는 B&W 두 대를 완성했다.

보잉은 늘 함께 했던 웨스터벨트가 떠난 후에도 자신의 회사를 키우겠다는 의지를 굽히지 않았다. 1926년 7월 15일, 보잉의 비행기 제작 사업을 'Pacific Aero Products Company'라는 이름으로 출범하였다.

그로부터 1년 후 보잉은 회사 이름을 '보잉 항공사'로 바꾸며 새롭게 거듭났다. 1917년 당시, 보잉에서는 조종사, 목수, 건축사, 재봉사를 포함해 총 28명의 직원이 일했다. 이들의 급여는 시간당 최저 14센트를 받는가하면, 수석조종사는 한달에 2백~3백 달러를 받기도 했다. 이 무렵 윌리엄 보잉은 B&W 신기종이 팔리지 않자 자신의 개인 재산으로 대출을 받아 매주 7백 달러씩을 투자해 회사에 필요한 비용을 충당하기도 했다.

2) 제1차 세계대전

1차 대전이 한창이던 1917년 말 무렵 미국은 역사상 최초로 전투용 항공기가 필요했다. 윌리엄 보잉은 미 해군에서 훈련항공기를 필요로 한다는 사실을 알게 되었고, 이미 보잉의 직원인 윙이 제작한 모델 C 수상비행기를 보유한 상태였다. 그러나 이 비행기를 보잉이 있는 시애틀에서 플로리다주 펜사콜라 해군기지까지 조종해 간다는 것은 불가능한 일이었다.

결국 두 대의 모델 C 수상비행기가 완전히 분해 되어 팬사콜라 해군기지까지 열차로 전달되었다. 보잉의 공장 책임자인 클로드 버린과 시험조종사인 허브 먼터는 항공기를 다시 조립하고 해군관리들을 위해 시험비행까지 선보였다. 비행은 순조롭게 진행되어 미 해군은 모델 C 수상비행기 50대를 주문했다. 이는 보잉의 역사상 첫 주문이었으며 이로부터 1년이 지난, 1918년 말 무렵의 보잉은 전 직원이 337명인 건실한 회사로 성장하였다.

3) 제2차 세계대전

1940년대 보잉 근로자들은 B-17 기종을 생산하기 시작했다. 미국 시민 남자들은 전쟁에 참여한 관계로 여성들이 사회로 진출하여 전투기를 생산했다. 'Rosie the Riveter'로 상징되는 수천의 여성 근로자들은 보잉 근로자의 대부분을 차지했으며 1942년부터 1944년 3월까지 월 362대의 전투기를 생산했다. 일례로 시애틀 공장에서는 24시간에 16대의 전투기를 생산할 능력까지 보유하고 있었다. 세계 2차 대전은 1차 대전에 이어 보잉이 성장할 수 있는 기반이 마련된 시기였다.

5 새로운 시장

하루가 다르게 변해가는 현실에 부응하기 위해 제트 여객기는 보다 빠르고, 소음이 적고 연료가 효율적이어야 했다. 그래서 보잉은 표준기종인 757과 이보다 큰 767, 한 단계 업그레이드 된 737 기종을 생산하게 되었다. 또한 V-22 오스프레이 틸트로터, RAH-66 무장 정찰 코만치 헬리콥터, F-22 전투기, 어벤저 공중방어체계, 로랜드 지대공 미사일체계 등 군항공기 프로젝트를 개발했다.

1985년 프랭크 슈론츠는 보잉 사장을 거쳐 1986년에는 최고경영자의 위치에 올랐으며 1988년에는 이사장이 되었다. 한편 1992년 보잉의 사장이자 이사회 임원이었던 필 콘딧은 1996년 4월 최고경영자까지 맡게 되었다.

6 글로벌 비전

1) 새로운 밀레니엄을 위한 설계

보잉의 최고경영자인 프랭크 슈론츠는 군사용, 우주사업을 개발하는 사업부로 '보잉 안보 및 우주 그룹'을 탄생시켰다. 이외에도 '보잉 상용기 그룹'과 '보잉 컴퓨터 서비스'라는 두 가지 사업부를 만들었다.

항공우주 프로젝트가 번창하고 있는 것에 발맞춰 지상에서는 보잉의 새로운 상용기종인 737, 777 등이 세계 공항에 모습을 드러내기 시작했고 보잉의 새로운 비즈니스 제트기 또한 세계 곳곳으로부터 주문을 받았다. 이 무렵 보잉에서는 고속 민간 여객기를 탄생시키기 위해 초음속 항공기에 대한 새로운 연구가 활발히 진행되었는데, 이 분야의 연구는 '마하 2.4의 속도에 승객 3백 명이 탑승할 수 있는 여객기 개발'에 필요한 핵심 기술을 제공할 만큼 발전적인 결과를 얻게 되었다.

1996년 12월에는 보잉과 록웰 인터내셔널 코퍼레이션의 항공 우주 및 안보부가 보잉 북미 주식회사라는 이름으로 합병되었다.

1997년 8월 1일, 맥도넬 더글러스사 또한 합병되어 22만 명 이상의 직원을 둔 세계 최대의 단일 항공기 제작회사로 변신했다.

보잉은 현재 세 가지 그룹으로 구성되어 있다. 첫번째는 모든 군사 항공체계와 전략 미사일, 우주선, 로켓 및 엔진, 항공기 정보체계, 첨단 기술개발을 포함하는 '정보, 우주 및 안보체계 그룹'이고, 두 번째는 717 기종에서 787 기종에 이르기까지의 모든 상용기와 더글러스 생산라인에서 만든 MD 제트기를 포함하는 '보잉 상용기 그룹'이며, 세 번째는 컴퓨팅, 통신 및 기타 지원 서비스를 제공하는 새로운 '공용 서비스 그룹'이다. 맥도넬 더글러스사와의 합병으로 채택된 보잉의 새 로고는 상업용, 안보, 우주 항공기 분야에서 세계 일류기업으로 자리 잡은 보잉의 이미지를 표현하고 있다.

명실공히 세계 최대의 항공우주산업회사로서 거듭난 보잉은 항공우주 분야의 발전을 위해 오랜 세월 동안 간직해 온 열정을 바탕으로 끊임없는 연구를 거듭하고 있는 동시에 인류의 보다 나은 생활을 위해 노력하고 있다.

2) VISION 2016

2016 버전은 '글로벌 항공우주산업 선도기업 임직원으로서의 협업 및 협동'으로 보잉이 추구하는 전략, 핵심역량 및 가치를 볼 수 있다.

글로벌 전략

- ㅇ 핵심 비즈니스 분야 건전 경영:
  보잉은 core 비즈니스 운영에 있어 투명성이 확보된 정도 경영을 추구한다.
- ㅇ 신규제품 및 서비스 개발역량 극대화:
  보잉이 보유한 강점을 충분히 활용하여 신규제품 및 서비스 개발에 적합하게 적용한다.
- ㅇ 신규사업 분야 진출:
  보잉의 비즈니스는 어느 한 곳에 고정된 정형화된 비즈니스를 지양하며 신규사업 분야에 대한 전사적 지원으로 현재 및 미래에 대한 수익원 확보를 추구한다.

글로벌 핵심역량

- ㅇ 고객 지식 세부화 및 집중:
  보잉은 항상 보잉의 needs를 이해하고 기대에 부응하기 위해 노력한다.
- ㅇ 대규모 시스템 통합:
  보잉은 보유하고 있는 기술적 우월성을 개발, 증진 및 보호하는 데 끊임없이 노력하고 있다. 이러한 결과로 보잉이 디자인하고 생산한 시스템들이 효과적으로 통합될 수 있다.
- ㅇ 전사적 자원의 활용:
  보잉의 전사조직은 효율적 자원관리, 우수한 공급자 관리, 업무 사이클 단축 고품질 및 저 생산비용으로 성격 지어지는 전사적 프로세스 유기체 조직이다.

기업가치

- ㅇ 리더십, 성실성, 퀄리티, 고객만족, 협업화, 다양화, 임직원 복지, 주주가치 증진

제 1 절 한국 기업의 해외진출사

1. 1960년대

최계월 코데코 총회장. 일본군 학도병 출신인 그는 1960년대 초 인도네시아에서 '남방개발' 이라는 회사를 설립해 원목 수입사업을 하고 있었다. 그는 40대 초반의 패기를 앞세워 자원확보에 고심하던 한국 정부를 설득했다. 68년 한국 정부는 당시로선 거액인 450만 달러의 투자를 승인했다. 해외직접투자 1호였다.

최계월은 퇴역 해병대원들로 선발대를 구성했다. 이들이 도착한 곳은 인도네시아의 끝없이 펼쳐진 8억 평의 원시림, 풍토병과 독충, 무더위와 습기가 기다리고 있는 남부 칼리만탄주 '바투리친' 이었다. 이후 코데코로 이름을 바꾼 남방개발은 유전 · 가스전 개발로 영역을 넓혔다. 최계월은 자원개발 공로를 인정받아 한국과 인도네시아 정부로부터 여러 차례 훈장을 받았다.

2. 1970년대

한국 기업의 '글로벌화' 는 해외 삼림 등 자원개발로 시작됐다. 달러 한 푼, 원목 하나가 아쉬웠던 그 당시, 생존을 위해 해외로 나간 한국 기업에 '글로벌화' 란 말 자체가 사치였다.

70년대 한국 기업의 세계시장 공략은 중동의 열사(熱砂) 바람 속에 이뤄졌다. 오일 달러를 잡으려고 건설업체들은 중동으로 매진했다. 76년 사우디아라비아 주베일 산업항 공사에 입찰한 현대건설은 10개 선진국 업체를 제치고 수주에 성공했다. 입찰팀 전원이 일주일간 씻지도 않고 합숙하며 전력을 기울인 성과였다. 당시 입찰금액은 9억3,114만 달러(당시 환율로 4,609억원). 우리나라 예산의 절반과 맞먹는 돈이었다.

3. 1980년대

수출, 해외건설 등으로 외화를 벌어들였던 한국 기업들은 80년대 '메이드 인

코리아'의 울타리에서 벗어나기 시작했다. '메이드 인 더 월드' 시대에 접어든 것이다. 무역수지 흑자 확대에 따른 원화절상, 노동운동 열기, 인건비 상승 같은 요인과 선진국의 무역장벽을 극복하기 위한 선택이었다.

1981년 초 글로벌 시대의 대세를 간파한 금성사(현 LG전자)는 미국 앨라배마주 헌츠빌에 컬러TV 공장을 건설키로 결단했다. 100% 한국 민간기업 자본으로 투자된 최초의 해외공장이다. 당시 자본금은 450만 달러. 82년 10월 제1공장 준공식 당시 현지 언론은 "미국 원조를 받던 가난한 나라 한국이 미국에 공장을 지었다"며 놀라움을 표시했다. 금성사 헌츠빌 공장은 이후 제2컬러TV 공장, 전자레인지 공장 등을 증설하며 발전하다가 한국산 부품 수입규제 강화, 임금 상승 등의 악재를 피해 80년대 후반 멕시코로 옮겨갔다.

4. 1990년대

해외투자를 주축으로 하는 한국 기업의 세계 경영은 90년대에 눈부시게 전개됐다. 특히 90년대 중반 유럽연합(EU)과 북미자유무역협정(NAFTA) 등 세계경제의 블록화 추세에 따라 간접수출형 투자가 많았다. 여기에다 냉전시대 종식은 새로운 찬스였다. 중국 · 소련 · 동유럽에 대한 진출은 폭발적이었다. 김영삼 정부 시절 '세계화'는 코흘리개까지 입에 올리던 화두였다.

5. 2000년대

한국 기업의 해외투자 건수는 현재 3,768건(수출입은행 집계). 68~80년 사이에 352건이었던 데 비하면 그 열기가 느껴진다. 전 세계에 한국 자본으로 세워진 법인은 현재 2만 3,000여 개나 된다.

세계화 전략에 따라 인재 확보도 국경을 초월했다. 97년 삼성그룹은 10여 개 국적의 글로벌 전략가 25명으로 구성된 '미래전략그룹'을 만들었다. 이들은 디자인 · 컨설팅 등에서 세계화된 안목으로 비전을 짜는 업무를 맡고 있다. 삼성전자의 국내외 인력은 총 11만 5,000명 선. 그 중 5만여 명이 외국인이다. LG그룹의 해외 인력(5만 5,000여 명)도 국내 인력(7만 명)과 큰 차이가 없다. 삼성전자와 LG전자는 해외에서 매출액의 80%를 팔고 있다.

6. 압축성장의 역사

그러나 한국 기업의 세계화에는 숱한 시행착오가 불가피했다. 최대의 풍운아는 김우중 전 대우그룹 회장이다. 글로벌 무대를 주름잡던 김 전 회장이 국제통화기금(IMF)이 들이댄 '글로벌 스탠더드'의 잣대에 쓰러진 것은 아이러니가 아닐 수 없다.

국내 업체들이 한국을 떠나는 바람에 일자리가 줄어드는 부작용도 생겼다. 제조업 관련 일자리는 최근 4년간 10만 개나 줄었다. 해외로 기업 근거지를 옮기는 과정에서 기술 유출 논란도 적지 않다.

한국기업의 세계화는 한국 경제가 그랬듯 '압축성장'의 역사다. 그 때문에 현지인, 현지문화와 부닥치며 종종 파열음을 일으킨다. 중국 · 동남아에 진출한 한국 기업의 중간 관리자들이 강압적인 군대식 기업문화로 현지 근로자를 대하다 국가 이미지에 먹칠을 하는 사건이 잇따르고 있다.

한국기업이 해외로 진출하는 반면에 최근에는 외국인직접투자도 급증하고 있다. 2001년 1만 개를 넘어선 뒤 처음으로 1만 5,000개를 돌파했다. 이들 외국인투자기업은 한국기업이 해외진출로 빠진 공백을 어느 정도 메울 것으로 예상된다.

제 2 절 해외진출의 전략

1. 해외생산전략과 해외시장전략

WTO협정 이후 세계적으로 무역장벽이 낮아지고는 있지만, 아직도 원산지 규정을 적용하고 있는 EU, NAFTA 등 경제블록 내의 시장에 접근하기 위해서는 관세를 피할 수 있는 현지생산이 유리하다. 이와 같이 시장확보를 위해 해외투자를 늘리고 있는 것은 한국 기업들만이 아니다. 이미 선진기업들은 과거부터 해외생산전략을 통해 해외시장을 점유해 왔으며, 갈수록 세계화 전략을 강화하는 추세이다.

초국적기업들은 현재 세계교역의 2/3를 차지하고 있으며 이 중에서 절반은 초국적기업들이 모회사와 해외자회사 사이에서 이루어지는 기업 내의 무역이다. 초국적기업들이 해외에서 생산기지나 판매법인을 설립하고 이를 통해 현지에서 올리는 매출액은 세계 교역규모와 맞먹는 수준에 이르고 있다. 이것은 세계 교역의 형태가 갈수록 최종재를 수출하는 형태에서 해외생산과 현지판매로 옮겨 가고 있다는 것을 의미한다. 프랑스 정부와 엔더슨 컨설팅회사가 세계 초국적기업들을 대상으로 한 조사에 의하면 앞으로 해외시장에 접근하는 수단으로 해외직접투자, 전략적 제휴, Out Sourcing 등이 더욱 중시될 것으로 나타났다.

이와 같이 해외투자를 통해 세계화 전략을 추진하고 있는 세계 초국적기업들과 국제시장에서 경쟁하기 위해 한국기업들은 해외투자를 늘려가고 있다.

2. 해외생산과 국제분업

해외직접투자가 경제에 미치는 긍정적인 영향으로는 국제분업체제를 통해 산업구조의 고부가 가치화를 달성할 수 있다는 것이다. 사양산업의 해외이전과는 달리 국내에서 성장을 유지하고 있는 주력산업의 일부상품과 공장이 해외로 이전되는 것이기 때문에 해외생산과 국내생산은 분업구조라는 연계성을 갖고 있다. 해외생산을 통한 국제분업의 형태로는 두 가지가 있다.

첫 번째는 국제경쟁력을 상실한 상품은 해외에서 저렴한 경영자원을 활용해 생산하고 부가가치가 높은 상품의 개발과 생산은 국내에서 수행하는 수평분업이다.

두 번째 형태는 공장간에 이루어지는 수직분업이다. 핵심부품이나 중간재는 국내에서 생산하고 노동집약적인 조립공정은 해외에서 수행하는 형태 혹은 단순부품을 해외에서 생산하고 국내에서 생산공정을 완료하는 형태가 이에 속한다.

이와 같은 국제분업이 이루어질 때 국내기업들은 부가가치가 높은 부문으로 특화하게 되고 경제 전체적으로는 산업구조가 고도화된다. 이러한 국제분업체제가 확산되면 경쟁력을 상실한 최종재의 수출은 줄어들고 대신 해외생산에 필요한 부품 및 중간재 · 자본재 등의 기업 내 무역형태의 수출이 증가하게 된다. 세계 교역에서 기업 내에서 차지하는 비중이 1/3을 넘어서고 있는 것도 세계 기업들의 국제분업이 확산되고 있기 때문이다.

이와 같은 긍정적인 효과는 해외생산을 통한 국제분업체제가 성공적으로 구축되었을 때 기대할 수 있는 것이다.

제 3 절 해외진출이론

한국 기업의 해외 진출로 인한 해외진출과정에 대한 연구가 최근 높은 관심을 모으고 있다.

기업의 해외진출과정에 관한 연구는 매우 다양하다. 그러나 이에 대하여 어떤 지배적인 정설이 존재하는 것은 아니며, 이제까지 진행되어 온 제반 연구들이 상호 경쟁적이라기보다는 오히려 보완적인 성격을 띠고 있다고 할 수 있다.

따라서, 여기서는 해외진출과정에 대한 연구를 통해 그 이론적 배경을 고찰해 보고자 한다.

1. 단계이론

파울(Fin Wiedersheim-Paul), 올슨(Hans C. Olson) 그리고 웰치(Lawrence S. Welch)는 기업이 수출을 시작하기 이전에 수행하는 국제화의 첫 단계 활동이 있다고 보고 이것을 다음의 [그림 12-1]과 같이 제시하고 있다.

기업의 의사결정자와 기업환경 그리고 기업 자체의 세 가지 요인에 의해서 수출이 고려되고 이에 따라 정보수집의 단계를 거쳐 수출을 시작하게 된다는 것이다. 이렇게 시작된 국제화와 이에 대응한 기업의 해외진출과정을 겐이찌 오마에(Kenichi Ohmae)는 기업의 주요 활동들이 해외로 이전되고 통합되는 과정으로 설명하였다.

이것은 '제품수명주기이론'과도 연관이 있다고 볼 수 있다. 즉 [그림 12-2]에서와 같이 기업의 주요 활동들이 기업이 성장함에 따라 다섯 단계를 거친다고 주장하였다. 이러한 것을 단계별로 살펴보면 다음과 같다.[1)]

---

1) Fin Wiedersheim-Paul, Hans C. Olson, and Lawrence S. Welch, "Pre-export Activity: The First Step In Internationalization." *Journal of International Business Studies.*

그림 12-1 기업의 수출이전단계

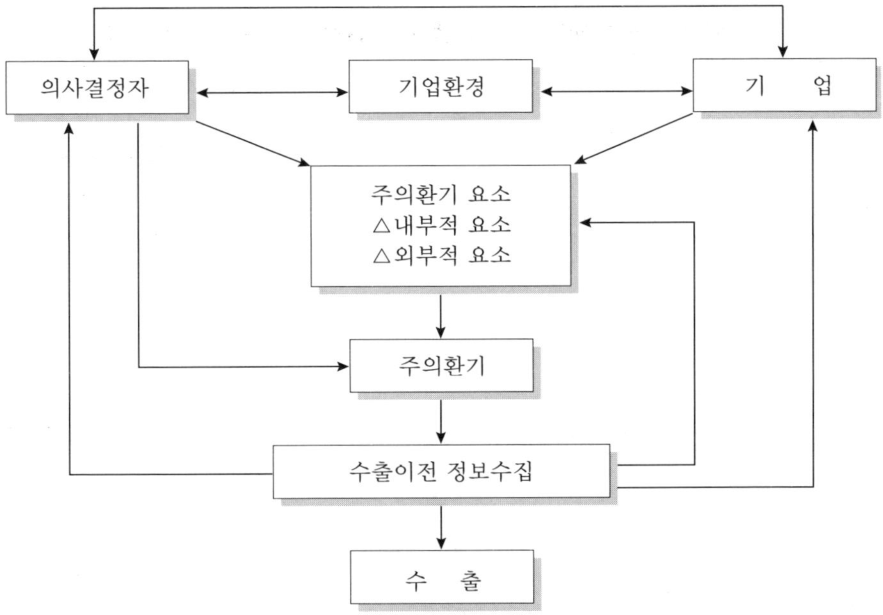

자료: Fin Wiedersheim-Paul & Hans C. Olson & Lawrence S. Welch, "Pre-export Activity: The First Step In Internationalization," *Journal of International Business Studies.*

(1) 제 1 단계 - 수출단계

국내 기업들이 최초의 해외진출을 위하여 무역회사나 독립적 현지 유통망에 의존하게 된다.

(2) 제 2 단계 - 직접 판매 · 마케팅

초기의 수출단계에서 기업들이 더욱 효과적으로 해외의 소비자들에게 접근하기 위해서, 현지에서 직접 마케팅활동을 수행하고자 하는 경우에 제2단계로 이행한다.

(3) 제 3 단계 - 직접 생산

국내생산에 따르는 비용이 증가하는 등 국내생산의 어려움이 증대됨에 따라서 생산활동의 일부를 해외로 이전함으로써 제3단계가 출현하게 된다. 그러나 이 단계에 있는 기업들은 아직 현지의 생산과 판매가 통합된 시스템을 갖추지 못

그림 12-2 가치사슬의 국제화과정

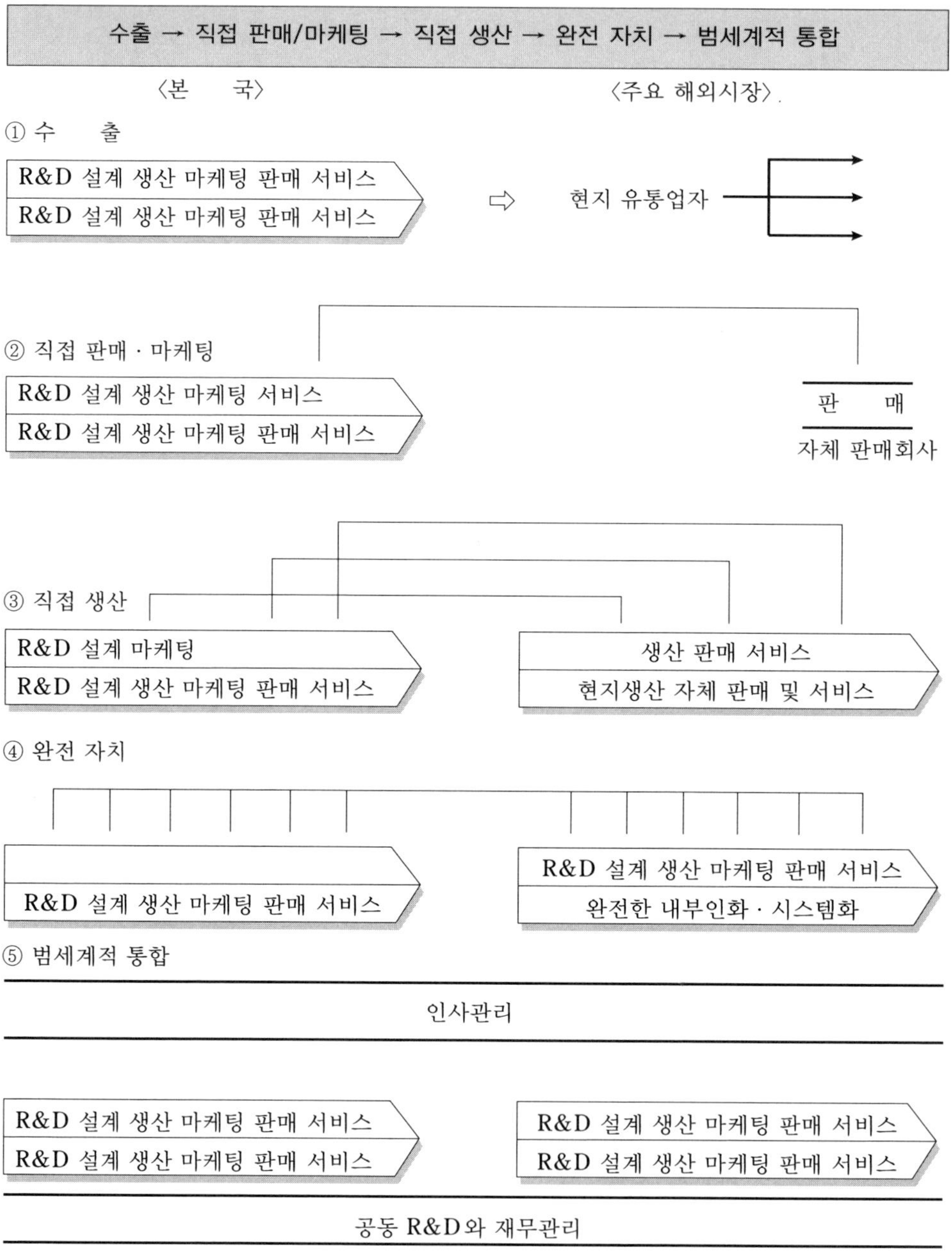

자료: Ohmae Kenichi, "Beyond National Borders: Reflections on Japan and the World"(Dow Jones-Irwin, 1987), pp. 36~39.

하고 있다.

(4) 제 4 단계-완전 자치

제 3 단계에서 기업이 완전히 현지 기업이 되기 위해서 연구 · 개발, 재무, 생산 등의 기능을 현지로 이전하는 경우 제 4 단계에 이르게 된다. 이 단계에서 현지 자회사는 현지의 기업들과 동등한 기반에서 경쟁하게 되고, 소비자들의 욕구를 충족시키기 위한 기업시스템의 최소한의 필요한 기능들을 모두 보유하게 된다.

(5) 제 5 단계 - 범세계적 통합

점차 연구 · 개발과 같이 기본적인 활동을 전 세계적으로 일관되게 수행하는 것이 효율적이라는 것을 깨닫게 되어 마지막의 제 5 단계로 이행하게 된다.

2. 거래비용에 따른 이론

(1) 해외시장 진입유형

진입유형의 선택과 같은 장기전략적 의사결정에 대한 고전적인 접근은 실행 가능한 상황에서 투자에 대해서 가장 높은 위험조정수익을 제공하는 대안을 선택하는 것을 강조한다. 진입유형의 선택에 대한 문헌들은 위험이나 수익에 대해서는 거의 언급하고 있지 않고, 〈표 12-1〉과 같이 통제의 정도에서 문제를 파악하는데 이것은 통제의 탁월성(the preeminant role of control) 때문이다.

(2) 거래비용분석 모형

거래비용접근법(Transaction Cost Approach)은 거래를 기본 분석단위로 삼고 있다. 이 접근법을 적용하기 위해서는 거래가 여러 차원에서 분할되고 대안적인 지배구조가 기술되어야 한다.

거래비용분석은 일반적으로 효율성에 초점을 두고 있다. 효율성은 모든 이익집단의 문제에 적용되지는 않는다 하더라도 상당히 많은 수에 적용될 수 있다. 분석의 기본단위가 상품이 아니라 거래가 되고 거래비용을 감소시키는 차원에서 기업과 시장이 대안으로 존재한다.

거래비용의 감소는 생산비에 대한 고려가 필요하며, 거래비용접근법은 보다 넓은 경제적 틀과 관련된 상충관계에 대한 인식이 필요하다. 제품 및 서비스가

표 12-1

진입유형의 분류

유 형	유형분류
고통제 유형 (지배적 지분이익)	Wholly-owned subsidiary Dominant shareholder(many partners) Dominant shareholder(few partners) Dominant shareholder(one partners)
중통제 유형 (균형이익)	Plurality shareholder(many partners) Plurality shareholder(few partners) Equal partner(50/50) Contract management Restrictive exclusive contract Franchise Nonexclusive Restrictive contract Exclusive nonrestrictive contract
저통제유형 (분산된 이익)	Nonexclusive, onorestrictive contract Exclusive nonrestrictive contract Small shareholder(many partners) Small shareholder(few partners) Small shareholder(one partners)

자료: Anderson Erin, and Hubert Gatignon, "Modes of Foreign Entry: A Transaction Cost Analysis and Propositions," *Journal of International Business Studies*(Fall 1986), pp. 1~26.

교환 당사자간의 기술적으로 분리된 상호작용영역(Interface)을 통하여 이전될 때 거래가 이루어진다는 것이다. 이 과정에서 기계의 마찰에 해당하는 경제학적 개념이 거래비용이라고 할 수 있다.

다음의 [그림 12-3]에서는 기업이 어떤 단계를 소유해야 할 것인가가 명백히 나타나 있다. 또한 자체 공급이 비경제적인 경우에 시장공급이 이루어진다는 것이 나타난다. 따라서 자체 생산할 것인가 외부구매할 것인가의 의사결정 대안들에 대한 거래비용의 평가 후에 이루어진다는 것이다.[2)]

효율적 경계는 핵심기술에 효율적인 내부 및 시장공급의 형태를 더한 것에 의해서 결정된다고 할 수 있다. 여기에서의 결정요소가 거래비용이다. 기업이 당면하는 문제는 기업지배구조와 시장지배구조간에 어떠한 선택을 하는가이다. 거래비용접근법이 핵심분석기법이지만 생산비용의 경제성(시장 우위)과 관리비용

2) Anderson Erin, and Hubert Gatignon, "Modes of Foreign Entry: A Transaction Cost Analysis and Propositions," *Journal of International Business Studies*(Fall 1986).

그림 12-3 효율적 경계

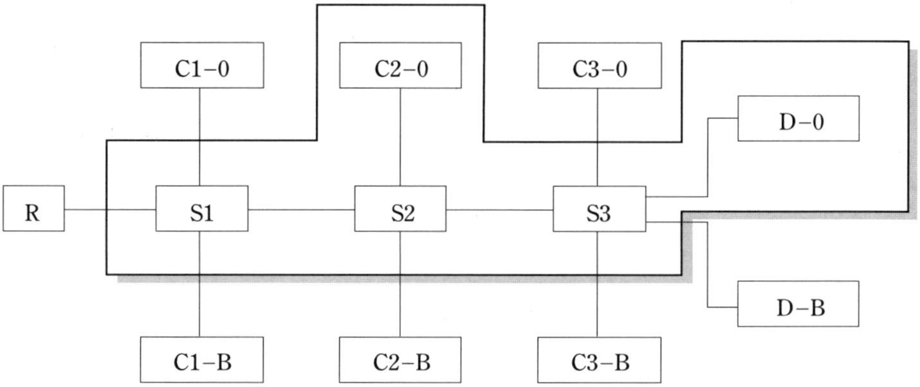

주: (S1, S2, S3)-생산단계, (C1-0, C2-0, C3-0)-기업 자체 조달요소, (C1-B, C2-B, C3-B)-기업 외부 조달요소, R-자원, D-B-시장 유통, D-0-자체 유통

자료: Oliver E. Williamson, "The Economics of Organization: The Transaction Cost Approach," *American Journal of Sociology, 87*(November 1981).

경제성(내부조직 우위)간의 상충관계를 알아야 한다.

현재 한국 기업의 해외진출에서 문제가 되고 있는 것이 바로 비용문제이다. 해외진출국 중 중국의 경우 국내의 인건비상승으로 생산비용이 저렴하기 때문에 크게 각광을 받고 있다. 그러나 중국의 경우 임금은 낮지만 그외 부대비용이 급격히 올라가고 있어 생산비용상의 메리트는 크게 줄고 있다. 오히려 상대적으로 베트남 등에서의 생산이 유리하게 나타나고 있어서 단순히 생산비용으로만 해외진출을 결정할 수는 없다.

3. 루트이론

루트는 기업이 해외진출을 추진하여 가는 과정에 있어서의 해외시장 진입유형과 그 유형의 선택에 영향을 미치는 제 요인 그리고 국제화의 진전에 따른 유형의 변화 등에 관하여 연구하였다.

그 내용을 살펴보면 다음과 같다.

(1) 해외시장 진입유형

해외시장 진입유형은 기업이 자사의 제품, 기술, 관리능력 및 기타의 자원을 해외로 진출시킬 수 있도록 하는 데 필요한 제도적 장치라고 할 수 있다.

해외진출을 추진하고자 하는 기업의 경우, 당초에는 기업이 진출코자 하는 국가 및 그 시장과는 유리되어 있는 관계로 목표국가 및 목표시장에의 진입을 위한 방법을 모색하여야 하며, 그 진입방법에는 다음과 같은 유형이 있다.

1) 수 출 직접수출, 현지 Agent 등을 통한 간접수출, 해외지점 또는 판매법인을 통한 수출

2) 계 약 라이선싱, 용역계약(franchising, 경영계약, Turn-key계약, 하청계약 등)

3) 직접투자 합작투자, 단독투자

⑵ 진입유형의 선택에 영향을 주는 제 요인

기업이 특정 국가에 특정 제품을 가지고 진입하고자 할 경우, 그 진입유형의 선택에 있어서는 이의 결정에 영향을 미치는 몇 가지 요인에 대한 검토를 필요로 하게 된다.

이러한 요인에는 외부적인 요인으로서 목표국가 및 자국의 시장상황, 생산여건 그리고 정치 · 경제 · 문화적 요인을 들 수 있으며, 내부적인 요인으로는 제품의 특성, 생산자원의 여건, 국제화 수행을 위한 자원의 투입정도 등을 들 수 있다.

또한 상기 요인들을 살펴볼 때, 내부적인 요인의 변화도 기업의 해외진출과정에 영향을 미치게 되지만, 특정 국가에 대한 기업의 진입유형의 결정에 보다 더 영향력을 미치는 것은 외부적인 요인이라고 할 수 있다.

이는 국제화가 가장 많이 진전되어 있는 형태인 다국적기업의 경우에도 세계 각국의 시장에 진입하기 위하여 목표시장의 상황에 따라 수출에서 직접투자에 이르는 각각의 유형을 병행 사용하고 있음에서도 알 수가 있다.

⑶ 진입유형의 동태성

기업이 일단 국제화에 진입하게 되면 그 참여 정도에 따라 점차 그 진입유형을 변화해 나가게 된다.

즉 해외시장에서의 활동에 있어 보다 많은 통제력을 발휘할 수 있는 진입유형을 선택하여 나가게 되며, 이를 위하여는 보다 많은 자원의 투입과 보다 많은 경제적 및 정치적 위험을 감수하여야 한다.

이 때 기업이 해외시장에서의 경쟁에 자신을 얻게 되면 더욱더 통제력을 강

화할 수 있는 방향으로 진입유형의 변화를 택하게 될 것이다.

이러한 관점에서 볼 때, [그림 12-4]는 진입유형이 변화하여 가는 정도, 즉 기업의 점진적이고 단계적인 국제화과정을 보여 주고 있는 것이다.

여기서 보면 어떤 기업은 규모에 따른 제약으로 인해 현지법인을 통한 수출의 단계를 벗어나지 않는 반면에, 다른 기업들은 합작투자나 단독투자를 통한 현지생산의 단계에까지 진행하고 있으며, 또한 일부 기업들은 라인센싱 과정을 거쳐 바로 직접투자의 단계에 도달하고 있는 것을 알 수 있다.

이러한 변화과정의 선택은 앞서 언급한 바 있는 외부적 · 내부적인 요인에 크게 영향을 받고 있는 것이라 할 수 있다.

4. 순위이론

여기서 살펴보고자 하는 Wells의 연구는 소위 순위이론(Pecking Order theory)

그림 12-4 기업의 국제화 진전에 따른 진입유형의 변화

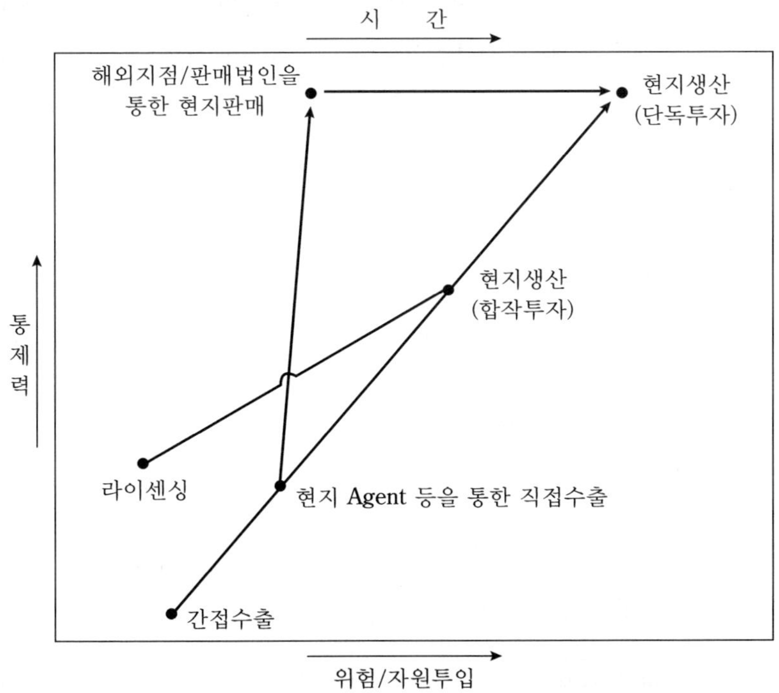

이라고 하는 것으로서, 이는 원래 '개도국의 후발 개도국에 대한 직접투자에 적용되는 해외직접투자이론'으로 널리 알려져 있으나, 기업의 해외진출과정에 있어서의 진입유형인 「수출 · 라이센싱 → 직접투자」로 이어지는 과정에 대한 이론적 배경으로 적용해도 무리가 없는 것으로 판단되어 이에 관해 살펴보기로 한다.

순위이론에 따르면[3] 각 국가는 특정한 제품에 대한 생산을 개시하게 되는 시기에 따라 그 '순위'가 정해질 수 있으며 그 제품을 생산하고 있는 국가들은 그 순위에 따라서 보다 낮은 순위의 국가에 대하여 동 제품에 대한 수출을 행하거나 이의 현지생산 등을 위한 직접투자를 하게 된다는 것이다.

즉 선진국이 특정 제품에 대하여 최초의 해외직접투자를 하게 되고 그 뒤를 이어 선발 개도국이 그보다 하위순위에 있는 국가에 대한 해외직접투자를 하게 됨을 뜻한다.

또한 순위이론은 기술의 가용성과 생산비에 그 이론적 근거를 두고 있는데, 시간이 흐름에 따라 비교우위요소인 기술이 순위에 따라서 전개되어 나아갈 때는 하위순위 국가의 여건에 적합하도록 생산기술 및 제품에 있어 약간의 변화가 따르게 된다.

예를 들어 특정 제품이 유럽이나 한국에서 생산될 때는 미국에서보다 상대적으로 낮은 소득수준에 제품을 적응시켜야 하므로 이 경우 제품 및 생산기술은 상대적으로 낮은 소득수준에 보다 적합한 형태로 변화하게 되며 이를 통해 유럽이나 한국의 기업들은 그들보다 소득수준과 순위가 낮은 국가의 시장에서 상대적으로 경쟁적 우위를 갖게 된다.

한편 유럽 및 한국 기업들은 차순위국에의 진출에 있어서 미국보다 훨씬 유리한 투자조건을 제시하는 경우가 많다.

예를 들어 미국 기업이 단독투자나 다수지분을 주장할 경우에도 유럽이나 한국 기업들은 합작투자나 라이센싱을 과감히 행함으로써 피투자국의 투자환경에 보다 잘 적응하고 있다는 것이다.

이와 같은 이론에 따라 개도국 기업들은 하위 개도국 시장에 보다 적합한 노동집약적 소규모기술(Small Scale Technology)을 개발함으로써 동 시장에서 보다 적합한 기술 또는 보다 적합한 제품을 가지고 우위를 갖게 된다.

또한 선진국 기업들의 표준화된 생산공정을 통한 소품종 대량생산화 경향에

---

3) L. T. Wells Jr., "The Internationalization of Firms from Developing Countries," in Agmon, T. and Kindleberger, C. P. (eds), *Multinationals from Small Countries* (Cambridge, MIT Press, 1977).

비추어, 개도국 기업들은 생산공정의 신축적 활용을 통해 다품종 소량생산이 가능하므로 상대적으로 높은 시장적응도를 가질 수 있다는 장점이 있으며, 그 외에도 선발 개도국 기업들은 낮은 관리비용과 현지국의 요소비용 및 시장의 영세성에 보다 적합한 설비의 이전 등을 통해 생산요소 비용상의 경쟁에 있어 우위를 가질 수 있는 것이다.

제 4 절 해외진출의 필요성

1. 왜 해외진출을 하나

우리나라의 현재의 경제 여건하에서 생각해 볼 수 있는 해외투자 적극화의 필요성은 첫째, 신보호무역주의 대두 등 무역환경의 변화에 따른 제조업 투자증대의 필요성, 둘째, 천연자원의 저렴하고 안정적인 확보, 셋째, 국내 요소가격의 상승에 의한 일부 수출상품에 있어서의 국제경쟁력 상실 등으로 요약될 수 있다.

(1) 무역환경의 변화

우선 세계 무역환경의 변화에 따른 제조업투자 증대의 필요성에 대하여 살펴보겠다. 1970년대 전반에 걸쳐 우리나라는 수출주도형 성장정책의 성공으로 고도의 경제성장을 달성한 것은 주지의 사실이며, 따라서 수출지향형 공업화가 개도국 중에서는 매우 고수준에 달하여 있다고 할 수 있다. 그리고 1980년대 후반에 이르러서는 중화학공업을 적극 육성함으로써 공업구조의 고도화도 어느 정도 이루었으며, 따라서 앞으로도 첨단제품을 중심으로 한 수출증대책은 우리나라의 경제성장정책의 근간이 되어야 함은 불가피하다.

그러나 우리나라가 신흥공업국으로 부상한 오늘날에 이르러서는 선·후진국간은 물론 대다수의 개도국간, 그리고 선진 공업국간에 있어서도 여러 가지 무역마찰이 발생되고 있다. 이러한 제 요인에 의하여 수출이 위축을 면치 못하게 될 전망임에 비추어 종래의 수출일변도의 정책을 바꾸어 지금까지의 수출증대책과 병행하여 수출의 일부분을 해외직접투자에 의하여 현지생산으로 전환하여야 함이 불가피함은 명백하다 하겠다.

(2) 전략자원의 안정적 확보

천연자원의 저렴하고 안정적인 확보를 위하여 자원개발 투자의 확대가 절실하다. 우리나라와 같이 자원빈국인 일본이 무역입국에 성공한 것은 바로 해외자원 개발에 주력함으로써 자원을 저렴하고 안정적으로 확보할 수 있었던 데 기인한다. 우리나라의 수출산업이 급속히 성장하여 앞으로도 수출주도형 성장정책을 견지하여야 할 뿐 아니라, 앞으로 우리 경제의 본격적 첨단산업화에 따라 소요되는 막대한 자원을 이와 같은 자원의 단순수입에 의존한다는 것은 자원내셔널리즘이 팽배하고 있는 오늘날의 세계 자원정세에 비추어 자원의 저렴하고 안정적인 확보를 매우 어렵게 하고 있는 것이다. 석탄 · 석유 등 에너지 자원을 비롯한 해외자원 개발투자가 본격화되고 있는데, 앞으로도 이 분야의 해외직접투자를 적극적으로 확대할 필요성은 매우 크다 하겠다.

(3) 국내 생산요소가격의 상승

국내의 임금 및 지대 등 요소가격이 상승하였다는 것도 해외직접투자의 유인이 된다 하겠다. 1980년대에는 저렴하고 풍부한 노동력을 바탕으로 한 수출상품의 국제경쟁력에 힘입어 수출신장을 기할 수 있었으나, 그 동안 지속적으로 진행된 고율의 인플레이션에 따른 임금 및 지대 등 요소가격이 상승하여 수출상품의 국제경쟁력이 저하를 면치 못하고 있다. 따라서 이로부터 오는 수출의 감소분을 우리나라보다 요소가격이 저렴한 많은 개도국에서의 현지생산으로 전환하는 것이 필요하다 하겠다.

2. 해외진출상의 우위요인과 문제점

(1) 우위요인

기업이 해외로 진출하기 위해서는 수입국이 갖고 있지 못한 우위요인을 가지고 있어야 한다. 우리나라의 해외투자진출이 대내적인 여건면에서 어느 정도 성숙되어 가고 있다는 근거로서는 다음과 같은 우위점을 들 수 있다.

1) 노동집약적 기술의 축적　　많은 개도국이 필요로 하는 노동집약적 중위수준의 기술이 축적되어 있다는 사실이다. 공업화가 지연되어 경공업의 수

입대체 산업화 단계에 있고 자본축적도 우리나라보다 낮은 많은 개도국에 있어서 선진국의 고도의 자본집약적 · 기술집약적 기술의 도입은 이들 개도국의 공업구조를 왜곡시킬 우려가 있으며 고용증대에도 기여하지 못한다. 따라서 이들 개도국은 신흥공업국으로 일컬어지는 우리나라가 소유한 중위의 노동집약적 기술과 시설을 자국의 공업발전 단계에 적합한 것으로 도입을 원하고 있는 것이다.

2) 해외 관리능력의 향상 우리나라의 해외경영 관리능력이 향상되어 있다는 점이다. 우리나라는 급속한 무역신장에 따른 해외거래 경험의 축적과 중동을 비롯한 해외건설 경험을 바탕으로 해외경영 능력이 크게 향상되어 있다고 할 수 있다. 또한 우리나라의 기업은 노동집약적 공업화의 성취로 노동관리 능력도 현저하게 배양되어 해외의 풍부한 저임금 노동력의 관리에 우위점이 있다고 할 수 있다.

3) 수입국의 다양화 요청 대부분의 개도국이 투자선국가의 다양화를 원하고 있어 우리나라의 진출 여지가 마련되고 있다는 점이다. 종전과 함께 정치적 독립을 성취한 많은 개도국은 경제적 독립도 함께 원하고 있으며, 구종주국 경제에의 예속으로부터 벗어나려는 경향이 짙어지고 있다는 것이다. 즉 중남미의 경우 미국이 거의 진출을 독점하고 있어 비미국계의 진출을 환영하고 있으며 과거 대부분 프랑스령, 영국령이었던 아프리카제국은 아직도 프랑스 및 영국에 정치 · 경제적으로 예속되어 있음을 강하게 의식하고 있어 여타국과의 경제협력을 모색하고 있는 중이다. 또한 대부분의 아시아 개도국에 있어서는 중국계가 경제적 지배권을 가지고 있고 일본이 중국계와 합작으로 진출하고 있어 일본 및 중국의 지배에 반발하고 있으며, 산업의 현지화와 함께 대외경제관계의 다양화도 적극 추진하여 오고 있는 것이다.

(2) 진출상의 애로요인

이상과 같은 몇 가지 우위성에도 불구하고 우리나라는 해외투자 진출상 여러 가지 문제점을 가지고 있다.

1) 투자자원의 부족 그 중에서도 가장 중요한 것이 투자자원의 부족문제, 즉 자본 축적도가 아직도 낮다는 점이다. 그 동안 수출이 급속히 신장하였고 해외건설에 따른 외화수입도 막대하나 석유를 비롯한 대부분의 원자재를 수입에 의존하여야 하고, 외환위기 후 막대한 차입원리금을 상환하고 있는 우리나라로

서는 아직 자본수입국의 위치에서 벗어나 자본수출국으로 전환하기는 어렵다. 따라서 일부의 수출산업을 해외투자로 전환하는 것 이외에는 막대한 외화자금이 소요되고 리스크가 큰 해외자원개발을 위한 투자에는 재원상의 커다란 문제가 있는 것이다.

2) 국제금리 국내도 저금리현상을 보이고 있지만, 과거 국제금리보다 항상 높은 금리수준을 지속해 온 한국의 기업들이 정책금융의 혜택을 받지 않는 한 국내에서 자금조달을 하여 해외투자를 할 의욕이 감퇴할 것은 당연한 것이다.

3) 외환시장의 제한 외환거래가 자유화되었지만 외환거래 기법면의 제약, 외화자금운용 등도 문제가 된다 하겠다. 또한 외환의 축적이 이루어져 있지 않은 데 기인하는 것이지만, 해외사업을 위한 국제자본시장이 국내에 조성되어 있지 않아서 해외직접 및 간접투자 의욕이 발생하기 어려울 수밖에 없다 하겠다. 그러나 최근의 외환의 대폭적인 자유화로 인하여 외환면의 제약은 많이 해소되고 있다.

제 5 절 한국 기업의 해외진출전략

1. 경쟁위치를 고려한 진출유형

기업의 경쟁적 위치 분석과 기업차원의 고려요인을 이용하여 국제시장 진출전략의 유형을 설정할 수 있다. 즉 기업의 경쟁적 위치에 따라 시장을 분류하고, 기업차원에서 시장 확장형태와 기업의 자세를 고려하여 진출전략 유형을 설정할 수 있다.

(1) 기업의 경쟁적 위치에 따른 시장분류

기업의 경쟁적 위치에 따라 세계시장을 셋으로 나눌 수 있다.

1) 자국시장 기업의 위치가 이미 잘 정립되어 있어서, 경쟁사에 비해 어느 정도의 우위를 누리고 있는 시장이다.

지리적으로 자기 나라가 아닌 외국이라도 경쟁사에 비해 높은 경쟁적 위치를 확보하고 있다면 그것을 자국시장으로 볼 수 있다.

2) 중립지대　자국기업이 경쟁자와 유사한 경쟁적 위치를 가진 지역이나 현재의 경쟁력을 바탕으로 진출할 경우 어느 정도의 경쟁위치를 확보할 수 있는 지역이다. 여기서는 1)과 3)을 제외한 지역을 광범위하게 포함한다.

3) 경쟁자시장　1)의 경우와 반대로 경쟁자들이 우위를 누리고 있는 시장으로 아직 자국기업의 경쟁적 위치가 낮은 지역을 말한다.

(2) 기업차원의 고려요인

기업 입장에서 시장확장 형태로 집중화와 다각화전략의 선택과 기업의 경쟁목적으로 공격적 · 방어적 요인이라는 두 가지 차원으로 분류할 수 있다.

1) 집중화와 다각화　대상시장의 수와 각 시장에 대한 자원의 할당이란 측면에서 분류하는 것으로 집중화는 소수의 각 시장별로 많은 양의 자원을 많은 수의 시장에 할당하는 전략이다.

2) 공격적 · 방어적　주요한 경쟁목적이 경쟁자를 누르고 자신의 위치를 높이는 데 있을 경우에는 기업의 자세를 공격적이라고 볼 수 있으며, 자신의 위치를 경쟁자로부터 지키려는 데 주요한 경쟁목적이 있을 경우에는 방어적인 자세라고 보겠다.

2. 국제시장 진출전략의 유형별 특성

국제시장 진출전략의 내용을 살펴보면 다음과 같다.

(1) 군수품공장전략

다소 보호적인 자국시장의 환경 속에서 급속도로 확장하며, 국제적인 경쟁자와 효과적으로 경쟁할 수 있는 능력을 배양하려는 전략으로 자국시장을 발판으로 한 국제적인 경쟁력이 갖추어지며 해외로 진출하게 된다. 이러한 군수품전략(munitions factory)이 사용되기 위해 필요한 전략으로는,

① 제품/시장요인의 분석효과, 집중화가 다각화보다 유리

② 자국시장이 경험곡선효과에 의한 대량생산의 이점을 수용할 수 있을 만큼 충분한 규모와 발전단계에 있어야 하고,

③ 자국시장 내부의 경쟁이 외부보다 덜 치열해야 하는데, 이 조건은 보통

시장이 급격히 팽창하거나 경쟁자들이 비교적 약하고 시장점유율 증대에 대한 법적 · 행정적 제약이 없을 때 만족된다.

이런 전략이 상용되는 예로는 군용 항공기산업이나 국가의 기간산업 등을 들 수 있다. 군용 항공기산업의 경우 다른 산업에 비해 초기의 경험곡선효과와 매출액 규모가 크고 제품적응의 필요성이 높으며, 치열한 경쟁으로 인해 높은 수준의 마케팅노력이 필요하기 때문에 집중화전략이 유리하다. 또한 안보상의 이유로 자국의 제조업자를 선호하며, 개발도상국이나 선진국의 경우에 충분한 공군력을 보유하려고 하므로 어느 정도 독점적 지위를 누리면서 경쟁력을 키워 나갈 수 있다.

(2) 성벽도시전략

성벽도시(walled city)전략은 가장 덜 공격적이고 미래의 확장잠재력이 가장 낮은 전략이라고 볼 수 있다. 다음과 같은 조건하에서 행해지는 전략이다.

① 국제적인 경쟁사에 비해 사용가능한 자원이 적다.

② 경쟁자에 비해 확고한 경쟁적 우위를 갖고 있지 못하다.

③ 무역상의 제한(관세 및 정부규제 등)이 자국시장에 존재하거나 대체적인 조건으로 자국시장의 규모가 작아서 외부의 경쟁자에게 매력이 적은 경우를 들 수 있다.

개발도상국의 경우 많은 나라들이 자국의 유치산업을 보호하기 위해 많은 지원을 제공하는 한편 외국기업의 진입을 제한하는 조치를 취하고 있다. 따라서 이러한 여러 가지 보호 속에서 집중화를 통해 자국의 유치산업을 지키려는 전략이다.

(3) 전진기지전략

'군수품공장' 전략보다 다소 더 공격적이고 위험한 전략이다. 전진기지(advanced base)전략을 사용하는 기업은 중립시장에서의 점진적 성장을 더 큰 공격적 계획의 한 단계로 보고 중립시장에서 점진적 우위를 얻기 위해 집중적인 노력을 기울인다. 이 전략을 효과적으로 사용하기 위한 조건은 다음과 같다.

① 제품/시장 요인의 분석 결과, 다각화보다 집중화가 유리

② 독특한 제품이나 원가상의 우위를 향유하지는 못하지만(이런 우위를 가질 경우에는 다각화전략이 더 선호될 것이다), 공격적 목적을 가질 만한 경쟁력을 가지

고 있다.

③ 자국시장에서의 급속한 성장가능성이 제한되어 있어서, 저위험전략을 사용할 수 없다. 이와 같은 경우는 국내시장이 충분히 크지 않거나 국내시장의 경쟁이 치열하여 이미 저성장시장에서 높은 점유율을 가지고 있어서 국내에서의 성장이 한계에 도달했을 때 발생한다.[4]

(4) 주변방어전략

방어적 목적에서 몇 개의 중립시장으로 집중적인 확장을 하는 전략으로 어느 정도의 공격적인 요소를 내포하고 있다. 주변방어(perimeter defanse)전략에 적용되는 조건은 다른 경쟁자가 강력하다는 것을 기업이 인정하고 있다는 사실을 제외하고는 전진기지전략과 비슷하다. 전진기지전략에서와는 달리 기업이 진출하는 시장은 자국시장과 유사한 성격을 가지고 있어야 한다. 즉, 제품 및 커뮤니케이션 적응화의 필요성이 적거나 없고, 높은 전시효과가 있어야 하며, 매력적인 투자기회가 명확하게 존재해야 한다.

이 전략의 주요한 목적은 시장 내·외부의 경쟁자로부터 자국시장에서의 기업의 위치를 방어하는 데 있다. 앞에서도 살펴본 바와 같이 선진국의 보호무역정책은 수입규제와 더불어 수출국에 대한 시장개방 압력으로 나타나고 있다. 따라서 종전과 같은 국내에서의 안주는 허용되지 않으며 외부시장의 경쟁자들과 싸우지 않으면 안 되게 되었다.

(5) 정면침투전략

정면침투(frontal penetration)전략은 경쟁자가 유리한 위치를 차지하고 있는 시장에 공격적으로 침투해 들어가는 전략이다. 이 전략을 사용하기 위해서는 ① 경쟁자보다 강력한 힘을 가지고 있거나, ② 어느 정도의 경쟁력을 바탕으로 경쟁자시장의 취약한 부분에 침투하여 자사의 위치를 구축할 수 있어야 한다. 대부분의 국가는 외국기업의 자국시장 진입을 방해하려고 하므로 정면침투전략이 성공하려면 우선 경쟁자시장의 취약한 부분으로 침투하여 이를 발판으로 확장해 나아가는 것이 필요하다.

---

4) James K. Sweeney, “A small company enters the European market,” *Harvard Business Review*(September/October 1970), pp. 126~132.

(6) 협공전략

전진기지전략이 대상시장을 하나씩 집중적으로 공략하는 데 비해 협공전략(princer movement)은 여러 개의 중립시장으로 급속히 팽창해 나아가는 것으로 진출목적과 내용상 많은 유사점을 갖는다. 이 전략이 성공할 수 있는 조건으로는 ① 제품/시장 요건의 분석결과 다각화가 집중화보다 유리해야 한다. 특히 초기에 적은 양의 마케팅 노력으로 높은 성과를 얻을 수 있어야 하며 현지 적응화의 필요성이 적어야 한다. ② 광범위한 지역으로 진출하는 데 필요한 상당한 양의 자원을 기업이 가지고 있어야 한다.

전진기지전략과 마찬가지로 자국시장의 규모가 너무 작거나 경쟁이 치열해서 자국시장을 바탕으로 한 공격적 확장(munitations factory 전략)이 불가능한 경우에 협공전략이 선호된다.

(7) 후방행위전략

후방행위(rear-guard action)전략은 경쟁자의 협공시장을 방해하기 위한 목적으로 중립시장으로 확장해 나아가는 전략이다. 자국시장에 침투해 들어오는 경쟁자의 강한 도전에 직면하게 될 것이므로 이를 사전에 방지하기 위해 중립시장으로 진출하는 것이다.

이 전략이 타당한 경우는 ① 제품/시장 요인의 분석결과 다각화가 유리하거나 최소한 집중화가 압도적으로 우세하지는 않아야 한다. 이처럼 조건을 완화하는 것은 이 전략이 방어적인 것이므로 기업입장에서는 반드시 다각화로부터 직접적인 이익을 기대하지는 않으며 경쟁자의 움직임을 방해하기 위한 대가를 지불할 준비가 되어 있기 때문이다. ② 다각화를 할 경우 자원소비량이 크므로 기업은 상당한 능력을 가지고 있어야 하며 강력한 경쟁자의 도전에 직면하고 있어야 한다.

이 전략을 사용할 경우에 주요한 경쟁장소는 중립시장이나 자국시장이 되며, 경쟁방법은 수출, 라이센싱, 직접투자 등 여러 형태를 갖는다.

(8) 게릴라전략

게릴라전(guerrilla warfare)은 경쟁자로부터 자신의 위치를 지키려는 목적에서 중립시장은 물론 경쟁자시장으로도 침투해 들어가는 전략으로 후방행위전략과 유사한 목적이나 내용을 갖는다.

기업의 주요한 목적은 자국시장이나 중립시장에서의 자신의 위치를 지키는데 있으므로 경쟁자시장으로의 침투는 상대방의 힘을 부분적으로 약화시키려는 것이며 주요한 경쟁지역은 중립시장이나 자국시장이 될 것이다.

게릴라전략이 성공하기 위해서는 자사의 경쟁력을 이용할 수 있거나, 최소의 노력으로 최대의 성과를 얻을 수 있는 상대방의 취약부분을 공략하는 것이 중요하다.

게릴라전략은 상대방이 유리한 지역으로 침투해 들어가는 위험을 무릅쓰는 것이므로 후방행위보다는 더 많은 자원과 경쟁력을 필요로 하는 전략이다.

여기서 설명한 국제시장 진출전략이 선택된 후에 그 전략에 따라 특정 시장으로 진입해 들어가는 방법에는 여러 가지가 있다. 즉 진입방법으로 수출을 택할 수도 있고 현지생산을 비롯한 다른 방법을 택할 수도 있다.

제 6 절 해외진입방식

'해외진입방식'은 기업의 제품, 기술, 경영관리 및 그 밖의 제 자원을 해외시장에 개입케 하는 하나의 제도적 장치이다. 진입방식은 크게 수출방식, 계약방식, 투자방식으로 나누어지며, 이들을 보다 세부적으로 살펴보면 〈표 12-2〉와 같다.

수출방식은 제품을 현지국이 아닌 본국에서 제조한다는 관점에서 볼 때 계약방식이나 투자방식과는 구별된다.

계약진입방식은 기업이 소유하고 있는 기술이나 지식을 외국의 기업에게 이전시키는 대가로 일정의 수수료를 보장받는 장기적 계약체결을 통하여 해외시장에 진출하는 형태이다. 계약진입방식은 제품이 아닌 기술이나 지식의 이전 수단이라는 점에서 투자진입방식과는 구별된다.

한편 투자진입방식은 기업이 현지국에서 제조공장 및 여타 생산시설의 확충을 위해 자본을 투자하는 형태를 일컫는다. 생산적 측면에서 볼 때, 현지국에서의 생산은 모든 부품을 본국으로부터 수입하여 현지국에서 단순히 조립 및 가공

표 12-2

해외진입방식

수출방식	간접수출(indirect exporting) 직접수출(direct exporting) 대리인/도매유통업자(foreign agent/distributor) 판매지사/법인(foreign branch/subsidiary) 기 타
계약방식	라이센싱(licensing) 프랜차이징(franchising) 기술제휴(technical agreements) 서비스계약(service contracts) 경영관리계약(management contract) 건설/턴키계약(construction/turnkey contracts) 제조계약(contract manufacture) 공동생산협약(co-production agreements) 기 타
투자방식	단독투자(sole venture) 신설(new establishment) 인수(acquisition) 합작투자(joint venture) 신설(new establishment) 인수(acquisition) 기 타

자료: Root, *Entry strategies for international markets*(1987), p. 21.

만 하는 형태로부터 완전히 현지국의 생산요소를 사용하여 제품을 생산하는 형태까지 이른다. 소유 및 경영관리 통제의 측면에서 볼 때, 현지 자회사는 단독소유 자회사와 외부기업의 공동투자에 의한 합작기업의 형태로 구분된다. 또한 이들 단독 자회사와 합작기업은 신설하거나 또는 현지의 기존기업을 인수·합병하게 된다.[5]

5) 김기순, "해외시장진입 순서결정에 관한 연구"(연세대학교 대학원, 2000), pp. 9~20.

제 7 절 한국 기업의 해외진출시의 제문제

본절에서는 우리나라 기업의 해외진출에 있어서 어떠한 문제가 있는가를 검토하고자 한다. 문제점의 대부분은 진출기업이 자체적으로 대응방법을 강구하고 있다. 그러나 그 중에는 특히 해외진출기업이 의식하지 않는 것도 있고 개별기업의 기업활동 수준으로서는 대처하기 곤란한 것도 있다. 이런 문제에 대한 대책강구에는 정부와 관계단체의 역할이 중요하다.

여기서는 문제의 원인을 열거하는 것으로 그친다. 물론 이것으로 문제가 모두 망라되는 것은 아니다.

1. 내셔널리즘의 강화

민족화(현지화) 정책의 강화는 개도국에 대한 직접투자의 경우에 관찰되는 환경변화의 특징이다. 우리나라의 해외진출 대상국에는 개발도상국이 많다. 개발도상국의 대외투자정책은 경제개발 초기에는 적극유치형이다. 그 배경이 되는 요인은 자본의 부족, 기술의 낙후, 고용기회 확대의 필요들이며 구조적인 국제수지의 역조가 외자유치의 이유가 되는 수가 많다. 어쨌든 개발도상국은 외국기업의 자국으로의 직접투자를 환영하는 시기가 있다.

약소한 민족기업에 비해 외자계 기업은 경쟁력이 강하다. 개발도상국이 자국시장을 외자에 개방하면 단시간 내에 상당수의 기업이 진출해 온다. 이 때의 개발도상국의 경제정책은 무역에 대해서는 보호주의형, 외자에 대해서는 규제형이 된다.

그리고 국내에서의 과당경쟁을 회피하기 위하여 외자정책은 규제적이고 선별적이 된다. 동 업종에 신규참여를 될 수 있는 대로 억제하고, 또 필요로 하는 부문에 대해서는 이 단계에서 민족화나 현지화 정책이 출현하게 된다. 이것은 처음 외국자본에 의해 외국의 기술과 경험을 이용하여 외국인의 손으로 시작한 국내산업을 점차 민족의 것으로 하고자 하는 정책이다.

기업이 차입금 중심으로 사업을 시작하면 처음에는 자산에 대한 부채비율이 높아 경영은 불안정하고 제3자의 간섭이 강해진다. 기업은 매년 이익을 재투자하든지 증자로 차입금을 반제하든지 함으로써 부채비율을 낮게 하여 점차 자신을 자기 것으로 해나갈 수 있다. 개발도상국의 민족화 정책은 타인에게서 차입(자본, 기술)하여 시작한 것을 자기 것으로 만든다는 점에서 콘솔리데이션 과정이다. 개발도상국의 민족화 내지 현지화 정책은 보통 다섯 가지로 구체화된다.

① 자본의 현지화

② 경영의 현지화

③ 현지 생산비율의 향상

④ 이용 · 서비스의 현지화

⑤ 기술의 현지화

이것이 각양각색으로 뒤섞여서 국가마다 여러 가지 민족화 정책의 총체를 형성하고 있다. 당해 기업에 진출하고 있는 외국계 기업에 대한 민족화 정책의 강화는 중대한 경영환경의 충돌요인이 된다. 그것은 사업 존립의 기반마저 위태롭게 하기 때문이다. 다음은 앞의 다섯 가지 현지화 내용에 대하여 간단히 그 실제를 서술해 보고자 한다.

(1) 자본현지화 정책

자유주의 진영에 속하는 국가에서는 기업의 지배권이 자본의 소유에서 파생된다. 자본을 소유하지 않으면 기업의 경영권을 소유할 수가 없고 영향을 미치기도 어렵다. 개발도상국 정책이 외자계기업의 자본을 현지화하고자 하는 것은 당연하다. i) 합병의 강제, ii) 매조리티(다수주)정책, iii) 페이드 아웃정책이라는 형태를 취한다. 따라서 외국자본이 자국에 법인을 설립하여 사업을 경영하고자 할 때 자본의 전액을 외국인이 출자하는 것을 인정치 않고 있는 나라가 늘어나고 있다.

1) 합병의 강제 외국인의 100% 출자에 의한 기업설립을 인정했던 나라도 현재는 극히 한정된 부분에만 이것을 인정하고 있다. 이것이 인정되는 것은 리스크가 아주 높은 부문이거나 수입국이 갈망하는 부문으로의 투자이거나 다른 전략적 배려가 있는 경우 정도이다.

2) 매조리티정책 외국투자기업에 대해서는 진출측의 출자비율을 50% 미만으로 그치기로 한다는 것이 현지국의 매조리티정책이다. 최근에는 진출 초기부터 이 조건이 부여되어 있는 경우가 많다. 이것은 합작강제정책의 연장으로 대등합작기업의 형태도 있다. 보통 이와 같은 경우를 파트너 관계라고 부르고 있는데, 이는 타협의 산물적인 성격이 강하며 실제 경영에 대해서도 대등한 권한을

행사한다. 대다수의 개발도상국에서 비교적 역사가 깊은 외국계 기업은 진출기업측에 매조리티가 있는 경우가 많다. 그것은 이들 기업은 당해 국가의 외자정책이 무조건 외자유치에 광분하고 있을 때 진출하고 있기 때문이다.

3) 페이드 아웃정책 수입국 정책의 관심은 당연히 기존의 외자계 기업에서 외국인 출자비율의 인하에로 쏠린다. 여기서 나타나는 것이 소위 페이드 아웃정책(fade-out policy)이다. 페이드 아웃정책은 자국에 있는 외자계 기업의 외국인 지분을 단계적으로 감소시키는 것이다.

페이드 아웃이라고 하면 외국자본의 완전구축을 상상하는 사람도 있을 것이나 실제로는 민족자본에 의한 매조리티(다수)의 획득인 경우가 많다. 따라서 외자의 출자비율은 49% 이하가 된다.

수입국의 페이드 아웃정책은 여러 가지 측면에서 실행된다. 처음의 진출허가 조건 안에 구체적인 페이드 아웃의 스케줄이 삽입되어 있는 경우도 있다. 비교적 오래된 기업의 경우에는 설비의 증설과 증자의 허가조건으로서 제시되는 것이 보통이다.

현재와 같이 수입국에서의 여러 가지 마찰이 문제가 되면 진출측의 투자정책에도 이 페이드 아웃정책이 채택될 수가 있다. 이 경우에는 투하자본의 원본과 그것에 대한 정당한 이윤의 확실한 회수가 전제가 된다. 따라서 이익의 재투자와 추가투자는 경원시되어 진실로 수입국을 위한 것인가 그렇지 않은가가 의문인 경우도 있다.

⑵ 중간관리자

현지화 요청의 두 번째 주관점은 '경영의 현지화'와 '인간적 현지화'이다. 국가와 민족을 불문하고 어디서나 본능적인 배외감정은 존재한다. 따라서 자국내의 외자계 기업의 종업원, 특히 경영자와 관리직을 자국인화하고자 하는 희망이 일반적으로 강하다. 교육수준이 높은 개발도상국에서 특히 이 경향이 강하다.

구체적인 방법으로는 i) 외국인 종업원에 대한 장기주재사증 발급의 제한, ii) 외국인 종업원에 대한 노동허가증의 발급 제한, iii) 외국인 종업원의 총한도를 기업마다 정하는 제도(쿼터제), iv) 추가투자의 허가조건으로서의 인적 현지화의 강화, v) 인적 현지화 계획의 제출 요구, vi) 관계 관공서의 담당관 수준에서의 각종 행정지도 등이 있다. 현장 작업원과 계장 및 주임 등의 하부 관리자에 대해서는 원래 현지화가 이루어져 있으므로 대상은 주로 부과장, 중간관리자 등이 된다.

톱매니지먼트에 대해서는 이것이 출자자의 대표일 경우도 있으므로 직접적인 규제는 비교적 적다. 그러나 자본의 현지화 정책에 따라 진출측의 출자비율이 내리면 그것과 비슷한 수의 진출측 인력을 감소시켜야 된다.

(3) 국산화율의 인상

개도국에 진출하는 경우 처음에는 기계와 설비뿐만 아니라 원자재도 수입품을 사용하게 된다. 수입국으로서는 가능한 한 이것을 현지국에서 조달해 주기를 바란다. 그러나 현지제품의 원자재와 부품은 가격과 품질, 납기 등에 문제가 많다. 그냥 내버려 두면 외자계 기업은 아무래도 국산품을 사용하지 않게 된다. 따라서 수입국 정부는 국산품의 사용을 의무화시키게 된다. 소위 '국산화율의 제고' 이다.

이와 같은 정책은 외자기업측으로서는 시행 가능한 한계선을 넘는 무리한 선이 정해져 있다. 따라서 외자계 기업은 관련사업의 육성에도 노력하지 않으면 안 된다. 수입국의 입장에서 본다면 일석이조의 효과가 있는 반면에, 진출기업에게는 아주 골치아픈 문제이다. 인센티브로는 생산화율의 인상정책은 보통 어떤 인센티브와 연결되어 있다. 인센티브로는 생산쿼터(생산허가량)의 증대와 물품세의 경감 등이 있다.

(4) 서비스의 현지화

지금까지 금(金)·인(人)·물(物)의 현지화에 대해 논했다. 그러나 개발도상국의 끊임없는 민족화 요청은 이것으로 그치지 않는다. 외자계 기업이 이용하는 통신·금융·보험·광고·선전·운수 등의 서비스에 대해서도 될 수 있는 대로 자국 것을 사용하도록 지도하고 권장한다. 물론 이것은 국제수지의 역조 등으로 인하여 공업선진국도 채택할 수 있다. 종전에 미국에서 '바이 아메리칸', '프라이 아메리칸' 이라는 슬로건하에 국산품의 애용과 서비스의 이용이 장려된 적이 있었다. 현지은행들은 자금량이 작아서 외자계 기업의 서비스까지 돌볼 수가 없는 경우가 많다. 기껏해야 제품의 수출에 대하여 자국선박의 이용을 지도하는 정도이다.

(5) 기술의 현지화

금(金)·인(人)·물(物)·서비스로 진행되어 온 민족화 정책은 다음에 기술과 노하우의 현지화를 목표로 하게 된다. 여기서 말하는 기술과 노하우는 단순한 공학적인 것을 가리키는 것이 아니라 광범한 의미로 경영기술과 경영노하우도 포함하고 있다.

구체적인 방법으로서는 외자계 기업이 그 모회사에 대하여 기술과 로열티를 지불하는 것을 규제하든가, 외자계 기업 내부에 있어서의 기술교육과 훈련의 강화를 요구한다. 인적 현지화 정책도 보는 관점에 따라서는 기술의 현지화를 목표로 하고 있다.

(6) 민족화 정책

이상 5개의 현지화 정책 이외에도 민족화 정책은 진행되고 있다. 플랜트의 민족화 움직임이 그것으로서 외자계 기업이 본사의 플랜트와는 별도로 현지플랜트를 설치하도록 장려하고 있는 곳도 있다.

언어의 현지화도 하나의 움직임이다. 태국 등에서는 간판에 외국문자를 사용하면 세금이 비싸다. 간판에 대한 세금을 보면 태국 문자만의 간판은 훨씬 낮은 세금이 부과된다.

또한 자본 현지화의 한 형태라고도 생각되는 이익의 현지화도 정책화되고 있다. 외자기업이 이익을 올릴 경우 그것이 될 수 있는 대로 그 땅에 환원되도록 여러 가지 방법이 강구되고 있다. 고율의 배당송금세와 이익의 재투자에 대한 각종 은전 등이 그것이다. 특히 송금금지적인 배당송금세는 진출기업에게는 두통거리이다. 될 수 있는 대로 부가가치를 그 땅에 남도록 하는 배려도 있다. 전술한 국산화율의 인상에도 부가가치의 현지화의 목적이 있다. 자동차의 녹다운 제조에서 카브레타 등의 장치까지 분해하지 않으면 반입할 수 없다는 극단적인 경우도 있다.

2. 집중적 진출

우리나라 기업의 해외진출의 현상에서 문제의 하나로서 곧잘 과잉노출이 지적된다. 보통 실제로 무엇이 어떻게 눈에 띄는가에 대해서는 별로 분석이 되어 있지 않다. 한국제품의 간판이 너무 많다든가, 진출기업의 수가 많다든가, 그렇지 않으면 파견자의 수가 많다는 것 등이다.

과잉노출 상태가 생기는 것은 몇 개 국면에서 집중화가 관찰되는 때이다. 이것이 수입국과 우리나라와의 국제수지관계가 현저히 입초일 경우 과잉노출의 감은 증폭된다.

현재 우리나라의 국외진출의 집중화를 나타내고 있는 국면에 대하여 고찰해 보자. 우리나라 기업의 해외활동은 지역적으로 보아 미국 집중화 현상을 나타내고 있다. 예를 들면 상사의 지점소재지를 보면 미국에서는 뉴욕, 유럽에서는 런던, 건설업은 제다 등이다.

독일 등은 정치와 경제 내지 문화에 대해서도 분산화 경향이 강한 나라이다. 산업에도 그 중심지는 업종에 따라 다르다. 가령, 철강 · 기계는 루루지방에 널리 분포되어 있다. 뒤셀도르프는 루루지방의 주요 도시이기는 하나 주청소재지는 아니며 비즈니스는 게룬이나 듀이스블크에서도 할 수 있다. 금융과 화학관계라면 뒤셀도르프보다 프랑크프루트쪽이 더 적합하다. 우리나라의 상사가 한 곳에 집중하지 않으면 안 되는 이유는 없다. 물론 편리한 점도 있다. 자녀의 교육을 위하여 한국인 학교를 설치하는 경우 등을 위하여 한국인이 한 곳에 많이 거주하고 있는 경우가 많다. 한국 음식점도 한국인이 많으면 개점되고 한국인끼리의 교제의 범위도 높아질 수 있다.

그러나 기업의 해외진출이 우리의 장래에 바람직한 형태가 되기 위해서는 우리들은 적절한 진출을 하지 않으면 안 된다. 너무 눈에 띄면 좋지 않다는 점을 유의해야 할 것이다.

(1) 일시적인 진출

우리나라 기업의 해외진출은 투자잔고와 기업의 수로 보아 그다지 많다고는 생각되지 않는다. 그러나 상대적으로 작은 규모, 작은 수라도 과잉노출이 생긴다. 그 이유의 하나가 진출시기의 집중이다. 가령, 작은 규모, 그다지 많지 않은 건수라도 단기간에 한 나라에 기업진출이 집중되면 수입국 사회는 심리적으로 과잉진출이라고 생각하게 된다.

(2) 업종의 집중은 과당경쟁의 원인

지역적 집중이 중복되어 아주 증폭된 한국경제의 해외에서의 과잉 집중화 현상은 부분적으로는 업종집중으로서 한층 눈에 띄게 된다. 같은 업종의 기업이 같은 지역에 연이어 진출하는 것은 시기의 집중이 없어도 과잉집중 반응을 일으킨다. 여기서 주의하지 않으면 안 되는 것은 절대수의 문제이다.

동업 10개사가 진출하면 업종집중이 되며, 2개사 정도면 그렇지 않다. 업종과 제품시장의 크기에 따라 판단이 달라진다. 또 현지의 동업타사의 규모와 기업의 수, 능력 여하 등에도 영향을 받는다. 동업 10개사가 서로 전후하여 진출하여도 그다지 눈에 띄지 않는 경우가 있는가 하면 1개사의 진출이라도 과잉이라고 보는 수도 있다.

특히 중진국, 개발도상국에서는 과당경쟁에 의한 경제의 불안정화를 싫어하는 경향이 있다. 기업의 진출로 인해 적절한 경쟁상태가 되어 상대국의 소비자에게 유리하다고 생각되어도 수입국의 실정에 따라 사례마다 상대적으로 판단해 나가는 것이 요구된다.

(3) 해외진출기지의 집중적 현상

동기의 집중화라는 것이 있다. 어느 국가의 어느 시기에 한국 기업의 진출이 조사되었는데 그 대다수가 같은 동기와 목적을 가지고 있었다. 이것도 과잉 집중의 원인이 된다. 개인기업에게는 필요에 따라 진출하고 있을지라도 수입국의 사회에서 보면, 진출해 오는 기업이 모두 같은 기업이라면 오해가 생긴다. 그러나 이것은 개별기업의 정책수준에서는 개선하기가 어렵다.

3. 미성숙 사회의 농락

후진국은 경제와 사회의 법률과 제도에 미비점을 가지고 있다. 그렇지 않으면 법률보다도 관습으로서 모든 것이 처리되는 수가 있다. 우리나라와 같이 비교적 법률과 제도가 정비된 나라에서 진출해 나가게 되면 수입국의 이와 같은 결함이 눈에 잘 뜨인다. 실제로는 관습이 지배하고 있더라도 신참자에게는 이것이 보이지 않고 단지 법률과 제도상의 불비로서만 눈에 비치게 된다. 이와 같은 경우에 잘못하면 한국 기업의 지나친 행위가 나타나서 미성숙 사회를 희롱하는 행위로 오해받아 비난을 받게 된다.

(1) 상대국의 신경을 역겹게 하는 투기

어느 정도의 투기행위는 구미와 미국 등 선진공업국에서는 정당한 경제행위가 되고 있으나 후진국의 위험한 경제사회에서의 투기는 환영을 받지 못한다. 후진국에서는 투기가 사회악이라고 인식하고 있다.

(2) 뇌물은 금기

경제의 후진성과 회뢰는 언제나 연결되어 있다. 이러한 경우 진출기업도 그 경영을 원활히 운영하기 위해서는 다소 수입국의 관습에 따라 행동할 필요가 있다. 우리나라 진출기업의 경우에는 이 점에 대해서 유의할 필요가 있다.

(3) 빈축을 사는 제도의 활용

수입국의 제도를 활용하여 개별기업에 이익을 도모하는 행위도 유치사회에 대해서는 희롱이 된다. 우리나라의 진출기업이 이와 같은 행위를 하고 있다고 주장하는 것은 아니나 현실적으로는 일부 이러한 행위가 보인다. 진출기업은 악의가 없는 생각일지 모르나 지양해야 하는 것이 바람직하다.

(4) 트랜스퍼 프라이싱

다국적화한 기업은 많은 국가에 계열회사를 가진다. 본사와 이들 계열회사 및 계열회사간의 거래는 크다. 이와 같은 경우 어느 계열회사에서 본사와 타 계열회사에 대한 자본가치의 이전은 가격조작을 할 수가 있다.

가공의 예를 들어 설명해 보자. ○○주식회사는 제품의 일부와 부품을 임금이 싼 A국에 자회사를 설립하여 생산하고 있다. 필요한 원자재는 모두 본국의 본사에서 수입하고 생산제품은 모두 본사가 수입하고 있다. A국의 외국환관리는 엄하며 이익송금 규제가 있고 배당송금세는 고율이다. ○○사로서는 본사의 이익을 집중시키려고 하나 A국의 규제가 장애가 되고 있다. 그래서 다음과 같은 수법을 강구하고 있다. 공급받는 원자재에 조금 높은 가격을 붙여 A국에 있는 자회사로 수출하며 자회사로부터는 대금이 지불되어진다. 다음에 자회사의 제품을 국제가격보다 다소 낮은 가격을 붙여 모국으로 수입한다. 이 결과 A국에 있는 자회사의 수지결산은 적자를 보이게 된다. 그리고 원래 자회사의 이익으로 계산되어 A국에서 기업소득세를 지불하고 과실송금세도 지불하고 난 다음 본사로 환류해 와야 하는 것이 정상이나, 이러한 지불이 일체 없이 자동적으로 본사의 이익으로 계산된다. 이것은 본사의 입장으로서는 아주 이익이 된다. 이상과 같은 조작을 트랜스퍼 프라이싱, 즉 자동송금적인 의미를 가진 가격책정이라고 한다. 이 트랜스퍼 프라이싱은 기업경영의 입장에서는 아주 편리한 수법이다. 그러나 이것이 국경을 넘어 행해진 경우에는 국제적 마찰이 일어난다.

4. 수입국 경제정책과의 부조화

우리나라 기업의 진출이 수입국 정부의 경제정책과 조화되지 않는 경우에도 마찰과 긴장이 발생된다. 수입국이 희망하지 않는 업종과 규모, 지역에의 진출이 특히 문제가 된다. 수입국측이 필요로 하는 것과 필요치 않는 것과의 차이는 유동적이다. 최근까지 진출이 유망하던 업종이라도 진출기업 수와 총규모가 넘치면 불필요한 업종이 되고 만다.

처음에는 정책상 노동집약적인 부문에 진출요청이 쇄도하나 나중에는 기술집약적 부문에 역점이 주어지는 것이 최근의 경향이다. 진출지역에 대해서도 요청은 변한다. 처음에는 대도시 주변이 공업화를 위해 진출요청이 많으나 점차 개발지역의 중심이 이동되며 지방의 중점개발지역으로의 진출요청이 높아지게 된다. 그 시점에서는 될 수 있는 대로 수입국의 필요에 순응하는 것이 마찰을 야기시키지 않는 진출에 매우 중요하다.

5. 현지 융화노력의 결여

이것은 우리나라 기업의 진출과 함께 주목되고 있다. 기업행동이라기보다는 한국인 개인행동의 문제이지만 마찰과 긴장이 간접적 원인을 이룬다는 점에서 중요하다. 또한 우리나라 기업 자체에도 일부 책임이 있다. 해외에서는 한국인이 폐쇄사회를 형성하기 쉽다고 한다.

이것은 해외이민과 파견자 사회가 모두 같다. 한인회가 친목을 도모하고 여러 문제에 협력하고 경험을 교환하는 자체에는 문제가 없다. 현지융화와 동화노력이 명확히 표시되어 있다면 어느 사회일지라도 한국인 소집단의 행동은 그다지 눈에 띄지 않는다.

문제는 효과적인 융화노력이다. 그러나 많은 한국 기업과 한국인은 이 문제를 오인하고 있는 경우가 많다. 진실된 융화노력은 상대를 이해하고 사랑하려는 노력이다. 인간 · 사회 · 역사 · 예술 · 문화 · 전통 · 언어 · 풍속 · 식사 · 기후 · 습관 · 유행 등을 이해하고 사랑하는 노력을 기울여야 할 필요가 있다. 이것들을 적극적으로 이해해 나가는 자세를 스스로의 행동에서 명시하는 것이 융화노력이다.

우리나라의 대기업 중 해외파견자의 예비교육에 대해서 선진국의 역사와 예술 · 사회에 대하여 충분한 교육을 시키는 기업은 아주 적다. 언어에 대해서도 같다. 해외에 파견하는 것이므로 영어만 하면 된다고 생각하고 있는 기업이 많다. 파견국이 인도네시아나 사우디아라비아라도 회사로서는 어떻게 되어도 좋은 모양이다. 영어만 해 두면 비즈니스를 할 수 있다고 생각하고 있는 것이다.

(1) 문화와 예술의 무관심

외국에는 문화와 예술을 연구하는 사람 또는 이에 대한 취미를 갖고 있는 사람이 많다. 물론 단순한 수집이 목적인 경우도 있으나 대부분은 진지한 주체적 노력이다. 해외에서 한국인에게 이러한 점을 물으면 주재국의 문화와 예술에는 그것을 연구하는 만큼의 질과 깊이가 없다라고 단언하는 사람이 의외로 많다. 이것은 어떻게 보면 오만이라고도 할 수 있다.

미국계 다국적기업의 경우에는 파견자 부인의 자질과 교육에까지 신경을 쓴다고 한다. 현지융화에 대한 역할은 크다. 주간에는 직장에 구속되는 남편과는 달리 부인들은 여러 가지 장소에 얼굴을 내밀 수가 있다. 또 이웃과의 교제와 사용인과의 인간적인 융합을 하면서 상대를 이해하고, 또 자기를 알릴 수 있는 기회도 있다.

(2) 취미 · 오락까지 폐쇄적

생활형태와 복장 등도 현지동화에 있어서 중요하다. 해외에서의 한국인의 악평의 하나로 복장과 스타일이 촌스럽다는 것이다.

(3) 현지사회에 주는 위화감

의복의 착용 · 습관 등에도 상대에게 위화감을 주는 수가 있다. 기독교 국가에서는 일요일은 안식일이며 교인들은 교회에 간다.

6. 인사 · 노무관리상의 문제점

해외진출기업의 경영에 대하여 항상 문제가 되고 있는 것은 인사 · 노무관리의 문제이다. 가장 큰 문제는 수입국의 민족화 정책의 강화에 따라 경영의 현지화가 요청되는 경우이다.

(1) 인재확보

우리나라 기업의 진출이 많은 개발도상국은 소위 고학력사회에는 도달하고 있지 않다. 이것은 동남아시아에 한하지 않고 중남미와 아프리카 제국에 대해서도 마찬가지이다. 따라서 고등교육과 전문교육을 받은 자의 비율은 적다. 이에 덧붙여 공업화의 역사가 짧은 것은 경험이 풍부한 관리자층과 기술자층이 없다는 이야기가 된다.

이러한 상황하에서 유능한 인재의 확보는 곤란하며, 어느 진출기업도 많은 불편을 겪게 된다. 진출현지에서의 조사에 있어서도 중견관리자층과 기술자의 확보가 당면과제라는 소리를 많이 듣는다. 개발도상국에서는 동기부여요인의 평가가 실질적이 아닌 명목적으로 행해지는 수도 있다. 현지 종업원은 근소한 임금 차이지만 실질적으로는 좋지 못한 타 기업으로 전직해 버리는 수도 있다.

(2) 교육과 훈련

재외기업의 인사 · 노무관리에서는 현지인 종업원의 교육과 훈련도 중요한 문제이다. 관리직 요원과 중견기술자는 대학교육을 받은 자를 채용하는 것이 보통이지만 개발도상국에는 자기들의 주위에 고도의 기업관리와 선진기술을 사용한 공장 등의 예가 적기 때문에 지식이 없는 미경험자뿐이며 그들의 일반적인 자연과학 지식의 수준도 별로 높이 평가할 수 없다. 최근에는 각국이 모두 의무교육을 철저하게 하기 때문에 별로 극단적인 예는 없으나 진출 초기에는 놀랄 만한 이야기도 있다. 그렇지만 종업원의 교육을 하지 않으면 안 된다. 그러나 이렇게 교육을 시키거나 국내에 파견하는 교육을 시켜도 곧 이를 밑천삼아 다른 곳으로 전직해 버리는 것이 문제점으로 제기된다.

(3) 인간적 접촉

인간확보와 동기부여, 현지 종업원의 교육과 훈련은 중요하지만, 파견관계자와의 관계는 주로 관리자층, 중견기술자, 운전수 등과 이루어진다. 원활한 사업운영에는 이들과의 양호한 인간관계가 필요한데, 한국계 기업의 경우 아직 패턴이 확립되어 있지 않아 문제를 가지고 있는 경우도 있다.

구미계 기업과 같이 파견자가 적으면 인간관계의 복잡함을 피할 수 있으나 한국계 기업은 일반적으로 파견자가 많으므로 아무래도 개개의 인간관계에는 기복이 생기기 쉽다. 현지인 종업원도 이것을 비교하므로 좋지 않은 인간관계가 증폭되어 불만과 억압의 대상이 되어 버린다. 또 우리 한국인에게는 외국인과 접하는 경험이 부족하여 이 면의 기술도 부족하다.

구미계 기업은 인재를 타사에서 스카우트한다. 정착성 문제도 관리자층과 기술자층만이 해당되는 것이 아니라, 현장의 작업실시층에서도 보인다. 불완전한 고용상태에 있는 나라들이므로 생각도 안이하게 한다. 인원 수를 확보할 수 있는 것은 당장 써먹지 못할 전혀 미숙련 노동자들뿐이다. 따라서 서툰 자를 고용하여 교육에 시간과 비용을 들여 겨우 이용할 수 있다고 생각되면 다른 곳으로 전직해 버리는 악순환도 있다.

종업원 관계는 일체 파트너에게 맡기고 한국측은 기술과 재무만을 담당하는 경우도 있다. 이렇게 하면 일상의 노무관리에서는 해방된다. 그러나 이런 경우 성공하는 업종은 아주 단순한 공정에서 이루어지는 업종으로 한정되어 있다. 이럴 경우 일반적으로 작업능률의 향상과 품질관리에 문제가 생긴다고 보아도 틀림이 없다.

(4) 종업원의 동기부여

현지인 종업원의 확보와 관련하여 그들을 어떻게 그 직무와 작업에 보다 높은 동기를 부여하는 것이 하나의 문제가 된다. 그 이유는 우리나라 기업의 동기부여 수법이 해외에서는 잘 기능하지 않기 때문이다.

연 구 과 제

1. 루트의 국제화이론을 논하시오.
2. 한국 기업의 국제화와 해외자회사 관리를 설명하시오.
3. 한국 기업의 국제화과정을 설명하고 국제화과정을 논하시오.
4. 기업의 해외진출시 현지화가 문제가 된다. 한국 기업의 해외진출시 문제가 된 현지화 현상을 설명하시오.
5. 기업의 해외진출시 현지국 정부와의 사이에 마찰이 생긴다. 그 대응방안을 논하시오.
6. 한국 기업의 해외진출시 우위요인을 논하시오.
7. 국제시장 진출전략의 유형별 특성을 논하시오.
8. 다음의 용어에 대하여 설명하시오.
   1) 해외지점관리
   2) 매조리티정책
   3) 민 족 화
   4) 트랜스퍼 프라이싱
   5) 현지융화

제13장

국제경영과 종합무역상사

사례연구 ▶ Global 500대 기업

쉘(Royal Dutch/Shell Group)

1 Web Site

http://www.shell.com

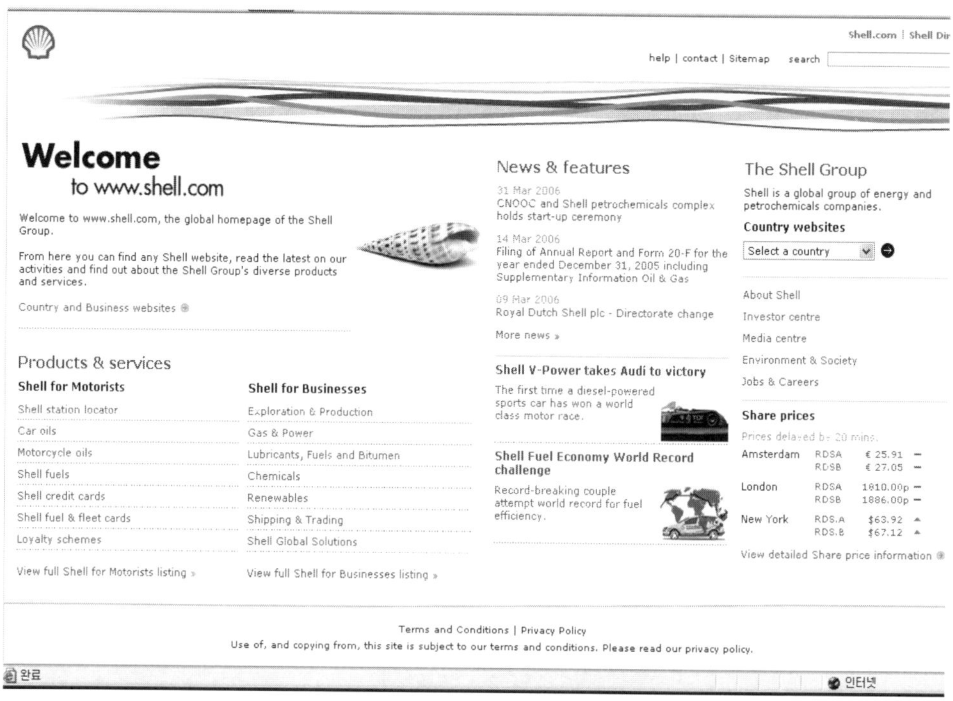

2 기업개황

영국 및 네덜란드에 본거지를 두고, 세계 100개국 이상에 진출해 있는 다국적기업이다. 이 그룹은 네덜란드의 로열더치석유회사(Royal Dutch Petroleum Co.)와 영국의 쉘 무역운송회사(Shell Transport and Trading Co.)라는 2개의 모회사(母會社)로 이루어진다. 이 두 회사가 투자회사인 네덜란드의 바타비아석유회사(N.V. De Bataafsche Petroleum Maatschappij)와 영국의 쉘 석유회사(Shell Petroleum Co. Ltd.)의 주식을 6 대 4의 비율로 보유하고 있는데, 이 두 투자회사가 세계 100개국 이상 500개사에 이르는 현지 조업회사와 서비스회사에 출자하는 형식을 취하고 있다.

2005년 포춘(Fortune)이 선정한 세계 글로벌 500대 기업순위에서 4위에 오르며 글로벌 기업의 선두 주자로 나아가고 있다.

3 Royal Dutch/Shell Group의 역사

1) Shell의 역사

1833년 마커스 사뮤엘(Marcus Samuel)은 런던 동부에서 영국 빅토리아 시대의 자연사를 연구하는 사람들에게 조개 껍질을 파는 조그만 상점을 열었다. 이후 조개껍질을 사고 파는 이 조그만 상점으로 시작해서 일반 무역상점으로 번창하는 데는 그다지 오랜 시간이 걸리지 않았다.

2) Shell 회사의 탄생

마커스 사뮤엘의 아들인 마커스 주니어는 카스피해 연안의 바쿠(Baku) 유전을 방문하여 원유를 수출하게 되었다. 그는 등잔과 요리에 사용할 수 있는 등유를 일본으로 수출하면 커다란 기회가 있을 것이라고 생각했다. 그런데 불행하게도 일본에는 이미 미국의 스탠다드 석유회사(Standard Oil)가 시장을 독점하고 있어, 그는 가격을 획기적으로 낮출 수 있는 방법을 모색해야 했다. 1869년 개통된 수에즈 운하가 한가지 해결책이었지만 안전규정을 맞출 수 있는 새로운 유조선을 개발해야 했다. 1892년 마커스는 최초의 특수 유조선을 진수하여 4,000톤의 러시아산 등유를 싱가폴과 태국에 공급하였다.

3) 네덜란드의 석유회사

쉘과는 아주 별개로, 1890년 한 네덜란드의 석유회사가 인도네시아의 수마트라에서 유전을 개발하고 있었으며, 이 회사는 1896년 영국의 석유회사들과 경쟁하기 위해 독자적으로 새로운 유조선단을 구축하고 있었다.

4) 로얄 더취 쉘 그룹의 결성

1903년경에 이르러 네덜란드의 석유회사와 영국의 석유회사가 서로 경쟁하기 보다는 동업을 하는 편이 더 낫다는 사실을 깨닫고, 이들은 아시아틱 석유회사 (Asiatic Petroleum Company)를 결성하였다. 협력관계는 매우 잘 이루어져 4년 후 로얄 더취 쉘 그룹(the Royal Dutch/Shell Group of Companies)을 결성하여 전 세계의 업무를 통합하는 하나의 회사를 설립하였다. 이 협력관계는 지금까지도 이어져 오고 있다. 이들 두 모체 회사는 서로 별도의 사업영역을 유지한 채 현재 세계적으로 활동 중인 1,700여개의 회사를 포함하는 전체 그룹을 소유하고 있으며, 네덜란드의 로얄 더취 석유회사가 60% 그리고 쉘 운송무역회사(the Shell Transport and Trading Company)가 40%의 지분을 각각 소유하고 있다.

4 Royal Dutch/Shell Group의 발전과정

1) 20세기 초

루마니아, 러시아, 이집트, 베네수엘라, 트리니다드토바고에서의 원유생산에 대한 지분을 인수하면서, 급속히 성장, 1912년에 아메리타 가솔린 회사를 인수하여 미국내 판매를 시작하였다.

2) 제1차 세계대전

전쟁으로 인한 유럽의 정유소 파괴와 건설 중단으로 많은 피해를 보았지만, 미국의 쉘은 급속히 팽창되어 확대해 나갔다. 또한 이라크, 터키, 보르네오 등의 지역으로 사업을 확장해 나갔으며, 1929년 네덜란드의 N. V. Mekog와 협력하여 화학산업 분야에 진출, 최초의 액체연료를 사용하는 로켓을 독일에서 발사하였다.

3) 제2차 세계대전

독일의 네덜란드 침공으로 인해 본사를 큐리카오로 이전, 일부는 영국의 런던으로 옮겼으며 연합군에 항공기용 연료, 수송차량용 연료, 부타티엔(합성고무의 원료)을 생산 · 보급하였다. 또한 전쟁후 새로운 원유공급지를 물색 · 시추하여 나갔다.

4) 1950~1960년대

세계적으로 대규모의 수요가 발생하여 생산량과 판매가 증가하였다.(세계 수요의 1/7 차지) 네덜란드와 북해에서 가스전을 발견 · 시추하여 유럽시장의 절반을 장악하였다.

5) 1970~1980년대

쉘의 유전 탐사 회사인 쉘 엑스프로의 활약으로 많은 양의 유전을 개발하여 쉘의 투자를 모두 회수하게 되었다. OPEC의 원료가격 인상으로 쉘이 비약적으로 성장하게 되었다. 최초로 천연가스를 액화하여 대규모로 장거리 수송 사업을 시작하였고, 이후 석탄, 금속, 광물자원 등에서도 사업을 확장하였다.

6) 1990년대~현재

쉘 회사들은 한층 진보된 테크놀러지를 적용하여 다양한 범위의 고품질 제품을 선보이고, 고객중심의 새로운 서비스를 내놓고 있다. 지속 가능한 개발(sustainable development)과 사회적 책임(social accountability)에 대한 약속이라는 기업 이미지를 전략적으로 사람들의 머릿속에 각인시키려 애써 왔다. 한 예로 지역적 · 세계적 환경문제와 안전에 대한 우려로 무연 휘발유를 생산 · 판매함으로써 세계 선두로서의 위치를 확고히 하게 되었다. Shell그룹의 주요 사업 부분은 유전탐사 생산(Exploration & Production), 화학제품(Chemicals) 생산, 가스 및 전력생산(Gas & Power Generation), 석유제품(Oil Products) 생산, 대체 에너지(Renewables) 개발 등의 분야이지만, 이러한 직접적인 이윤창출을 위한 사업이외에도 막대한 재원을 들여 진행하는 분야가 바로 보건, 안전, 교육 및 환경과 같은 사회분야에 대한 투자로서, 이는 Shell의 "지속 가능한 개발(sustainable development)과 사회적 책임(social accountability)에 대한 약속"이라는 기업 이미지 구축에 매우 긍정적인 역할을 하고 있다. 지난 2001년 Shell 그룹이 이 분야에 투자한 액수는 8500만 달러에 이르며, 그 중 의료복지 부문에 21%, 교육 부문에 25%, 커뮤니티 발전에 21%, 환경분야에 7%를 지출한 것으로 나타났다. 또한 Shell Foundation은 현재 70여 항목이 넘는 공익성 프로젝트들을 이미 완성하였거나 진행중이다. Shell그룹의 이러한 '사회친화적'인 경영방침은 기업의 신뢰성과 도덕성을 높여줌으로써 기업의 경쟁력을 강화시키는 데 큰 효과를 가져다 주고 있다.

4 글로벌 경영전략

Shell 의 중국법인인 Shell-China의 경우- Shell은 중국에 입성한지 이미 100 여 년이 넘는 역사를 자랑한다. 1894년 사뮤엘 상회가 상하이에 석유를 수입하기 시작했고, 같은 해 로열 더치 석유회사도 Crown이라는 브랜드로 중국에 석유를 들여오기 시작했다. 1903년 설립된 아시아석유회사는 1906년 홍콩에, 1908년 상하이에 대표부를 설립하고 본격적인 중국 시장 개척에 들어갔다. 1949년 중화인민공화국이 수립될 당시 Shell은 중국에 1000여 명이 넘는 직원을 고용하고 있었으며, 유일하게 중국에 남아 있던 서방 석유회사이기도 했다. 따라서 Shell만큼 중국 시장을 제대로 이해하고 경험을 축적하고 있는 기업도 많지 않을 것이다. Shell 중국현지법인의 경영전략과 행보를 살펴보면 그들의 경험과 경영 노-하우를 여실히 엿볼 수가 있다. Shell 중국 현지법인 역시 천연가스 및 전력 생산과 판매, 화공, 대체 에너지, 석유 및 천연가스 탐사와 생산 등을 핵심사업으로 하고 있다. 하지만 보다 주목할 만한 것은 이러한 이윤활동뿐만 아니라 중국의 사회 및 환경개발 영역에서의 비영리성 투자에도 많은 노력을 기울이고 있다는 점이다. 예를 들면, 교통안전 분야에서 Shell은 전국적인 도로교통안전 홍보활동(2001년 북경, 상해, 광주), 도로교통지도 제작(2001년), 교통규범 비디오테이프 제작(1997년 이래) 등에 협찬을 해왔다.

교육 분야에서는 중국의 희망공정(Hope-Project)을 지원, 山西省 吳旗縣에 600 명 규모의 초등학교를 건립했고, 대체 에너지에 대한 인식확대를 위한 교육 프로그램을 지원(1999-2000년, 북경, 상해, 광주)하는 한편, 대학생 에너지 강좌 개설과 각종 환경교육 프로그램을 지원한 바 있다. 또 Shell Foundation을 통해 지속가능한 에너지 개발 프로젝트, 청년창업 지원 프로젝트, Shell 백년장학기금 등을 지원하고 있으며, 특히 '自然之友', '地球村', '根與芽' 및 '야생낙타보호기금' 등의 민간비영리단체의 활동을 적극 지원하고 있다. 이러한 사회 친화적인 비영리성 공익활동을 통해 Shell은 다국적 기업들이 흔히 받아 오던 착취와 부의 집중이라는 비난에서 조금이나마 자유로울 수 있을 것이며, 사회적 기여를 통해 궁극적으로는 기업의 신뢰성과 도덕성을 제고시킴으로써 사회적 책임을 위해 노력하는 기업이라는 이미지를 심어주고, 장기적인 이윤창출을 위한 기업의 경쟁력 우위 확보에 유리한 환경을 마련해 줄 수 있을 것이다. 이러한 기업의 사회적 책임과 공헌이라는 측면에서 한국기업들은 아직도 많은 노력을 기울여야 할 것이며, 특히 해외에 진출한 우리 기업들에게 Shell社의 사례가 시사하는 바는 매우 크다고 할 수 있을 것이다.

제 1 절 종합무역상사의 정의와 특징

1. 11대 무역국과 종합무역상사

한국은 수출입 5,500억 달러를 돌파했다. 무역규모 5,000억 달러는 멕시코를 제외한 중남미 38개국의 무역규모와 비슷하고, 아프리카 53개국의 무역규모를 훨씬 넘어서는 수준이다. 한국은 세계 11대 무역국이다. 수출은 반도체, 자동차, 무선통신기기(휴대전화) 등 '3대 상품' 이 주도하고 있다.

우리나라 수출 주도상품이 세계시장에서 차지하는 위치는 괄목할 만하다. 5대 수출상품 중 송수신기와 선박은 세계 1위를 차지하고 있다. 집적회로반도체와 수용차는 세계 6위와 9위를 자랑하고 있다.

세계 최고의 경쟁력을 자랑하는 일류상품도 많이 쏟아냈다. 반도체, 자동차, 휴대전화뿐 아니라 모자, 휴대용 노래반주기, 고려인삼, 김치, 라면, 초코파이, 인터넷 증명서 발급 솔루션, 종합금융 솔루션 등도 세계 일류상품 대열에 포함되어 있다. 산업자원부가 선정한 세계 일류상품은 487개가 된다.

2. 종합무역상사의 정의

이와 같은 수출상에서 차지하는 종합상사의 기여는 크다고 할 수 있다. 그러나 21세기에 들어서서는 일본의 종합상사가 보여주듯이 종합상사의 대대적인 구조개혁이 요구되고 있다.

종합무역상사라는 말은 소수 특수상품을 취급하며 특정 시장을 중심으로 상품의 생산자와 특수한 관계를 가지는 전문상사(speciality merchant)와 대칭되는 개념이다. 즉 대체로 특정한 상품에 한정되지 않고 다종 · 다양의 상품을 취급하고 다각적인 기능을 수행하며 국내외에 걸쳐 폭넓은 사업활동을 전개하는 거대한 규모의 상사를 일컫는 말로서, 1955년경부터 일본의 무역업계 및 언론에서 사용하기 시작하였다.

구미제국에서는 종합무역상사를 general trading company라고 하는 경우도 있으나 최근에는 종합무역상사가 일본에서 생성 · 발전된 일본 특유의 존재라는 점에서, 일본어 그대로 'Sogo shosha'라고 호칭하는 경우도 있다.

이처럼 본래 종합무역상사는 일본을 그 원류로 하고 있는 일본 특유의 기업형태이므로 종합무역상사의 정의 또한 일본의 종합상사를 중심으로 해서 내려져야 할 것이다.

종합무역상사는 통념상 종합적인 기능을 수행하는 무역상사라고 할 수 있겠다. 그러나 그 사업내용과 기능의 다양성 및 메커니즘의 복잡성 때문에 획일적인 정의를 내린다는 것은 매우 어려운 일이다.

따라서 학자들마다 조금씩 그 정의를 달리하고 있는데, 그에 관한 몇 가지 정의를 소개하면 다음과 같다.

① 종합무역상사란 세계 주요국에 다수의 지점 · 사업소를 두고 세계적인 거래망과 정보망을 지키고 근대적인 경영을 행하는 대규모적인 거대 기업체라고 할 수 있다.[1]

② 종합무역상사란 취급하고 있는 상품이 다양성을 지니고, 또한 취급하는 판매지역이 광대한 것으로서 생산에서 판매에 이르기까지 일관성을 지닌 종합기업을 말한다.[2]

③ 종합무역상사란 대규모의 자본력을 가진 무역상사로서 다종 · 다양한 상품의 수출입을 담당하며 이를 광범한 지역에 대해서 취급하는 기업이라고 규정하여 볼 수 있을 것이며, 이에 기능적인 면을 강조하여 좀더 부연한다면, 무역상사의 주된 기능인 수출입 거래기능 이외에 이러한 기능의 수행에 수반되는 제반 업무, 즉 수출입금융, 창고 · 보관 · 운수 등의 업무를 포괄하는 무역상사라고 할 수 있을 것이다.[3]

3. 종합무역상사의 특징

종합무역상사는 일본에서 생성되어 크게 발전을 보아 우리나라에 도입된 것이므로 그 특징은 일본의 총합상사(總合商社) 특징으로 대표될 수 있을 것이다. 일본의 경우 총합상사로는 비쓰비시상사, 미쓰이물산, 이도쥬, 닛쇼이와이, 스미토모상사 등의 9대상사를[4] 들 수 있는데, 이들의 공통적인 특징은 다음과 같다.

---

1) 해외경제연구소, 「종합무역상사와 중소기업의 연계강화를 통한 수출증대방안」(1976), p. 11.
2) 고려대학교 무역연구소, 「貿易大辭典」(1976), p. 463.
3) 김원수, "종합무역상사의 육성 및 경영합리화방안(Ⅰ)," 「무역연구」(1975), p. 4.
4) 1977년 10월 1일 安宅産業이 伊藤忠南事에 흡수되어 9개사로 줄어들었다.

⑴ 인터넷 기업으로의 변신

일본의 종합상사는 최근 인터넷 기업으로 변신하고 있다. 장기불황에 시달려 온 일본은 글로벌 조직망을 갖춘 일본의 종합상사들을 인터넷을 기반으로 한 글로벌 기업으로 육성하고 있다.

⑵ 취급상품과 사업내용의 다양성

이들 종합상사의 취급품목 수는 미쓰비시상사, 미쓰이물산 등 상위그룹에 속하는 종합무역상사의 경우만도 1만 개 이상으로 광범위한 상품을 취급하여 상사 거래기능으로서 종합화의 역할을 충실히 발휘하고 있다. 취급품목의 다양화는 전후 일본경제의 중화학공업의 발전과도 매우 깊은 관계가 있다.

사업분야에 있어서도 이들 종합상사는 상업 · 유통부문에 한하지 않고, IT 등 첨단산업, 운송업 · 창고업 등의 보조상업과, 제조업 · 건설업 · 서비스업 · 해외자원 개발 등의 다각적인 사업을 영위하고 있다.

따라서 오늘날의 종합상사는 단순한 상사의 범위를 벗어나 IT 등을 취급하는 복합기업으로 발전하고 있다.

⑶ 기능의 다양성

종합거래는 거래기능, 금융기능, 물적 유통기능, 시장개척기능, 위험부담기능 등을 종합적으로 수행하고 있으며, 이 외에도 1960년대 이후 오거나이저(organizer)기능, 개발기능, 생산가공기능까지도 수행하고 있다.[5] 이처럼 일본의 종합상사는 단순한 상사가 아니라 다양하고 종합적인 기능을 구사해서 독자적인 발전을 거듭해 온 것이다.

⑷ 취급금액의 거대성

이들 9대 종합상사가 일본의 수출입 총액에서 차지하는 비중을 보면, 수출의 경우 50～60%의 수준에서 점증추세를 보이고 있고, 수입의 경우에는 약 60%의 수준에서 절감하는 추세를 보이고 있다.

---

5) 有田恭助, 「종합상사」〔신판〕(동경: 日經新書, 1976), p. 93.

⑸ 활동지역의 광대성

총합상사는 그 활동지역이 특정 지역에 국한되어 있지 않고 세계 각지와 국내 전역에 광범한 영업망을 가지고 있다. 일본 9대 총합상사의 해외지점, 주재원 사무소, 현지법인의 합계만도 약 1,000여 개소나 되며 해외파견 사원 수도 수만 명에 달하고 있다. 또한 국내의 본사 · 지사 · 지점 · 출장소도 약 500여 개소에 달하고 있다.

그리고 이들 총합상사들은 다각적이고 세계적인 거래망과 대용량의 컴퓨터 및 텔레커뮤니케이션 시스템(telecommunication system)에 의해서 국제적으로 온라인화된 현대적 정보수집 · 전달의 네트워크를 가지고 있어 상사 본연의 영업활동 이외에도 전 세계에 걸친 일본 외교의 정보원으로도 활약하고 있다.

⑹ 거대한 자금조달력

일본의 총합상사들은 금융자본과 밀접히 결부되어 있고 장기간에 걸쳐 쌓은 신용에 의하여 막대한 타인자본을 조달하고 있다. 현재 일본 9대 총합상사의 자기자본비율은 평균 19.5%에 지나지 않는다. 이는 일본의 모든 법인 평균 자기자본비율이 약 20%를 상회하는 수준임을 감안할 때 낮은 것이다. 이 외에도 총합상사의 특징으로 i) 총합상사는 다국적화 전략을 전개하고 있는 국제기업이라는 점과, ii) 기업집단의 중심적 존재이며 오랜 역사와 전통을 지닌 상사라는 점을 들 수 있다.

제 2 절 주요 외국의 종합무역상사의 유형

1. 일본의 총합상사

일본의 총합상사에 대해서는 그 생성 · 발전 · 조직 · 기능 등에 관해서는 앞절에서 상세하게 설명되었기에 본절에서는 생략하기로 하고, 다만 그들의 경제적 활동 및 경영방식을 설명하기로 한다.

(1) 일본 종합상사의 생성동기

일본의 총합상사는 당초부터 정부의 필요성에 의하여 형성되었고, 그 성장 또한 정부와 밀접한 관련하에 이루어졌으며, 상사의 발전은 곧 일본경제의 성장을 그대로 반영해 왔다고 볼 수 있는 것이다. 설립 초기에는 외국 무역중개상과 맞서 그들의 영향력을 감소시켰고 20세기 초에는 군벌의 내조자로서 자원획득과 식민지 탈취를 위한 자본의 원시적 축적을 성공적으로 수행하여 왔다. 1945년 이후 10년간의 일본경제 재건기간중에는 수출계약취소준비금제도, 수출소득공제제도 등과 같은 상사의 자본축적 장려책과 과당경쟁, 질서유지 촉진책 등 각종 상사강화책에 힘입어 범세계적인 지사망을 통한 수출정보의 수집과 해외판로를 개척하여 일본수출창구와 수수료상(commission merchant)의 역할을 유감 없이 발휘하였다. 그 후 1965년까지는 소위 신무경기(神武景氣), 호소경기(戶所景氣)를 맞아 전력 · 철강 · 자동차 · 석유 · 화학 등 중화학공업화가 급진적으로 수행되었으나 동 분야의 노하우(know-how)를 거의 외국에 의존하게 되었는바, 이에 총합상사는 최신기계의 도입에 결정적인 공헌을 하였다.

이와 함께 설비금융을 통한 중소계열기업의 육성으로 중소기업의 시설 근대화에 중요한 역할을 하기도 하였다. 이 후 국제적으로 케네디라운드, 동경라운드와 같은 국제무역자유화 경향과 일본의 무역자유화 조치에 편승하여 상사의 활동은 한층 활발하게 되었다.

(2) 해외투자동기

한편, 일본총합상사의 해외경제활동을 중심으로 살펴보면, 일본기업의 해외투자동기는 일본 국내기업에 대한 원료공급을 위한 자원지향적 동기와 부족 노동력 확보를 위한 노동지향적 동기, 그리고 시장확보를 위한 시장지향적 동기가 결합되어진 것이다. 이러한 역할을 주로 담당하고 있는 것이 일본의 총합상사이다. 즉 해외투자는 개발도상국의 경제개발에 기여함과 동시에 i) 천연자원의 안정적이면서도 저렴한 공급, ii) 노동력 부족에 대한 대처, iii) 국제적 시야에 따른 산업입지의 적정화, iv) 대외판매력의 지속적 성장의 확보와 같은 국민경제적 관점에서의 요청이 있었음을 고려할 때 일본기업의 국제적 발전의 일환인 해외투자의 동향에 주목할 필요가 있다.

2. 대만의 종합무역상사

대만의 종합무역상사는 일본의 총합무역상사와 유사한 형태로서, 대만에서 종합무역상사의 역할을 담당하고 있는 상사로서는 CTDC(China Trade and Development Corporation)와 TWTC(Trans World Trading Corporation LTD.)를 들 수 있다. 그런데 이들 2대 상사는 일본의 총합상사와 근본적인 설립동기부터 다르다. 즉 정부의 정책적인 필요성에 따라 인위적으로 설립되었다고 볼 수 있다. 이들의 업무내용을 살펴보면, i) 생산 및 시설자금 공여, 국내 또는 수출판매에 따른 납세담보 및 수출입에 따른 세금의 사전대체 등의 업무를 포함하는 민간기업에 대한 지원 제공, ii) 해외시장에 있어서의 대만제품의 선전, 특정 상품교역의 증진, 수출제도 개선을 위한 관계기관과의 협동, iii) 창고업무의 수행을 하고 있다.

이상과 같이 세 가지의 유형으로 대별할 수 있으며 이 두 상사 외에 3개의 대무역상이 설립되었다.

(1) CTDC

CTDC는 1966년 1월에 자본금 US$2,500,000로 설립되었으며, 주주의 구성은 정부투자가 40%, 민간업체(해운, 창고, 제조업체)의 투자가 48% 그리고 미국의 Irving Trust투자회사, California주립은행 등의 미국계 자본투자가 12%로서 정부투자가 상당한 부분을 차지하고 있으며 동 공사는 수출입업무 이외에 보세창고업무, 해운업무 및 수출입금융업무를 담당하고 있다.

(2) TWTC

CTDC에 이어 대만 제2의 종합무역상사라고 할 수 있는 TWTC는 대만정부의 경제외교강화책의 일환으로 대단위 종합무역상사 육성정책에 따라 CTDC와 같은 규모인 자본금 US$2,500,000로 1972년 5월에 설립되었으며 TWTC 또한 마찬가지로 정부의 강력한 지원을 받고 있는 것으로 알려지고 있다.

설립목적을 살펴보면 다음과 같다. i) 중소기업을 위한 자금지원, 생산 및 마케팅활동과 해외기술의 도입, ii) 수출시장의 다변화를 위한 비수교국에 대한 교역가능성의 모색, iii) 중간무역상의 배제를 통한 직접교역의 진출, iv) 외국무역기관과의 긴밀한 유대관계를 통한 전 세계적인 교역망 등이다.

3. 미국의 CEM제도

미국에서는 일본이나 대만의 경우처럼 조직화되고 영속적으로 존재하는 무역상사가 발달되지 않았다. 그 원인은 미국에는 일찍이 자유기업제도라는 기치 아래 기술 및 노하우(know-how)가 고도로 발달되어 국가의 의도적인 보호가 없어도 타국의 상품과 해외시장에서의 경쟁에서 항상 우위에 서게 되었던 것이다. 그러나 외국과의 교역에 있어서는 어떤 형태든 외국무역부문의 설립유지가 필요하였다. 따라서 미국에서 각 기업의 무역활동조직은 여러 가지가 있지만 그 중에서도 가장 보편화된 수출대행기관이 CEM제도(combination export manager)이다.

CEM제도를 고찰하기에 앞서 CEM제도와 유사한 무역제도로서 연합회사편제(allied company arrangement)를 살펴봄으로써 CEM제도에 대한 개념이 명확하게될 수가 있다.

(1) ACA(Allied Company Arrangement)

ACA조직형태는 수출부문을 갖고 외국에 배급을 하고 있는 한 제조업자와 수출부문을 갖고 있지 않은 다른 제조업자 사이에 제품의 수출판매계약을 하였을 경우에 생긴다. 다시 말하면 기존 조직을 이용하여 수출증가를 가져오는 것이다. 새로운 조직을 설치함이 없이 보완적으로 앞설 수 있는 것이다(즉 공생).이 방법은 관련된 상품이라면 보완적 계열뿐만 아니라, 경쟁적 계열에서도 채택되는 것이다.[6]

(2) CEM제도(combination export manager)

이 제도는 미국에서 흔히 볼 수 있는 수출업무에 특화한 용역기관이다. 즉 대행을 위한 용역기관인 것이다. 일반적으로 CEM에 의하여 처리되는 용역의 범위는 광범위하다. 위탁자의 수출대행은 물론이지만 해외 대리점이나 디스트리뷰터의 난제를 처리한다.

CEM에 대한 필요성은 제조업자가 그의 국내담당 판매요원으로서는 무역에 종사시키기가 여러 가지 면에서 비효율적인 경우에 채택되며, 국제시장에 다양

6) Ro Land L. Kranmer, *International Marketing*, 3rd Edition(Cicinati Ohio: South-Western Publishing Co, 1970), pp. 414~415.

한 경험과 풍부한 지식을 가지고 있으며, 해외의 주요한 무역정보 특약을 맺고 있어서 신규 제조업자들이 CEM을 많이 이용하고 있다. 또한 취급하는 상품은 다종 · 다양하지만 각사에서 나오는 상품 중 보완적인 것을 취급하며, 될 수 있는 한 경쟁상품을 피하여 국내업자끼리의 불협화음을 사전에 방지하고 있는 것이 특징이다.

또한 무역활동 경험을 이용할 수 있고 불과 몇 년간의 라이프 사이클을 가진 상품수출에 이용하기 편리한 이점을 갖고 있는 것이 특색이다.[7]

4. 기타국의 종합무역상사

브라질은 일본의 소고쇼사를 모델로 하여 1971년에 코베크(Cobec), 1976년에 인터브라(Interbras)를 설립했으며, 이 외에도 태국, 필리핀, 말레이시아, 중국, 핀란드가 이와 유사한 상사들을 각각 설립했다.

제3절 종합무역상사제도 도입의 배경

1. 도입의 배경

(1) 도입의 배경

종합무역상사제도의 도입은 과거 수년 동안 논의되어 온 것으로 그 필요성이 점차 증대됨에 따라 1975년 4월 30일 상공부고시 제10607호인 '종합무역상사 지정 등에 관한 요령'을 제정 · 고시함으로써 실시되었다. 본래 종합무역상사는 100여 년 전에 이미 일본에서 발생하여 일본경제의 발전에 기여함은 물론 오늘날에 있어서는 세계경제에 막대한 영향력을 행사하고 있는 일본 특유의 대형무역상사인 것이다.

이와 같은 종합무역상사제도를 도입하게 된 의도는 수출의 지속적인 양적

7) 박정식, 「국제마케팅」(일조각, 1975), p. 97.

확대와 질적 개선을 위하여 국내무역상사의 재편성과 체질개선 내지는 강화가 필요하다는 데 기인한다.

(2) 육성의 필요성

종합무역상사를 지정 · 육성케 된 근본적인 필요성은 그 동안의 정부의 지원 시책과 이로 인하여 우리나라 무역업체가 지니게 된 특징 내지는 문제점에서 찾아볼 수 있다.[8] 따라서 우리나라 무역업체의 무역거래활동, 특히 수출거래활동에서 나타난 특징 내지 문제점을 보면 다음과 같다.

첫째, 상기한 바와 같이 우리나라의 수출규모가 계속 증대하여 오는 데 가장 큰 역할을 한 요인은 정부의 각종 지원책이었는바, 이로 인한 무역업체 스스로의 자주적인 수출마케팅 활동능력의 부족을 들 수 있다.

둘째, 영세수출제품 제조업의 무역업 겸업으로 인한 지나친 경쟁과 생산 및 판매의 미분화를 들 수 있다. 실적 위주의 수출지원 혜택을 받기 위해 군소수출품 제조업자들까지도 수출실적을 나타내기 위하여 무역업을 겸업한 결과 상호간의 과당경쟁 및 생산과 판매의 미분화라는 불이익을 초래하였던 것이다.

셋째, 단위기업당 무역거래 규모의 영세성을 들 수 있다.

넷째, 무역상사의 자본력 취약과 무역거래의 경험 및 활동에 의한 전문적 능력을 가진 인적 자원의 부족을 들 수 있다.

다섯째, 무역상품 구조의 단순성과 거래시장의 편재성을 들 수 있다.

마지막으로, 해외정보 및 판매조직망의 취약을 지적할 수 있다.

이상에서 살펴본 우리나라 무역업체의 특징 내지 문제점들은 모두 무역업체의 수출마케팅활동의 부재 내지 비효율성이라는 현상의 결과이거나, 아니면 그 원인으로 파악될 수 있는 성질의 것들이다. 이렇게 볼 때 우리나라 무역업체의 보다 적극적이고 자주적인 수출마케팅 활동태세의 확립, 군소무역업체의 생산과 수출의 분리를 통한 무역전문화의 대형화, 거래시장의 다변화와 취급상품의 다각화 및 외국상사와의 교섭력 제고, 생산과 유통의 계열화 및 무역거래체계의 정비 등은 우리나라의 무역업체가 당면하고 있는 과제인 동시에 장기 지속적인 수출증대를 도모하기 위하여 취해야 할 정부의 정책방향인 것이다.

바로 이러한 점에서 종합무역상사에 대한 육성의 필요성이 발견될 수 있었

---

8) 김용환, "우리나라 종합무역상사에 관한 연구"(고려대학교 경영대학원, 1980).

던 것이다.

2. 종합무역상사의 실태

(1) 지정현황

1975년 4월 30일 지정요령이 고시된 후 동년 5월 삼성물산이 종합무역상사 제1호로 지정되고, 이어서 쌍용, 대우실업, 국제상사, 한일합섬의 4개사가 지정되었다. 1976년에는 고려무역, 효성물산, 반도상사, 선경, 삼화, 금호실업의 6 개사가 추가되어 종합무역상사는 모두 11개에 이르게 되었다. 그리고 1978년에는 율산과 현대종합상사가 지정되어 종합무역상사는 모두 13개 상사로 가장 많은 수를 기록하였다. 그러나 1979년 초 율산이 자격미달로 탈락하였으며 1980년대에 역시 삼화와 한일합섬, 국제상사와 고려무역이 탈락함으로써 현재는 모두 7개사가 되었다.

(2) 경영조직

1) 종합상사의 조직 종합무역상사는 해외 판매활동을 강화하기 위하여 거의 전 대륙에 해외지사를 설치하고 있으며 지사 수와 주재원 수를 과감히 확충하는 동시에 현지법인화도 추진하고 있다. 또한 수출기구 중심으로 기구를 개편하여 분권조직구조를 채택하고, 사업부제를 실시하는 한편, 종래의 섬유 일변도의 수출구조를 탈피하기 위하여 중화학제품 및 개발부를 설치하고 있다. 이러한 수출전담부서 및 해외지사망의 확충과 아울러 무역규모의 확대와 기능 다변화에 따라 종합무역상사의 조직은 급속히 팽창 · 재정비되고 있다.

종합무역상사의 조직은 세계적 규모를 가지고 전개되는 매우 광범하고 복잡한 영업활동을 보다 효율적으로 처리할 수 있도록 구성이 되어야 할 것이다. 우리나라 종합무역상사들의 경영조직의 일반적인 특징을 보면, 영업부문은 일반적으로 취급상품별로 분화되어 있고, 이를 그룹핑(grouping)하여 상품본부제를 채택하고 있다.

한편 관리부문을 보면, 총무부 · 기획부 · 경리부 등 직능별로 분화되어 있다. 영업부문의 경우 상사에 따라서 부의 수에는 다소 차이가 있으나 분할방법은 매우 유사하며, 관리부문의 경우도 영업부문의 경우와 같이 각사에 따라 큰 차이는 없다.

2) 상품별 조직 종합무역상사의 경영조직은 일반적으로 상품별 또는 지역별 사업부제의 조직원리에 입각해서 편성된다. 상품별 사업부제 조직은 각 상품본부가 이익책임단위, 즉 상품본부가 각각 독립채산제의 사업부문으로 편성되어 있는 것이다. 상품본부제라고 불리우고 있는 이 관리기구는 상품별로 전체적인 통일전략을 세우기 쉽고, 특약점이나 수요자에 대해서도 통일적인 정책의 수립과 실시가 가능하다.

한편 구매선(購買先)인 메이커에 대해서도 통일적인 시책을 세울 수가 있다는 장점이 있다. 그러나 반면에 지역시장과의 밀착성이 결여되기 쉽고 신속한 상업적 기회의 포착과 이에 대한 대응이 늦어지기 쉽다는 등의 단점이 있다. 또한 인재육성이란 점에서도 상품의 전문가는 육성될지 모르지만 폭넓은 관리자는 육성되기 어렵다는 점이 있다.

3) 지역별 조직 지역별 사업부제 조직의 경우는 지역시장에 보다 밀접한 영업활동을 전개할 수 있고 상사맨이 의욕적으로 영업활동을 추진할 수 있다. 또한 신속히 상업적 기회를 포착하여 이에 대응할 수 있으며, 더욱이 오늘날과 같이 해외활동이 강화되고 그 비중이 높아지고 있는 경우에는 해외지점활동을 적극화시킬 수 있다는 면에서 지역별 조직은 그 이점을 발휘할 수 있다. 그러나 이것 역시 지점별 채산을 너무 중시한 나머지 전사적인 상품별 통일전략 · 정책을 추진하기가 어렵다는 단점이 있다.

따라서 종합무역상사의 경영조직 내지 관리기구로서 상품별 또는 지역별 조직의 어느 쪽이 보다 유효적절한가 하는 것은 간단히 말할 수는 없다. 다만 바람직한 것은 상품별 또는 지역별 조직의 결점을 제거하여 보다 효율적인 조직을 편성하는 일이다. 또한 분권화와 집권화의 균형이 잡혀지도록 편성하지 않는다면 단순한 이익추구와 영업규모의 확대경쟁으로 치닫는 상품취급 상사의 집합체에 지나지 않게 되며, 종합무역상사로서의 오거나이저기능, 개발기능을 살려 종합력을 발휘할 수 없게 되는 것이다.

3. 업종구성

우리나라의 유명 재벌그룹들은 거의 모두 종합무역상사를 가지고 있는데, 이들은 수출의 증진을 핑계로 유망한 업종의 기업을 흡수하고 있어 기업집중이 가속화되고 있다.

현재 7개 종합무역상사의 관련기업 총수는 500여 개가 넘고 있으며, 이제는 이들 종합무역상사를 중심으로 재계의 판도가 재편되고 있는 실정이다. 종합무역상사는 건설을 비롯하여 전자 · 중화학 등 각종 상품의 제조 · 판매와, 보험 또는 증권업과 금융업 등 새로운 업종에도 진출하였다.

최근 한국의 종합상사도 무역 위주에서 탈피하여 금융, 건설부문으로 사업을 다각화하고 있다.

4. 종합무역상사의 다각화방안

우리는 우리나라의 무역증대를 위하여 종합무역상사라는 제도를 도입하여 무역거래의 기수로 또한 도구로 설정한 것이다. 이러한 목표를 위해서는 종합무역상사가 수행해야 할 주요 기능을 설정하여야 하지만, 1997년의 외환위기 이후 종합무역상사의 개념 그 자체가 크게 바뀌고 있다.

(1) 인터넷 비즈니스 기능

향후 한국의 종합무역상사가 지향해야 될 부문은 인터넷 비즈니스 기능으로 전환하는 것이다. 상품의 수출입은 물론 국제적인 원자재 조달, 국제적인 판매, 국제적인 금융조달 등 인터넷 기업으로 변신하는 것이 필요하다. 전 세계에 진출한 현지의 네트워크와 인터넷을 결합하면 새로운 영역을 창출해 낼 수 있을 것이다.

(2) 수출입 거래기능

수출의 거래기능은 종합무역상사의 가장 기본적인 기능인 것은 물론이다. 여기서 수출입기능은 종래 무역업자의 수출입 거래기능과는 좀 다른 내용을 포함해야 할 것으로 판단된다. 즉 이제까지의 우리나라의 무역업자는 그 대부분이 무역업자 등록을 한 수출품 메이커로서 자사제품을 수출하고 또한 수출품 생산에 소요되는 원자재의 수입을 행하는 정도의 수출입기능을 영위하여 왔다. 물론, 자가시설을 보유하지 않고 오직 수수료의 취득을 위해 타사제품의 판매대행이나 사무대행을 주업무로 하는 순수한 의미에서의 commission merchant적인 무역상사가 소수 존재하여 온 것도 사실이다.

그러나 이와 같은 무역상사는 그 취급규모가 소규모이고 또한 거래의 장기성을 결하였으므로, 효율적인 수출입 거래활동 및 수출입 거래기능을 강화시킴으로써 현재 무역 겸업의 영세수출품 메이커의 생산기능과 유통기능을 분리시켜 생산과 유통의 분업화를 촉진시키는 주도적 역할을 행하며, 과당경쟁을 방지하기 위하여 수출창구를 일원화할 수 있도록 하는 수출입 거래기능을 정비 · 수행하여야 할 것이다.

⑶ 정보기능

정보기능은 모든 수출마케팅활동의 출발점인 동시에 그 중추적인 요소이다. 현재까지 우리나라의 무역업자는 독자적으로 이러한 정보기능을 행하기 위해 해외정보망을 갖추지 못하고 있는 상태에 있다. 따라서 앞으로 육성될 종합무역상사는 해외조직의 확충과 컴퓨터시설 등 현대적인 통신시설의 보유에 주력하여야 할 것이다.

특히 우리나라 수출의 장기적 · 안정적인 확대를 위하여는 해외다변화와 수출상품의 다각화라는 요구가 높아가고 있다. 따라서 종합무역상사는 무역거래의 단순한 대행자로서만이 아니라 적극적인 조류 속에서 종합무역상사는 세계 각지로부터 수출품 생산에 필요한 각종의 원자재를 국내 메이커에 가장 저렴하고 안정적으로 공급할 수 있도록 정보기능을 확충해야 할 것이다.

⑷ 금융기능

현재 우리나라에서는 수출지원금융은 수출품의 생산 및 수집에서부터 수출되기까지 생산업자에 대한 금융지원은 정부의 수출지원 시책의 범주 안에서 이루어지는 은행을 통한 금융이 거의 전부였다. 그러나 이러한 금융은 메이커와 무역상사의 계열화 내지 유통기능과 유통기능의 분리를 통하여 종합무역상사가 유통기능의 전문화를 도모하기 위해서는 종합무역상사로 하여금 중소메이커에 대한 통제능력의 보유가 전제되어야 하며, 종합무역상사가 자본력 및 자본조달력의 확충과 제고를 통하여 메이커에 대한 상사금융기능을 행할 때 비로소 가능한 것이다. 이미 설명한 바와 같이, 일본 종합상사와 일본 금융기관과의 밀접한 관계에서 자본력에서 창조되는 해외투자 및 해외합작 활동도 막대한 금융력의 배경인 것이다.

최근 들어 종합상사의 국제금융기법 개발이 크게 부각하고 있으며, 종합상사를 통한 현지자금조달이 급증하고 있다.

제 4 절 종합무역상사의 뉴트랜드

1. 수출에서 초국적기업으로

과점기업은 수출을 통하거나 라이센싱을 통하여, 또는 해외생산을 통하여 기업성장을 하고 거대한 거점기업으로 전환해 간다. 그 과정중에서 탈락하는 기업이 있을지도 모른다. 그러나 살아남은 과점기업은 경영자원을 점차 축적하고 해외시장을 다각화하고 제품을 다양화하여, 생산과 경영상의 규모의 경제성을 심화시켜 나간다.

해외의 판매거점이 해외 1개소만이 아니고 지구 전체를 커버할 수 있도록 수 개소 또는 수십 개소로 확대하는 이유는 수출보다는 초국적기업화가 바람직하다는 전술한 이유 외에 다음과 같은 점을 들 수가 있다.

① 각국의 세제의 상이를 이용하여 과세액을 될 수 있는 대로 적게 하는 이전가격을 이용한다.

② 각국의 생산거점을 연결하여 어느 거점에서 중간제품을 생산하고, 별도의 생산거점에서 최종제품을 생산함으로써 코스트 절감을 도모할 수 있도록 물자조달과 제품판매를 원활히(이것을 로지스틱스라고 한다) 할 수 있다.

③ 여유자금을 국제금융시장에서 운용하여 자본증식을 도모함과 동시에 환시세의 변동에 따른 통화가치의 변화에서 생기는 손실을 회피한다.

④ 세계 각국의 유능한 인재를 활용하는 등 경영자원의 효율적 이용과 축적을 도모할 수 있다.

2. 종합무역상사의 초국적기업으로의 과제

(1) 글로벌 전략의 구도

종합무역상사의 해외직접투자가 안은 문제의 하나는 투자효율이 낮다는 점에 있다. 그 이유의 하나는 물적 전략을 추구하는 나머지 충분한 조사 · 계획 · 평가를 하지 않고 출자참가를 결정한 데 있다. 그 결과 전략상 가장 바람직하지 않은 경영자원의 소규모화와 다수전략의 동시전략을 행하여 버렸다.

이 경영자원의 분산투입이 효율저하의 원인이라고 생각된다. 확실히 이 물적 중심의 해외전략은 한국 기업의 국제화의 수준이 낮고, 수출의 연장선상에 있던 단계에서는 적절하다고 할 수 있었다. 그로 인해서 상사의 무역량이 증대했기 때문이다.

그런데 한국 기업이 국제경험을 많이 하고 점차 본격적인 해외생산전략을 전개하게 됨으로써 상사의 입장은 미묘하게 되었다. 한국기업이 수출대체형의 해외생산전략으로 이행함에 따라 상사의 상권은 재차 위협당하게 되었다.

종합무역상사의 초국적화 전략은 이러한 한국 기업의 전략전환에 대항할 수 있는 것이 아니면 안 된다. 이런 관점에서 21세기의 종합상사의 국제적 경영자원의 뒤를 돌아볼 필요가 있다. 현재 종합상사에는 초국적화를 진행할 만큼의 미활용자원이 있다.

첫째, 물적 이점이 적은 국내 · 해외의 제조합작에서 다량의 경영자원이 회수될 수 있다. 둘째는, 해외지점망이 가지는 거대한 정보수집력 · 판매력을 결집하는 것이다. 셋째는, 외채발행 등으로 확립한 거대한 신용력을 유효하게 이용할 수 있는 것이다. 이 세 개의 경영자원을 결합함으로써 세계적 규모의 로지스틱스 계획의 중심에 위치하는 것이 초국적기업이다.

이것은 지금까지의 현지시장 지향의 자회사와 다음과 같은 점에서 다르다.

① 세계적 품질수준의 확보

② 국제적 가격수준을 만족시킨다.

③ 한국형의 대규모 생산

④ 거액의 투자를 행하기 때문에 현지국 정부에 간섭당하지 않는 자유로운 경영권의 확보

⑤ 투자리스크를 최소로 하기 위하여 정치적으로 안정된 국가로의 진출

⑥ 통제력을 유지하기 위해 가능한 전략을 운용한다.

(2) 조직의 글로벌화 과제

종합상사는 생산업체와는 달라서 기민하고 유연한 활동을 전개하는 근저에는 거액의 고정자본을 갖고 있지 않은 데 있다. 따라서 종합상사에서의 문제는 이러한 대규모적인 제조업 투자를 행하는 것으로서의 본래의 기민성 · 유연성이 손상되지 않나 하는 점이다. 이 난관을 통과하여도 다음과 같은 문제가 있다. 즉 세계전략형 자회사를 축으로 한 종합일관경영을 관리 · 통제하는 조직을 만드느

냐 하는 점에 있다. 종합상사의 조직구조의 기본은 상품별 사업부와 지역별 조직의 통합이다. 어느 쪽을 우선시키는가는 종합상사에 따라 다르나, 어쨌든 이 상품 대 지역의 조정이 필요하다.

그래서 그 가운데 종합일관경영을 관리하는 횡단적 기구를 조직한다면 극히 복잡할 것이다. 이 상품 · 지역 · 기능을 크로스시킨 횡단적 조직형성은 상품과 지역의 모든 영역에서 통하고 또 종합일관경영의 노하우를 습득한 인재의 육성에 달려 있다.

이제 종합상사의 위상은 달라져야 한다. 과거의 수출입 위주에서 금융, 인터넷 비즈니스오와 같은 다양한 업종을 취급해야 하며, IT · BT와 같은 첨단산업에의 진출도 바람직하다.

연구과제

1. 종합상사의 다국적화 방안을 논하시오.
2. 일본과 미국의 종합상사의 특징을 비교 · 검토하시오.
3. 종합상사의 생성동기를 설명하시오.
4. 한국 종합상사의 개선방안을 제시하시오.
5. 한국 종합상사의 조직상의 특징을 논하시오.
6. 용어해설
   1) CTDC
   2) CEM
   3) 종합상사의 금융기능
   4) 다국적화

제6부

국제경영정책 및 전략

- 제14장 국제경영전략이론
- 제15장 해외진출의 형태
- 제16장 국제로지스틱스와 소싱전략
- 제17장 국제협상과 인수 · 합병
- 제18장 컨트리 리스크와 지역적 전략
- 제19장 국제통제전략
- 제20장 글로벌 전략적 제휴전략

제14장 국제경영전략이론

사례연구 ▶ Global 500대 기업

Procter & Gamble

1. Web Site

http://www.pg.com

2 글로벌 P&G 연혁

1837 미국 오하이오주 신시내티에서 Procter & Gamble 설립
양초와 비누 제품 생산, 판매
1879 아이보리 비누 출시
1915 캐나다 공장 준공
1931 브랜드 매니지먼트 시스템 도입
1933 세계 최초의 합성세제 Dreft 개발, 출시
1934 세계 최초의 세제류 샴푸 Dren출시
1935 필리핀 공장 준공, 극동지역 마케팅 개시
1954 유럽 시장 진출
1973 일본 진출
1978 의약용품 생산 개시
1980 매출액 100억 달러 달성
1983 여성 생리용품 위스퍼(Whisper)와 올웨이즈(Always) 출시
1989 Noxwell사 인수로 미용 및 화장품사업 진출
* 한국 진출(서통 P&G 주식회사 설립, 자본금 110 억원 아이보리 비누 출시, 위스퍼 여성 생리대 출시, 팸퍼스 아기기저귀 출시)
1993 매출액 300억 달러 달성, 팬틴 세계 샴푸시장 매출 1위 달성
1997 Fortune지 선정 세계에서 존경 받는 100대 기업(비누 및 화장품 부문)
1998 Organization 2005 계획 발표
2000 Fortune지 선정 세계 500대 기업
파이낸셜 타임즈 선정 세계에서 존경 받는 50기업
2002 Fortune지 선정 가장 일하기 좋은 100대 기업에 선정(97위)
세계에서 가장 존경받는 기업 100대 기업(비누 화장품 부문 1위)
2003 Fortune지 선정 '블루리본 기업'에 유일하게 7개 부문에 모두 선정

William Procter &
James Gamble (1837)

3 경영이념

우리는 세계 소비자의 삶의 질을 향상시키는 최상의 품질과 가치를 지닌 제품을 공급한다. 그 결과, 소비자들은 우리에게 선두자리의 매출 달성과 이익 증대를 가져오고 우리 사원들, P&G 주주 그리고 우리가 일하고 생활하는 지역사회도 더불어 번영하게 된다.

1) P&G 사원

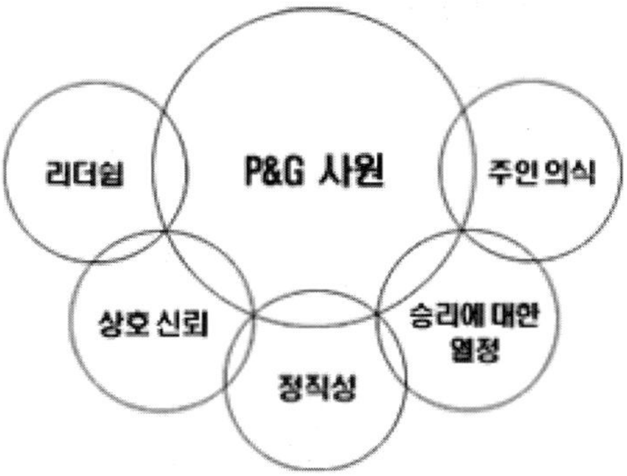

세계에서 가장 우수한 인재를 채용한다. 우리의 조직은 내부 승진으로 이루어지고 업적 외에는 어떠한 차별도 없이 승진 및 보상을 한다. 우리는 P&G 사원이 우리의 가장 소중한 자산이라는 확신을 가지고 행동한다.

2) 리 더 십

각자의 철저한 업무수행으로 최고의 결과를 달성한다. 각자의 영역 안에서 우리 모두는 리더로서 우리가 어디로 가야 하는지 확실한 비전을 가지고 있다. 우리는 선두자리의 목표와 전략을 달성하도록 우리의 자원을 집중시킨다. 우리는 우리의 전략을 실행하기 위하여 능력을 개발하고, 조직 내의 장애를 극복한다.

3) 주인의식

사업상의 욕구를 충족시키고, 우리의 시스템을 개선하고 다른 사람들의 효율성을 증대시키도록 도와야 할 개인의 책무가 있음을 인식한다. 우리 모두는 주인으로서 행동하며 회사의 자산을 우리의 것처럼 다루고 회사의 장기적 성공을 목표로 행동한다.

4) 정 직 성

언제나 올바른 일을 하도록 노력한다. 우리는 정직하고 서로에게 솔직하다. 우리는 법에 따라 사업을 시행한다. 우리는 모든 행동과 의사결정에 있어 P&G의 가치와 원칙을 따른다. 우리는 제안을 함에 있어서, 자료에 근거하고 정직함을 원칙으로 한다.

5) 승리에 대한 열정

일을 할 때에 최고의 결과를 달성할 것임을 다짐한다. 우리는 현재의 상태에 안주하지 않는다. 우리는 시장에서 이기고자 하는 강한 열정이 있다.

6) 상호신뢰

P&G 동료와 우리의 고객 및 소비자를 존중하며 우리가 대우받기를 바라는 바처럼 그들을 대우한다. 우리는 서로 다른 사람의 능력과 의지에 대하여 상호신뢰를 가지고 있다. 우리는 상호신뢰를 바탕으로 일할 때 사람들이 최고의 능력을 발휘한다고 믿는다.

④ 실천이념

1) 모든 개인을 존중한다

- 우리는 모든 사원이 각자 가지고 있는 잠재력을 최대한 발휘할 수 있고 발휘하기를 원한다고 믿는다.
- 우리는 서로간의 다른 점을 존중한다.
- 우리는 사원들이 높은 기대치, 기준 및 목표를 달성할 수 있도록 격려하고 능력을 발휘할 수 있도록 한다.
- 우리는 사원들의 업적을 공정하게 평가한다.

2) 회사와 개인은 공동의 이익을 추구한다

- 우리는 사업을 위하여 올바른 일을 성실하게 행하는 것이 회사와 개인 모두를 성공으로 이끌 것이라고 믿는다.
- 공동의 성공을 추구함으로써 우리는 하나가 된다.
- 우리는 주주로서의 주인의식과 행동을 권장한다.

3) 전략적으로 중요한 일에 집중한다

- 우리는 명확하게 합의된 목표와 전략을 기초로 업무를 수행한다.
- 우리는 우리의 사업에 가치를 더할 수 있는 일만을 하고 그렇게 하도록 요구한다.
- 우리는 현재의 일을 될 수 있는 한 단순화, 표준화 그리고 합리화한다.

4) 혁신은 성공을 위한 초석이다

- 우리는 소비자를 위한 크고 새로운 혁신에 중요한 가치를 둔다.
- 우리는 시장에서 보다 더 큰 승리를 거두기 위해 종래의 관행을 개혁하고 업무 방법을 새롭게 재창조한다.

5) 외부상황 이해에 역점을 둔다

- 우리는 소비자와 그들이 원하는 욕구를 누구보다 깊이 이해한다.
- 우리는 시장에서 우리 브랜드의 가치를 높일 수 있는 제품, 포장 및 개념을 창조하고 제공한다.
- 우리는 우리의 고객 및 공급업자와 밀접하게 상호 생산적인 관계를 만들어 간다.
- 우리는 모범 기업시민이다.

6) 개인의 전문적인 능력을 소중히 여긴다

- 우리는 우리 자신뿐만 아니라 다른 사람까지도 지속적으로 성장시키는 것을 모든 개인의 책무라고 믿는다.
- 우리는 탁월한 전문 지식의 숙련과 업무 수행을 장려하고 기대한다.

7) 최고를 추구한다

- 우리는 회사의 전략적 분야 전체에 대하여 최고의 노력을 기울인다.
- 우리는 우리의 업적을 사내외의 최고 수준에 비추어 엄밀히 평가한다.
- 우리는 성공은 물론 실패에도 배울 것이 있다고 믿는다.

8) 서로 협력하고 의존하는 것을 생활화한다

- 우리는 부서, 카테고리, 지역을 초월하여 신용과 신뢰를 갖고 상호 협력하여 일한다.
- 우리는 다른 사람의 아이디어를 재적용하여 얻은 결과에 자부심을 갖는다.
- 우리는 경영이념 달성에 공헌할 수 있는 고객, 공급업자, 대학, 정부 등 모든 관계자와 원만한 관계를 이루어 나간다.

5 P&G의 글로벌 네트워크

북 미:
미국, 캐나다

유럽 · 중동 · 아프리카:
영국, 아일랜드, 독일, 네덜란드, 벨기에, 덴마크, 포르투갈, 핀란드, 스웨덴, 노르웨이, 폴란드, 체코, 슬로바키아, 유고, 헝가리, 루마니아, 터키, 불가리아, 리투아니아, 러시아, 벨로루시, 크로아티아, 에스토니아, 카자흐스탄, 라트비아, 슬로베니아, 우크라이나, 우즈베키스탄, 이집트, 케냐, 모로코, 나이지리아, 남아프리카, 레바논, 사우디 아라비아, 예맨, 파키스탄

아 시 아:

한국, 오스트레일리아, 뉴질랜드, 필리핀, 인도네시아, 말레이지아, 싱가 포르, 인도, 방글라데시, 스리랑카, 타이, 중국, 홍콩, 대만, 일본

남 미:

아르헨티나, 브라질, 칠레, 콜롬비아, 코스타리카, 엘살바도르, 쿠아테말라, 멕시코, 페루, 푸에토리코, 베네주엘라, 카리브연안국

6 P&G 글로벌 경영전략

1) 세계경영전략: P&G가 있기 위한 5가지 중요한 전략을 가지고 있다. 그리고 이 전략은 각각의 전략목적지역에서 꾸준히 성장하기 위해 고려되고 있다.

(1) 기존 핵심사업을 설립, 더욱 강한 리더상품으로 이끈다.

— P&G는 4개의 중요 파트(Fabric care, Hair care, Baby care and Feminine care)에서 판매의 거의 50%를 차지하며 이익은 그 이상이다. P&G 이러한 사업들을 지속 발전할 수 있게 유지하는 것을 기본으로 하고 있다. Fabric care에 있어서 P&G는 세계리더로서 30% 이상의 세계 점유율을 가졌으며 약 20% 시장을 Hair care에서 획득했다. 모든 4개 부분에서 그 이상의 점유율을 차지하고 있다.

(2) 지도적인 거래처와 함께 빨리 성장해라.

— 미국에서 최고 10명의 소매상들이 지난 5년간 시장점유율을 30%에서 55%로 확장됐다. 유럽에서는 국가차원의 집중이 더 중요하며 이러한 집중도는 P&G 영향을 준다. 소매상을 포함한 구매자와 협동자들은 한 범위에서 여러 방법으로 경쟁자들과 경쟁할 수 있다.따라서 P&G는 협동사업계획, P&G주 브랜드 포트폴리오, 그리고 선도 분야에서의 신제품개발을 가지고 성장하는 소매업자들을 도울 것이다. 주 소

매업자가 성장하도록 P&G 브랜드가 나선다.

(3) 큰 나라에서 성장하라.

(4) 고성장과 높은 이익을 가진 사업을 발전시키고 투자해라.

(5) 고성장 개발시장에서 P&G 지도력 설립.

2) 물류전략—CRP도입

CRP는 유통공급망 내에 있는 업체들간에 상호 협력함으로써, 기존의 전통적인 관행인 경제적인 주문량에 근거하여 유통업체에서 공급업체로 주문하던 방식에서, 실제판매 데이터와 예측된 수요를 근거로 하여 상품을 보충시키는 방법이다. 이는 적기에 필요로 하는 소매점의 재고를 보충하기 때문에 운영비용과 재고비용을 줄인다. 한편 CRP에서는 POS 데이터와 이를 근거로 한 판매예측 데이터를 기초로 하여 창고의 재고보충주문과 선적을 용이하게 한다.

3) 마케팅 전략(4P)

(1) product(제품전략): 품질 지향적

(2) price(가격전략): 반드시 프리미엄 시장만 공략하는 것이 아니라. 소비자들의 필요에 따라 저가 브랜드에도 뛰어들었음

(3) place(유통전략): CRP의 도입

(4) promotion(촉진전략): 전 세계적 브랜드 확장, 마케팅 전략의 현지화

제1절 경쟁의 국제경영

1. 국제적 경쟁의 확산

시장과 생산의 세계화가 확산되면서 경쟁의 양상은 세계적 성격을 띠게 된다. 세계 각지에서 국지적으로 일어나는 경쟁이, 통계학 용어를 빌면 '독립사건'이 아니라 상호 밀접하게 연계된다는 것이다.

다시 말하면 한 시장에서의 경쟁성과가 다른 시장에서의 경쟁성과에 영향을 미치게 된다는 것이다. 만약 각 지역에서 일어나는 경쟁이 상호 연관성이 없다면 미국시장에서 성공적인 성과를 거둔 기업이 유럽시장과 일본시장에서도 성공적인 성과를 거둘 것이라는 보장이 없다. 반대로 지역간의 경쟁이 상호 연관성을 가지고 있다면 미국시장에서 성과를 거둔 기업이 다른 지역에서의 경쟁에서도 성과를 거둘 것이다.

2. 국지경쟁에서 세계경쟁으로

경쟁의 성격이 이처럼 국지경쟁에서 세계경쟁으로 변화하는 이유는 무엇인가? 이에 관해서는 몇 가지의 설명이 가능할 것이다.

첫 번째 설명으로서 시장의 동질화를 들 수 있다(Levitt, 1983). 세계 각지에 분산된 시장이 정보 · 통신기술의 발전에 힘입어 동질화된다면 미국시장의 경쟁에서 우위를 차지한 기업은 다른 지역에서의 경쟁에서도 같은 결과를 얻을 개연성이 높을 것이다. 만약 각 지역시장의 특성이 다르고 경쟁성과의 결정요인이 이러한 특성을 얼마나 잘 충족시켜 주는가에 달려있다면 한 지역에서의 성공이 다른 지역에서의 성공을 반드시 보장할 수는 없을 것이다. 결국 시장의 동질성이 얼마나 확보되고 있는가에 따라 경쟁의 세계성(globalness) 정도가 결정될 수 있을 것이다.

두 번째 설명은 기업의 경쟁우위의 원천이 축적 가능하고 이전 가능한 성격을 가질 때 경쟁이 세계화한다는 것이다(Porter, 1986).

세 번째 설명은 현금유동성(cash flow)을 강조하는 것이다(Prahalad & Doz, 1987).

비록 경쟁이 국별로 이루어진다고 해도 한 지역에서 성공적인 경쟁성과를 거둔 기업은 더 많은 유동성을 확보할 수 있고 이를 바탕으로 다른 지역에서의 경쟁에 유리한 고지를 점령할 수 있다는 것이다. 이러한 설명은 경쟁 자체가 세계성(globalness)을 지닌다는 것을 의미하며 따라서 세계경쟁에서 탈락하지 않기 위해서는 모든 경쟁지역에 출현해야 한다는 것을 말한다.

시장의 동질화, 경쟁우위의 축적, 현금유동성의 확보 등에 의하여 경쟁의 양상이 국지경쟁에서 세계경쟁으로 바뀌게 되면 전통적인 경쟁조건과 기업전략이 더 이상 적용되지 않는 새로운 양상의 경쟁이 전개된다는 것이다. 바로 특화경쟁에서 전면경쟁으로, 정태적 시차경쟁에서 동태적 시간경쟁으로, 고정경쟁에서 공간경쟁으로, 개별기업간 경쟁에서 기업군간 집단경쟁으로 경쟁의 성격과 양상이 변화한다는 것이다.

3. 국제경쟁의 특징

세계경쟁의 특징은 어느 한 시장에서도 열위에 빠지게 되면 궁극적으로 전체 시장에서의 지위도 위협받는다는 것으로서, 기업들은 자신의 주시장에서 우위를 얻기 위하여 다른 곳으로부터 외부효과를 받고자 하게 된다. 외부효과를 어디로부터 받는가에 따라 세계경쟁은 다섯 가지의 특징으로 구분될 수 있다.

(1) 전면경쟁

전면경쟁(head to head competition)이란 용어는 경쟁의 전선이 한 제품에 한정되지 않고 경쟁기업이 생산하는 전 품목으로 확대된다는 것을 의미한다. 만약 경쟁기업이 어느 한 제품시장을 독점 내지 안정적으로 확보함으로써 초과이윤을 획득하고 있다면 그 기업과 다른 제품에서 경쟁하는 것은 용이하지 않을 것이다.

그 이유는 현금유동성의 가설에 의해서 설명한다. 즉, 경쟁기업이 안정적으로 확보한 이윤을 바탕으로 가격경쟁력을 더 가질 수도 있고, 기술투자에 의해서 더 높은 생산성이나 더 좋은 제품을 생산할 수도 있기 때문이다.

따라서 그 기업과 경쟁하기 위해서는 그 기업이 현금유동성을 확보하고 있는 '성역'으로 진입해야 한다. 이러한 이유로 해서 세계경쟁은 단순한 제품경쟁의 수준을 넘어서 세계기업간의 전면경쟁으로 전환하게 된다.

좋은 예로 미국 자동차 빅 3가 소형차시장으로 진입하는 것을 들 수 있다. 이것은 단순히 미국의 자존심을 지키기 위한 것이 아니라 이 시장을 일본 기업의 성역으로 방치해 놓은 상태에서 중형차 · 고급차 시장에서의 경쟁에 견딜 수 없었기 때문이다.

이처럼 경쟁이 세계화하게 되면서 경쟁은 제품 · 지역간 경쟁에서 기업간 경쟁으로 전환하게 된다. 따라서 어느 제품에서의 경쟁성과를 분석할 때 비록 그 제품의 경쟁우위라고 하더라도 그 원천이 어디에 있는가를 분석하는 틀이 더욱 확장되어야 한다.

(2) 기술경쟁

세계경쟁의 주요 특징은 경쟁이 정태적이지 않고 동태적이라는 점이다. 주어진 기술구조하에서 이루어지는 정태적 경쟁에서 기술변화를 동반하는 시간중심경쟁으로 전환되는 추세를 의미한다. 이것은 시장의 세계화와 직접적인 연관성은 없어 보이지만, 시장의 확대에 따른 경쟁의 심화라는 측면에서 간접적인 영향을 받고 있다. 가격경쟁에 대처하기 위하여 제조기술의 혁신, 생산조직의 개선 등을 통하여 생산성의 향상에 힘쓰게 되고 제품경쟁에 관하여 R&D투자를 통한 신제품의 개발에 힘쓰게 된다.

이처럼 세계경쟁은 시간중심의 기술경쟁(time-based technological competition)으로 전환하면서 생산에 있어서 중요한 변화들이 빠르게 진전된다. 우선 유연생산방식의 정착이다. 기업들은 개량제품과 신제품을 빠른 시간 내에 시장에 출시하기 위하여 생산설비교체를 신속하게 할 뿐만 아니라, 프로그래밍에 의하여 기능을 자동 변환시킬 수 있는 유연방식을 도입하게 되는 것이다.

(3) 입지경쟁

기업은 자신이 가지고 있는 경쟁우위를 가장 효율적으로 사용하고 자신의 경쟁우위를 강화하기 위하여 최적의 지역을 물색하게 된다. 이것은 기업세계화를 의미하는 것으로 경쟁은 기업의 경쟁우위와 지역의 입지우위를 최적으로 결합하는가에 크게 의존하게 된다. 일본을 비롯한 선진국 기업들은 중국을 비롯하여 아세안에 대규모의 투자를 추진해 온 것이 단적인 예이다. 그들은 그 지역들이 가지고 있는 저렴한 생산비용과 동태적으로 발전하는 시장 등의 입지우위를 최대한 활용하고자 하는 목적에서 이 지역에 집중적인 투자를 추진하고 있는 것이다.

기업이 언제든지 자국을 떠날 수 있는 새로운 여건하에서 선진국 기업들을 받아들이거나 혹은 자국기업이 자국에 계속 남을 수 있도록 하기 위해서는 각국은 새로운 방식의 입지우위를 개발하는 것이 무엇보다 중요하다. 이러한 배경에서, 산업에 대한 새로운 인식이 싹트게 되었다.

이와 관련하여 개념화된 것이 소위 산업군집(industrial cluster 혹은 industrial district) 혹은 산업경제(meso-economies)인 것이다. 여기에서 산업군집이란 업종간에 가치사슬을 공유하거나 기술을 서로 교환하는 산업을 말하는데, 효율적인 산업군집의 존재는 정보유통과 기술교환의 기회를 통해 그 내부에 있는 기업에 상호 외부효과를 발생시킨다.

이것이 바로 입지와 연계된 경쟁력의 원천이 되는 것으로 세계화시대의 국가가 초점을 맞추어야 하는 분야가 된다.[1]

(4) 집단경쟁

이처럼 경쟁이 복합적인 양상을 띠게 되면 한 기업이 감당하기에는 경쟁의 범위가 너무 넓어진다. 또한 빠르게 변화하는 기술과 수요 환경 속에서 대기업체제의 비효율성이 점차 드러나고 있기 때문에, 각 기업은 경쟁에 효율적으로 대처하기 위하여 다른 기업과의 제휴를 선호하게 된다. 상호 필요한 부분을 공유해서 위험을 분산시키고 보유자산의 이익을 극대화하기 위한 기업간 제휴는 경쟁의 양상을 개별기업간의 단독경쟁에서 기업군간의 집단경쟁(network rivalry)으로 바꾸게 된다.

제 2 절 국제경쟁력과 기업경쟁력

1. 국제경쟁력의 필요성

과연 강한 국가인 국가경쟁력이 높은 나라는 어디로부터 나오는 것일까? 여기에 대해서는 복잡하고 모호한 국가경쟁력의 개념을 명확히 규명해 봄으로써

1) 장윤종,「세계화와 한국경제」(산업연구원, 1994), pp. 53~71.

그 근원을 알 수 있을 것이다.[2)]

첫째, 국가경쟁력에 대한 잘못된 인식 중 하나는 경제학 이론에 입각한 것으로, 특정 국가가 노동과 자본으로 구성된 부존요소를 풍부하게 가지고 있어 그 가격이 상대적으로 저렴할 경우 국가경쟁력이 강하다고 보는 견해이다.

둘째, 국가경쟁력을 한 국가가 세계무역에서 차지하는 상대적인 시장점유율 크기로 간주하는 견해이다. 이 기준은 국가경쟁력을 평가하는 여러 가지 지표 중 하나가 될 수 있다. 그러나 국가경쟁력과 관계 없이 시장점유율만을 확대하려고 원가 이하로 가격을 인하하여 판매량을 증대시켰을 경우, 이 지표는 국가경쟁력을 적절히 나타내지 못하게 된다. 나아가 이는 국가경쟁력의 결과이지 우리가 관심으로 하는 국가경쟁력의 근원인 결정요인에 대해 설명하지 못하고 있다.

셋째, 수출액과 수입액의 차이, 즉 무역수지로 국가경쟁력을 인식하는 견해이다. 이 방법도 흔히 쓰이는 것이지만 예외적인 상황이 얼마든지 나타난다는 약점이 있다. 예컨대, 대부분의 중동산유국이 그렇듯이 산업구조가 전혀 국제경쟁력을 갖추지 못하고 있음에도 불구하고 원유수출액 때문에 무역수지 흑자를 보이는 국가도 있을 수 있기 때문이다.

넷째, 국가경쟁력에 관한 가장 보편적인 국가경쟁력을 명목임금, 환율, 노동생산성 등에 영향을 받는 제품의 가격경쟁력과 품질, 마케팅, 서비스, 차별화 등에 영향을 받는 비가격경쟁력으로 나누어 보는 견해가 있다.

2. 국가경쟁력 강화

기존의 국가경쟁력에 대한 한계점을 보완하면서 국가경쟁력의 근원에 대한 관심이 다시 일어나기 시작한 것은, 1985년 미국 레이건 대통령이 미국의 경쟁력을 강화시키기 위하여 미 하버드대 마이클 포터 교수에게 연구를 의뢰한 것으로부터 시작된다. 마이클 포터 교수는 미국, 독일, 영국, 이탈리아, 스웨덴, 덴마크, 스위스, 일본, 싱가포르, 한국의 10개국을 선정하여 미국의 상대적 위치를 파악하고 경쟁력을 강화하기 위한 방안을 모색하면서 국가경쟁력 결정모델을 발표하였다. 포터는 동 연구에서 국가경쟁력의 근원은 국가가 가지고 있는 산업경쟁력에 달려있다는 연구결과를 발표하였다.

이러한 시각에서 본다면 산업경쟁력이라는 것은 결국은 동일산업을 구성하

2) 신철호,「세계 속에서의 경영철학」(대한상공회의소, 2000), pp. 5~17.

는 기업들이 강한 경쟁력을 가지고 있어야 산업경쟁력이 생길 것이고, 산업경쟁력이 있는 나라가 국가경쟁력이 높은 강한 국가가 될 것이다.

따라서 이를 다시 정리하면 여러 제품에 걸쳐 경쟁력을 가진 기업이 (기업)경쟁력이 있는 것이고, 경쟁력을 가진 기업이 서로 치열한 경쟁을 하면서 나름대로 시장을 분할하고 있을 때 그 산업이 (산업)경쟁력이 있을 것이다. 또한 경쟁력이 강한 산업을 여럿 가지고 있는 국가를 (국가)경쟁력이 있는 강한 국가로 볼 수 있을 것이다.

3. 산업경쟁력과 기업

그렇다면 강한 기업이 왜 필요한가에 대한 답은 간단하다. 국가경쟁력이 있는 강한 국가가 되기 위해서이다. 현 실정을 보면 이 세상 거의 모든 국가에서는 정부가 주축이 되어 제품경쟁력뿐 아니라, 자국의 기업경쟁력, 산업경쟁력, 그리고 국가경쟁력을 강화하기 위하여 온갖 노력을 다 기울인다. 제품의 경쟁력을 높이기 위한 기술개발 자원은 물론이고, 기업의 경쟁력을 높이기 위해서 투자재원 조달, 조세감면 등의 지원도 서슴치 않는다.

그리고 산업의 경쟁력을 높이기 위해서 기업의 구조조정을 유도하여 해당산업의 수급조정을 도모하는 정책도 불사한다. 또한 국가경쟁력을 높이기 위한 목적하에 통화량, 물가, 이자율, 환율 등의 거시경제지표를 조정하는 것은 너무나도 당연한 일이다.

4. 강한 기업의 경쟁력

그렇다면, 강한 기업은 어떻게 만들어야 하는가?

어떤 한 가지 요인만 가지고 강한 기업이 생겨나지는 않는다. 명쾌한 비전과 냉철한 통찰력을 갖춘 최고 경영자와 같은 주체(subject)가 있어야 하고, 외부에 적절한 환경(environment)이 뒷받침해 주어야 하며, 성장과 발전에 필요한 내부자원(resources)을 충분히 보유하거나 만들어낼 수 있어야 한다.

그리고 주체가 가지고 있는 자원을 이용하거나 새로운 자원을 창출하여 환경에 적응하거나 이를 극복하는 메커니즘(Mechanism)을 형성하게 되면 그 기업은 필요한 조건을 두루 갖춘 강한 기업이라는 평가를 받을 수 있을 것이다.

제 3 절 국가경쟁력의 개념

1. 국가경쟁력의 정의

국가경쟁력의 개념에 대한 가장 일반적인 정의는 복잡한 세계경제 환경하에서 국민의 지속적인 생활수준 향상을 담보할 수 있는 전반적인 생산성 수준 향상을 달성하는 데 있어서의 국가의 능력을 말한다. 즉, 국가경쟁력은 미시적 차원의 기업환경 외부에 존재하는 국민경제적 요인들이 기업의 경쟁력에 미치는 효과를 의미한다.

또한 국가경쟁력은 기업이 다른 나라의 기업들과 세계시장에서 경쟁할 때 효율적인 사회구조, 제도 및 정책을 제공함으로써 경쟁에 승리할 수 있게 하는 국가의 총체적인 능력을 의미하기도 한다. 국가경쟁력이 중요한 이유는 기업은 경제적 영역뿐 아니라 정치적·문화적·교육적 영역에 이르기까지 다양한 부문에 걸쳐 대응하고 대처해야 하기 때문이다.

국가는 기업의 경쟁력을 극대화시킬 수도 있고 그 반대의 역할을 할 수도 있다. 국가경쟁력이 높은 국가는 세계적인 경쟁력을 갖춘 기업과 산업을 보유하고 있는 것을 의미한다. 하지만 세계적인 경쟁력을 갖춘 기업이 되기 위해서는 해당 국가의 전반적인 투자환경이 매우 중요하다는 점을 감안할 때, 국가경쟁력과 기업경쟁력은 별개의 개념이긴 하지만 상호보완적인 성격도 지니고 있음을 알 수 있다. 이 때문에 최근 국가경쟁력이라는 개념의 유용성이 점차 커지고 있는 추세이다.

2. 국가경쟁력의 개념을 둘러싼 논쟁

국가경쟁력에 대한 관심과 논의의 증대에도 불구하고 국가경쟁력의 개념에 대한 명확한 정의는 아직 정립되지 못한 실정이다.

국가경쟁력과 관련하여 국가의 경제적 성과를 평가하는 기준이며 한 나라의 경제시스템의 구조적 특징을 집약적으로 표현하는 유용한 개념으로 적극 수용하고 있는 견해에서부터, 국가는 기업과 상이한 경제적 목표를 갖고 있기 때문에 국가적 차원에서 정의된 경쟁력은 무의미하다는 견해까지 다양한 입장들이 존재한다.

3. 포터의 국가경쟁력

1990년대 들어서서 미국의 경영학자 마이클 포터(Michael E. Poter)는 국가차원에서 경쟁력의 개념은 국가생산성을 의미하고 중요한 것은 생산성 수준과 증가율을 결정하는 요인을 밝히는 것이라고 지적하며 '다이아몬드 모델'을 제시하였다.

이는 이전의 자본과 노동에 새롭게 부존자원, 기업환경, 연관산업, 국내수요라는 네 가지 요인을 추가하여 이를 통해 국가경쟁력을 결정짓는 근본요인으로 파악하기 시작하였다.

그러나 마이클 포터의 '다이아몬드 모델'은 선진국 중심의 자유주의

표 14-1

경쟁력의 체계(Hierarchy of Competitiveness)

체 계	내 용
제품경쟁력	특정 제품의(국내, 국제) 소비자가 원하는 여러 가지 기준을 충족시킬 수 있는 능력 (예) 소나타의 제품경쟁력 = f(품질, 성능, 가격, 스타일, AS 수준 등)
기업경쟁력	특정 기업이 생산, 판매하는 여러 제품의 경쟁력을 강화할 수 있는 능력 (예) 현대자동차의 기업경쟁력 = f(자금, 인력, 기술, 디자인능력, 경영능력 등)
산업경쟁력	특정 산업에 속한 여러 기업들이 경쟁력을 강화할 수 있게 해주는 능력 (예) 한국 자동차산업의 산업경쟁력 = f(자동차산업에 필요한 부존자원, 경영환경, 관련산업, 국내수요, 근로자, 정치가와 행정관료, 기업가, 전문경영자/기술자/디자이너)
도시경쟁력	특정 도시에 속한 여러 산업들의 경쟁력을 강화할 수 있게 해주는 능력 (예) 서울시의 경쟁력 = f(지역산업에 종합적으로 필요한 부존자원, 경영환경, 관련산업, 국내수요, 근로자, 정치가와 행정관료, 기업가, 전문경영자/기술자/디자이너)
국가경쟁력	특정 국가의 경제를 구성하고 있는 여러 산업들의 경쟁력을 강화할 수 있게 해주는 종합적 능력 (예) 한국의 국가경쟁력 = f(여러 산업에 종합적으로 필요한 부존자원, 경영환경, 관련산업, 국내수요, 근로자, 정치가와 행정관료, 기업가, 전문경영자/기술자/디자이너)

그림 14-1 마이클 포터의 다이아몬드 모델

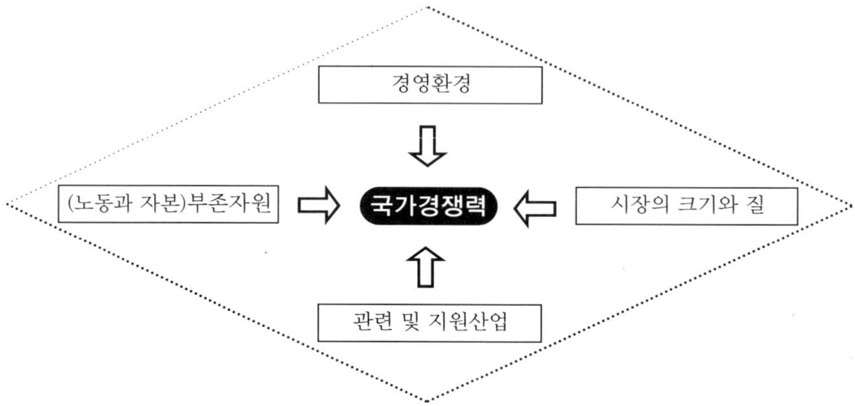

(liberalism) 정신에 바탕을 두고 있기 때문에 세계 각국에 일반화시켜 적용하기에는 무리가 따른다고 할 수 있다. 따라서 전 세계 모든 경제의 국가경쟁력을 제대로 평가하고 본질적인 원천을 파악하기 위해서는 선진국 경제를 중심으로 개발한 '다이아몬드 모델'과 또 다른 새로운 패러다임이 필요하게 되었다.

그림 14-2 국가경쟁력 모델의 뉴 패러다임: 9-팩터 모델

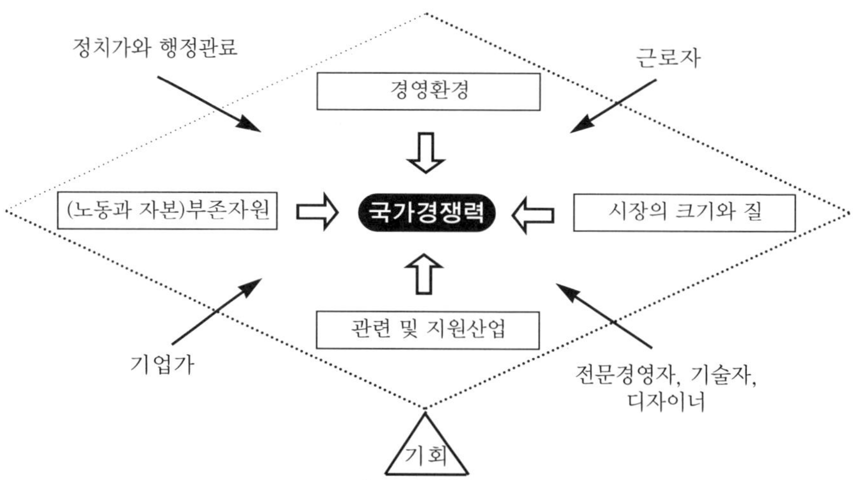

4. 9-Factor 모델

2000년대 들어서서 비선진국의 국가경쟁력 강화방안을 설명하기 위해 개발된 것이 '9-Factor Model'이다.

이 모델은 세계 각국의 국가경쟁력을 평가하기 위해서는 특정시점에 일국의 산업이 보유하고 있는 부존자원, 수요조건, 인프라 등 지원산업, 경영여건이라는 네 가지 국가경쟁력의 물적 요소와 그 시점에서 변화의 주도자로서 근로자, 기업가, 전문가, 정치가와 행정관료의 네 가지 인적 요소, 그리고 순수한 외부환경요인으로서 기회라는 9가지 요인 모두를 체계적 · 종합적으로 고려하고 있다.

5. IMD의 국가경쟁력 평가방법

(1) 평가방법의 내용

국가경쟁력이 영향을 미치는 요인은 정부정책, 기업구조, 금융 및 사업관행 등 매우 다양하다. 국가경쟁력은 기업의 경쟁력을 높이는 국가의 총체적인 능력을 의미하기 때문에 기업의 경쟁력을 높이는 요인은 모두 국가경쟁력 결정요인에 포함될 수 있다. 여기에는 경제적인 요인뿐만 아니라, 다양한 비경제적인 요인들이 포함되어 있다. IMD는 국가의 전반적인 사업환경이 기업의 경쟁력을 어느 정도 결정하는가를 평가하고 순위를 매긴다. IMD는 국가경쟁력에 초점을 두고 국가의 전반적 환경이 기업의 국내외적 경쟁력을 어느 정도 제고시킬 수 있는가를 측정하는 것이다.

IMD는 국가경쟁력을 평가하기 위해서 대분류 8개 부문으로 된 총 288개 항목을 평가기준으로 활용한다.

(2) 평가방법의 유용성

국가경쟁력이라는 개념을 통해 어떤 정책적 유용성을 확보할 수 있는가? 국가경쟁력 개념의 유용성에 대하여서는 국가의 경제적 성과를 평가하고, 구조적 특징을 요약하는 개념으로 유용하다는 견해와 무의미하다는 견해로 나누어지고 있다.

IMD에 의하면 국가경쟁력은 단순히 GDP나 생산성으로 환원될 수는 없다. 기업은 경제적 영역뿐 아니라 정치적·문화적·교육적 영역에 이르기까지 다양한 부문에 대응하고 대처해야 하기 때문이다. 즉, 국가경쟁력 개념은 기업이 성공적으로 경쟁할 수 있는 효율적인 사회구조, 제도 및 정책을 제공함으로써 다른 국가와 경쟁할 수 있는 능력을 의미한다. 따라서 경제규모가 작은 소국들이 경쟁력 상위 순위에 오를 수 있는 것이다.

국가경쟁력 개념의 유용성은 최근 국경간 직접투자가 활발히 이루어지면서 더욱 커지고 있다. 즉 국가경쟁력이 높은 국가는 투자입지도 뛰어나다는 것을 의미하기 때문에 IMD는 1999년 연감부터 투자입지 매력도 순위를 발표하고 있다. 이 순위는 다국적 기업들이 투자대상지를 선택함에 있어 향후 중요한 정보로 활용될 가능성이 높다. 특히 IMD가 제조업, 연구·개발, 서비스·관리 등 부문별로 투자매력도 순위를 발표하기 때문에 활용도는 더욱 높아질 것이다. 그리고 각 부문별로 투자매력도를 결정하는 요인들을 발표하기 때문에 각국 정부는 이를 활용하여 투자여건 개선노력을 기울일 수 있을 것이다.

제 4 절 국제경쟁력

국제무역의 발생원인과 그 양태에 관하여 아담 스미스가 절대생산비설을 발표한 이래 국제경쟁력은 주로 무역론 및 성장론[3]과 결부된 주제로서 그 원천과 효과에 대해서 현대에 이르기까지 많은 연구가 이루어져 왔다.

그러나 아직까지도 국제경쟁력에 대한 정의가 명확하지 않은바, 그 이유는 다음과 같다.[4]

첫째, 일반인들은 물론, 전문가들조차 이론이 설명하고자 하는 대상인 '분석단위'와 이론을 개발하기 위해 관찰하는 '분석범위'를 혼동하고 있다. 그 예로서 비교우위이론은 '2국 2재'라고 하는, 경제학 특유의 현실 단순화 가정뿐만 아니라 분석단위로서는 산업을, 분석범위로서는 국가를 대상으로 하는 실수를 범하고 있다.

둘째, 대부분의 연구들이 '국제경쟁력의 결정요인'(원인)과 '평가요인'(결

---

3) 김박수 외 공저, 「IMD의 국가경쟁력 평가에 관한 연구」(1999).
4) 조동성 편저, 「국가경쟁력-선진국으로 가는 지름길」(매일경제신문사, 1993).

과)을 혼동하고 있다. 이 둘은 전자가 사전적이고 후자가 사후적이라는 점에서 명백히 별개의 개념이다.

셋째, '경쟁'이라는 단어 자체가 둘 이상의 행위주체를 전제로 하는 개념이고 따라서 국제경쟁력 또한 상대적 개념인 데도 불구하고 많은 이론들이 이를 간과하고 있다.

넷째, 국제경쟁력은 기본적으로 경제주체의 의지와 행위가 시간을 거치면서 형성된 것인 만큼 다분히 동태적인 개념인 데도 불구하고 대부분의 이론들이 이를 무시하고 있다.

연구 과제

1. 포터의 국가경쟁력을 논하시오.
2. 경쟁의 국제경영을 논하시오.
3. 국제경쟁의 특징을 논하시오.
4. 국제경쟁력의 필요성에 대하여 설명하시오.
5. 강한 기업의 존재이유를 논하시오.
6. 국가경쟁력의 정의를 논하시오.
7. IMD의 국가경쟁력의 평가방법을 논하시오.
8. 다음의 용어에 대하여 설명하시오.
   1) 기술경쟁
   2) 집단경쟁
   3) 포터의 국가경쟁력
   4) 크루그만의 국가경쟁력
   5) 수평적 경쟁우위
   6) 기술적 경쟁우위
   7) 글로벌 정보전략

제15장
해외진출의 형태

사례연구 ▶ Global 500대 기업

알리안츠(Allianz)

1 Web Site

http://www.allianz.com

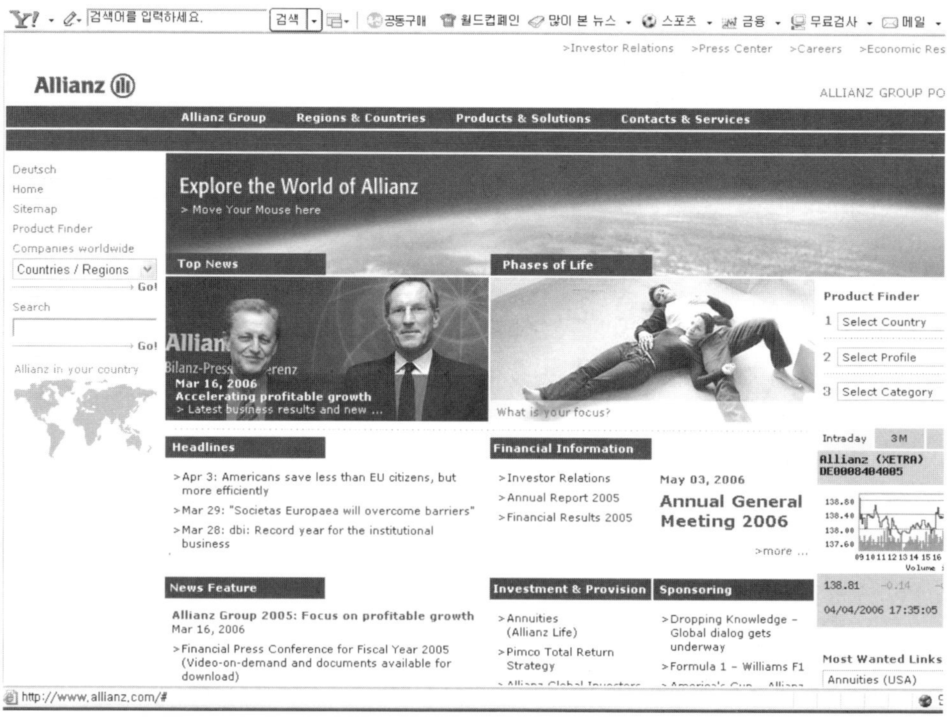

2 회사개요

알리안츠 그룹은 세계에서 가장 널리 알려져 있는 세계 최대 금융서비스 그룹 중의 하나이다. 알리안츠 그룹은 세계적인 강력한 브랜드 네트워크를 바탕으로 손해보험, 생명보험, 자산운용 및 은행 분야에서 최고의 상품과 전문적인 서비스를 제공하고 있다.

1890년 독일 베를린에서 설립된 알리안츠는 현재 세계 70개국 이상의 나라에서 162,000여명의 임직원을 두고 있다. 뮌헨에 본사를 두고 있는 세계 최고의 보험 금융서비스 그룹인 알리안츠 그룹은 전 세계 6천만 명 이상의 고객에게 다음과 같은 부문에서 다양한 금융서비스를 제공하고 있다.

3 핵심사업 분야

알리안츠 그룹은 969억 유로의 총매출을 기록했으며, 1조 780억 유로(1,522조 원)의 총운용자산을 가지고 있다.

알리안츠 그룹의 운용자산은 한국 GDP의 약 2배가 넘으며, 한국 생명보험시장의 총자산보다도 약 7배가 많다.

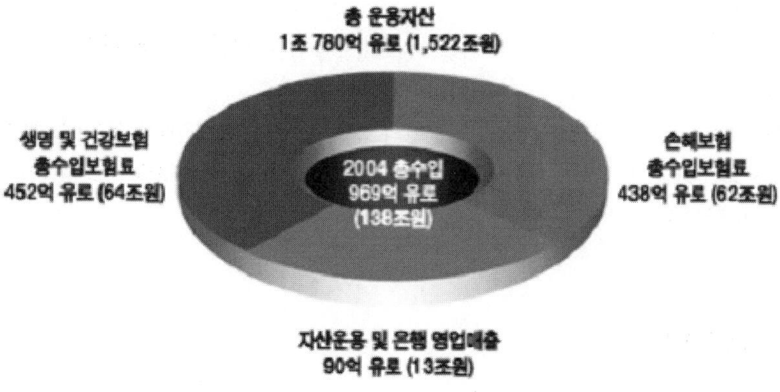

4 그룹 현황

가. 총 운영자산 1,522조 원

나. 포춘지 선정 글로벌 500대 기업 중 전체기업14위

다. 세계 5대 자산 운용사

라. 총수입보험료 125조 6천억 원

마. 월드컵 개막경기장 Allianz Arena 완공

바. Fomula 1(F1)의 BMW Williams F1팀 스폰서

사. 한국 내 알리안츠생명, 알리안츠 글로벌 인베스터스 자산운용 운영, 하나생명, 하나은행의 대주주

5 스폰서십

1) 알리안츠 아레나

"대~한민국! 2002년 월드컵의 감동을 2006년 독일 알리안츠 아레나에서"

알리안츠 아레나(Allianz Arena)는 2005년 5월에 완공되었으며 2006 독일 월드컵 게임의 개막전 및 4강전 등 6게임이 펼쳐졌다. 뮌헨 근교에 세워진 66,000석의 알리안츠 아레나(Allianz Arena)의 가장 멋진 시각효과는 매끈한 외벽이다. 다이아몬드 모양의 반투명한 덮개는 서로 다른 색깔의 조명을 비추어 이 경기장을 홈팀으로 사용할 바이에른 뮌헨과 TSV 뮌헨 두 팀의 색깔을 보여주게 된다. 또한 경기장 내부에는 지붕을 받쳐주는 기둥이 전혀 없어 관중석의 어떠한 장소에서도 경기모습을 제대로 볼 수 있는 세계 최첨단 경기장이다.

2) Fomula1(F1)

위험으로부터 365일 안전하기 위한 최선의 방법은 위험을 예상해 미리 대처하는 것이라는 게 알리안츠의 생각이다.

알리안츠는 세계에서도 독보적인 뮌헨의 알리안츠 기술센터에서 에어백 개발과 전자제어 장치를 발명하였고, 2000년 5월 이래로 BMW Williams F1팀의 자랑스러운 파트너로 후원활동을 지속적으로 전개하고 있다.

6 기업이념

1) 비전(Vision)

최고를 지향하는 든든하고 수익성 있는 고객 중심의 생명보험사

(to build a reliable, profitable and customer-centric insurance company by delivering excellence in all that we do)

2) 리더십 가치(Leadership Values)

① 전략과 전달의 일치(align Strategy and Communication)

우리는 지속적으로 사업전략을 달성하기 위해 함께 일한다. 따라서 모든 이해관계자들에

게 이러한 전략을 전달할 중요한 책임이 있다.

② 고(高)성과 문화 촉진(Promote a High Performance Culture)

전략과 연계된 명확한 목표를 세운다. 피드백과 코칭을 통해 탁월한 업무성과를 내고 이를 격려 보상하는 문화를 장려한다.

③ 고객중심(Focus on Our Customers)

한치 오차 없는 고객 중심임을 확인하자. 고객과의 관계를 개발하고 성장시켜 수익성 있는 발전을 이루면 주주의 가치가 높아진다. 이를 위해 상품, 운용, 비즈니스 프로세스, 활동에 있어 최고가 되어야 한다.

④ 직원개발(Develop Our Employees)

우리는 직원들에게 투자한다. 높은 선발 기준으로 잠재력 있는 인재를 찾아내고 개발시켜 간다. 서로 다른 배경이나 관점을 존중하고 가치 있게 여기며 다양성에서 오는 해택을 누릴 수 있는 문화를 만든다. 개인의 성과 결과와 능력이 결합된 개방된 경력개발 기회를 만들어 간다. 모든 사람이 가장 근무하기 원하는 회사를 만든다.

⑤ 상호신뢰와 피드백 구축(Build on Mutual Trust & Feedback)

상호신뢰, 공정성, 성실 그리고 명확하게 개방된 커뮤니케이션을 통해 성공을 이루어낸다. 직원들이 혁신적인 사업의 기회를 파악하며, 지식과 아이디어를 공유하고, 건설적인 피드백을 주고받기를 장려한다.

6 국내진출

알리안츠생명은 전국 130만 명의 고객들에게 생명보험 및 금융상품을 제공하는 한국의 4대 생명보험회사이다. 알리안츠생명은 개인고객과 브로커 및 법인고객을 포함한 다양한 고객을 확보하고 있으며 이에 따라 고객유형의 필요에 맞는 다양한 판매채널을 확보하고 있다.

전국적으로 분포된 5,800여명의 알리안츠 어드바이저(AA)와 420여명의 프로페셔널 어드바이저(PA) 및 23개 법인대리점(CA)은 고객에게 가장 적합한 맞춤식 보험 및 금융설계를 제공하고 있다. 알리안츠 그룹의 보험상품은 법인 및 다국적 기업의 요구사항을 충족하고 있다. 알리안츠생명의 지역별 네트워크는 전국적으로 확산되어 있으며 5개의 지역본부, 39개의 지점, 300개의 영업소 및 14개의 프로페셔널 어드바이저(PA) 지점이 있다.

제 1 절 진출형태선택에 영향을 미치는 변수

국제경영은 여러 가지 다양한 수단에 의해 이루어진다. 범지구적인 활동범위를 가지고 있는 다국적기업은 그들이 생산하고 있는 상품과 각종 해외활동 등 이용 가능한 모든 형태를 이용하고 있다. 해외경영의 유형들은 해외경영에 참여하는 여건과 국내외에 있는 자원에 따라 다르다. 수출, 해외직접투자, 그 밖의 여러 형태의 해외경영에 있어서 기업은 소유권을 차지하거나 다른 기업과 계약을 체결함으로써 그 기업이 가지고 있는 자원의 참여를 절감시킬 수도 있다.

이러한 여러 경영활동을 선택할 때 고려해야 할 주요 요인들에 대하여 논의하는 것이 유용하다. 예를 들면 외국 자회사를 100% 소유하겠다는 계획은 모회사의 자회사에 대한 통제력은 증대시키지만, 동시에 정치적 위험에 대한 노출이 커지게 된다.

1. 법

포드 같은 다국적기업의 경우 멕시코의 자동차시장을 전부 독점하고 싶지만 법률적으로 불가능하다. 해외경영의 선택과정에 영향을 미치는 법률적 수단에는 세율의 차이, 과실송금의 제한, 독점금지법, 국유화나 수용가능성 등 여러 가지가 있다.

2. 가 격

해외에서 판매하기 위한 제품을 생산하는 데 고정비용이 발생되는 상품인 경우, 경영규모가 적을 때는 국내에서 직접 생산하는 것보다는 국제적인 하청생산(subcontracting)을 하는 것이 비용이 적게 든다. 그리고 경영규모가 충분히 성장했을 때에는 해외용역을 주지 않고 직접 경영을 하는 것이 경비가 적게 들 수 있다.

따라서 기업은 주기적으로 그들의 경영활동을 대내적 혹은 대외적으로 할 것인가를 검토해야 한다.

3. 경 험

대부분의 기업은 국제적인 발전단계의 초기단계에서는 해외경영에 기업의 경영자원을 많이 투입하거나, 해외부문을 급속히 확장시킬 충분한 자원을 가지고 있지 않다. 결국 국제적인 활동의 제 성장단계를 통하여 변해 간다. 초기 단계에서 기업은 그들의 부족한 경영자원을 보존하고 자원의 배분도 해외보다는 국내로 집중시킨다. 그리고 기업의 해외활동이 증가함에 따라 경영활동을 해외부문으로 전환시키게 된다.[1]

4. 경 쟁

기업이 가까운 장래에 다른 경쟁자가 모방하기 어려운 특별한 경영자원을 가지게 될 때, 그 기업은 효용을 높일 수 있는 경영활동의 형태를 선택하는 데 좋은 위치를 차지하게 된다. 이 경쟁력은 국제적인 확장전략으로 이어질 수 있으며, 다른 기업과 외부적인 협력과정을 발전시킴으로써(경영자원의 제약 때문에)만이 가능하다.

5. 위 험

위험에는 여러 형태가 있다. 특히 자산과 수익에 영향을 미치는 정치 · 경제적 변화는 국제경영을 하는 기업가의 중요한 관심사이다. 위험을 분산시키는 방법 중의 하나는 여러 국가에서 경영활동을 하는 것인데, 이는 몰수, 외환통제, 지역적인 판매부진 등의 위험을 감소시켜 주게 된다.

6. 통 제

기업이 해외로 진출하면 할수록 범지구적인 최적화에 영향을 미칠 계획에 대한 통제를 잃게 될 수 있다. 이것은 신제품개발, 질, 생산규모가 확장되는 것 등 모두를 포함하게 된다.

---

1) John D. Daniels, and Lee H. Radebaugh, *International Business*(Addison-Wesley Publishing Company, 1986), pp. 504~511.

7. 자연자산

경영활동중인 기업은 가능한 한 경쟁기업에 대한 우위요인이 있어야 된다. 그 우위요인은 해외판매에 응용할 수 있는 가능성이 있을 때와 그 우위요인을 국제적으로 이전시킬 수 있을 때에 필요하다.

판매자의 관점에서는 해외경영활동의 유형이란 자산이나 판매자 자신이 조정할 수 있는 유리한 점에 의해 선택된다. 일반적으로 자산이라는 것은 원료 · 자본 · 노동 등 생산요소를 뜻한다. 이것들은 서로 동질적이지 않기 때문에 그 질 · 비용 · 통제력 등을 어떻게 잘 활용할 수 있는가가 앞으로의 관심사이다. 자원을 최적화하기 위해서는 그것이 사용될 수 있는 활동의 여러 형태를 비교하는 것이 바람직하다.

제 2 절 라이센싱

1. 라이센싱의 의의

국제기술공여(foreign licensing)는 넓은 의미로 재산적 가치가 있는 상업적이고 공업적인 기술을 제공하거나, 그것을 받아들임으로써 그 대가(remuneration, compensation)를 지불하거나 수취하는 것을 말한다. 즉 기술을 매개로 하여 자본적 거래가 이루어지는 현상을 말하는 것이다. 국제기술공여란 우수한 기술의 국제적 보급으로 그것을 제공하는 측(licensor)에서는 그 대가를, 도입하는 측(licensee)에서는 그것을 이용하여 추가이익의 확보를 제공해 주는 기초가 된다고 할 수 있다.

라이센싱에서 제공하는 측은 무형의 재산에 대한 권리를 부여하는데, 이 권리는 다음과 같다.

① 특허 · 발명 · 제조방법 · 공정 · 디자인

② 저작권 · 문학 · 음악

③ 상표 · 상호

④ 프랜차이즈 · 면허 · 계약

⑤ 경영기법 · 프로그램 · 시스템 등

2. 라이센싱의 동기

(1) 경제적 동기

신상품과 새로운 생산공정은 한정된 기간 동안과 부분적으로만 영향력을 발휘할 수 있을 경우와, 해외판매 규모가 새로운 시설을 갖추어 해외생산을 할 만큼 해외수요가 크지 않을 경우, 또는 경쟁자가 곧이어 기술개발을 하여 우위요인이 상실될 가능성이 클 때에는 기술공여를 통하여 이익을 얻는 것이 유리할 수 있다. 그것은 직접투자에 따른 자본비용, 설비운영, 재고에 대한 위험을 피하고 현지시장에의 적응에 필요한 비용을 현지기업에 넘기는 효과를 내기 때문이다. 이 경우 특히 중소기업에게 효과적인 진입방법이 될 수 있다.

기술도입자의 입장에서는 자체 개발보다 비용이 적게 드는 경우 라이센싱을 택하게 된다. 화학이나 전자산업처럼 기술의 변화가 급격한 경우에는 서로 모든 시장에서 모든 제품으로 경쟁하기보다는 교차라이센싱(cross-licensing)을 통하여 서로 기술을 교환하는 것이 유리할 수도 있다. 교차라이센싱이란 두 기업간에 서로 기술을 공여하기로 계약하는 것을 가리킨다. 교차라이센싱은 몇몇 참가회사가 다른 회사들보다 혁신적인 제품을 생산할 수 있을 때 발생된다.

또 다른 경제적 동기 중 하나는 기업이 스스로 사용할 수 있는 자원과 관계가 있다. 아메리칸 모터스는 전 세계에 지프자동차가 판매될 수 있는 곳은 어디든지 생산시설을 건설할 수 있는 자원을 가지고 있다. 그러나 큰 시장인 오스트레일리아나 인도에는 생산자회사를 가지고 있었으나 스리랑카 같은 작은 시장에서는 라이센싱이 사용되었다.

(2) 전략적 동기

다각화기업은 지속적으로 제품을 재평가하고 변화시킴으로써 기업의 장점을 최대로 발휘할 수 있는 사업에 모든 노력을 경주하게 된다. 따라서 전략적 가치가 떨어져 더 이상 개발할 필요가 없다고 판단된 제품이나 기술을 다른 기업에게 이전시켜 이익을 취하게 된다.

(3) 정치적 · 법적 동기

관세, 쿼터 등의 수입장벽을 피하여 라이센싱을 택할 수도 있다. 수입제한이나 경쟁의 심화로 더 이상 수출이 가능하지 않거나, 상대국 화폐의 평가절하가 장기간 지속될 경우 라이센싱으로 전환하게 된다. 이 때 기술도입 기업에게 완제품은 아니나 원자재나 부품을 계속 수출할 수 있는 기회가 생길 수 있다. 현지정부가 기술을 획득하는 수단으로 직접투자보다는 라이센싱을 선호하는 경향이 있고 재산수용과 같은 위험도 회피할 수 있는 것이다. 동구권같이 수입이나 직접투자에 제약이 있는 경우 라이센싱이 좋은 진입방법이 된다.

이와 같이 라이센싱은 무역제한이나 외국인 소유에 대한 제한을 회피하는 수단도 되지만 자산을 보존하는 수단도 된다. 상표 · 특허 · 저작권 같은 무형자산을 보호해 주는 나라는 그리 많지 않다. 이 경우 현지기업과 라이센싱계약을 체결하면 그 지역 내에서의 감시체제가 확립되는 셈이 된다. 때로는 국제적으로 등록된 자산을 특정 기간 안에 국내에서 사용하는 경우에 보호해 주고, 그 기간 내에 국내에서 이용실적이 없으면 최초 사용기업에게 권리가 돌아가는 국가도 있다. 이 경우 라이센싱을 통해 미리 우선권을 확보하게 된다.

3. 라이센싱의 문제점과 양식

최근 몇 년간 라이센싱만큼 논쟁이 많은 국제경영의 유형은 없다. 로열티의 지불방법과 지불액에 대해 개도국에서 계속 비판해 왔다는 점은 어쩌면 불가피한 일이다. 다음은 제공자(licensor)와 도입자(licensee) 사이의 주요 관심사에 중점을 둔 것이다.[2)]

(1) 통제와 경쟁

다른 기업에 그들의 권리를 이전함으로써 그 소유자는 그 자산가치에 대한 통제력을 잃게 된다. 기술공여 기업의 입장에서는 기술에 대한 통제가 그만큼 약화되는 것이기 때문에 계약상 품질검사방법, 판매지역제한 등에 대한 규정을 두게 된다. 또한 계약이 끝난 뒤 서로 경쟁상태가 되는 경우에 대비해서 이전기술을 바탕으로 개발된 기술을 공통사용하는 규정을 만드는 것이 보통이다.

2) 정구현, 「국제경영론」(법문사, 1987), pp. 301~312.

(2) 비밀유지

많은 기술이 널리 알려지거나 이해되면 그 가치가 퇴색된다. 따라서 대개 기술도입자가 기술을 누설시키지 않도록 하는 조항을 삽입하게 된다. 또는 특정 부품에 대한 비밀을 유지함으로써 기술도입자가 기술을 완전히 습득하지 못하도록 하기도 한다. 비밀문제는 공정기술의 경우 두드러지는데, 아직 상업화되지 않은 기술을 기술도입 후보자에게 보일 때 비밀유지를 위해 사전계획(preagreement)을 하게 된다. 때로는 라이센싱계약상의 지불조건에 대한 비밀문제도 생기는데 그것은 상대국 정부가 다른 나라에 비해 불리한 조건이면 승인을 해 주지 않기 때문이다.

(3) 대가지불

라이센싱에서 대금의 지불방법이나 지불액은 여러 가지 종류가 있고, 각 계약은 그 장점에 따라 협상이 이루어지는 경향이 있다. 기술공여자의 입장에서는 로열티가 추가비용이 없는 잉여이익인가 아니면 기술개발에 들어가는 R&D 비용을 보충하려는 것인가에 따라 요구하는 금액이 달라질 것이다. 기술의 독특성이 높고 다른 기술공급 원천이 없다면 기술공급자가 유리한 입장에서 지불조건을 협상하게 된다. 기술도입자는 국내시장 규모나 제3국지역에의 수출이 제한된 경우 규모의 경제가 달성되지 않아 단위비용이 높아지면 라이센스의 가치는 떨어지게 될 것이다. 세금은 지불방법에 영향을 주게 되는데 일시불, 판매액의 일정비율, 기술사용 정도에 따른 일정비율 또는 이들의 혼합형태 등을 취할 수 있다.

(4) 통제되는 기업에게 판매

많은 라이센스계약이 기술공여자와 소유관계가 있는 기업들과 이루어진다. 미국 기업들은 특히 아무 관계가 없는 기업보다는 해외의 자회사들에게 라이센스를 준다. 그것은 관련기업이 보다 효율적으로 기술을 사용하여 판매고를 높일 수 있다고 생각하기 때문이다. 모기업이 소유하고 있는 해외법인이라도 기술이전은 법적으로는 다른 법인 사이에 일어나는 것이므로 라이센싱계약을 해야 한다. 또는 소유권이 분산될 때를 대비해서 기술계약은 별도로 체결하는 것이다. 또한, 배당제한의 경우 라이센스를 통하여 추가적인 이익을 얻을 수가 있기 때문이다.

4. 무형자산의 보호

경영활동이 가지고 있는 가장 가치 있는 자산은 특허 · 상표 · 저작권 등이다. 예를 들면 코카콜라는 상표권의 침해를 전담하는 법률전문가가 항상 있다. 이러한 자산은 적절하게 보호하지 않으면 세계적으로 그것을 사용하는 데 제한을 받게 되고 따라서 이윤도 감소하게 된다.

(1) 특 허

최초의 국가간 협력의 시도는 1883년에 시작되어 주기적으로 개정된 컨벤션 오브 파리스(convention of Paris)이다. 이 컨벤션은 '산업자산권의 보호를 위한 국제기구' 의 발족을 가져왔고, 그 내용에는 특허 · 상표 등의 보호에 관한 사항이 포함되어 있다.

foreign licensing에 있어서 그 대상이 되는 것은 특허 그 자체에 있는 것이 아니라 그것을 문서화하고 권리화한 특허권(patents rights)이라고 할 수 있다. 곧 특허권의 양도 또는 실시가 된다고 할 수 있는 것이다. 특허권이란 "신규의 공업적 발명을 한 자가 그 발명품 혹은 발명원리에 의하여 제조한 물품을 법정기간 동안 독점적으로 제작 · 사용 · 판매 · 발표할 수 있는 권리"를 말한다. 이러한 특허 또는 특허권은 know-how와 더불어 국제기술공여의 대종을 이루고 있는 것으로서, 현대에 와서는 특허의 국제적 이전은 거의 보편화되었다고 할 수 있다. 보통 특허는 제품의 생산 전반에 관한 것이 아니라, 제조과정의 일부에 관계되는 경우가 대부분이다(patents over part of a process).

특허를 그 대상으로 하고 있는 국제기술공여는 특허권자(실시 허락자)가 제3자(실시권자)에 대하여 자기가 보유하고 있는 특허권에 관해서 실시권을 주고 이것에 대하여 실시료를 보상으로서 수취하는 것을 주내용으로 한다. 곧 특허의 양도 내지 실시에 의하여 일정 발명에 대한 대가를 취득하는 것을 말하는 것이다. 본래 이러한 발명을 이용하여 이익을 얻는 방법에는 첫째로, 그 발명을 타인(기업)에 양도하거나 또는 그것의 변형으로서 발명을 공유하는 것, 둘째로, 발명을 유상조건으로 하여 그 실시권을 주는 것, 셋째로, 그 발명을 자기 스스로 이용하는 것과 같은 방법이 있다.

특허침해분쟁은 비용이 많이 들고 복잡하다. 국제적 차원에서 중요한 점은 급속한 기술의 발전과 각국마다 다른 특허규칙과 조항들을 갖고 있다는 점이다.

따라서 특허권침해는 가끔 증명하기가 어렵다. 예를 들면 약에 대해서는 특허권 보호를 해 주지 않는 이탈리아에서는 해적판으로 약이 대규모적으로 생산되어 세계 각국에 판매되지만 그것을 증명하기가 어렵다. 또한 특허침해소송은 비용이 많이 들기 때문에 많은 기업들은 법정 밖에서 해결하려고 한다.

(2) 상 표

넓은 의미에서 상표란 "특정의 생산자, 판매자 혹은 그 단체가 자기의 상품인 것을 나타내고 경쟁기업의 상품과 구별하기 위해서 사용하는 문자(letters), 도형, 기호(sign) 또는 이들의 결합 혹은 이들과 색채와의 결합"을 말한다. 상표를 의미하는 brand의 원래 어원은 '소인(燒印)'의 의미로서 '상품 혹은 용기 위에 소인으로서 날인한 상업적 표장'을 의미한다. 이러한 상표는 법의 보호를 받기 위하여 등록을 하게 되는데, 이와 같이 등록을 마친 것을 등록상표(trademark)라 하며 그렇지 않은 것은 단순히 상표(brand)라고 하고 있다.

국제기술공여의 대상이 되는 것은 물론 trademark이다. 곧 상표를 등록한 자가 그것을 독점적으로 사용할 수 있는 상표권(right of trademark)이 국제간의 이전의 대상이 되는 것이다.[3] 상표보험을 위한 국제협력 중 하나는 상표등록조약(trademark registration)인데 이 조약은 비엔나 회의에서 명문화되었다.

(3) 복 제

대부분의 큰 출판사나 레코드사는 해외에 대한 관심을 갖고 있고 해외의 경쟁에 크게 영향을 받을 수 있다. 만일 국제저작권법이 없다면 책이나 레코드가 복제되어 그것이 최초 생산국에 염가로 역수입될 수도 있다.

(4) 문 제 점

1996년에 미국으로 돌아온 모조상품은 수백억 달러에 달하며, 전 세계무역에서 차지하는 비율이 2%를 넘을 것으로 추산되고 있다. 심지어 모조상품은 기업이 생산하지도 않은 상표도 등장시키고 있다. 조다쉬 상표는 그 회사에서는 생산되고 있지 않은 디스코가방, 모자 등도 해외에서 팔리고 있다.

3) 안태호, 「국제경영론」(박영사, 1981), pp. 136~139.

제 3 절 프랜차이징

1. 프랜차이징의 의의

프랜차이징은 프랜차이저(franchisor: 영업본부)가 프랜차이지(franchisee: 가맹회사)에게 상표의 사용권을 허가해 주고 사업체의 조직과 경영방법의 이전을 통해 계속적으로 운영을 지원해 주는 방식이다. 가맹자의 소유권은 독립되어 있으며, 본부는 프랜차이징에 따른 수수료를 받고 대개 가맹자의 운영에 필요한 물품을 공급하기도 한다.

따라서 프랜차이징은 라이센싱의 한 형태라고 볼 수 있으나, 프랜차이징이 라이센싱보다는 가맹사(또는 기술도입 기업)의 운영에 보다 강한 통제를 하게 된다는 차이가 있다. 즉 가맹회사는 본부의 정책과 운영절차를 따라야 하는 것이다. 본부는 가맹회사에게 설비 · 간판 · 촉진물 · 제품과 기타 원재료 등을 공급하는 한편, 훈련 · 재정 · 기술 · 회계 · 상품계획, 일반적인 관리면에서 지원을 하게 된다. 또한 기업 이름을 알리고 제품이나 서비스를 사전판매하기 위한 촉진 및 광고지원도 한다.

2. 프랜차이징의 형태

프랜차이징은 19세기에 태동하여 1960년대에 성행하기 시작했으며 1970년대에 들어 유력한 해외시장 진입형태로 부각되었다. 애초에는 소매업에 국한된 운영방식이었으나 이제는 즉석식품(fast food), 자동차임대, 건설, 음료수, 호텔, 모텔, 주유소 등의 산업에서도 많이 채택되고 있다. 또한 이전의 프랜차이즈 본부는 주로 미국에 근거하고 있었으나 지금은 미국뿐만 아니라 캐나다, 일본, 영국 등 여러 나라로 확산되고 있다.

3. 프랜차이징의 문제점

프랜차이징의 확산과정상 문제점은 본부나 프랜차이징 자체가 비교적 잘 알려져 있지 않으며 현지금융이 쉽지 않아 현지가맹사 선발이 용이하지 않다는 것이다. 또한 정부의 규제도 확산의 장애요인이 될 수 있다.

본부가 가지고 있는 문제는 자국에서의 성공요인이 해외에 그대로 적용되기 힘들다는 데 있다. 본부의 성공요인은 i) 제품과 서비스의 표준화, ii) 촉진을 통한 고도의 인지도, iii) 효과적인 비용통제라고 할 수 있다. 그러나 해외에 진입할 때는 여러 가지 제약조건 때문에 자국에서와 똑같은 운영방식을 그대로 이식하는 것은 어렵고 해외시장이 정치 · 경제 · 사회 · 문화적 여건에 따라 조정이 가해져야 하는 경우가 많다. 조정할 부분이 많다는 것은 그만큼 본부의 역할이나 필요성이 적어지게 됨을 의미하는 것이다.

4. 프랜차이징의 특성

진입방법에서 프랜차이징의 유리한 점은 i) 적은 자본으로 해외시장에서의 신속한 확산, ii) 독특한 이미지로 표준화된 마케팅, iii) 고도로 동기부여된 가맹점, iv) 낮은 정치적 위험 등이다. 반면에 불리한 점은 i) 본부의 이익의 한계, ii) 가맹점의 운영에 대한 완벽한 통제 불가, iii) 경쟁자의 양성 가능성, iv) 계약상에 대한 정부의 규제 등이다.

프랜차이징은 제품의 수출이 어렵고 해외투자를 기피하며, 생산과정이 쉽게 이전될 수 있는 경우에 적합한 방법이다. 따라서 프랜차이징의 대상은 대개 자본투자가 많지 않고, 높은 수준의 관리나 기술이 필요없는 제품으로 서비스 및 소비재가 많다.

특정 본부회사의 입장에서 해외시장에 대한 진입대안으로 프랜차이징과 단독이나 합작 등의 직접투자 중 어느 것을 선택할 것인가는 전략적 문제인데 통제와 리스크를 고려하여 결정하게 된다. 일반적으로 해외시장에 최초로 진입할 때는 위험이 낮은 프랜차이징을 선택하고 경험을 쌓은 뒤 통제력을 강화시키기 위한 직접투자를 하게 된다. 다시 말해 프랜차이징은 직접투자를 하기 위한 과도기적 진입전략이라고도 볼 수가 있다.

제 4 절 국제경영관리계약

1. 경영관리계약의 의의

국제경영관리계약(management contracts)은 해외기업의 일상적인 운영을 관리할 수 있는 권리를 계약하는 것이다. 이 권리에는 새로운 자본투자, 장기부채의 기채, 배당정책, 기본적인 경영정책, 소유권 등에 대한 결정권한은 포함되지 않는다. 따라서 경영관리계약상의 경영통제는 진행중인 사업운영에만 국한되는 것이다.

경영관리계약이 체결되는 경우는 i) 해외투자기업이 현지 정부에 의해 수용되었을 때, 현지 경영자가 훈련될 때까지 계속 경영토록 위탁하는 경우, ii) 공장설비를 판매한 기업이 그 사업체를 위탁경영하게 되는 경우, iii) 운영이 어려울 때 방향전환을 위해서 해외기업에게 위탁경영케 하는 경우 등으로 나눌 수 있다.

2. 경영관리계약의 방법과 단점

그러나 국제경영관리계약만 별도로 체결되는 경우는 극히 드물며 대개 합작투자나 턴키프로젝트의 일환으로 사용된다. 이런 방법으로 자본투자가 되지 않은 해외기업을 통제하게 된다. 경영관리계약에 따른 수수료 수입은 합작투자의 경우 대단치 않지만 턴키프로젝트인 경우는 상당한 수입이 될 수 있다.

경영계약만 따로 놓고 보면 리스크가 낮은 해외시장 진입방법이나, 수입은 계약기간 동안으로 제한되고 해외시장에 영구적인 교두보를 확실하게 구축하지 못한다는 점에서 불만족스러운 진입전략이라 하겠다. 또 다른 단점으로는 협상시 시간이 오래 걸리고 미래의 경영자를 양성하게 되며 숙련과정이 지연되면 나쁜 감정이 유발하게 된다는 것이다.

결국 경영관리계약은 다른 계약과 더불어 사용될 때 유용한 전략이라 하겠다. 경영관리계약은 대개 3년에서 5년 사이로 체결된다.

제 5 절 턴키프로젝트

1. 턴키프로젝트의 의의

턴키프로젝트(turn-key project)는 생산설비를 건설하고 설비가 가동되어 생산이 개시될 수 있는 시점에서 소유권자에게 넘겨 주는 계약형태이다. 때로는 경영자나 작업자의 훈련과 같은 서비스까지 제공하는 경우도 있는데 이를 턴키플러스(turn key-plus)라고 한다. 턴키공사는 프로젝트에 설비공급을 하는 산업설비 제조업자가 맡게 되는데 대개 건설회사인 경우가 많다.

2. 턴키프로젝트계약

턴키베이스 공사계약의 수요자는 주로 정부인데, 이 때 특정 제품을 정부 후원하에 현지에서 생산하도록 요구하기도 한다. 턴키계약을 위한 협상은 매우 복잡하고 시간과 비용이 많이 들며 법적인 문제가 게재된다. 계약상에 명기해야 할 점은 프로젝트상의 공장과 설비 양측의 의무와 책임조항, 불가항력과 계약위반의 의미, 그에 따른 법적 결과, 논쟁의 해결절차 등이다. 턴키계약도 경영관리계약처럼 미래의 경쟁자를 양성하게 될 위험이 있는데, 여태까지는 해외기업의 소유를 허락치 않는 공산권이나 인도에서 행해졌고 현재는 주로 산유국에서 행해지고 있다. 물론 모든 턴키프로젝트가 경쟁자를 키우게 되는 것은 아닌데, 비행장이나 항만시설에 대한 프로젝트가 그 예이다.

정부를 상대로 한 턴키프로젝트의 수주를 위해서는 기업의 이미지를 제고하기 위한 PR활동뿐만 아니라 여러 가지가 필요한데 미 상무성은 중요성의 순서로 다음의 네 가지 요인을 들고 있다.

① 가격

② 수출금융

③ 관리기술능력

④ 경험과 평판

턴키프로젝트는 대규모 사업인 경우가 많아서 소수의 대규모 기업이 시장을 점유하고 있다. 턴키공사계약은 특정 자산이나 자원에 독점적 우위를 가지고 있는 기업이 있을 때는 여타 기업이 경쟁하기 힘들지만, 생산과정이 잘 알려지게 되면서 경쟁자가 증가하고 있다. 최근에 미국의 기업이 고수준의 기술을 요하는 분야로 전환하고 한국과 같은 나라의 기업이 저노임의 강점을 살릴 수 있는 전통적인 프로젝트에서 경쟁력을 살려가고 있는 것이 그 예이다.

턴키프로젝트는 계약취소, 강압적인 제 협상, 은행보증의 독단적인 청구 등의 정치적 위험을 수반하기도 하고, 장기간의 계약기간중 정치적인 변화로 계약이 중단되거나 지불중지되는 경우도 있다. 따라서 이러한 정치적 위험이 협상에 반영되도록 해야 하며 중재나 불가항력조항의 설정, 또 보험을 통해 위험을 회피하거나 컨소시엄을 형성하여 위험부담을 분산시킨다.

턴키공사계약에 따른 대금지불은 대개 공사의 진행에 따라 단계적으로 이루어지는데, 장기간의 계약기간중 환율변화의 위험에 노출되게 된다. 이 위험을 피하기 위하여 물가상승에 따라 계약액을 증가시키는 규정(escalation clause)과 원가가산법을 사용하기도 한다. 또한 외진 지역에서 수행되는 것이 보통이어서 대규모 주택건설과 인력파견이 필요한 경우가 많다. 그리고 불리한 지역 여건하에서 도로 · 항만시설과 같은 하부구조(infrastructure)의 설립이 필요하기도 한 것이다.

제 6 절 기술의 국제적 이전

1. 기술의 이전

(1) 기술의 이전

기술을 넓은 의미로 정의할 때 기술의 이전은 어떤 환경으로부터 다른 환경으로 옮겨지는 제품 · 기계 · 생산과정, 사람의 기술 등과 같은 모든 전술한 기술이 구현된 것들의 이전으로 볼 수 있다.[4] 이전 그 자체는 기술을 이전하는 측과 이전받는 측의 상호작용 없이는 효과적으로 이루어질 수 없다.

---

4) Asian Productivity Organization, *Intra-national Transfer of Technology*(Tokyo: Nordica International Ltd., 1976), pp. 5~6.

제품, 설계도, know-how의 이동에는 반드시 인간의 이동이 수반되어야 한다. 예를 들면 한 회사에서 발생한 기술정보가 다른 기관에서 사용하기 위해 채택될 경우 효과적인 기술이전은 관계 당사자들 사이의 활발한 상호작용을 통하여 이루어지며 그것은 기술정보의 보급 이상의 의미를 갖고 있다.[5] 예를 들면 어떤 기술이 새로운 환경에서 충분히 활용되려면 수입된 기계를 먼저 설치하고 가동시킬 때, 설계도를 제작할 때, 새로 특허를 획득한 제작방법의 현장 처리문제를 해결할 때, 기타 무수히 많은 기술과 경영에 관한 세부문제를 처리할 때 얼굴을 맞대고 대화하는 것이 필요하다. 이러한 인간 대 인간의 접촉은 기업 특유의 기술을 이전하는 데 특히 중요하다.[6]

(2) 기술혁신

기술혁신과 위에서 논의한 바 있는 그 혁신의 최종성과, 더 나은 제품과 더욱 효과적인 제조방법과 기술이전에 있어서의 인간활동의 중요성 등을 종합적으로 관련시켜 볼 때, 기술혁신이란 혁신을 활성화시켜 소기의 성과를 얻기 위해서 기술이전국으로부터 이전을 받는 곳으로의 인력(people), 계획(plans), 요소(parts), 즉 3ps의 이동이라고 볼 수 있을 것이다.

위에서 '인력'이란 과학자 · 기술자 · 관리자로 구성되고, '계획'이란 생산 · 관리 · 마케팅 방법과 기교, 예를 들면 기술편람 · 설계도 · 컴퓨터 등을 말하며, '요소'란 만질 수 있는 물건들, 예를 들면 당해 특정 기술의 과학적 · 기술적인 생산 및 마케팅, know-how를 구현하고 있는 시설물 · 기계 · 재료 등을 말한다. 일단 기술을 3p라는 말로 정의하면 그 의미에 대한 많은 모호성과 부정확성은 배제된다.

이에 대해 Hall과 Johnson은 다음과 같이 논하고 있다.

"정확성이 중요하다. 왜냐하면 물건과 인력은 이동하지만 추상적 개념으로서의 기술은 이동이 불가능하기 때문이다. 기술은 두 가지 기본형태로 이전된다. 한 가지 형태는 도면, 공구, 기계류의 제조방법에 관한 정보, 발명증명서와 특허권 등 물질적인 종목들로 이루어지고, 나머지 또 하나의 형태는 인간적 접촉이다. 간단히 말해 지식은 언제나 어떤 물건이나 사람에 의해 구현되며 그 형태는 이전

5) W. Gruber, and D. Marguis(ed.), *Factors in the Transfer of Technology*(Cambridge: the MIT Press, 1969), pp. 265~267.

6) S. Gee, *op. cit.*, p. 18.

과정과 그 비용을 결정하는 데 있어서 중요하다. 지식이 순전히 물질적 종목에 의해 구현되면 이전과정은 간단해진다. 그것이 사람의 전문적인 지식으로 구현되면 종종 기술원조계획의 형태로 인력의 이전이 필요하게 될 것이다."

한 조직체 내에서의 그 이전과정은 격식을 갖추지 않는 것이 될 것이다. 즉 사람들은 그저 만나서 이야기하고 일하기만 하면 된다.[7]

2. 기술의 국제적 이전

(1) 이전경로

현재까지는 주로 일반적인 기술이전, 즉 한 경제 안에서의 기술혁신을 논하였다. 기술의 국제적 이전은 동일한 아이디어의 국제적 규모의 확산을 의미한다.[8] 즉 제품 · 제조방법과 같은 기술이 체화된 것들의 국경선을 넘어선 국가경제간의 이동이다.

국제기업은 기술혁신과 기술이전이 밀접한 관련이 있다.[9] 대부분의 산업에 대한 연구 · 개발은 대규모 국제기업에 의해 이루어진다. 더구나 고도기술을 보유한 미국의 기업은 낮은 연구 · 개발 집약적 기업들보다 비교적 높은 비율의 해외투자를 하고 있다. 이것은 연구 · 개발 집약적 기업들인 대부분의 국제기업들이 기술을 해외로 이전하는 중요한 존재라는 것을 말한다. 국제기업은 기술이전을 할 수 있는 몇 가지 경로를 가지고 있다.[10]

1) 수 출 기계 및 설비와 같은 최종재 · 소비재 · 중간재 · 생산재에 의한 무역

2) 라이센싱 특허권 판매, 프랜차이징 상표를 통해서 제조, 관리, 마케팅, know-how 등을 전달하는 것

3) 직접투자 피기술이전국 내에 소유권을 완전 장악하거나 혹은 합작투자를 통해서 제조 및 생산하는 자회사를 설립하는 것

---

7) Hall and Johnson, *op. cit.*, pp. 306~308.

8) D. Germidis, *Transfer of Technology by Multinational Enterprise and Absorptive Capacity of the Developing Countries*(OECD, 1977), p. 223.

9) J. N. Behrman, *Transfer of Manufacturing Technology with in Multinational Enterprises* (Ballinger, Cambridge, Massachusatts, 1976), p. 116.

10) J. Dunning(ed.), *The Multinational Enterprise*(New York-Washington: Praeger Publishers, 1971), pp. 61.

4) 과학자, 엔지니어, 기술자, 관리자의 교환 및 이용

위에 열거한 네 가지 경로들은 완전하고 광범위한 것을 뜻하는 것이 아니고, 단지 중요하고 예증이 될 수 있는 이전경로에 대한 것을 전술하려고 한 것이다. 다른 이전경로들에는 관리계약, 턴키베이스 등이 있다.[11] 그리고 이 이전경로들은 상호 배타적이 아니다.

국제기업에 의한 해외투자는 보통 자본과 기계 · 설비와 같은 생산재의 수출과 기술자 · 관리자의 외국 자회사로의 이동으로 구성되고, 이에 따르는 청사진 기법과 같은 software의 이동을 포함하는 일괄이동(combined package)의 형태를 취한다.

그러므로 외국투자기업은 모든 기술이전의 제 경로를 동시에 이용할 것이므로 기술이전의 제 경로를 분명히 구분하기란 어려운 일일 것이다. 따라서 가장 포괄적인 기술이전의 형태인 직접투자는 물론, 생산재 또는 자본재의 무역과 기술인력, 관리인구의 이동을 수반하게 된다. 이와 유사하게 라이센싱은 기계 · 시설 등[12] licensee에의 판매와 이에 따르는 기술공여를 포함하게 된다.

파비트(Keith Pavitt)[13]가 말한 바와 같이, 혁신적인 기업들은 외국과 밀접한 조직망을 가지고 있다. 즉 생산재의 판매는 기술지원 및 애프터 서비스를 통해 지식의 이전이 포함되게 되고, 라이센싱이나 해외투자를 통한 국가간의 기술이전에는 과학자, 엔지니어들의 이동과 인적 교류 및 훈련이 항상 수반된다.

(2) 기술이전의 형태

국경을 넘어가는 제품 · 계획 · 인력의 이동은 기업 내부의 기술이전이나 기업간의 기술이전이 되기도 한다. 완전 혹은 다수 주식소유 자회사에 대한 국제기업의 기업 내 기술이전이 제품생산의 경우에는 더 중요하다. 그 이유로는 국제기업에 의한 직접투자에 이목이 집중되어 있기 때문이다. 기업간의 기술이전은 보통 라이센싱이나 프랜차이징 또는 합작투자를 통해 이루어지는 거래들이다.

한 기업에 있어서의 기술이전의 의욕과 효율성은 그것이 기업 내적인 기술

---

11) United States Subcommittee on International Trade, Implications of Multinational Firms for World Trade and Investment and for U.S. Trade and Labor, no. 332~369(G.P.O. Washington D.C., 1973).

12) P. Telesio, *Technology Licensing and Multinational Enterprises*(N.Y.: Praeger Publishers, 1979), p. 11.

13) K. Pavitt, "The Multinational Enterprise and the Transfer of Technology," in J.H. Dunning(ed.), *The Multinational Enterprise*(N.Y.: Praeger, 1971), p. 71.

이전이냐 기업간의 기술이전이냐에 따라 다르고, 또한 일반적인 방법의 기술이전이냐 혹은 회사고유의 기술이냐에 따라 달라질 것이다. 기업 고유의 기술(특수 know-how나 경험 같은)인 경우에 기업은 기업 내적인 면에 있어서 자회사에게 그러한 기법이나 인력을 이동해 주는 데 더욱 적극적이 된다. 이와 비슷하게 기업내 거래에 있어서 고가의 일반적인 기술(어떤 산업에 특히 필요한 일반적인 교육기술과 지식)을 이전하는 데 있어서도 더욱 호의적이다. 보통 특허 · 설계 · 도면 기타 물질적인 형태로 나타나는 기술이 기업 내 기술이전에 있어서 다른 형태의 기술보다 더욱 의욕적으로 전환된다.

왜냐하면 그런 정보는 일반적으로 이용가능하기 때문이다. 따라서 그런 기술의 이전도 라이센싱(licensing)이나 프랜차이징(franchising)과 같은 기업간의 거래를 통해 이루어진다.

3. 기술이전의 이유

기술은 기업이 소유하는 가장 근본적이고도 중요한 요소들 중의 하나이므로 이전되는 기술에 대하여 비교우위를 가지고 있는 경우 여러 가지 이유에서 그 이전을 꺼리게 된다. 그 이유를 몇 가지 적어보면 다음과 같다.

① 과거와 달리 현재는 신기술의 개발에 막대한 자본과 인력이 투입되며, 이렇게 개발된 기술의 가치는 그 어느 전시대보다 크다.

② 기술을 다른 국가나 조직에 판매한다는 것은 곧 새로운 경쟁자를 등장시켜 결국에는 시장점유율의 감소, 기업성장률의 감소, 수익력의 감소를 초래할 수 있다.

③ 기술개발의 초기단계에서는 기술의 노하우를 개발한 기업만이 알고 있어 생산제품가격을 어느 정도 독점적으로 정할 수 있고 경쟁자가 없어 독점적 이점을 누릴 수 있다.

그러나 오늘날 기업들은 높은 연구 · 개발비용, 낮은 가격의 제품을 생산하는 기업들과의 경쟁, 생산설비의 제한, 독점금지법, 재정적 어려움, 해외무역장벽 등에 직면하고 있다. 이는 개별기업이 생존하기 위하여 그들이 가지고 있는 모든 자원을 이용하여 최대한의 이윤을 추구하여야 한다는 것을 가리킨다. 따라서 기업들은 그들의 자원 중의 하나인 기술에 대한 판매도 고려하여야 하며 그들의 기술에 대한 수익률도 향상시켜야 한다.

4. 기술도입시 유의사항

(1) 계약기술의 이전시기와 방법

계약기술의 이전시기는 선불금(initial payment)이 있는 경우 선불금 지급 이후 특정 시점을 명기하는 것이 필요하다. 경상기술료(running royalty)만을 지불하는 경우에도 기술도입자의 제품생산 목표시기 등을 고려하여 최소한 언제까지는 이전하도록 규정하는 것이 바람직하다. 그리고 기술도입자의 요청이 있는 경우 또는 기술도입자가 기본자료를 제공하여야 계약기술이 이전된다는 등의 사전 필요조건이 있는 경우 그 타당성에 대한 검토도 필요하다.

계약기술의 이전방식에는 서면에 의한 경우, 국내 기술자의 파견이나 외국 기술자의 초청에 의한 경우 등이 있는데, 실정에 적합한 방법을 명기하여야 한다. 파견 · 초청시에는 시기, 기간, 횟수, 인원, 자격, 내용 등이 분명히 기술되어 있어야 실현의 가능성이 높으며 또 비용부담 및 계산방법, 사용국어 등 제 조건도 분명히 하여야 한다.

(2) 실시권의 형태와 사용상의 제약

계약기술의 독점적 실시권이 부여되는 경우 계약기술을 국내에서 기술도입자만이 사용한다는 면이 있으나, 경쟁제품, 기술의 취급이 제한되거나 비독점적 실시권의 경우에 비해 실시료가 상당히 높을 수가 있으므로 제품의 시장성 · 기술수준 및 파급효과 등의 고려가 필요하다. 계약기술이 사용과 관련하여 기술제공자는 계약제품의 수출을 제한하거나 판매창구 제한 또는 부품, 구입선의 제한 등 부당한 조건을 부과하는 경우가 있다. 이와 같은 기술도입자의 의무조항은 매우 불리한 조항이므로 기술도입자의 임의 · 선택조항으로 하여야 한다.

(3) 상표사용

기술제공자의 상표를 사용하게 되면 기술제공자의 관심도가 높아져 적정한 기술의 도입이 용이하고, 국내외 시장 특히 수출시장의 개척 등 판매활동상 유리한 면이 많다. 그러나 계약만료 이후에는 당해 상표를 사용할 수 없게 되어 기술도입자가 계약기간중 이룩한 시장개척의 효과가 반감되고 장기적 시장개척이 불리하게 되기 쉽다. 또한 상표사용시에 일반적으로 수반하는 품질검사, 상표사용방법 등의 제한규정이 악용되어 부당한 경영권 침해를 받거나, 기술제공자의 상표선전의 이용수단이 되는 경우가 있으므로 유의하여야 한다. 그리고 상표가 등록되어 있는 지역, 상표사용이 제3자에게 독점적으로 허용되고 있는 지역 등에 대한 검토가 필요하며, 국내에서 미등록 상태에 있는 경우 등록시킬 수 있다는 규정을 명시하여 두는 것이 좋다.

(4) 개량기술

개량기술에 대한 명문규정을 둘 것인지의 판단은 계약기간 · 기술개발능력 · 기술진보속도, 추가되는 기술료 등을 고려하여 행해져야 하나, 항시 호혜평등의 입장에서 규정되어 개량기술의 소유권 · 사용료 등에 있어서 기술도입자에게 일방적으로 불리한 내용이 되지 않도록 하여야 한다.

(5) 기 술 료

기술료는 크게 고정기술료(fixed royalty)와 경상기술료(running royalty)로 구분되며, 다시 선불금의 유무로 구분된다. 고정기술료는 기술의 대가를 일정금액으로 확정하는 것으로서 기술용역과 같이 경상기술료의 산출근거가 없거나 또는 기술제공자가 판매량에 관계 없이 일정금액을 받음으로써 자신의 안정성을 높이려는 경우에 흔히 볼 수 있다. 이와 같은 고정기술료는 기술제공자의 연구 · 개발비의 회수와 수익의 안정성을 높여 준다. 그러나 기술도입자는 생산활동 이전의 상태에서 장래의 불확실한 판매량에 불구하고 일정금액을 지불하는 위험을 부담하게 된다.

따라서 기술도입자는 계약기간중의 기대수익에 대한 정밀한 검토를 하여야 하며, 일시불보다는 분할불의 방법을 택함으로써 수익과 비용의 흐름을 어느 정도 일치시켜 위험을 분산시킬 수 있다.

경상기술료를 지불하는 경우에도 선불금이 있으면 수익의 발생 없이 비용만이 발생한다는 점에서 문제가 있으나, 보다 중요한 것은 이미 언급한 바와 같이 계약기간중의 총체적인 자금순환(cash flow)을 고려하여 적정한 경상기술료의 규모를 결정해야 할 것이다. 경상기술료의 경우 최저기술료(minimum royalty) 규정이 있을 수 있는데, 이는 시장 여건의 변화에 불구하고 일정금액의 지불이 의무화됨으로써 기술제공자의 위험부담은 감소되는 반면, 기술도입자에게는 불리한 조항이다.

따라서 대응수단으로 최고기술료(maximum royalty)를 규정하거나 최저기술료 조건이 적용될 가능성에 따른 위험부담을 고려하여 위험-수익관계(risk-return trade-off)를 이용함으로써 경상료 수준의 인하에 노력하여야 할 것이다.

기술료 지불과 관련된 일반적 유의사항으로는 대가지불방법, 지불통화(환차손의 방지) 등이 있으며, 경상기술료의 산출근거를 매출액으로 하는 경우 매출할인액, 환입품액(還入品額), 간접세, 포장비, 운송비, 보험료, 수수료 등을 제외한 순매출액 개념으로 하여야 한다.

(6) 특허권 분쟁과 책임

특허권의 사용계약은 특허권에 대한 내용 · 유효성 · 존속기간 등에 대한 충분한 조사를 필수적으로 선행하여야 하나, 만일 제3자로부터 특허권 침해의 소(訴)가 제기되는 경우 방어책임, 비용부담, 배상금분배 등에 관한 규정을 명백히 해 둘 필요가 있다. 도입자에게도 특허권에 대한 사전조사의 불충분이라는 귀책사유가 있으나, 대가가 지불된 기술의 도입으로 입은 기술도입자의 피해 또는 특허권의 내용을 기술제공자가 가장 잘 알고 있다는 면을 고려할 때 기술제공자가 구체적인 법적 수단을 취하고, 기술도입자는 이에 협조하도록 하는 것이 바람직하다.

(7) 계약기간

계약은 양 당사자의 서명일, 정부의 인가일 또는 계약서상에 지정된 날로부터 효력이 발생할 수 있으므로 이에 대한 정확한 규정을 해야 한다. 또 계약만료 후에도 계약기간중의 생산품에 대해서는 기술료를 지불하는 등 계약기간과 대가지불 기간과의 차이가 있음을 유의해야 한다. 계약이 만료되면 계약기술의 사용이 금지 또는 제한되는 경우가 있는데, 대가를 지불하고 도입한 이상 법적으로 보호받는 공업소유권 이외의 기술은 당연히 사용할 수 있도록 하여야 한다. 기타 계약만료 이후에 경쟁기술의 취급이나 경쟁제품의 생산을 금지하는 부당한 조항이 있는지도 살펴보아야 한다.

연구 과제

1. 국제경영관리계약의 장·단점을 논하시오.
2. 합작투자의 제 형태를 설명하시오.
3. 한국 기업의 경우 해외진출시 가장 바람직한 진입형태를 제시하시오.
4. 한국 기업이 해외로부터 기술을 도입할 때 유의사항을 논하시오.
5. 기술의 국제적 이전경로를 논하시오.
6. 다음의 용어에 대하여 설명하시오.
   1) 프랜차이징
   2) 라이센싱
   3) 로열티
   4) 턴키프로젝트
   5) 기술이전

제16장
국제로지스틱스와 소싱전략

사 례 연 구 ▶ Global 500대 기업

Verizon Communications

① Web Site

http://www.verizon.com

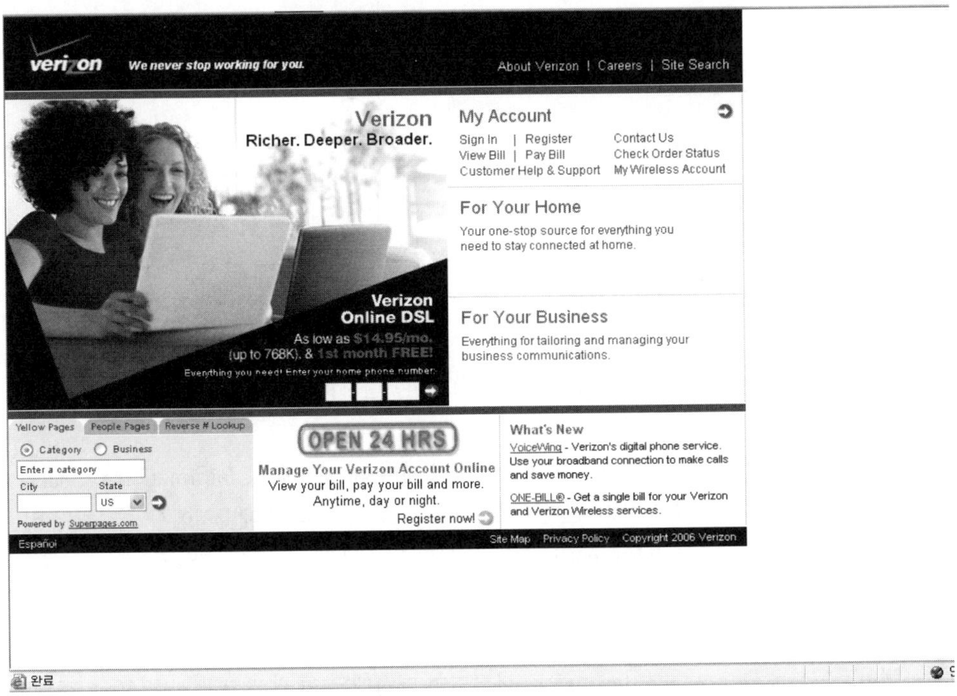

2 Verizon 기업개요

1998년 7월 28일, Bell Atlantic과 GTE는 합병에 관한 협약 및 계획을 발표.이 합병계획에 따르면 당시 Bell Atlantic의 주주는 합병된 Bell Atlantic 주식의 57%를 보유하고, 나머지 47%는 GTE의 주주들이 보유하도록 하였다. 또한 합병된 회사는 Bell Atlantic과 GTE의 당시 이사회가 동수의 이사로 새로운 이사회를 구성하게 계획되었다.

이에 27개에 이르는 주정부당국의 합병검토작업이 진행되었으며 각 주정부는 여러 가지의 조건을 부가하여 합병을 승인하였다. 2000년 4월 캘리포니아 주공익위원회의 합병승인으로 주정부 차원의 합병검토가 종료되었다. 또한, 1998년 10월 Bell Atlantic과 GTE가 FCC에 합병승인을 요청하자 FCC는 포럼개최 등 이해관계자들의 의견수렴과 함께 검토작업에 착수하였고 Bell Atlantic과 GTE로 하여금 그들의 합병이 공익에 부합된다는 사실을 증명하도록 하였다.

이러한 검토과정을 거쳐 2000년 6월 17일 FCC는 GTE의 인터넷부문의 매각과 함께 25개의 합병조건을 부가하여 합병을 승인하였다. FCC의 25개 합병조건은 Bell Atlantic과 GTE의 시내전화서비스시장의 경쟁을 촉진시키고, 합병된 회사가 자신의 기존서비스 지역외의 새로운 시장에 진입하려는 유인을 강화시키고, 고도서비스의 제공을 촉진할 수 있도록 설계되어 있다.

3 Verizon 사업현황

Bell Atlantic과 GTE의 합병으로 탄생한 Verizon Communications는 미국 전역의 소비자들에게 음성통신, 인터넷, 휴대전화 등 광범위한 서비스를 제공하는 종합통신업체로 미국내 유선시장에서는 6,300만 가입자회선으로 이용량 상위 100개 도시 중 67개 지역에서의 서비스를 하고 있으며, 미국 내 무선부분에서는 2,500만 가입자와 4백만 호출기 이용자 이용량 상위 100개 도시 중 96개 지역에서의 서비스를 제공하고 있으며, 전세계적으로는 40개국에 지사를 두고 21개국에서 서비스를 제공하고 있으며 4백만 접속회선 및 6백만 무선가입자를 가지고 있다.

Bell Atlantic은 서비스를 Domestic Telecom, Domestic Wireless, Information Services, International로 구분하고 있다. 2000년 현재 Domestic Telecom이 총매출액에서 차지하는 비중이 67%로 가장 높으며, Domestic Wireless(22%), Information Services(6.4%), International(3.1%) 순이다. 사업별 구성비의 두드러진 추세는 이동전화부문의 비중이 전체 매출액에서 차지하는 비중이 매년 커지고 있다는 것이다.

데이터통신은 Domestic Telecom으로 분류되며 매출액은 약 30%가 성장한 60억 8천만 달러를 기록했으며 이는 전체 매출액의 약 9%에 해당된다.

4 규제시스템

Verizon의 주요 시장인 미국과 유럽의 규제시스템은 유럽의 경우는 EU로 통합되어가는 과정에서 규제기관도 일원화되어 가는 추세이나, 미국의 경우는 규제기관의 성격이 매우 다양하다. 미국의 경우 FCC, PUC, NARUC, NTIA, ITA 등 여러 기관에서 규제정책에 영향을 미치고 있어 규제와 관련한 행정처리가 신속하지 못하고 복잡한 절차를 거쳐야 하는 상태이다. 미국의 경우 현 규제정책의 중요한 결과물로 볼 수 있는 것은 시내전화시장을 성공적으로 경쟁시장으로 만든 것과, 시외전화사업자가 인터넷 사업에 용이하게 진입할 수 있게 한 것을 들 수 있다. 그러므로 현 규제시스템하에서 통신사업자들이 당면한 문제로는, 인터넷의 폭발적 성장으로 인해 통신시장에서 사업자들의 입지와 전략이 크게 수정될 것이 요청되는 상황이며 이러한 상황하에서 현재의 규제체계를 적용받으며 급변하는 신기술을 수용해 유용한 서비스를 제공하는 데는 많은 문제가 있다는 것이다.

5 투자확대와 소비자 수요패턴에 부응하는 Verizon

Verizon은 사업전략 수립에 있어 규제시스템과 소비자와의 관계를 중요시하게 생각하고 있으며 그 관계를 정리해 보면 사업전략을 유추해 볼 수 있다. 그러므로 사업전략 수립에 필요한 규제시스템과 소비자와의 관계를 먼저 살펴본다.

6 통신사업자와 규제기관 및 소비자와의 관계

- ㅇ 인터넷은 일반적으로 생각하는 것보다 급속한 속도로 보급되고 있다.
- ㅇ 소비자들에게 있어 가격보다도 중시되는 것은 편리성이며 이를 위해서는 Bundling과 Packaging이 필요하다.
- ㅇ 인터넷이 주도하는 정보화된 사회에서 개인이용자들은 더 이상 정보취득에 있어 약자가 아니며 이로 인해 소비자들의 선택권이 점점 강화될 것이다.
- ㅇ 급변하는 통신환경에서 통신사업자들은 변화하는 상황에 적응할 수 있는 flexibility를 가져야만 경쟁할 수 있다.
- ㅇ 급증하는 정보화 사회에서 네트웍의 광대역화가 앞으로 인터넷 및 경제전체의 성장을

이끌어 나갈 수 있는 중요한 요소이다.

○ 모든 종류의 네트웍을 연계시키는 것 또한 소비자와 경제 전체의 측면에 있어 중요하다.

7 Verizon의 글로벌 전략

○ 급증하는 통신서비스 수요에 부응하는 규모의 조정

○ Bundiling과 Packaging

○ 좀 더 나은 서비스를 제공하기 위한 서비스 분야의 확대

○ 네트웍 사용빈도를 늘이고 생활 속에 더 깊숙히 침투시키기 위한 network 속도의 고속화와 요금의 저렴화

○ 규제완화를 위해 노력하고 이를 통해 변화하는 상황에 적응할 수 있는 flexibility를 늘이는 것

제 1 절 국제로지스틱스전략

1. 국제로지스틱스전략

(1) 광의의 개념

세계적인 글로벌기업인 삼성전자는 중국, 미국, 서유럽, 동유럽, 인도에서 제품을 생산하고 있다. 현대자동차는 중국, 미국, 인도에서 자동차를 생산한다. 글로벌기업의 중요한 전략 중의 하나는 국제로지스틱스전략이다. 로지스틱스(logistics)는 원래 '병참'을 의미하는 군사전략 용어이지만, 경영전략으로서의 로지스틱스는 광의로는 자금과 노동을 국제적으로 어디서 조달하고 소재·부품·중간제품과 완제품의 생산을 국제적으로 어디에 배치하며, 이들 소재·구성부품·중간제품·완제품의 유효한 국제적 공급시스템을 어떻게 확립하는가를 추구하는 토탈 시스템 어프로치를 말한다.

본국 내에서 개시되고 글로벌화의 진전과 더불어 국제적으로 전개된다. 다국적기업은 국내·국제로지스틱스전략을 전개할 때 국제적 규모로 다양한 부품과 반제품, 최종제품의 생산배치나 생산과정의 일부를 국가별로 전략배치한다. 또한 본국을 기조로 하면서 어느 나라에서 어떠한 제품을 생산하고, 거기서 생산된 부품과 반제품·최종제품을 어디로 판매하거나 배급하는가를 결정한다.

글로벌기업은 기술개발과 기술개량에 기초하여 부품과 반제품, 최종제품, 각 생산공정의 라이프 사이클, 비교우위(생산비), 시장규모, 수송비, 관세, 수입제한조치, 컨트리 리스크 등의 제 요인을 종합적으로 평가한 후 최종결정을 내린다.

(2) 로지스틱스의 주요 조건

글로벌기업이 국제로지스틱스전략을 전개하는 데 있어서 요구되는 주요 조건의 하나는 일정한 기술개발과 개량에 따른 프로덕트 라인을 축으로 하는 다수·다양한 제품의 생산체제이다. 왜냐하면 글로벌기업으로서 확립되기까지 사적(史的) 생성과정에서 진행되는 고도의 생산과 자본의 집중화로 우선 첫째로, 당해 기업이 귀속된 부문에서의 과점화와 동시에, 기술적 관련성에서 생기는 다양한 소재와 구성부품, 최종제품과 제 생산공정을 파생시키기 때문이다. 둘째,

당해 부문에서의 독점적 제 조건에서 창출되는 잉여능력을 기초로 하여 관련부문이나 타 부문으로의 경영과 생산의 다양화가 내적으로 요구되며 동 부문의 국내적 · 국제적 과점, 기업간 경쟁이라는 외적 요인으로 촉진되기 때문이다.

이상의 두 가지 점을 스탑포드(J. M. Stopford), 웰스(L.T. Wells Jr.) 및 니커바커(F.T. Knickerbocker)는 다음과 같이 논하고 있다. 앞의 2인에 의하면 국내에서의 제품의 다각화율이 높은 글로벌기업일수록 대(對)매출액에서 차지하는 연구 · 개발 지출비율이 높다. 또 후자에 의하면, 광범한 프로덕트 라인을 가진 기업일수록 외국시장을 다양한 방법으로 개척할 수 있으므로 과점적 반응에 강하게 구속되지 않아도 된다.

그러나 과점적인 산업에 위치하면서, 연구 · 개발 지출이 높은 신제품 개발형 기업(productioneering firm)일수록 동 산업의 라이벌 기업이 해외에 제조자회사를 설립할 때 거기에 대응하여 똑같이 해외에 제조자회사를 설립하고자 한다. 이러한 대응은 마케팅이 주요한 기업활동이 되고 있는 산업에서 보다 강하게 행해져서 매도자 집중도가 높은 산업일수록 과점기업에 의해 해외 자회사 설립이 일정기간 내에 집중되는 경향이 있다.

따라서 글로벌기업은 다양한 제품계열에 속하는 개개의 최종적으로 완성될 때까지의 총생산과정을 구성하는 다수의 개별생산 공정에 적합한 소재와 반제품의 생산을 각각의 프로덕트 라이프 사이클과 프로세스 라이프 사이클(process life cycle)에 따라 국제비교우위와 시장규모 등의 전술한 조건들을 종합평가하면서 국제적으로 최적의 생산거점으로 특화시켜 간다.

(3) 로지스틱스전략과 타 전략과의 관계

1) 마케팅과 로지스틱스 글로벌기업에 의해 전개되는 로지스틱스전략과 다른 전략과의 관련에 대해서는 딤사(W.A. Dymsza)에 의해 다음과 같이 집약되고 있다.

"제 전략의 순서와 강조점은 변동할 수 있지만, 마케팅전략이 가끔 다른 전략에 대한 중요한 위치를 차지하고 있고, 이 마케팅전략하에서 국별 · 제품별로 최선의 마케팅조건이 분석되고, 그것을 통하여 제품계획, 가격정책, 프로모션정책과 유통경로정책으로 구성되는 전 세계적 마케팅믹스의 최적구성이 결정된다.

그 중에서도 글로벌기업에게 중요한 위치를 차지하고 있는 제품계획은 시장환경과 특성을 달리하는 많은 국가에서 어느 제품을 새로 도입하고 어느 제품을 개량하고, 어느 제품을 폐지하는가에 대한 결정에 직면하므로 보다 복잡하게 된다. 그 때 글로벌기업은 프로덕트 라인의 넓이와 깊이에 따라 다양한 제품을 각각 프로덕트 믹스시켜 간다."

2) 생산과 로지스틱스전략 글로벌기업은 마케팅전략을 기초로 하여 생산과 수송비, 규모의 경제, 각국별 진입코스트 등의 모든 요소를 고려하면서, 각국 시장으로의 가장 유효한 공급방법을 계획하여, 생산과 공급시스템을 세계적으로 종합하는 방안을 세울 것이다. 이렇게 함으로써 글로벌기업은 공장의 배치, 생산의 수직적 통합, 전 세계적인 조달의 정도, 재고수준의 결정과 여러 시장으로의 공급정책 등의 제 문제를 포함하는 생산과 로지스틱스전략을 명백하게 할 수 있다. 그리고 이 생산과 로지스틱스전략은 마케팅전략하에서 재무코스트 분석에 따라 투자결정이 성립되고 최종적으로 확정된다.

이와 같이 확정된 로지스틱스전략 중에서 가장 중요한 전략이 모회사와 해외자회사간, 해외자회사 상호간의 생산과 공급전략이다.

2. 국제로지스틱스모델

(1) 페어웨더의 모델

글로벌기업이 로지스틱스전략을 전개하고 있는 케이스를 페어웨더(J.Fayerweather)가 제시한 모델로 표시해 보자.

다음의 [그림 16-1]에서와 같이 다국적기업인 A는 3개국에 생산거점(F_1, F_2, F_3)을 가지고 5개국의 시장(M_1, M_2, M_3, M_4, M_5)에 제품(P_1, P_2, P_3)과 부품(C_1, C_2, C_3)을 공급(수출)하고 있다. 해외생산거점의 설정과 생산품목의 선정에 대해서는 비교생산비, 시장규모, 수송비, 관세, 컨트리 리스크 등의 제 조건이 고려된다.

진출선국인 X국에서의 공장 F_1에서는 제품 P_1, P_2 및 부품 C_1, C_2를 중심으로 생산을 하고, Y국에서는 공장 F_2에서 제품 P_2 및 부품 C_1, C_2를 생산, 그리고 Z국에서는 공장 F_3에서 제품 P_1, P_3와 부품 C_1, C_3를 생산하고 있다. 그리고 X국의 F_1과 Z국의 F_3는 일관생산공장이고, F_1은 생산된 P_1, P_2를 X국의 시장 M_1에, P_1을 M_2에, 또한 P_1, P_2를 판매거점이 있는 V국시장 M_4에 공급하고 있고, 부품 C_2를 F_2에 공급(수출)하고 있다. F_3는 P_1, P_3를 Z국 시장 M_3에, P_1과 P_3를 판매거점이

그림 16-1 로지스틱스 모델

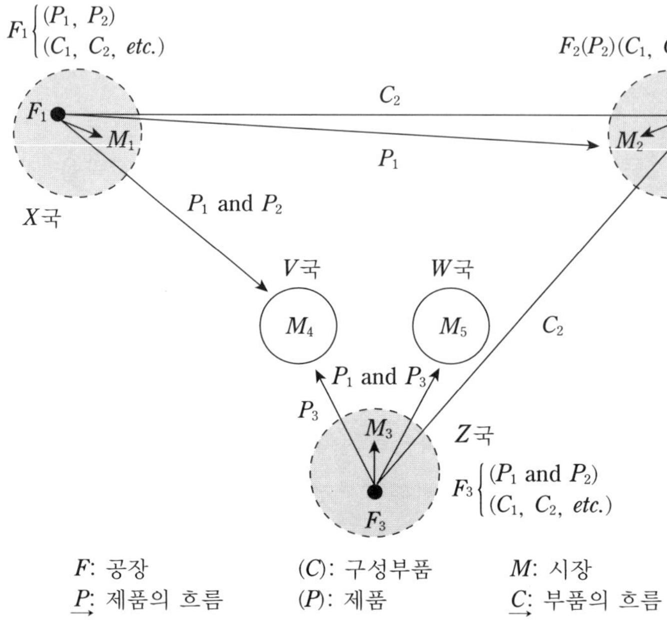

자료: John Fayerweather, *International Business Strategy and Administration*(Cambridge, Mass: Ballinger Publishing Company, 1978), p. 258.

있는 W국 시장 M_5에, P_3를 V국 시장 M_4에 공급하고 있고, 부품 C_2를 F_2에 공급하고 있다. 그것에 대하여 Y국의 생산거점 F_2는 부품 C_1, C_3를 생산하고 있으나 F_1과 F_3에서 부품공급을 받아 P_2의 조립으로 생산을 하고, P_2를 Y국 시장 M_2에만 국내판매하고 있다.

(2) 일본 자동차산업의 동남아 로지스틱스전략

닛산의「사이안카」가 달린다. 출생지는 동남아이지만 국적을 따지기 힘들 만큼 혼혈아이다. 말레이시아에서 만든 엔진부품, 대만에서 만든 기어엑슬, 태국에서 만든 프레스부품으로 생산되기 때문이다. 이처럼 과연 어느 산인지 도무지 구분이 쉽지 않지만 따져보면 누가 뭐래도 일본산이다. 일본 자동차업계 중 국제화 속도가 가장 빠르다는 닛산의 이 같은 동남아 부품분업의 가동 시기는 오는 1994년이나 1995년경부터 본격화되었다. 특히 태국, 필리핀, 말레이시아, 대만 등 4개국을 중심으로 부품분업 계획을 짜고 있다. 이 부품분업도에 한국은 눈을 씻고 찾아봐도 없다. 성능은 일본기준에 맞추는 대신, 각국의 장점만을 골라 가격을 싸게 하는 코스트 절감방침에 우리는 맞지 않기 때문이다.

메리트가 없어 한국이 제외되어 있는 닛산의 아시안카는 1990년대 후반부터는 일본에도 역수입되고 있다. 닛산의 동남아 혼혈산은 각 지역의 입맛에 맞는 차종으로 동남아 일대의 거리는 물론이고 일본 거리도 누비고 있다.

닛산자동차가 경영의 초점을 동남아쪽에 맞추고, 이쪽 경영을 대폭 강화시키기로 방침을 세운 것은 동남아 시장의 성장이 그 어떤 지역보다 높다고 보기 때문이라는 게 회사측 설명이다. 그 동안은 주로 미국과 유럽에 중점적으로 투자를 해 왔으나 앞으로는 아세안쪽에 투자가 집중될 것이란 얘기이다. 이 투자가 잘만 추진되면 닛산이 그리고 있는 21세기 청사진도 마무리된다. 일본에서 생산해 해외시장에 판다는 그 동안의 성장전략에서 완전히 벗어나게 되는 셈이다. 아시아+일본, 멕시코+미주, 동구+구주의 전 세계 3극체제구축 시나리오의 완결편이다.

한국시장에도 진출하고 있다. 한국의 일본차에 대한 수입규제가 풀린 이후 국적불명의「아시안카」로 밀고 들어온 것이다.

아시안카를 구상하는 회사는 비단 닛산만이 아니다. 도요다도 동남아국별 분업을 통해 엔진과 트랜스미션을 교환하면서 자동차를 만들고 있다. 도요다의 아시아 생산기지는 태국, 말레이시아, 인도네시아, 필리핀 등 네 군데로 닛산과 또 다른 아시안카를 탄생시킬 동남아 부품생산도를 살펴보자.

1985년 초부터 가동된 인도네시아 현지공장에 이어 1989년에는 태국 공장이 돌아가기 시작했다. 1993년을 전후로 필리핀과 말레이시아 공장이 가동에 들어갔다. 태국과 인도네시아 공장은 엔진을 각각 만들고 있다. 그리고 필리핀 공장은 트랜스미션 생산을, 말레이시아는 스티어링 기어를 각각 맡아 생산하고 있다. 이들 4개국 공장이 각각 가동되어 각종 부품은 국경을 넘어 서로 교환된다. 이를테면 태국산 디젤엔진의 프레스부품과 전장품은 말레이시아로, 그 중 전장품은 필리핀과 인도네시아로 각각 보내진다. 필리핀산 트랜스미션은 태국, 인도네시아, 말레이시아로 간다. 인도네시아산 가솔린 엔진은 말레이시아의 국경을 넘는다.

역내에서 왔다 갔다 주고 받는 역내 상호 부품교환 계획은 마치 거미줄처럼 짜여져 있다. 이를 중간에서 교통정리해 주는 곳이 있다. 도요다 모터 매니지먼트 서비스(TMMS)회사가 바로 그것이다. 100% 직접투자로 지난 1990년 싱가포르에 설립된 이 회사의 역할은 한 마디로 각각 생산부품이 필요할 때 제때에 순

그림 16-2 도요다 자동차 부품의 동남아 상호 교환체제

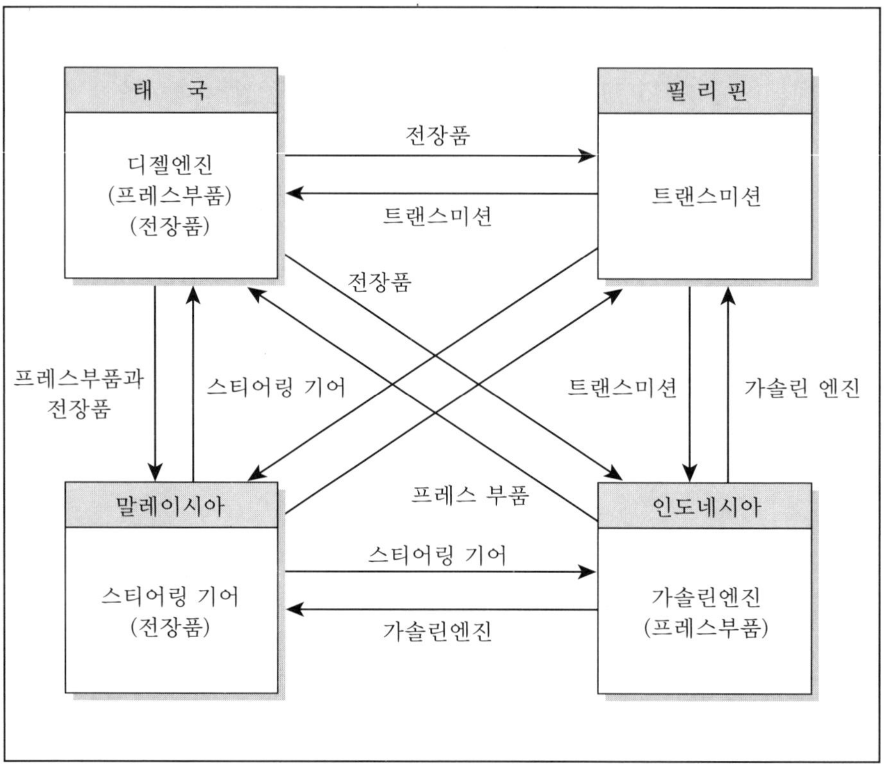

조롭게 교환되는 것을 관장한다. 물론 일본에 있는 사령탑에서 진두지휘하지만 현지사령관격으로 움직여진다.

이 같은 역내 부품교환으로 얻는 이점이 많다. 자국산으로 인정되고 결국 현지 국산화율을 높이는 기능을 하게 되는 것이다. 각국의 대일 무역수지 개선효과도 이만저만한 게 아니다. 「누이 좋고 매부 좋은」 식이다. 각국 생산부품의 질과 가격, 그리고 납기문제만 잘 해결하면 엄청나게 큰 생산공장이 동남아에 세워진 셈이다.

21세기에 와서는 이 거대한 하나의 동남아 자동차공장이 본격 가동되고 있는 것으로 중국까지 그 영역을 넓히고 있다. 이제 기술까지도 현지에 넘겨 줄 스케줄을 짜놓고 있는 일본 자동차업계의 아시안카의 시동이 걸리는 소리가 동남아 곳곳에서 들려 오고 있다. 이것이 성공하여 일본의 자동차업계는 꿩먹고 알먹게 된 셈이다. 당장 동남아 각국으로부터 거세게 요구받고 있는 현지화 정책에 부합되는 것일 뿐더러 자동차산업에 있어 최대의 관건인 이른바「규모의 경제」 문제가 해결되기 때문이다.

제 2 절 글로벌 소싱전략

1. 소싱의 개념

소싱전략은 해외직접투자를 행하는 기업이 전 세계시장을 대상으로 자원의 최적배분 시스템의 확립을 통하여 경영의 합리화를 추구하고 독자적인 경쟁우위를 확보하는 활동과 관계되는 개념이다. 이는 다국적 기업의 전 세계시장에 걸친 생산 및 공급의 국제적 조직망에 관한 의사결정으로 볼 수 있다. 즉 소싱전략은 해외시장에 어떻게 상품을 공급할 것이냐를 결정하는 문제와 관련하여 기업이 수행하는 다수의 기본적인 선택을 포함한다.

이러한 소싱전략의 중요한 측면으로는 자사제작 혹은 외부구입에 관한 회사의 입장, 해외공급원의 이용과 이에 수반되는 공급상의 위협에 직면할 회사의 자발성 그리고 공급업체와의 장기간의 관계설정 등이 문제가 된다. 현지의 우위성을 이용한 소싱을 위한 미국기업의 진출은 벌써 1970년대 초반에 성행하였다.

해외직접투자를 행하는 기업이 가지는 소싱결정상의 주요한 전략적 이슈로서 i) 현지소싱과 해외소싱, ii) 자체생산 혹은 타사구입의 결정, iii) 단일소싱 대 복수소싱의 기본적인 세 가지 차원에서의 의사결정문제를 가진다.

2. 현지소싱과 해외소싱

우선 현지소싱과 해외소싱에 관한 학자들의 주장을 보면 다음과 같다.

소싱전략에서 나타나는 세계적인 소싱과 현지에서의 공급은 서로간의 공히 이점을 가지고 있다. 세계적인 소싱을 할 때의 이점은 다음과 같다. 첫째, 기업에서 다룰 수 있는 잠재적인 공급자의 수를 늘릴 수 있다. 둘째, 잠재적인 공급자간에 높은 경쟁상태를 제공한다. 셋째, 실제로 사용되는 부품과 제품에 대한 더 나은 기술을 보유하도록 각 국가의 공급자들을 이끌 수 있다. 이에 덧붙여 집중된 소싱전략을 사용하면 더 나은 성과를 나타낼 수 있다.

그리고 현지에서 구입하는 이점은 다음과 같다. 첫째, 운영 객체들간에 빠른 결합과 협동을 이룰 수 있다. 둘째, 생산 수요에 더 빠른 응답을 할 수 있다. 셋째, 현지의 자원을 보다 더 효율적으로 사용할 수 있다. 넷째, 자원의 구입에서 현지의 독자성을 높일 수 있다. 현지와 전 세계적인 소싱을 펼치는 데 있어서 공히 이득이 있다.

3. 자체 생산과 타사구입의 결정

다음으로 자체 생산과 타사구입의 결정에 대한 학자들의 주장을 살펴보면 다음과 같다.

자체생산을 할 것이냐 아니면 타사에서 구입할 것이냐에 관한 결정에 대한 연구는 1970년대 후반 이후 1980년대에 이를 때까지 유럽과 미국기업에서 많이 다루어졌다. 이 때 미국과 유럽의 기업들은 윌리암슨의 주장에 따라 경제적인 입장과 통제의 용이성에 대한 입장에서 수직적인 결합을 실행하는 경향이 많았다. 수직적인 결합에 따른 이득은 다음에 정리한 〈표 16-1〉에서 보는 것과 같다.

그러나 수직적 결합을 결행한 기업은 경제적인 변화에 대하여 적응하는 능력이 내부적인 네트워크를 이용하여 부품을 소싱하는 기업에 비하여 떨어지게

표 16-1

수직적 결합에 의한 이득

통제상의 이득	① 공급의 확실성 ② 경영정보에 대한 용이한 접근성 ③ 협동과 교류에 대한 저렴한 비용 ④ 시장접근에 대한 장벽 ⑤ 지속적인 생산주문 가능성 ⑥ 생산부품에 대하여 직접적으로 질과 배달, 비용을 통제할 수 있음
경제적인 이득	① 일반 간접경비를 줄일 수 있음 ② 단일한 시스템으로 협동할 수 있음 ③ 경로비용을 줄일 수 있음 ④ 시스템 경영에 의하여 변환비용을 줄일 수 있음 ⑤ 데이터의 흐름을 빠르게 할 수 있음

자료: Macbeth & Ferguson(1991); Howells & Wood(1993)에서 재인용.

된다.

이에 따라서 내부적인 네트워크의 효율적인 이용이 경쟁력으로 작용하는 일본 기업의 영향을 받아서 미국의 기업들도 지속적인 관계를 유지하는 외부 공급자들로부터의 소싱에 관심을 두게 된다. 이에 따르면 가장 효율적인 소싱은 효율적인 공급체인에서 온다는 주장이 제기된다.

마지막으로 소싱의 기본적인 문제인 단일소싱과 복수소싱에 대한 학자들의 주장은 다음과 같다.

4. 단일소싱과 복수소싱

단일소싱과 복수소싱에 대한 학자들의 주장들이 세계적으로 나타나게 된 것은 일본의 JIT 시스템이 전 세계적으로 각광을 받으면서 시작되었다. 단일소싱의 특징은 오랜 기간의 교류, 상호의 경제적인 효율성의 강조, 공급되는 부품의 질에 대한 관리 용이성으로 규정지을 수 있다.

위의 이익들에도 불구하고 단일소싱은 하청의 관계를 경쟁의 관계로 인식하고 있는 미국 등 구미의 기업에서는 그 적용이 어렵다. 그리고 특히 단일소싱은 급변하는 현대의 경제환경에서 나타나는 환경의 변화에 대한 적응 등 어려움에 직면하게 된다. 또 공급자의 기업에서 발생하는 파업과 생산능력의 저하로 인한 불확실성과 높은 비용도 단일소싱의 어려움으로 작용한다. 이에 대하여 GE의 경우에는 단일소싱과 복수소싱의 중간 형태인 double소싱전략을 사용하여 이익을 얻고 있다. 기본적인 위의 세 가지의 전략요인과 범세계적 소싱에 관한 전략적 선택을 필요로 하고 있다.

표 16-2

단일소싱에서 오는 이득과 발생요인

이 득	요 인
교류의 향상에 의한 생산비용의 절감	① 같은 분야에서 나타나는 조직적인 문제의 해결에 대한 생산자와 구매자의 교류와 향상 ② 하청업체의 교환에서 오는 새로운 조정이 불필요
더 낮은 가격의 구현	① 하청업자의 주문경로, 판매비용, 수송비용, 재료통제 비용을 낮춤 ② 재생산과 불량비율을 낮춤
공급의 안전성	① 장기간의 계약 ② JIT에서 요구하는 확실한 시기의 공급을 이룬다.

그림 16-3 소싱전략의 결정모형

<table>
<tr><td rowspan="3">〈소싱전략〉

1. 국내조달 혹은 해외조달

2. 자사제작 혹은 타사구입

3. 단일소싱 혹은 복수소싱</td><td>←</td><td>〈내부구조〉
– 원자재 구조
– 규 모</td></tr>
<tr><td>←</td><td>〈외부구조〉
– 공급자의 시장구조
– 공급자의 수
– 공급자의 규모</td></tr>
<tr><td>←</td><td>〈정부정책〉</td></tr>
</table>

표 16-3

전 세계적 소싱의 경향

① 공급품의 질과 시간적으로 알맞은 공급에 대한 상태와 중요성의 증가
② 소싱의 영역상의 확대 – 현지소싱과 본사소싱에서 벗어나는 경향
③ 공급기업과의 협동 확대 – 영역적으로, 기간적으로
④ 공급의 표준화
⑤ 공급자의 수 축소
⑥ 생산의 집중화 향상 – 공급의 현지화
⑦ 비용보다는 생산품의 질에 더 많은 관심
⑧ 교환비율이나 환율에 대한 반작용 – 전 세계적인 소싱을 통하여

그리고 일련의 소싱의사결정 과정에 작용하는 영향요인으로서 기업 특유의 요인과 환경상의 요인으로 구분하여 살펴볼 수 있다. 전자의 경우에는 원자재의 구조, 규모 및 현지국 투자동기와 같은 기업내부 구조상의 특성을 들 수 있으며 후자는 공급자 시장의 구조, 숫자 및 규모와 같은 외부구조와 현지 정부의 수입대체정책 등을 들 수 있다. 요컨대 해외직접투자 기업의 소싱전략은 위의 요인들이 복합적으로 작용하여 나타나게 된다.

이들 요인을 고려한 소싱전략의 결정모형은 위의 [그림 16-3]으로 요약할 수 있다.

현재 세계시장에서 나타나고 있는 기업들의 소싱 의사결정에 있어서의 위의 많은 요인들을 각 기업이 처해 있는 기업내부의 능력과 기업외부의 환경에 맞추어 적용하면서 전략을 적용하고 있다. 그러나 현재 기업이 가지는 일반적인 경향은 다음과 같은 여덟 가지 요인으로 파악되고 있다.

소싱유형 내지 소싱전략의 문제는 아직까지 본격적으로 논의되거나 분석되어 온 것으로 볼 수 없으며, 이에 따라 소싱이론의 정립을 위한 축적된 연구성과가 대단히 부족한 실정이다. 그러나 해외직접투자를 다룬 이론들에서 학자들은 서로 다른 유형이나 목적으로 소싱전략에 대하여 기술하고 있다. 소싱전략을 기술한 관점을 크게 나누면 첫째, 소싱전략의 관점에서 벗어나 있지만 소싱전략과

표 16-4

소싱전략에 관한 제 분류

<table>
<tr><th>대 분 류</th><th>소 분 류</th><th>학 자</th></tr>
<tr><td rowspan="7">소싱전략의 관점에서는 벗어나지만 소싱전략과 밀접하게 관련이 된 그룹</td><td>입지우위론적 관점</td><td>Bernard, Vincent
Dunning, Yannopoulos,
Heleiner, Schollhammer,
Vernon 등</td></tr>
<tr><td>무역결정 요인적 관점</td><td>Vernon(수명주기이론)</td></tr>
<tr><td>국제무역의 부산물로 해외직접투자 설명</td><td>Mundell, Baldwin,
Schmitz, Helmberger,
Caves, Kojima</td></tr>
<tr><td>수출과 해외투자의 대체성과 보안성 관점</td><td>Hafbauer, Adler,
Robertson, Horst, Lipsey,
Weiss, Herring, Willett,
Tell, Hawkin, Webbink 등</td></tr>
<tr><td>수출과 해외투자간의 선택의 관점</td><td>Hirsch</td></tr>
<tr><td>해외직접투자의 무역 효과의 관점</td><td>Stevens</td></tr>
<tr><td>해외자회사의 생산확대 결정요인의 관점</td><td>Jud</td></tr>
<tr><td colspan="2">소싱전략의 관점에서 연구를 수행한 그룹으로 분류되기는 하지만 소싱전략을 공식적인 주제로 취급하고 있다고 볼 수 없는 그룹</td><td>Adams, Seidman, Leff,
Leontiades</td></tr>
<tr><td colspan="2">무역의 결정요인과 해외생산의 입지문제를 결합하여 소싱 모형을 제시한 그룹</td><td>Ohlin, Dunning</td></tr>
<tr><td colspan="2">해외시장의 내부화를 위하여 직접투자를 통한 해외생산을 수행해야 함을 시사한 그룹</td><td>Casson</td></tr>
<tr><td colspan="2">소싱전략의 관점에서 보다 공식적으로 연구를 수행한 그룹</td><td>Buckley & Pearce,
Carter, Cavusgi, Yoei &
Cavusgi, Narasimhan
Amold 등</td></tr>
</table>

밀접하게 관련된 그룹, 둘째, 소싱전략의 관점에서 연구를 수행한 그룹으로 분류되기는 하지만 소싱전략을 공식적인 주제로 취급하고 있다고 볼 수 없는 연구그룹, 셋째, 소싱전략의 관점에서 보다 공식적으로 연구를 수행하는 그룹으로 나눌 수 있다. 그리고 더 세부적으로 나눈 연구그룹은 앞의 〈표 16-4〉와 같다.

제 3 절 글로벌 기술수출전략

1. 프로덕트 사이클을 이용한 기술수출

(1) 다국적기업의 기술전략

R&D전략으로 얻은 신기술을 특허전략을 통하여 이익을 최대로 하고자 하는 것이 다국적기업의 기술전략이다. 따라서 해외로 제품수출을 하든가, 해외직접투자를 하든가, 그렇지 않으면 기술수출을 하는 것 중 어느 것이 유리한가를 검토해야 한다.

(2) 기술전략과 라이프 사이클

새로 발명된 신기술로 새로운 상품을 창출하는 프로덕트 이노베이션과 생산공정을 개량시키는 프로세스 이노베이션인가에 따라 차이는 있지만 일반적으로 기술전략은 상품의 라이프 사이클과 밀접한 관계를 가지고 있다. 상품 라이프 사이클이란 수요가 그 이상 증가하지 않는 성숙기로 진행되면 기술판매를 될 수 있는 대로 늦추어서 성숙기에 가까워질 때까지 기술독점으로 인한 이익을 얻고자 할 것이다. 반대로 이미 성숙단계에 도달한 상품의 신기술은 상대적으로 빨리 매도되는 경향이 있다.

신상품이 수출됨에 따라 상품 라이프 사이클도 해외로 전파된다. 즉 상품 라이프 사이클은 신상품 창출국으로부터 타 선진국과 개발도상국으로 전파된다. 다국적기업은 국내에서 기술독점이익을 최대한으로 흡수한 후, 타 선진국으로 그 기술을 이전시켜서 최대한의 기술독점이익을 흡수한다. 그 다음에는, 개발도상국에서 같은 상품 라이프 사이클을 일으켜서 기술수익을 올린다. 상품 라이프 사이클의 과정 중 너무 빠른 단계에서 신기술을 매도해 버려 후회하는 경우도 있다. 예를 들면 RCA는 가전부문의 신기술을 일본에 계속 판매했다. RCA에 있어서 기술수출은 달러박스였다. 그러나 그 결과 일본의 가전부문의 추격을 받아 마침내 가정용 음향기기 부문에서 밀려나게 되었다.

(3) 다국적기업의 기술독점

물론 다국적기업은 이와 같은 예보다도 '기술독점'으로 막대한 이익을 올리기 위하여 교묘한 전략으로 성공한 예가 상당히 많다. 예를 들면, 세계 제일의 컴퓨터기업인 미국의 IBM은 아주 교묘한 기술전략을 세우고 있다. IBM은 적극적인 연구 · 개발투자로 타사보다 항상 몇 단계 위의 새로운 기술을 개발하고 있다. 그리고 언제나 타사보다 앞서는 새로운 기술로 기술적 우위를 도모하여 국제적 기술독점을 유지하고 있다. 충분한 기술적 우위에서 반보전진방식을 취하여 개발한 기술로 최대한의 이익을 올리는 한편, 상품 라이프 사이클을 창출하는 신기술의 개발에도 노력하고 있다.

(4) 다국적기업의 기술수출

한국에 대한 기술수출은 기술 그 자체는 최선의 것이 아니며, 이미 선진국에서 사용된 기술이므로 기술료는 저렴하다. 그러나 다른 원인으로 비싸지게 된다. 한국으로의 기술수출은 해외직접투자로 많이 이루어진다. 한국은 외국기업의 투자 장려책을 펴고 있으나 과실송금에는 여러 가지 제약이 있다. 또한 국내 기업보다도 높은 투자수익률에는 내셔널리즘에 의거한 반감도 있다.

그러나 기술에는 특별한 우대조치가 취해져서 기술료는 제한하지 않는 경우가 많다. 그 때문에 될 수 있는 대로 기술료를 비싸게 책정하여 투자수익을 억제하든지 기술료로 이익송금을 하게 된다. 일반적으로 미국 다국적기업의 기술료는 개발도상국에서 높은 편이다. 최근 UN무역개발회의에서 특허문제가 제기되어 기술료를 더욱 싸게 하는 방안이 검토되고 있다.

2. 기술과 해외직접투자

(1) 기술수출과 해외직접투자

해외시장에서 최대한의 이익을 올리기 위해서는 제품으로 수출하든가, 기술만을 매각하든가, 그렇지 않으면 자기가 기술을 가지고 가서 해외직접투자를 하는 것 중 가장 유리한 수단을 선택해야 한다. 그 선택을 위해서는 많은 해외정보가 필요하다. 계약상대기업의 시장쉐어와 기술력, 상대국에서의 예상수요와 투자액, 세제, 공업소유권제도, 독점금지법, 투자장려법 등이다. 기술수출시에는 상대국이 제시한 조건의 차이로 계약패턴도 달라진다. 다국적기업이 특허를 매각하는 라이센싱보다도 해외직접투자를 선호하는 것은 기술을 매각하면 경쟁상의 우위성이 붕괴되며, 기술독점을 장기간 보유하고자 하는 이유 때문이다. 반대의 경우도 있다.

다국적기업이 해외직접투자보다 라이센싱을 택하게 되는 경우는 프로덕트 라이프 사이클이 짧거나 직접투자에 대한 규제, 정치 · 경제적인 불안이 클 때이다.

(2) 기술전략의 특징

최근 다국적기업의 기술전략의 큰 특징의 하나는 기술을 해외직접투자의 주무기로 사용하고 있는 것이다. 한국 기업이 합작투자를 하려고 하는 목적 중 가장 큰 이유가 기술도입을 위해서라는 결과가 그것을 증명하고 있다. 따라서 해외직접투자에서 필요로 하는 생산요소 가운데 가장 중요한 것은 기술이다. 최근 한국에 진출하는 다국적기업은 대부분 한국보다 진보된 선진기술을 가지고 있다. 일단 한국에 합작투자로 진출해 온 기업은 계약이 끝나고 합작지분을 한국측에 반납한 후에도 계속해서 기술사용료를 받아가거나 기술계약관계를 유지시키는 경우가 있다.

이와 같은 경우는 한국에 제공한 기술이 첨단기술이 아니고 낙후된 기술을 이전한 것이라고 할 수 있다. 따라서 기술계약시 첨단기술을 이전하겠다는 보장을 받는 것이 필요하다. 반대로 한국 기업의 대중국 기술수출도 급증하고 있는데 여기에 대한 대응방안도 필요하다.

연구 과제

1. 국제로지스틱스전략의 관점에서 해외생산 개념을 논했다. 그런 유형의 전략에 위험이 있는지 설명하시오.
2. 한국과 다국적기업이 가장 흥미를 가질 만한 기술이전 형태는 어떤 것인가?
3. 한국 기업의 해외진출시 제기되는 경영리스크전략에는 어떤 것이 있는가?
4. 다음의 용어에 대하여 설명하시오.
   1) 로지스틱스
   2) 기술수출
   3) 해외리스크
   4) 수평적 · 수직적 통합화

제17장
국제협상과 인수 · 합병

사례연구 ▶ Global 500대 기업

네슬레(Nestle)

1 Web Site

http://www.nestle.com

2 네슬레의 경영이념

네슬레는 소비자와 종업원 모두의 안녕(well-being)에 특별한 관심을 기울이면서 세계 인류 개개인의 요구에 부응하는 사람 중시의 회사이다. 이것은 네슬레가 사람들에 대해 가지는 태도와 책임의식 속에 담겨 있는 것이다.

네슬레는 매출과 이익증진을 목표로 하고 있음과 동시에 네슬레가 활동하는 곳은 어디든지 그 곳의 생활수준과 사람들의 삶의 질을 높이는 것을 목표로 하고 있기도 하다.

네슬레는 또한 회사의 경쟁력은 사람이 만들며 이러한 사람들의 헌신과 에너지 없이는 아무것도 이룩할 수 없다는 것을 확신하고 그것이 바로 사람이 가장 소중 한 자산인 이유이다.

모든 종업원의 참여는 회사의 경영활동과 그들 업무의 특정 부분에 관한 적절한 정보의 교류로부터 시작된다. 열린 의사소통과 활발한 상호 협조를 통해 모든 사람들이 회사의 성과를 높이고 개인의 발전을 강화할 수 있는 개선 활동에 기여할 수 있도록 권장(invited)하고 있다.

3 네슬레의 기업문화

안전과 품질에 대한 헌신, 다양성에 대한 존중과는 별도로 네슬레는 일련의 문화 적 가치를 충실히 따르고 있다.

① 강한 직업윤리, 청렴성, 정직성 그리고 품질에 대한 약속

신뢰와 상호 존중을 바탕으로 한 인간관계. 이것은 개방적이고 솔직하게 의사소통하는 능력과 함께, 타인과 교제시의 태도에도 해당된다.

② 상호 인격적이고 직접적인 업무처리 방법

이것은 다른 생각과 견해에 대한 높은 수준의 인내심을 의미하며 또한 타인과 끊임없이 주도적으로 협조하여 나아가는 것을 의미한다.

③ 사업에 대한 독단적인 접근 보다는 보다 실용적인 접근

이것은 현실적이면서 사실을 근거로 결정을 내림을 의미한다.

④ 기본적인 인간의 가치, 태도 그리고 행동을 존중하는 한편, 기술의 흐름, 미래의 방향, 소비자 습관의 변화, 새로운 사업 아이디어와 그 속에 있는 기회를 파악하는 열린 마음과 호기심

⑤ 회사의 성과와 명성에 기여한다는 자부심

이것은 특히 근시안적인 이익추구나 한때의 유행을 따르기보다는 매일의 업무 속에서 품질과 장기적인 성취에 대한 인식을 기르는 것을 요구한다.

⑥ 회사에 대한 충성과 일체감

4 네슬레 글로벌 조직

① 네슬레는 실용성을 위하여 관리단계는 적고 영역은 확대된 수평적이고 유연한 조직체계를 선호한다.

② 관리자와 위계조직의 책임내역을 분명히 하고 네트워크 형식의 수평적 의사소통을 장려한다.

③ 분명한 책임수준과 목표를 분명히 설정하는 것은 매우 중요하며, 팀워크와 네트워크 형식의 의사전달방식은 관리자의 책임에 영향을 주지 않는다. 그리고 팀에는 항상 책임 있는 리더가 존재한다.

④ 결과를 매우 중시하면서 가능한 한 관료주의적인 요소를 줄이고 운영상의 신속성 및 개인의 책임을 보장하는 구조가 네슬레의 조직원칙이다.

5 네슬레의 역사

1) 초창기(1866~1905)

네슬레 초기에 기업으로 성장할 수 있었던 주요 요인은 모유를 먹일 수 없었던 어머니들을 위해 모유를 대체할 수 있을 만큼 건강에 좋으며 경제적인 식품을 탐구하던 앙리 네슬레였다.

1860년대 중반에 숙련된 약사였던 네슬레는 모유를 먹일 수 없었던 어머니들을 위해 모유 대신 유아의 영양을 보충해 줄 수 있는 식품을 개발하기 위하여 소젖과 밀가루와 설탕을 다양한 방법으로 조합하는 실험을 하기 시작하였다. 그의 궁극적인 목적은 영양실조로 인한 유아의 사망률을 낮추는 것이었다. 그는 신제품을 'Farine Lactee Henri Nestle'라고 명명하였다.

앙리 네슬레,
과학자이자 사업가,
130년 전에 네슬레를 창립함

네슬레의 첫번째 고객은 어머니의 모유나 종래의 대체품조차 견뎌내지 못하였고, 의사들이 가망이 없다고 단념하였던 미숙아였다. 사람들은 네슬레의 새로운 분유가 불과 2, 3년 만에 아이의 삶을 구하게 되자 이 신제품의 가치를 빨리 인정하게 되었고, 네슬레 제품은 유럽의 대부분의 지역의 시장에서 판매되게 되었다.

찰스와 조지 페이지가 1866년에 설립한 Anglo-Swiss 연유회사는 1870년대 중반에 제품범위를 치즈와 유아용 분유로까지 넓혔다. 1874년에 줄리 몬네럿이 앙리 네슬레로부터 사들인 네슬레 회사는 연유제품을 개시하는 것으로 그것에 응답하였다. 2개의 회사는 1905년 합병될 때까지 격렬한 경쟁자였다.

2) 세계무대로의 도약(1905~1918)

1905년 합병에 의해 설립된 회사는 네슬레와 Anglo-Swiss 우유회사라고 불렸다. 1900년대 초기까지 회사는 미국과 영국, 독일 그리고 스페인에서 공장을 운영하고 있었다. 1904년에 네슬레는 스위스의 'General Chocolate' 회사와 계약을 체결한 후에 식품군에 쵸콜릿을 추가하였다.

회사가 판매대리점을 현지의 자회사로 바꿈에 따라 연유 수출은 급속도로 증가하였다. 1907년에 회사는 두 번째로 큰 수출시장인 호주에서 본격적으로 제조업을 시작하였다. 창고들은 빠르게 성장하는 아시아 시장을 공략하기 위하여 싱가폴과 홍콩 그리고 봄베이에 생겨났다.

그러나 대부분의 생산시설은 유럽에 남겨졌다. 그리고 제1차 세계대전은 생산이 중단되는 심각한 사태를 불러왔다. 원료를 구입하거나 제품을 판매하는 것은 더욱 어렵게 되었다. 전 유럽에서 우유가 부족하게 되자 그들 생산의 대부분을 지방의 도시에 필요만큼 팔도록 강요되었다.

3) 세계무대로의 도약(1918~1938)

1920년대에 네슬레의 생산라인은 처음으로 기존의 생산라인을 넘어섰다. 쵸콜릿 제조업은 회사에서 두 번째로 중요한 부분이 되었다. 맥아로 된 우유, '마일로'라고 불렸던 가루음료, 유아를 위한 가루로 된 버터우유와 같은 신제품들이 안정적으로 출시되었고, 마침내 1938년에 네스카페가 출시되었다.

브라질의 커피학회는 브라질에서 남아도는 커피의 양을 줄일 만한 신제품을 찾기 위하여 1930년에 루이스 데이플에게 접근하였다. 8년간의 연구는 커피를 마시는 습관에 혁명을 일으킨 녹는 가루를 만들어 내었다. 네스카페는 출시되자마자 성공하였고 이러한 성공은 1940년대 초의 네스티의 성공으로 이어졌다.

4) 경제의 위기(1938~1944)

제2차 세계대전의 발발은 즉시 네슬레에게 영향을 미쳤다. 회사의 이익은 1938년에 2천만 달러에서 1939년에 6백만 달러로 떨어지게 된다. 중립국인 스위스는 전쟁기간 동안 유럽에서 점차적으로 고립되어 갔으며, 이러한 이유 때문에 회사는 코네티컷 주의 스텐포드에 있는 행정사무실로 많은 사람들을 전근시켰다.

처음으로 생긴 세계적인 대립으로 전통적인 회사구조가 완전히 바뀌게 되었다. 그리고 유럽과 아시아에서의 판매문제를 극복하기 위하여 공장들은 라틴 아메리카 지역과 같은 개발도상국에 세워졌다.

아이러니컬하게도 제2차 세계대전은 네슬레의 새로운 제품인 네스카페가 급속도로 알려지는 계기가 되었다. 미국이 세계대전에 참전한 이후 네스카페는 유럽과 아시아에 주둔하고 있는 미군들의 주요 음료가 되었다.

5) 성장 그리고 경영다각화(1944~1975)

제2차 세계대전의 종결은 네슬레 역사에서 가장 역동적인 시기의 시작의 획을 그었다.

이 기간 동안 네슬레의 성장은 소비자의 욕구에 맞추기 위해 식품부문 다각화 정책에 기초한 것이었다. 회사가 성장하면서 수십 개의 신제품이 출시되었고 외부 회사와도 합병하게 되었다.

1974년에 회사는 화장품의 세계시장을 주도하는 로레알의 주요 주주가 되었다.

6) 기업의 도약(1975~1981)

1974년 로레알과의 계약 후 네슬레의 총체적인 위치는 빠르게 바뀌었다.

개발도상국에서의 네슬레의 급속한 성장은 회사의 전통적 시장에서의 손실을 부분적으로 상쇄시켜 주었으나 그것은 불안정한 정치와 경제상황과 결합한 위험을 동반한 것이었다. 균형을 유지하기 위하여 네슬레는 식품산업의 외부로 두 번째 모험을 시도하였는데, 그것은 제약과 눈 관련 상품을 제조하는 업체인 Alcon 연구소와 합병하는 것이었다.

7) 새로운 방향(1981~1996)

이 기간 동안의 회사 전략은 두 가지로, 내부의 조정을 통한 재정상황을 향상시키는 것과 전략적 합병을 계속 추진하는 것이었다.

이와 같이, 1980년에서 1984년 사이에 회사는 비전략적이거나 무익한 비즈니스를 많이 정리하였다. 1984년에 네슬레의 순이익은 향상되었고 회사는 미국의 거대한 식품회사인 Carnation에 30억 달러의 공개신청을 하는 등 새로운 국면을 개시하였다. 1985년에 이루어진 기업인수는 식품업계의 역사에서 가장 큰 일 중 하나였다.

8) 미래(1996~On)

1990년대 전반 Nestle에게는 절호의 기회가 찾아왔다. 무역장벽은 무너졌고 세계 경제시장은 발전하여 커다랗게 또는 작게 무역지역을 통합하였다. 중국과 아울러 동유럽과 중부유럽의 개방, 그리고 외국인 직접투자의 자유화라는 일반적인 동향은 Nestle같이 관심사가 광범위한 회사에 좋은 소식이 되었다.

일부 이러한 좋은 계기가 없었을 때에도 전반적인 동향은 긍정적인 방향으로 흘렀다. 1996년 이래로 합병이 점차 강화되었다. 1997년 mineral water 사업과 관련, 이탈리아 San

Pelle grino와 철저한 검증에 의해 합병하게 되었다. 1998년 UK Spillers Petfoods와 합병하였고 또한 1999년 고부가 상품인 냉동식품에 집중하기 위해 Findus 브랜드를 매각하기로 결정내렸다. 그리고 2002년에는 Ralston Purina과 합병하였다.

Nestle는 생산 범위를 확장하고 지리적인 범위를 넓히기 위해 Anglo-Swiss Condensed Milk Company와 합병하여 20세기를 열었다. 새 시대, Nestle는 이제 세계 도처의 500개 이상의 공장과 8,100억(스위스프랑)의 판매량으로 음식산업에 있어서 확실한 선두주자이다.

회사의 전략은 기본적인 원리들에 충실하며 계속 진행될 것이다. Nestle에 존재하는 제품들은 지리적인 활동 및 제품라인 안에 균형을 유지하고 있는 동안 혁신과 개선을 통해 계속 성장할 것이다. 기업의 장기적인 잠재력은 단기적인 성과를 위해 결코 희생하지 않을 것이다. Nestle가 가장 중요시하는 것은 소비자들이 어디에 있건, 무엇을 필요로 하건, 소비자가 가장 필요로 하는 가장 좋은 것을 제공하는 것이다.

6 한국 네슬레의 역사

1979. 7 – 한서식품(주) 설립<스위스 네슬레 SA사와 농어촌개발공사(내부투자)>
1987. 10 – 한국 네슬레 설립<네슬레 SA사와 두산그룹(인스턴트 커피 외 18종)>
1988. 1 – 한서식품(주)에서 네슬레식품(주)으로 상호변경
1989. 10 – 커피, 커피 크리머 공장 준공
1996. 8 – 두산그룹 주식 전량 매입

7 네슬레의 글로벌 경영

세계 최초의 유아식 개발에 이어 인스턴트(네스카페)도 네슬레가 원조이다. 이 뿐만 아니라 냉동건조커피 역시 네슬레가 최초이다. 이처럼 커피나 이유식으로 시작한 네슬레는 20세기에 들어서는 인수합병으로 식품에 관한한 문어발식 사업 다각화 양상을 보이고 있다. 1905년 앵글로-스위스 농축 우유업체를 합병해 영국으로 진출했고, 1947년에는 가공식품업체 매기를 인수했다. 광천수회사 비텔(1969년), 커피크리머 회사 카네이션(1985년), 음료업체 페리어(1992년), 애완동물 사료업체 일포(1994년)를 잇달아 인수 합병함으로써 덩치를 키웠다. 따라

서 식품회사로는 세계 최대, 기업규모에서는 유럽 내 8위, 세계 31위가 네슬레의 현주소이다. 다시 말해 네슬레는 영유아식, 인스턴트 커피, 분말 유제품, 조미식품, 전문식품, 초콜릿, 스프, 광천수, 아이스크림, 씨리얼, 애견식품 등 8,500여 개가 넘는 브랜드를 가지고 있을 뿐 아니라 화장품업체인 로레알의 지주회사 지분 49%도 가지고 있고, 식품과 무관한 의료기기 분야에서 총매출의 4%를 내고 있다.

현재 커피 관련제품 이외에도 전 세계 어린이들이 가장 좋아하는 네스퀵은 현재 약 100여 개국에서 판매되고 있으며, 상쾌하고, 신선한 네스티는 레몬맛, 복숭아맛, 녹차맛 등 다양한 맛으로 소비자들에게 사랑받고 있다.

8 네슬레의 글로벌 전략

1) 현 지 화

① 다국적 기업으로서의 네슬레

네슬레의 진정한 다국적화는 매출 발생지와 경영진 구성, 주주의 국적, 스위스 본사에서 근무하는 임직원의 국적 등에서 잘 나타난다. 네슬레는 세계 69개국, 4백89개 공장에서 무려 8천 개의 브랜드의 제품을 생산하고 있다. 전 세계 매출 중 스위스 국내에서 파는 비중은 2%에 불과하다. 회장 및 기능별, 지역별 사장급 경영진 9명은 6개국 출신으로 구성돼 있다(피터 브라벡 사장을 포함해 오스트리아 출신이 3명, 미국인이 2명, 스페인, 호주, 스웨덴, 멕시코 출신이 각 1명). 주주의 50%가 비 스위스계이고 본사에서 근무하는 임직원은 68개국 출신으로 채워져 있고, 직원의 98%가 현지인 이다.

② 네슬레의 현지화 노력

유럽, 대륙인은 일반적으로 커피를 진하고 양은 적게 마시고 또 나라에 따라 커피열매 상태로 혹은 빻아 놓은 상태로, 즉 가루 형태로 사용하기도 하고 까맣게 볶은 것을 좋아하기도 한다. 한편 프랑스에서는 커피는 전통적인 음료수이고 영국에서는 젊은이들이 부모가 차를 마시는 데 대한 저항의식으로 커피를 마시며 일부에서는 선물용으로 커피를 구매한다고 한다. 이 모든 것을 고려하여 네슬레는 1년에 5천만 달러를 지출하면서 각 나라 특성에 맞도록 커피를 차별화하기 때문에 무려 2백여 종류의 인스턴트커피를 만들어 생산 수출하고 있다.

이렇듯 식품에 있어서 네슬레의 국제화 전략은 '입맛의 현지화'로 상징된다. 입맛은 지역에 따라 다르고 나라마다 다르다.

③ 네슬레의 제품의 현지화 사례

네슬레는 급성장하는 태국 커피시장을 노려 쉐이크라는 냉커피 브랜드를 새로 개발했다. 플라스틱 용기에 든 커피를 흔들어 마시게 하고 쉐이크라는 춤도 개발해 춤 잘추는 미스쉐이크 선발대회까지 개최했다.

2) 인수 · 합병

네슬레는 현지화 전략의 한 부분으로서 M&A 전략을 사용하고 있다. 기업 인수합병정책은 성사시키는 데에 많은 노력과 자본이 투자되어야 하고 실패 가능성도 매우 높기 때문에 전략의 일부분으로 사용하기 위해서는 상당한 위험 부담을 안고 있어야 한다. 그럼에도 불구하고 네슬레는 지난 10년간 180억 달러에 이르는 자본을 M&A에 투자하였는데, 그 이유는 식품산업이 영화, 음악과 함께 어느 국가에서든 문화적 침투의 방편으로 사용 될 수 있다는 점에서 수입에 민감한 품목이기 때문이었다. 현지에 거부감을 주지 않기 위한 배려가 필요했기 때문에 일찍이 현지에 진출, 회사를 설립해 생산 판매하는 방식을 택하고 현지 회사를 인수하는 전략을 사용하게 된 것이다.

이러한 기업 인수합병정책을 통해 기업의 덩치를 키운 네슬레는 현재 80여 개국에 현지법인과 500여 개의 생산시설을 두고 23만 명이 넘는 직원을 고용하고 있다. 식품회사로는 세계 최대, 기업규모에서는 유럽 내 8위, 세계 31위를 차지하고 있다.

제1절 국제협상의 유형

1. 협상의 개념

협상(negotiation)[1]은 외교(diplomacy)와 마치 동의어인 것처럼 사용되는 경우가 있으며, 흥정(bargaining) 또한 협상과 아주 비슷한 개념으로 거의 동의어인 것처럼 사용되는 일이 많다.[2] 그러나 엄격하게 말하면, 협상은 흥정의 한 형태로써 흥정에 포함되는 것이라고 볼 수 있다.[3] 때로는 명시적인 형태에 있어서의 협상을 행할 수 없기 때문에, 그 대신 흥정에 의존하지 않을 수 없게 되는 경우도 있다.

위와 같이 협상에 대한 개념은 그 의미가 명확하게 규정되고 있지 않기 때문에 학자들에 따라 여러 가지로 정의되고 있다. 이러한 여러 가지 개념들 속에서 공통된 요소들을 바탕으로 추출해서 정리해 보면 협상은 "공통 혹은 서로 대립하는 이해를 명시적으로 조정하려고 시도하는 상호행위의 형식"이라고 정의할 수 있을 것이다. 이를 조금 더 명확히 설명하면 다음과 같다.[4]

첫째, 협상의 주체가 될 수 있는 것은 크게 3가지로 개인, 조직, 정부를 들 수 있다.

둘째, 협상의 대상이 되는 사항은 국가의 존망이 걸린 일로부터 의식적·기술적인 아주 작은 일에까지 이른다.

셋째, 이해대립(conflicting interests)인 관계에서 발생한다. 이해가 대립하지 않는다면 협상을 행할 필요는 없다. 그러나 거꾸로 협상에 의해서도 해결되기 어려울 만큼 당사자의 이해나 의견대립이 커다란 경우에는 협상은 성공할 수 없다. 여기서 협상의 한계가 있는 것이다.

---

1) negotiation은 어원이 negotium으로, neg는 not, otium은 leisure 또는 free를 의미한다. 요약하면 "대화를 통해 서로 일정 합의점에 도달한다"라는 의미로, 비즈니스를 가리킨다.

2) P. H. Gulliver, *Disputes and Negotiations: A Cross-Cultural Perspective*(New York: Academic Press, 1979), p. 60.
우리나라에서는 일반적으로 협상을 negotiation으로, 흥정을 bargaining과 같은 의미로 사용하고 있다.

3) Christer Jönsson, *Soviet Bargaining Behavior: The Newclear Test Ban Case*(New York: Columbia University Press, 1979), p. 9.

4) 木村汎, "交渉とは何か,"「國際交渉學」(勁草書房, 1998. 2), pp. 3~4.

넷째, 공통의 이해(common interests)가 존재하는 경우조차, 그 공통의 이해를 어떻게 실현하여 배분하는가에 관해 협상이 필요하게 된다. 협상연구의 선구자인 이클레(Iklé)에 따르면 그러한 "공통의 이해"는 나아가 "동일한(identical) 이해"와 "보완적인(complementary) 이해"로 세분된다.

전자는, 협상당사자가 공동작업 등을 행함으로써 초래되는 경우의 동일 이해를 가리킨다. 공동작업이란, 예를 들면 댐의 공동건설, 회사의 합병, 어업자원 보호, 휴전협정 등이다.

후자는, 자신만으로는 획득할 수 없는 경우에 서로 다른 대상을 교환해서 서로 부여함으로써 획득되는 이익을 가리킨다. 통상, 비즈니스, 바터거래, 매매라 불리는 행위가 그 좋은 예이다. 또한 상호조세면제조약, 이원권 등에 관한 항공협정은 그러한 이해를 상호간에 양보함으로써 달성된다. 그러데 실제로는 명확히 구별되지 않는 경우가 많으며, 양자의 이해를 동시에 갖는 협상이 많다.[5]

다섯째, 협상은 명시적인(explicit) 제안이 이루어지는 것을 특징으로 한다. 협상이 명시적인 형태에서의 흥정이라 불리기 때문이다. 흥정은 명시적인 제안(혹은 역제안)을 하지 않고 합의나 불합의의 신호를 막연한 형태로 보내, 상대측의 상상력을 뒤흔들어 놓기도 한다.

여섯째, '상호성'은 협상개념의 중핵사상이라고도 해야 할 요소이다. 협상에 있어서는 상대방이 존재한다고 하는 극히 당연한 것을 항상 염두에 두지 않으면, 협상에서의 성공은 도저히 이루기 어렵다. 상대측의 입장을 이해하고 상호간의 양보를 통해서 대립된 이해의 조정이 처음으로 가능하게 된다.

국제협상은 국내협상과 비교할 때 다음과 같은 차이점이 있다.[6]

첫째, 국제협상은 이문화가 체화된 당사자들간에 이루어지므로 문화차이로부터 발생하는 갈등의 극복이 필요하다.

둘째, 국내협상에 비해 계약이행의 담보가 어렵다.

5) 예를 들면 유럽 11개국이 EU(유럽연합)를 설립한 것은, 커다란 통일시장을 창출한다고 하는 의미에 있어서 "동일한" 이해, 관세에 관해 서로 양보한다고 하는 의미에 있어서 "보완적인" 이해를 공유했기 때문에 다름 아니었다. 또한 미 · 소 양국이 부분적 핵실험 금지조약(LTBT)을 체결했을 경우, 미국 · 영국 · 소련의 3국은 상대국측의 신핵병기개발 속도를 늦춘다고 하는 점에서는 "보완적인" 이익을, 조약참가의 제3국에 의한 핵개발을 저지한다고 하는 점에서는 "동일한" 이익을 얻는 것이다.

6) Salacuse는 국제협상이 국내협상과 다른 점을, ① 정치적 및 법적 복수성 ② 국제통화요인 ③ 현지정부와 관료체제의 문제 ④ 불안전성 및 갑작스런 변화 ⑤ 이념적 다양성 ⑥ 문화차이 등 6가지로 들고 있다.
Jeswald W. Salacuse, "A Beginner's Guide to International Business, Negotiations," *Negotiation Journal*(January 1988), pp. 5~13.

셋째, 투자자와 현지국간에 투자패턴 및 자금회수 등에 있어 서로 다른 유인을 가지고 있기 때문에 합의안을 조정하는 협상과정이 어려운 경우가 많다.

2. 협상의 분류

협상에는 여러 가지 종류의 형태가 존재하며, 이를 명확히 이해하는 일은 협상의 성패에도 중요한 역할을 한다. 관점에 따라 협상의 종류를 다음과 같이 구분할 수 있다.

(1) 협상주체의 관점에 따른 분류

협상 주체별로 볼 때 협상의 종류는 국가간, 기업간, 개인간 협상으로 구분할 수 있다. 본서에서는 기업간 국제거래협상을 주 연구대상으로 한다. 국제거래협상은 크게 수출입협상, 국제계약에 따른 기업협상, 국제투자협상 등으로 구분할 수 있다.

국제계약에 따른 기업협상에서는 국제기술이전계약, 프랜차이징, 서비스계약, 경영관리계약, 건설공사계약, 플랜트·턴키계약, 계약제조, 공동생산계약 등이 있으며, 국제투자협상에는 단독투자협상, 합작투자협상 등이 있다.[7]

(2) 전략적 관점에서의 분류

협상은 전략적 관점에서 볼 때 분배적 협상과 통합적(혹은 융화적) 협상이 있다. 분배적 협상은 승·패식의 협상(win-lose negotiation)을 의미하는데, 당사자간의 관계가 기본적으로 경쟁적이어서 어느 한쪽이 이익을 보는 만큼 상대방이 손해를 보게 된다. 이와 상반되는 유형이 통합적 협상이다. 협상자 모두가 승리하는 협상(win-win negotiation)이라고 하는데, 공통이익을 증진시킨다는 측면에서는 통합적 협상이라고 할 수 있지만, 협상당사자들이 적대적이거나 방어적이라기보다는 개방적이며 친화적 관계를 유지하려고 한다는 측면에서는 융화적 협상이라고 할 수 있다. 관련자의 이해관계가 상호 배타적이지 않으며, 어느 일방의 목적실현이 상대방의 목적달성을 저해하지 않는 상황에서 이루어질 수 있는 협상유형이다.[8]

---

7) 장대환, 「국제기업협상」(학현사, 1998), p. 133.
8) 이달곤, 「협상론」(법문사, 1995), pp. 135~36.

전자가 고정된 가치를 분배하려는 상황을 전제하고 있는 데 반해, 후자는 가치가 고정되어 있지 않고 양자의 협조에 의해 가치가 창출될 수 있다는 점을 전제로 한다.[9)]

(3) 목표의 관점에 따른 분류

1) 연장(extension) 협상[10)] 이 협상은 현존하는 조세조약, 문화협정, 미 · 일 안보조약 등의 갱신이나 연장을 통한 현상유지를 목적으로 하는 협상으로, 비교적 합의에 이르기 쉬우며 다음과 같은 특징을 갖고 있다.

① 협상의 주요 테마는 현 상태의 연장이다.

② 종전의 합의가 선례로서 강한 영향을 미친다.

③ 협상이 길어지는 경우 모든 관계자에게 불이익을 초래한다.

④ 합의가 이루어지지 않는 경우 현 상태가 파괴된다.

⑤ 타결되기 쉽다.

2) 정상화(normalization) 협상 현재의 비정상적인 상태에 종지부를 찍기 위한 협상으로 다음과 같은 특징을 갖는다.[11)]

① 협상을 성공시키기 위한 노력을 하지 않으면 대부분의 관계 당사자가 불이익을 입게 되기 때문에, 당사자간에 협상을 적극적으로 촉진하고, 해결하고자 하는 동기부여가 크다.

② 통상, 협상자에게 협상을 타결시키도록 강한 압력이 주어진다.

③ 협상이 길어지면 상대적으로 힘이 강한 쪽이 군사력 등을 사용하여 협상으로는 획득할 수 없는 승리를 입수하려는 유혹에 빠진다.

3) 재분배(redistribution) 협상 기존 현상을 바꾸어 이미 분배된 가치를 다시 분배하고자 하는 협상으로 다음과 같은 특징을 갖는다.

① 협상 주제는 공세에 있는 쪽에 유리한 이익의 재분배이다.

② 공세와 수세에 있는 양자간에 명확한 이해의 대립이 존재한다.

③ 공세에 있는 쪽은 정상화를 목표로 하는 협상인 것처럼 보이도록 전술을 짠다.

---

9) R.E. Walton and R.B. McKersie, A *Behavioral Theory of Labor Negotiation: An Analysis of a Social Interaction System*(New York: McGraw-Hill, 1965), pp. 12~25.

10) 예를 들면, 현존하는 조세조약, 문화협정, 한 · 미 안보조약, 미 · 일 안보조약 등의 갱신 · 연장 등을 들 수 있다.

11) 예를 들면, 샌프란시스코 강화조약, 한국전쟁의 휴전회담, 1956년의 일 · 소 공동선언 등이 있다.

④ 양자가 자기주장을 계속하는 경우는 협상은 합의에 이르지 못하며, 이 경우 공세인 쪽이 협상에 패배한 것을 의미한다.[12)]

4) 혁신(innovation) 협상 새롭게 무언가를 기획하거나, 새로운 관계를 창조할 것을 목표로 하는 협상으로 다음과 같은 특징을 갖는다.[13)]

① 상호 호혜적 이익을 얻을 수 있는 제도를 새로이 만들어 내는 것이 협상의 주제이다.

② 협상타결을 위해서는 그러한 상호이익의 존재가 역설되는 한편, 신제도로부터 배제되는 경우 불이익이 돌아갈 것이라고 하는 것을 경고하는 전술을 취한다.

③ 혁신에 반대하는 쪽은 재분배를 노리는 협상이라고 주장하는 전술을 택한다.

④ 협상이 길어지면 혁신의 이익을 얻는 쪽이 당초의 입장을 변경하는 경우도 발생한다.

⑤ 합의가 이루어지지 않으면 현상유지가 된다.

5) 부산물(side-effects) 협상 협상의 부산물을 획득 내지는 추구하기 위해 협상 자체를 목적으로 하는 협상으로, 다음과 같은 특징을 갖는다.

① 자기 입장의 정당성, 또는 협상타결에 열심임을 선전한다.

② 상대와의 접촉을 지속한다.

③ 협상상대의 대응이나 전술에 관한 정보수집을 한다.

④ 협상당사자 이외의 제3자에 대해 영향력을 행사한다.

⑤ 협상을 거부할 경우에 당할지도 모를 실력행사를 회피한다.

⑥ 협상에 임하고 있는 것처럼 보여, 전쟁준비 등의 진의를 은폐한다.

(4) 기타 분류

1) 당사자의 수에 따른 분류 협상당사자의 수가 둘인 2당사자간(bilateral) 협상과 셋 이상인 다수당사자간(multilateral) 협상으로 나눌 수 있는데,[14)] 이 두 경우는 협상의 성질이나 기술적인 면에서 크게 차이가 있다는 것을 알 수

12) 예를 들면, 국제연합에 있어서 안전보장이사회 상임이사국의 수를 변경하고자 하는 제안에 대한 협상이 있다.

13) 예를 들면, 국제연합, IAEA(국제원자력기구), EU(유럽연합), NAFTA(북미자유무역협정), APEC(아태경제협력회의) 등의 창설을 추진하고자 했던 협상 등을 말한다.

14) 한·일어업협상은 한·일간, 미·일자동차협의는 미·일간, 두 당사자간 협상이다. 한편, 국제연합이나 APEC 등은 다수당사자간 협상이라고 할 수 있다.

있다.[15)]

그런데 외견상으로는 두 당사자간 협상인 것처럼 보이지만 실질적으로는 다수당사자간 협상인 경우가 많으며, 이와 반대의 경우도 발생하는 경우가 있다.

2) 대외적 협상과 대내적 협상 협상당사자가 협상테이블에 마주앉아 협상상대와 협상을 행하는 것을 대외적 협상이라고 하며, 자기진영의 내부의견을 통일시키기 위한 노력과 배려를 대내적 협상이라고 한다.

대외적 협상에서 역할을 충분히 수행하여 성공한 경우라도, 대내적 협상에 실패한다면, 정작 합의를 이룬 합의문서가 상사나 동료에 의해 승인되지 않는 경우도 있다.

3) 제3자의 개입형태에 따른 분류 협상당사자는 협상결과가 직접적으로 미치는 이해관계에 구속받기 때문에 타협을 싫어하며, 종종 협상을 막다른 곳에 이르게 하기 쉽다. 이러한 이유들로부터 협상당사자들이 때로는 외부의 제3자의 손을 빌리는 경우가 발생한다. 이와 같이 협상은 협상당사자 이외의 구성원의 참가에 의해 자연스럽게 해결되는 경우도 있다.

제3자 개입은 알선, 중개, 조정, 중재로 대별할 수 있다.[16)]

알선(good offices)은 대립하고 있는 당사자간 의사소통을 원활하게 하고, 분쟁 및 기타 문제의 해결을 촉진하기 위한 제3자의 노력을 가리킨다.[17)]

중개(mediation) 또는 조정(conciliation)은 알선보다 한 걸음 더 나아가서 제3자 자신도 분쟁당사자의 신청에 의해 개인 또는 위원회의 자격으로 협상과정에 참가하여 당사자의 협상내용에 대해서 의견조정을 하기도 하고, 스스로 분쟁해결안을 제시하는 등, 분쟁해결에 전력을 다하는 경우를 말한다.[18)]

중재(arbitration)는 해결안을 권고하는 권한만을 가지고 있어 구속력이 없는 중개나 조정보다 한걸음 더 나아가, 서로 대립하는 양 당사자가 중립적인 입장에 서는 제3자의 판단에 따르는 합의를 이루어냄으로써 분쟁을 해결하는 방법이다.

---

15) Howard Raiffa, *The Art and Science of Negotiations*(Cambridge, Mass: The Belknap Press, Harvard University Press, 1982), p. 11.

16) 畑茂二田郎, 「國際法」(岩波書店, 1956), pp. 301~302.

17) Dean G. Pruitt, *Negotiation Behavior*(New York: Academic Press, 1981).

18) Jacob Bercovitch, *Resolving International Conflicts: The Theory and Practice of Mediation* (Boulder, Colorado: Lynne Rienner Publishers, Inc., 1996), pp. 218~220.
김현종, 「한국기업의 국제거래 협상에 관한 실증적 연구」(경희대학교, 2000), pp. 11~26.

3. 협상과정

협상을 구체적으로 이해하기 위해서는 협상이 이루어지는 과정을 살펴보아야만 한다. 협상과정은 광의와 협의의 의미로 구분하여 볼 수 있다. 광의로 볼 경우는 갈등의 인식, 협상을 위한 준비, 사전협상을 위한 활동, 본 협상에서의 제의 교환과 합의 유도, 협상결과인 합의내용의 집행 및 그 결과로 생긴 변화의 평가, 그리고 다음 차례의 협상에서 논의될 문제의 인식 등 순환과정을 단선적으로 생각할 수 있다. 협의로 볼 경우 협상당사자가 협상테이블에 앉아 제안을 서로 교환하는 상호작용의 면면이라고 할 수 있다.

이러한 협상과정은 몇 개의 단계로 구분해 볼 수 있는데, 실제 협상의 장에서는 각 단계가 명확하게 구분되는 것은 쉽지 않은 일이나 단계를 구분하지 않고 협상과정을 명확하게 이해한다는 것 또한 쉽지 않은 일이다. 따라서 협상과정을 단계별로 나누어서 살펴보아야 하는데, 명확한 구분이 쉽지 않은 특성으로 인해 논자에 따라 협상과정을 구분하는 단계가 다르다.

사라큐스(Salacuse)는 3가지 단계로 나누어 협상과정을 설명하고 있다.[19]

첫째는, 협상준비단계(prenegotiation)로, 이 단계에서 협상자는 협상을 해야 할 것인가, 해야 한다면 어떻게 할 것인가 하는 것을 결정하게 되는데, 세부적으로 보면, i) 분석(diagnosis), ii) 정보수집(information gathering), iii) 협상에 임할 것인가의 결정(decision to negotiate), iv) 협상항목의 결정(negotiation agenda) 등이 이루어진다.

둘째는, 틀 결정단계(conceptualization)로서, 협상자는 거래의 공통기반, 틀에 관한 합의를 이룬다. 이를 구체적으로 살펴보면 i) 이해의 명확화(definition and counterproposal), ii) 제안과 반대제안(proposal and counterproposal), iii) 창조적 선택(creative options), iv) 계약의 틀 결정(formula), v) 의향서 작성(Letter of Intent) 등이 이루어진다.

셋째는, 세부결정단계(working out details)로, 틀의 세부결정이 이루어지고 양자의 이행방법을 결정하는데, 구체적으로 살펴보면 i) 틀의 효과검토(implications of formula explored), ii) 전문적 분석(technical analysis), iii) 협상 속행 여부 결정(implementation considered), iv) 합의원칙의 문서화(documentation of agreed principles), v) 계약체결(contract concluded) 등이 이루어진다.

19) Jeswald W. Salacuse, 則定隆男ほか 譯, 「實踐グローバル交渉」(中央經濟社, 1996), pp. 20~23.

한편, 그래엄(Graham)에 따르면 협상과정은 다음과 같이 4단계로 구분된다.

첫째, 비사무적 탐색단계(non-task sounding stage)로 이 단계는 상대방을 먼저 파악하고 상호간 신뢰를 구축하면서 상대방에게 적합한 협상계획을 수립하는 단계로서 협상 전에 연회, 골프모임 등을 갖는 것을 말한다.

둘째, 정보교환단계(task related exchange of information stage)로 이 단계는 협상당사자들이 자신의 욕구와 선호도 또는 여러 대안 등에 관한 당사자들의 주관적인 기대효용에 관한 정보를 교환하는 단계이다. 즉, 이 단계는 협상자들이 당해 협상에서 구하고자 하는 것이 무엇이고 상대방이 구하고자 하는 것이 무엇인지 그리고 숨은 의도가 무엇인지를 상호 정보교환을 통해 알아내는 과정이다.

셋째, 설득단계(persuasion stage)는 여러 가지 설득전술을 사용함으로써 상호간의 주관적 효용을 수정하도록 하는 당사자의 노력과정으로, 호혜적인 대체안을 창안하는 것이 중요하다. 이는 협상당사자 쌍방이 실제적인 관심사, 가치 및 욕구의 이해, 상호간의 유사성과 상이성에 대한 인식 그리고 상호간의 중요 차이점에 근거한 새로운 선택 가능성을 발견하려는 노력을 말한다. 협상자 쌍방 중 어느 한쪽에 의하여 보다 높게 평가되는 관심사를 인식하고 그러한 차이점을 유용한 차원으로 이용하는 것은 상호 호혜적인 대체안을 창출하는 데 기초가 된다.

넷째, 양보 및 합의단계(concession and agreement stage)는 일련의 양보과정 또는 소규모 합의의 집합체로서 전체적인 타협을 이루는 단계이다. 협상당사자가 상호 정보를 교환하는 과정에서 자신과 상대방이 필요로 하는 것을 인식하고 협상의 문제점을 파악한 후 상대방에게 자신의 입장을 설득하는 과정이 끝나면 협상은 결렬되거나 타협에 이르게 된다. 양보의 시기와 중요성에 대해서는 문화에 따라 많은 차이를 보인다.

4. 협상결과

협상결과는 협상에 영향을 미치는 여러 가지 요인들과 협상과정으로부터의 협상성과를 말한다. 협상성과란 구체적으로 무엇을 의미하는지 명확하게 정의를 내리기는 어렵다. 일반적으로는 합의안으로부터 발생될 이익 또는 만족수준이라고 생각하고 있다.

그러나 엄밀히 살펴보면, 협상성과라는 말에는 특정 의사결정과정의 산출물—즉, 협상의 합의안—이라는 의미와 타결된 합의안의 실행결과 예상되는 효과라는 두 가지 의미가 함축되어 있다고 볼 수 있다.

제 2 절 국제협상의 기초요건

1. 5P와 3S

교섭에 필요한 최소한의 요건은 다음의 〈표 17-1〉에 나타난 여덟 가지로 요약할 수 있다.

(1) 전략(strategy)

당해 사업에 관한 정기적 종합계획이다. 즉 시장분석을 한 후에 사업을 평가하는 경영자원 배분을 결정한다. 이에 대한 주된 내용으로는 다음과 같은 것 등이 있다.

1) 전략목표 어느 전략목표가 가장 중요한가, 어떻게 하면 가장 효과적으로 달성할 수 있는가를 결정한다.

2) 결정사항 당해 제품 · 시장의 평가, 경쟁관계, 마케팅, 기술 등에 관한 자사의 경쟁력을 평가한다. 그러한 시장전략이 명확하면 할수록 교섭의 기본목표=의사결정의 기초를 보다 정확하게 결정할 수가 있다.

표 17-1

교섭에 관한 5P · 3S이론

교섭 전의 요 건	strategy(전략) planning(교섭계획) preparation(사전준비)	당해 사업에 관한 장기종합계획 교섭추진상의 구체적 작전계획 정보 · 자료의 수집과 조직화
교섭중의 요 건	presentation(설득력) speed(빠른 의사 결정) strength(교섭력) patience(인내력) personality(교섭자의 자질)	모순이 없는 논리적 설득력 · 신속한 결단 문제해결의 교섭을 추진하는 의사력 적극적으로 목표를 달성코자 하는 힘 humor를 이해하고 시련에 도전하는 적극적인 인간성

(2) 교섭계획(planning)

교섭력을 최대한으로 발휘하기 위하여서는 인력 · 정보를 조직적으로 운용하는 계획을 세워야 한다. 구체적인 내용으로서는 다음의 세 가지 점을 들 수 있다.

① 우선 교섭팀(negotiation team)과 지원팀(assistance team)의 조직화와 체제의 결정이다. 구체적인 교섭계획은 이 팀멤버(team member)에 의해서 추진된다.

② 교섭의 장(場)을 가정하고 몇 가지의 가설을 세운다. 각 가설에 대응한 교섭전술의 준비를 하고 융통성 있는 계획을 준비한다.

③ 가설이나 교섭전술의 수정이 필요한 경우 유연히 대응한다. 교섭 상대방도 인간인 이상 예상 외의 행동양태를 취하는 경우가 있다. 결국 충분한 대책을 준비해 둠으로써 상대방의 공격을 봉쇄하고 교섭을 유리하게 전개할 수 있다.

(3) 사전준비(preparation)

교섭에 필요한 정보와 자료의 사전준비를 말한다. 가장 중요한 것은 그의 조직화이다. 즉 서류나 서류철(file)의 체계화에 의하여 필요한 정보를 정확 · 신속하게 사용가능케 하는 것이다.

(4) 설득력(presentation)

교섭에서는 상대방에게 자기의 주장을 이해시키는 것이 전제가 된다. 이를 위해서는 설득력이 불가결하다. 교섭의 장에서는 유창하게 말할 필요는 없다. 모순되지 않은 논리적인 설득력이 결정요소가 된다.

(5) 신속한 의사결정(speed)

교섭에 있어서 우유부단한 태도를 취하게 되면 상대방으로부터 신뢰를 잃게 되는 경우가 있다. 우물쭈물한 태도는 의사결정력이 약한 것을 의미하고 상대적으로 신속한 반응과 행동은 신뢰감을 높이고 교섭의 이니시어티브(initiative)를 잡는 것을 가능하게 한다. 그것이 교섭을 성공시킨다.

(6) 교섭력(strength)

교섭에 있어서 역관계(力關係)의 요인으로는 위협이 있다. 위협은 교섭의 하나의 무기이기는 하나 잘못 사용하면 상대방에게 결정적인 불신감을 주게 되는 것이다. 위협은 감정적이 아니고 이성적으로 작용할 경우에 효율적이 된다. 위협의 기술을 어떻게 응용하느냐를 결정하는 것이 장기적인 전략이다.

(7) 인내력 (patience)

인내력은 교섭자에게 필요한 요건이다. 상대방의 공격이나 도발에 견디는 것도 이의 예라 할 수 있다.

(8) 교섭자의 자질 (personality)

교섭자의 인간성의 문제는 교섭을 성공시키는 요인이 되며 교섭자의 인간성이 교섭의 진전에 미치는 영향은 결정적이다.

국제교섭에 있어서는 이상 여덟 가지 요건, 즉 5P · 3S의 균형된 상태의 관계가 바람직하다. 이 중 어느 하나가 누락되어도 전체의 기능은 약화되고 교섭의 진전에 영향이 있게 된다. 교섭이 대형(大型)이고 참여하는 사람이 많으면 많을수록 5P · 3S의 균형 있는 기능이 필요하게 된다.

2. 교섭의 메커니즘

교섭을 이해하기 위해서는 먼저 교섭의 메커니즘의 개요를 이해해 둘 필요가 있다. 일반적으로 비즈니스교섭(business negotiation)에는 5단계의 교섭이 행해지고 있는데 이는 지분획득교섭, 문제해결교섭, 태도에 관한 교섭, 개인적 교섭, 그룹 내 교섭 등을 뜻하고 있다.

(1) 지분획득교섭

중고차 매매의 경우를 예로 들어보자. 만약 매도자의 최저가격이 100만 원이고 원매자의 최고가격이 130만 원이라면 최종가격이 그 중간선에서 결정되더라도 양자는 만족한다. 이 경우 만약 120만 원으로 교섭이 되었다면 매도인은 매입자보다도 지분을 더 획득했다고 할 수 있다. 지분획득교섭에 있어서는 어느 한쪽이 득을 보면 다른 편은 손해를 보게 된다. 따라서 이와 같은 경우의 교섭을 지분분배의 과정이라고 부른다.

일반적으로 국제거래의 교섭에는 교섭의 형태가 여러 가지 있겠으나 대부분은 이러한 지분획득교섭으로 분류할 수 있으며, 가격교섭이 그의 중심을 이룬다.

지분획득교섭은 자기중심적인 것이다. 국제교섭에서의 예를 들면, 일국의 이해에 커다란 영향을 미치게 되는 경우에 교섭과정은 그만큼 복잡하게 된다.

(2) 문제해결의 교섭

교섭의 당사자가 서로 상대자의 문제점을 인식한 후에 쌍방에 이익이 되는 점을 적극적으로 찾아 내는 교섭이 문제해결의 교섭으로 정의된다. 일반적으로 모든 계약에 있어서 매도자는 문제를 해결할 기회를 가지고 있다. 예컨대 어떤 화학설비(plant)계약의 국제교섭에서 가격조건에 관해서 합의되지 않는 경우를 생각해 보자. 즉 매도자가 매입자의 요구하는 선까지 가격을 인하해 줄 수 없는 경우의 교섭은 결렬된다.

그러나 이 경우에 매도자가 매입자의 요구조건에 접근하는 안으로서 플랜트 기기의 일부를 매입자의 국내에서 조달하게 하는 의향을 적극적으로 표명하고 현지조달을 위한 견적서의 작성을 제안한다면 매입자는 매도자의 제안에 동의하게 될지도 모른다. 이와 같은 매도자와 매입자가 협력해서 문제점을 해결하기 위한 교섭을 할 수 있는 것이다.

문제해결을 성공적으로 유도하기 위해서는 충분한 시간과 선의 · 관대성 그리고 동기유발(motivation)이 필요하다. 서로 협력하고 독단적이 아니고 의사소통을 도모하려는 관계는 새로운 해결책을 찾는 데 도움이 되고 있다. 그만큼 상호이익의 가능성은 증대되는 것이다.

(3) 태도에 대한 교섭

매우 공격적인 상대방을 설득하기 위한 방법은 때로는 협동적, 때로는 공격적이 되어야 하는 것이다. 일반적으로 교섭에 임할 때에는 교섭의 당사자는 어떠한 태도로 임하는 것이 가장 좋은지의 일방적인 선입관을 가지게 된다. 이 선입관은 매우 뿌리가 깊다. 신념 · 사고 · 편견은 그 사람의 태도에 어떤 일관성을 갖게 한다. 태도는 감정적인 동시에 이성적이기도 하다. 따라서 변화하기에는 어렵다. 그러나 만족될 만한 교섭을 하기 위해서는 쌍방이 어느 정도 자기의 태도를 수정하고 서로 양보하고 문제해결의 과정에 참가하려는 의사를 갖지 않으면 안 된다.

⑷ 자기와의 교섭

교섭당사자가 탁자를 사이에 두고 마주앉아 있을 때, 각자는 교섭상대자 이외의 다른 한 사람의 상대와 대하게 된다는 것이다. 즉 본인 자신이다. 일반적으로 교섭에는 시간적 제약이 뒤따르게 마련이다. 그것은 교섭당사자의 개인적인 조건에서 오는 경우도 포함된다. 예컨대 주말부터 가족과 휴가에 들어가려는 데 아무래도 금요일까지는 교섭을 끝내고 싶다는 뜻과 같은 사례이다.

교섭당사자는 교섭에 의해서 어떤 합의점을 얻어 내고, 상호 받아들일 수 없는 욕구나 목표간에 어떠한 조화점을 얻을 수 있는 행동모델을 선택한다. 교섭자는 자기 자신과도 교섭하지 않으면 안 된다. 그 교섭의 결과는 교섭자 자신이 자기의 역할갈등을 어떻게 조정하느냐에 의존하게 된다.

⑸ 그룹 내의 교섭

교섭당사자는 그가 대표하는 그룹과 어떻게 교섭하는가라는 문제를 이해할 필요가 있다. 의사결정그룹의 각 멤버는 요구수준과 무엇이 중요한가에 대하여 알고 있다. 교섭자는 그룹의 목표를 설정하는 한 구성원이다. 교섭목적이 되는 것은 이 그룹 내의 교섭과정의 결과이다.

의사결정그룹 중에서 교섭자가 피동의 입장에 서게 될 경우에 그는 실제의 교섭의 장에서 곤란에 직면하게 된다. 한편 교섭자가 그룹의 요구수준을 인하하기 위하여 적극적인 역할을 행사하면 그는 그룹의 요구를 달성하지 않는다는 이유로 비난을 받게 된다.

교섭자는 그가 속하는 그룹과 교섭상대와의 사이에 서는 역할이 부여된다. 항상 양자와의 교섭에서 적절한 판단을 내리지 않을 수 없는 책임이 부여되어 있다. 그룹 내에서 교섭과정을 충분히 이해하면 교섭상대의 의사결정과정에 대해서도 이해할 수 있다. 그리고 자기의 교섭계획을 분석·재편성하면 교섭상대 그룹 내의 가치관이나 기대치까지도 변화시킬 수 있는 것이다.

3. 국제인의 교섭

⑴ 에티켓과 매너

1) 문을 잡아주기 　전후로 빙글 도는 도어가 많으나 앞에 나가는 사람

은 뒷사람을 위하여 도어를 잠시 손으로 잡아 주는 것이 상식이다.

2) 에스컬레이터에서는 한쪽으로 비켜서는 것이 원칙이다.

3) 악수할 때는 허리굽히기를 자제할 것

4) 아이 콘택트를 잊지 말 것　미국인으로서 한국인과 이야기할 때 가장 신경거슬리는 것은 사람의 눈을 보지 않고 말하는 사람이 많다는 것이다. 너무 사람을 직시하든가 치켜보는 것은 실례이나 구미에서는 오히려 반대이다. 상대의 눈을 똑바로 보지 않고 말하는 자는 무엇인가 감추고 있는 사람이라 생각할 수 있다.

5) 몸을 떨지 말 것

6) 담배에 대해 주의할 것　선진국에서는 금연구역이 많으므로 담배로 인한 실수를 하지 않도록 해야 한다.

7) 손가락질하지 말 것　외국에서는 손가락질하는 것은 그 사람을 지탄하는 경우에 하는 것으로 엉뚱한 오해를 살 가능성이 있다.

(2) 비즈니스 매너

언어 · 사고 · 행동 · 환경 등의 차이가 인간과 기업의 행동특성이 되어 나타난다. 이것을 이해하고 국제적 관습에 따른 원칙에서 한국 비즈니스맨에서 세계적 비즈니스맨으로 도약할 수가 있는 것이다.

1) 약속을 꼭 해 둘 것　해외의 비즈니스맨, 특히 최고경영자가 되면 2년 뒤의 모임과 국제회의까지 스케줄이 짜여 있고, 2~3개월 뒤까지 예정이 되어 있는 것이 보통이다. 특히 여름 휴가기간중에는 회사에 있지 않는 경우가 많다. 따라서 약속을 미리 해 두는 것이 좋고 구체적인 일시를 정하기 곤란하면 며칠부터 며칠 사이로 먼저 잡아 놓고 구체적인 일시를 정하는 것이 상식이다.

2) 소개자는 한 명으로 충분　약속을 할 때는 당연히 소개자가 뒤따른다. 2중 3중으로 소개자를 세우면 상대방이 당황하고 의심하기 쉬우므로 신뢰관계가 깊은 소개자 1명이면 충분하다.

3) 국제감각의 5P를 지켜라.

① 시간의 준수(punctuality)

② 신속(promptness)

③ 쾌활(pleasantness)

④ 과시(pride)

⑤ 예의(politeness)

4) 합리주의 사고를 가지자.

① 드라이하게 해 나간다.

② 의제는 미리 정해 두고 그 영역은 벗어나지 않게 한다.

③ 작전도 미리 결정해 둔다.

④ 의사록을 작성하는 것이 원칙이다.

⑶ 해외마케팅 체크리스트

해외시장을 조사 · 측정 · 평가하는 것은 극히 중요한데, 이를 위한 체크리스트는 다음과 같다.

1) 인구통계　　성별 · 세대별 · 지역별 등 동태적으로 보는 것이 중요하다. 공장입지와 유통코스를 생각할 때 인구분석은 불가결하다.

2) 공업화의 발전단계　　공업화된 국가일수록 임금수준이 높아 대량구매가 가능하고 고급제품의 수요도 증대한다. 투자대상으로서도 안전하고 확실하다.

3) 공공투자와 그 구조　　전기 · 가스 · 수도 등의 공익사업, 도로 · 철도 · 항공망 등의 공공설비, TV · 라디오 등의 커뮤니케이션 시스템 등의 하부구조 발달의 정도를 아는 것이 시장의 잠재성을 아는 유력한 키가 된다.

4) UN과 각국의 무역통계　　이들 통계는 발표될 때까지 시간이 걸리지만 무역의 증가나 각국의 지불능력을 아는 데 편리하다.

5) 수입규제와 관세장벽　　합작이나 현지법인으로 상대국에 들어간 경우 플러스되는 경우가 있다.

6) 외환규제　　본국으로의 송금이 불가능하든지 과세가 지나치면 불이익이 된다.

7) 세　제　　세부담 및 우대조치 등을 조사해 두는 것이 좋다.

8) 복리후생　　상대국의 노동법 · 노무관리 등을 연구하고 장기적이고 단기적인 복리후생정책에 대해 알아두어야 한다.

9) 정치사정　　특히 국유화 움직임과 컨트리 리스크에 대해서도 신경을 써야 한다.

10) 상대국의 매스컴　　여론과 매스컴에 대해 사전 연구하고 필요하다면 기업광고도 고려해야 한다.

11) 상표의 보호

12) 국제견본시 등의 전시 테스트로서 견본시는 유효한 기회이다.

13) 제품의 마케팅 테스트를 하기 전에 예비테스트를 상대국의 시장조사 전문가에 대한 예비적 테스트를 하면 나중에 허점을 피할 수 있다.

14) 검열과 수출입관리 국가에 따라서는 비즈니스를 둘러싼 정보활동에 대하여 검열하는 곳도 있고, 입국허가에 대해서 귀찮게 하는 국가도 있으므로 주의해야 한다.

15) 문화적 배경 의식과 구매습관을 알기 위해 그 나라의 문화적 · 사회적 배경을 알아둘 필요가 있다.

16) 표 준 한국의 보통을 외국과 그대로 비교해서는 안 된다. i) 전기사이클과 전압, ii) 좌와 우의 차선, iii) 전기냉장고는 작고, 냉동실은 보통인 경우, iv) 볼트와 너트의 잠그는 방법, v) 미터법인가 다른 규격인가.

제 3 절 국제입찰전략

1. 국제입찰의 개념 및 특성

(1) 국제입찰의 정의

국제거래상 구매방식은 일반 상거래에 의한 구매와 입찰에 의한 구매로 대별할 수 있으며, 국제입찰이라 함은 외국의 구매기관, 상사 등 입찰시행기관이 특정한 상품을 구매함에 있어 특정 또는 불특정 다수인에게 문서로 가격 등 판매조건을 관보 또는 공공홍보수단에 의하여 공표되거나 입찰안내서상 텐더(Tender) 또는 비드(Bid) 등이 명시되어 외관상 일반 상거래와 구분되는 구매방식을 말한다.

또한 '국제입찰참가'라 함은 대외무역법의 규정에 의하여 무역업 허가를 받은 자가 자기명의로 국제입찰에 참가하는 것(직접응찰) 및 응찰서류상 우리나라 상품을 견적으로 제3국인 명의로 입찰에 참가하는 것(간접응찰)을 말한다.

(2) 국제입찰의 특성

국제입찰은 가장 좋은 조건을 제시한 공급자를 선택할 수 있어서 구매자, 즉 입찰시행기관에 유리한 반면 응찰자측은 응찰자간의 경합으로 인하여 소정의 기업이윤을 얻기 어려운 면이 있다.

그러나 국제입찰은 일반 무역거래방식에 비하여 1회 거래량이 대규모이며 유사한 내용의 입찰이 연례적 또는 정기적으로 반복되고 있어서, 한 번 낙찰에 성공하면 차기입찰시에 유리한 위치를 점할 수 있으며, 입찰시행기관과의 일반 상거래방식의 수출기회도 보다 용이하게 포착할 수 있는 장점이 있다.

또한 최근에 심각하게 전개되고 있는 각국의 수입제한 문제에서 벗어날 수 있고, 특히 미·일 일변도의 시장구조를 가진 우리나라 수출업계로서는 산유국을 중심으로 한 개발도상국에 대한 신시장 개척 또는 시장심화를 위한 전략방안의 일환으로서 국제입찰을 통한 수출증대가 필수불가결의 요소가 되고 있는 것이다.

2. 국제입찰의 종류

(1) 참가자격에 따른 분류

1) 공개경쟁입찰　　입찰참가자의 자격제한을 두지 않는 구매방식으로서 응찰희망자에게 균등한 입찰참가기회를 제공함으로써 구매의 경제성과 효율성을 높이려는 방식이다.

2) 제한경쟁입찰　　응찰희망자의 참가자격에 일정한 제한을 가하는 방식으로써 자격미달자들의 응찰을 방지하여 입찰평가의 효율성을 기하고자 하는 것으로, 일반적으로 P.Q.(Pre-Qualification), 즉 사전 자격심사 방식을 가장 많이 활용하고 있다.

3) 지명경쟁입찰　　지명입찰이란 입찰실시기관에서 응찰가능국이나 제조업체 또는 상사를 공개적으로 소수만을 지명하는 경우이다. 지명입찰은 선진국에서 개발도상국에 차관을 공여하고 동 자금을 자국상품 구입에 활용토록 하는 데 많이 실시되고 있는바, 예를 들면 일본의 해외협력기금(OECF)에서 제시하는 조건부차관(Tied loan)으로 입찰을 실시하면 이는 거의가 지명입찰의 형태를 취한다.

우리나라에서도 1986년 12월 대외경제협력기금(EDCF)에 관한 법률이 공포되어 개발도상국에 대한 개발사업 및 기자재 구입에 차관을 제공하고 있는바(1987년에 나이지리아 철도차량 현대화 사업과 인도네시아 파당시 도로건설사업에 공여를 결정), 이 기금은 국내업체만이 사용할 수 있다.

(2) 소요재원에 따른 분류

1) 자체 재원에 의한 입찰 입찰실시국 또는 기관의 자체 보유자금으로 시행하는 입찰로서, 1980년대 들어 국제원자재가격의 하락 등으로 외화보유가 악화된 중동, 동남아 등 개발도상국의 경우 이 방식에 의한 입찰실적은 격감되고 있다.

2) 차관재원에 의한 입찰 국제금융기구, 각국 원조기관, 국제상업 금융기관들이 공여하는 차관을 재원으로 하는 입찰로서 대규모의 물품구입에 이용되는 경우가 많은 입찰방식이다.

특히, 이 방식에 의한 입찰은 차관제공시에 사전에 응찰자 선정에 엄격한 절차 등 제한을 두는 경우가 대부분이다.

(3) 참가방식에 의한 분류

1) 자기명의 참가에 의한 입찰 - 직접응찰 응찰업체가 직접 자기명의로 입찰에 참가하는 것으로, 입찰조정 승인시 국내업체의 직접참가에 따르는 노하우 축적 · 유도 및 보다 건전한 수주질서의 제고면에서 이 방식에 의한 응찰에 우선순위를 두고 있다.

2) 제3국인명의 참가에 의한 입찰 - 간접응찰 국내업체가 자기명의가 아닌 현지에 에이전트 등 제3국인 명의로 입찰에 참가하는 경우로서 중동 등 일부 지역에서는 자국인 현지 에이전트를 통하여야만 입찰에 참가할 수 있도록 하고 있는 경우가 많다.

3. 국제입찰의 참가절차

(1) 입찰정보의 수집

국제입찰에 참가하기 위하여는 입찰정보의 수집이 선결되어야 한다. "현대는 정보의 시대"라는 말이 의미하듯이 국제입찰의 성공을 위하여는 훌륭한 정보

여부가 관건이 되고 있다.

국제입찰의 정보원으로는 우선 물적 Source로서 각국의 정부에서 발행하는 관보(Official Gazette) 또는 주요 일간지상의 공고 및 정부의 개발계획서 등이 되겠으며, 인적 Source로서는 입찰실시기관의 공무원 또는 현지의 Agent 등이 있다.

특히 입찰정보는 공고된 후의 수집보다는 확정공고 이전의 사전수집이 생명이라 하겠다. 이러한 정보의 사전수집이라는 점에서 각국의 경제개발계획서, 예정 project 및 국제 또는 지역간 금융기구가 차관을 주기로 확정한 내용 등이 기초정보의 하나가 될 것이다.

국제 및 지역간 금융기구로서는 국제개발은행(IBRD), 국제개발협력회(IDA), 국제금융공사(IFC), 아시아개발은행(ADB) 등이 있으며, 그 밖에 각국이 자체적으로 개도국에 차관을 공여하는 것들이 있으나, 이러한 것은 자국기업만이 참여하도록 되어 있는 것이 대부분이다.

(2) 입찰정보의 요건과 구성요소

정보가 실제 입찰에 유용한 것이 되기 위하여는 적시성(Timeliness)과 정확성(Accuracy) 그리고 완전성(Completeness)을 갖추어야 한다. 입찰정보는 입찰참가 여부의 검토와 사전준비 등에 최소한의 필요한 시간을 고려하여 수집되어야만 정보의 효용성을 기대할 수 있으며, 특히 입찰계획 수립단계에서의 사전수집이 가장 이상적이라 하겠다.

아울러 정보의 사전수집일수록 어려움은 예견되지만, 정보의 확인과 정확성을 기하여야 하며 입찰참가 가능성 검토에 필요한 모든 요소가 망라되어 하나의 완전한 지식으로 묶여져야 할 것이다.

국제입찰정보로서 갖추어야 할 구성요소는 다음과 같다.

① 입찰실시국과 실시기관

② 입찰번호(Tender No.)

③ 입찰품목, 규격, 수량

④ 입찰의 한계(Supply or Installation 등 공급범위의 한계)

⑤ 사전자격심사(Pre-Qualitication) 여부

⑥ 입찰예산

⑦ 가격조건

⑧ Offer 유효기간(Offer Validity)

⑨ 인도조건(Delivery)

⑩ 지불조건

⑪ 참가자격 제한 여부

⑫ 자금원(Financing Source)

⑬ 입찰보증금(Bid-Bond) 및 계약이행보증금(Performance Bond)

⑭ 응찰마감시간(Closing Date) 및 개찰일(Opening Date)

⑮ 입찰서류(Tender Document) 배부처 및 서류판매가격

⑯ Agent(대리인)에 관한 사항

⑰ 기타 참가가 예상되는 경쟁국 및 경쟁업체의 동향 등

그런데 대규모의 입찰서류의 작성을 발주자로부터 위임받은 컨설턴트가 특정 국가 또는 특정의 소수업체만이 제시할 수 있는 규격이나 공법 등을 입찰서류 내용에 삽입하여 그 업체들을 제외하고는 타 업체가 응찰할 수 없게 하는 경우도 흔하므로 이러한 점을 감안, 입찰실시일보다 상당기간 전부터 컨설턴트를 추적하여 이들과의 접촉에도 특별히 유의할 필요가 있다.

(3) Agent의 선정

현지에서 신속한 정보수집, 응찰수속 및 수주를 추진하기 위하여 Agent를 선정하는 것이 중요하다. 많은 나라에서 현지 Agent의 선정을 요구하고 있으며 유능한 Agent일수록 낙찰가능성이 높은바, 제반 요건을 구비한 Agent를 발견하면 지역별 특수성에 따라 입찰 매건별로 Agent계약을 체결하기도 하고 당해 지역에 자사가 참가할 수 있는 입찰의 빈도가 높을 경우에는 연간계약을 체결하여 Running Agent관계를 유지하는 것이 유리할 경우도 있다.

Agent에 대한 수수료지급은 연간계약의 경우라 할지라도 Salary Base가 아니고 입찰에 참가하여 낙찰되었을 경우에 한하여 지급되며 그 정보도 입찰 매건별로 상호 협의하여 결정되어지는 것이 통례이다.

일반적으로 Agent가 구비하여야 할 자격요건은 다음과 같다.

1) 현지인일 것 국가에 따라서는 자국인에 한하여 입찰에 참가하거나 Agent의 역할을 할 수 있도록 제한하는 경우가 있으며, 이러한 제약조건이 없더라도 언어의 자연스러운 소통, 상관습 등 여러 가지 면에서 현지인이 유리하다.

2) 정계 · 재계 등의 유력인사일 것 입찰은 그 성격상 경제 외적 요인에 의하여 그 결과가 크게 달라지는 경우가 많으므로 가급적 Agent는 정치 · 경

제계 등 유력인사로서 입찰기관에 영향을 행사할 수 있거나 입찰기관과 깊은 유대관계가 있는 사람이 바람직하다.

3) 과거의 경력 및 재정적인 능력이 있을 것　입찰에 응찰하여 낙찰까지 유도할 수 있는 Agent 인지의 여부는 그 사람의 과거경력 및 업무실적 등을 통하여 판단할 수 있다. 뿐만 아니라 가급적 국내응찰회사를 위하여 입찰보증금이나 계약이행보증금을 대납할 수 있을 정도의 재정적 능력이 있는 자가 바람직하다.

4) 상호 신뢰감　현지인이며 영향력이 있고 과거경력이 있는 Agent 라고 하더라도 상호 믿고 일할 수 있는 사람이어야 한다. 따라서 마음 놓고 일을 맡길 수 있는지도 신중히 고려되어야 할 것인바, 이를 위하여는 현지 무역관이나 재외공관 등에 Agent 추천을 의뢰하는 것도 한 방법이다.

⑷ 입찰안내서의 검토

입찰정보를 수집하면 우선 당해 입찰에 참가할 수 있는지 그 가능성을 먼저 검토하여야 한다. 입찰대상 상품의 조달가능성, 수량, 인도시기, 지불조건 및 예상경쟁국과의 가격의 비교·검토 등이 선행되어야 할 것이다.

이러한 검토결과 참가가 가능하다고 판단이 되고 응찰의사가 결정되면 입찰실시기간으로부터 입찰서류를 구입해야 하는데, 이것은 국가와 기관에 따라 다소 상이하지만 일반적으로 유료로 판매하는 경우가 많으므로, 자사의 현지 Agent 나 KOTRA 해외무역관 또는 재외공관 등을 통하여 구입할 수 있다.

이러한 입찰안내서에 대해 기술적인 면은 물론 project 의 수행방법과 계약조항 등을 검토하여야 한다.

1) 기술면의 조사　기술면에 조사되어야 할 사항은 입찰안내서에 포함되어 있는 기술자료, 도면 등 기술상의 요구사항이 중심이 되지만, 이외에도 기술상 지켜야 할 일반조건·특별조건 등에 관하여 입찰안내서의 세부사항까지 충분히 검토하여야 한다.

2) project 운영면의 조사　project 를 예정된 시간 내에 원만히 수행하기 위해서는 발주자와 수주자간에 협조 · 조정관계가 유지되어야 한다.

즉 발주자와 수주자간의 의무와 책임에 대하여 통상적인 절차를 주로 하여 상호기능과 관계를 확실히 하고 구체적인 프로젝트의 운영방법을 결정함으로써 비용이나 운영면에서 유리한 효과를 기대할 수 있다.

이러한 조정절차에 포함시켜야 할 중요한 내용을 보면 다음과 같다.

① 설계상 각 단계에서의 승인사항, 방법, 시간

② 도면, 입찰서의 작성방법, 제출부수

③ 계기 및 재료제작자의 결정방법, 발주방법

④ 하청자의 결정방법

⑤ 산업설비 검사에 관한 구체적 방법

⑥ 자료목적서의 작성방법

3) 계약조항의 조사 계약서의 발주자와 수주자간의 권리 · 의무를 규정한 것으로서, 견적자료이며 업무범위와 조건을 표시하고 제재 및 보상의 수단이 되기 때문에 계약조항의 불충분한 검토는 앞으로의 프로젝트 운영과정에서 일어나는 위험에 대한 예방조치를 포기하는 결과를 가져온다.

(5) 응 찰

입찰에 참가하기 위하여 입찰승인기관으로부터 승인을 받고 현지 Agent도 물색하였으며 응찰서류가 작성되었으면, 다음에는 입찰보증금(B-Bond)을 예납하여야 하는데, Agent가 재정적인 능력이 있으면 현지에서 대납해 주는 경우도 있지만, 그렇지 못하면 응찰자가 외국환은행을 통하여 직접 예치해야 한다.

입찰보증금은 통상 응찰가격의 2~5% 정도로서 현금, L/G(letter of guarantee, 지불보증서) 등으로 예치하는 것이 보통이다. 현금은 입찰실시국의 자국통화, 당해국이 지정하는 외국통화면 되는데 보통 미화이면 대개의 경우에 통용된다.

입찰보증금을 신청함에 있어서는 신청서와 함께 입찰기관의 입찰공고사본, 무역외지급인증신청서, 국제입찰 참가승인서 그리고 담보물에 관한 서류 등을 외국환은행에 제출한다. 이 때 담보물은 은행으로부터의 차입금을 입찰보증금으로 사용할 경우에 한하며 담보책임금을 현금으로 예치하든지, 은행이 자사의 재정상태를 인정하고 신뢰할 만한 경우에는 약속어음으로도 가능하다. 이렇게 하여 입찰보증금의 신청을 접수한 외국환은행은 상기한 바와 같이 현지 코레스은행을 통하여 입찰보증금을 입찰실시기관 또는 동 기관이 지정한 은행에 납부시켜 준다.

한편 입찰보증금의 예치가 결정되면 미리 준비해 두었던 응찰서류를 입찰기관에 접수시켜야 하는데 이것은 입찰보증금과 함께 응찰마감일 하루 전에 접수되도록 조치하여야 한다.

(6) 수주교섭전략

응찰 후 낙찰이 될 때까지 실제 수주경쟁이 치열하게 이루어지는 것이 국제입찰의 한 과정이다. 이 기간중 수주교섭이 낙찰을 좌우하는 관건이 되는바, 낙찰서를 결정하는 것이 최저가로 응찰하였다고 해서 되는 것이 아니며 자본재의 경우 통상 1~3위를 결정하고 각 응찰자에게 보다 유리한 조건을 제시토록 종용하는 경우가 많다.

이 수주교섭에서 특히 유의할 점은 다음과 같다.

① 다른 입찰참가자의 입찰서 내용에 관한 정보수집이다. 정보입수선은 발주자, 정부관계자, 은행관계자, 하청업자 등 당사자와 직접 · 간접으로 연결되어 있는 자가 고려될 수 있을 것이다.

② 발주자에게 양보할 수 있는 최대한의 조건을 고려하여 교섭에서 후퇴선을 사전에 명확히 해 둘 필요가 있으며 이는 수주교섭의 핵심이 된다.

③ 교섭단의 구성원을 결정해야 한다. 교섭단의 인선은 교섭의 사정에 따라 다르나 교섭 즉시 수주가 결정되는 경우에는 수주자측도 교섭시 방침을 결정할 수 있는 최고간부가 단장으로서 교섭에 임하도록 하는 것이 필요하다.

④ 입찰서의 각 조건은 상호 밀접한 관련을 맺고 있어서 하나의 조건에 관하여 우열을 논하는 것은 별다른 의미가 없으므로 다른 수주자의 입찰서와 종합적으로 비교하여야 한다.

⑤ 자기의 offer가 불리하다고 판단이 되었을 경우에는 다른 조건을 변경하여 수주교섭에 노력하여야 한다.

(7) 낙찰 및 계약체결

수많은 경쟁자를 물리치고 낙찰이 되면 입찰기관은 응찰자에게 낙찰통보(Notice of Award) 계약을 체결하게 되는 계약서의 내용은 입찰시 제시한 조건 및 계약협상과정에서의 조정내용을 기초로 하여 작성된다. 입찰서나 계약협상중 거론되지 않은 사항은 상호 협의하여 결정하게 되는데 계약서내용의 작성이나 검토시 유의할 점은 가능한 한 계약쌍방의 권리 · 의무관계를 상세하고 명확하게 규정하여 계약이행과정에서 불이익을 보지 않도록 하여야 한다는 점이다.

이를 위하여는 국제계약서를 시간적으로 취급하는 변호사에게 계약서내용을 검토시켜야 한다. 계약을 체결한 후에는 계약발효조건의 하나인 계약이행보증서를 제출하거나 계약이행보증금(B-bond)을 예치하는 것이 일반적인데, 계약이행보증금은 통상 계약금액의 5~10%이며 예치방법은 입찰보증금의 경우와 동일하다. 거래에 따라서는 입찰보증금을 계약이행보증금으로 대치시키는 경우도 있다.

한편 입찰에 성공하여 계약을 체결하게 되면 Agent Commission을 지급하여야 하는데 Commission의 지급방법은 Agent계약이나 이에 근거한 청구서에 의거 무역외지급인증을 받아 지급하는 방법이 일반적이고 간접입찰의 경우에는 Supplier가 offer를 작성하여 Agent에게 제출하고 Agent는 동 Offer에 의거 자신의 명의로 응찰하여 낙찰된 후에 Commission을 제외한 잔액 해당분에 대하여 Supplier 앞으로 신용장을 개설한다.

따라서 낙찰금액과 신용장 개설금액의 차액을 Agent는 Commission으로 회수하게 되는 것이다.

제 4 절 글로벌 인수 · 합병전략

1. 국제적 M&A 전략

M&A(mergers and acquisitions)은 경영환경의 변화에 대응하기 위하여 기업의 업무 재구축의 유효한 수단으로 행하여지는 기업의 매수 · 합병을 말한다. 어떤 기업의 주식을 매입함으로써 소유권을 획득하는 경영전략이다. M은 기업합병을, A는 매수(종업원 포함)를 뜻하며 M은 매수한 기업을 해체하여 자사(自社)조직의 일부분으로 흡수하는 형태를, A는 매수한 기업을 해체하지 않고 자회사 · 별회사 · 관련회사로 두고 관리하는 형태를 말한다.

미국에서는 기술혁신에의 대응이나 기업다각화 전략의 일환으로 활발하게 전개되어, 이미 1980년대 전반에 4차 붐을 거쳐 5차 붐을 맞았으나, 1987년에 들어와 그 건수가 급격히 감소하였다. 일본에서도 이 붐을 타고 1987년 97건의 M&A가 행하여졌다. 이와 같은 M&A는 사회구조 · 산업구조의 변화와 인간의 의식구조 변화, 그리고 생활양태의 변화와 같은 시대적 조류를 배경으로 한다.

M&A는 투기를 목적으로 하는 단기수익추구형과 경영방식의 개선을 위한 경영다각화형으로 나눌 수 있는데, 한국의 기업은 주로 후자의 입장에서 현지 생산 · 판매, 경영 노하우 습득, 선진국의 무역장벽 극복, 국제화의 발판 마련 등을 위하여 외국기업의 인수 · 합병에 주력해 왔다. 2006년에 들어와 러시아 · 중국 · 동유럽 국가들의 경제환경 변화 등을 감안한다면, 대상지역의 다변화와 대상업종의 다양화를 위한 국내 은행의 지원체제와 전문인력 양성 등이 시급한 문제로 지적되고 있다.

2. 글로벌 인수합병 사례

(1) 소버린과 아이칸

소버린과 SK, 아이칸과 KT&G 사태는 글로벌전략으로서 크게 주목을 받았다. 막대한 이익을 올린 이들 기업은 대표적인 기업사냥꾼이라고 할 수 있다. 이 중 문제가 된 아이칸 케이스를 살펴보면 다음과 같다.

영국인 제임스 핸슨과 고든 화이트가 투자신탁회사 '핸슨 트러스트'를 세워 미국으로 건너간 것은 1964년이었다. 이들은 사업전망이 밝지 않은 벽돌공장과 담배공장들만 골라 헐값에 사들였다. 그런 뒤 사옥과 부동산을 팔아치워 은행 빚을 모두 갚았다. 시원찮은 자회사들을 눈깜짝할 새에 2~5배씩 받고 되팔았다. 한 언론은 '해적행위에 가까운 약탈'이라고 놀랐다.

핸슨 트러스트는 단번에 '무서운 아이들'로 떠올랐다. 미국 증시에 '기업사냥꾼 1세대'가 등장한 순간이었다. 명문 프리스턴대를 졸업한 칼 아이칸이 40만 달러를 빌려 뉴욕증권거래소 중개인으로 나선 것도 그 무렵이다. 현장감각을 익힌 그는 80년대 기업 인수 · 합병(M&A) 시장을 휩쓸며 '기업사냥꾼 2세대'로 자리매김했다. 트랜스월드항공(TWA)에 대한 적대적 M&A를 비롯해 식품회사 나비스코, 철강업체 USX, 타임워너를 차례로 공략했다. 그 때 붙은 별명이 '상어'(Shark)다.

아이칸은 선진 금융기법을 본격적으로 활용했다는 점에서 1세대와 달랐다. 그는 '정크(쓰레기) 본드'라 불리는 고(高)위험 회사채를 헐값에 사 모은 뒤 되팔아 큰돈을 벌였다. 그의 사업수완은 2000년 이후 미국의 기업사냥 시장을 주무르는 윌버 로스와 커크 커코리안에게 이어지고 있다. '3세대' 인 로스는 철강, 섬유, 광업 등 죽어가는 사양산업의 부도기업만 쑤시고 다녀 '하이에나' 라는 별명을 얻었다.

아이칸의 '아이칸 파트너스 마스터 펀드' 가 대표적 우량기업인 KT&G의 주식을 7% 가까이 사 모아 3대 주주로 올라섰다. '경영권 행사' 가 목적이라고 한다. 아이칸은 이사 · 감사의 선임과 해임, 정관 변경과 배당금 결정, 회사합병과 분할에 영향력을 행사하겠다고 벼른다. 실제 어느 수준까지 목소리를 낼지 모르지만 자칫 소버린이 SK의 경영권을 공격했던 것과 비슷한 상황이 벌어지고 있어, 한국도 이와 같은 인수합병전략에 대한 대응방안이 모색되어야 할 것이다.

(2) KT&G 사례

KT&G의 외국인 지분은 61%나 된다. 아이칸이 다른 외국인 투자자와 손을 잡으면 아예 경영권이 넘어갈 수도 있다. KT&G측 방어지분은 의결권이 없는 자사주를 빼면 기업은행과 우리사주조합을 합쳐 10% 남짓밖에 안 된다. 컴퓨터 '엔터' 키 하나로 수조 원의 자금이 순식간에 옮겨다니는 전자투자의 시대다. 국제 기업사냥꾼의 '상어' 이빨이 언제 국내 알짜기업의 목덜미를 물어뜯을지 모른다. 최선의 방어책은 건실한 경영으로 허점을 보이지 않는 한편, 투명경영으로 신뢰를 쌓는 것이다. 한편 이와 같은 인수합병은 역으로 한국기업의 해외진출 수단으로도 이용될 수 있을 것이다.

3. 글로벌 인수 · 합병거래의 현황

기업인수거래에 필요한 기업가치의 평가, 거래를 엮고 자금을 동원하는 방법, 공격과 방어의 전략, 법적 규제 등 모든 이론적인 뒷받침과 실무적 지식은 거의 전부 미국에서 개발되고 체계화되어 발달해 왔다. 오늘날 약 100년의 역사를 쌓은 인수 · 합병거래의 발전과정을 보면 소규모에서 대규모로 국내기업간의 거래에서 국제간의 거래로, 우호적인 협상을 통한 인수에서 강제적 인수로 변하는 양상을 보여 주고 있다.

종래 앵글로 색슨 민족의 독특한 기업문화라고 여겨져 왔던 기업인수거래가 외환위기 이후 한국에도 급속히 증가하고 있다. 특히 수적으로도 늘어날 뿐 아니라 거래형태도 미국식을 닮아가는 현상이 뚜렷하다. 그러나 이러한 현상은 2000

년대 이후 전개된 세계적 경제흐름의 변화와 각국의 기업들이 이에 대처하는 경영전략의 변화에 기인한다.

세 가지의 중요한 요인을 살펴보자.

① 기업의 경영전략의 측면으로 보아 현대기업은 과거에 비교하여 놀랄 만큼 좁아진 지구에서 전 세계를 상대로 경영활동을 펴야 할 필요성이 늘어나게 되었다. 이와 함께 세계로 진출하는 데 있어 과거와 같이 초지(草地)에서 새로운 공장을 건설하는 소위 그린필드 스타트업(greenfield start-up) 방식은 반드시 경제적이라고 할 수 없을뿐더러 투자의 타이밍을 놓칠 위험이 있는 방법으로 인식하는 경향이 높아졌다. 그 대신 세계시장을 공략하기 위한 전략으로서 이미 기존시장에 뿌리를 내리고 있는 기업을 인수하는 것이 목적달성을 하는 데 있어 좀더 빠르고 경제적인 방법이라고 생각하게 되었다.

② 1970년대 이후 계속 달러화의 가치가 하락하여 온 데 반하여, 유럽과 일본은 수년 동안 지속적인 호황으로 상당한 부를 축적하게 되었다. 더욱이 무역뿐만 아니라 기업의 매매에도 시장의 원칙을 존중하고 외국투자가에 의한 자국기업의 인수에 제한을 가하지 않는 미국의 자세로 많은 외국의 기업들이 통화가치의 변동에 따라 상대적으로 가치가 낮아진 미국기업을 투자대상으로 보게 되었다. 아울러 이러한 장기적 환율상승 효과와 함께 1987년 10월 뉴욕증시의 주가폭락으로 미국 기업의 상대적 가치가 더욱 낮아짐으로써 외국 기업의 미국 기업인 수가 더욱 증가하게 되었다.

한편 다른 기업의 인수를 계획하는 기업이나 투자가들은 미국 내의 기업이 빈번한 인수·합병의 거래로 이미 너무 고평가되어 투자가치를 상실했다고 보거나 전략상 미국 내보다는 다른 대륙에 기지를 둘 필요가 있다고 생각하여 유럽 등지로 진출하는 사례도 많아졌다.

③ 전 세계적으로 1970년대 이전에는 기업은 업종의 구분 없이 사업의 다양화를 추진하여 왔다. 2000년대 들어와서 이러한 「무분별한 확장」의 성과에 대해서 회의적인 반응을 보여 기업이 원래 가지고 있는 핵심적 사업부문에 직접 관련되지 않은 사업은 과감히 처분하는 경향이 생겨났다. 이 때 처분되는 기업들은 기업분사(spinoff, sell-off, MBO, LBO) 등의 경우에서 보듯이 모두 기업거래의 대상이 되었으며 그 후 이러한 경향은 세계적으로 확산되어 갔다. 국제적 M&A는 글로벌 경영의 중요한 전략이 되었다.

4. M&A의 개념

M&A는 Mergers and Acquisitions의 약자로서 우리나라에서는 Acquisition을 인수로 번역하느냐 혹은 매수로 번역하느냐에 따라 '기업의 인수합병' 또는 '기업매수합병'으로 불리는데, 이하에서는 'M&A' 혹은 '기업매수합병'으로 통일하여 부르기로 한다.

선진 자본시장에서는 M&A 거래가 활발하여 현재 개발되어 사용되는 기법만도 500여 가지가 넘는다고 한다. 그럼에도 불구하고 M&A 연구는 아직 학문적인 체계를 이룩하지 못했으며 용어에 대해서도 통일된 정의가 성립되지 못하고 있다. 그 이유는 M&A의 연구대상이 기업의 거래이기 때문에 포괄범위가 너무 넓고, 기법과 동기가 다양하기 때문에 현실을 추상화 · 단순화하여 법칙성을 추구하는 학문으로 승화시키기에는 여건이 성숙되지 못했기 때문이다.

따라서 M&A는 기업의 매수합병거래라는 형식에 대해 연구하는 '실용적 학문' 혹은 '기법'(ART)이라고 정의할 수 있다.[20]

M&A의 M은 기업의 합병을 의미하며 두 개 이상의 기업이 결합하여 하나의 기업이 되는 것으로 신설합병과 흡수합병이 있다.[21]

그리고 A는 기업의 매수로서 타 기업의 주식이나 자산을 취득하여 경영권을 획득하는 것을 의미한다.[22]

광의의 M&A는 합작투자(joint venture)나 지분참여(equity investment) 등의 제휴를 포함시켜 자본의 결합면을 법률적 결합보다 더 중요시한다. 이렇게 M&A 범위가 넓어진 것은 M&A를 중개하는 금융기관의 역할증대와 M&A 기법의 고도화와 다양화로 자본의 동원 및 이동결합이 어떻게 되느냐가 중시되었기 때문이다.

5. M&A의 동기

국제적 M&A는 해외진출의 유용한 전략으로 인식되고 있다. 기업경영의 효

20) 문원영, 「M&A의 이론과 실제」(서울: 상지문화사, 1990), p. 21.

21) 신설합병이란 기존 기업이 모두 소멸하고 새로운 회사가 설립되는 것이고, 흡수합병은 기존의 기업 중 하나의 기업이 타 기업들을 흡수하는 것을 말한다.

22) 주식취득에는 기발행 주식의 취득과 신규발행 주식의 인수 등 두 가지 방법이 있다. 기발행 주식은 현금지급과 자사 주식과의 교환방법이 있는데, 최근에는 현금지급이 늘고 있다. 그 이유로는 주식값의 하락과 상속세 절감 등을 들 수 있다.

율을 높이거나 성장을 위하여 수립하는 발전전략 중 외부성장으로 분류되는 M&A는 다음과 같은 여러 가지 전략적인 이유에 기인한다.[23]

① 지역적으로 영업의 다양화를 위하여
② 시장점유율을 확대함으로써 이익마진을 확보하기 위하여
③ 경쟁사를 흡수함으로써 이익마진을 확보하기 위하여
④ 짧아지는 제품수명에 대응하기 위하여
⑤ 생산시설을 합쳐 규모의 경제(economies of scale)를 갖추기 위하여
⑥ 무역마찰에 대처하기 위하여
⑦ 필요한 기술이나 노하우의 취득을 위하여
⑧ 제품라인을 넓히기 위하여
⑨ 시장확대를 위하여
⑩ 저평가된 기업을 매입하기 위하여
⑪ 경쟁을 줄이기 위하여
⑫ 관련산업에 진출하기 위하여
⑬ 지사망을 확대 · 개선하기 위하여
⑭ 유능한 경영자와 기술진을 확보하기 위하여
⑮ 두 회사의 영업실적을 합침으로써 세금을 절감하기 위하여[24]

이 외에도 현대의 M&A는 전문투자가와 중개기관의 등장과 함께 중개수수료의 확보 및 주식가격의 상승에 의한 매매차익을 위한 투자 등의 다양한 동기를 보이고 있다. 그러나 실제 M&A 전략이 채택될 경우에는 한 가지 동기만이 아닌 여러 가지 동기가 상호 관련되어 작용한다.

1) 경영전략적 측면 경영전략적 측면에서 본 M&A의 주된 동기는 기업의 지속적인 성장유지를 목적으로 한 외부자원의 적극적인 활용에 있다. 즉 피매수기업이 보유한 고급인력과 기술력 및 경영노하우 등을 획득함으로써 환경의 불확실성을 극복하고 기업의 국제화를 실현하는 데 있어서 현지기업의 M&A는 효과적인 전략이 될 수 있다. 특히 독자적인 연구 · 개발에서 요구되는 막대한 자금과 시간을 최소화함으로써 R&D 투자의 효율성을 높일 수 있다.

또한 비효율적 경영 및 증권시장의 왜곡 등에 의하여 저평가된 기업을

23) Terrence E. Cooke, *International Mergers and Acquisitions*(New York: Basil Blackwell Ltd., 1988), p. 51.

24) 2000년대에 들어와서는 「포춘」지 선정 500대 기업에 랭크되어 있는 다국적기업들의 인수 · 합병이 활발하게 이루어졌다.

M&A를 통하여 활성화시킨 후 차익을 얻을 수 있으므로 저평가된 기업을 이용하기 위해서도 M&A가 활용된다.

그리고 경영의 다각화를 위해 M&A가 활용되기도 한다. 먼저 수직적 결합을 통해서 원료와 시장의 일관체계를 구축할 수 있는 이점을 도모할 수 있고, 상호보완적인 관계에 있는 기업을 매수하여 자신이 갖지 못한 보완적 경영자원을 획득할 수 있는 수직적 결합으로 시너지 효과를 도모하기 위하여 M&A가 활용된다.

2) 영업적 측면 영업적 측면에서 본 M&A의 주된 동기는 신규시장 참여의 이점과 규모의 경제 및 시장지배력의 증대에 있다.

먼저 신규시장 참여에 따른 M&A의 이점은 피매수기업의 판매망과 인력의 활용으로 기존 시장에의 조기참여를 가능케 하고 기존 진출기업과의 마찰을 최소화시킬 수 있다는 점이다. 더욱이 최근의 제품수명주기는 빠른 기술혁신에 의해 점차 짧아지고 있으므로 새로운 업종에 참여하는 기업은 적극 M&A를 통한 신시장 진출을 모색하게 된다는 것이다.

M&A는 규모의 경제(economies of scale) 추구에 의해 촉진되어진다. 규모의 경제는 전통적으로 경제학자들에 의해 전개되어 왔고, 오늘날 기업경영상 의사결정에 기초가 되고 있는데 대형거래의 원리, 대량예비의 원리, 최소공배수의 원리에 의해 가능케 되며 수평적 M&A의 주요 동기가 된다고 할 수 있다.

또한 M&A는 기업규모의 대형화와 자원활용의 집중력 증대를 가능케 하므로 시장지배력의 증대를 위해 활용되어진다. 그러나 지나친 시장지배력의 증대는 경제력집중 및 독점기업화 위험과 관련하여 사회적 문제를 일으킬 수 있다는 측면에서 규제를 받게 된다.

3) 재무적 측면 M&A를 통한 영업의 다양화는 주기적 및 계절적인 수익의 불균형을 보완할 수 있으므로 영업안정화 효과(income stabilization effect)를 목적으로 다각적 혹은 복합적 M&A가 주로 활용된다. 그리고 이러한 위험의 분산효과는 주가상승을 가져오게 되므로 자금조달능력이 더욱 상승하게 되고 기업가치를 높이게 된다.

또한 세제상의 효과를 얻기 위해서도 M&A가 고려될 수 있다. 우리나라 현행 세법에서는 적자기업에게 법인세를 감면해 주고 있으므로 이러한 기업을 흡수하면 세제혜택을 받게 된다.

6. M&A의 유형

M&A는 다양한 해외투자사업의 일환으로서 외부의 경영자원을 활용한다는 면에서 볼 때, 가장 적극적인 투자기법의 하나이며 다양한 동기에 의해 다양한 형태를 나타낸다. 여기에서는 M&A의 제 유형을 거래형태와 거래성격 및 거래당사자의 결합형태 등으로 구분하여 살펴보기로 한다.

(1) 거래형태에 의한 분류

1) 합병(merger) 독립된 둘 이상의 기업이 결합하여 하나의 기업으로 통합되는 경우를 말하며, 합병 후 법률적 존속관계에 의해 흡수합병과 신설합병으로 구분된다.

① 흡수합병(statutory merger)이란 기존의 기업 중 하나의 기업만이 합병 후에 법률적으로 존속하여 다른 기업을 흡수하고 나머지 기업은 해산·소멸하게 된다. 즉,

(흡수합병)

A(Aa) + B(Ba) → A(Aa+Ba) '-'B는 소멸

- A, B: 각각 독립된 기존의 기업
- Aa: A기업의 자산
- Ba: B기업의 자산
- A, B 기업의 주주구성은 관계 없음

② 신설합병(statutory consolidation)은 결합하는 기존의 기업 모두 해산·소멸하고 전혀 새로운 기업이 설립되는 것을 말한다. 즉,

(신설합병)

A(Aa) + B(Ba) → C(Aa+Ba) '-'A와 B는 소멸

- A, B: 각각 독립된 기존의 기업
- C: 합병 후 신설되는 기업
- Aa: A기업의 자산
- Ba: B기업의 자산
- A, B, C 기업의 주주구성은 관계 없음

2) 매수(acquisition) 개인이나 기업이 매각기업측으로부터 자산이나 영업부문 혹은 주식을 전부 또는 일부를 취득하여, 경영권을 획득하는 것을 말한다.

① 주식취득(stock acquisition)이란, 피매수기업의 주식을 취득하여 주주권 혹은 경영권을 획득하는 것을 의미하며, 매수방법에는 기발행주식의 취득과 신규발행주식의 인수 등 두 가지 방법이 있다. 기발행주식의 취득은 대주주로부터의 주식취득, 시장에서의 주식매입, 주식공개매입(TOB, Tender Offer Bid) 등 세 가지 방법에 의해 이루어지며, 매매대금은 주로 현금지급이나 자사주식과의 교환에 의해 지급된다.

② TOB는 위임장 대결과 비교하여 다음과 같은 유리한 점이 있다.

i) 주식의 매입까지는 자금이 소요되지 않으며, 매수가 실패해도 큰 자금손실은 피할 수 있다.

ii) 단기간에 기습적으로 행할 수 있다.

iii) 주주들의 호응을 얻기가 용이하다.

iv) 대외적으로 위임장 대결에 비해 나은 인상을 줄 수 있다.

(2) 결합형태에 의한 분류

매수기업과 피매수기업간의 업종을 기준으로 M&A를 수직적(vertical), 수평적(horizontal), 복합적(conglomerate)으로 분류할 수 있다.[25)]

수직적 매수합병(vertical M&A)은 동일분야의 서로 다른 계층에 속한 기업을 인수하여 원료조달 · 생산 · 판매를 일원화하고 경영의 안정과 효율증대를 목적으로 행해진다.

피매수기업이 공급자이면 후향결합(backward integration), 고객일 경우는 전향결합(forward integration)이라고 한다.

수평적 매수합병(horizontal M&A)은 동일업종에 있는 기업을 매수하여 규모의 경제, 타 지역 시장으로의 진출, 시장점유율의 상승 등을 도모하는 것인데 수평적 M&A는 시장의 경쟁원리를 저해한다는 측면에서 반독점법(antitrust

---

25) 미국 법무성(Department of Justice)의 1984년 '합병지침'(Guide Line)과 관련된 실무자들은 기업간의 매수합병을 수평적 · 수직적 · 복합적 세 가지 유형으로 분류하며, 수평적 M&A는 시장독점을 초래하고, 수직적 M&A는 공급자와 수요자를 흡수하여 경쟁기업과의 경쟁에서 우위를 확보하며, 복합적 M&A는 다른 업종간에 발생한 후 얻어지는 막대한 재정력과 시장지배력으로 잠재적 경쟁을 말소하거나 저해한다고 보고 있다.

law)에 저촉된다.[26)]

복합적 매수합병(Conglomerate M&A)은 제품이나 사업분야가 전혀 다른 타업종기업을 매수하여 사업다각화를 통해 위험을 분산시키고(portfolio), 전체적인 기업의 안정과 균형을 이루기 위해 행해진다.

26) 미국에서는 1892년의 셔먼법과 1914년의 클레이튼법에 의해 독점적 위험요소를 내포하는 인수합병거래를 규제해 왔다.
클레이튼법은 1950년 셀러케파우버법에 의해 개정되어 동법 제7장에서 적법하지 않은 합병을 다음과 같이 정의하고 있다.
"국내 어느 지역에서든지 발생하는 모든 상행위에 대하여 합병을 통해 상당한 폭으로 경쟁을 줄이거나 독점이 초래될 위험이 있는 자산이나 주식의 매입" 그러나 합병 후 HH 지수가 1,000 이하인 저집중산업(unconcentrated industries) 내 합병에 대해서는 미 법무성의 합병에 관한 기본방침은 이의를 제기하지 않는다. HH 지수(the herfindahl-hirschman index)란 산업의 집중도를 산출적으로 측정하는 기준인데 '한 상품의 시장에 참여하고 있는 기업들 각각의 점유율을 제곱하여 합산'으로 구해진다. 예를 들어 어느 상품에 대한 업체가 4개이고 각각 시장점유율을 50%, 30%, 15%, 5%라고 가정하면 HH 지수는

$$50^2+30^2+15^2+5^2=3,650$$

이 된다.
Rate A. Howell, John R. Allison, and N.T. Henley, *The legal environment of business,* 2nd ed, (New York: The Dryden Press, 1987), p. 341.

연 구 과 제

1. 국제협상의 유형을 논하시오.
2. 국제협상의 과정을 논하시오.
3. 국제협상의 기초요건은 무엇인가?
4. 국제입찰전략을 논하시오.
5. 인수합병전략을 논하시오.
6. 국제적 M&A는 무엇인가?
7. 다음의 용어에 대하여 설명하시오.
   1) 연장협상
   2) 정상화협상
   3) 재분배협상
   4) 혁신협상
   5) 부산물협상
   6) 수주교섭전략

제18장

컨트리 리스크와 지역적 전략

사례연구 ▶ Global 500대 기업

지멘스(SIEMENS)

① Web Site

http://www.siemens.com

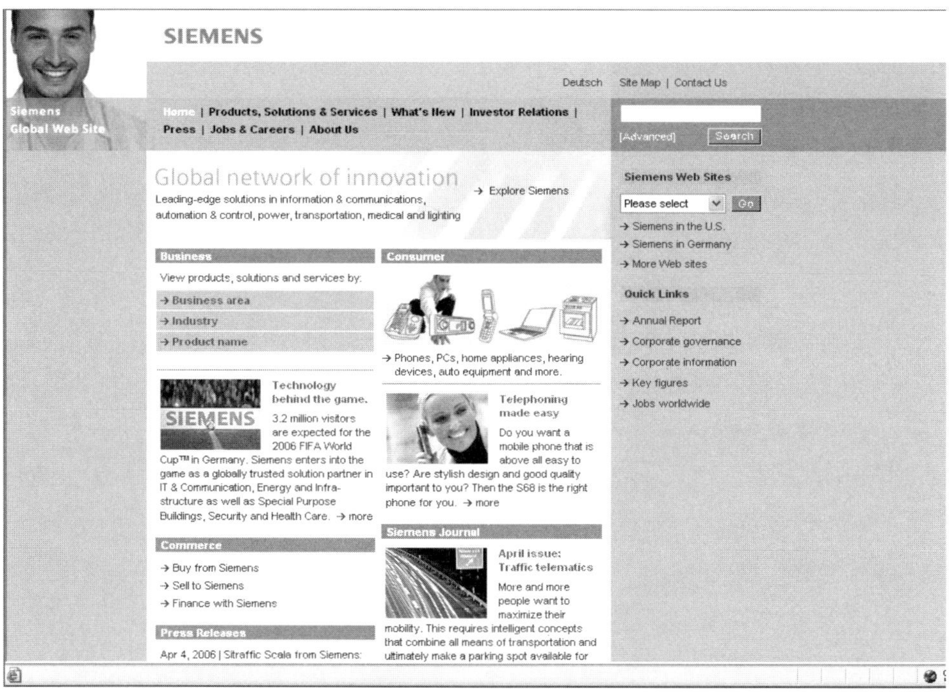

2 Siemens의 역사

1847년 베르너 폰 지멘스(Werner von Simens) 다이얼 전시기 제작
1863년 템스강 Woolwich에 Siemens 첫 케이블 공사 착수
1866년 베르너 폰 지멘스(Werner von Simens)의 다이나모 전자이론 발견
1870년 인도-유럽(런던-켈커타)을 잇는 전신선 준공
1876년 베를린 무역박람회에서 최초의 철도 소개
1890년 베르너 폰 지멘스의 형제 Carl, 아들 Arnold, Wilherlm에게 인수: 주식회사 설립
1896년 유럽 첫 지하철 부다페스트에서 개시
1919년 칼 프리드리히 폰 지멘스(Carl Friedrich von Siemens) 대표 취임, Osrarm 합자회사 창립
1960년 한국 Siemens, 한국전쟁 이후, 재건축 프로젝트 참가
원자력 발전소, 화학공장, 시멘트 공장, 통신 케이블 공사 등
1969년 KWU(Kraftwerk Union), TU(Transformatoren Union) 설립
1971년 한국에 'Siemens 전기주식회사(Siemens Electrical Engineering Co.. Ltd.)' 설립
1993년 모듈 방식으로 설계된 기관차 'Eurosprinter' 개발
1994년 1.8KW high-temperature fuel cell로 세계 신기록 수립
2001년 Siemens, 뉴욕 주식 상장
2002년 중국 상하이, 자기부상열차 시운전 개시
2003년 Cellular phone으로 영화 다운로드

○ Siemens의 현황

- 최고경영자: 하인리히 폰 피러 회장
- 설립: 1847년
- 설립자: W.지멘스
- 본사: 독일 바이에른주 뮌헨
- 사업분야: 전기 · 전자 · 발전설비 · 의료기 · 운송 · 자동화 등
- 사업장: 세계 193개국

3 Siemens의 성장

Siemens는 창립된 지 이제 막 150년이 넘은 독일의 최대의 전기 · 전자기기 제조회사이다. 독일의 가정을 들여다보면 집안 곳곳에 Siemens(지멘스)가 숨어 있다.

Siemens 냉장고에 Siemens 다리미를 쓰며 거리엔 Siemens 핸드폰을 들고 Siemens 고속철도를 이용한다. 모두 15개의 기업으로 이뤄진 Siemens 그룹은 이런 의미에서 또 하나의 독일의 상징이다. Siemens 그룹은 현재 정보통신 네트워크, 정보통신 모바일, Siemens 비즈니스 서비스, 산업자동화 및 건설기술을 위한 제품공급, 송신(철도, Siemens VDO), 의료솔루션, 전자조절 기어, 오슬람전구, 컴퓨터, 금융으로 이뤄진 거대한 기업을 이루고 있다.

4 Siemens CEO

지멘스의 최고경영자 하인리히 본 피에르, 그는 대학에서 경제학을 전공한 경제학도이다. 대학을 졸업한 후 처음으로 입사한 곳이 바로 지금 그가 회장을 맡고 있는 지멘스였다. 1969년, 기업금융 부문 담당으로 입사해 한 우물을 파오던 그는 입사 20여 년 만인 1992년, Siemens 회장 겸 최고경영자(CEO)의 자리에 올라 탁월한 리더십으로 오늘날까지 지멘스를 지휘해 오고 있다. 한편 그는 기업의 사회활동을 글로벌 경영의 전략적 수단으로 삼아, 음악재단 설립 및 문화 프로그램을 운영하고 있다.

이동전화 등 IT 부문의 전 세계적인 부진에다 지멘스의 가장 큰 시장인 미국의 경기침체에도 불구하고 지멘스의 앞날은 결코 암울하지 않다는 자신감을 표방하는 지멘스의 하인리히 본 피에르 회장은 오히려 향후 2년 안에 미국시장에서의 매출이 250억 달러를 넘어서도록 하기 위한 방안들을 모색 중이라고 한다. "9.11 테러에도 지멘스는 끄떡없다"그는 최근 세계적인 경기불황에다 예고 없이 터진 테러사태에도 영업에 큰 지장이 없다는 자신감을 피력한다.

그는 또 정보기술 부문은 세계적인 둔화에의 영향을 받고 있으며 지멘스의 미국 내 유선통신장비 사업은 이미 부진한 상황이었다면서 이번 테러로 인해 별다른 영향을 받은 것은 없다고 말한다. 오히려 의료기기 및 발전 장비부문 등 기타 사업은 '활황기'가 이어지고 있다고 지적한다.

5 Siemens의 글로벌 경영

지멘스 비즈니스 서비스(S B S)는 경영혁신과 관련한 해결방법과 서비스를 제공하는 세계적인 비즈니스컨설팅업체다. 시스템통합, 시스템운영, 기업컨설팅, 아웃소싱 등에서 두각을 나타내고 있는 S B S는 매출액 측면에서도 독일 내에서는 단연 1위이며 유럽에서는 3위, 전 세계적으로는 9위를 기록 중이다.

지멘스의 지식경영에 있어 토대가 되는 원리는 다음과 같다.

첫째, 기업혁신에 필요한 최고수준의 솔루션과 서비스를 제공할 수 있도록 컨설설트들에게 최고의 수준으로 보답한다는 것이다. 고객은 지멘스가 제공하는 서비스의 품질과 속도에 의해 그들의 성공이 좌우된다고 믿는 만큼 지멘스의 인력에 최대한 인센티브를 부여해 고객들에게 최고 수준의 서비스를 제공하도록 한다는 방침이다.

둘째, 지멘스가 서비스를 통해 얻은 이익을 어떤 식으로든지 고객들과 공유한다는 것이다. 이는 곧 고객들의 애프터서비스를 의미하며 기존 고객들을 계속 붙잡을 수 있는 중요한 수단이 된다는 게 회사측 믿음을 반영한다.

셋째, 기업활동이 '살아 숨쉬는' 역동적 구조의 리더십과 함께 하도록 한다는 것이다. 기업경영은 활력 넘치는 조직이 목표를 달성하려는 도전정신에 의해 지탱된다는 것이 지멘스의 굳은 믿음이다.

넷째, 반드시 파트너십을 통해 win-win 전략을 펼친다는 것이다. 여기서 중요한 전제는 네트워크를 통해 Siemens내 계열사와 어떻게든 협력체제를 구축한다는 점이다. 지멘스가 합작과 계열사관련 업무에 강점을 지니는 이유도 바로 여기에 있다.

6 글로벌 조직관리

Siemens는 보다 효율적인 조직관리를 위해, 스카우트보다 자체 인력양성을 지향한다. Siemens 코리아의 요셉 윈터 사장은 "우수한 젊은 기술인력을 인턴으로 흡수하는 것은 그룹의 핵심인력 확보전략의 일환"이라고 했다. 그는 "우리는 자기 분야에서 진작 인정받고 있는 인재를 스카우트하기보다 젊고 유능한 내부 인재를 조기발견해 핵심인력으로 키우는 데 역점을 두고 있다"고 덧붙였다.

그 대표적인 사례가 하인리히 폰 피러 그룹 회장이 내부 인사로 핵심 인재로 육성돼 회장까지 된 사례이다. 올해 입사 34년째인 그는 1969년 지멘스와 첫 인연을 맺은 이래 그룹 내에서 여러 보직을 거쳐 경영수업을 받은 후 최고경영자로 발탁됐다. 이 때문에 지멘스는 인재를 키우기 위한 그룹 차원의 내부 교육프로그램과 인턴십과정을 다양하게 운영하고 있다.

핵심 중 핵심인재는 350명, 지멘스는 임직원을 직위와 직무능력에 따라 S1~S5까지 5단계로 분류해 놓고 승계 후보자 교육을 연중 실시한다. 핵심인재는 철저한 교육과 트레이닝을 통해 길러진다.

7 Siemens의 글로벌 경영이념

Siemens처럼 성공하기 위한 요소들은 많다. 경험, 노하우, 그리고 190개국에서 일하고 있는 40만 명 이상의 직원들의 집적된 힘이 바로 그것이다. Siemens는 전자공학과 전기공학

분양의 무수한 첨단시장에서 활동하고 있으며 세계시장의 선두를 지키고 있다. 즉, Siemens의 경영이념은 Customers, Innovation, Value, People, Responsibility로 요약된다.

Cumstomers—지멘스의 성공은 고객의 성공에 달려있다는 생각과 함께 고객의 목적을 신속하고 효율적으로 달성할 수 있도록 폭넓은 경험과 해결책을 제공하고자 한다.

Innovation—미래를 위해 끊임없는 혁신을 한다. 혁신은 지구를 둘러싼 24시간동안 생활의 원동력이다. 우리는 상상력과 가장 훌륭한 경험들을 성공적인 기술과 상품으로 전환시킨다. 창조성과 경험은 우리가 선두주자가 되도록 해준다.

Vaule—기업의 가치증대와 새로운 기회창출을 위해 노력한다. 지속적인 성공을 지키기 위해 이윤의 성장을 만들고, 안정된 비즈니스 포트폴리오, 사업 분야의 월등함, 시너지 효과들을 모든 분야, 지역으로 영향을 주어, 우리가 주주들을 위한 최상급의 투자를 하도록 만든다.

People—성공의 열쇠가 직원에게 있다고 생각하고 직원의 권한부여와 세계적인 수준의 업무수행을 하도록 한다.

Responsibility—글로벌 기업으로서의 사회적 책임수행과 사회진보를 위해 기업의 사상, 기술력, 활동은 더 나은 세계를 창조하는 데 일조한다. 우리는 보편적 가치, 올바른 공동 시민정신, 건강한 환경에 책임을 지고, 건전한 기업문화가 직원, 비즈니스 파트너, 주주들에 대한 행동을 이끌어간다.

8 Siemens의 글로벌 성공요인

지멘스가 오랜 세월 동안 경쟁에서 뒤지지 않고 세계 선두위치를 고수하고 있는 비결은 끊임없는 아이디어 창조와 기술혁신 노력, 그리고 팀플레이에 있다.

새로운 아이디어와 건설적인 비판에 개방적인 기업문화 만들기로 요약될 수 있는 지멘스의 기업문화 운동은 지난 1993년 시작된 'top' 운동에서 잘 드러난다. '시간최적화작업'으로 해석되는 top(time optimise process) 운동은 직원 개개인의 아이디어를 경영진에게까지 신속하게 전달할 수 있는 의사소통 채널과 고객의 목소리에 최대한 신속하게 대응할 수 있는 시스템 구축에 초점이 맞춰졌다. 지멘스는 top 운동을 통해 획기적인 생산성 향상에 성공했다.

두 번째 성공요인은 지멘스에는 훌륭한 직원들이 많이 있기 때문에 누군가 회사 내에서 질문이나 이슈가 있다면 회사 내의 다른 직원이 정답을 안다는 것이다. 즉, 정보를 공유하면서 서로의 노하우와 정보를 교환하여 문제를 해결하는 것이다.

세 번째는 Siemens의 구식의 숨막히는 문화를 변화시키려 노력을 통해 *e*-biz문화를 창조한 것이다. 요즘 Siemens 직원들은 작은 그룹으로 일을 하고 있으며, CEO가 이메일을 전직원에게 보내어 많은 의견을 받는다. 이를 통해 경영혁신을 꾀하고 직원들의 의견을 수렴하여 보다 바른 방향으로 나아가고자 노력한다.

제 1 절 컨트리 리스크의 개념

1. 컨트리 리스크의 정의

(1) 컨트리 리스크

중남미국가의 좌파정권 수립과 볼리비아의 에너지산업 국유화 선언으로 해외진출 기업의 컨트리 리스크에 대한 관심이 증폭되고 있다. 컨트리 리스크(country risk)의 정의는 은행측 관점과 기업측 관점으로 나눌 수 있는데, 우선 네기(P. J. Nagy)가 은행측 관점에서 컨트리 리스크를 정의한 것을 보면, 리스크(risk)란 '어떤 우발적 손실에 대하여 노출되는 상태' (exposure to a loss)로 정의되며, 따라서 컨트리 리스크란 "어느 특정 국에서의 대출시(cross-border lending) 그 국가에서 발생한 사기업이나 개인의 통제하에서 기인하지 아니하고, 적어도 어느 정도까지는 정부의 통제하에 있는 사실에 기인하여 발생하는 사건으로 인하여 우발적 손실에 노출되는 상태"라고 정의되고 있다.[1]

그러므로 컨트리 리스크가 구체적으로 실현되었을 경우 그 위험이 구체화되는 내용 및 형태에 있어서는 차이가 있겠으나, 해외대출과 해외직접투자는 이전되는 자본의 내용만 다를 뿐, 그 근본적인 목적은 같기 때문에 일국에의 대출 또는 직접투자에 영향을 미치는 위험, 즉 기업환경의 변화는[2] 근본적으로 같다고 할 수 있다.

이러한 가정하에 컨트리 리스크의 정의를 기업의 해외투자의 경우까지 확대하여 보면, 컨트리 리스크는 어느 특정국에의 대출, 또는 해외직접투자시 그 국가에서 발생한 사기업이나 개인의 통제하에서 기인하지 아니하고 적어도 어느 정도까지는 정부의 통제하에 있는 사실에 기인하여 발생하는 사건으로 인하여 우발적 손실에 노출되는 상태라고 정의할 수가 있다.

---

1) Pancars J. Nagy, "Country Risk, How to Assess, Quantify and Monitor It," *Euromoney Publication*, p. 13.
2) Stefan H. Robock, "Political Risk: Identification and Assessment," *Columbia Journal of World Business*(July/August 1971), p. 7.

(2) 해외진출시의 위험

컨트리 리스크는 존슨(H.C. Johnson)의 '다국적기업이 해외진출시 직면하는 위험'에 대한 정의와 거의 일치하는데, 그는 다국적기업의 해외진출시에 대하는 위험을 기업위험(business risk)과 재무위험(financial risk) 및 재난적 위험(catastro- phic risk)으로 분류하고 있다. 여기서 기업위험(business risk)은 시장고유의 위험(market risk)과 세율의 상승, 사회생태학에 의거한 정부의 각종 규제, 수출입규제, 가격규제, 각종 금융 · 재정정책, 스트라이크, 민난, 현지인고용 및 현지부품의 일정률 이상의 사용 등과 같은 각종 비시장위험(non-market risks)을 말하는 것이다.

1) 재무위험(financial risks) 이것은 해외채권자 및 주식소유자에게 지불할 수입의 감소위험으로서 이는 각종 배당금 및 잉여금의 송금규제, 원천과세, 로열티(royalties), 이자지급의 제한 및 외환통제위험 등을 포함한다.

2) 재난적 위험(catastrophic risk) 재난적 위험은 현지정부의 직접적인 행동에 의해 더 이상 기업을 존속시킬 수 없을 가능성을 말하는 것으로 이에는 수용(expropriation, confiscation), 국유화(nationalization) 및 기업판매의 강요(forced sale) 등을 포함하게 된다.[3)]

위의 두 가지 정의를 비교해 보면 존슨의 정의와 네기의 정의를 해외직접투자와 연관시켜 확대한 정의와는 존슨의 시장고유화의 위험을 제외하고는 일치함을 알 수 있다.

3) 정치적 위험 위의 개념에 추가하여 로벅(S.H. Robock)의 정치적 위험(political risk)에 대한 정의를 살펴보면, 정치적 위험이란 i) 기업환경의 단절이 발생했을 때, ii) 그러한 것에 대한 예측이 어렵고, iii) 정치적 변화에 기인할 경우에 발생하는 것으로, 이러한 기업환경의 변화가 특정 기업의 이익이나 다른 기업목적에 중대한 영향을 미칠 수 있을 때 이를 정치적 위험이라고 한다.[4)] 이는 앞에서 본 해외직접투자시 기업이 접하게 되는 컨트리 리스크와 관련된 개념으로 컨트리 리스크의 개념에 포함된다 하겠다.

---

3) Howard C. Johnson, "An Actuarial Analysis," in Richard Ensor(ed.) *Assessing Country Risk Euromoney Publication*(1981), p. 33.

4) Stefan H. Robock, "Political Risk: Identification and Assessment," *Columbia Journal of World Business*(July/August 1971), p. 7.

2. 컨트리 리스크의 구성요소

(1) 정치적·사회적 사건

컨트리 리스크를 야기시키는 사건들은 여러 가지 있겠으나 대체로 다음과 같이 세 가지 범주로 분류할 수 있다.[5)]

1) 정치적 사건 전쟁, 외국에 의한 점령, 폭동, 국경분쟁, 이념차이 등에 의한 혼란, 경제이권, 현역주의, 정치적 양극화 등에 의한 투쟁

2) 사회적 사건 폭동, 종족투쟁, 불균등한 소득재분배, 노동조합의 투쟁, 종교분쟁, 사회계층간의 적대감 등에 의한 무질서 등

위의 분류는 손실을 발생시킬 수 있는 사건의 성격에 의하여 분류한 것이며, 이 외에도 분류기준에 따라 여러 가지로 나눌 수 있는데, 해외직접투자시 발생할 수 있는 손실은 다음과 같다.[6)]

(2) 해외직접투자시 발생가능 손실

1) 채무지불거부(repudiation) 및 채무불이행(default) 채무자가 채무를 인정하지 않거나(repudiation), 채무자가 채권자에게 채무를 변제할 수 없거나 원하지 않음으로써(default) 더 이상 채무를 변제하지 않겠다고 통보하는 것을 말한다. 그러므로 채무지불거부와 채무불이행과의 구별은 채권자에게는 별 의미가 없다. 주의할 것은 채무불이행은 널리 사용되고 있는 기술적 채무불이행(technical default)과는 전혀 다른 것이라는 점이다.

2) 채무조정(rescheduling)과 상환협상(renegotiation) 채무자가 이자율을 낮추거나 원금의 일부를 변제하지 않음으로써 채권자가 처음에 정한 원리금을 다 받지 못하게 됨을 말한다.

3) 채무조정과 지불유예(moratorium) 원금의 상환액을 원래의 약정보다 낮추거나(rescheduling), 원금의 상환에 대하여 거치기간을 둠으로써(moratorium) 대출기간이 길어지는 것을 말한다. 그러나 이자율은 원래의 약정대로 계속된다. 이 경우 대출금이 원래의 약정대로 상환되어 그 자금을 더 높은 이자율로 대출할 수 있었다면, 이는 채권자가 기회손실(opportunity loss)을 입은 것

---

5) Pancras J. Nagy, "Country Risk, How to Assess, Quantify and Monitor It," *Euromoney Publication*, p. 14.

6) *Ibid.*, pp. 14~15.

이 되며, 반대로 시장이 더욱 유동성이 높아졌다면 기회이익(opportunity gain)을 얻은 것이 된다. 채무조정과 지불유예와 관계되어 발생되는 비용은 대부분의 경우 보상받지 못한다. 그러므로 동 비용이 보통 대출자가 입게 되는 측정 가능한 손실이라고 할 수 있다.

4) 기술적 채무불이행(technical default)　　채무자가 지불불능 또는 지불의사가 없으므로 인하여 일시적으로 채무의 원리금상환조건을 위반하게 되는 것을 말한다. 중요한 것은 '일시적'이란 말인데, 이는 보통 채무자가 그 의무를 다할 것임에 의심이 없는 것을 뜻한다. 채무자가 보통 약정에 따라 이자를 지불한다.

5) 이전지급불능(impossibility of transferring payment)　　정부에 의해 외환금지조치가 부과되었기 때문에 이전지급이 불가능하게 된 것을 말한다. 이러한 유형의 컨트리 리스크는 민간차입자에게서만 야기될 수 있는데, 만일 정부가 외화부족으로 자체의 채무를 상환할 수 없을 때에는 이 위험은 경우에 따라 채무불이행, 채무지불거부, 채무조정상환협상, 지불유예, 또는 기술적 채무불이행 등으로 나타나게 된다.

제 2 절　해외직접투자시의 컨트리 리스크

1. 재산수용의 위험

(1) 재산수용위험의 정의

재산수용의 위험(expropriation risk)은 외국인이 자본수입국에 가지고 있는 재산을 잃거나 외국정부의 정책변화로 인하여 재산을 자유롭게 운용할 수 있는 능력을 상실하는 경우를 총칭하는 상황을 뜻한다.[7] 이는 국유화(nationalization)와 재산의 수용(expropriation or confiscation)으로 나눌 수 있다.

1) 국 유 화　　국유화는 전 산업 또는 일부 산업의 무차별적인 산업의 국적 여부를 따지지 않는 민간소유에서 공공소유(public ownership)에의 이전인

7) D. B. Ienoff, and J. Zwick, *International Financial Management*(Prentice-Hall, 1969), p. 28.

데 반하여, 재산수용(expropriation of confiscation)은 특정기업에 한하여 차별적으로 소유권을 이전하는 것을 말한다.[8]

2) 재산수용 재산수용은 재산수용에 대하여 보상을 해 주는 재산수용(expropriation)과, 보상을 해 주지 않는 재산몰수(confiscation)로 나뉘게 되는데,[9] 이 두 가지 개념은 뚜렷이 구별되지 않고 있다.

재산수용에 있어서 또 하나의 개념으로 직접적 재산수용(straight expropriation)과 투자유치국 정책, 예를 들자면 세금의 인상, 가격통제, 외환통제 등을 통하여 외국기업의 수익성 및 기업지속능력을 저하시킴으로써 결국은 직접적 재산수용과 같은 결과를 초래하는 잠행적 수용(creeping expropriation)[10]으로 나눌 수 있으나, 일반적으로 재산수용은 직접적인 재산수용을 의미한다.

(2) 재산수용의 동기[11]

투자유치국 정부에서 외국인 투자기업의 재산을 수용하는 동기는 새로운 정권이나 정치이념의 구현을 위한 정치적 동기, 국내자원의 보호, 금융·재정 혹은 외환정책을 수행하기 위한 경제적 동기, 민족적 감정·전통·문화 등에 의한 사회적 동기로 크게 나눌 수 있다.

그러나 재산수용은 위의 동기 중 하나만에 의한 것이라기보다는 여러 가지 동기가 복합된 결과이기 때문에 이들 요소를 하나하나 구별한다는 것은 매우 힘들고 특별한 의미가 없다.

2. 외환통제 및 이익금의 본국송금 규제위험

일국은 그 나라의 경제적·정치적·사회적인 이유 때문에 외환(foreign exchange)을 통제하여 국제적인 자금의 이동에 제한을 가하거나 투자원금이나 배당금의 본국송금을 규제할 수가 있는데, 이를 외환통제 및 송금의 규제위험이라 한다.

---

8) J. Frederick Truitt, "Expropriation of Foreign Investment: Summary of the Post World War Ⅱ, Experience of American and British Investors in the Less Developed Countries," *Journal of International Business Studies*(Fall 1970), p. 23.

9) James Kweekly, "Expropriation of U.S. Multinational Investments," *MSU Business Topies*(Winter 1977), p. 28.

10) Seymour J. Rubin, *Private Foreign Investment: Legal and Economic Realities*(Baltimore: The John's Hopkins Press, 1956), pp. 27~30.

11) 池淸, 「外國人直接投資論」(고려대학교 출판부, 1975), pp. 158~162.

이 때 외환통제를 가하게 되는 이유로서는 높은 인플레이션의 억제, 국제수지적자의 축소, 자국상품의 수출경쟁력 강화, 적정한 외환보유액의 유지 등 경제적인 이유와 일국의 경제개발계획, 민족주의 등의 사회·정치적인 이유가 있다.

특히 인플레이션 현상은 정도의 차이는 있으나 대부분의 개발도상국들이 겪고 있으며, 작은 환율의 조정이 불가피하게 되고, 이로 인해 현지국 화폐의 평가를 절하하고 외환(foreign exchange)에 대한 통제를 가하여 국제적인 자금의 이동(international movement of funds)에 제한을 가하고 투자원금이나 배당에 제한을 가하게 되므로, 특히 개발도상국 위주의 해외직접투자를 이행하고 있을 경우 이의 위험은 무척 크다고 할 수 있다.

이익금의 본국송금 규제에 있어서 본국송금 규제의 대상이 되는 현지 자회사의 현지 영업에 의한 이익금 외에도 본국으로의 로열티, 배당금 혹은 이자 등이 있다.

3. 기타 위험

해외직접투자를 하고 있는 기업이 현지에서 접하게 되는 컨트리 리스크로서는 수용위험, 본국송금의 규제위험 이외에도 다음과 같은 것들이 있다.

① 현지국 정부가 특정 상품의 수출입을 통제함으로써 현지 자회사의 경영에 위험을 초래할 수가 있다.

② 현지국이 조세증대를 목적으로 다국적기업에 대해 세율을 인상시킬 수 있다.

③ 현지국의 자본유출을 방지하기 위하여 다국적기업의 신규투자에 대한 외부금융, 현지국 내의 자본시장에의 접근제한정책을 사용할 수가 있다.

④ 이 외에도 현지국에서 접하게 될 위험은 투자 현지국의 사정 및 투자기업의 투자규모, 업종 등에 따라서 그 종류가 다양하게 변화하게 된다.

제 3 절 정치적 위험분석방법

1. 구조적 · 질적 방법[12)]

정치적 위험분석에 많이 사용되는 구조적 · 질적 방법은 체크리스트 방법,

표 18-1

한국수출입은행 국별 신용도 평가방법

분석분야	분 석 요 소	착 안 점
정 치 적 안 정 도	정치약사	과거의 중요한 역사적 사건 및 최근의 정치약사
	권력구조	집권자, 의회, 정당, 노동조합, 주요 인물 기타 압력 집단
	외교정책 및 주변정세	외교노선, 정치군사동맹관계, 미 · 러와의 관계, 지정학적 중요성
	군사력 및 군부태도	해당국 및 인접국 군사현황, 군부의 영향력 등
	전쟁, 혁명, 폭동 등의 경험	최근의 경험, 특히 외국인 영업활동에 끼친 영향 등
	정치적 불안요인	세력간의 갈등, 기타 불안요인
사 회 적 안 정 도	극단세력의 존재	노동자 극단세력, 학생세력, 기타 극좌우파 세력
	실업률, 임금, 물가	높은 실업률, 낮은 임금수준, 높은 물가상승률 등
	사회적 불안요인	인종적 · 종교적 · 지역적 갈등, 소득의 불균형
대 외 거 래 건 전 도	외채상환 및 해외지급 준비	외채규모, 상환, 상환능력, 도입조건, 외환보유고
	외채도입능력	IMF와의 관계, 정부차입능력, 서방국의 태도, 신용도 평가순위
	국제수지 및 수출입관계	국제수지표, 수출입의 상품별 · 국가별 · 연도별 추이

12) Rene D. Zentner(Shell Oil Co.), "Scenarios in Planning," *Chemical Engineering News*(6 October 1975), pp. 26~34.

	대외채무상환의 지연 · 불능 · 거절 등의 경험	최근의 경험과 원인, 리스케줄링 협상 등
	Berne Union정보	FORM C, D, F 등
국내경제 건전도	경제규모	GDP성장 및 구성, 투자율, 저축률 등
	주요 산업	농업, 임업, 어업, 제조업, 광업(부존자원), 기간산업
	통화신용정책	통화, 물가, 여신정책, 환율관계
	재 정	제정, 적자요인, 정부우선순위
	개발정책	경제개발계획, 경제정책
외국인 투자환경	외국인투자관계법	법, 규정
	외국인투자환경	국별 · 연도별 현황, 부문별 현황, 자유무역지대
	외국인기업에 대한 태도	외국인 투자정책, 국민의 대외국인기업 감정
투자부분 및 국유화 경험	투자부문	외국인투자 유망부분 및 위험부분, 급격한 정책변화 가능성
	투자재원	투자재원 조달계획
	수용 · 몰수 · 현지화의 경험	과거 및 최근의 경험, 국유화 원인 Berne Union IIC 토의내용, 각국의 사고경험
정치 · 외교 관계	정치 · 외교약사	외교관계, 지원관계
	우리나라에 대한 태도	UN 및 비동맹회사에서의 지지 태도
	북한과의 관계	군사 · 경제협력관계, 외교관계
경제관계	수출입현황 및 분석	연도별 · 상품별 현황, 우리나라 수출의 비중
경제관계	경제협력조항	투자보장협정유무, 기타 수출입 거래상의 위험요인
수출보험 관계	인수현황	연도별 · 종목별 인수실적, 전체의 비중(과중한 인수 여부)
	보상현황	사고통지 및 보험금 지급 경험
기 타	천재지변	지진 · 홍수 등의 피해 경험
	수입제한 및 금지조치	수입국 정부의 법령, 정책 등에 의한 수입제한 · 금지조치의 경험 및 가능성

주: 우리나라와 투자보장협정 체결국가는 미국, 독일, 프랑스, 벨기에, 네덜란드, 룩셈부르크, 튀니지, 영국 등이다.

자료: 한국수출입은행(수출보험 2부),「수출보험제도해설」, pp. 140~142.

시나리오계획법, 델파이법이다. 이 세 방법의 공통점은 정치적 변화를 예측함에 있어 인간의 주관적 판단에 의한 질적 분석이 과거의 자료에 의한 양적 분석보다 나을 수 있다는 것이다.

(1) 체크리스크 방법(checklist method)

구조적 · 질적 방법 중에서 기업이 가장 손쉽게 이용할 수 있는 방법이 체크리스트 방법이다. 이 방법은 투자와 현지 영업과 관련된 환경조건을 평가항목으로 구분하고, 각 항목에 5점 또는 7점 스케일의 측정기준을 부여하여 득점의 다소 또는 양호 정도에 의하여 정치적 위험을 판단하는 것이다. 투자결정시에 일반적으로 고려하는 현지국의 경제성장 및 안정, 판매시장규모, 공장입지, 노동의 양과 질, 정치적 안정 및 정책 등의 항목을 선정하여 통계적 처리를 함으로써 후보가 되는 투자지역을 결정할 수 있다. 또한 가장 중요한 평가항목에 의하여(예: 정치적 안정) 대상국을 선별한 후, 남은 국가를 순차적으로 평가하는 다단계 방식을 취할 수도 있다. 우리나라의 수출입은행에서 해외투자기업의 국별 융자한도를 정하기 위하여 가중치를 적용한 체크리스트 방법을 사용하고 있다. 또한 홍콩의 PERC(Political and Economic Risk Corporation)에서도 체크리스트 방법에 의하여 국별 정치적 위험을 평가하고 있다. BI(Business International)가 해외투자환

표 18-2

해외투자환경 분석을 위한 체크리스트[13)]

정치적 요인	경제적 요인	재무적 요인
정치적 안정도	국제수지	화폐의 강세
주요 야권세력	수출 구성도	외채 수준
정권교체의 가능성	경제성장	가격 통제
국 유 화	외환보유고 대 수입의 비율	인플레이션
수 용	에너지의 취약성	외화의 호환성
외국인 소유 제한	소득의 분배	이익 송금 제한
경쟁 제한		현지 자본비용 및 자본의 가용성
노동자 집단의 움직임		
우방과의 관계		
인접국과의 관계		
테러리즘		
정부의 효율성		
수입제한		

13) Business International Country Assessment Service, *Country Ratings*(August 1981).

경 분석을 위하여 제시하고 있는 체크리스트 항목을 보면 〈표 18-2〉와 같다.

이러한 체크리스트 방법을 적용하는 경우의 한계점은 다음과 같다. i) 중요한 평가요인을 누락시킬 수 있다. ii) 장기적 분석의 경우 올바른 평가를 할 수 없다. iii) 평가변수의 상호작용을 밝힐 수 없다. iv) 그 나라의 특수한 사정을 간과하는 오류가 있을 수 있다.

(2) 시나리오 분석법(scenario method)

경영학에서의 시나리오는 의사결정에 관련된 인과관계에 초점을 둔 일련의 가상적 과정이라고 할 수 있다. 통계처리 방법이 과거에 일어났던 사건을 바탕으로 미래를 예측하는 것이라면, 시나리오 분석법은 미래를 예측하는 것이라기보다 발생가능한 미래의 사건범위를 구체화하여 의사결정의 가변성(flexibility)을 높여 줄 수 있다는 데에서 그 의미를 찾을 수 있다.[14] 즉 의사결정이 미래의 상황을 과소 또는 과대평가할 수 있는 오류를 감소시켜 줄 수 있는 방법이다. 이러한 의미에서 정책이나 계획을 위한 의사결정 도구로서의 시나리오를 시나리오 계획법(scenario planning)이라 하고, 경영 또는 관리를 위하여 미래 사건의 과정을 기술한 것을 시나리오 작성법(scenario writing)으로 구분하는 것이 바람직하다. 시나리오 분석법의 일반적인 절차는 다음과 같다.

시나리오 계획법은 쉘오일(Shell Oil) 등의 석유회사나 국가기관에서 정치환경 분석을 위하여 많이 사용하고 있다. 본래 시나리오 분석은 정치환경 분석에 한정된 것이 아니라 한 나라의 미래상황, 즉 경제 · 사회 · 기술 · 국제관계를 예측하고자 만들어진 것이다. 정치적 환경의 변수들은 종속변수인 동시에 독립변수로서의 성격이 있고, 그 결과는 의사결정자의 주관적 판단에 의거하여야 하는 경우가 많기 때문에 정치적 위험의 분석수단으로서 적절하다. 시나리오 계획법을 정치적 위험분석에 적용하는 경우, 정치환경의 변수가 가능한 한 객관화되어야 실효를 거둘 수 있다. 즉 객관화되지 않은 자료로 시나리오를 작성하게 되면 너무 기술적으로 되어 탁상공론으로 빠질 우려가 있다. 그러므로 시나리오 계획법을 객관화하기 힘든 정치적 위험에 적용하고자 할 때에는 다른 정치적 위험분석방법과 통합하여 사용함으로써 시나리오 계획법의 단점을 극복할 수 있다.

---

14) Robert B. Mitchell, John Tydeman, and John Georgiades, "Structuring the Future-Application of a Scenario-Generation Procedures," *Technological Forecasting and Social Change*, vol. 14 (Elsevier North-Holland, Inc., 1979), pp. 409~428.

(3) 델파이법(delphi method)

델파이법(delphi method)은 1940년대에 란드사(Rand Corporation)에서 기술예측 등의 여러 과제에 대하여 전문가의 의견을 체계적으로 종합하고자 개발한 것이다. 델파이법은 주로 1974년의 이란 사태 이후에 여러 기관에서 많이 사용하여 국별 지표를 제시함으로써 정치적 위험에 적용되고 있다. 델파이법을 응용하여 정치적 위험평가를 하는 대표적인 것은 BERI, BI, NBI, ASPRO-SPAIR, WPRF 등이 있다.

1) BERI(Business Environment Risk Index) 이는 헤이너(F.T. Haner)가 정형화한 것으로 경영위험지표(Operating Risk Index)라고도 불리운다. 이 방법은 경영환경 및 금융조건과 더불어 정치적 상황과 관련된 다음의 15개의 변수를 중심으로 4~5명의 국별 전문가의 의견을 종합한 것이다. 전문가들은 미국이나 현지에 거주하는 100여 명으로 구성되고 있으며, 매년 45개국 이상의 경영위험을 평가하고 있다. 각 질문항목의 점수는 4점 스케일로 되어 있으며 이를 1에서 3점의 가중치로 조정 평산하여 위험이 제일 낮은 나라는 100점이고 가장

표 18-3

BERI의 정치적 위험변수와 가중치

정치적 위험변수	가 중 치
정치적 안정	3
외국인 투자에 대한 태도	1½
국 유 화	1½
인플레이션	1½
국제수지	1½
관료적 지연	1
경제성장	2½
화폐의 교환성	2½
계약의 강요 정도	1½
노무비·생산성	2
전문적 지원	½
교통·통신	1
현지 경영진	1
단기신용도	2
장기신용도	2
계	25×4=100

높은 나라는 25점으로 조정하여 결과를 제시하고 있다. 대개의 국가는 30점대에서 80점대로 나타나는데 그 평균은 약 60점이다. 즉 50점에서 70점의 나라는 보통의 위험(moderate risk)이 있는 것으로 커다란 변동이 없으면 현지 영업이 안정적인 것으로 간주된다.

이 방법의 제약점은 다음과 같다. i) 여러 전문가의 의견을 체계적으로 집약하지 못하고 있다. 사전에 작성된 항목에 대한 전문가의 의견을 수집하는 것이기 때문에, 전통적인 델파이법의 장점인 새로운 범주 또는 방향에 대한 전문가의 의견을 집약하지 못한다. ii) 정치과정을 명백히 구체화시키고 있지 못하다. 즉 지표와 위험의 원인이 되는 사건의 관계가 명확하지 않다. iii) 어떤 종류의 기업손실이 발생할 것인지 제시하지 못하며, 전략적 대응책도 제시하지 못하고 있다.

2) BI(Business International) BI는 BERI와 거의 유사한 방법을 취하고 있으나 BERI가 0점에서 4점의 스케일 측정치를 이용하는 반면, BI는 전문가들로 하여금 2점에서 15점까지의 절대값을 할당하도록 하고 있다. 즉 15점은 장기적으로 안정된 상태, 10점은 취약점은 있으나 강한 정부의 상태, 5점은 내부분열이 일어나는 상태이고 2점은 내적 또는 외적 요인에 의하여 정권이 붕괴될 가능성이 있는 상태로 구분하고 있다. BI와 BERI는 유사한 방법을 이용하고는 있지만, 두 국별 위험지표간의 상관관계도 아주 높은 것으로 나타나고 있다.

3) NBI(Nikkel's Business Index) 이는 BI나 BERI의 일본판으로 시장지향적 업체와 자원 관련업체가 진출한 53개 국가를 대상으로 주관적인 평점을 부여하고 있다. 즉 위험이 제일 적은 나라는 100점, 중간은 66, 제일 위험이 많은 나라는 33점을 주고 있다. 이 방법이 위의 두 가지 방법보다 우월한 점은 산업별로 분류하여 측정하고 있다는 점이다.

4) ASPRO-SPAIR(ASsessment of PRObabilities-Subjective Probabilities Assigned to International Risks) ASPRO-SPAIR은 쉘오일(Shell Oil Co.)에서 정치적 위험을 분석하는 방법으로 제시하고 있는 것이다. 이 방법의 고안자는 쉘오일의 피어슨(Conrad E. Pearson)으로 쉘오일에 근무 당시 실제로 기업에 적용한 것이다.

이 방법은 정치환경의 변화와 기업손실간의 관계를 정형화한 모형을 이용하여 여러 분야의 전문가(4~5명)들에게 의견을 물어 집약하는 방법을 택하고 있다. 즉 전문가의 이론적 배경이 사회학, 역사학, 국제정치, 정치학, 실업계 등으로 다양하기 때문에 서로 다른 접근을 할 수 있으므로, 이를 극복하기 위하여 기

표 18-4

ASPRO-SPAIR의 정치적 위험(Proposition)

① 내부혼란손실(civil disorder losses) - 파업, 폭동, 게릴라전, 내전
② 전쟁손실(external war losses)
③ 돌발적 수용(sudden expropriation)
④ 점진적 수용(creeping expropriation)
⑤ 과세율 변화(taxation changes)
⑥ 국내가격통제(domestic price controls)
⑦ 생산제한(production restrictions)
⑧ (오일)수출제한(oil export restrictions)
⑨ 송금제한(restrictions remittances)

업손실과 정치사건의 관련성을 중심으로 간단한 명제를 작성하여 전문가의 의견을 묻고 있다.

그리고 피어슨은 정치적 위험을 정치 또는 경제적 변화에 직면하는 기업이 향후 10년간 계속 현지국에서 영업을 할 수 있는 가능성으로 보고 있다. 그러므로 각 기업마다 특성에 맞는 정치적 위험 명제를 확인하여야 한다. 즉 쉘에서는 생산제한, 가격통제 등을 정치적 위험으로 포함하고 있지만, 노동집약적인 산업의 기업인 경우에는 현지 노동의 질과 양이 고려대상이 되어야 할 것이다. 즉 산업특유의 요인과 기업특유의 요인을 고려하여 적용하여야 한다.

이러한 정치적 사건과 손실가능성(proposition)은 다음의 9가지로 구분하고 있다.

이렇게 분류된 각각의 정치적 위험에 관련된 명제를 작성하고 추려서 전문가들에게 질문하게 된다. 즉 명제를 지지(S: supporting)하는가 아니면 명제를 부정(R: refuting)하는가를 응답하게 하는 것이다.

각 요인에 대하여 전문가들의 지식배경이 다를 수 있기 때문에, 각 요인을 다시 상세한 명제로 작성하여 찬반을 답하게 한다.

이와 같이 작성된 명제에 대하여 각 전문가의 의견을 낙관적인 경우와 비관적인 경우로 구분하여 제시하게 한다. 물론 시간범위도 지정한다. 기간을 장기적 예측으로 하여 향후 5년과 그 후 5년의 10년을 따로이 낙관적 시각과 비관적 시각에서 각기 표시를 하게 한다. 그리고 현재와 미래의 상황을 간략하게 기술하여 줌으로써 전문가들의 지식배경 차이로 발생할 수 있는 응답편차를 줄인다. ASPRO-SPAIR는 전문가들의 응답편차를 줄일 수 있다는 장점과 정치적 위험

과 기업손실 가능성을 연결하여 분석하는 방법이라는 유용성은 있지만, 미래의 상황을 어떻게 도출할 것인가에 대하여는 체계적으로 제시하지 못하는 문제점이 있다.

5) WPRF(World Political Risk Forecasts) WPRF는 오리아리(Michael O'Leary)와 코플린(William Coplin)이 개발한 것으로 정치학의 집단정치이론(group politics theory)을 배경으로 하고 있다. 즉 정치적 위험은 현지국의 정치가들(political actors)의 권력구조와 특정 사건(예: 수용)에 대한 정치가들의 입장, 그리고 정치가들의 상호관계에 의하여 결정된다고 보고 있다. WPRF는 정치가들의 의사결정구조표(decision chart)와 PRINCE표의 두 가지로 나누어진다. 두 가지가 같은 변수로 만들어진 것이지만, 의사결정구조표는 그래프로, PRINCE표는 숫자로 나타내어 특정 사건의 발생확률을 구하도록 되어 있다. PRINCE 방법에 의하여 프로스트와 설리반사(Frost and Sullivan Co.)는 약 80여 개국의 향후 18개월과 5년간의 정치적 위험지표를 발표하고 있다.

의사결정구조표는 정치가들의 핵심 정치적 사건 또는 위험에 대한 태도(disposition)와 확신(certainty)을 종축에, 그 사건이나 위험에 대한 정치가의 영향력(power)과 중시도(sailence)를 횡축에 표시함으로써 정치적 위험의 발생 가능성을 그림표로 표시한 것이다.

PRINCE표는 의사결정구조표와 변수는 동일하게 이용하고 있지만, 정치가들이 당해 정치적 사건이나 위험에 대하여 발생을 지향하는 태도를 갖고 있으면 S(supporting), 무관하면 N(neutral), 반대하면 O(opposes)를 표시하여 이로써 부호(+, -)를 정한다. 그리고 특정 사건에 대한 각 정치가들의 확신이나 중시도, 영향력에 따라 1점에서 5점까지를 주어 총계를 구한다. 해당 정치적 위험의 발생확률은 부호를 고려한 합계를 더하여 절대값 총계로 나눔으로써 구해진다.

WPRF는 정치적 위험의 종류에 관하여 전문가에게서 의견을 얻어 집약할 수 있다는 장점이 있으나, 너무 정치가들의 성향으로만 정치적 위험을 분석하려는 데 문제가 있다.

2. 비구조적 · 질적 방법

비구조적 · 질적 방법으로 정치적 위험을 분석한다는 것은 정치환경에 대한 주관적 판단을 중시한다는 전제가 배경에 있는 것이다. 그렇지만 체계적이지 못하여 판단에 대한 확신이 그만큼 적다. 다시 말해 의사결정의 불확실성은 거의 제거되지 않는다.

이에는 현지방문시찰(grand tour)과 정치 유경험자의 영입(old hands)의 두 가지 방법이 있다. 이 두 방법 모두 정치적 위험판단에 어느 정도의 도움을 줄 수는 있으나, 다른 방법, 즉 델파이법이나 계량적 분석 등과 통합적으로 사용되어야 분석방법으로서의 의미를 찾을 수 있다.

(1) 현지방문시찰(grand tour)

해외투자를 고려하는 경우 경영자는 기업 내에서 파견팀을 구성하여 현지방문을 하게 된다. 시장조사는 물론 정부의 관료나 현지 경영인과 접촉함으로써 현지의 상황에 대한 정보를 얻고자 하는 것이다. 이 방법은 필요하기는 하지만, 제한된 정보와 편견으로 인하여 정치적 위험을 과소 또는 과대평가할 우려가 있다. 그러므로 다른 방법과 통합하여 이용함으로써 체계적인 자료수집을 할 수 있다.

(2) 정치유경험자 자문(old hands)

정부나 국제기관에서 근무한 경험이 있는 고위층 간부에게 자문하여 그로 하여금 현지국 정치가들의 성향이나, 정부의 강약점을 분석하여 보고하게 하는 방법이다. 이 방법은 기업들이 내부정보보다는 외부정보를 신뢰하는 경향에서 나온 방법이라 할 수 있다. 위의 현지방문시찰의 단점과 마찬가지로 과거의 경험이나 편견에 치우쳐 판단하는 오류의 발생 가능성이 있기 때문에 다른 체계적인 분석방법과 병행하여 사용되어야 할 것이다.

3. 계량적 분석방법

계량적 방법은 이론적으로 추출된 변수들을 시계열 분석이나, 실증적 분석을 통하여 정치적 위험을 예측하고자 하는 것이다. 동전던지기식의 운에 맡겨진 비구조적 결정은 경영자가 하지는 않을 것이다. 그러나 최근까지만 하여도 주먹구구식으로 환경에 대응하여 온 것은 사실이다. 물론 정치적 위험의 수량화의 문제는 아직 많은 논란이 있다.

계량적 접근방법은 크게 두 가지로 나누어 볼 수 있다. 하나는 모형을 설정하여 변수간의 상호관계를 입증하고 관찰하는 실증적 분석(empirical observational model)이고, 또 다른 하나는 변수의 특성을 중시하면서 그 범위와 발생가능성을 추정하는 특성분석(component analysis)이다. 구체적으로는 헨델(Haendel et. al.) 등이 개발한 PSSI(Political System Stability Index), 룸멜(Rummel)과 히난(Heenan)의 분석, 번(Bunn)과 머스타파오그로(Mustafaoglo)의 연구, 국제관계를 모형화한 국제정치 시스템 다이나믹스 모델, 크누드센(Knudsen)의 생태학적 모형(ecological model)이 대표적이라고 할 수 있다.

제 4 절 컨트리 리스크의 대응방안

현지국 정부에 의한 해외기업의 수용·국유화 또는 비거주자로의 자금이전 금지·통제 등의 외환통제 위험에 대한 기업의 대처방안을 송금규제 위험의 경우와 기업수용 위험의 경우로 나누어서 살펴보기로 한다. 물론 기업의 외환통제나 기업수용에 대한 대처방안은 독립적인 것이 아니라 서로 보완하는 성질의 것이지만 설명의 편의상 나누어 설명을 하겠다.[15]

1. 수용위험에 대한 관리방안

(1) 회피전략(avoidance)[16]

컨트리 리스크의 관리방안 중 가장 쉬운 방법으로서 해외직접투자 의사결정시 컨트리 리스크가 높은 국가는 투자대상에서 제외하는 방법이다. 그러나 어떠한 국가의 정부라도 그 국가와 관련된 투자 및 투자의 운영에 대하여 영향력을 행사하기 때문에 컨트리 리스크가 전혀 없는 국가는 없다 하겠다.

그러므로 회피전략을 채택할 때 중요한 점은 투자기업이 감수하려는 위험의 정도와 그와 관련되어 반대급부로 주어지는 보수(return)인 것이다. 즉 해당 국가의 컨트리 리스크가 높다 해서 그 국가에서의 투자를 회피한다는 것은 높은 위험

15) 최성관, "한국기업의 해외직접투자시 컨트리 리스크에 관한 연구"(고려대학교 대학원, 1985), pp. 5~15.

16) Alan C. Shapiro, *Multinational Financial Management*(Allyn and Bacon, 1982), p. 448.

에 대응한 높은 이익의 가능성과 컨트리 리스크 관리의 가능성을 포기하는 것이다. 결국 모든 기업은 어느 정도의 위험을 감수해야 하기 때문에 컨트리 리스크가 높다고 회피하기보다는 위험을 인지하고 그것을 적절히 관리하여 위험에 상응하는 보상을 얻도록 하는 것이 기업의 입장이라 하겠다.

⑵ 보험가입

컨트리 리스크 관리방안의 하나로서 컨트리 리스크가 높은 지역에 투자를 할 경우 이에 대하여 보험에 가입함으로써 기업은 단지 그들의 기업만 관리하고 컨트리 리스크에 관해서는 전혀 신경을 쓰지 않는 것이다.[17] 현재 우리나라는 수출입은행에서 해외투자보험으로 부보해 주고 있는데, 보험금액은 해외투자액(이자 · 예상배당액 포함)의 90% 범위 내이고, 보험금은 손실액의 90%이다. 또한 해외투자보험의 담보위험으로는 수용위험(외국정부에 의한 재산의 몰수 · 박탈), 전쟁위험(전쟁 · 혁명 · 내란 · 정변이나 외국정부의 조치로 인한 투자기업의 사업 휴지 및 파산) 및 송금위험(외국정부에 의해 투자원금이나 이자 · 배당금의 본국송금 불능) 등이 있으며, 개발보험방식에 의하여 운영되고 있다.[18]

⑶ 현지국 정부와의 협상

보험에 추가해서 투자대상국 선정시 현지국 정부와의 협상을 통해 쌍방간의 책임과 권리를 규정함으로써 투자에 미칠 악영향을 미연에 방지하는 것이다.[19] 즉 양해협정(concession agreement) 등과 같은 조약을 통해 투자대상국 정부로부터 어느 한도까지의 보장을 얻어 내는 것인데, 이것은 제3세계 국가들에게는 별로 효과를 얻지 못하고 있으므로 이러한 방법보다는 좀더 능동적인 컨트리 리스크 관리방안이 요구되고 있다.

⑷ 경영전략 · 재무전략의 조정[20]

일단 기업의 투자대상국을 결정한 후에는 그 기업의 생산 · 유통 · 수출 · 기술이전 부문의 경영전략(operating policies)과 재무정책(financial policies)의 조정을 통해 컨트리 리스크를 최소화할 수 있다. 그 구체적인 방안으로서 첫째, 자회

---

17) *Ibid.*, pp. 448~452.

18) 한국수출입은행 수출보험 2부, 「수출보험제도해설」(한국수출입은행), pp. 83~96.

19) Alan C. Shapiro, *op. cit.*, p. 452.

20) *Ibid.*, pp. 452~453.

사를 판매시장 혹은 공급원으로서 다른 자매회사 혹은 모기업에 종속시키는 수직적 통합화 정책이다. 이와 유사한 방안으로 R&D기구와 기술소유권을 본국에 집중시킴으로써 현지국에 의한 자회사의 몰수비용을 상승시켜 컨트리 리스크의 감소를 꾀할 수도 있다. 둘째, 자금조달시 자금원을 다양하게 함으로써 위험을 분산시키는 동시에 이해관계자(stake-holders)를 다양하게 가짐으로써 컨트리 리스크를 감소시킬 수 있으나 자금조달시 비용이 상승하는 단점이 있다.

2. 송금위험에 대한 관리방안

모기업이 일단 다른 국가에 자금을 투하한 이후에는 그 결과로 창출되는 현금유입의 송금 및 활용능력은 많은 제약을 받게 된다. 그러므로 투자를 실행하기 이전에 장래의 송금가능성을 최대화할 수 있는 전략을 마련해야 하겠다.[21]

1) 다른 자회사와의 거래유지　다른 자회사와 가능한 범위 내에서 많은 거래를 유지함으로써 다국적기업의 장점을 최대로 이용할 수 있다. 다시 말해 내부 이전가격이나 지급의 lead and lag를 통하여, 자회사의 송금능력을 높일 수 있다.

2) 송금원의 다양화　상표(trademark), license 및 기타 기업의 서비스의 사용대가를 여러 방법으로 지급하도록 함으로써 하나의 송금원이 통제될 때라도 다른 송금원을 통해서 계속 송금을 가능케 하여 송금능력을 높이게 된다.

3) 현지통화차입　외환통제를 실시하고 있는 국가에 투자를 할 경우 기업들은 현지에서 자금조달을 함으로써 위험에 처하게 되는 자금의 양을 줄일 수 있다. 그러나 외환통제가 시행되고 있는 경우에는 흔히 현지의 여신규제도 병행하여 시행되기 때문에 기업들은 스왑거래나 상호융자(back-to-back loans) 또는 평형융자(parallel loans) 등의 방법을 통하여 현금차입을 할 수 있다.

4) 출자형태　현지법인에 투자할 때 자본금의 형태보다는 부채의 형태로서 출자를 함으로써 자회사의 송금능력을 향상시킬 수 있다.

---

21) *Ibid.*, pp. 319~321.

3. 투자결정 후의 경영전략

(1) 생산과 조달

1) 현지조달 현지조달의 수준도 정치적 위험에 대한 중요한 결정변수이다. 현지국의 경제적 발전목표는 현지생산에 의해 부가가치를 최대화할 것을 주장하게 된다. 외국기업은 현지국의 목표에 적응하려고 하므로 현지조달은 정치적 간섭의 가능성을 줄이지만 간섭이 발생했을 때는 손실이 증대된다. 만일 해외기업이 현지에서 부품을 생산하면 현지투자의 규모와 재무적 노출은 부품을 수입하는 것보다 커지게 된다. 현지에서 부품을 조달하게 되면 낮은 품질관리, 규모의 비경제로 인한 높은 가격, 인도시기의 지연 등에 직면하게 된다. 그러므로 해외기업은 증가하는 재정적·상업적 위험을 낮은 정치적 위험으로 대치하려고 한다. 그러므로 대부분의 기업은 여러 나라에 원료공급처를 가지게 된다.

2) 자회사의 분포 생산시설의 고의적인 국유화는 시장지향적인 자원개발산업에서 발견된다. 석유산업의 예를 들면, 석유회사들은 유전으로부터 가까운 곳에서 정유를 하면 비용이 줄어들지만 서유럽 같은 정치적으로 안정된 나라에 정유공장을 세우고 있다. 즉 감소된 정치적 위험으로 정유비용에 따른 재무적 노출을 대체시키고 있다.

3) 운송조정 운송의 조정은 수용가능성을 줄이는 중요한 수단이다. 여러 해 동안 United Furit Company와 Standard Steamship Company는 냉장선의 보유와 시장출하조정을 통해 타 국가에 강한 영향력을 행사했다. 국경을 지나는 송유관, 유조선 운송차량, 철도에 대한 통제는 때때로 현지국의 정치적 행동에 영향을 미치기 위해 사용되었다.

4) 특허와 공정조정 주요한 특허에 대한 조정은 정치적 간섭의 가능성을 줄이는 한 방법이다. 만일 현지국이 공정에 대한 기술이 없거나 산업의 기술변화에 따라가지 못하여 수용한 공장을 가동할 수 없다면 몰수는 이루어질 수 없다. 만일 수용이 되었다면 공장가동을 위해 적절한 보상이나 계속적인 경영계약을 체결해야 한다. 코카콜라는 모든 생산이 현지에서 이루어지지만, 성분비밀에 대한 조정을 계속하고 있으며 제록스는 세계적으로 합작투자를 하고 있지만, 국내외적으로 공정에 대한 조정능력을 가지고 있다. 대개 이 전략을 성공적으로 수행하고 있는 기업은 기술이 급격히 변하는 산업이다. 정보처리, 전자, 항공기, 에너지, 공해통제 기업은 그들의 연구·개발에 의해 비교우위를 유지하게 되며 이

러한 산업에 대한 시설의 몰수는 현지국에 이익이 되지 않는다.

(2) 판 매

1) 시장조정 시장조정은 많은 산업에서 수용가능성을 줄이는 일반적인 전략이다. OPEC카르텔이 회원국의 원유가를 올리는 데는 효과적이지만 판매는 여전히 석유메이커에 의해 조정되고 있다.

2) 상표에 의한 조정 상표에 의한 조정은 특허권이나 공정에 의한 조정과 동일한 효과를 나타내지만, 독점적인 다국적기업에게는 큰 이익이 되지 않는다. 이는 공장시설이 몰수되면 현지국에서 상표의 가치는 상실되기 때문이다.

(3) 재 무

많은 재정전략은 정치적 간섭이 있을 때 손실위험을 줄일 수 있는데, 이의 일반적 방법은 다음의 것들이 있다.

1) 해외자회사는 주식소유와 현지로부터 자본을 조달할 수 있다. 만일 현지은행으로부터 자본을 조달하면 현지자산의 몰수나 상환불능은 현지부채와 부분적으로 상쇄된다. 그러나 현지은행으로부터 많은 부채를 얻는 것은 현실적으로 어렵다.

2) 자회사의 자본구조를 현지화하는 것은 현지경쟁력과 생산성을 높이는 수단이 된다.

3) 재무위험을 줄이는 헤지, 스왑, 수출신용보험 등 여러 보호조치가 있다.

4) 부수적인 재무전략은 자금운용의 효과적 이용이다.

(4) 조 직

정치적 위험과 관계 있는 조직전략은 해외투자기업에 의한 소유권의 형태와 비율이다. 특히 멕시코, 일본, 인도는 자국 내에서 자회사의 소유권 유지를 위한 해외투자를 허용치 않는다. 정치적 이유에서의 손실가능성을 줄이는 다국적기업 조직의 방법은 지역본부의 적절한 입지나 제품생산에서의 현지기업 허가, 경영계약에서 현지경영의 단순화를 통한 합작투자가 있는데 합작투자는 다국적기업의 소유권을 낮추게 된다.

1) 합작투자 현지의 사기업이나 공공기업과의 합작투자는 현지국 산업에서 소유권지분에 대한 국민적 수요를 충족시키는 한 가지 방법이다. 만일 적

당한 현지 파트너를 찾을 수 있다면, 합작투자는 현지 합작기업에 의해 자회사의 공적인 이미지를 높일 수 있다. 현지 파트너는 자본형성에 공헌하고 어려운 현지 대부를 가능하게 해 준다.

2) 지역본부의 위치 유럽이나 미국의 기업들은 남미지역 본부가 남미보다 플로리다에 위치하는 것이 유리함을 발견했는데 이는 인접국에 입지하는 것이 주거비용의 감소와 가족교육비의 감소, 효과적 통신망에 따라 유익하기 때문이다. 그러나 더욱 중요한 것은 현지국가에 의한 공격가능성을 피할 수 있다는 것이다.

3) 라이센싱 라이센싱은 다국적기업이 해외투자에 의하지 않고 해외시장에서 이익을 얻는 일반적인 방법이다. 생산자가 100% 현지소유이므로 합작투자나 완전소유로 제기되는 문제는 회피되며 정치적 위험은 존재하지 않는다. 라이센싱의 가장 큰 손해를 라이센싱 수익이 직접투자로 인한 이익보다 적다는 것이다.

그 밖에 제3국시장에서의 잠재적 경쟁자의 출현, 향후 직접투자에 의한 시장참여의 기회를 잃을 가능성이 있다. 다국적기업은 정치적 위험을 줄이기 위한 방법으로 해외경영에서 라이센싱만을 사용하지는 않는다. 라이센싱은 그들의 해외자회사나 합작투자의 경우에도 사용된다. 기술사용료는 기업의 각 부문 중 연구·개발비를 증가시키는 방법이며, 현지국에서 배당금보다 더 효과적으로 본국으로 송금할 수 있는 방법이다.

4) 경영계약 경영계약은 해외투자나 환위험 없이 해외이익을 얻는다는 점에서 라이센싱과 유사하다. 정치적 위험은 감소되지만 유능한 경영자를 현지기업에 투입함에 따라 실제적인 이익은 감소될 수도 있다. 계획된 투자가 현실성이 없으면 다국적기업은 직접투자를 경영계약으로 전환하게 된다.

(5) 인력관리

해외자회사에서 현지인 스탭을 사용하는 것은 모든 다국적기업에서 일반적 현상이다. 단, 최고경영자는 예외이며 경영자, 재무담당자, 이사회의 국적은 중요한 정치적 문제가 되고 있다. 최고경영자를 현지인으로 쓰면 정치적 위험은 줄일 수 있지만 본국 직원보다 상대적으로 덜 유능하지 못하면 경영적 위험이 증가된다. 그러나 중요한 위치에 현지인을 쓰는 경향이 증가되고 있다.

4. 수용과 국유화 후의 보상전략

수용이나 국유화에 따른 재산손실의 회복은 사전에 해결하는 것보다 효과적이지 않지만 수용 후에는 배상이나 반대급부가 있게 된다. 수용에 대한 대책으로는 i) 합리적인 협상, ii) 힘에 의한 협상, iii) 법적 배상의 모색, iv) 경영포기와 동시에 최소한의 재산이라도 구하려는 결정 등이 있다.

(1) 합리적인 협상

수용은 다국적기업이 현지정부를 설득할 기회를 갖기도 전에 예고 없이 일어난다. 그러나 수용이 되면 대상기업이 우선적으로 취해야 할 조치는 수용조치가 실수이며 시정되어야 한다는 점을 현지정부에게 설득하는 것이다. 여기서 긍정적인 결과를 얻으면 기업은 장래에 계속적으로 경영을 하게 되지만 부정적인 결과가 나오면 기업은 경제적 손실을 입게 되고 결국 기업활동을 중단하게 된다. 이러한 협상기간 동안에 기업은 경영을 계속하기 위해 현지국에 어떤 이권을 제공하게 된다.

(2) 교섭에 본국의 영향력을 이용

정치적 측면에서 힘에 의한 해결형태는 i) 다국적기업이 가진 이권을 포기하거나 현지정부가 수립한 계획의 지원, ii) 반대적인 정치집단이나 우호적인 인접국에 대한 정치적 지원을 요구, iii) 본국정부에 대한 중재요청이 있다. 정치적인 면에서의 힘의 사용은 바람직한 해결보다는 현지국으로부터 부정적 반응을 가져오게 되며, 투자기업이 높은 기술 · 수출시장 · 부품산업 · 원자재조정을 하거나, 현지기업이 자립하지 못하고 있는 상황에서, 현지기업을 돕는 위치에 있을 때에는 정치적 힘보다 경제적 힘에 더 많이 의존하게 된다.

그러나 이러한 해결방법은 정치적 부작용을 가져와 다국적기업과 현지국 정부의 관계를 악화시키고 최소한의 재산도 구할 기회를 잃게 되므로, 힘에 의한 교섭의 시기와 감각은 이 조치의 성공 여부를 결정하는 중요한 요인이다.

(3) 법적 보상

재산을 수용당한 기업은 협상과 동시에 손해에 대한 법적 보상을 추구하게 된다. 만일 성공할 가능성이 높으면 주로 현지국 법원에 제소하게 되는데, 이는 다른 법적 방법에 비해 신속하고 비용이 적게 들며 더 효과적이다. 여기서 승소하면 기업에 대한 현지 이미지는 손상을 입지 않게 된다.

두 번째 방법은 본국에 있는 현지국 재산에 대한 권리주장을 통해 본국 법원에서 보상을 받는 것이다. 해외수용은 본국정부의 투자보험이나 보증기구에 의해 손실을 해결할 수도 있는데, 투자보험의 존재는 기업이 보험의 보호를 받을 수 있기 때문에 더 유리한 위치에서 협상을 할 수 있게 한다.

(4) 투자분쟁의 국제해결기관

법적 조치에 추가하여 다국적기업은 워싱턴의 세계은행에 위치한 ICSID에 중재를 의뢰할 수 있다. 이 기구는 가맹국과 다른 특정국간의 분쟁시에 화해 · 조정을 하며, 중요한 목적은 분쟁당사자들이 화해나 중재를 통해 공정한 판단을 하여 경제발전을 위한 해외투자를 장려하는 데 있다.

(5) 경영포기와 재산회수의 모색

호스킨(Hoskin)은 법적 소유권의 부당함이 없이 경제관계를 지속하는 것이 최선의 해결책이며, 이를 위한 방법은 i) 투자가가 수출을 조정하고, ii) 경영계약을 통해 기술경영 기법을 제공하고, iii) 원자재와 부품을 투자가가 해외로 수출하는 것이다. 만일 금전적 자산보다 기술이 해외투자에 더 공헌했다면 장기적으로는 투자자산의 회수보다는 기술공급을 통한 보상계약이 더 유리할 것이다.

5. 수용에 있어서의 적정보상금의 결정

국제재무에 있어서 어려운 문제는 현지국에 의해 수용된 해외자회사의 공정한 자산가치평가이다. 수용을 한 국가는 자국의 가치판단에 따라 보상지급을 하려 하지만 수용을 당한 국가의 경우에는 보상지급이 포기한 소유주의 가치손실을 반영해야 한다고 주장하며, 일반적으로 이 두 주장은 일치하지 않는다. 이론적인 측면에서 수용을 한 나라에 의한 보상지급 가치는 자회사의 장래현금을 현재가치로 할인한 것이 되며, 수용기업측의 손실자산의 가치는 이 자산의 계속적 경영으로부터 생기는 소득수준을 나타낸다. 이는 손실기업이 투자한 원래 자산을 세계의 다른 곳에 성공적으로 투자했을 때 생기는 장래의 소득수준과 같게 된다.

수용에 대한 할인율은 각각의 경우에 맞게 결정되어야 하고, 위험투자에 따른 위험과 해외투자의 효율성에 대한 고려가 있어야 한다. 그렇지 않으면 해외투자가는 모험산업에 투자하여 많은 수입을 얻기가 어렵게 된다.

연구 과제

1. 델파이법을 분석하여 설명하시오.
2. 한국 기업이 이라크에서 계속적인 투자를 할 경우 그 자산의 안전을 보장해 주는 것은 무엇인가?
3. 컨트리 리스크의 개념을 설명하시오.
4. 정치적 리스크를 회피하기 위한 대응방안을 논하시오.
5. 몰수 후 기업이 취할 경영행동을 논하시오.
6. 국별 컨트리 리스크 평가방법을 제시하시오.
7. 다음의 용어에 대하여 설명하시오.
   1) 질적 분석방법
   2) 폴리티컬 리스크
   3) 체크리스트법
   4) 현지조달

제19장

국제통제전략

사 례 연 구 Global 500대 기업

3M

① Web Site

http://www.3m.com

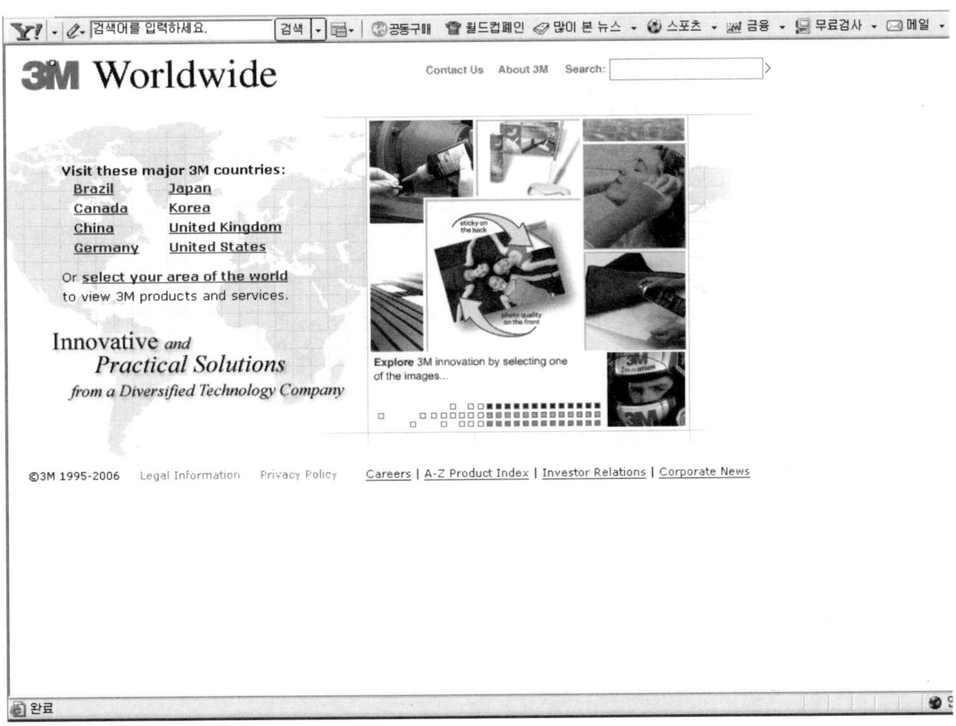

2 3M과 기술의 역사

1) 기업역사

1902년 미국 미네소타주 투 하버스에서 창업
1916년 3M 최초의 연구소 설립
1946년 뉴욕 증권거래소 상장
1978년 현재의 3M 로고 사용

2) 3M FACT

설립: 1902년
CEO: 제임스 맥너니(James A. McNerney)
본사위치: 미국 미네소타주 세인트 폴
전자, 전기, 통신사업센터: 텍사스주 오스틴
매출액: 200억 달러
미국 외 자회사 매출: 121억 달러(61%)
종업원수: 67,071명(미국: 32,648명, 미국 외: 34,423명)
조직: 40여 개 이상의 사업단위(Division), 60여 개 이상 국가에 진출
사업지역: 전 세계 60여 개국
연구개발비: 11억 달러(1년간)
최근 5년간 연구개발비 누계액: 55억 달러

3) 기술의 역사

1904년 최초로 샌드페이퍼 제조
1921년 3M 최초의 연구소 설립, 3M 오드라이, 브랜드 내수성연 마재 개발
1925년 스카치 브랜드 마스킹 테이프 개발(자동차 도장시)
1947년 스카치 마그네틱 테이프, 최초의 상업성 있는 마그네틱 녹음 테이프
1950년 스카치 외과용 드레이프 소개
1954년 스카치 마그네틱 비디오 테이프, 처음으로 텔레비전 녹화에 사용
1959년 일반 소비자용 스카치-브라이트 수세미 소개
1962년 스카치 매직 투명 테이프 소개
1973년 3M 외과용 X-RAY 필름 소개
1980년 포스트-잇 노트 소개 커뮤니케이법에 혁신 가져옴
1985년 재접착 가능한 기저귀용 테이프 처음으로 소개

3 글로벌 네트워크와 비즈니스 조직

1) 글로벌 네트워크

3M은 전세계 60여 개국 중 44개국은 제조시설을 갖추고 있으며 29개국에 연구소 시설을 갖추고 있다.

(1) 북아메리카 지역: 캐나다, 미국, 멕시코

(2) 라틴아메리카 지역: 아르헨티나, 브라질, 칠레 등

(3) 유럽 · 중동 지역: 오스트리아, 벨기에, 덴마크, 이집트, 이스라엘 등

(4) 아프리카 지역: 케냐, 모로코, 남아프리카, 짐바브웨

(5) 아시아 지역: 대한민국, 중국, 일본, 홍콩 등

(6) 오세아니아 지역: 호주, 뉴질랜드

2) 비즈니스 조직

— 3M의 6개 주요 시장

(1) 소비자 및 오피스 시장

(2) 전자 및 커뮤니케이션 시장

(3) 의료 시장

(4) 산업용 시장

(5) 특수물질 시장

(6) 수송, 그래픽, 안전 시장

— 조직

(1) 40여 개의 산업단위(Division)가 60여 개국에 진출

(2) 연구개발비: 11억 달러(연간)

(3) 최근 5년간 연구개발비 누계액: 51억 달러

4 글로벌 경영철학

1) 경영원칙

(1) '혁신'과 '창의력'의 대명사로 불리는 3M의 기업 슬로건은 '혁신'이고 '창의력 최우선주의'을 핵심 경영원칙으로 삼는다.

(2) 창의적이고 혁신적인 기업문화를 가지고 있는 기업이다.

독특한 기업문화로 인해 각종 접착제품과 연마재, 접착테이프, 전기테이프 등을 개발하며 "변신을 멈추지 않으면 썩지 않는다"는 혁신적인 기업문화에 기초하여 지속적인 성장을 거

듭한다.

3) 맥나이트 경영철학

ㅇ 윌리엄 맥나이트의 경영철학은 3M 기업풍토의 근간

ㅇ 1907년 3M에 사서로 입사 후 1929년에 사장에 임명되고 1949년에는 최고 경영자로 선임

ㅇ 맥나이트의 최대 공헌은 종업원들의 자발성과 혁신을 장려하는 기업풍토를 창조함으로써 3M 비즈니스의 철학을 세웠다는 점

  · 사원들의 실수를 비판하지 않고 오히려 자발성을 촉진시키기 위해 실수와 실패를 인정, 이를 성공을 위한 밑거름으로 사용

5 글로벌 인력관리

1) 비 전

가장 혁신적이며 애호받는 공급자가 된다.

<To be most innovative enterprise and the preferred supplier>

2) 공유 가치

(1) 우수한 품질과 가치의 제품과 서비스로 고객을 만족시킨다.

(2) 투자자들에게 지속적이고 높은 질적 성장을 통해 매력적인 수익을 제공한다.

(3) 우리는 사회적 · 물리적 환경을 존중한다.

(4) 종업원들이 자부심을 갖는 회사가 된다.

3) 조직문화

(1) 아이디어를 죽이지 마라.

(2) 창조와 혁신의 세계를 넓혀가는 15% 규칙

(3) 벤처를 육성하는 풍토

6 3M만의 글로벌시스템

1) 다원평가제도(Multi-Source Feedback System)

MSF는 서류작성의 불편을 해소하고, 익명성을 보장하며, 객관적이고 정확한 분석을 위

하여 전산시스템화를 한 것을 말한다.

2) Bottom-up 방식의 커뮤니케이션

3M이 고속 성장한 이유는 Bottom－up 방식이다. 이는 조직 전체에 창업가적인 조직여건을 형성하여, 모든 구성원들이 스스로 성장의 방안을 찾도록 하는 방식이다.

3) 모험을 장려하는 기업가치관

3M의 학습역량을 강화시킨 첫번째 요인은 모험을 장려하는 기업가치관에 있다.

구성원의 창의성을 북돋아 주고 이를 제품에 반영시키려는 기업은 많지만, 제품 개발과정에서의 실패를 인정하는 기업은 그리 많지 않다. 실패를 용인하는 3M의 기 업문화, 이것이 구성원들을 지속적으로 학습토록 하는 주요한 원천이 되고 있다.

4) '30% 규칙'과 '15% 규칙'

3M의 학습역량을 강화시킨 두 번째 요인은 이러한 리더의 비전을 구체적이고 실행가능토록 지원해 주는 일관성 있는 제도적 장치이다. 대표적인 것 중의 하나가 '30% 규칙'이다.

5) 지식자산 공유

3M의 학습역량을 강화시킨 세 번째 요인은 이와 같이 축적된 지식이나 아이디어의 독특한 공유방식에 있다. 3M은 소규모의 팀 중심으로 운영된다.

6) 사내벤처제도

사내벤처(Internal Corporate Venture)를 적극 추진함으로써, 모든 종업원은 고객의 니즈에 부합하는 신제품 개발을 추진하였고 그 결과 대단한 성과를 올리게 되었다.

제1절 국제경영통제의 의의

다국적기업은 기업목표에 따라 해외전략을 전개한다. 국제경영전략은 상세한 전술(계획)로 구체화되어, 조직라인의 각 부문에 의해 실시되는데, 실시결과가 계획과 일치되고 있는가, 즉 전략의 목적이 실현되었는가 그렇지 않은가를 체크하여 시정하는 국제경영의 통제기능이 필요하다.

다국적기업의 전략과 계획이 해외사업의 특이한 성격을 반영하는 것은 당연하지만, 해외사업전략은 항상 보완이나 대체관계에 있기 때문에 다국적기업의 전략들은 국내외 사업의 모든 영역에서 기업목표에 합당한 구조를 가져야 한다. 따라서 전략(계획)의 실시와 결과와의 일치를 체크하고, 시정하는 통제기능도 광범하고 복잡한 영역을 가지게 된다. 본 장에서는 국제경영통제에서 특히 문제가 생기기 쉬운 업적평가(기준설정과 측정), 통제의 정도, 경영정보의 국제적 전달에 대해 논하고자 한다. 그리고 이러한 통제요소와 유효한 통제행동의 조건이 사업수행에 있어서 어떠한 특이한 양상을 나타내는가를 살펴보고자 한다.

제2절 국제경영통제의 문제점

1. 국제경영통제의 내용

다국적기업은 라인업무에 대하여 예산, 프로그램 등 일정한 기준을 세워서 실적을 평가한다. 보고된 업적과 기준의 차이가 허용한도를 넘을 경우에는 원인을 규명하고, 그 결과는 업무활동의 시정과 기준의 수정에 이용한다. 경우에 따라서는 전략에 수정이 가해져야 할지도 모른다.

국제경영통제의 핵심은 회계시스템과 컨트롤이라고 할 수 있다. 보통 본사는 표준화된 양식에 의하여 주요한 경영단위에 재무보고를 시킨다. 재무제표가 월별 · 분기별 또는 연간으로 정기적으로 제출되며, 컨트롤러는 계획과 실시결과를 검토하여 필요하다고 생각되면 시정을 할 수가 있다.

컨트롤은 재무부문만이 아니라 마케팅, 생산, 인사의 각 경영기능에 대해서도 이루어진다. 마케팅의 경우 제품, 시장점유율, 매출액 증가율, 판매코스트의 데이터가 보고되어 처음의 계획수치와 비교하여 평가된다.

이것들은 전술계획분야에 속하는 업무의 통제이지만 전략영역의 계획도 본사 컨트롤의 대상이 되고, 기준설정과 측정은 수량적인 면만이 아니라 질적인 측면도 포함하게 되며 기간에 대해서는 단기계획과 함께 장기계획도 통제전략에 포함된다. 다국적기업의 톱 매니지먼트와 컨트롤러 부분에는 내외경영 단위로부터 경영활동 전반에 걸친 정보가 보고되고 계획의 변경과 업무시정의 지령은 그 반대방향으로 흐르게 된다.

2. 국제경영통제의 문제점

(1) 통일기준설정과 평가

해외사업이 진전되면 해외자회사의 기업이익에 대한 공헌도는 높아지고 본사는 세계적 시야에서 경영자원의 최적배분을 중시하게 된다. 그 때문에 세계적인 규모의 전략과 전술계획을 만들려고 하면 그것에 따른 통제시스템은 될 수 있는 대로 균질화되어야 한다. 세계적 경영에 대한 경험이 적은 기업에서는 이와 같은 시스템이 구비되어 있지 않다. 이용되는 통제시스템은 실질적으로는 본사멤버에 익숙해져 있는 국내사업의 통제시스템이거나 수출경영이나 초기 국제경영시대의 통제시스템일 것이다. 거기에는 크로스 내셔널이나 크로스 컨트롤 사업에 대한 배려는 충분하지가 않다.

이와 같은 통제시스템하에서 어떠한 문제가 생길 것인가. 알젝크가 미국계 다국적기업의 재유럽 자회사에 대한 조사에서 지적한 것을 살펴보자.[1)]

1) 예 산 예산작성에 필요한 데이터를 모으는 스탭은 대체로 없었고, 자회사 간부도 대체로 이와 같은 일에 대한 경험이 없었다. 그 때문에 정밀한 예측에 의하여 예산을 작성하고자 하는 노력은 오히려 무의미하였다.

2) 회 계 가장 곤란한 문제는 회계제도의 차이이다. 유럽의 회계시스템은 저렴하나 불완전한 정보만을 주는 것이 많다. 미국계 기업은 그것을 개정

1) R. Alsegg, *Control Relationship Between American Corporation and Their European Subsidiaries* (1980).

하고자 하나 비싼 코스트가 먹힌다. EU 내에서도 세법은 국가마다 각각 달라서 재유럽 자회사는 미국식 회계로 통일하라는 본사의 요구에 응해야 하지만, 미국식 회계에 익숙해 있는 회계사는 유럽에서는 구하기가 어렵다. 무리하게 만들어진 미국식의 복잡한 회계보고를 유럽인 관리자는 불필요한 노력이라고 생각하고 있다.

3) 가 격 가격은 통일되는 경향이 강하다. 가격을 통일하는 데 있어서는 현지시장의 가격수준 · 경쟁상태 · 관세 등은 수정요인으로서는 고려되나 고객의 가격선호도 등은 무시된다.

4) 인 사 채용 · 급여 · 종업원 수 등의 기준을 통일하고자 하는 시도는 현지의 특수사정 때문에 비현실적이다. 예를 들면 채용과 업적평가기준에 학력을 이용하려고 해도 교육제도와 커리큘럼 내용이 한국과 다르기 때문에 비즈니스맨으로서의 능력을 측정하는 척도가 되기 어렵다.

5) 생 산 업종에 따라서는 제품 · 품질 · 재료 · 디자인 · 포장의 통일이 경쟁상 유효하지만 미국시장이 표준이기 때문에 오히려 마이너스가 생길 수가 있다. 예를 들면 용기를 플라스틱으로 하면 판매가격은 높아지지만 내구성이 있으므로 결국에는 득이라는 한국인의 생각은 구매자가 내구성보다는 가격을 염려하는 유럽시장에서는 통용되지 않는다.

이상은 유럽시장의 경우이지만 타국, 특히 비선진국의 경우에도 이것과 비슷하거나 그렇지 않으면 더욱 극단적인 사례가 적지 않다. 수입부품에 적용되는 관세율이 담당 세관원이 변할 때마다 틀리고 뇌물을 필요경비라고 생각하지 않으면 안 되는 등, 한국식 경영의 상식이 통용되지 않는 사례가 여러 가지로 소개되고 있다.

로빈슨은 유효한 통제를 방해하는 요인으로서 통화제도와 회계시스템의 차이, 계획데이터를 얻기가 힘든 것 등을 열거하고[2] 있으나 오히려 세계적인 통제기준의 설정이 실질적으로는 현지의 사정을 반영하지 못하고 있다. 그 때문에 해외자회사의 멤버가 그 기준을 납득하지 않고 통제의 본래의 목적인 표준으로의 접근의욕을 상실하는 것이 중대한 저해요인이라고 할 수 있다. 기준 설정만이 아니라 업적의 측정과 평가에도 똑같은 왜곡이 생기기 쉽다.

(2) 엄격한 통제

많은 해외자회사들의 관리자가 본사의 통제가 필요 이상으로 엄격하다고 생

2) R. Robinson, *International Business Management*(1973), p. 580.

각하고 있다. 알젝크가 조사한 127개사 중에서 자회사를 엄격히 통제한다는 것이 40%, 완만하다는 것이 40%이며, 나머지 20%는 그 중간이었다.

통제목적의 달성을 위해서는 엄격한 통제와 완만한 통제 중 어느 쪽이 좋은가는 모른다. 일반적으로 엄격한 통제는 자회사 간부의 태도와 근시안적인 행동을 방지하고, 통일전략의 수행을 용이하게 한다는 장점을 가지고 있으며, 그 반면에 중요한 결정이 늦어지든가 정보의 흐름이 혼란해지든가, 자회사의 주장이 무시되기 때문에 본사와의 사이에 불화가 생기는 것 등의 결점이 있다. 또한 이러한 것들은 통제를 유효하게 하기 위해서는 회피되어야 할 것들이다.

통제의 엄격과 완만한 결정요인으로서 들고 있는 것은 산업의 종류, 톱 매니지먼트의 신념, 자회사의 규모와 사업연수, 업적, 자회사 관리자가 본사로부터 받는 신뢰의 정도, 자회사의 소유형태, 본사로부터의 거리와 환경요인들로 완엄(緩嚴)의 정도를 결정한다. 40%의 기업이 엄격한 통제방침을 취하고 있으나, 그것이 어떤 요인의 결과인가는 분명하지가 않다. 또한 자회사 간부의 불만은 부당한 것인지도 모른다.

따라서 통제의 완엄에 대한 문제는 완엄 자체보다도 본사의 통제가 자회사에 압력을 가한다는 느낌을 주어 본사와 자회사와의 사이에 불화가 생기게 되는데 문제가 있다.

(3) 국제경영정보관리

계획이나 통제에는 정보가 필요하다. 다국적기업의 본사, 지역본사, 자회사와 관계회사 사이에는 수많은 지령과 보고 등이 흐르고 있다. 이러한 것을 관리하기 위한 국제경영정보전략을 통제전략 가운데 넣지 않으면 안 된다. 경영정보전략의 내용은 기업에 있어서 정보부문의 위치설정과 조직화, 경영자원의 배분, 정보시스템 작성, 업무수속의 확립과 통제 등이지만, 국제경영정보에서 특히 문제가 되는 것은 크로스 컨트롤 정보의 질을 어떻게 유지하느냐이다.

'좋은 정보'의 조건이 명확 · 적시 · 계속이라는 것은, 국제경영의 경우에도 변함이 없을 것이다. 국제경영에 있어서 경영정보관리의 실태는 어떠한가. 고라파스가 행한 조사는 다국적기업 내의 커뮤니케이션에 다음과 같은 문제가 있는 것을 밝혀 냈다.[3)]

---

3) D. Chorafas, *The Communication Barrier in International Management*(1979).

1) 명 확 성

① 보고의 기반이 되는 제도(예를 들면, 회계제도)가 다르기 때문에 정보에 통일성이 없다.

② 언어 · 관습이 다르기 때문에 오해가 생기기 쉽다.

③ 보고자의 전문지식이 적기 때문에 보고의 신뢰도가 낮다.

④ 본사 멤버의 현지지식의 부족(이라기보다는 의욕부족) 내지는 자회사 간부의 본사방침에 대한 이해부족 때문에 정보의 배후에 있는 사정들을 자기취향에 맞게 해석한다.

2) 적 시 성

① 원거리, 통신기관의 불비 때문에 정보전달이 늦어진다.

② 보고가 너무 많기 때문에 보고의 질이 낮아져서 처리에 문제가 생긴다.

③ 정보채널이 복잡하여 보고가 당해 부서에 도착하지 않든지, 잘못 전달되든지 한다.

이와 같은 결함은 보고자에게 과중한 부담을 지우고 보고수령자의 정보에 대한 주의를 저하시킨다. 그것은 정보가 의사결정에 반영되지 않는다든가 틀린 해석에 의해 틀린 결정 등의 문제가 생겨서 본사와 자회사 사이의 상호 불신으로까지 발전하게 된다.

제 3 절 국제경영통제의 조직과 성격

제기된 문제점들은 본국과는 다른 환경으로 인한 것이다. 그리고 각 다국적기업의 전략과 조직의 성격도 관계가 있다.

1. 다국적기업의 통일화전략

다국적기업은 활동영역과 조직이 다수국에 걸쳐 있으므로, 현지의 다양한 사업환경에 적응하기 위해서는 경영방식과 조직을 다양화하지 않으면 안 된다. 그러나 그것과는 반대로 경영방식의 통합화 · 획일화 방향으로 기업을 향하게 하기도 한다. 페어웨더는 이것을 통일화(unification)와 분산화(fragmentation)의 충돌이라고 부르고 있다.[4] 이것이 다국적기업 전략의 중심적인 테마의 하나임에는 이론이 없다.

페어웨더에 의하면 다국적기업의 우위를 지탱하는 내부요인에는 본사가 가진 기술능력 · 생산설비 · 경영관리기술 등의 능력과 자회사 활동의 전문화와 상호 교환성을 실현할 수 있는 사업활동의 범위가 있는데, 이것들은 동시에 통일화 전략을 추진하는 요인이 된다.

그러나 통일화전략의 추진은 현지환경 분석 · 대응기술을 수반하지 않으면 여러 가지 문제가 제기된다. 획일화기준의 압력, 업적평가의 왜곡, 과잉통제가 그 예라고 할 수 있다. 원숙한 다국적기업은 통일 · 분산전략의 조화 때문에 조직의 허점과 경영관리방법을 연구하고 있다. 예를 들면 해외자회사가 경영자원, 특히 유능한 관리자를 보유하고 있으면 기업 전체가 통일화전략을 기조로 하여, 엄격한 통제방침을 취하여도 자회사로부터의 제안은 간단한 설명만으로 대개 승인되고, 현실적으로는 자회사의 자율에 위임하고 있다.

한편 미숙한 다국적기업에서는 새로운 경영환경이 새로운 대응을 필요로 한다는 것을 알아차리든가, 그렇지 못하든가 간에 대응책은 개발되어 있지 않다. 또한 이들 기업은 초기의 해외투자 시대를 끝내고 해외자회사의 사업과 규모를 확대하여 전체적인 이윤극대화를 위해 이용하지 않으면 안 되는 시기에 와 있다. 또한 해외투자의 리스크가 크기 때문에, 본사는 자회사의 수익과 자산유지에 신경질적이 되지 않을 수 없다. 이와 같은 상황하에서 본사의 전략이 통일화를 기조로 할 때에는 획일적이고 엄격한 통제를 하기가 쉽다. 그 결과 사업경험과 능력이 불충분한 신설 자회사는 과중한 의무가 부과되고 자립능력을 갖춘 자회사는 자치활동의 장점을 빼앗겨 버리게 되는 것이다.

2. 다국적기업조직의 특성

통일화지향은 다국적기업의 조직과도 관련이 있다. 통제는 원래 조직하부로의 권한위양을 전제로 하므로, 위양된 권한이 보고와 평가능력에서 적절한가 또는 적절한 부서에 있는가는 통제상 중요하다. 결정권에서 보면 다국적기업의 조직구조의 대표적인 패턴은 보통 국제부문구조와 세계적 구조가 있다.[5]

4) J. Fayerweather, *International Business Management*(1969), pp. 133～134.

국제부문구조에서는 해외사업에 관한 결정은 국제사업부에 의하거나 그것을 통하여 하부조직으로 흘러간다. 정보전달과 통제도 라인을 따라 이루어진다. 한편 세계적 구조에서는 각 사업부(주로 제품사업부)의 담당사업분야에 해외사업의 결정권이 주어진다.

관리적 관점에서 본 양자의 장단점은, 전자는 지역에 강하나 제품에 약하고, 후자는 제품에 강하나 지역에 약하다는 것이다. 각각 단점이 있으므로 각 조직구조하에서의 결정과 통제는 꼭 구조의 라인에 따른다고는 할 수 없다. 알젝크의 조사에 따르면, 해외자회사의 보고가 어디서 받아들여져서 어디서 결정하는지 분명하지 않은 경우가 많았다.

이와 같이 결정과 통제의 권한 소재는 본사의 국제사업부문, 본사의 제품사업부, 해외자회사 기타(지역 본부회사 등)의 어디인가에 있다고 생각해도 된다. 따라서 본국 본사에 권한이 많으면 집권체제, 해외자회사에 주어진 권한이 많으면 분권체제라고 할 수가 있다.

집권과 분권 중 어느 정책을 채택하는가는 사업내용 · 직능, 자회사의 사정에 관련이 있으므로 단순히 채택할 수는 없지만 다국적기업의 권한배분은 집권방향으로 향하고 있다고 한다. 그 이유는 사업의 지역확대, 다각화에 대응하여 세계적인 통합활동을 중시하게 되었기 때문이다. 집권화가 진행되면 통제에 관련하여 어떠한 문제가 제기될까? 전술한 통제기준의 획일화도 그 하나이다. 또 하나 통제에 관련된 멤버의 능력과 그 조직 내의 배분을 생각하지 않으면 안 된다. 집권체제하에서는 통제기능도 당연히 본국 본사로 집중될 것이다. 해외의 사업일선으로부터의 정보와 본국 본사로부터의 정보는 전달과정의 어디에선가 크로스 내셔널이나 크로스 컨트롤 갭에 직면한다.

의사전달을 방해하는 커뮤니케이션 갭은 국제사업에 숙명적인 난제이다. 그것이 조직 내에 존재하면 조직의 경직적 성격 때문에 커뮤니케이션의 개인적 자질로는 커버할 수 없는 상황도 생겨난다. 이것을 설명하기 위해서는 '조직적 문화' 내지는 '상황제약적 문화'와 같은 개념을 도입하면 좋을 것이다. 즉 특정한 상황하에서 조직멤버간에는 조직 내셔널리즘이라고도 할 수 있는 공통의식이 생겨서 특이한 가치관과 태도가 생긴다. 보다 구체적으로 말하면 본사와 자회사 사이의 경영에 관한 판단과 행동의 차이라고 할 수 있다.

경영정보를 예로 들면, 전달해야 할 정보는 무엇인가? 그 목적은 무엇인가에

5) R. Robinson, *op. cit.*, pp. 590~591.

대하여 본국 본사와 해외자회사 사이에 지식과 감각의 차이가 있다. 본사 간부에 있어서 정보는 기업전략형성, 관리 일반에 필요한 것이고, 이와 같은 생각은 문화적으로는 대규모 경영이 일반적인 선진 공업국에, 조직적으로는 대기업의 본사 중심부에 생긴다. 해외자회사에게 있어서 정보는 목전의 상황변화에 민감하게 대응하여 단기이익의 극대화에 유의하지 않으면 안 된다.

이와 같은 생각은 문화적으로는 가부장적이고 소규모적으로 경영하는 일반적인 후진국, 조직적으로는 소기업의 경영자에게 생기기 쉬운 것이다. 두 개의 조직문화는 정보의식의 차이를 생기게 한다. 유럽인 간부가 미국 본사가 요구하는 보고의 대부분을 무의미하다고 느끼는 것은 이것을 잘 증명해 주는 것이라고 할 수 있다.

조직적 문화의 갭은 기업이 국제사업부제를 취할 경우에는 주로 동 사업부의 지역 전문가에 의해 메워져야 한다. 그 효과를 약화시키는 요인으로서 일반적으로 지적되는 것은 본사 간부의 해외시장에 대한 지식의 결여와 제품부문 간부의 업적지상주의이다.

세계적 조직의 경우, 갭은 본사 사업부와 현지 간부 사이에 존재한다. 따라서 각자의 목표가 선행되어 조화시키려는 노력은 뒤로 미뤄지기 쉽다. 이것은 통제에도 반영되어 통일화방침을 안이하게 적용한 단락적 통제방법이 우선하게 될 것이다. 반대로 해외자회사 간부는 자사의 업적향상과 당면한 문제해결을 제일로 생각할 것이다. 자회사 간부(특히 현지인 경영자와 능력에 자신을 가진 파견관리자)는 본사의 통제를 무시하게 되고 해외자회사에 대한 본사 강제력의 제약요인(수입국의 법칙과 정치리더가 지각하는 국익)이 작용하여 통제효과는 작아지게 된다.

3. 경영환경분석의 미숙

계획, 통제, 현지환경의 성격을 분석하여 운용해야 되는 것은 국제경영의 숙명적인 과제이지만 해외 경영환경 분석기법은 완성되었다고는 할 수 없다. 그 때문에 해외경험이 적은 국제기업과 기존 시장과는 다른 환경을 가진 신시장에 진출하는 다국적기업은 가끔 오류를 범한다. 실패의 원인은 언어의 차이와 법규의 차이뿐만 아니라, 비즈니스활동에 간접적으로 영향을 미치지만 본사국에서는 문제가 되지 않는다고 생각되고 있는 것들이 많다.

예를 들면 현지인 노동자의 직접노동생산성이 낮은 점은 경영능률을 저하시키는 원인이 된다. 이것이 단지 기능과 훈련부족에 의한 것이면 예견이 불가능하지는 않다. 그러나 작업능률의 저하가 시간의 개념과 판단력 부족에 의한 것이라면, 그것은 선진국의 관리자에게는 예상 외의 장애로 비친다. 왜냐하면 직접노동보다는 그것들을 결합 · 조정하는 관리자의 업무쪽이 능률결정요인의 종류도 많고 적용방법도 복잡하기 때문이다. 가령 직접노동생산성은 동일하여도 기계설비, 계획, 공정관리, 현장규율 등의 수준이 낮으면 공장 전체의 작업능률이 저하되는 것은 당연하다. 그리고 비선진국에 있어서 이것들에 대한 의식과 이해는 선진국의 경우와는 다르다.

부품의 수입과 현지조달 및 제품의 판매와 같이 기업 외부의 요인이 관계되는 경우, 현지 비즈니스관습과 마케팅제도가 제약요인이 되어 업무수행을 방해하는 수도 많다. 후진국에서는 자재의 현지조달시 규격의 불일치와 납기지연이 가끔 있다. 수입에 의존하면 외환제한, 수입수속의 지연으로 재고품절의 위험이 크다. 이것에 대비하려면 재고량을 본국보다 다량으로 유지해야 된다.

이와 같은 제약이 있으면 해외자회사로부터의 보고서에 나타나는 수익성은 낮아지게 된다. 현지사정에 어두운 본사 간부는 이와 같은 낮은 이익의 원인을 이해할 수가 없다. 매출액과 이익액이 낮은 것이 불황과 정부의 압력에 의한 것이 아니면 자회사 관리자의 무능이나 태만이 원인이라고 생각하여 통제를 강화하게 된다.

국제경영정보문제에 대해서도 똑같다고 할 수 있다. 정보의 불명확성에 대해서 생각하면 제도와 언어가 명확성을 저해시키는 것이 분명하다. 그러나 외국어나 계수관리능력과 같이 교육훈련으로 용이하게 해결될 수 있는 문제 외에, 배후의 교육제도, 커리큘럼 내용, 비즈니스 관습 등이 다르면 해결은 의외로 곤란하게 된다.

국가마다 경영환경이나 경영방식의 차이가 어떠한 것이며, 진출기업의 경영에 어떠한 영향을 미치는가에 대해서는 부분적인 연구는 있으나 포괄적이고 체계적인 분석은 없어서 향후 이 분야에 대한 연구가 필요하다.

제 4 절 다국적기업 해외자회사의 분권화

1. 조직 전체의 권한배분 유형

다국적기업의 본사와 해외자회사간의 권한의 배분 정도, 즉 다국적기업이 의사결정권한을 어느 정도 모회사에 집권화하고 있는가 또는 자회사에 분권화하고 있는가에 관한 제 연구들은 현재까지 명확한 결론을 내리지 못하고 있는 실정이다.

알젝크는 유럽지역에 투자하고 있는 미국의 다국적기업을 대상으로 한 연구에서 해외에 투자하고 있는 다국적기업들은 일반적으로 광범위한 집권화경향을 보이며 또한 강한 통제력을 행사하고 있음을 밝히고 있으며, 일부 학자들의 연구 또한 이러한 견해를 뒷받침하고 있다. 그러나 가니어 등은 멕시코에 투자하고 있는 미국 다국적기업의 통제력에 관한 연구에서 이들은 대체로 높은 분권화와 자회사가 자율성을 가지고 있음을 밝히고 있다.

2. 직능별 · 국별 연구

국제통제에 대한 연구는 다양하게 이루어지고 있다. 조직 전체의 집권화 수준 혹은 자율성 수준에 관한 연구가 일관된 결과를 보이지 않자 학자들은 다국적기업이 집권화수준을 재무 · 인사 · 마케팅 등의 직능별로 구분하여 측정을 시도하였다. 그 결과 대부분의 다국적기업에 있어 재무와 연구·개발부문이 가장 집권화 수준이 높았으며, 생산과 마케팅분야는 중간, 그리고 인사분야의 집권화 수준이 가장 낮다는 결론을 내리고 있다.

한편 일부의 학자들은 미국, 독일, 일본의 다국적기업을 대상으로 공식적 통제기법의 사용에 관해 연구하여 미국 기업의 경우 일본 기업보다 의사결정에 더욱 많은 영향력을 행사하고 관료적 통제에 의존하는 경향이 있으며, 독일 기업의 경우는 미국과 일본 기업이 중간 정도라는 결과를 제시하고 있다.

그림 19-1 해외자회사의 통제과정

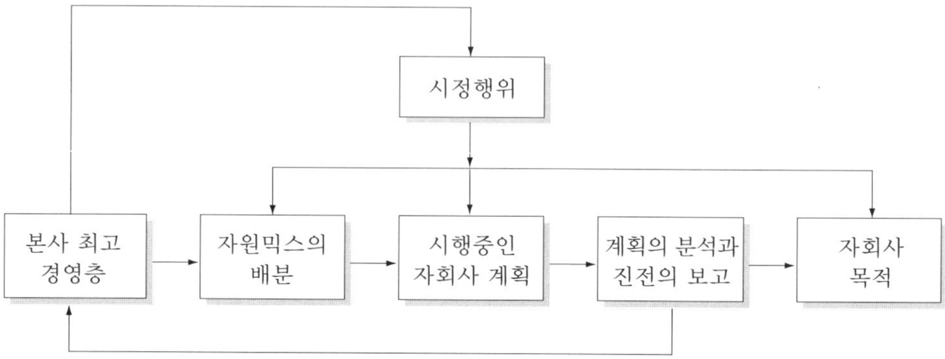

3. 통제의 과정

서로 다른 통화의 사용, 문화와 환경, 정부규제 등의 상이성으로 인하여 해외자회사의 경영환경이 본국의 그것과는 차이가 나게 되므로 다국적기업의 해외자회사 통제과정은 매우 복잡한 양상을 띠게 된다.

굴드는 기업의 통제과정을 사업목적으로 규정하고 그 진척상황을 중앙에서 총괄할 수 있도록 유지하는 것이라 정의하면서, 이러한 통제과정은 첫째로, 목표에 대한 협의를 통하여 사업의 성공적 수행을 위한 기준을 설정하고, 둘째로, 달성한 성과와 목표와의 차이를 분석함으로써 중앙의 통제필요성의 계기를 마련하고, 셋째로, 개인적 동기부여와 재가를 통해 구성원 개인에게 동기를 부여하며, 넷째로 개입이나 조정된 목표의 제시를 통하여 구성원간의 관계를 개선하여 보다 성공적으로 목표를 달성한다고 주장하였다.

한편 파탁은 다국적기업이 해외자회사의 실적을 통제하는 개념적 과정을 위의 [그림 19-1]과 같이 제시하였다.

① 본사의 최고 경영층과 자회사의 사장이 공동으로 추구하는 목적과 실천계획을 설정한다.

② 본사의 최고 경영층이 해외자회사의 계속적인 수행에 필요한 재정적 자원 및 기타의 자원을 배분한다.

③ 해외자회사의 최고 경영자에게 계획을 성공적으로 완수하기 위하여 필요한 권한을 위임한다.

제 5 절 해외자회사의 통제전략

1. 경영환경분석

모기업은 해외자회사의 조직확립을 위해 환경분석을 신중히 하여야 하는데, 모기업은 환경요인을 분석하는 과정에서 미래에 유리한 사업기회를 제공하는 국가와 지역을 선택하도록 해야 한다. 해외자회사의 경영에 미치는 중대한 환경요인들은 그 기업이 갖고 있는 국제경영에 대한 경험, 세계적 경영에 개입하고 있는 정도 및 범위, 경영하고 있는 산업의 성격, 제품계열 및 소비자 등에 의해서 결정되는데, 이들 요인은 모기업이 착수하려는 해외자회사의 사업의 종류 및 형태, 즉 영업, 라이센싱, 경영관리계약, 합작투자, 직접투자에 따라 달라진다.

그러나 환경분석의 문제는 그렇게 간단하지 않다. 왜냐하면 모기업의 경영자는 해외자회사가 속해 있는 국가 및 지역에 대한 환경변동요인을 확인해야 하고, 경영통제전략을 수립할 때에 미래에 있어서의 환경변화를 예측하여야 하기 때문이다. 그러나 미래의 기업경영에 있어서 정치, 법률, 사회, 문화 및 제도 등의 요인을 평가하고 예측하는 업무는 모기업의 경영자에게는 매우 어려운 문제가 되고 있다.

따라서 모기업은 자회사의 통제체계를 확립하기 위해서는 철저한 환경분석을 파악하여 주요 환경요인을 경영통제의 전략과정에 포함시켜야 하는데, 이들 환경요인을 유형별로 보면, 즉 환경유형은 크게 정치 · 법률적인 환경, 경제적인 환경, 기업제도, 사회 · 문화적인 환경으로 구분되는데, 이들 유형은 경영통제전략에 영향을 미치고 있으므로, 모기업은 이에 대한 사전지식을 충분히 습득할 필요가 있다.

2. 경영통제전략의 결정요인

해외자회사의 경영통제전략에 대한 모기업의 관점과 경영은 상당히 다양하나 일반적으로 기본내용에는 일반성이 함축되어 있다. 이는 모기업들이 특정한 의사결정의 기준에 의거하여 해외자회사의 경영통제전략을 결정하기 때문이다.

또한 해외자회사를 총괄하여 통제한다는 것은 대단히 어려운 일인데, 이는 모기업과 해외자회사간에 전달되는 정보흐름에 지대한 영향을 미치고 있다.

따라서 모기업은 경영통제전략의 결정요인을 사전에 파악하여 전사적인 측면에서 경영전략을 수립하여야 하는데, 모·자회사간에 영향을 미치는 경영통제의 요인으로는 다음과 같다.

1) 산업의 특질 모기업에 속해 있는 산업의 성격에 따라 집권적 통제를 지향하는 경우가 있는데, 대개 제조회사는 제품의 균일성을 필요로 하기 때문에 모기업의 집권화 정도가 높다.

2) 모기업의 경영전략 모기업의 경영전략면에서 투기적인 측면이 강하면, 환경에 대해 적극적으로 대처하고, 신제품의 개발과 같은 능동적인 전략의 경우에는 엄격한 관리체계를 통한 경영의 효율성을 극대화함이 목적이므로 관리의 공식화 정도가 높아 권한의 집권화 현상을 나타낸다.

3) 경영관리 재무활동은 집권적으로 통제되는 경향이 있으며, 회계절차, 판매관리, 관리자의 임명, 보수책정, 원재료의 조달, 품질관리 등도 대부분 집권화되고 있다.

4) 자회사 제품과 판매시장의 범위 광범위한 제품계열과 시장을 가진 자회사는 이보다 좁은 범위의 제품 및 시장을 가진 자회사에 비해 자율성이 높은 경향이 있다.

5) 기업목표의 우선순위 관리의 극대화가 제1목표라면 극단적인 집단화가 적합할 것이고 시장점유율을 최대화하는 것이 당면과제라면, 극단적인 분권화가 유리하며, 수익률을 최대화하는 것이라면 어느 정도의 집권적인 통제가 적합할 것이다. 또한, 경영통제의 요인이 일정하다면 기업목표의 우선순위에 따라 집권화의 정도가 결정된다.

6) 자회사 취득의 연도 최근 취득한 자회사를 기존 경영층이 기존 제품개발을 인수한 채로 관리할 경우에는 자회사는 자율성의 정도가 다소 높아진다. 그러나 통제 정도가 항상 일정하게 유지될 수는 없어서, 자회사의 발전초기단계에서는 경영통제가 완화되어 있더라도, 해외사업이 성장함에 따라 일정수준까지는 경영통제가 강화되는 경향이 있다.

7) 해외시장의 상대적 중요성 모기업이 자회사의 경영진을 크게 신뢰하고 경영능력을 인정한다면 해외자회사의 자율성을 증대시키지만, 만일 반대일 경우에는 자율성을 감소시키게 된다.

3. 통제관리시스템의 확립

해외자회사의 경영통제란 정당한 권한을 가진 모기업이 기업목표에 따라서 결정한 경영통제전략과 이 전략에 적합한 결정에 따른 실제의 활동을 원활히 수행하기 위해 형성된 관계라고 할 수 있는데, 이 관계에서 가장 중요시되는 사항은 모기업의 해외자회사에 대한 관리시스템의 확립이라고 볼 수 있다. 이는 해외기업활동의 경영조직상 필요한 요건으로서 현지자회사의 경영이 공통의 목적과 경영방침, 모기업의 해외경영전략에 의거하여 이루어지기 때문이다. 즉 현지자회사에 대한 경영의 자주성을 존중하고, 현지 경영책임자의 창의적인 능력을 발휘시켜 해외사업활동의 성과를 극대화함으로써, 해외사업활동에 대한 현지자회사의 참여도를 높일 수 있는데, 이를 위해서는 효율적인 해외자회사와 관리시스템의 확립이 요구된다고 볼 수 있다.

모기업의 현지자회사의 관리시스템은 현지자회사의 경영책임자에게 위임된 책임권한에 따라서 설정된다. 또한, 현지자회사의 경영책임자는 일상업무의 수행에 필요한 권한이 포괄적으로 위임되어 있기 때문에, 현지자회사의 관리시스템은 보통 단기계획을 중심으로 한 계획관리체제에 의하여 운영된다.

1) 현지자회사에 필요한 자료공급 업무집행계획의 책정에 필요한 모기업의 경영방침과 해외경영전략을 현지의 자회사에 제시함과 아울러 업무집행계획시 필요한 작성요령을 제공한다.

2) 업무집행계획서의 책정 모기업에서 제시된 방침에 따라 현지자회사는 해외경영과 관련된 업무집행계획을 책정하여 모기업에 제출한다.

3) 모기업의 승인 자회사의 업무집행계획은 모기업에서 심의한 다음 이를 승인해야 한다. 승인에 있어서는 현지자회사의 자주성을 반영하되, 모기업의 경영전략의 적합성 정도를 고려하여야 한다.

4) 보고제도 현지자회사의 경영상황을 모기업에 보고하는 것은 모기업에서 권한을 위임시킨 것에 대한 하나의 관리체제이다. 따라서 현지자회사는 정해진 기간별로 모기업에 정기보고서를 제출하되 당기의 경영개황, 영업실적상황을 고려하여 작성한다.

5) 자사통제 업무집행 결과 설정된 목표수준에 크게 미달했을 때는 그 원인을 시정조치함과 아울러 업무집행계획을 수정하여야 한다. 또한, 수정내용을 모기업에 빠른 기일 안에 승인을 얻어 경영관리상의 제반 문제점을 해결하는 데

노력을 해야 한다.

6) 업적평가　　현지자회사에 대한 경영성과를 모기업은 객관적이며 공평한 입장에서 평가하여야 한다. 즉 해외자회사의 경우 본사인 모기업과는 다른 경영환경이고, 그 변화도 매우 심하기 때문에 경영성과가 낮다. 따라서 현지자회사에 대한 적정한 업적평가가 이루어져야 한다.

연 구 과 제

1. 국제기업의 정보전달의 기술적 해결방안을 제시하시오.
2. 경영환경분석의 중요성을 설명하시오.
3. 다국적기업의 통일화전략을 논하시오.
4. 국제경영통제의 내용을 설명하시오.
5. 경영통제전략의 결정요인을 설명하시오.
6. 다음의 용어에 대해서 설명하시오.
   1) 명 확 성
   2) 적 시 성
   3) 경영환경분석
   4) 통일기준

제20장
글로벌 전략적 제휴전략

사례연구 ▶ Global 500대 기업

알트리아 그룹(Altria Group)

1 Web Site

http://www.altria.com

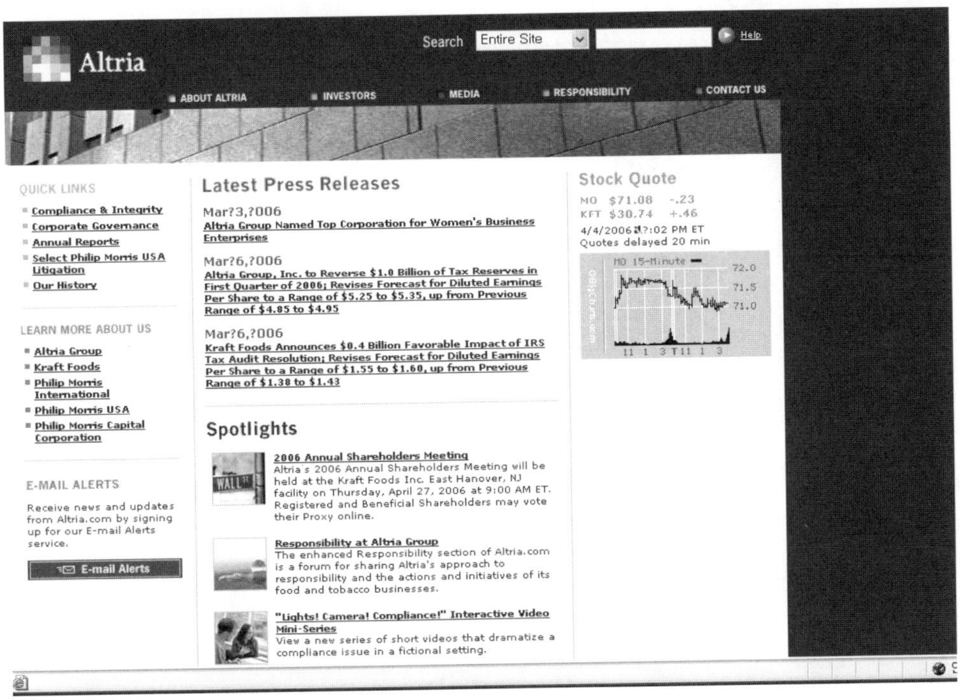

2 기업역사

알트리아 그룹은 1985년에 설립된 회사로써 그다지 오랜 역사를 지니고 있지는 않다. 하지만 알트리아 그룹의 뿌리인 다른 운영회사들은 150년에 가까운 역사를 가지고 있다. 그 예로, The Kraft Foods Story는 1767년에 세워졌으며, The Philip Morris USA Story는 1847년에 세워졌다.

1985년	Philip Morris가 기업을 재구조하여 Philip Morris Companies, 즉 알트 리아가 공식적으로 Philip Morris의 모회사가 되었다.
1989년	Kraft 와 General Foods를 합하여 The Kraft Foods Story를 만들었으며 미국에서 가장 큰 식품기업이 되었다. 이와 동시에 Kraft General Foods International 도 설립되었다.
1990년	Philip Morris Companies의 매출이 510억 달러, 운영회사의 수입은 31억 달러 가까이 되었다.
1994년	William Murray가 Philip Morris Companies의 회장으로 임명되었다.
1999년	Philip Morris Companies가 온라인상에 홈페이지를 만들었다. www.philipmorris.com
2001년	Philip Morris Companies가 공식적으로 회사이름을 Altria Group으로 변경하였다.
2003년	2월 27일 알트리아 그룹이 The Kraft Foods Story, Philip Morris International, Philip Morris USA, Philip Morris Capital Corporation의 Capital Corporation 이 되었다.

3 Altria Group의 글로벌 네트워크

① Kraft Foods: North America에서 가장 큰 식품회사이며, 세계에서는 두 번째로 큰 회사이다.

② Philip Morris International: 세계적인 담배회사로 세계적인 담배회사 20개 중에 일곱 번째로 큰 회사이다.

③ Philip Morris USA: 미국에서 가장 큰 담배회사로, 미국 담배시장의 반을 점유하고 있다.

④ Philip Morris Capital Corporation: Altria Group의 투자회사

4 Altria Group의 다양성원칙

① 전 세계에 펴져 있는 종업원들의 레벨을 우리 사회와 비슷하게 만들어라.

② 조직가치 및 직업적인 행동을 위해 참여, 환경, 직원발달 및 교육을 육성시키 는 모든 수준의 분담한 책임을 창조하고 설명하여라.

③ 정직하고 개방적인 커뮤니케이션으로 다양한 독창적인 생각과 결과들을 임원들과 직원들 간에 공유하여라.

④ 각각 다른 정체성과 능력, 라이프스타일과 가족들 직장 밖에서의 생활을 가진 직원들 모두를 존중하여라.

5 Altria Group의 글로벌 경영

Altria Group의 회사들은 현재 세계에서 가장 큰 식품회사 중 하나이며, 또한 세계에서 가장 큰 담배제조 회사 중 하나이다. 그리고 미국에서 가장 큰 담배회사를 소유하고 있다.

6 Altria Group의 글로벌 경영전략

① 성과: 직무수행의 우수와 우리가 하는 모든 것들의 우수한 질을 위한 열정

② 책임: 커뮤니티와 사회 속에서 책임 있는 행동과 법인시민으로써의 행동을 바람직한 행동을 할 것을 약속한다.

③ 재정적 강점: 바람직한 재정활동과 신중한 자원사용

④ 혁신: 새로운 아이디어에 대한 열린 마음과 기존의 고정관념 타파
⑤ 수락과 보전: 문자에 대한 강한 집착과 자신들의 원칙과 법에 대한 정신
⑥ 사람에 대한 헌신: 지원들에게 기회를 주어 성장가능하게 함

제 1 절 전략적 제휴의 개념

서로 다른 국가의 기업들간의 전략적 제휴는 기업이 동원할 수 있는 모든 자원, 자본, 기술, 시장, 관리능력을 결합하여 한 나라의 시장이 아닌 범세계적 차원에서 경쟁우위를 강화하기 위한 것이다. 이러한 전략적 제휴는 내용이 복잡하고 매우 다양한 형태로 전개되고 있어 아직 그 개념조차 확립되지 못한 상태이다.[1]

일반적으로 기업간의 전략적 제휴는 서로 다른 기업이 때로는 동일한 소유지분의 자본참여로 경영활동에 대해 공동책임을 지는 경우도 있지만, 일반적으로 상대방 기업의 경영에 대한 간섭 없이 두 기업 혹은 그 이상의 서로 다른 기업들이 공동의 목적 혹은 상호보완적인 자원의 교류를 위해 이루어지는 협조적인 활동으로 이해되고 있다.[2]

전략적 제휴에 대한 UN 유럽경제위원회의 정의를 살펴보면, 국제제휴의 무역마찰 해소기능과 산업경쟁력의 보완기능을 강조하여 선진국간에 무역마찰을 해소하고, 산업의 경쟁력을 보완하기 위하여 서로 다른 국가간에 이루어지는 기술교류 등 기업간의 협력으로 정의하고 있다. 이러한 정의에 따라 생산물 지불방식에 의한 라이센싱, 동 방식에 의한 플랜트 내지 생산라인의 공조, 공동생산 및 분업, 국제하청계약, 합작사업, 공동주문 등이 구체적인 국제제휴의 형태로 간주되고 있다.

이 밖에도 기업간 협력에 대한 정의는 매우 다양한바, 이를 살펴보면 다음과 같다.

모워리는 수출과 같이 보다 직접적인 시장거래보다는 제품개발, 생산, 마케팅 분야를 포함하는 자본, 기술 등 모든 기업활동분야에서 상호협력을 통해 동업자로부터 상당한 기여를 기대할 수 있는 기업간의 협력이라고 정의하고 있다.

맥슨은 어느 한 국가의 시장에서가 아니라 세계시장에서의 경쟁을 위해 서로 다른 기업간의 상호보완적인 자원을 결합하는 장치라고 정의하고 있다.

일본 통산성은 산업계가 중심이 되어 외국산업과의 사이에 자본, 기술, 노하

1) J. M. Stopford, and L. Wells, *Managing the Multinational Enterprise*(New York: Basic, 1972).
2) M. E. Porter(ed.), *Competition in Global Industries*(Boston: Harvard business School Press, 1986), pp. 315~344.

우 등의 교환을 통해 상호의 산업활동에 대해 보완적인 효과를 가져오는 제반 활동으로 정의하고 있다.

한편, 펄뮤터와 히난은 기업간 협력에 대한 정의를 다음과 같이 내리고 있다.

① 특정 산업분야에서 저원가 우위 혹은 차별화 우위면에서 세계적 리더십을 장악하기 위한 제휴일 경우

② 둘째, 파트너들이 각기 지닌 장점이나 우위를 상호간 공유하려는 제휴관계일 경우

③ 선진국뿐만 아니라 저개발국, 사회주의 국가까지 포함하는 제휴일 경우

④ 파트너들의 관계가 수평적으로 조직화되고 기술의 호환, 자원의 공급 기타 소프트웨어 형태의 결합을 원칙으로 하는 제휴일 경우

⑤ 참여기업들의 제휴범주에서 제외된 시장에서는 서로 경쟁하는 동시에 주체성을 유지하는 제휴일 경우

이를 펄뮤터와 히난은 범세계적 차원의 전략적 제휴라고 정의하고 있다.

이상의 정의를 종합해 보면 전략적 제휴는 서로 다른 나라의 기업간에 범세계적 차원에서 경쟁우위를 강화하기 위한 자원능력의 공유, 기능의 결합, 기술교류 및 공동연구 등 다양한 기업간 협력관계로 이해할 수 있다.

제 2 절 전략적 제휴의 동기

개별기업 입장에서 다른 기업, 특히 외국기업과 제휴관계를 구축하려는 동기는 제휴 분야별·산업별로 매우 다양하다고 할 수 있으나 대략 다음과 같은 몇 가지로 압축할 수 있다.[3]

---

3) Farok F. Contractor, and Peter Lorange, "Why Should Firms Cooperate? The Strategy and Economics, Basis for Cooperative Ventures," F. J. Contractor, and P. Lorange, *Cooperative Strategies in International Business*(D. C. Health and Company: Lexington Books, 1988), pp. 11~12.

1. 위험분산

기업들은 막대한 설비와 연구·개발비에 대한 투자위험을 줄이고 제품의 시장성을 확보하기 위한 동기로 제휴하는 경우가 있다.

프랑스, 독일, 영국, 스페인이 Airbus Industries사를 설립하여 A300, A310, A320 등을 개발하기 위한 엄청난 개발비를 상호 분담하고 개발된 제품을 4국이 우선 구매함은 물론이고 공동판매망을 구축하여 시장성을 유지한 것이 이러한 동기의 대표적인 사례라고 할 수 있다.

2. 규모의 경제

국제제휴를 통하여 기업이 각각 비교우위를 갖는 부분을 전담 생산하여 생산합리화와 낮은 조달비용, 규모의 경제를 실현하기 위한 동기로 전략적 제휴가 이루어진다.

CN235기의 개발시 스페인의 CASA사는 전방동체, 중앙익 등을, 인도네시아의 IPTN사는 후방동체, 주익, 후익 등으로 분할하여 생산함으로써 효율성을 높인 것이 좋은 예라 할 수 있겠다.

3. 보완적 기술 및 특허의 호환

동등한 기술수준의 기업들이 서로 기술을 보완하여 시너지(synergy) 효과를 기하거나 빠른 기간 내에 선진기술을 흡수하기 위하여 제휴하기도 한다. 이를 통하여 제휴기업은 우수한 제품을 생산할 수 있고, 시장진입을 신속히 할 수 있으며, 대규모 투자에 제휴함으로써 투자범위를 확대할 수 있다. 포터와 풀러는 비슷한 능력을 가진 기업간에 자원의 공유나 보완적 능력을 가진 기업간에 제휴를 통해 경쟁우위를 확보할 수 있다고 하였다. 또한 스태포드(Stopford)와 웰스(Wells)는 제품차별화를 통하여 신규시장진입을 시도할 경우에 제휴전략을 택하는 경향이 있다는 것을 실증하였다.

미국 Rockwell사와 서독 MBB사가 서로 첨단기술을 동원하여 X-31A EFM기를 공동개발하는 것은 선진국 기업간 기술제휴의 좋은 예이다. 기술후진국의 선진기술 흡수는 필리핀이 저임금을 바탕으로 한 저가생산 및 판매시장을 대가로 미국의 AT&T사와 합작하여 고급기술을 흡수한 예에서 찾을 수 있다.

4. 경쟁방지

합작투자 혹은 상호 기술제휴를 통하여 과다경쟁을 방지하여 최소한의 시장성을 유지하고 나아가서는 혼재적 또는 기존 경쟁자에 공동으로 대처하기 위한 동기로 국제제휴가 이루어진다. 빅커스는 많은 연구·개발 제휴가 신속한 특허취득으로 경쟁자의 경쟁력을 떨어뜨릴 목적으로 이루어지고 있다는 것을 밝혀 냈다.

5. 정부규제 및 무역장벽의 극복

진출대상국의 기업과 합작으로 기업을 설립하여 외국기업에 대한 거부감을 완화시키고 국산화비율 등 규정된 강제법규를 충족하기 위하여 국제제휴가 이루어지는 경우도 있다. 또한 국제제휴는 개발도상국 혹은 계획경제 국가에서 투자수용국 정부의 정책상 합작투자만을 허용하는 경우에 이를 극복하는 수단이 될 수 있다.

미국의 McDonell Dogulas사가 중국에 Shanghai Aircraft Industrial Corporat-ion을 합작설립하여 중국진출에 성공한 것이 좋은 예라고 하겠다.

6. 해외시장진출과 운영망의 구축

제휴 파트너의 이미지, 유통망 및 시장정보를 활용하여 국제시장에 진출하려는 동기로 국제제휴가 이루어진다. 국제경영활동의 경험이 적은 중소기업이 해외시장에 진출하기 위하여 국제제휴를 많이 활용한다.

사회주의 국가나 개도국의 기업이 해외시장진출시 합작투자를 하는 경우가 많은 것도 좋은 예이다. 이 밖에도 범세계적 운영망을 구축하기 위하여 제휴가 이루어지기도 한다.

7. 준수직적 통합

제휴 파트너로부터 원재료, 노동력 등의 생산요소를 안정적으로 공급받고, 제휴 파트너의 기존 판매망을 효율적으로 활용하기 위한 국제 도급거래와 같은 준수직적(準垂直的) 통합을 위하여 국제제휴가 이루어진다. 준수직적 통합은 내부생산과 순수한 외주의 중간단계라고 할 수 있다.

미국 항공산업의 기업들은 싱가포르 기업들과 다양한 준수직적 통합관계를 통하여 필요한 전자부품을 확보하고 있다.

지금까지 국제제휴의 동기에 대하여 살펴보았다. 이를 요약하면 다음의 〈표 20-1〉과 같다.

표 20-1

국제제휴의 전략적 기능

위 험 분 산	제품포토폴리오의 다각화 고정비용의 분산 · 경감 총자본투자액의 절감 신속한 시장진입 및 투자자본 회수
규모의 경제/합리화	보다 많은 생산량에 따른 평균비용 절감 각 합작 파트너가 지닌 비교우위의 이용에 따른 비용절감
기술 및 특허의 호환	기술적 시너지 효과 특허 및 관할지역의 교환
경 쟁 방 지	경쟁을 감소시키기 위한 방어적 합작투자 제3의 기업으로 하여금 비용을 증대시키거나 시장점유율을 감소시키려는 의도의 공격적 합작투자
정부규제 및 무역장벽 극복	해당국 기업과의 합작을 통한 해당국 기업으로서의 영업활동 수행 현지 부품조달 의무의 충족
준수직적 통합	원자재에 대한 접근 용이성 기술습득에 대한 접근 용이성 노동력획득 자본획득 정부규제회피 유통경로에 대한 접근 용이성 상품인지도 제고 구매자들과의 연계관계 구축 기존 마케팅체제의 이용

자료: Farok J. Contracter, "An Alternative View of International Business," *International Marketing Review*(Spring 1986), p. 10.

제 3 절 전략적 제휴의 형태

1. 기업규모에 따른 분류

전략적 제휴의 구체적 형태는 기업의 규모에 따라 〈표 21-2〉와 같이 나누어 볼 수 있다.

대기업간의 제휴는 상호간의 경쟁방지로 이루어지고 소기업간의 제휴는 경쟁적 강화목적으로, 대기업과 소기업간의 제휴는 상호의 자원보완목적으로 많이 이루어진다.

일반적으로 대기업간의 제휴는 오래 지속되지 않는 반면 소기업간의 제휴는 성공률이 높고 지속기간이 길다. 또한 대기업과 소기업간의 제휴는 관리상의 문제점이 많이 야기되는 특징을 보여 주고 있다. 이는 기술이나 시장에서 대기업과 소기업간 목표가 다르고, 대기업의 입장에 일관성이 없으며 상호교류나 접촉이 잘 안 되기 때문이다.

2. 기능에 따른 분류

전략적 제휴의 형태는 기능별에 따라서도 다음의 〈표 20-3〉과 같이 나누어 볼 수 있다.

기술면에서의 제휴는 위험분산과 기술개발 경험을 얻기 위해 이루어진다. 공동 연구·개발은 연구·개발의 비용 및 위험을 분산시키기 위한 목적으로 이루어지며, 이는 연구·개발비 지출이 많은 산업, 즉 항공기, 제약, 통신장비, 컴퓨터, 자동차 등의 산업에서 많이 활용되고 있다.

표 20-2

기업규모에 따른 전략적 제휴의 형태와 목적

형 태	목 적
대기업간의 제휴	경쟁 제한 목적
소기업간 제휴	경쟁력 강화 목적
대기업과 소기업간 제휴	자원 보완 목적

표 20-3

기능별 제휴형태와 목적

형 태	목 적
기술개발 제휴, 공동 연구·개발	위험분산/경험
생산·공급업계 제휴	규모의 경제/시장진출
마케팅·판매서비스 제휴	잠재적 경쟁자 방지

생산, 공급부문에서의 제휴는 규모의 경제나 시장진출을 목적으로 이루어지며, 마케팅·판매 서비스 제휴는 잠재적 경쟁자 방지를 위해 이루어진다. 규모의 경제, 정부의 규제극복, 경쟁완화, 위험분산에 효율적인 능력공유 등을 위해서 기업이 가지고 있는 가치활동에 따라 제휴가 형성된다.

3. 조직간 의존 정도에 따른 분류

전략적 제휴는 기업간의 의존 정도에 따라 여러 가지 형태로 분류될 수 있다. 기업간의 컨소시엄 형성, 연구·개발 파트너십, 공동생산 등의 경우와 같이 제휴기업들이 출자하여 새로운 법인을 설립하지 않고 공동활동을 하는 제휴형태가 있으며, 이 경우 보상방법도 제휴계약에 따라 다양하다.

합작투자의 경우는 다른 계약이 없는 한 투자비율에 의해 의사결정권을 행사하며 손익을 분담한다.

〈표 20-4〉는 기업간 의존도에 따른 제휴형태를 살펴본 것이다. 기술훈련 및 기술지원 협약은 짧은 기간 동안에 이루어지기 때문에 기업간의 의존도와 기술이전에 따르는 비용이 낮다. 그리고 보상방법은 정액기술료를 지불하기로 하는 것이 보통이다.

특허 라이센싱은 특허권에 대한 사용허가를 말하며, 이에 대한 대가로 로열티를 지불하기로 하는 것이 일반적이다. 이 경우 기업간의 상호 의존도와 이전비용은 대체로 낮다.

비지분형 공동개발의 보상방법은 경우에 따라 다르다. 자원탐사 프로젝트는 공동으로 수익과 비용을 부담하므로 참여기업의 개별이익은 프로젝트 전체의 수익과 비용에 직접 연결된다. 그러나 생산활동을 배제한 순수연구 프로젝트의 경우 비용은 공동부담하나 연구성과는 각 참여기업이 독자적으로 활용하므로 참여

표 20-4

조직간 의존 정도에 따른 분류

형　　태	보상방법	기업간 상호 의존도	이전비용
기술훈련/기술지원협약	L	아주 낮음	낮　음
생산/조립/재구매계약	M		
특허 라이센싱	r	낮　음	
프랜차이징	r 또는 m		
노하우 라이센싱	L 또는 r		
관리/마케팅협약	L 또는 r		
비지분형 공동개발		보　통	
탐　사	$\pi i = f(Cv, Rv)$		
연구활동	$\pi i = f(Cv, Ri)$		
개발/공동생산	$\pi i = f(Ci, Rj)$		
합작투자	a	높　음	높　음

자료: F.J. Contracter, and P. Lorange, *Cooperative Strategies in International Business*(D.C. Health and Company: Lexington Books, 1988), p. 6.

주: a = 지분몫/배당　　r = 경상 로열티
L = 정액기술료　　m = 완성품의 판매에 따른 이익의 비율
πi = 기업의 이익　　Cv = 협의체의 비용
Rv = 협의체의 수익　　Ci = 기업의 비용
Ri = 기업의 수익　　Rj = 협의체 중 선도기업의 수익

기업의 개별이익은 프로젝트 전체의 비용과 참여기업 개별의 수익활용 정도에 의해 결정된다.

공동생산의 경우 판매는 선도기업만이 담당하고 나머지 참여기업은 생산의 일부만을 담당하므로 개별 참여기업의 이익은 선도기업의 수익과 참여기업의 비용에 의해 결정된다. 이러한 비지분형 공동개발과 합작투자의 경우는 제휴기간이 오랜 기간 동안에 걸쳐 이루어지고 기업간의 의존도와 이전비용이 비교적 높다고 할 수 있다.

연구 과제

1. 전략적 제휴의 개념을 설명하고 한국 기업의 사례를 제시하시오.
2. 준수직적 통합의 구체적 예를 설명하시오.
3. 전략적 제휴의 제 형태를 논하시오.
4. 전략적 제휴의 동기를 논하시오.
5. 다음의 용어에 대해서 설명하시오.
   1) 경쟁방지
   2) 규모의 경제
   3) 위험분산
   4) 기술 및 특허의 호환
   5) 기술개발 제휴

제 7 부

국제경영관리

제21장

국제인사 및 조직

사례연구 ▶ Global 500대 기업

스위스연방은행(UBS)

1 Web Site

http://www.ubs.co.jp

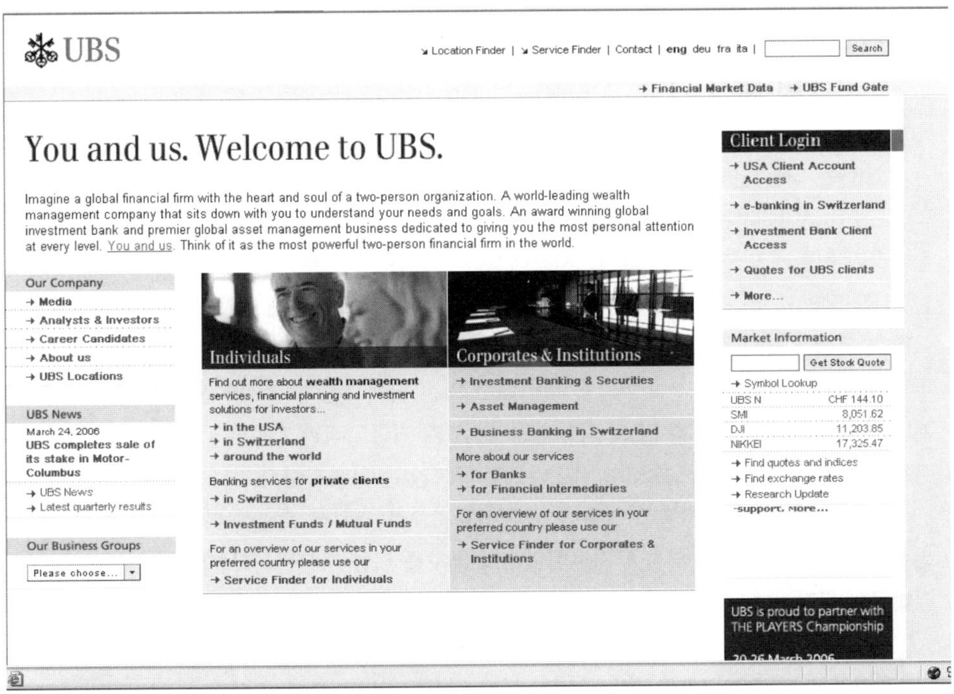

② 기업역사

스위스연방은행[Union Bank of Switzerland AG]으로 흔히 줄여서 UBS라고 한다. 스위스의 은행이라는 뜻이다. 토겐부르거은행(Toggenburger Bank, 1863년 설립)과 취리히주 빈터투어에 있는 지역은행이 합병하여 설립하였으며, 스위스에서는 1위이며 세계에서 10위권 안에 드는 은행이다. 주요 사업은 개인 금융 서비스와 개인과 사업체의 저축, 투자, 대출의 은행업 등으로 1912년 설립하였고 제1차 세계대전 후 많은 군소은행을 인수하고 지점을 늘렸으며 외국으로도 진출하였다. 1998년 1월에는 대형 상업은행인 스위스은행(1872년 설립)을 합병하였다. 현재 본사는 취리히에 있다.

③ 매 출 액

Intenational Council of Shoopping Centers가 소매경기 파악에 적합하다고 판단되는 72개의 소매점을 선정, 이들의 매출액을 합계한 UBS 매출액은 전년 같은 기간에 비하여 4.4% 증가한 것으로 나타났는데, 이것은 당초 예상했던 수치인 5%보다 낮은 것이다. 현재 포춘지(Furtune)에서 매출액 대비 세계 500대 기업 중 UBS는 59위이다.

④ 글로벌 핵심 역량

UBS는 다른 은행들과 같이 PB(프라이빗 뱅킹)가 핵심사업(코어 비즈니스) 중의 하나이다. 적어도 PB 분야에서는 영국이나 유럽대륙의 어떤 금융그룹이 얼굴을 내밀어도 UBS 브랜드를 능가하기 힘들게 만드는 것이다. PB시장에서는 UBS와 CS그룹(크레디트스위스그룹)이 나란히 1, 2위를 달리고 있다. UBS가 CS그룹이 관리하는 PB자산은 지난해 9월 말 현재 각각 4,900억 달러, 3,500억 달러 수준이다. UBS와 CS그룹은 유럽계 금융그룹으로서는 보기 드물게 미국 투자은행(IB)시장에 진출하여 두각을 나타내고 있는 금융그룹이기도 하다. 이들 두 그룹은 세계의 부유층을 대상으로 한 PB와 자산관리, 전 세계 기업고객과 기관투자자를 대상으로 한 투자은행 및 자산운용서비스를 코어 비즈니스로 삼고 있는 공통점이 있다.

PB를 바탕으로 투자은행, 자본시장에 성공적으로 위치를 확립한 이들 그룹의 성장전략은 어떻게든 법인고객을 위한 투자은행업무와 부자를 위한 자산관리라는 두 핵심부문을 계속 강화하고 확장하면서 두부문간의 시너지효과를 많이 살리는 쪽으로 초점이 모아지고 있다.

지금 세계금융의 중심으로 부상하는 거대 금융그룹들은 크게 소매금융 혹은 개인금융서비스, 기업금융 및 투자은행서비스(CIB), 투자 자산관리(PB, 보험, 자산관리 등) 3가지 영역을 코어 비즈니스로 설정하여 세 분야에서 골고루 수입을 얻고 매출 또한 지속적으로 성장할 수 있는 기반을 만들고자 하고 있다. 물론 각자 사업하는 지역의 금융발전 정도, 경영전략의 차이 등에 따라 세부적인 비즈니스 라인은 차이가 있고 씨티그룹 등 몇몇 거대 금융그룹을 제외하고는 아직 소매금융 분야에 수익원이 집중돼 있어 수익원 다변화의 완성도는 전체적으로 떨어지기는 한다.

그러나 대부분의 금융그룹들은 공통적으로 확실하게 돈 되는 코어사업 분야를 가진 상태에서 그 분야와 시너지효과가 분명한 사업이나 금융기관을 인수 합병하여 수익구조의 안정성과 성장성을 높이고, 그것을 바탕으로 또다시 코어사업 분야를 확대하여 수익원 다변화를 완성하는 방식을 채택하고 있다.

영업무대가 되는 나라의 자본시장 발전 정도가 떨어지고, 미국 투자은행시장에서도 두각을 나타내지 못해 소매금융이 매출의 70% 이상을 차지하는 그룹들은 문화가 엇비슷한 인근지역으로 비즈니스 라인을 다각화하여 합병 후 소매금융 수입의 안정성을 더욱 높이면서 성장부문인 투자은행 업무, 자산관리 사업을 적극 개척해가고 있다. 97년 바네스토 은행, 99년 SCH를 연이어 인수 합병한 뒤 라틴아메리카에 공격적으로 진출한 스페인 1위의 SCH그룹, 1998~2001년 중 덴마크, 노르웨이, 스웨덴, 핀란드 4개국 선도금융그룹 보험사 등이 연이어 뭉쳐 형성된 스웨덴의 노르디아(Nordea) 그룹 등이 대표적이다.

5 글로벌 기업의 성공요인

UBS가 이렇게 성장할 수 있었던 주요 원인은 첫째로 국민의 높은 저축성과 정치적 중립국이라는 이유와 사회정치적 안정과 비밀은행구좌 등을 들 수 있다. 또한 비밀은행구좌는 17세기 때부터 시작되었는데, 1870년 독불전쟁 당시 일반 서민들이 전화에 휩쓸려 재산을 잃는 것을 막기 위해 '박해 받는 약자의 재산을 중립국 스위스가 지켜주겠다'는 취지로 스위스 은행이 이들에게 비밀계좌를 열어주었다. 그러나 스위스 정부가 공식적으로 인정한 것은 아니다. 1934년 나치의 탄압을 피해 유태인들이 부동산을 처분, 안전한 스위스 은행에 예치하기 시작하자, 유태인을 돕고 실속을 차리자는 생각에서 스위스 정부가 은행법을 전면 개정, '스위스 비밀계좌'가 공식적으로 인정되었고 비밀주의 원칙을 입법화하였다. 요즘은 정치적 검은 돈이 비밀계좌의 이점을 이용하여 악용하는 경우가 많아지고 있는 실정이다. 그러나 스위스 은행연합회가 올해 8월 비밀보호법을 고수할 것이라고 밝힌 것에서도 알 수 있듯이, 스위스 은행의 '비밀주의 원칙'에 근본적인 변화는 없다. 현재 스위스에는 3,335개의 은행이 있으며 그 중 큰 민영은행은 CS(Credit Suisse), UBS(Union Bank of Switzerland)이며,특히 UBS는 이런 스위스 은행의 특성을 살려서 현재 세계에서 두 번째로 규모가 큰 은행이다.

6 글로벌 경영이념

PB를 바탕으로 투자은행 및 증권업무, 보험 등에 진출하여 코어사업 분야를 확대한 후 교차판매 등으로 이들 사업 분야간에 시너지 기회를 적극적으로 살려 수입 안정성과 성장성을 추구하는 것이다.

7 국제경영전략

PB를 바탕으로 투자은행, 자본시장에 성공적으로 위치를 확립한 이들 그룹의 성장전략은 어떻게든 법인고객을 위한 투자은행업무와 부자를 위한 자산관리라는 두 핵심부문을 계속 강화하고 확장하면서 두 부문간의 시너지효과를 많이 살려서 지금과 같이 전 세계인을 타겟으로 삼는 것이다. 또한 지금의 위치에 만족하지 말고 새로운 분야로 진출하여 수입의 안정성과 성장성 두 마리 토끼를 잡아야 한다.

8 글로벌 네트워크

• Switzerland • United States • Asia and the pacific Europe • Latin Amefica and Caribbean • Middle East and Affrica • USA and Canada

제 1 절 국제기업의 인사관리

1. 국제기업의 인사 · 조직문제

국제기업의 조직과 인사관리 문제를 취급하는 데 있어서 가장 중심이 되는 관건은 집권(unification)과 분권(fragmentation)문제이다. 이 두 가지를 여하히 잘 혼합하여 경영이념(목적)을 달성할 수 있을 것인가가 기업에 매우 중요한 영향을 미친다.[1]

국제기업은 책임과 권한의 계선(line of responsibility and authority)을 이사회나 대표이사를 포함한 최고경영자로부터 본사의 각 부장급 및 해외지사에까지 설정해야 한다. 책임과 권한계선의 설정은 물론 효과적인 의사소통 또한 매우 중요하다. 의사소통이 필요한 이유는 목적달성과 정책을 시달하고 각국에 산재되어 있는 관계기업을 능률적으로 운영하고 장단기적 통제를 가하여야만 하기 때문이다.[2] 특히 국제기업들은 거리, 국가주의, 문화 및 환경상의 이질성 때문에 의사소통의 공백이 있을 수 있으므로, 효과적인 의사소통의 채널설정이 매우 중요하다.

2. 국제기업의 경영본부

국제기업은 해외자회사들의 활동을 지도하는 단일경영본부를 가지고 있다. 그러나 본부 자체도 경영진을 제약하는 새롭고 상이한 요인이 있다.[3] 일반적으로 제약은 명령이 아니라 설득을 통하여 승복해야 하며, 국내외의 자회사들 전부가 모회사에 의해 설립되는 것은 아니다. 이미 확립된 경영진, 상이한 협상능력을 가진 채 그대로 기업활동을 하고 있는 것이다. 국제기업의 본부 입장으로 보아서는 자회사들이 흔히 서로 다른 환경에 처해 있다는 사실에도 불구하고, 모든 해

1) 一林ゼミナ一Ⅳ 연수생보고집, 「多國籍企業經營」(貿易硏修, センタ一, 1972), p. 212.
2) John Fayerweather, *International Transmission of Resources in International Business Management: A Conceptual Frame Work*(New York: McGraw-Hill Book Co., 1969), p. 173.
3) George A. Steiner, and Waren M. Canon, *Multinational Corporation*(New York: The McMillan Company, 1966), p. 149.

외자회사들에게 일반화될 수 있는 정책을 채택해야 한다는 필요성이 증가되며 모회사가 모든 자회사에 대하여 선례를 설정한다는 입장을 감안하도록 요청된다. 이러한 관심은 어떤 정부가 당해 자회사의 어떤 특별한 조처로 경제적 손실을 초래할 경우와 또는 그 자회사가 국제기업활동에 기여한 것보다 적은 이익을 초래할 것으로 생각될 때에 더욱 고조된다.

3. 해외자회사의 경영지배권

해외자회사의 조직은 어디까지나 현지의 법인이나 현지 법률에 따라서 설정되는 것이 당연하다. 여기서 문제가 되는 것은 합작투자를 할 것인가, 혹은 완전지배를 목표로 할 것인가가 우선 결정되어야 한다. 이 때 합작의 경우에는 우선 자본이 적게 들고 피투자국의 협력을 얻어 반발이 적은 반면에 완전 지배의 경우는 경영지배권을 가질 수 있으나 현지의 반발이 예상된다.

여러 가지 이익과 손해의 중심은 집권(unifiction)과 분권(fragmentation)의 상충이라고 할 수 있다. 다국적기업의 특성은 독점화의 전략을 수행하기 위해서는 지배권을 완전 장악할 필요가 있다는 것은 물론이지만, 한편 피투자국의 이익면에서 볼 때 지배권을 외국측에 넘기는 것을 바랄 수 없는 것도 또한 사실이다. 피투자국의 국가이익이 소멸되지 않는 한 이러한 충돌은 영원히 문제로 남을 것이다.

4. 인사관리

전술한 바와 같이 국제기업의 조직문제나 인사관리문제도 최고경영자의 경영이념에서 분리될 수 없다고 보는 동시에 특히 인사관리문제는 인간의 의식구조와 가치관 등 내면적인 문제가 제기된다. 왜냐하면 같은 국가에 있어서도 각기 개성이 틀리고 다소의 차가 있는데, 더욱이 국제적으로 생각함에 있어서는 더욱 어려운 문제가 대두된다.

따라서 여기서는 먼저 국제기업의 일반적인 인사관리의 내용을 알아본 후 모회사에서 파견된 해외자회사의 경영에 관련된 인사문제와 현지자회사에 관련된 현지의 노동자 및 경영자에 대한 문제로 나누어서 고찰해 보기로 한다.

(1) 국제기업의 일반적인 인사관리

1) 모집과 채용 숙달되지 못한 환경에서 신규의 노동자를 확보하는 일은 시초부터가 어려운 일이다. 생산관리자와 직원은 신설기업에서 기꺼이 일하겠다는 사람을 그 지역에서 모집하여 충분한 능력을 가진 사람을 채용해야만 한다.

여기서 그 과정을 생각해 보면, 우선 공장에 필요한 인재를 확보하는 경우, 채용예정자의 교육 · 기술 · 경험의 기준에 대해서 미리 의논하여 결정해 두어야 할 것이다. 다음에 홍보활동을 통하여 노동자를 끌어들여야 할 것이다. 즉 사정을 잘 모르는 외국에서 응모자가 갖고 있는 능력의 유무와 다른 유능한 노동자와의 조화 등을 어떻게 판단하는 것이 좋은가가 문제이다. 대부분의 후진국에서는 필요한 기능과 교육을 갖춘 노동자는 부족하다.

또 어느 나라에서도 우수한 인재는 외자기업의 불완전한 장래를 위험시하여 현재의 직장을 떠나려고 하지 않는다. 언어의 장벽은 채용의 문제를 더욱 어렵게 한다. 본국에서도 채용은 어려운 문제인데 외국에서의 채용, 그것도 안심하고 일을 맡길 수 있는 식견 있는 자를 현지인 중에서 물색한다는 것은 한층 더 곤란한 일일 것이다.

만약 선택할 수 있을 정도로 충분히 많은 응모자가 있었다면 다음과 같은 이유 때문일 것이다.

첫째, 선진공업국으로서 외국기업이 갖는 이미지로, 외국기업에서 일하고 있는 사람은 임금과 대우가 양호할 것이라는 점이다. 현지 노동자들은 외국인의 수준에 어느 정도 접근하여 활동할 수 있으리라는 막연한 기대를 가짐이 보통이다.

둘째, 개발도상국에 있는 현지기업의 인사관리제도가 아직도 발전되지 못한 상태에 있다.

셋째, 새로운 건물과 현대적 공장은 확실히 많은 노동자를 유인할 수 있는 근원이 된다.

넷째, 대부분의 개발도상국은 만성적인 취직난에 처해 있으므로 노동자의 모집은, 비교적 용이한 일이라 할 수 있다.

다섯째, 국제기업의 해외자회사는 통상의 경우 높은 기술수준을 갖고 있느냐에 구애치 않고 차라리 비교적 기술이 낮은 사람을 고용하여 입사시키는 방침은, 매너리즘에 젖어 있는 사람을 채용하지 않게 되는 효과가 있다. 즉 국제기업의 관리자는 훌륭한 노동관습을 강조하여 기술을 습득해 온 노동자보다도 미숙련자를 훈련시키는 것을 최상으로 여기고 있다.

2) 교육훈련 국제기업의 경영자들은 대개 노동자가 생산활동에 필요한 기능과 새로운 기술을 어떻게 빨리 습득하는가 하고 감탄할 정도이다. 기술의 필요도가 높이 요구되지 않는 업계에서는 그 성과가 더욱 명료할 것이다. 이 점은 페어웨더 교수도 "외국에서 조업하고 있는 기업에 공통적인 점은 현지인들이 놀라울 정도로 빨리 공업기술을 몸에 익힌다"라고 지적한 바 있다.[4] 공장에 호감을 갖고 있는 사람은 남녀 모두 기술습득에 열심이고 새로운 환경에 훌륭하게 익숙하게 된다.

따라서 훈련문제는 비교적 간단한 일이지만 다음의 세 가지 고려사항을 지적해 두고자 한다.

첫째, 지식의 훈련과 기술훈련, 판단력의 훈련은 구별해야 된다. 일반적으로 지식과 기술에 대해서는 노동자들의 현지 관리자의 예상 이상으로 빨리 이해한다. 그러나 판단력의 양성은 훨씬 어려운 일이다. 특정 지식과 기술의 습득 이상으로 판단력의 양성이 실제업무 수행상 매우 중요하므로 경영자는 이 점에 관심을 가져야 할 것이다.

둘째, 노동자는 기술진보가 되어야 한다. 채용 당시 노동자는 자신의 직무에 관하여 최저한도의 기계적 · 기술적 필요에 응할 수 있는 정도의 기초지식과 기술을 습득하면 좋다. 그러나 그 후의 단계로서는 대형의 복잡한 기계설비를 조작해야 하는 필요 때문에 노무자는 기계의 조립 · 정비를 행하고, 작업일정을 생각하여 작업의 정체를 방지할 수 있도록 기계의 보전과 정밀을 기해야 하므로 복잡다기해지기 마련이다.

셋째, 지식 · 기술 · 판단력을 습득하는 것과 공장활동에 순응하는 것은 별개의 문제이다. 경영자측은 농업생활로부터 공업생활에로의 이행에 따르는 심적 준비나 가치관, 사고방식을 바꾸는 데 상당한 시간이 필요한 것을 잊기 쉽다.

노동자가 부락이나 농촌생활로부터 공업생활로 전환할 때 반드시 바꾸어야 할 것들은 다음과 같다.

i) 시간관념, ii) 권위와 노동자간의 계층을 용인해야 하며, iii) 규율에 관하여

---

4) John Fayerweather, *Management of International Operations*(New York: McGraw-Hill, 1960), p. 269.

자기 자신을 계몽시켜야 한다. 이 세 가지를 통하여 명령에 자발적으로 복종하고 시간 내에 임무를 수행하며 규정된 근무일에는 반드시 출근하게 된다. iv) 공업화 이전 사회에서 전형적으로 볼 수 있는 가족 · 부족 · 촌락을 중심으로 한 사회책임제하의 일원으로부터 개인과 가족단위로서 독립하여 외부의 원조 없이 생활해야 하는 도시생활에 적응해야 하며, v) 작업집단의 일원으로서, 조립작업에 임하여 다른 사람과 함께 서로 협력하여 팀워크를 형성할 줄 알아야 한다.

이상 다섯 가지 태도는 자기 자신이 보스가 되는 일상생활에서 필요한 최소한의 협력자세를 말한 것으로 농민생활이나 소상인의 생활과는 근본적으로 다르다. 한 인간의 사회적 · 심리적인 순응은 그 사람의 전문적 지식 · 기술 · 판단력에 못지 않게 노동자의 장기적인 근로의욕과 생산성에도 영향을 미친다.

3) 현장감독 인사관리분야에서 노동자와 직접적으로 접촉하는 관리자로서 현장감독만큼 생산성과 노사관계에 대해 장기적인 영향을 미치는 사람은 거의 없다. 왜냐하면 노동자에게 작업을 할당하며, 작업에 익숙해지도록 훈련시키며, 또한 작업계획을 세우며 그 진행상황을 파악하여 주어진 작업이 기일 내에 완수될 수 있는가를 확인하고 급한 일을 우선적으로 시킴과 동시에 품질관리를 하게 하는 사람이 바로 현장감독이기 때문이다.

따라서 기초설비의 보전과 설비의 적정이윤을 책임지며 지체 없이 작업할 수 있도록 비품과 공구를 확보하고 작업이 정지할 때에는 가급적 조속히 회복시킬 수 있는 책임을 떠맡는 것이 현장감독이다. 현장감독은 또 경영자와의 의사전달(communication) 기관으로서도 중요하다. 감독은 기업방침과 기업목적을 노동자에게 전달하고 경영자에 대해서는 노동자의 감정과 고충을 전달한다. 이와 같이 노사관계에 대한 현장감독의 영향력은 막대하다.

4) 인사제도와 정책 국제기업에게는 적어도 공평한 급여제도를 세워 이를 운영하는 적절한 담당자가 필요하다. 그런데 직장이나 감독자는 대개 압력에 못 이겨 예외를 인정하게 되는 경향이 있는 것이 보통이다. 따라서 여기서 유력한 인사부장 또는 인사문제에 정통하고 있는 적임자를 배치하여 상호간의 조정을 도모할 필요가 있다.

인사정책이 임기응변적으로 결정되어서는 안 된다. 많은 개발도상국에서는 경기변동이 격심하므로 국제기업은 불황시에 노동자 대우문제, 즉 인건비, 교육투자, 노동자에 대한 기업의 책임 등의 문제를 임시변통으로 정해서는 안 된다.

(2) 국제경영 담당자의 인사관리

국제경영 담당자(모회사의 간부 또는 직원으로 현지국에 파견되어 그 곳 사람들과 접촉해서 자회사의 경영에 임하는 사람)의 문제는 구체적으로 그 인간의 특질 · 능력 · 조직상의 위치에 대하여 적절히 부합되어야 하며, 특히 국제감각에 예민하여야 한다. 훈련은 우선 현지에 대한 이해를 바탕으로 언어 · 풍습 · 풍토 등에 익숙하도록 노력해야 한다. 로보트 같은 존재에 머물러 있는 일은 피해야 하며, 항상 창의력과 참신한 아이디어로 적극적이고 능동적으로 임해야 한다.

가족관계에 있어 유의하지 않으면 안 될 일은 가족이 현지인들과 접촉하는 일도 중요한 결과를 가지고 올 가능성이 있기 때문에 고려해야 될 것이다. 인사고과 · 승진 · 급여 · 복리후생 등에 관해서는 해외재직기간중 곤란함이 없을 정도로 충분히 배려해 주는 것이 회사발전을 위하여 바람직하다. 특히 복리증진과 후생문제에 있어서는 현지 국민이나 고용인들의 반발을 사지 않도록 그들에 대해서도 충분한 배려가 필요하다. 이러한 조치는 장기적 안목으로 볼 때 기업존립 자체에 크게 영향을 미칠 수 있기 때문이다.

(3) 현지인의 인사노무관리

현지 고용인의 인사노무관리 문제는 매우 중요한 동시에 또한 곤란한 점이 뒤따른다. 인사노무관리는 그 나라의 사회구조 또는 문화구조와 가장 적합하게 묶어서 생각하지 않으면 안 된다. 급여수준 · 채용 · 훈련 · 복리후생 · 노동조합 등의 문제는 현지국 법률 또는 관습상으로 결정될 경우에는 별문제가 없겠지만 모회사의 인사관리시스템이 적용될 경우, 적절한 타협점을 구해야 될 것이다. 장기적 안목으로 본다면 현지국의 풍토 · 관습 등을 모회사측이 적합하도록 변화시키는 것이 중요하다. 예컨대 현지 종업원의 교육 · 훈련계획을 통해서 그들에게 모회사측의 사고를 이해시키는 일이 최선의 해결책이지만 그것이 용이하게 되지 않을 것이라 생각하면 그것을 이질(異質)로 생각해서 무리가 가지 않는 범위 내에서 적절한 시스템을 창출해 내는 것이 바람직하다.

예를 들면 국내에서 미국 등 선진국에서 실시하는 과학적 인사관리제도(능력주의) 그대로를 도입 내지 사용하는데, 과연 이것이 기업풍토와 사회구조나 제도에 꼭 적합한 것인지에 대하여는 많은 논란이 있다. 따라서 현지사회에 알맞게 고쳐 나가는 것이 현명하다 할 것이다.

⑷ 우리나라에 진출한 국제기업의 인사관리현황

국제기업이라는 새로운 경영형태는 그 형성과정에서 당연히 그 경영에 따르는 사람들, 즉 경영자, 중간관리자 및 종업원에게 그 의식의 변혁을 요구하고 있는 것이다. 일찍부터 생활을 국제화하여 이질적인 환경적응에 익숙해졌던 구미 기업들은 비교적 마찰 없이 경영무대를 확대하여 직접투자, 현지생산 공장 설립 등 국제기업화하였다. 또한 해외자회사의 경영자 및 종업원의 인사구성에 있어 현지인을 포함시키는 것은 물론 본국 또는 본사의 최고경영자층에도 외국인을 채용함으로써 참된 의미에서 국제기업화시켰다. 이에 반해 한국계 국제기업들은 국제인력자원의 관리면에서 볼 때 아직도 국제기업화하지 못하고 있다고 할 수가 있다.

우리나라에 진출한 국제기업의 인사노무관리의 실태에 관한 설문에 의하면, 현지의 관습을 존중하여 인사방침을 수립하고 있다고 회답한 회사 수가 43.7%나 되고, 원칙적으로 본사의 기본방침을 토대로 하나 실제 제도면에 있어서는 한국적인 조정을 하고 있다고 회답한 회사 수는 27.5%에 달하여, 한국에 진출한 외자계 기업이 한국화를 하고 있다고 볼 수 있다. 외국기업의 사장에 한국인이 많이 임명되고 있는 것이 이를 반증하고 있다고 하겠다.[5]

제 2 절 국제기업의 조직

1. 기업의 조직원리

전통적 조직론에 의하면 조직은 관리의 한 요소이며, 관리의 목적에 봉사하는 수단으로 보는 것이 지배적이었다. 즉 브라운(A. Brown)에 의하면 "경영의 보다 효과적인 관리를 위하여 직무와 각 직무간의 상호관계를 규정하는 것"이라고 하며, 그 중심과제는 첫째, 경영목적 달성에 필요한 각 구성원에 직무를 구성하는 것과, 둘째로 일정한 권한과 책임을 각 직무에 배분함으로써 각 직무의 상

5) 임상길, "국제기업의 인사 및 조직에 관한 탐구"(중앙대학교 국제경영대학원, 1981).

호관계를 정하는 것이다.

이에 비하여 근대적 조직론에 의하면 경영자의 직능인 관리직능은 조직에 있어서 하나의 전문적 직능이므로, 조직의 형성과 운용직능을 경영자의 직능이라고 한다.

2. 국제기업의 조직구조

(1) 지역 위주의 조직구조

미국의 포드, 스탠더드 오일, 몬 산토, 듀퐁, IBM, 화이자 같은 국제기업들은 유럽 경영본부와 같은 지역별 범세계적 조직을 가지고 있다. 이들은 기업의 지역별 조직구조를 가지고 있으며 때로는 제품별 회사구조를 보완하기도 한다.

국제기업이 지역 위주의 범세계적 조직을 운영하는 목적은 일정한 정책의 분산을 가능케 하는 동시에 이전에는 국가별 수준에서 처리되었던 몇 가지 문제들을 지역별 수준으로 끌어올리려는 데 있다. 이러한 지역 위주의 범세계조직은 세계를 북미, 남미, 유럽, 중동, 아프리카, 아시아, 오세아니아 등의 시장지역을 중심으로 형성된다. 생산과 마케팅 기능은 각 시장지역 디비전(division)에 속하게 되며 총책임은 사장에게 직접 보고하는 지역경영자에게 주어진다.

이러한 각 지역 디비전은 범세계적 책임을 지닌 본사의 기능 및 제품부문 스탭진의 보조를 받는다.[6] 국제기업 중에서 특유하고 대단히 중요한 위치를 차지하고 있는 유니레버의 경우 본사가 로테르담과 런던에 있으나 이사회는 동일인으로 구성되어 있다. 로테르담 본사는 유럽지역의 기업경영을 관장하며, 런던 본사는 기타 해외지역을 관장하고 있다. 이와 같은 이중적 성질에도 불구하고 유니레버의 기업목적과 방향은 근본적으로 연합되어 있다. 이러한 지역본부들은 때로는 실질적인 권한이 주어지며 활동을 위한 자금조달에 있어서 자회사의 경영자들이 조력할 수 있는 이상의 높은 수준의 지출을 허가할 수 있다. 본부는 각 지역본부 및 개별국가의 기업체에게 본사스탭들에 의하여 마케팅, 인사, 재무, 연구·개발, 세금, 법적 문제 등에 대하여 조언을 제공한다. 본사에서는 주요 제품계열의 조정 담당자가 있어서 주요 제품계열의 세계적 관점에서의 시장기회와 생산활동을 조정하고 있다.

지역별 간부들에게 계속 모회사와의 동일성을 유지하는 한 가지 방법은 그

6) 반병길, 「다국적기업론」(박영사, 1974), p.165.

들을 동시에 모회사의 임원으로 임명하는 것이다. 예를 들면 4명의 고위 유럽포드 자동차회사의 임원들은 동시에 포드 자동차회사의 부사장들이다.[7] 그리고 고위 지역 중역은 모회사의 최고경영진 내에서 상당한 기간의 근무경력을 가진 자이다. 지역적 패턴의 조직은 지역 및 국가시장의 여건이 상이할수록 중요성을 지닌다. 지역 위주의 단점은 제품에 충분히 치중할 수 없으며, 기술적 노하우의 전달이 어렵고 제품과 개별국가에 대한 전문성을 조정하기가 어렵다.

(2) 제품 위주의 조직구조

제품 위주의 조직을 가진 회사에 있어서 중앙집중의 과정은 제품별 회사가 역사적으로 미국의 시장만을 대상으로 지향되었기 때문에, 국제기업의 경험에 비해서 다소 느린 경향이 있다. 그들은 그 전에는 동종 제품에 관한 국가적 활동에 대하여 관심을 가지거나 책임을 지는 직원을 가지고 있지 않았다. 왜냐하면 이러한 것은 국제담당 회사의 책임이기 때문이다.

제품 위주의 조직을 가진 회사에 있어서 각 제품 디비전은 전 세계에 걸쳐 담당제품 계열에 대한 계선적 책임과 권한을 가진다. 각 디비전은 본사에서 마케팅 · 재무 · 인사 및 기타 기능분야의 전문스탭과 지역 · 국가별 전문스탭으로부터 보조를 받는다. 사장에게 직접 보고하는 각 제품그룹의 책임자는 담당제품에 대한 세계적 계획 · 경영 및 통제활동에 대하여 책임을 진다.

(3) 기능 위주의 조직구조

대부분의 미국계 국제기업들은 주요 제품계열 및 지역 위주의 조직구조를 채택하고 있으나, 어떤 회사는 경우에 따라서 기능 위주의 조직을 운영하고 있다. 이 체제하에서는 마케팅 · 재무 · 생산 및 기타 기능이 운영상 범세계적 책임을 지닌다. 이들 기능부분은 본사스탭, 지역별 및 제품별 스탭으로부터 지원을 받는다. 예를 들어 Deere and Company는 범세계적 경영을 기능조직 구조에 두고 활동하고 있다. 이 회사는 범세계적 책임을 지고 있는 마케팅 · 생산분야에 광범한 계선책임을 지고 있다. 사장에게 직접 보고하는 부사장들이 마케팅과 제조기능 분야를 관장하고 있다.

마케팅과 제조분야 운영은 본사의 관리계열과 평행을 이루고 있고, 그 지역적 대상은 첫째, 미국과 캐나다, 둘째, 해외시장으로 구분되어 있다. 두 명의 본

7) J. N. Behrman, *Some Patterns in The Rise of Multinational Enterprise*, p. 155.

사 부사장이 국내시장 지역과 해외시장 지역을 각기 총괄하고 있다. Deere and Company는 연구·개발과 재무·계획 및 기타 분야에 있어서 세계를 대상으로 하는 통합참모진을 본사에 두고 있으며, 두 지역별 본사 부사장 책임하의 기능조직 부서를 전문적으로 보좌하고 있다.

3. 국제기업의 인사부서 조직패턴

국제기업 인사부서의 조직은 매우 다양하나 몇 가지 패턴으로 대별하고 스탭으로서의 위치를 찾아보기로 한다.

(1) 개발도상국 내국기업의 패턴

개발도상국에서 볼 수 있는 국내기업의 인사관리는 그 명칭부터가 총무부라는 잡다한 행정업무를 수행하는 부서의 한 부분으로 되어 있는 경우가 보통이다. 이는 그 회사에서 아직도 인사부서를 한 독립된 주요 직능으로 보지 않기 때문이다. 따라서 인사부서는 그 존재가 불분명할 정도로 약하다. 동양의 한자문화권 안에 유교의 영향을 받는 계급사회에서 관료사회 조직만을 보아 온 한국은 기업의 조직에도 계급을 나타내는 직명을 쓰고 있다. 즉 계장·과장·부장 등 '장'자를 좋아한다.

이와 같은 직명은 사업의 변동에 따라 조직을 바꿔야 할 때, 현재 부르는 직명보다 급이 낮은 직명으로 바꿀 수가 없어 문제가 된다. 부 속에는 반드시 과라는 하부단위가 있어야 한다는 의식구조 때문에 종적으로 많은 호칭을 늘어 놓게 된다. 높은 지위와 권력을 갈망하는 사회풍조는 선진국과 비선진국의 사회계층 구조를 보면 왜 생겼나를 알 수 있다.[8)]

다국적기업은 그런 호칭문제는 거의 없으며 광대한 조직에 비해 종적 계층이 그리 많지 않다. 그 예로서 맨 밑에는 직무분류에 따른 직명인 면담원(interviewer) 또는 분석원(analyst) 등이 있다고 하면 그 위에는 매니저가 있으며 그 매니저의 상사도 매니저이다.

단일 내국인회사의 유형은 규모가 비교적 작은 회사의 경우와 대규모의 회사로 분류할 수 있는데, 어느 경우에서나 한국에서 속칭 인사권이라고 불리우는

8) Vern Terpstra, *The Cultural Environment of International Business*(Cincinati, Ohio: South-Western Co., 1978), p. 112.

그림 21-1 지역중심적 국제기업의 모델

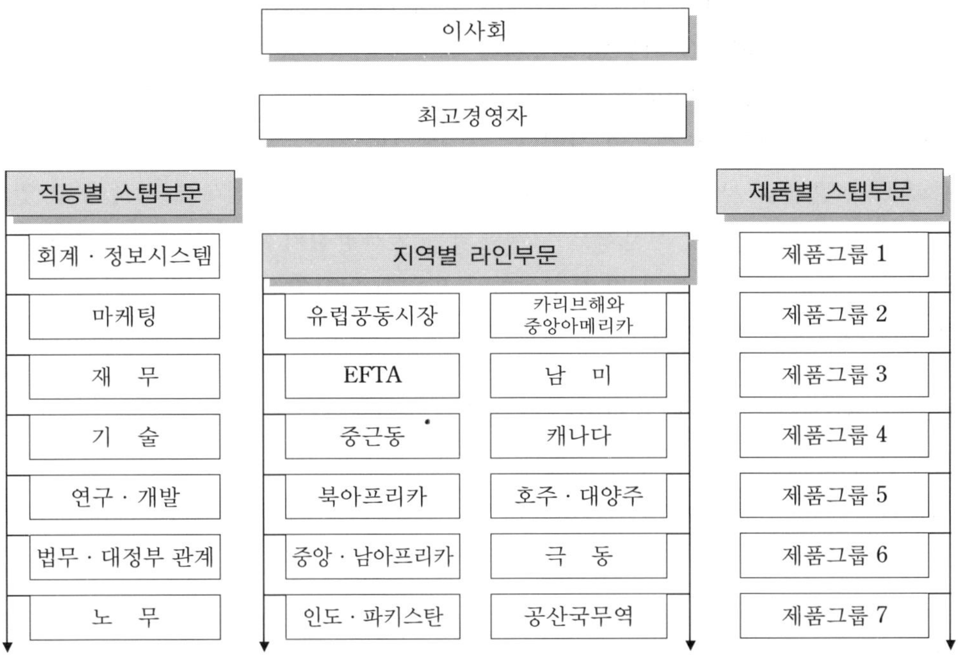

그림 21-2 제품중심적 국제기업의 모델

채용 및 배치의 기능을 사장이 직접 행사하고 있는 것이 통례이다. 자회사를 1개 또는 수 개를 가지고 있는 내국인회사는 규모에 있어서도 비교적 클 뿐만 아니라 인사부서의 위치와 기능도 뚜렷하다.

사업부제의 대규모 내국인회사의 경우를 그 성격에 따라 크게 네 가지로 나누어 볼 수가 있다. 즉 제품별 사업부, 지역별 사업부, 직능별 사업부 그리고 이를 혼용한 혼합형 사업부인데, 인사부서의 위치는 본사와 사업부에 각각 두고 있으며 본사의 것은 주로 전사적으로 시행되는 인사방침의 수립과 간부급 사원의 인사를 발령하고, 사업부의 것은 현장 근무인원의 인사발령을 맡는데, 다른 경우와 같이 총무부서의 일부로서 존재한다.

(2) 자회사를 가진 국제기업의 패턴

국제기업의 인사구조도 필요에 따라 3단계를 거쳐 확대되어 간다. 제1단계에서는 본사의 인사부서가 소수의 인원으로 구성되어 자회사로부터 현황보고만을 받을 정도이고 자회사가 운영을 만족하게 하는 한 자회사의 운영을 위한 의사결정에 관여하지 않는다. 자회사의 인사부서도 소수의 인원으로 구성되어 아직 초기단계에 있는 본사 인사부서의 지침 없이 자회사의 운영을 위한 의사결정을 할 수밖에 없다.

제2단계는 본사 인사부서가 강화되어 다수의 인원을 보유하고 전사적인 영향을 미치는 방침을 수립하고 자회사로 하여금 그의 시행을 보고받는다. 자회사는 아직도 소수인원만을 가지고 있어 본사에서 내려진 결정을 시행한다.

제3단계는 본사와 자회사의 인사부서가 공히 강화된 상태로서 본사 인사부서는 다수의 인원을 전문별로 배치하고 전사적 지침을 시달하여 그 활동을 자회사간에서 균형 있게 조정하여 자회사에서의 시행결과를 검토하고 분석한다. 자회사도 이제는 다수의 인원을 가지고 모회사가 시달한 지침의 범위 내에서 자회사 운영을 위한 의사결정을 행하고 이를 시행한다.

(3) 사업부제 국제기업의 인사부서패턴

수 개의 사업부를 가진 국제기업에서 각 상하조직의 인사부서간의 관계는 3단계로 형성된다고 본다.

제1단계는 각 상하조직의 인사부서간에 상하관계가 없고 각기 총지배인과의 상하관계만 가지고 있다. 따라서 사업부 인사부장은 사업부 총지배인에게, 그리고 자회사 인사부장은 자회사 총지배인에게만 책임을 지게 된다. 상하조직의 인사부서간에는 참모의 협조관계가 수립되고 있다.

제2단계는 각 계층의 인사부서간에 철저한 종속적인 관계(직선관계)가 수립되어 있고, 동시에 사업부 총지배인에게는 각각 점선관계로서 현지에서의 일상업무 수행의 지시를 받는다. 이 단계에서 본사의 결정을 해외자회사까지 보내는데 있어서 반드시 사업부 인사부서를 거쳐 가기 때문에 다소 신속성이 결여되나 모회사가 의도하는 방침의 전사적 적용을 위해서는 아주 좋은 조직이다. 이는 마치 인사부서조직은 모회사에 속해 있으면서 현지 사업부와 해외자회사에 파견나와서 지원해 주는 형식이다.

제3단계는 제2단계의 결함도 보완한 중앙집권화된 인사부서조직이다. 사업부를 거치지도 않고 모회사와 종속적인 관계를 갖고 있기 때문에 신속한 의사소통을 할 수 있다. 이 조직은 마치 군조직에 있어서 사단인사참모가 군단인사참모를 거치지 않고 직접적으로 야전군 인사참모에게 예속되어 있는 것과 같다.

(5) 매트릭스조직의 인사부서 패턴

매트릭스조직은 새로운 것으로 알려지고 있다. 그러나 실은 그렇지 않다. 이 방식은 마케팅 분야에서는 이미 써온 지 오래이다. 이 방식에서 직능(function)부서와 제품(product)부서와의 상충은 필연적이며 피할 수 없다. 이 조직형태의 장점은 바로 그 상충을 통해서 문제점을 노출시키는 데 있다. 최고관리자가 이질적 부서를 잘 관장한다면 이 조직은 매우 유기적이며 능률이 높다.

제 3 절 글로벌 기업의 지역본부

한국이 동북아 물류기지 및 기업, 금융의 동북아 거점이 되기 위하여 세계 일류 다국적 기업의 유치가 추진되었으며, e베이가 아시아 지역본부로 한국을 선택했다.

1. 주요국 지역본부 정의

싱가포르, 홍콩, 상해 등 주요국의 지역본부에 대한 제도적 정의는 지역본부의 본질적 기능인 지역 내 자회사에 대한 관리기능뿐만 아니라 R&D, 서비스업 지원, 물류 등에 대한 거점형 투자까지를 포함하고 있다. 아시아지역의 교통요지이며 천혜의 항구조건을 가진 홍콩은 개별 가치사슬을 집중시키는 거점형 투자보다는 중계 물류기지 중심으로 지역본부를 규정하고 있다. 싱가포르는 과거에는 R&D, 서비스 지원 등 산업을 기반으로 한 거점형 투자를 촉진하였으나 최근에는 국가의 장기비전인 비즈니스 글로벌에 근거한 관리형 지역본부를 활성화시키고 있다. 중국은 산업경쟁력을 기반으로 제조업 거점에 치중하고 있다.

지역본부에 대한 정의는 각국마다 상이하며 이는 각국 지역본부 유치환경, 정책목표가 다르기 때문에 법제도적 측면에서 주요국의 지역본부 정의는 다음과 같다.

(1) 싱가포르

싱가포르는 지역본부 유형을 운영총괄본부(Operation Headquarter: OHQ), 사업총괄본부(Business Headquarter: BHQ), 제조본부(Manufacturing Headquarter: MHQ), 세계본부(Global Headquarter: GHQ) 등 4개 부분으로 나누고 있다.

운영총괄본부(OHQ)란 지역 내 타국에 있는 자회사, 계열사 혹은 지점에 대한 기업지원서비스 제공을 목적으로 싱가포르 내에서 설립되고 등록된 법인이다. 사업총괄부가 되기 위한 필요조건은 불입자본금 싱가포르달러로 50만 이상, 총연간경비 $200만 이상, 최저 4~5인의 상급 전문직 및 관리직, 자회사·관계회사에 지분 필요, 3개 이상의 회사를 운영 · 관리해야 한다. 서비스 제공 사업 비즈니스 관련은 다음 중 최소 2개를 만족시켜야 하며 기술 관련은 최소 1개를 만족시켜야 한다.

1) **비즈니스 관련**: ① 총무, 경영계획 ② 원재료 및 부품 조달 ③ 마케팅 관리 및 판매 홍보 계획 ④ 물류관리 ⑤ 시장조사 ⑥ 지역인사관리 및 훈련 ⑦ 재무 및 임금 관리 ⑧ 기타 싱가포르 경제에 일익을 담당하는 활동

2) **기술 관련**: ① 제품개발 · 연구 ② 지역 기술원조 및 유지 ③ 데이터 프로세싱 및 커뮤니케이션 허브 역할 ④ 비즈니스 개발

사업총괄본부(BHQ)란 지역 내 타국에 있는 자회사, 계열사 혹은 지점에 대한 기업지원서비스 제공뿐만 아니라 수익을 창출하는 영업기능을 관리할 목적으로 싱가포르 내에서 설립되고 등록된 법인이다. 사업총괄본부가 되기 위한 조건으로는 5인 이상의 상급 전문 관리직, 10인 이상의 기술지도요원이 근무해야 한다. 주요 기업지원서비스로는 엔지니어링, 컨설팅, 컴퓨터 기반 정보, 통신 및 관련 서비스, 엔터테인먼트 및 여가생활 관련 서비스 제공, 출판, 의료 서비스, 행사조직 및 연구 개발활동 등이 있다.

제조본부(MHQ)란 싱가포르 내에 장기간 제조지원서비스 제공이 가능한 모공장(거점)을 설립하고 상품개발, 제조기술 개발 등 고부가가치 업무를 담당하는 법인이다. 제조본부가 되기 위해서는 싱가포르에서 최소 하나의 새로운 제품을 제조하고, 최소 3개의 본부활동을 수행하며, 최소 3개 계열사를 관리 및 지원해야 한다.

세계본부(GHQ)란 적어도 하나의 글로벌 본부기능을 싱가포르에서 수행하는 다국적기업의 국내법인이다. 세계본부는 싱가포르가 세계 비즈니스 중심지로서의 위상을 강화할 목적으로 도입한 것으로 Caltex Petroleum사가 유일하다.

(2) 홍 콩

홍콩 특별행정구역 통계처는 외국기업들의 기본정보 획득과 홍콩의 투자환경에 대한 장단점 파악을 위해 1990년부터 〈Annual Survey of Regional Offices Representing Overseas Companies in Hong Kong〉을 발표하고 있다. 조사에 따르면 지사에 대비하여 지역본부를 해외 모기업으로부터 정기적인 위탁 또는 간섭 없이 운영하는 경우(Regional Headquarter: RHQs)로 간섭을 받는 지사(Regional Office :ROs)와 구별된다.[9]

홍콩 지역본부의 지정은 「Annual Survey of Regional Offices Representing Overseas Companies in Hong Kong」의 발간을 위해 매년 실시되는 설문조사에서 설문 당사자들이 결정하고 있다. 그러나 국내외 기업 구분 없이 낮은 세제를 보유한 홍콩은 특별히 지역본부에 대한 조세 인센티브를 주고 있지 않아 지역본부를 별도로 관리하지 않는다.[10]

(3) 상 해

상해시가 마련하고 있는 지역본부 유치를 위한 보고서에 따르면 지역본부를 관리경영형과[11] 기능개발형으로 나누고 있다. 관리경영형이란 총체적인 전략목표에 따라 자회사를 관리 및 조정하며 소규모, 적은 인력, 비교적 저렴한 관리비용 등으로 설립 및 이동이 쉽다. 기능개발형이란 전체 다국적기업의 시스템을 관리하면서 상대적으로 독립된 기능개발 능력을 보유한다.

2. 주요국 사례의 공통점

주요국 사례를 보면 지역본부에 대한 개념을 일상적인 모기업의 기능을 이전시킨 관리기능에만 국한시키지 않고 나름대로 경제구조, 투자유치 환경에 실질적인 경제파급효과가 큰 경우를 상정하여 제도를 설계하고 있다. 각국은 각 나라의 경제환경 및 외국인 투자정책 목표에 맞게 다국적기업의 지역본부에 대한 개념을 정의하여 현지시장과 인접시장을 포함한 역내 자회사들에 대한 조정 및 관리 기능뿐만 아니라 현지 산업특성을 기반으로 경제적 파급효과가 큰 기업의 가치활동에 특화, 즉 연구개발 마케팅, 물류 등의 가치활동 거점화로 균형 있게 채택하고 있다. 지역본부의 개념이 순수관리형 지역본부에서 연관사업에 대한 파급효과가 큰 거점형 투자까지 포함하고 있다.

---

9) 홍콩지역본부(Regional Headquarters: RHQs): An office that has control over the operation of dther offices or branches in the region, and manages the business in the region without frequent referrals to its parent company outside Hong Kong.

10) 홍콩지사(Regional Office: ROs): An office that coordinates offices/operations elsewhere in the region, inaddition to the city in which it is located, and manages the business but with frequent referrals to its parent company outside Hong Kong or a regional headquarters.

11) 상해시정부발전연구센터 王戰(Wang Zhang)의 다국적기업 지역본부의 상해유치 촉진을 위한 연구(2001. 10).

3. 지역본부 결정요인

지역본부의 결정요인을 Heenan and Perlmutter(1979)의 경영자 태도, 이른바 EPRG 모형과 Prahalad and Doz(1987)의 다국적기업의 조직 구조에 대한 분류 방식과 연계하여 설명하면 다음과 같다.

지역본부도 모기업 입장에서 보면 하나의 자회사가 된다. 앞에서 살펴본 바와 같이 모기업(경영자)의 태도(Heenan and Perlmutter, 1979)와 자회사의 조직형태(Prahalad and Doz, 1987)에 따라 자회사를 분류하고 지역본부의 개념을 추출하면 다음과 같다.

모기업 입장에서 보면 개별시장 중심과 지역본부 중심으로 나눌 수 있는데 Heenan and Perlmutter(1979)에 따르면 전자는 모기업이 현지중심주의(Polycentrism)를 지향하며 후자는 지역중심주의(Regiocentrism)를 지향한다고 할 수 있다. 또한 Prahalad and Doz(1987)에 따르면 자회사의 조직형태는 글로벌 통합화(Global integration)를 겨냥한 조직형태와 현지화(Local responsiveness)를 염두에 둔 형태로 크게 대별된다. 전자의 경우는 각각의 자회사에 1개의 가치사슬 활동을 배분하여 규모의 경제를 발휘하게 하는 것이며 후자의 경우에는 자회사가 전 분야의 가치활동을 수행하는 것을 말한다. 즉 현지시장의 독립성, 차별성에 따라 조달에서 생산, 판매까지 모든 기능을 현지 자회사가 모두 갖고 있는 경우를 말한다.

이와 같은 두 가지 조류, 즉 지리적 지향성과 자회사 기능 측면의 조합에서 자회사의 형태를 구분할 수 있다. 즉, 개별시장 중심적 사고하에 하나의 가치사슬활동만 배치한 경우와 전(全) 가치활동을 배치한 경우가 있으며 또한 지역시장 중심적 사고하에 역시 1개의 가치사슬활동을 확대하여 배치하는 경우로 모기업으로부터 직접통제를 받는 경우가 있다.

지역본부라고 하는 것은 나머지 한 형태, 즉 지역시장 중심적 관점에서 지역 내에 있는 1개의 가치사슬이 배치된 자회사를 모기업을 대신하여 관리하는 지역본부이다. 각 자회사별 형태를 그림으로 나타내면 다음과 같다.

그림 21-3 모기업과 지역본부 및 자회사간 유형

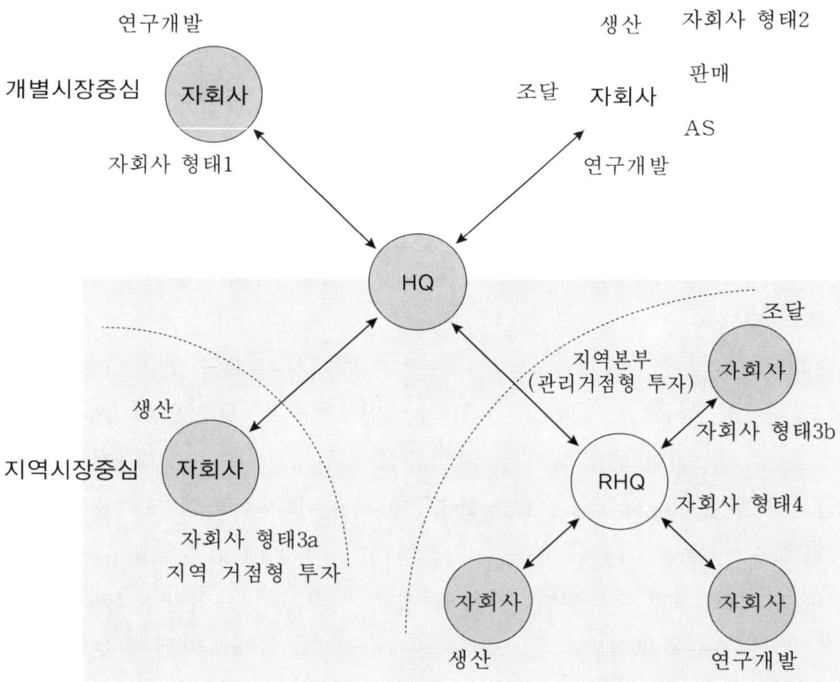

제 4 절 글로벌 기업의 투자전략과 경영조직

1. 투자전략과 조직

다국적기업이 어떤 투자전략을 갖는가에 따라 경영조직의 특성이 결정된다. 반면 다국적기업의 경영조직이 얼마나 효율적인가에 따라 투자전략의 실효성이 결정된다. 다국적기업이 지분소유, 기술이전, 자본재 공여 등과 같은 것을 제외하고는 합작 파트너와 서로 독립적인 관계를 유지하는 전략을 취할 경우, 다국적기업의 경영조직은 모기업과 독립적인 합작기업이 유기적 관계 없이 공존하는 양상을 띠게 된다. 이 경우 피투자국 파트너는 모기업에 대해 '자립국 관계'(stand-alone)를 갖는다.

한편 다국적기업이 비용절감을 목적으로 해외조달을 위한 해외생산에 참여하는 경우 특정 부가가치활동(생산공정의 일부)을 입지 여건이 좋은 피투자국으로 이전한다. 해외에서 조달하는 부품이나 중간제품의 생산과 이동을 원활히 하기 위해서 다국적기업과 피투자국 파트너가 부가가치활동을 분담하는 것이다. 그리고 이를 위해 다국적기업과 피투자국 파트너는 모회사-자회사 관계를 갖거나 하청관계를 갖는다.

2. 복합통합과 네트워크조직

정보통신기술의 발달, 경쟁의 심화, 시장수요의 동질화로 인해 많은 다국적기업들이 피투자국 파트너와 단순한 통합을 하거나 자회사가 자립적으로 조업하도록 방임하기보다는, 부가가치활동을 광범위하게 분담하는 복합적이고 유기적인 통합을 선호하는 추세에 있다. 정보통신기술의 발달로 모기업이 여러 자회사의 부가가치활동을 '조정'(coordination)할 수 있는 능력이 향상되었고, 소비자의 선호가 지역적으로 큰 차이를 나타내지 않게 됨에 따라 전 세계를 대상으로 판매활동과 생산활동을 전개할 수 있게 되었다.

또한 교역자유화의 추세에 따라 국가간 경쟁이 확대되고, 경쟁우위를 확보하기 위한 수단으로 기업활동의 글로벌화와 부가가치활동의 재배치가 시급하게 됨에 따라 기업간 '복합통합'이 확대되고 있다.

복합통합을 위해서 다국적기업은 기업내부 구조를 개선하고, 외부기업과의 전략적 관계를 공고히 하며, 네트워크를 구축한다. 우선 부가가치활동을 조정하기 위해서는 자회사와 합작 파트너를 지역별·기능별·생산라인별 등으로 구분하여 기업내부 구조를 정비한다. 또한 소유지분상 아무 관계가 없는 외부기업이나 하청업체 등과 여러 부가가치활동을 통해 전략적 제휴를 맺거나 협력관계를 맺기도 한다. 그리고 기업내부 구조의 개선과 외부기업과의 전략적 관계를 결합한 네트워크를 구축하여 경쟁환경의 변화에 대처한다.

제 5 절 전통적 국제기업의 조직

1. 전통적 국제기업의 조직모형

(1) 전통적 국제기업의 모형

전통적인 국제기업(international corporation)의 모형은 매우 중앙집중적이다. 의사결정이 본사에 집중되고 모든 해외자회사에 대해 엄격한 통제가 가해진다. 본사에서 전 세계 모든 자회사가 준수해야 할 규칙과 규범을 정하게 된다. 국제기업은 또한 수급기업을 통제하기 위하여 시장지배력을 최대한 활용한다. Morton International사는 1848년 Morton Salt사로 창립했는데 4개의 화학그룹을 비롯한 자동차용 에어백 제조기업 등 전 세계에 걸쳐 자회사들이 있으나 이들은 미국 시카고에 소재한 본사의 조정, 지휘를 받고 있다. IBM도 전 세계적으로 같은 정책을 펴고 있는데 모든 자회사의 정면에 똑같은 푸른색의 IBM 깃발을 게양토록 하고 있다.

이러한 국제기업은 표준화를 이상적인 것으로 간주하고 국제경영을 추구하는 과정에서는 단일시장형 글로벌화 전략을 따르게 된다. 공급과 생산에 초점을 맞추는 합리적 생산모형을 추구하며 모든 해외의 자회사들은 기본적으로 판매, 생산과 자원창출의 활동을 하는 단위조직이다.

이러한 기업은 수직적 통합조직을 갖고 조직규모와 활동영역이 확대될수록 관료주의적 경직성이 나타나게 마련이며, 관료화는 혁신에 저항하게 되고 기업의 경쟁력을 점차 떨어뜨리게 한다. 먼저 거대한 조직을 조정해야 하는 관리계층의 부담이 커지고 필연적으로는 기업 전반에 관료적 구조와 절차의 부담을 주게 된다. 즉 시간이 흐름에 따라 관리계층이 확대되는 경향이 나타나게 된다. 주기적으로 감량경영을 단행해도 일시적인 인원감소와 그에 수반된 비용절감 효과가 있을 뿐 조직의 구조적인 특성상 반복적인 관리계층의 증가로 이어져 연구·개발, 생산, 판매 등 기업의 모든 분야에 부담을 주게 된다.

그러나 이들 기업의 방대한 규모와 자원은 이러한 비효율성을 극복하는 데 힘이 되기도 한다. 거대기업은 막강한 시장지배력과 자금력을 갖고 있어 웬만한 기업들을 도산으로 몰고가는 경기침체의 역풍이 불어와도 이에 견뎌낼 수 있게 된다. 전 세계에 걸친 생산조직은 막대한 '규모의 경제'를 가져다 주며, 전 세계 시장을 통한 조달은 국제 비교우위를 통한 비용절감을 가능하게 한다. 또한 이들은 거대한 금융자금에 힘입어 세계 곳곳의 대량 소비재시장에서 가공할 경쟁자로 군림한다.

(2) 거대기업과 변화에의 적응

세계경제의 흐름은 점차 이러한 기업에 등을 돌리고 있다. 거대기업은 민첩하지 못하여 급격한 변화에 적응하기가 힘들다. 지역적 특성과 시장 여건에 따라 잘 대응하지 못할 뿐 아니라, 특화제품과 고객상품에 대응하는 데 특히 취약하다. 이런 기업은 변화가 가속되고 글로벌화되어 가는 현실에서는 이미 시대에 뒤떨어진 공룡 취급을 받게 된다.

그렇다고 이런 기업들이 사라지는 것이 아니다. 점차 통합되어 가는 세계에서 얼마나 많은 자동차 메이커들이 세계시장을 지배하고 있는가? 글로벌화된 생산모형의 논리측면에서 볼 때 세계경제에서 효율적으로 경영할 수 있는 세계기업의 수는 극히 제한되어 있다. 글로벌화된 생산모형의 논리는 생산의 집중화를 촉진하고 시간이 지나면서 생산자의 숫자를 줄이게 된다고 한다.

결론적으로 각 산업에서 선두그룹에 들어가지 못하면서 중앙집중적·수직적으로 통합된 기업들은 미래가 불확실하다. 경쟁에서 뒤지는 기업은 매수당하거나 아니면 신상품개발 등 생산품목의 다양화나 하청업체 등으로의 구조변신, 특정 지역 또는 시장에 파고 들어가는 특화기업으로의 변신 등 어려운 선택을 하지 않으면 안 된다. 그러나 기존의 세계적 기업들 중에서도 제품다양화에 성공한 사례는 거의 없고 실패한 경우가 훨씬 더 많다.

비록 세계기업일지라도 한 제품에서 성공했다고 해서 생산체제, 경쟁환경, 제품영역이 다를 때에는 성공한다는 보장이 없다. 기존의 세계적인 대기업이 경영혁신을 통해 새롭게 변신하는 것은 결코 쉬운 일이 아니다.

2. 국제기업조직의 신경영혁신

많은 세계기업들이 앞에서 언급한 지역세계화 추세에 부응하여 새로운 경영혁신을 시도하고 있다. 이러한 움직임은 중앙집중식 기업통제에서 벗어나 분산형의 조직구조로 혁신하거나 수직적, 계층형의 직무 권한 구조에서 조직의 피라

미드를 평면화(flattening)하고 기업 내 수평적 네트워크를 수립·조정해 나가는 것을 말한다. 팀워크는 오늘날 기업의 운영비용을 줄이고 기업의 책임성과 적응력을 높이며, 거대 조직이 가진 인적 자원을 최대한 활용하기 위한 하나의 방안이다.

(1) 다중심화형 모델

기업의 새로운 목표를 달성하기 위한 여러 가지 접근방법 중의 한 모형은 다중심화(polycentric design)형으로서 이는 본사의 권한을 축소하는 대신에 지역 자회사에 보다 큰 자율권을 부여하여 본사가 수립한 전체 경영방침의 범위 안에서 보다 자유롭게 자회사를 운영할 수 있게 하는 것이다. 자회사를 엄격히 통제하기보다 본사는 전반적인 기업목표를 수립하고 세계경영을 조정하는 데 전념한다.

Parker Hannifin사의 예를 보면, 그 회사는 58개국에 합작투자회사 등 많은 자회사를 가지고 있어 이는 마치 수레바퀴의 살처럼 한가운데서 바깥으로 뻗어 있는데 이 핵은 미국의 오하이오주 클리브랜드에 있는 이 기업의 본사이고, 중심에서 전 세계로 뻗어난 살은 세계 도처에서 독립성과 책임성을 갖고 경영하는 분산형의 자회사들이다. 이 회사의 전체 직원 수는 27,000명인데 140여 개에 이르는 각 개별 사업체에는 약 250~300명의 직원들로 제한되어 있다. 이처럼 소규모 사업체에서는 사장이 회사의 모든 직원들을 다 알 수 있고, 고객들이 누구인지, 기업의 경쟁상태가 어떠하다는 것까지도 잘 알고 있으며, 또한 사장은 자기 사업장의 운영권한을 갖고 있어 현지 여건에 적극적으로 대응해 나갈 수 있다. 한 사업장의 인원이 적정규모 이상 늘어날 때에는 새로운 사업장을 설립하여 분가하게 함으로써, 단일시장형 세계기업과는 달리 Parker Hannifin은 "더 큰 것이 더 좋은 것은 아니다"(Bigger is not better)라는 신념을 갖고 있다.[12] 그 대신에 이 기업은 다중심화 구도를 통해 중소기업형의 조직이 갖는 특징인 적응성과 신축성을 추구하고 있다고 하겠다. 이 기업이 바로 지역세계화한 기업이라고 할 것이다.

(2) 모듈형 접근법

또 다른 접근법의 하나는 모듈형(modular design)으로서, 조직의 수평화를 통해 가장 잘 할 수 있는 부문에 기업의 힘을 집중시키는 모형이다. 이는 몇 가지

12) C.K. Goman, *Managing in a Global Organization: Key to Success in a Changing World*(Menlo Park, CA: Crisp Publications, Inc., 1994), pp. 18, 21.

핵심적인 활동에만 주력하고 나머지 활동은 외부의 전문가들에게 맡기는 것인데 부품을 외부의 전문기업에 제작, 납품토록 하거나 회계처리를 외부용역에 맡기는 것 등이다.[13)]

일반적으로 기업은 수익성이 가장 높은 사업영역에 집중하고 기업의 생산, 판매, 서비스(컴퓨터처리, 전략기획, 기업회계)와 직접 관련되는 서비스를 제외한 일반 서비스활동은 외부(때로는 국제조달)의 용역에 의해 조달한다. 종래의 대규모 수직적 통합기업의 접근방법은 모든 관련 서비스를 기업내부에서 지원하는 것이었는데 이는 사내지원이 언제나 값싸고 질 좋은 것을 공급할 수 있다는 가정에 근거를 두고 있으나, 기업은 점차 외부발주로 총경비를 낮추고 질 좋은 서비스에 접근할 수 있다는 것을 알게 되었다.[14)]

모듈형 접근법의 인기가 급속히 확산되고 있는데, Reebok, Nike와 같은 의류제조업체가 선구적 역할을 하고 있다. 이 회사들은 신발의 생산은 저임금 국가의 공급자와 계약을 맺어 납품받고 이들은 디자인과 판매에 전념하고 있다. 전자업계에서도 모듈형으로 가고 있는데 Acer, Dell, Gateway, Compaq와 같은 PC 기업들이 대부분의 원자재를 공급자로부터 납품받고 그들은 조립과 마케팅 활동에 전념하고 있다.

3. 기업간 전략적 경영제휴

기업이 점차 분산형과 네트워크형 구조를 지향하는 추세와 관련하여 대두되고 있는 것이 기업간 전략적 경영제휴(strategic business alliances: SBA)이다. 80년대 초기부터 국제기업들간에 SBA가 확산되기 시작하여, 이제는 직접적인 경쟁자들간에도 일어나고 있는데 GM과 도요다, IBM과 Apple, Thomson과 JVC 등 그 예가 많다. 이러한 제휴관계는 얼마 전까지만 해도 상상도 못할(또는 불법적인) 일이었다. 새로운 추세의 근본 원인은 R&D 소요비용이 과다하고 기타 복잡한 요인으로 경쟁이 심화될 뿐 아니라, 단일기업이 현대산업에 있어서 중요한 모든 기술영역에서 경쟁우위 확보가 불가능하다는 것 등 여러 가지가 있다.

현실적으로 이러한 기업간 제휴의 이유는 매우 개별적으로 일반화하기가 어

13) *Ibid.*, p. 22.

14) Josep R.D. Cruz, "Business Networks for Global Competitiveness," *Business Quarterly*, vol. 57 No.4(Summer 1993), pp.93~98.

렵다. 전략적 제휴의 이유는 신시장 진출을 하기 위한 수단으로, 또 기업들이 다 같이 두려워하는 경쟁자에게 대항할 목적으로 제휴기업들의 능력을 강화하기 위한 기술 공동이용의 수단으로, 또 다른 경우에는 신제품 개발과 생산품목 추가를 하기 위한 것 등 다양하다. Ford-Mazda 제휴는 일본 자동차의 생산방법을 Ford의 경영에 접목하여 적응력을 키우기 위해, Ford의 마케팅 네트워크에 접근하기 위해 이 제휴에 응하게 된 것이다.

한편 도요타는 GM과 제휴했을 때 이미 미국시장에 적절한 판매체제를 갖고 있었는데, 이는 일본 자동차가 미국시장의 판매에 따른 미국측의 비판을 무마하기 위한 정치적 이유 때문이다.[15)]

이러한 제휴관계에는 잠재적 이익이 있는 반면, 위험이 도사리고 있는 것도 고려해야 한다. 전략적 제휴에 관한 연구에서는 다음 사항을 가정하고 있다. 즉, 두 파트너가 보완적이고 독립적이며 복합성, 규모, 자금력 등에 있어서 동일한 상대적 힘을 갖고 있다는 전제를 한다. 그러나 사실은 전략적 제휴의 대부분이 대등하지 못한 파트너간에나 또는 동일한 분야에서 공동의 경쟁자를 둔 상대적으로 열세에 있는 파트너간에 이루어지고 있다는 결론이 나오고 있다.

---

15) Peng S. Chan and A Wong, "Global Strategic Alliances and Organizational Learning," *Leadership and Organization Development Journal,* vol. 15, No. 4(1994), pp. 31~36.

연 구 과 제

1. 국제기업의 경영본부는 무엇인가?
2. 해외자회사의 경영지배권을 논하시오.
3. 국제기업의 조직구조를 논하시오.
4. 글로벌기업의 투자전략과 경영조직을 논하시오.
5. 국제기업조직과 글로벌경영자를 논하시오.
6. 다음의 용어에 대하여 설명하시오.
   1) 전통적 국제기업 모형
   2) 다중심화형 모델
   3) 모듈형 접근법
   4) 기업간 전략적 경영제휴
   5) 글로벌경영자

제22장
국제경영자관리

사례연구 ▶ Global 500대 기업

SINOPEC

1 Web Site

http://www.sinopec.com

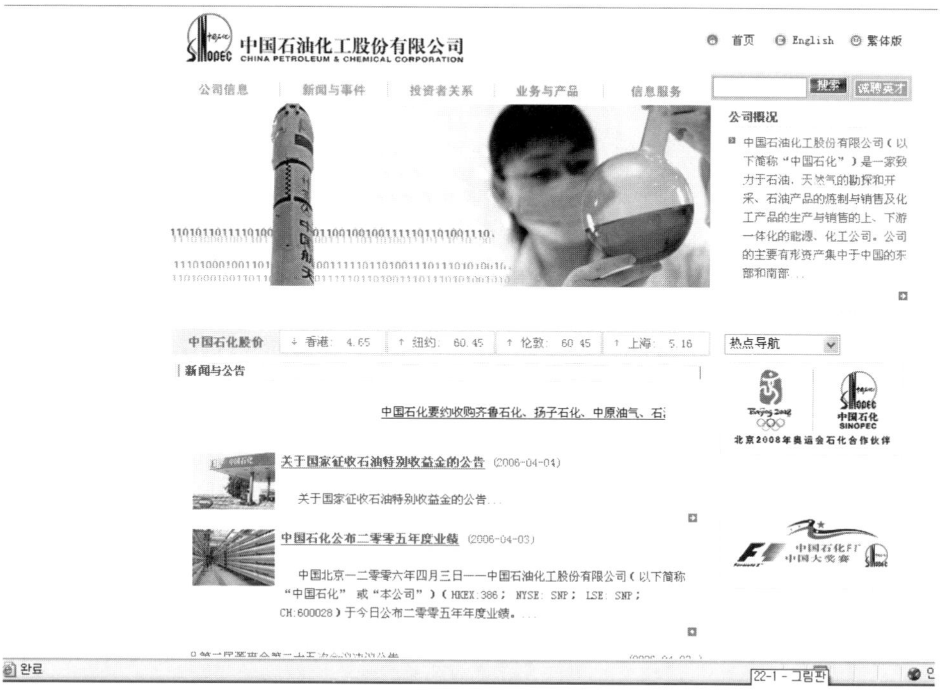

2 기업개요

중국 에너지기업, 원유정제, 석유화학제품, 합성섬유, 화학비료 제조업.

국가: 중국

업종: 정유

본사: 베이징

3 개 관

1983년에 설립된 Sinopec은 1998년 구조개편 이전까지 중국 전체 원유정제의 90%를 담당하고, 국내의 석유 및 석유화학 제품의 유통부문을 담당하는 주로 하류부문 기업이었다. 1998년 석유산업의 구조개편 이후에는 동부와 남부, 연안지역의 12성(省)과 1자치구, 2직할시를 관할지역으로 하고 있으며, 지역 내 석유 공사와 산하의 각급 석유사업소, 주유소를 포함하여 상류부문과 하류부문의 석유정제, 석유화학, 유통사업 까지를 커버하는 수직통합형 석유대기업으로 변모되었다. 개편 이후에도 Sinopec은 여전히 중국 총 원유정제 능력의 50% 이상을 소유하고 있다. Sinopec 그룹은 국가행정과 기업전문성을 구분하기 위하여 그룹의 핵심사업과 자산을 출자하여 2000년 2월 Sinopec Corp.(中國石化)라는 약 70여 개의 자회사를 거느리는 지주회사로 설립하고 PetroChina와 동일한 형태의 기업공개를 추진하였다. 또한 Sionpec은 “무 중핵사업에서 중핵사업의 분리, 무 실행자산에서 자산, 사회로부터 과기업의 실행”의 원칙 안에서 그것의 사업 포트폴리오, 자산, 부채와 채권자의 권리, 조직과 인원의 근본적 개편을 통하여 2000년 2월 28일에 시작하였다.

2000년 10월 홍콩과 뉴욕 주식시장에 Sinopec Corp.의 IPO를 발행하고 이의 매각을 통하여 약 35억 달러의 외자도입에 성공하였다. 그러나 Sinopec 그룹은 여전히 Sinopec Corp. 주식의 57%를 소유하고 있는 대주주이다. 해외 매각된 주식지분은 약 20%로 Exxon Mobil Shell, BPAmoco 등 3개 메이저들이 이들 해외매각 지분의 60%를 집중적으로 사들였으며 나머지는 일반 공보자들에게 팔렸다. 해외매각 이외에 약 23%의 지분은 중국 내 국영기업과 은행으로 분산 매각되었다. Sinopec은 주식매각을 통해 조성된 자금을 활용하여 주로 석유제품 국내 소매망 확대, 상류부문 자원탐사, 석유정제 및 석유화학부문 설비 확충 등에 향후 5년간 약 127억 달러를 투자한다는 계획을 세우고 있다.

Sinopec의 관할 지역

Sinopec은 중국의 오일 생산의 가장 큰 생산자와 판매자

이다(가솔린, 디젤, 석탄 연료의 도매와 소매 모두). 그리고 주요한 석유화학제품 생산과 공급의 일인자이다(석유화학제품의 중간물, 합성수지, 합성섬유 단위체 및 중합체, 합성섬유와 화학비료제품 포함). 게다가 2번째로 큰 원유생산자이다

총 자산은 4601억 RMB의 가치로 평가되고, 내부자산은 1864억 RMB에 달한다. 2004년에 회사의 가공되지 않은 석유(정제되지 않은 석유) 생산량은 3860만 톤이었고 천연가스는 단위부피당(㎥) 580만 톤(1억 3,300만 톤을 정제하여 나온 양), 정제된 석유량은 8,080만 톤(가솔린, 케로신, 디젤), 에틸렌 407만 톤, 합성수지 622만 톤, 합성고무 56만 톤, 단분자와 고분자합성섬유가 602만 톤, 그리고 합성섬유가 165만 톤이다. 시장점유율은 60.5%이며 석유생산량의 연간 판매량은 9460만 톤이며 이 중 소매는 5325만 톤이다.

4 글로벌 비즈니스 현황

Sinopec의 매장량 확보는 2000년 말 현재 원유 29.5억 배럴, 천연가스 9,990억 입방피트이다. 2000년 생산실적을 보면 원유 272천b/d(약 34.8백만 톤), 천연가스 219.7백만cf/d(약 22.7억㎥)를 기록하였다. 사업영역은 아래 열거된 사업들로 마지막 항목인 엔지니어링, 건설 및 시설운영을 제외하고 대부분의 사업은 자회사 'Sinopec Corp'가 담당하고 있다.

① 국내외 원유와 천연가스의 탐사 및 개발, 생산

② 원유와 천연가스의 정제, 수송, 저장, 판매, 수출입

③ 석유화학, 화학비료 등 화학제품의 생산과 판매

④ 원유, 천연가스, 석유제품의 운송

⑤ 기타 관련사업 엔지니어링, 건설 및 시설운영

중국의 총 정제능력 2.5억 톤 가운데 Sinopec이 1.4억 톤(CNPC는 1.07억 톤)이고, 정제물량은 총 2억 톤 가운데 1.12억 톤(CNPC는 0.8억 톤)을 기록하고 있다. 불과 3~4년 전에는 60~65%에 불과하던 설비가동률은 최근 약 80% 수준으로 대폭 개선되었다. 이것은 비효율적인 소규모 정유소의 폐쇄를 지속하고 있기 때문이다.

5 해외개발사업

Sinopec는 2001년 1월 해외사업 전담 자회사로 국제석유개발유한공사(Sinopec International CO., Ltd)를 설립하였다. 동사는 Sinopec의 해외 석유프로젝트에 관한 투자와 관리 및 운영을 담당하면서 점진적으로 상류부문 사업에 참여할 수 있기를 기대하고 있다. Sinopec는 이란의 테헤란과 타브리즈 2곳 정유소 보수공사, 카스피해 연안의 원유 터미널 프

로젝트, 이란 북부 카샨유전 탐사계약으로 이어지며, 특히 이란과의 관계를 공고하게 다지고 있다. 이 같은 배경으로 Sinopec은 이란으로부터 원유 구입을 늘려가고 있다.

⑥ 글로벌 기업구조

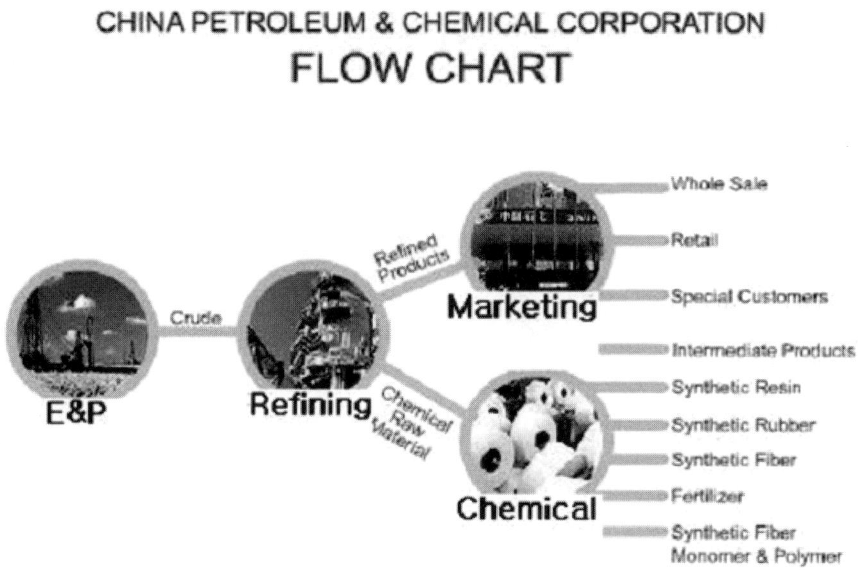

⑦ 글로벌 CEO

Sinopec의 Li Yizhong(Chairman of the Board of Directors)씨는 베이징 석유연구소를 졸업한 정제분야 엔지니어 출신이다. 이회장은 전문엔지니어로 30년 동안 중국 석유 및 석유화학산업에서 관리자로써의 경력을 쌓아왔다. 1985년 1월부터 1987년 10월까지 Qilu 석유화학회사 사장, 1987년부터 1997년 8월까지 구 Sinopec의 부사장 역임. 1997년부터 1998년 4월까지 중국동부연합석유화학그룹(주)의 회장과 Yizheng 케미칼화이버사 회장을 겸임하였으며 1998년 4월 이후 Sinopec 이사장에 취임하였다. 부이사장에는 Chen Tonghai, 총재 Wang Jiming 그리고 3명의 부총재에는 Mou Shuling, Cao Xianghong, 재정담당을 겸임하는 Zhang Jiaren 등으로 구성되어 있다.

8 글로벌 경영전략

Sinopec 경영진은 경영방침을 '개혁, 조정, 쇄신, 발전' 이라고 열거하고 있다. 우선 상류부문사업의 적극적인 전개를 역설한다. 1999년 말 CNSPC가 동사로 흡수 편입된 이후, 타림과 해양지역 등에서 CNSPC가 추진하고 있는 탐사사업을 살리고자 하였다. 동부 연안지역의 기존 유전의 개보수와 함께 새로운 개발사업도 기대하고 있다. 그리고 CNPC가 추진하는 '프로젝트' 에도 참가하고 싶다는 견해를 밝히고 있다. 또한 해외 상류부문 진출에 관해서도 전문 E&P기업을 통하여 적극적으로 추진하겠다는 자세를 갖고 있다.

제 1 절 국제경영에서의 인력문제의 중요성

1. 경영 및 경영환경과 인력

"최근 국제기업경영에 관하여 논하는 자는 많다. 그러나 국제경영인에 관하여 말하는 바는 아주 적다"고 에이컨(T. Aitken)이 그의 저서 *The Multinational Man*(1973)의 서두에서 말하고 있다.[1]

다국적기업의 경영에 대한 조직과 관리, 투자와 재무, 로지스틱스와 마케팅 전략에 관하여 그 동안 수많은 연구와 논문이 발표되었어도 기업경영의 근본인 인력문제에 대해서, 특히 그 중심인 국제경영관리자의 임무·책임·선발·육성·보수 등의 문제에 대해서는 실증적이거나 이론적으로 연구된 것이 많지 않다.[2]

따라서 다국적기업의 경영전략 가운데 노동관리, 인사의 제 문제에 대한 연구가 필요하다. 기업이 시장을 지향하고 생산, 판매 또는 조달이라는 일련의 전략을 전개할 때 관리자가 의사결정시 선택해야 하는 제 문제 중에서 인사·노동문제는 재무나 조직관리·마케팅 등의 문제와 같거나 그 이상으로 중요성을 가지고 있는 것이다.

특히 기업이 그 조직과 활동을 국경 너머로 확대할 때, 경영을 둘러싼 환경으로서의 대응과 행동은 범위가 외연적으로 확대되었다는 사실만이 아니라, 그 기업경영활동이 국내에서 이루어질 경우와는 전혀 다르며, 그 대응과 행동의 주체인 인력(경영자, 중간관리자와 종업원)의 의식도 변하게 된다.

2. 기업의 글로벌화와 국제경영

(1) 국내경영과 국제경영의 차이

기업경영의 중점이 국내시장을 지향하고, 상품의 수출입에 있을 경우 경영을 둘러싼 환경의 변화는 적다. 환경을 구성하는 정치적·사회적·문화적 제 요

1) David M. Noer, *Multinational People Management*(The Buaeau of National Affairs, Inc.), pp. 26~45.

2) Thomas Aitken, *The Multinational Man*(George Allen & Unwin Ltd.), pp. 67~85.

소의 변화는 기업경영에는 제약조건이면서, 동시에 그 국가 비즈니스 전체로는 공통된 요인이라고도 생각할 수 있을 것이다. 따라서 환경과 그 변화에 대한 기업경영의 대응행동도 비교적 용이하게 실현되어, 기업경영에 있어서 인력문제는 기업 자체의 내부문제로서 고찰되고 처리된다.

기업의 조직과 활동이 국경을 넘어 확대될 경우에는 그 조직과 활동을 둘러싼 환경은 지금까지 그 기업을 둘러싼 환경과는 전혀 이질적이며, 경영이 확대됨에 따라 점차 복잡해질 뿐 아니라, 환경의 내용을 이루는 제 요인인 정치 · 사회 · 문화의 내용이 항상 변동된다. 그리고 그 변동의 원인과 제 요인 사이에 차이가 있고 각 요인과 경영 사이의 관계가 국가에 따라 다를 수가 있다.

(2) 환경구조의 차이

기업이 그 조직과 활동을 확대할 때, 그 환경구조는 통상적일 수가 없게 된다. 환경요인은 장소와 시간에 따라 다른 변수가 된다. 그것은 동질적인 상수가 아니라 복잡함을 초래하는 이질적인 제 변수가 된다. 회사의 전반적인 환경은 항상 변화를 계속하여 경영이 처리하지 않으면 안 되는 대안선택의 스펙트럼은 확대된다. 이것은 기회비용이 유동적으로 되어 성공과 실패의 기회가 크게 증대되는 것을 의미한다.

다국적기업이 기업목표와 전략을 합리적으로 확립하기 위해서는 그 환경구조를 이해할 뿐만 아니라 기회를 선정하고 경영행동의 기준을 제공하는 유인 · 저해 및 보수를 항상 변형시키는 변화의 원천에 대하여 민감해야 된다. 이와 같은 변수의 복합체인 경영환경에 대응하여 다국적기업의 조직이 설정되어야 한다.

따라서 그 대응행동의 주체인 인간도 새로운 기업경영과 환경과의 관계를 인식하여, 이에 대응하는 경영행동을 의식하고 실천하는 인력문제가 제기되는 것이다. 즉 기업의 국제화는 경영의 국제화를 만들고 경영의 국제화는 필연적으로 다국적기업의 인력문제를 전혀 새로운 관점에서 고찰하게 만들고 있는 것이다.

3. 경영자교육의 전환시대

새로운 존재는 의식을 낳게 한다. 다국적기업이라는 새로운 경영은 그 형성과정에서 당연히 경영에 따른 인력(경영자, 중간관리자 및 종업원)에게 의식변화를 요구하고 있다. 일찍부터 생활을 국제화하여 이질적인 환경구조에 대응하는 데 익숙해져 있는 다국적기업은 비교적 마찰 없이 경영의 무대를 확대하고 자본의 투자선, 공장의 입지뿐만 아니라 해외자회사의 종업원과 경영자, 현지인과 본사의 최고경영자층과 외국인을 포함하여 그 경영을 다국적화하고 있다.

1990년대 초반 이후 국제기업으로서 해외로 진출한 많은 한국기업은 진출한 지역사회와의 마찰에서 적지 않은 반대와 비판을 받은 바 있다. 이 같은 사실은 기업경영자들의 국제적인 자각과 실천의 부족에서 온 것이라 해도 과언이 아니다. 따라서 새로운 시대에 부응하는 국제경영자로서의 기본적 태도를 확립하는 것이 급선무이며, 그 방법으로서 경영자교육의 확충이 더욱 기대되는 것이다.

제 2 절 국제경영관리자

1. 국제경영관리자의 임무

(1) 국제경영관리자의 지위

다국적기업의 자회사의 매니저는 그 임지에서의 지속적인 업무와 관련하여 다음과 같은 지위 또는 입장에 있다.

① 본국 모회사의 현지 대표자

② 현지자회사의 매니저

③ 현지에서 지역사회의 주민

④ 현지국 입국관리령하에서 거주하는 외국시민

그러나 한 사람이 동시에 여러 가지 직위에 있다고 생각되며, 그 임무 또는 직무로서 여러 가지 활동을 할 경우에는 여러 가지 관계가 생겨난다. 이것을 임무관계라고 부를 수가 있다.

하나의 조직 안에서 사람의 직위가 있다면 그 직위에 따르는 임무는 증가하여 그 임무관계는 복잡하게 된다. 다국적기업의 경영활동이 국경을 넘어 행해지면 그것은 외국 현지자회사의 매니저의 업무관계를 더욱 복잡한 것으로 만들게 된다.

(2) 국제경영관리자의 임무관계

다국적기업의 외국자회사 매니저의 임무는 다음과 같은 요인으로서 더욱 복잡해진다. 이 자회사가 만약 본국 본사의 100% 출자로 완전 소유한 매니저에게는 주주와 모회사는 동일하나, 만약 합작기업이면 현지 파트너 주주와 이것을 대표하는 임원 · 중역 등과의 관계가 그 임무에 덧붙여진다.

따라서 국제경영매니저는 그 직위로서 국경을 넘는 이질적인 경영환경 속에서 사업을 경영하는 자로서 숙명적으로 서로 충돌하는 업무관계에 있다고 할 수 있다.

이상을 요약하면 국제경영매니저는 다음과 같은 임무관계에 있다.

① 다국적기업의 경영담당자

② 본사와의 연결관계에 있는 경영관리자

③ 현지의 경영환경 속의 경영자

④ 문화 · 생활패턴 · 가치관이 서로 다른 사회에서 상호작용하는 경영자

①과 ②는 본국 · 본사 지향적으로 통상 원칙적으로 생각되는 것이며, ③과 ④는 현지 지향적으로 보통 부차적이라고 볼 수 있다.

2. 국제경영관리자의 자질

(1) 해외근무의 성패요인

전술한 바와 같은 여러 임무를 수행하는 데는 두 가지의 접근방법이 있다. 첫 번째는, 국제경영매니저 자신의 자질과 인격이고, 그것은 그 사람의 임무에 대한 태도 · 동기 · 능력 · 임무의 달성에 영향을 미치는 모든 것이며, 두 번째는, 국제

표 22-1
해외근무의 성패요인

요 인	1위	2위	3위	4위
① 업무능력(기술력 · 조직력 · 사명감)	27	8	6	7
② 인간관계(현지인과의 거래능력, 문화적 감정 흡수)	7	20	16	1
③ 연고(채용)	12	15	12	3
④ 어학력	2	6	9	10
(위 4요인에서 설명된 매니저의 반응)	94	96	84	41

경영매니저에게는 외적인 것으로 주어진 경영자원, 시장의 상황, 현지 외국에서 이용할 수 있는 각종 용역, 현지 외국의 정치적 · 사회적 · 문화적인 환경 등이다.

국제기업경영의 해외매니저로서 성공할 수 있는 자질은 무엇일까? 이 조사는 우리나라나 외국에서도 의외로 적다. 헤이스(R.C. Hays)가 멕시코에 있는 미국계 자회사에서 경영을 하고 있는 50명의 해외매니저(그 중 49명은 미국시민)에 대해서, 해외에서 성공하기 위해서는 i) 업무능력, ii) 인간관계, iii) 가족관계, iv) 어학력의 4 개 중 무엇이 가장 중요하다고 생각하느냐에 대해서 조사한 바가 있었다. 이 조사에 의하면 업무상 능력을 첫째로 꼽는 것이 27%, 인간관계를 첫째로 꼽는 것이 20%이나, 어학력에 중점을 두는 것은 적은 비율을 차지하고 있다.

이와 같은 결과는 미국과 멕시코시티라는 지역적인 관계를 고려하지 않으면 안 된다.

(2) 해외근무의 배경

또 다른 조사는 미국의 대기업 127개사에 대해서 해외에서의 사업경영을 담당하는 매니저에게 해외에서 성공하기 위해 필요한 생활배경은 무엇인가를 질문했다. 그 결과를 보면 i) 독립성과 한정된 경영자원을 사용하여 결과를 달성하는 능력, ii) 성실과 정직, iii) 기술력, iv) 해외에서의 업무에 대한 적극적인 태도의 순이다.

이 조사를 시행한 이반세비치에 의하면, 같은 미국기업의 해외매니저들은 i) 해외매니저의 부인이 적극적인 태도일 것, ii) 성실함 · 정직, iii) 적응성, iv) 해

표 22-2

해외근무에 이상적인 배경(%)

배 경	비 율
처와 가족의 적응성	20
리 더 십	19
업무상의 지식	14
현지어의 이해 · 순응력	13
교육수준	13
진출국의 법률 이해	12
과거의 해외근무경험	14
해외근무희망	4
기 타	1
계	100

표 22-3

미국 70개사의 해외관리자

	지적 횟수	지적한 회사(%)
경 험	30	42.9
적 응 성	28	40.0
기술상의 지식	24	34.3
업무수행상의 능력, 과거의 경험	24	22.9
경영관리능력	16	11.4
어 학 력	8	10.0
잠재적 가능성	7	10.0
해외근무에의 흥미 · 야심	7	7.1
새로운 관리의 평가감수성	5	5.7
교 육	4	5.7
업무의 주체성 · 독창력	4	4.3
독 립 성	3	4.3
커뮤니케이션	3	2.9
성숙성 · 감정의 안정	2	2.9
기 타	2	2.9

외매니저 자신이 적극적일 것 등 네 가지 항목이 중요하다고 보고하고 있다.

또 미시간 주립대학의 곤잘레스와 네간디가 행한 조사에서는 미국에서 해외로 파견된 매니저 1,161명(파견국 40개국)의 의견을 들어본 것이 〈표 22-2〉와 같이 나타났다고 로빈슨 교수는 말하고 있다. 그리고 비즈니스 인터내셔널사가 미국에 본부를 둔 70개사를 대상으로 해외에서 계열회사를 경영하고 있는 매니저에 대한 조사에 의하면 〈표 22-3〉과 같이 중요도를 지적하고 있다.

(3) 해외근무자의 자질

이상의 조사결과를 종합하여 로빈슨 교수는 국제경영매니저로서 해외로 파견되는 필요한 자질 · 생활배경은 다음과 같은 것이었다고 말하고 있다.

① 회사 내에서의 경험

② 기술적 능력

③ 어 학 력

④ 현지에 대한 이해력 · 경험

⑤ 연　　령
⑥ 안정된 결혼생활
⑦ 개인적 선택
⑧ 경력 외 장래에 대한 계획
⑨ 성　　별
⑩ 협 조 성

조사의 대상이 미국에 기지를 가진 미국 기업의 해외사업경영이라는 것과 그 진출지가 남미나 오스트레일리아를 포함한 것이고, 기본적으로는 서구적 문화 · 생활패턴의 환경인 것을 생각하면 한국 기업이 해외로 나가 전혀 이질적인 정치 · 사회 · 문화의 환경 가운데서 사업을 경영하는 경우에 그대로 적용되는 표준이 되는 것은 아니나, 다른 관점에서 참고가 될 것이다. 그것은 미국사회에서 해외의 미국계 자회사로 파견된 매니저는 지금까지는 대체로 그 회사 내부에서 선임되었다는 것과, 미국에 본사를 가진 다국적기업은 그 경영주체로서 외국에서 출생하여 외국에서 자란 미국인을 피하고자 하는 경향이 있다는 점을 생각하면 한국의 해외파견매니저의 선발과 비슷하므로, 위의 조사에 나타난 해외매니저의 바람직한 자질과 생활배경도 참고가 될 것으로 생각된다.

따라서 상술한 해외매니저로 바람직한 자질 · 생활배경 중 중요하다고 생각되는 것을 서술하는 것도 무관할 것이다.

1) 기술능력　기술상의 지식과 능력은 기술담당 관리자와는 다르며, 필요한 것은 기술을 이해하는 태도이다. 그리고 현지의 문화적 환경을 충격으로서 대항할 것이 아니라, 이것을 수용해 가는 문화적 감정주입의 생활을 즐긴다는 것이다.

2) 회사 내에서의 경험　한 가지 기술에 능한 자는 100가지 기술에서도 능하다는 말과 같이 본사 내에서의 과거의 경험축적은 그 나름대로 해외에서의 국제경영매니저로서 유익하다. 특히, 한국의 경영과 같이 각각의 인재가 전문직으로서 육성되기보다는 본인의 희망과는 달리 장래에 상급관리직의 지위에 오를 수 있는 직종의 배분이 행해질 경우에는 과거의 경험은 적지 않게 유익할 것이다.

3) 현지에 대한 이해력 · 경험　소위 지역연구이다. 이것은 현지어의 학습, 경제생활에 대한 국제적 공통어로서의 영어의 학습과 더불어 해외에 주재하는 국제경영매니저의 필수조건이 된다. 또 파견자의 바쁜 생활 가운데 촌지를

아껴가며 학습하는 것이기도 하다. 그러나 명심해야 할 것은 현지에 대한 이해로 그 지역의 정치 · 경제 · 법률 · 사회 · 종교 · 문화의 역사와 현실을 학습하는 것과 풍속 · 습관 · 생활패턴의 여러 가지를 이해하는 것이 중요하다.

(4) 언어문제

이질적 문화환경 속에서 국제경영에 임하는 매니저가 최초로 부딪치는 문제는 커뮤니케이션 문제이다. 이것을 실현하는 것이 언어문제인데, 그 중요성은 아무리 설명해도 지나치지 않다. 이 경우에 현지어와 영어 또는 이에 대신하는 국제적 공통어가 있다. 중요한 것은 국제경영매니저는 스스로 어느 정도 현지어와 영어를 듣고, 읽고, 말하고, 쓸 줄 알아야 한다.

3. 국제경영자의 교육—해외파견자를 중심으로

미국계 다국적기업은 원래 해외자회사로 파견하는 매니저와 중간관리자에게 파견 전에 교육을 실시한 경우는 적었다. 최근 조사에 의하면 미국의 대기업 127개사 가운데 어떤 형태이든지 간에 사원에게 해외자회사로 파견 전에 교육을 실시한 경우는 33%인데, 이 33% 중 41%(전체의 13.5%)는 어학연수만 했을 뿐이다. 또 비즈니스 인터내셔널사의 1990년 조사에서는 미국에 본사를 두고 있는 다국적기업 50개사 가운데 24개사는 해외진출자를 위한 정규적인 출발 전 연수를 실시하고 있었으나, 그것은 외국어 연수뿐이며, 출발 전의 교육환경으로서는 부족하였다고 한다.

그러나 미국 다국적기업의 이러한 경향도 최근에는 변하여 해외파견매니저의 출발 전 연수를 중시하게 되었다. 그 이유는 study by error라고 스태포드 교수는 지적하고 있다. 미국계 다국적 기업은 그 해외파견매니저에게 교육 · 연수를 시키는 경우의 연수내용을 알아보기 위한 조사를 한 결과, 언어 · 생활상태 · 경제환경 · 풍속 · 관습 등을 들고, 그 외 현지국의 경제관계법 · 정치 · 정부기구 · 지리 등을 들고 있다. 기간은 대개 8주일에서 3개월이다.

한편, 미국의 대기업이 해외매니저의 파견 전 연수를 생략하는 이유로서 로빈슨 교수는 다음의 것을 들고 있다. i) 해외배속이 일시적일 것, ii) 해외주재가 긴급하기 때문에 시간적 여유가 없다는 것, iii) 현지인 채용 경향이 있는 것, iv) 특별연수의 가치에 의문을 가지고 있는 것 등이다.

이와 같은 점은 최근 해외로 많은 직원을 파견하고 있는 한국 기업에 시사하는 바가 많다.

제 4 절 글로벌비즈니스 매너

1. 동양에서의 예절

동양예절의 기본은 실천도덕인 유교에 바탕을 두고 있으며, 한국의 예절 또한 유교의 인의예지신(仁義禮智信)에 기본을 두고 인륜을 가르쳐 왔다. 따라서, 동양에서의 예의를 이해하기 위해서는 유교에서 가르치는 예의를 살펴보아야 한다.

일찍이 공자는 "자기를 극복하여 예(禮)를 행함이 바로 인(仁: 사랑)"이라 하고 "하루 몸을 이겨 예를 행하면 천하가 다 인(仁)에 돌아온다"고 하여 사랑도 예로써 이루게 됨을 가르치고 있다. 그는 "예가 아니면 말하지 말며, 예가 아니면 듣지도 말며, 예가 아니면 움직이지 말라"함으로써 예가 모든 행위의 근본이 되어야 함을 강조하였다.

그는 또한 "예를 알지 못하면 설(立) 수 없다"하여 인간으로서 바로 설려면 반드시 예를 알아야 한다 하면서, "존경은 예 없이는 번거로움이 되고, 신중은 예 없이는 비겁이 되며, 용기는 예 없이는 반항이 되고, 솔직함은 예 없이는 조야(粗野)함이 된다"고 지적하고 있는바, 이는 아무리 그 자체로서는 도덕성을 지닌 행위라 할지라도 예의 기초가 없이 드러낼 때는 참된 규범의 의미가 없는 단순한 행위에 떨어지고 만다는 것을 의미하고 있다.

동양예의의 근본은 자기를 낮추고 남을 높이는 데 있으며 아울러 검소함과 진실을 드러내는 데 있다. 물론 세월이 흐름에 따라 예를 행하는 언어와 행동에는 변화가 따를 수 있겠으나 그 근본 정신만은 옛날과 다르지 아니 할 것이다. 그러므로 상대를 깔본다거나, 자신을 내세운다거나, 상대를 떠본다거나, 말만 앞세운다거나, 터무니 없이 과장한다거나, 진실을 숨긴다거나 하는 등의 겉다르고 속다른 행위는 이미 예의가 아닌 것이다.

“예의의 시초는 몸을 바르게 하고, 얼굴을 다스리며, 말씨를 부드럽게 하는데 있다.” 이는 예기에 있는 말로서 예의를 표현함에 있어서는 말씨와 태도가 바르고 고와야 함을 뜻한다. 보고 듣고 말하는 것이나 앉고 서고 걷는 것 그리고 얼굴표정이나 몸가짐 하나하나가 맑고 밝고 부드러워야 하며 평화로워야 한다. 이를 위하여 우리는 평소 마음을 닦고 몸을 단련해 나가는 것이다.

예로부터 우리는 예(禮)를 숭상하여 ‘동방예의지국(東方禮義之國)이라는 명예로운 호칭을 얻었다. 그런데 요즘의 예의의 현장을 보면 그 명예도 어느 새 빛바랜 훈장(勳章)이 되어버린 듯하다. 옛말에 “의식(衣食)이 족해야 예절을 안다”고 했다. 의식이 넉넉치 못했던 옛날에는 우리 조상들은 예절을 가꾸고 실천하여 ‘예의의 나라’를 이루었는데, 오늘날은 경제의 발달로 의식이 한결 풍족해져 감에도 불구하고 우리들의 예절생활은 도리어 뒷걸음질만 하고 있으니 문제이다.

따라서 우리들의 행동이 경박해지고 인정이 메말라가고 사회도 점차 기강이 해이해져 안정을 잃고 어지러워진다는 생각이다. 예기(禮記)에 보면 “사람이 예(禮)가 있으면 편안하고, 예가 없으면 위태롭다. 그러므로 예를 배우지 않을 수 없다”하고 있다.

2. 서양에서의 예절

서양에서의 예의는 인간생활에 있어 인간과 인간의 연결수단인 언어와 동작의 법칙을 가리키는 말로서 에티켓(Etiquette)이라 표현하고 있다. 매너(Manner)란 에티켓을 드러내는 행위를 일컫는 말이다. 에팃겟이란 오늘날 인간관계를 원활히 유지하기 위한 사회적인 불문율(不文律)로서의 사회적인 규범을 뜻하나, 원래는 서양의 궁중예의라는 말에서 유래된 것으로 궁중을 방문하는 사람들이 반드시 지켜야 하는 통과의례로서의 표준행동을 의미하였다. 따라서 중세의 서양예절은 궁중이나 사원의 엄격한 생활격식을 뜻하는 것으로서, 귀족이나 승려들의 엄격한 법도와 계율이 일반 시민들의 생활규범과 행동규제에까지 영향을 미쳤던 것으로 보인다.

그러다가 르네상스 이후 이러한 엄격한 규범에서 벗어나 인간적인 향락을 추구하면서 새로운 예법이 생겨난 것이다. 즉 르네상스 정신에 입각하여 의식주와 관련한 일상생활을 구체적으로 어떻게 해 나갈 것이며, 이웃과의 교제시 인간해방을 여하히 구현해 나갈 것인가에 중점을 둔 예절로서, 당시 커다란 환영을 받았다. 그러나 기본적으로 형식을 존중하는 카톨릭적인 범위를 크게 벗어나지는 못했다. 동양의 유교적인 예법처럼 철저하지는 않았으나 형식주의에서 벗어난 것도 아니었으며, 계급성을 무시한 것도 아니었다. 가볍게 실천하기에는 거추장스러우리만큼 까다로운 것들이 대부분이었다.

그러나 예의 자체를 보는 관점은 동양에서와 크게 달랐다. 동양에서는 매사에 상하 신분의 구별을 엄격히 하여 높은 신분의 행동을 낮은 신분에서 그대로 따라야 할 때는 대단히 무례한 것으로 생각했으나, 서양에서는 자신의 취향이나 기호에 따라 이를 받아들이는 경우 오히려 예의에 맞는 일이라 여겼던 것이다. 이처럼 서양에서는 예의의 실행에 있어 자기의 취미와 개성을 자유롭게 드러낼 수 있었다. 이러한 자유스러운 풍조가 예절의 표현에 있어 점차 우아하고 섬세한 방향으로 나아가게 하였으며, 예술에 있어서도 무한한 창의력을 가능케 함으로써 르네상스에서 바로크를 거쳐 로코코에 이르는 다채로운 문화를 이루어 내는 커다란 요인이 되었다.

그러나 오늘날 서양예절의 기본은 기독교 정신에서 찾아야 할 것이다. "너희는 남에게서 바라는 대로 남에게 해 주어라"(마태복음 7 : 12)라는 황금률(黃金律)에 기초하고 있다. 자기가 좋아하는 것을 남에게 그대로 해 주라는 적극적인 기독교 윤리야말로 서양예절의 기본정신인 것이다.

오늘날 우리가 흔히 국제예절이라 칭하는 것들의 대부분은 이러한 철저한 이웃배려 정신에서 개선되고 새로이 형성되어 국제사회에서 보편적으로 통용되는 서양식 예절을 말하고 있다.

3. 외국인과의 친선강화와 신뢰감 조성

외국인을 대할 때에는 상대국에 대한 문화의 특성을 어느 정도 알고 대하여야 한다. 특히, 비즈니스 상담의 경우에 상대 기업의 역사와 문화도 미리 파악해 두어야 한다. 그들 고유의 것에 대한 지식과 이해의 바탕 위에서 대화가 이루어질 때, 그들은 보다 친근감을 나타내게 될 것이다. 또한 어느 나라나 그 나라 국민의 사고와 행동양식은 그들의 오랜 역사를 통해 형성되어 왔다는 사실에 비추어 볼 때, 외국인과 친교강화의 첫 걸음은 그들의 과거에 대한 정확한 이해가 따라야 한다.

연구 과제

1. 국제경영에서의 인력문제의 중요성을 논하시오.
2. 국제경영관리자의 임무는 무엇인가?
3. 국제경영관리자의 자질을 논하시오.
4. 최고경영자의 역할을 논하시오.
5. 글로벌 CEO의 강점을 논하시오.
6. 한국에서 글로벌 CEO의 조건과 역할을 논하고 최고의 글로벌 CEO를 제시하시오.
7. 다음의 용어에 대하여 설명하시오.
   1) 국내경영과 국제경영의 차이
   2) 글로벌 CEO
   3) 해외근무자의 자질
   4) 국제경영자

제23장
국제마케팅과 글로벌 브랜드

사례연구 ▶ Global 500대 기업

AVIVA

① Web Site

http://www.aviva.com

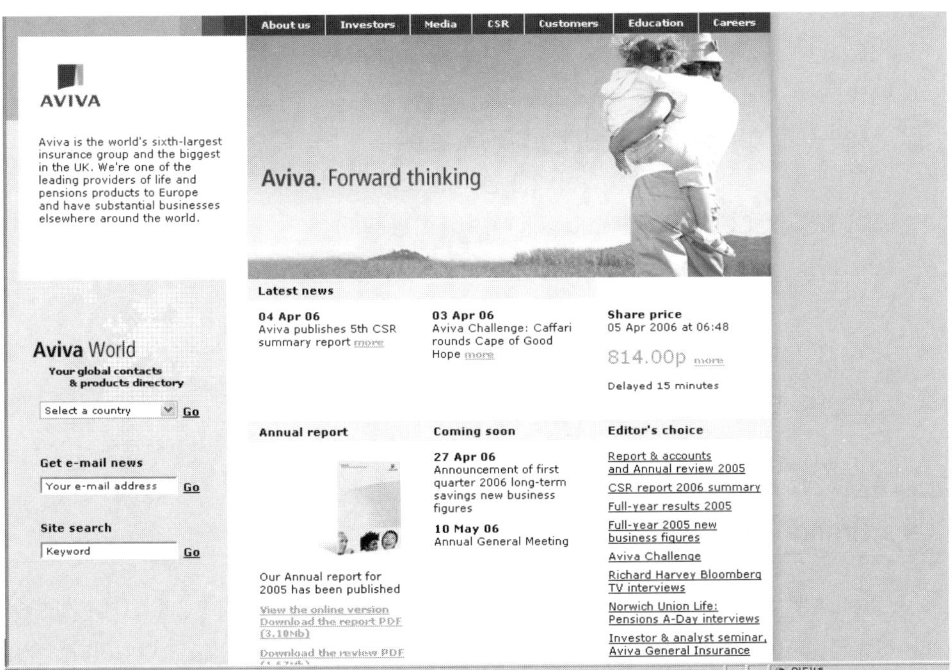

2 기업개요

AVIVA는 전 세계에서 6번째로 큰 규모의 보험그룹이자 United Kingdom에서 가장 큰 규모의 보험회사이다. 유럽에서 생명과 연금 제품을 제공하는 선두 공급업체 중의 하나이며 세계적으로 25개 이상의 나라에 자회사를 가지고 있다. 이 중에서 유럽을 통한 보험수입이 92%, UK로부터의 수입이 49%를 차지한다. 주요 활동은 Long-term Savings, Fund Management, General Insurance이다. 이 중 73%가 Long-term Savings, 27%가 General Insurance이다. AVIVA는 보통 83만 7천 명의 주주들이 존재하며 그 중 97%의 개인 투자자들이 13%의 지분을 가지고, 나머지 2%의 은행과 명의기업이 82%의 지분을, 1%의 연금 기금관리자, 보험회사 등이 나머지 5%의 지분을 가진다. 전 세계에 걸쳐 60만 명의 직원이 근무하고 있고, 3천만 명의 고객에게 서비스를 제공한다. Fortune이 선정한 Global 500대 기업 중 제35위를 차지하고 있는 세계적인 기업이다.

3 기업연혁

1969년	Hand-In-Hand 창설
1797년	Norwich Union 설립
1824년	Norwich Union의 포르투갈로 처음 해외부서 개점
1905년	CU와 Hand-In-Hand 합병
1998년	CU와 GA가 합병하여 CGU로 변경됨 60개국에 지사 설립. 2만 명 직원 고용
2000년	CGU와 Norwich Union(CGNU) 합병 발표
2001년	온라인 wealth management 첫 론칭
2002년	주주들의 브랜드 네임 변경 승인 AVIVA plc로 사명 변경
2005년	Fortune.com이 선정한 글로벌 500대 기업 35위 랭크

4 Brand name AVIVA

AVIVA는 2000년 5월 30일 CGU와 Norwich Union의 합병에 의해 CGNU가 탄생되었다. 합병은 결코 그룹의 장기적인 계획의 일부도, 이름을 바꾸기 위한 의도도 아니었다. 2001년까지 기업의 이미지 통합전략으로 가장 강한 현지 브랜드화를 추구했다. 이러한 계획에 있어 2001년 말에 향후를 위한 브랜드 전략이 계획되었고, 2002년 5월 AVIVA라고 브랜드 네임을 바꾸었고, 이것은 그룹에 경쟁력 있는 장점을 가져다주게 되었다.

5 글로벌 네트워크

AVIVA은 세계 6번째로 큰 보험 그룹이고 United Kingdom 안에서 가장 크다. 유럽 안에서 life와 pension 제품의 주요 공급자 중의 하나이고, 전 세계적으로 풍부한 사업을 다른 곳에서 하고 있다. 주요한 활동은 Long-term Savings, Fund Management, General Insurance 이다. £3,310억의 premium income과 투자판매로 £291십억의 자산을 기록했다.

- 핵심 산업은 long-term savings와 general insurance 사업이다.
- 자본의 막대한 성장은 주주들의 투자가 기여했다.
- 92%의 net premium income은 유럽에서 이루어지며, 그 중 49%가 UK에 해당한다.
- 사업에 가장 높은 기여를 하는 것은 Continental Europe의 판매성장이다.

6 글로벌 기업구조

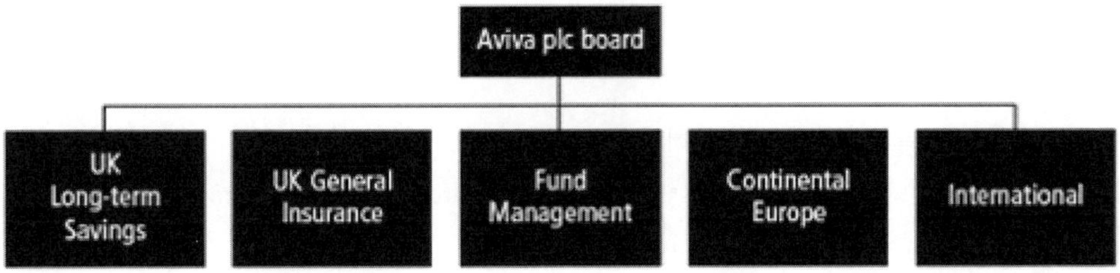

Aviva's business streams: Organisation Structure

7 기업이념

Forward thinking !

AVIVA는 삶과 생명력에 관한 그들의 삶을 최고로 만들고자 하는 전 세계의 3백만 명의 소비자들을 돕는다. 300년 이상 우리는 사람들의 욕구를 이해하고 알아내기 위한 더 나은 방법을 창조하는 진취적인 기업으로 인정받았다. 그것은 직접적이고 매일을 꿰뚫어 보는 능력인 통찰력이다. 이것을 통해 우리가 누구이고 무엇을 해야 할지를 안다.

8 국제경영전략

- ○ 우리의 long-term savings business를 호전적이고 수익성 있게 성장시키는 것
- ○ 세계 일류의 fund management를 세우는 것
- ○ 업무 인수인계와 능률적인 클레임 처리와 함께 general insurance로의 집중적인 접근을 잘 관리하는 것
- ○ 핵심시장에서 최고 5위를 기록하는 것
- ○ 잠재적으로 시장에서의 선두위치나 보다 높은 위치로의 복귀가 야기되지 않을 때 사업이나 시장에서의 라인을 철회는 것

9 글로벌 네트워크

대부분의 사업영역은 AVIVA로 새롭게 브랜드화되었지만, 기업의 강력한 거대 시장 브랜드는 여전히 남아 있다.

• Norwich Union in the UK • RAC in the UK • Delta Lolyd in the Netherlands
• Hibernian in Ireland • Commercial Union in Poland

다음 조직들은 AVIVA로 이동하면서 그룹의 합병으로 이익을 보았다.

• Morley Fund Management • Navigator in Australia • Eurofil in France

제1절 한국의 글로벌 브랜드

최근 한국기업의 브랜드 가치가 껑충 뛰어올랐다. 미국의 브랜드 컨설팅 회사인 인터브랜드가 매년 발표하는 '글로벌 100대 브랜드' 명단엔 삼성(20위), 현대자동차(84위), LG(97위) 등 3개사가 들어갔다. 특히 삼성은 2005년 처음으로 '일본의 자존심'이라는 소니(28위)를 앞섰다.

1999년 전까지 한국기업이 단 한 곳도 들지 못한 데 비하면 격세지감이다. 삼성전자, 포스코, SK텔레콤 등의 신용등급은 국가신용등급보다 1~2단계 앞선다. 최근 한국기업의 글로벌 마케팅은 눈부시다.

러시아 서(西)시베리아 첼랴빈스크~블라디보스토크 간 총연장 9,300㎞에 달하는 시베리아 횡단철도(TSR). 밤낮 없이 일주일을 꼬박 달려야 하는 거리다. 때문에 열차에 오르기 전 누구나 자신의 먹을거리를 고민해야 한다. 이 기차 안에서 러시아인들이 가장 즐겨 찾는 음식은 한국야쿠르트의 즉석라면 '도시락'이다.

시장점유율 1위의 사연이 재미있다. 1980년대 말 부산항을 드나들던 러시아 보따리 상인들이 '도시락' 라면을 가져다 팔았다. 한국야쿠르트는 기(奇)현상에 주목, 분석에 착수했다.

열차여행이 잦은 러시아인들은 둥근 대접형보다 네모난 용기를 좋아한다는 사실을 알게 되었고, 이유 역시 '네모의 안정성' 때문임을 파악했다. 네모난 상자의 안정성은 식사 후 반찬그릇과 화분으로 재활용하게끔 하는 덤까지 고객에게 선사했다. 잘 퍼지지 않는 쫄깃한 면발도 인기 비결이었다. 회사측은 즉시 '튼튼한 용기와 더 쫄깃한 면발' 작업에 착수했다.

결과는 2005년 한해 '러시아 시장 2억 개 판매실적'으로 나타났다. 러시아에서 '즉석라면'이라는 말은 한국말 그대로 '도시락'이며, 주말농장 '다차'에도 몇 개씩은 꼭 쌓여 있는 필수품이 될 정도로 러시아시장에 뿌리내렸다.

해외시장에서 1등자리를 굳힌 한국식품은 의외로 많다. 특히 국내에서는 1등이 아닌 데도 해외에서 1등을 하는 제품이 많다. 이유는? 까다로운 외국인의 입맛을 뚫어낸 것은 철저한 현지화와 독특한 마케팅, 그리고 홍보전략이 어우러진 결과라는 분석이다.

중동지역에서는 단연 롯데 스파우트 껌이 블록껌 시장 1위다. 28년 전 중동시장에 진출해 꾸준히 브랜드 인지도를 높여온 덕분이다. 아랍인이 좋아하는 민트향과 과일향 6가지 제품을 통해 입맛을 사로잡았다. 이제는 스파우트 껌을 모르는 아랍인은 없을 정도다.

빙그레 '꽃게랑'은 러시아 시베리아 · 극동 지역에서 스낵시장 1위다. 꽃게맛이 나는 칩인 꽃게랑의 성공은 역(逆)발상의 결과다. 해산물 가격이 비싸고, 감자스낵이 주종을 이루는 시베리아 지역에서 "꽃게랑으로 비싼 꽃게 맛을 볼 수 있다"는 마케팅이 성공을 거둔 것.

노란 뚜껑의 '오뚜기 마요네즈'는 전체 판매량의 3분의 1을 러시아에서 판다. 고소한 맛의 '골드 마요네즈'가 러시아인들에게 어필해 노란 뚜껑의 유사제품이 쏟아질 정도다.

제2절 글로벌 브랜드 전략

1. 글로벌 브랜드의 정의 및 특징

(1) 글로벌 브랜드의 정의

비즈니스위크(Business Week)는 Interbrand Corp, J.P Morgan Chase&Co. Citigroup, Morgan Stanley와 함께 취합한 데이터로 글로벌 브랜드를 100순위까지 선정하여 발표하고 있다. 선정된 글로벌 브랜드의 기준을 살펴보면[1] 첫째 브랜드의 가치가 최소 10억 US달러 이상이고, 둘째 자국 외의 국가에서 적어도 3분의 1 이상의 매출이 이루어져야 하며, 셋째 브랜드의 가치를 공개적으로 마케팅과 재무적인 데이터로 평가할 수 있어야 한다고 밝히고 있다.

한편, 글로벌 브랜드의 사전적 개념에는 "다양한 국가에서 동일하게 사용되는 브랜드"라고 설명하고 있다. 그러나 글로벌 브랜드 육성 차원에서 좀 더 구체적으로 정의해 본다면, "복수지역의 특정 세분시장에서 경쟁력 있는 인지도와 선호도를 확보한 브랜드"라고 설명하고 있는데, 이를 자세히 살펴보면 다

1) http://businessweek.com.

음과 같다.

'복수지역'에서 지역이라 함은 국가내의 지역이 아니라 아시아, 유럽 등과 같은 경제적 · 사회적 권역을 의미하며, '특정 세분시장'이라는 것은 어떤 상품에 대한 전체 시장이 아닌 상품의 특성이나 고객의 특성 등으로 세분화된 시장 중 특정시장을 의미한다. 특정 세분시장을 규정할 때 한 가지 유념해야 할 점은 자사가 목표로 하는 특정 세분시장이 지속적인 시장(Sustainable Market)이어야 한다.[2] 또한 '경쟁력 있는'이라는 의미는 세분시장에서 생존 및 성장이 가능한 수준을 의미하며, 자사의 목표시장이 어떤 특성을 지니고 있느냐에 따라 '경쟁력'의 조건은 달라진다. '인지도와 선호도'라는 의미는 자사의 브랜드가 특정지역의 특정 세분시장의 소비자들로부터 인지도와 선호도를 확보하고 있다면, 비록 매출이 발생하지 않더라도 글로벌 브랜드로 볼 수 있다는 의미이다.

(2) 글로벌 브랜드의 특징

이러한 글로벌 브랜드들은 일반적으로 다음과 같은 특징을 갖고 있다.

첫째, 자국시장에서의 강점을 들 수 있는데, 이들은 모두가 일차적으로 자국내 시장이 치열한 경쟁을 딛고 일어선 브랜드들로서 처음 만들어질 때부터 글로벌 브랜드로 계획되거나 혹은 글로벌 브랜드의 위치에서 출발한 것들은 아니다. 따라서 자국시장에서의 경쟁력은 해외시장을 개척하기 위한 좋은 바탕이 될 뿐만 아니라 시장개척의 충분한 자금을 제공하기도 한다.

둘째, 판매에 있어서의 지역적인 균형을 들 수 있다. 대개의 글로벌 브랜드는 특정지역에서만 알려진 것이 아니라, 전 세계적으로 균형을 갖추고 있는 것들이 대부분이다.

셋째, 주로 유사한 소비자의 욕구를 충족시킨다는 점을 지적할 수 있다. 이는 극단적인 현지화를 추구하기보다는 전 세계 소비자들의 다양한 욕구 가운데서도 어느 공통되는 부분만을 충족시키므로 표준화의 혜택을 추구하는 것이다.

넷째, 대개의 글로벌 브랜드들은 특정제품의 범주에다 초점을 맞추고 있는데, 사업다각화나 브랜드 확장을 하는 경우에도 기존의 사업범위를 크게 벗어나지 않는다는 점이 특징적이다.

---

2) 김선영 · 반병길 · 이인세, 「다국적기업전략과 관리」(박영사, 2001), pp. 346~350.

2. 브랜드 글로벌화의 장점과 장애요인

(1) 브랜드 글로벌화의 장점

많은 국제기업들이 시장이 글로벌화 추세에 맞추어 글로벌 브랜드를 경쟁적으로 도입하려고 하고 있다. 이는 글로벌 브랜드가 다음과 같은 이점을 제공하기 때문이다.

첫째, TV 광고를 달리 하지 않고 하나의 광고를 사용함으로써 값비싼 광고 제작비용을 상당히 절감할 수 있다. Coca-cola 광고를 맡고 있는 광고대행사인 McCann-Erickson은 글로벌 TV 광고의 제작을 통해 지난 20년간 9,000만 불의 제작비용을 절감한 것으로 추정한다.

둘째, 기업은 여러 국가에 신제품을 동시에 출시함으로써 국가에 따라 시차를 두고 단계적으로 제품을 출시할 경우 발생하는 문제를 예방할 수 있다. 단계적 제품 도입은 경쟁회사로 하여금 한 국가에 출하된 자사제품의 아이디어를 모방하여 다른 국가를 선점할 시간적 여유를 제공하는 단점을 갖는다. 이러한 이유로 P&G는 Ariel 세탁세제를 전 유럽에 동시에 출시하였는데, 이는 이들 국가간에 세탁관습에서 큰 차이를 보이지 않기 때문이다.

셋째, 글로벌 브랜드는 현재 대형소매상의 경로파워에 크게 영향을 받지 않지만, 국내 브랜드는 광범위한 유통의 확보를 위해 대형도매상에 의존 등 다양한 중간상 촉진을 수반해야 한다.[3)]

(2) 브랜드 글로벌화의 장애요인

1) 외부적 요인

한편, 글로벌 브랜드의 도입에 대한 장애요인은 그 특성에 따라 외부적 요인과 내부적 요인으로 나누어 설명할 수 있다.

먼저 외부적 요인으로는 각 국가간의 시장특성의 차이를 들 수 있다. 동일한 브랜드라 하더라도 지역(혹은 국가)에 따라 연상되는 내용이 다를 경우와 어떤 지역(혹은 국가)의 사회적 · 문화적 가치가 조화되지 않아 소비자들로부터 거부될 수 있다.

내부적 장애요인 또한 글로벌 브랜드의 도입을 어렵게 만들 수 있다. 원래

3) 최만규, 「브랜드의 글로벌 이미지와 소비자의 구매의사에 미치는 영향에 관한 연구」(고려대대학원, 2001), pp. 12~13.

글로벌 전략이란 국가간의 차이를 이용하기보다는 여러 국가의 소비자 행동들 간의 성장배경과 기업문화에 의해 크게 영향을 받아 대체로 최고경영자(혹은 창업주)가 의사결정을 주도하는 기업에서 글로벌 브랜드의 도입이 용이하다. 이에 반해 현지 자회사에 경영의사결정이 위양된 조직구조를 가진 기업들은 글로벌 브랜드의 도입이 쉽지 않을 수 있다. 현지 자회사는 현지시장의 특성에 맞는 다양한 제품들을 취급하는 것을 보다 선호하는 경향이 있으며, 이는 제품범주에서의 전문성을 바탕으로 그 분야에서 글로벌 브랜드를 육성하려는 글로벌 마케팅과 상치된다. 일반적으로 글로벌 브랜드의 도입은 브랜드에 의해 전 세계 소비자들에게 고유한 가치체계를 전달할 수 있는 경우에 적합한데, 이에 대해 구체적으로 설명하면 다음과 같다.

첫째, 과거에 소개된 적이 없는 혁신제품은 기존의 어떤 가치체계에 의해 영향을 받지 않으므로 글로벌 브랜드를 통해 전 세계 소비자들에게 자사가 원하는 고유한 가치관을 창출, 전달할 수 있어 글로벌 마케팅 및 브랜드의 도입에 적절하다.

둘째, 유동성과 연관된 서비스제품(항공·호텔산업, 렌트카, 영화산업 등)도 글로벌 브랜드의 도입이 적절한 제품·산업영역이 되는데, 이러한 서비스제품 영역에서 국제적으로 인지도가 높은 브랜드는 자연스럽게 전 세계 소비자들로부터 권위와 전문성을 인정받게 되며, 각국의 국제사업가들은 세계 어느 국가에서든 신뢰성 있는 서비스를 제공받기를 기대할 것이기 때문이다.

셋째, 교통과 통신의 발달 및 소득의 향상 등으로 인한 식생활에서의 다양성을 추구하는 각국의 소비자들이 증가함에 따라 이국적인(Exotic) 제품영역과 함께 브랜드가 한 문화(국가)를 대표하는 전형적인 제품(Stereotype)이 될 수 있을 때, 그리고 어떠한 개성적 특성을 대표하는(Archetypes) 경우에도 글로벌 브랜드의 도입이 가능하다.

3. 글로벌 브랜드의 가치

전 세계적으로 브랜드에 대한 관심이 날로 뜨거워지고 있다. 매년 비즈니스위크에서는 선정된 세계 100대 브랜드를 발표하고 있으며 미국에서는 브랜드와 관련된 서적들이 연일 쏟아져 나오고 있다. 초일류 기업의 CEO나 세계적 석학들도 브랜드에 대한 중요성을 각종 강연이나 세미나에서 심심찮게 발표하고 있다.

하나같이 요즘과 같은 불황기 시대일수록 브랜드가 더욱 중요하며 미래에도 기업의 승패는 브랜드 전략에 달려 있다고 한다.

또한 기업의 인수나 합병을 수행할 경우 유형자산의 가치뿐만 아니라 브랜드의 가치, 유통조직의 능력, 기술개발력, 특허권 등 다양한 무형자산의 가치를 산정한다. 이때 강력한 브랜드를 보유하고 있는 기업의 평가에는 브랜드의 가치를 어느 수준으로 평가하느냐에 따라 기업 총가치의 평가에 상당한 영향을 미친다.

다음에서는 이러한 브랜드의 중요성과 더불어 브랜드가 우리들에게 제공하는 의미 및 가치에 대해 알아보기로 한다.

(1) 글로벌 브랜드의 자산

세계적인 유명 브랜드들은 소비자들의 다양한 욕구 변화에 대해 지속적이며 체계적인 마케팅 노력을 기울이고 있다. 이제 세계는 하나의 단일시장이 되어 과거에 볼 수 없던 치열한 경쟁이 일어나고 있다. 세계의 경영컨설턴트들은 하나같이 브랜드의 중요성을 강조, 앞으로는 강력한 브랜드파워를 간직한 소수의 기업들만이 살아남는다고들 한다.

이처럼 브랜드는 최근 기업들의 핵심적인 경쟁우위요소로서 차별화된 이미지를 가진 파워브랜드의 개발은 장기간에 걸쳐 경쟁사들의 공격을 이겨낼 수 있는 확고한 기반을 제공한다.

브랜드는 제품의 얼굴로서, 기업의 제품이나 서비스를 경쟁사의 것과 차별화시키기 위해 사용하는 이름과 상징물의 결합체를 말하는 것으로, 이에 대한 여러 측면을 하나의 숫자로 변화시키고 관리의 대상으로 삼은 것이 브랜드 자산(Brand Equity)이다. 이를 개념으로 설명하면, 브랜드 자산이란 브랜드의 이름이나 상징과 관련하여 형성된 자산의 총액에서 부채를 뺀 것이다. 이는 브랜드 자산이 높다는 것은 그 브랜드를 부착한 것이 그렇지 않은 것보다 기업과 고객에게 더 높은 가치를 부여한다는 것을 의미한다.

기업의 가치 또한 브랜디의 자산적 가치로 평가될 수 있으며 강력한 브랜드 자산은 일반적으로 높은 브랜드 인지도와 호의적인 브랜드 이미지를 형성한다. 아울러 브랜드 자산을 강화하는 브랜드 전략은 다른 전략적 요소들과의 적합성, 즉 글로벌 마케팅 상황에서 진출방식과의 적합성 및 일반적인 마케팅 믹스(Marketing Mix)들과의 적합성 역시 글로벌 브랜드 자산을 만들어 가는 데 중요한 역할을 담당한다.

(2) 소비자에의 가치

적지 않은 소비자들은 특정 브랜드에 대한 선호를 형성하면 이를 오랜 기간 동안 지속하는데, 이는 일반적으로 소비자들은 특정 브랜드에 대하여 제품 자체의 가치뿐만 아니라 감정적인 가치까지 부여하기 때문이다.

아울러 소비자는 브랜드를 통해 제품과 브랜드에 대한 막대한 양의 정보를 해석하고 처리하는 데 많은 도움을 받는다. 이는 소비자들의 구매의사 결정과정에서 소비자들이 투입하는 노력을 최소화하려는 경향으로 나타나기 때문이다.

한편, 소비자들은 구매의 필요성을 느끼게 되면, 그 즉시 구매에 필요한 정보를 수집하기 시작한다. 정보의 경제학(Economics of Information)에 의하면, 소비자의 과거 경험이나 기억에 의존하는 내부적 정보탐색과 광고나 기타 외부의 원천에 의거하는 외부적 정보탐색을 거치는 과정에서 소비자들은 최적의 의사결정을 내리고자 가능한 한 많은 자료를 수집하고자 한다.

이와 같이 소비자들이 가장 흔히 선택하는 대체적인 방법 가운데 하나가 바로 브랜드에 의한 선택이라고 할 수 있으며 이는 세계적으로 널리 알려진 글로벌 브랜드들은 각 나라의 소비자들에게 관습적인 구매의 형태로, 보다 본격적인 의미에서의 브랜드 충성도 등의 관점에서 만족할 만한 대안으로 등장한다.

따라서 글로벌 브랜드는 소비자들에게 나름의 부가적인 가치를 제공하며, 브랜드에 대한 감정적 애착은 소비자에게 부가적인 소비자 가치를 발생하도록 할 뿐만 아니라 구매에 필요한 정보처리와 해석이 있어서도 소비자의 구매노력을 최소화시켜 준다. 또한 구매 이후에 부수되는 구매확신과 더불어 사용 이후에도 부가되는 비교적 높은 만족도를 어느 정도 보장하기 때문이다.

(3) 기업에의 가치

세계적인 글로벌 브랜드 자체의 사용료를 받아 수익을 올릴 뿐 아니라 자체적으로도 여러 가지 장점을 갖고 있으며 그 중 하나가 규모의 경제이다. 신제품을 출시하는 경우 글로벌 브랜드는 전 세계적인 막대한 판매량으로 개발비용을 조기에 회수할 수 있어 천문학적인 R&D 비용이 소요되는 제약이나 자동차, 화학산업 등에서 특히 그 의미가 크다고 할 수 있다.

이에 대해 구체적으로 살펴보면, 첫째 규모의 경제는 개발비용에서뿐만 아니라 생산이나 유통, 촉진 등에서도 쉽게 나타난다. 전 세계 어디서나 볼 수 있는 글로벌 브랜드들은 국지적인 보통 브랜드들보다 소비자들의 눈에 훨씬 더 잘 노출되어 같은 예산으로 광고를 하더라도 소비자들의 기억 속에 남을 확률이 훨씬 더 높다고 할 수 있다. 또한 동일한 브랜드를 전 세계적으로 사용함에 따라서 동일한 포장 사용이 가능한 것 등 제반의 비용절감효과 역시 무시할 수 없는 수준이다.

둘째, 기업의 성장전략 추구에 있어 국지적인 현재 브랜드들보다 우위에 있다. 일반적으로 기업이 성장을 추구하기 위해서는 시장의 확대와 신제품 개발이라는 두 가지의 방향성을 갖게 되는데, 국제화된 글로벌 기업은 그 두 가지의 성장전략에서 보다 유리한 위치에 놓인다.

우선 시장의 확대 측면에서 볼 때, 특정의 해외시장과 같은 신규시장으로 진출할 경우 투입되는 촉진비용이 상대적으로 저렴하다. 또한 현지 시장에서 유통경로를 확보함에 있어서도 높은 브랜드 인지도로 인하여 현지 유통업자들을 설득하기가 용이하여 경로개척을 위한 비용과 노력을 절감할 수 있다.

따라서 신제품 개발이라는 측면에서 보더라도 글로벌 브랜드는 브랜드 확장을 통하여 신제품을 성공적으로 시장에 도입하기에 유리한 위치를 점한다. 신제품 도입시 소비재용품의 경우 성공확률이 20% 미만일 정도로 신제품의 도입은 위험한 전략이라고 할 수밖에 없다.

반면에 널리 알려진 글로벌 브랜드는 그러한 위험의 정도를 상당히 낮출 수 있다는 장점을 가지고 있으며, 가장 대표적인 것이 소비자들의 '지각된 위험'의 감소라고 할 수 있다.

대부분의 소비자들은 널리 알려진 글로벌 브랜드의 품질과 성능에 대하여 어떤 믿음을 갖고 있다. 이러한 믿음의 크기가 크면 클수록, 그리고 신제품이 기존 제품과 관련성이 높으면 높을수록 그 브랜드가 신제품으로 확장되었을 때 소비자들의 신제품에 대한 지각된 위험은 자연스럽게 감소하는 것이다.

셋째, 촉진의 측면에 있어 더 넓은 마케팅 기회를 포착하는 데에서도 글로벌 브랜드의 강점을 찾아볼 수 있다. 대부분의 나라에서 언론은 세계적으로 널리 알려진 글로벌 브랜드에 관하여 매우 높은 관심을 보이는 까닭에 글로벌 브랜드는 홍보뿐 아니라 전 세계적으로 널리 알려진 스포츠 행사의 후원과 같은 어느 특정의 마케팅 기회를 포착하기가 더욱 용이하다.

4. 글로벌 브랜드의 전략개발

(1) 글로벌 브랜드의 전략개발

전 세계가 하나의 단일화된 시장으로 변화되어 가는 상황에서 각 제품군 내에서 최고의 브랜드가 된다는 것은 기업의 장기적 생존과 관련하여 가장 안전한 경쟁 우위의 하나임은 부인할 수 없는 사실이다.

이러한 글로벌 브랜드를 육성하기 위해 기업은 사업목적 및 브랜드 이미지의 목표, 브랜드 판매의 지리적 범위, 브랜드 메시지, 회수기간 등의 영역에서 전략적 결정을 필요로 하는데, 이에 대해 구체적으로 살펴보면 다음과 같다.

첫째, 원가 우위를 토대로 한 가격경쟁과 함께 단기적 매출증대를 추구하기보다는 최고의 품질을 가진 제품이라는 브랜드 이미지를 구축하는 것을 사업목적의 우선순위로 두어야 한다.

둘째, 현재의 유행을 반영하기 위해 노력하기보다는 여러 세대에 걸쳐 소비자의 마음속에 유산적 가치로 오래 자리잡을 수 있는 포지션을 추구해야 한다. 글로벌 브랜드는 현 시점에서 소비자들에게 큰 관심영역으로 대두되는 것을 충족시키기보다는 그들이 변함없이 중요하게 생각하는 가치(가령 모성애, 건강, 고상한 취미 등)에 소구하는 것이어야 한다.

셋째, 자국 소비자들의 고유한 욕구에 초점을 맞추기보다는 전 세계 소비자들이 공유하는 욕구를 충족시키는 제품이어야 한다.

넷째, 기능적 제품이기보다는 제품의 사용경험이 지위를 상징하거나 소비자의 라이프스타일을 풍요롭게 만드는 데 기여하는 것이어야 한다.

다섯째, 글로벌 브랜드는 오랜 기간의 마케팅 투자를 통해 높은 수익을 실현하여야 한다.

(2) 글로벌 브랜드의 전략적 관리조건

이상과 같은 글로벌 브랜드 육성에 대한 전략적 결정과 더불어 글로벌 시장에서 요구하는 글로벌 브랜드의 전략적 관리조건을 살펴보면, 첫째는 기업의 비전 및 가치, 사명(Mission) 등을 담은 기업 브랜드 관리 철학(Corporate Brand Philosophy)이 필요하다. 이를 위해서는 글로벌 시장을 대상으로 하는 브랜드의 의미와 속성(Brand Essence)을 명확히 설정해야 하는데, 이는 제품의 물리적 · 기능적 특징 및 소비자가 브랜드를 사용함으로써 얻는 혜택, 그리고 감상적 가치,

의인화(Personalizing)를 통한 이미지 등을 바탕으로 한 브랜드의 핵심을 차별적으로 명료화하는 것을 말한다. 예를 들면 프랑스의 민족주의 'Cointreau(오렌지 껍질의 추출물로 제조한 리큐르)'는 복잡 다양한 생활 속에서 일상적으로 발생할 수 있는 고객의 문제를 해결하는 고객의 문화와 감성을 혼합한 생활 태도에 초점을 맞춰 고객과 생활을 같이하는 라이프스타일 대중주로 자리잡고 있다. 또한 Wickueller 맥주는 소설에 나오는 중세시대의 삼총사 이미지를 강하게 부각시킴으로써 남성다운 남성의 맥주로서 소비자에게 기억되고 있다.

둘째로는 소비자의 생각과 의식, 태도 속의 일정한 자리매김을 위해 소비자와의 관계를 통한 브랜드 포지셔닝(Brand Positioning)에 있다. 브랜드가 성공하려면 제품의 가치내용을 통합적으로 통일된 방향으로 전개해 나가는 것이 중요하다. HITE 맥주의 암반수 물과 같이 이미지 가치를 통합하여 하나의 방향으로 형성해 나가면서 통정(通情)시키는 것을 말한다.

이를 위해서는 주고객 시장을 정하고 주고객 시장에 의한 이익목표에 따른 기능을 실행하도록 해야 한다. 기능 면에서 보면 소비자의 생각과 태도, 그리고 구매행위의 변화를 이끌어 낼 목적으로 경쟁사와 구별될 수 있는 방법을 실행하여야 하는데, 이는 기업의 시장에서의 지위에 따라 다르게 접근할 수 있다.

다음으로는 브랜드 퍼스널러티(Brand Personality)를 구체화할 수 있어야 하는데, 기업의 입장에서 형성된 브랜드 이미지에 대해 소비자가 좋아하거나 선호하는 브랜드 퍼스널러티를 갖고 있어야 한다. 브랜드 퍼스널러티는 제품이 갖는 라이프스타일 트렌드(Trend)를 대변해 줄 뿐만 아니라 소비자가 추구하는 나름대로의 맛과 멋, 향기 그리고 분위기 등을 사유화(Privatization)시켜 줄 수 있으며 개인주의(Individualism) 경향을 지원해 줌으로써 구매결정에 영향을 미친다.

제 3 절 해외시장

1. 마케팅환경의 중요성

MERCK는 한 기업이 국제적으로 직면하게 되는 많은 문제점들을 지적해 주고 있다. 한 기업이 해외영업을 시작하기 전에 다양한 조사를 한다 할지라도 예상치 못한 문제들이 제기되기 마련이다.[4] 마케팅원칙은 국제적으로 차이가 없다. 그러나 환경적 차이는 가끔 국제경영자들로 하여금 중요한 변수를 간과하거나 경영정보를 잘못 이해시키게 만든다.

MERCK는 목표시장, 제품믹스, 유통경로와 같은 중요한 마케팅 변수들에 대해 시사점을 주고 있다. 본 장에서는 시장규모분석, 제품의 선택, 가격, 촉진, 국제마케팅에 있어서 유통전략들을 고찰한다.

2. 시장규모분석

잠재적 수요를 결정하기 위해서는 제품의 표본판매를 평가해야 한다. 선진국에서는 보통 역사적인 소비형태 등 개인적인 시장조사를 해야 한다. 그러나 개도국에서는 쉽게 입수할 수 있는 자료를 기초로 비용이 안 드는 방법을 개발하는 것이 좋다. 조사원들이 잠재적인 시장평가를 하기 위해 쉽게 발견할 수 있는 일반적인 방법과 정보의 원천은 다음과 같다.

(1) 잠재적인 토털 마켓

1) 소비패턴　　산업연관표는 여러 갈래의 산업 · 가계 · 정부 · 자본형성 부문간의 재화와 용역의 흐름을 빠짐 없이 파악함으로써 경제구조분석, 경영계획수립의 지표가 된다. 산업연관표를 사용함으로써 우리는 그 제품이 어떻게 수요되는지 알 수 있다. 대부분의 선진국뿐만 아니라 개도국들도 현재 산업연관표를 발간하고, 이것을 비교함으로써 다른 부분의 상품뿐 아니라 주어진 제품형태의 판매변화를 예측할 수 있다. 이 표는 발행되어 이용할 수 있기까지는 오랜 시간이 필요하다. UNCTAD, GATT 등 국제무역센터에서 발간되는 자료도 산업연관표에서 볼 수 있는 것과 같은 자료를 얻을 수 있다.

2) 타 국가자료　　이 방법은 제품수요가 어떤 변화에 관계된다는 것을 전제로 한다. 예를 들면 한 나라에서 소비가 변함에 따라 제품의 수요도 소비의 변화를 따라 변하게 된다. 변화과정을 도표로 만드는 방법은 1인당 GNP가 제품수요와 소비에 미치는 변화를 도표로 그리는 것으로 합리적으로 좋은 통계방법

4) John D. Daniels, and Lee H. Radebaugh, *International Business*(Addison-Wesley Publishing Company), pp. 619~622.

이다. 그러나 이 방법은 다른 변수가 수요에 영향을 미칠 수 있으므로 제품에 따라서는 실패하는 문제점이 있다. 또한 기술과 가격의 변화로 일정기간 내에 관찰하는 것보다 그 소비패턴이 더 빠르거나 늦을 수도 있기 때문이다.

3) 시계열자료　　이 방법은 시계열자료가 유용하며 현재의 가치가 과거의 가치로 규칙적으로 변화될 때 사용될 수 있다. 시계열(time series)과 국가간 데이터(cross-national data)는 결합하여 사용될 수도 있다.

4) 회귀분석　　어떤 하나의 경제변수를 그것과 관련 있는 하나 또는 몇 개의 변수로써 설명하려는 것을 회귀(回歸)라 하고, 그 분석방법을 회귀분석이라 한다. 이러한 회귀분석의 목적은 해외시장수요를 몇 개의 관련지표에 의해서 추정 또는 예측하는 것이다.

5) 소득탄력성　　국민소득이 1% 변동할 때 다른 경제량(즉 수요량 · 조세수입 · 수입량 · 고용량)이 몇 % 변동하느냐를 표시하는 비율의 총칭이다. 개별적으로는 수요의 소득탄력성, 조세의 소득탄력성, 수입의 소득탄력성 등이 있다. 이런 개념은 다른 소득수준에 있는 국가의 소비를 평가하는 데 유용하다. 이 개념은 또한 주기적이거나 오랜 기간에 걸친 소득변화로서 특정한 상품의 소비를 추적하는 데 유용하다.

(2) 갭 분 석

위의 방법들은 제품의 시장잠재력을 평가하기 위해 사용되는 것이다. 일단 이러한 결정이 이루어지면 기업은 다른 시장에서 그것이 잘 진행되는가를 산출해야 한다. 이런 관점에서 조사하는 시장과 비교하는 국가들을 위한 유용한 방법은 갭 분석(gap analysis)이다. 기업의 판매가 평가된 잠재적인 시장보다 낮다면 그 시장에는 앞으로 판매를 증가시킬 수 있는 잠재력이 있다. 그리고 그것은 관습 · 경쟁력 · 제품 수에 따라 변하게 된다.

제 4 절 제품정책

1. 제품정책의 중요성

국제마케팅 내지 수출마케팅 목적의 달성도는 한 마디로 채산성 있는 상품의 판매극대화에 의하여 측정된다고 볼 수 있다. 그러나 우리나라의 수출상품이 국제경쟁시장에 있어서 외국상품과 경쟁하여 우위를 차지하기 위해서는 우선 원가면에서 저렴해야 하는 것은 물론이지만, 더 근본적인 경쟁요건은 상품의 품질이다. 즉 아무리 원가가 저렴하다 하더라도 외국시장의 수요자 기호를 충족시키는 질이 함께 뒷받침되지 못하고서는 경쟁의 지속은 어렵기 때문이다.

따라서 국제마케팅전략 및 활동은 마케팅 믹스전략(4p: 제품, 가격, 경로, 촉진) 중 제품력 강화를 첫째 과제로 삼아야 하며, 이를 바탕으로 가격, 경로, 촉진전략 및 활동이 수행되어야 할 것이다.

2. 제품계획

국제무역시장에서는 실제로 여러 가지 요인이 중복되어 품질수준이 결정되는 것이 일반적이지만, 수출기업의 입장에서는 그 이전에 기업의 독자적인 노력에 의한 품질계획전략, 즉 제품계획전략이 수행되어야 한다.[5] 이 제품계획은 일반적으로 i) 착상단계, ii) 평가단계, iii) 연구단계, iv) 계획단계, v) 결정단계, vi) 실시단계, vii) 조성단계의 7개 단계에 따라 순차적으로 집행되는 것이지만 어느 단계이든지 제품계획의 내용은 두 가지 관점에서 파악되어져야 한다.[6]

첫째는, 제품계획의 대체적인 내용이 신제품 개발, 기존 제품의 개량, 기존 제품의 신용도 개발 중 어느 것인가를 결정하는 것이며, 둘째는, 그 선택된 내용에 대한 구체적인 품질형성의 문제, 즉 1차적 품질은 물론이며 디자인 · 포장 · 상표 · 유행 등의 2차적 품질 외에도 품질보증이나 애프터 서비스까지도 결정하는 문제이다.

---

5) E. J. McCarthy, *Basic Marketing, Analytic Approach* (Irwin, 1964), pp. 38~40.

6) 한국무역연구소, 「우리나라 수출마케팅에 관한 연구」(1972), pp. 57~59.

대체로 모든 기업의 제품계획전략은 구체적 품질형성 문제는 거의 대동소이한 반면, 제품계획의 내용에서는 국가에 따라 상이하다. 즉 신제품 개발전략에 중점적인 선진국 패턴과 기존 제품의 개량 및 신용도 개발전략에 집중적인 후진국패턴으로 구분된다. 이는 신제품을 개발해서 생산 · 수출하기 위해서는 개발비용, 생산전환비용, 신판매비용 등의 제 비용이 엄청나게 많이 드는 위험이 있기 때문에 나타나는 양상이다.

3. 제품개발

제품개발이란 새롭게 발명된 혁신적인 제품만을 개발하는 것을 의미하는 것이 아니라, 제품믹스에 있어서 생산판매하지 않던 새로운 품목을 추가하는 것을 말하며 새로운 기술혁신에 의한 생산방법이나 제품용도에 따라 소비자나 생산업자의 새로운 발명품 외 기존 제품이라도 새로운 제품믹스의 품목에 추가되는 제품을 개발하는 것을 의미한다.[7] 그러므로 개념상으로 제품개발이라 할 때에는 기술적인 새로움이나 시장상의 새로움이 어떻게 추가통합되느냐에 따라 여러 가지 유형이 있다.

기업의 생존과 성장을 위해 제품개발이 필요하나 연구 · 개발투자를 증대하면서 소비자의 기호를 충족해야 하므로 값비싼 희생과 위험이 따르게 된다. 제품개발 아이디어를 창출하는 데는 많은 시간과 비용이 투입되어야 하며 출시된 제품이라도 제품개발 비용을 보상하고 성공할 수 있는 확률은 적다. 그러므로 제품개발은 꾸준한 투자와 신중한 노력을 기울여야 할 것이다.

4. 제품전략의 실제

라이프 사이클(life-cycle), 즉 제품수명주기는 일반적으로 도입기 · 성장기 · 성숙기 · 포화기 · 쇠퇴기의 다섯 단계로 구분을 할 수 있으며, 이러한 제품의 라이프 사이클은 단축화되는 경향이 있다. 경쟁적 요건과 환경요인이 라이프 사이클과 함께 계속 변화하므로 각종 마케팅수단을 주기적으로 변경시켜 가며 적용해야 한다. 즉 수출상품이 목표로 하는 국가 또는 지역에 있어서 그 상품 또는 상품류가 라이프 사이클상 어떠한 단계에 도달하였는가를 판정하고 선택하여 이에

7) P. Kotler, *Marketing Management, Analysis, Planning and Control*(1980), p. 314.

따라 적용해야 할 것이다. 각 단계별로 마케팅믹스 적용변화의 특성을 살펴보면 다음과 같다.

(1) 개 척 기

개척기라고 불리는 도입기에 가장 효과적인 전략수단은 품질이며, 가장 비효율적인 방법은 서비스에 많은 비용을 투입하는 것이다. 한편, 가격인하는 큰 실효를 거둘 수 없으며 오히려 대대적인 광고활동이 효과적이다.

(2) 성 장 기

성장기에 있어서는 신제품에 대해 민감한 소비자는 이미 구입이 끝난 상태가 되는바, 판매자 저항을 받게 되어 광고가 가장 강력한 수단이며, 품질의 제2의 수단으로 바뀌며, 가격과 품질에 대한 수요탄력성은 아직도 낮다.

(3) 성 숙 기

성숙기에 접어들면 비가격요인에 민감한 대부분의 구매자들은 거의 구입한 경험이 있으며 경쟁자가 많이 나타나므로 경쟁이 치열해진다. 이 때 가격인하는 높은 탄력성을 갖는 효과적 방법이 되며, 광고 · 품질 · 서비스는 그 다음 순서가 된다.

(4) 포 화 기

포화기는 가격탄력성이 매우 낮아서 제품차별화가 가장 유리한 수단으로 등장하게 되며, 포장이나 디자인이 훌륭한 방책이 된다.

(5) 쇠 퇴 기

쇠퇴기에는 제품차별화 정책도 별로 효과가 없으며 광고활동 강화가 가장 유력하며, 제품의 신용도 개발에 노력해야 할 것이다. 품질과 서비스에 대한 투자는 효과가 있으나 가격인하는 거의 효과가 없게 된다.

제 5 절 가격정책

마케팅믹스에 있어서 가격의 중요성을 과소평가하는 경향이 있다. 많은 기업은 세계 여러 곳에서 표준판매이윤을 단순히 적용한다. 국제관계에 있어서 가격결정은 다음의 이유로 국내보다 더 복잡하다.

① 정부개입의 정도
② 시장의 다양성
③ 수출에 있어 가격의 단계적인 인상
④ 변동환율의 상대가치
⑤ 다양한 가격책정에 대한 차이

1. 정부의 개입

모든 국가는 소비자 수준에서 재화의 가격에 영향을 미치는 법을 가지고 있다. 그러나 이러한 법은 다른 시간에 다른 방법으로 다른 제품에 영향을 주게 된다. 이러한 규제는 기업이 그들의 목표를 수행하는 최적전략의 사용을 방해하게 된다. 한 정부의 가격통제는 소비자에게 부과되는 수준을 최대로 할 것이냐 혹은 최소로 할 것이냐에 따른다.

기업들은 이와 같은 이유로 자국에서 부과되는 것보다 낮은 가격으로 해외로 수출하고자 할 것이다. 그 이유 중의 하나는 외국시장에 시험판매를 위한 것이고, 다른 이유는 다른 나라에서 부과하는 가격보다 경쟁력을 갖게 하기 위해서이다.

2. 시장다양성의 증대

국가간의 다양성은 자연적인 부문에서도 일어나는데, 이것들은 외국의 경제적 · 법적 · 문화적 차이와 같은 요소에 기인한다. 한 제품에 투입된 총비용 중 외상구입으로 인한 추가부담이 있다면 판매가격은 더 높아질 것이다. 판매가격뿐 아니라 총수요에 영향을 주는 이런 추가적 부담을 소비자들이 어떻게 보는가, 그리고 부채에 대한 태도는 소비자가 현금으로 지불할 것인가, 외상으로 지불할 것인가에 영향을 미친다.

3. 수출가격의 단계적 확대

수출에 있어서 다음 두 가지 경우가 가격인상을 위해 발생된다. 첫째는, 유통경로의 거리가 멀 때, 둘째는, 관세의 인상으로 인해 소비자에게 부과되는 추가적 비용이다.

제 6 절 촉진정책

수출판매 촉진은 수출품의 판매를 촉진하기 위하여 판매에 관련된 제 활동을 기획하고 실행하는 것이다. 광의의 수출판매 촉진은 수출판매 활동은 물론이고 수출상품 정책, 유통경로 정책, 수출가격 정책 등과 같은 모든 수출마케팅활동을 포함하는 것이며 협의의 수출판매 촉진은 광의의 수출판매 촉진의 대상이 되고 있는 것들을 제외한 수출마케팅활동으로서 해외시장의 구매자의 구매를 자극하는 방법이나 또는 중간판매업자를 지원하는 것 등이다. 즉 넓은 의미에서의 판매촉진형태는 수출광고 · 수출전시에 의한 수출판매 등을 포함하는 것이고, 좁은 의미에서의 수출판매 촉진은 전기의 것을 제외한 수입국에서의 판매상 · 특약점 · 소비자 · 사용자 등에 대하여 카탈로그, 견본, 매뉴얼(manual) 등을 송부한다거나 판매점 등에 대하여 판매상의 원조 등을 행하는 것을 말한다.

이와 같은 수출판매 촉진을 형태별로 살펴보면 다음과 같다.

1) 대상에 의한 분류

① 소매점 촉진

② 소비자 촉진

2) 원조방법에 의한 분류

① 판매조성

② 기술원조

③ 경영조성

3) 원조내용에 의한 분류

① 정보의 제공

② 조언 혹은 지도

③ 서비스의 제공

④ 재료설비 혹은 자금의 제공

4) 목표주체에 의한 분류

① 잠재적 구매자에 대한 것

② 경로상의 상업자에 대한 것

③ 일반대중에 대한 것

현재 해외시장에서 행해지고 있는 판매촉진은 대개 이상에서 열거한 형태들이나 어떠한 형태를 채택할 것인가에 대하여서는 상품의 종류, 해외시장의 상황, 중간업자의 상황, 해외에서의 경쟁상황, 소비자의 욕구, 소요비용에 따라 결정된다.

제 7 절 유통경로정책

기업은 시장잠재력을 평가하고 목표시장에 적합한 제품이나 용역을 설계하고, 소비자에게 판매촉진을 한다. 그러나 제품이나 용역이 소비자에게 편리하게 만들어지지 않았다면 판매잠재력에 도달할 가능성은 거의 없게 될 것이다. 유통경로는 그 제품이 생산과 소비 사이의 물질적인 통로 혹은 법적 권리의 과정이다. 국내마케팅에서 생산자는 국내유통뿐만 아니라 국가 사이의 유통방법도 결정해야 한다.

1. 유통경로 이용

도매업자와 소매업자는 저장시설, 전시공간, 재고품에 지불된 자금, 운송과 개인적으로 이동을 해서 상품을 판매하는 능력이 한정되어 있다. 따라서 그들은 자연적으로 가장 잠재력 있는 이익을 가져다 주는 일만을 수행하려고 한다.

한 기업이 국가에 낯설고 약간의 경쟁자들이 이미 거기서 판매하고 있는 제품을 도입 · 소개하기를 원한다면 새로운 제품을 다루기 위한 유통업자들을 납득시키기가 어려울 것이다. 이미 설립된 기업도 그들의 새로운 제품을 위해 유통경로를 얻기가 어렵다는 것을 발견할 것이다. 만일 기업이 현존하는 유통경로 이용을 원한다면 그 제품을 취급하는 유통업자들을 개선할 동기가 필요하게 될 것이다.

2. 시장세분화

많은 제품과 시장은 전진적인 개선이나 다른 지역에 있어서의 다른 유통전략을 위해 적합하다. 지역적 장애물은 국가들을 매우 특별한 시장으로 분류하고 있다(예를 들면, 콜롬비아는 산으로, 오스트레일리아는 사막으로). 기업은 지역적 범위를 제한함으로써 점진적으로 시장에 들어가게 될 것이고, 중개상의 형태만을 강조함으로써도 점진적으로 시장에 들어가게 될 것이다.

3. 해외판매제도

국가 사이의 유통가격의 근거는 명확하지 않다. 한 기업이 국제적으로 판매하는 것은 다른 상황을 다루어야 하기 때문에 유통시스템이 운영비용과 진입을 쉽게 하는 데 영향을 주는 것을 알아야 한다. 주어진 유통형태에 대한 소비자 기호는 주어진 시기에 국가에 따라 또한 다양하다.[8] 국가적인 기준은 상점 수와 크기에 따라 다르고, 소유주와 도매상인 사이의 협정에 따라 다르며, 사람들이 구입하기 원하는 곳이 어디냐에 따라 다르다.

4. 개도국의 비판

다국적기업이 개도국에 악영향을 주는 잉여제품을 소개하는 것과 관련된 논쟁은 이런 제품에 대한 광고 때문이다. 예를 들면 잠비아 정부는 음료수인 '환타'가 영양음료가 아니고 아이를 홀리고 젖을 떼게 한다는 것을 알고 난 후 환타의 광고를 금지시켰다.

8) John D. Daniels, and Lee H. Radebaugh, *International Business*(Addison-Wesley Publishing Company), pp. 624~644.

제 8 절 직접수출과 간접수출

현대는 단순한 시장생산이 아니라 계획생산이기 때문에 국제기업은 생산·판매·소비의 전면을 예측하는 행동계획을 세워 일정한 제품을 계획적으로 판매하기 위해, 자사제품의 유통활동을 통합해야 하며 이러한 고차적인 계획판매를 실시하기 위하여는 그 매개적 통로로서의 수출경로가 담당하는 역할이 매우 크다. 더구나 국제마케팅의 활동영역인 외국시장은 각기 독자적인 발전과정을 거친 특이한 시장형태를 나타내고 있기 때문에 국내마케팅 경로와는 전혀 다르다.

그러므로 각각의 특성을 조사·분석하여, 선택 가능한 여러 경로 가운데서 가장 효율적인 것을 선정해서 대상국의 실정에 적절한 마케팅활동을 해야 할 것이다.

사실 수출경로의 선택 여하에 따라 그 전체적인 수출마케팅 경로 자체가 크게 영향을 받는 경우가 허다하며, 아무리 좋은 품질전략이나 가격전략을 행한다고 하더라도 올바른 경로전략의 수반 없이는 좋은 결과를 기대할 수 없다. 이 같은 수출경로전략은 마케팅믹스전략 가운데서 차지하는 비중이 매우 크다. 수출경로전략은 궁극적으로 직접수출이냐 간접수출이냐의 양자택일로 집약이 되는데, 효과적인 유통경로전략은 특정 목표시장의 상태, 기업 자체의 사정 등을 선택하는 데 그 의의가 있다.

1. 직접수출

직접수출이란 수출기업이 일정한 수출업무를 담당하며 자국 내에 있는 수출중간상을 전혀 경유하지 않는 형태의 수출을 말한다. 따라서 경로가 직접수출 경로가 되는 것이다. 직접수출경로의 유형은 [그림 23-1]과 같으며 그 장단점은 다음과 같다.

(1) 직접수출의 장점

① 직접수출 거래처와의 시장정보 교환의 용이성
② 중간이익의 배제·절약
③ 애프터 서비스 및 프레 서비스, 기업신용제의 유지와 증진

그림 23-1 직접수출 경로의 제 유형

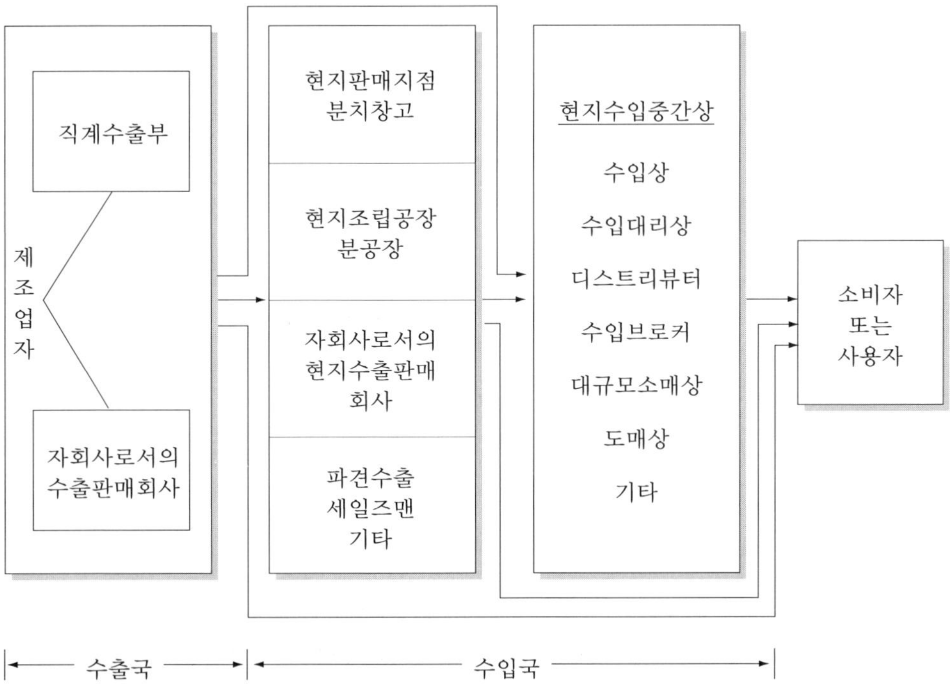

자료 : 한의영, "간접수출 경로 선정에 관하여,"「무역연구」, 제 5 권 제 3 호(한국무역연구소), p. 7.

④ 해외고객과의 의사소통으로 구매형태 파악
⑤ 다품종 소량생산 주문에도 응할 수 있음

(2) 직접수출의 단점

① 직접시장조사 비용의 증대
② 새로운 시장개척의 어려움
③ 해외주재 지사의 설치로 인한 비용증가
④ 직접수출의 초기단계에서는 직접수출 비용의 증대

2. 간접수출

수출기업이 자국 내에 있는 수출중간상을 경유하는 것을 간접수출이라 하며

그림 23-2 간접수출 경로의 제 유형

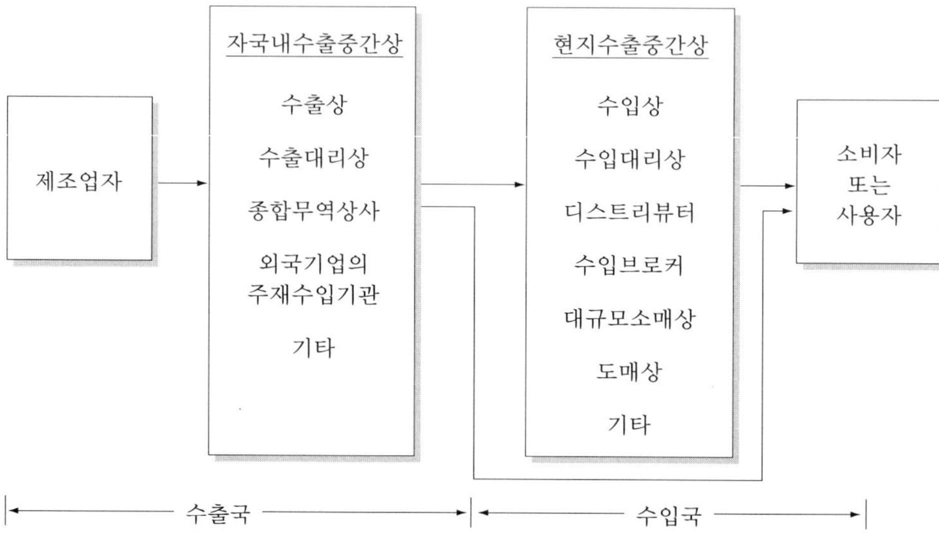

아직까지는 이 간접경로를 이용하는 것이 세계적인 추세에 있다고 볼 수 있다. 간접수출 경로의 형태는 [그림 23-2]와 같으며 그 장단점은 다음과 같다.

(1) 간접수출의 장점

① 되도록 유명한 수출상사를 이용할 때 그 유명도에 편승한 수출증대

② 수출업무에 정통한 수출상사의 이용은 안도감을 준다.

③ 클레임의 해결 용이

④ 직접수출 경비의 절약

⑤ 때에 따라서는 수출상사의 재정적 지원이 용이

(2) 간접수출의 단점

① 해외고객과의 직접적인 의사소통의 곤란

② 수출대행 상사와 수출기업간의 이해가 대립될 때 양자간에 분쟁이 일어나기 쉽다.

③ 클레임을 해결할 경우 수출대행상사는 자기에게는 유리하게, 수출기업에게는 불리하게 처리할 때가 많다.

④ 수출대행상사는 다품종의 상품을 취급하기 때문에 전문적인 상품지식이

없어 상담을 놓칠 때가 많다.

⑤ 수출대행상사간의 과당경쟁으로 인해 수출기업이 손해를 볼 때가 많다.

⑥ 애프터 서비스내지 프레서비스의 불철저

⑦ 소량수출 주문을 기피

제 9 절 국제마케팅전략의 수립

1. 국제마케팅과 국내마케팅의 차이

국제마케팅이란 마케팅이 국가적인 경계를 넘어서 다국적으로 동시에 행해지는 것이라고 할 수 있다.

국내마케팅과 국제마케팅의 차이에 대해서 두 가지 견해가 있을 수 있다.[9]

첫째는, 국제마케팅이란 존재하지 않으며 단지 국내마케팅이 전 세계적으로 존재한다는 것이다. 이 견해에 따르면 마케팅의 원리는 유일한 것으로 국내시장을 위한 마케팅과 국제시장을 위한 마케팅이 따로 존재하는 것이 아니며, 결국 모든 국제시장은 사실상 국내시장이라는 것이다. 또한 국제적인 마케팅관리자에게 있어서 가장 중요한 전략 개념도 국내 사업을 관리하는 데 적용되는 전략개념과 동일하다고 본다.

둘째는, 국제마케팅은 독특한 측면이 있으며 이런 측면을 알고 이에 적용해야만 성공한다는 것이다.[10]

국제마케팅이 가지는 독특한 측면으로는 집군(clusters), 민감도(enbironmental sensitivity), 동일적 · 차별적 영합(unifying and differentiating influences), 레버리지(leverage), 경영지향성(managerial orientation), 제품 · 시장수명주기(PLC/MLC) 등이 있다.

이상에서 국제마케팅과 국내마케팅의 차이에 대한 견해를 살펴보았는바, 양

9) L.A. Allen, *Integrated Marketing: The Customer knows Best, Dun's Review and Modern Industry, 73*(Jan. 1959), p. 41.

10) Robert Bartels, "Are Domestic and International Marketing Dissimilar?" *Journal of Marketing*, (AMA, July 1968), pp. 56~61.

자 모두 시장지향적인 기업의 경영이라는 마케팅의 원칙에 비추어 볼 때 근본적인 차이는 없다. 마케팅이론은 일반적인 유효성을 가지므로 마케팅전략의 설계는 어느 곳에서나 동일한 것이며 시장조사의 방법이나 정책수단의 적절한 배합에 대한 상이한 국경을 사이에 두고 큰 차이가 날 수는 없는 것이다.

그럼에도 불구하고 국제마케팅과 국내마케팅을 구별하는 것은 마케팅전략 수립에 영향을 주는 외부적 결정인자——자연과 인간——가 국가마다 서로 상이하기 때문이다. 즉 국가마다 특수한 환경요인이 있으므로 다국적으로 마케팅을 수행하려면 국제마케팅의 독특한 측면이 존재하게 되는 것이다.

따라서 국제마케팅의 성공적 수행을 위해서는 (국내)마케팅에 대한 전반적 이해와 더불어 국제마케팅의 독특한 측면을 아는 것이 매우 중요하다.

2. 국제마케팅전략의 수립절차

국제마케팅전략의 수립절차는 국내마케팅의 경우와 근본적으로 다른 점은 없으며 구체적인 내용에서 몇 가지 추가로 고려해야 할 사항이 발생할 따름이다. 국제마케팅전략의 수립절차를 간단히 요약하면 아래와 같다.

(1) 상황분석

상황분석은 기업의 외부요인과 내부요인으로 나누어 볼 수 있는데 그 내용을 살펴보면,

① 기업외부요인: 일반환경분석, 고객분석, 경쟁분석

② 기업내부요인: 과거실적분석, 기업의 자원 · 강약점 분석

상황분석 단계에서는 각 국가시장이 가지는 특성과 유사성을 파악해야 하며 국가시장을 군집으로 나누어 관리할 것인지 결정해야 한다.

(2) 목표설정

목표는 보통 매출액, 수익성과 시장점유율을 기준으로 표시된다. 수익성과 시장점유율은 단기적으로 역의 관계를 가질 수 있으므로 목표설정에 있어서는 전략적 선택이 필요하다.

(3) 전략수립

상품 · 시장매트릭스를 중심으로 네 가지 전략대안, 즉 생산성증대, 시장개척, 상품개발, 다각화 방안이 있다. 이러한 전략대안을 달성하기 위해 시장세분화에 의한 표적시장의 선정, 핵심전략의 수립이 이루어진다.

(4) 마케팅믹스전략

전략 대안의 달성을 위해서 구체적인 마케팅믹스전략을 수립한다. 마케팅믹스전략이란 통제가능한 마케팅 기본도구인 제품, 가격, 경로, 촉진 등의 역할과 활용방법을 구체화하는 것을 뜻한다. 이와 함께 마케팅믹스전략을 전 세계시장에 적용할 때 확장전략과 적용전략 중 어느 것에 더 큰 비중을 둘 것인가를 결정해야 한다.

기업체는 마케팅 제 수단을 가장 적절히 배합함으로써 소기의 이익목표와 마케팅목표를 최대한으로 달성토록 해야 한다.

3. 표준화 전략과 적응화 전략

(1) 다국적적 시장기획

국제적으로 영업을 하려고 하는 기업은 여러 가지 부수적인 의사결정을 하게 될 상황에 직면하게 된다. 무엇보다도 먼저, 목표시장의 선정과 둘째는, 이러한 시장에 진입하기 위한 진입전략과 마지막으로는, 목표시장에 적절한 제품을 선택하고 또한 적합한 마케팅믹스전략을 채택하게 된다. 즉 이것은 마케팅관리과정을 그대로 따르는 것이 된다. 달리 말하면, 외국의 소비자들에게 필요한 제품들을 제공해 줄 수 있는 방법과 시스템을 여하히 사용할 것인가라는 문제로 귀착된다.

이러한 의사결정은 마케팅믹스결정이 되고 제품, 촉진, 유통 및 가격과 관련된 전략을 기획하는 데 대한 해답까지도 포함하게 되는 것이다. 즉 기업이 조심스럽게 평가해야만 할 것은 국제마케팅전략이다. 일반적으로 평가해야 할 대상은 제품으로부터 시작되긴 하지만 꼭 그렇게 해야만 하는 것은 아니다.

제품을 변경시키지 않고 판매할 것인가? 또는 다른 시장의 욕구에 맞도록 적응시킬 것인가라는 것이 큰 문제로 제기된다. 그 외 제품을 제외한 여타 마케팅믹스 변수들은 실제로 제품을 해외 목표시장에 포지셔닝(Positioning)하기 전에 충분한 검토와 평가를 요하게 된다. 즉 여하히 제품에 가격을 매길 것인가, 중개사를 이용할 것인가, 구매습관이 다르고 광고 매체도 다른 해외 목표시장에서 여하히 판매촉진을 할 것인가라는 총체적인 물음에 대한 기업의 방침 내지는 전략이 이에 해당된다.

이러한 문제들에 해답이 주어질 경우 나타나는 기업의 전략은 이미 본사국 시장에서 사용하는 것과 같을 수도 있고 또는 해외시장의 환경적 측면에 따라 상당히 달리 나타나기도 한다. 그러므로 단일 국가 내에서 영업활동을 하는 기업에 비하여 복수의 해외시장에서 활동하는 기업에 있어서 이러한 전략문제는 훨씬 복잡한 형태를 띠게 된다. 즉 해외시장의 소비자들은 다양한 욕구를 지니며, 제품포장, 용기, 제품 특성에 관한 의사결정은 본사국 시장에서 이루어지는 관련 의사결정 사항보다 훨씬 더 복잡함은 두 말할 나위도 없을 것이다. 물론 이러한 전략의 중요성은 산업별로 다를 뿐만 아니라, 국가적 또는 환경에 따라 달리 나타난다. 그러므로 다국적적으로 이루어지는 시장기획은 대단히 복잡하고 도전적이 될 수밖에 없다.

(2) 해외전략의 제 견해

테프스트라(Terpstra)는 이러한 문제에 대하여 다음과 같이 주장하고 있다.

"해외시장에 진입하는 기업은 우선적으로 목표시장과 영업종목을 결정해야 한다. 기업은 국내에서보다 해외에서 보다 더 큰 이윤추구 가능성과 보다 넓은 범위의 해답을 구할 수 있다. 그러므로 기업은 국내에서 판매하는 제품과는 다른 제품을 해외시장에 팔 수 있고 국내에서는 판매방법과 달리 새로운 방법으로 자원을 자본화할 수도 있다.

또한 해외시장에서 제품의 비교우위에 관심을 지니는 구매자에게 아주 용이하게 접근하여 상표권 또는 용역까지도 판매할 수가 있다. 여기서 언급하는 팔 수 있는 상품은 제품, 상표, 공정기술에 관한 노하우 등을 포함하는 포괄적인 의미의 것들을 가리킨다. 한편 판매가능한 서비스는 연구 · 개발기술, 생산기술, 마케팅기술 또는 일반 관리기술까지도 포함된다."

문헌적 의미에서 볼 때 다국적 표준화는 다른 여러 나라에 있어서 동일한 판촉계획에 의하고 동일한 유통경로 체계를 통하여 동일한 제품을 제공하는 것을 의미하며 극단적 의미로 본 완전히 지역화되고 적응화된 마케팅전략은 전혀 공통요인을 포함하지 않은 것이 된다.

미러클과 알바움(Miracle and Albaum)은 제품의 표준화를 제품 다양성의 제한으로 언급하고 제조업자들이 제품을 표준화하고 경비를 절감하려는 욕구와 제품을 적응화시킴으로써 소비자들의 욕구를 충족시키려는 욕망 사이의 갈등을 지적하고 양 극단으로 가는 것은 결코 기업에 이윤이 되지 않는다고 주장하고 있다.

한편 테프스트라(Terpstra)는 제품의 표준화는 분명히 규모의 경제라는 매력을 제공하지만, 그러나 여기서 고려해야만 할 사항은 현지국 제품을 해외시장에서 어느 정도 수용할 것인가 하는 정도와 국가별로 적응화된 제품의 판매액 및 이윤을 상호 비교하여 결정해야 한다는 것이다.

일반적으로 보아 올바른 제품은 기업에게 연속적인 큰 이윤을 가져다 주기 때문에 비용 · 효익분석이 무엇보다 제품의 적응화와 표준화를 결정하는 데 필수불가결하다고 주장하고 있다. 그리고 버젤(Buzzel)은 비록 해외시장들에 공통적인 마케팅전략을 적용하는 데에는 많은 제한점들은 있지만 역으로 잠재적인 이익도 있다고 지적하고 이들 전략의 중요성은 산업별 또는 기업의 성격상 변화가 있지만 충분한 이익이 있기 때문에 경영자는 마케팅전략의 어느 부분을 표준화하려는 아이디어를 무시해서는 안 된다고 주장하고 있다.

한편 소렌손과 위치먼(Sorenson and Wiechman)은 어느 한 국가에 대하여 다국적 표준화된 마케팅전략을 사용할 것인가라는 문제는 학자들에게 공히 논란이 되어 왔고 여러 가지 다양한 관점이 있어 온 것 또한 사실이며, 이러한 다양한 견해의 밑바탕에는 전 세계 소비자들의 특성에 관하여 상충되는 전제와 국가간 마케팅기술 및 실무이전 가능성에 대하여 상충되는 전제가 깔려 있기 때문에 그러하다고 지적하고 있다.

반면에 그들은 어떤 제품에 대해서는 세계 어디서든지 소비자의 관심이 기본적으로 똑같기 때문에 본사국에서 마케팅결정을 하고 동일한 마케팅 접근방법을 개별국가에 이전시킴으로써 기업의 경제적 효율성을 증진시킬 수 있다고 주장한다. 그리고 또 다른 견해로서 각국의 시장간에는 명백히 차이점이 많기 때문에 국제적으로 차별화된 마케팅 프로그램을 사용해야 한다는 것이다.

한편 위에서 언급한 이분법적인 분류 이외에 보다 중립적인 입장을 취하는 쪽도 있다. 즉 버젤은 표준화전략의 장애요인을 네 가지 유형으로 나누고 이들 요인들이 마케팅믹스 변수들에 미치는 영향을 요약하고 있다. 여기서 버젤은 여러 가지 대안들에 대한 비용과 수입을 주의깊게 측정함으로써 표준화와 적응화를 균형 있게 채택할 수 있다고 주장한다. 그리고 버젤은 실제적인 문제로서 마케팅전략의 어느 요소들이 표준화될 수 있고 표준화되어야만 하는가, 그리고 어느 정도까지 그러한가라는 문제와 기업경영 정책의 마케팅 측면을 무엇보다도 올바르게 고려해야 하며 여타 다른 마케팅믹스 변수들과 관련시켜 고려되어야 함을 지적하고 있다.

표준화와 적응화에 관한 이러한 논쟁들의 관점에서 볼 때 실제로 다국적기업들이 그들의 제품, 가격 및 판촉활동을 표준화하는 범위와 정도를 나타내는 실증적인 증거를 제공하는 것이 적절한 것으로 보인다. 두 번째로 제품과 가격결정전략을 적응화하도록 하는 요인을 파악하는 것이 필요하며 마지막으로, 제품과 가격결정 프로그램을 표준화함으로써 얻게 되는 이점 · 장점을 탐색해 보는 것이 보다 적절할 것으로 보인다.

연구 과제

1. 다국적기업은 해외시장침투를 위해 어떤 수단을 시도하고 있나?
2. 다국적기업의 해외마케팅전략의 핵심은 무엇인가?
3. 직접수출과 간접수출의 장 · 단점을 논하고 비교 · 검토하시오.
4. 한국 기업의 해외시장 분석방법 중 가장 타당한 방법을 제시하시오.
5. 한국 상품의 가격정책을 국제경쟁력 측면에서 논하시오.
6. 국제마케팅과 국내마케팅을 상호 비교 · 검토하시오.
7. 다음의 용어에 대하여 설명하시오.
   1) 회귀분석
   2) 제품계획
   3) 마케팅믹스전략
   4) 라이프 사이클(life cycle)
   5) 수출경로

제24장
글로벌기업의 생산네트워크

사례연구 ▶ Global 500대 기업

AIG(American International Group)

① Web Site

http://www.aig.com

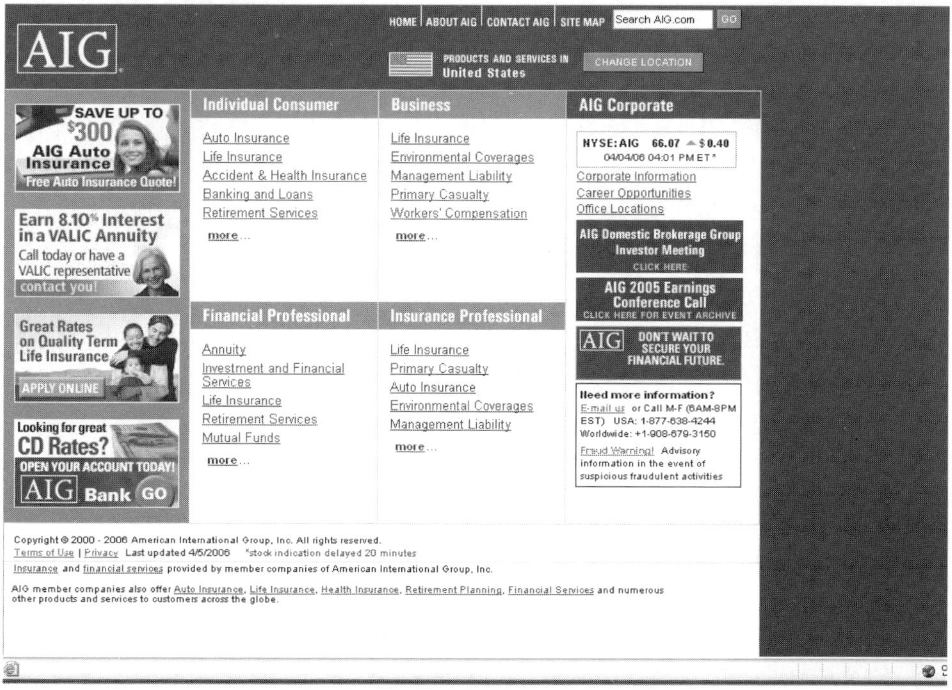

2 AIG 역사

1919	중국 상하이에 창립자 C.V.Starr가 AAU(American Asiatic Underwriters) 설립
1926	AIU(American International Underwriters) 미국 뉴욕에 설립
1946	독일 진출, 벨기에 · 프랑스 등 유럽 진출
1947	AIG 손해보험 한국진출
1969	AIG 기업 공개
1979	동유럽의 폴란드 · 헝가리 · 루마니아에 합작회사 설립
1984	뉴욕 · 도쿄 · 런던 · 파리 증시에 주식상장
1987	AIG 생명보험 한국 진출
2001	연금보험사 American General 인수
	AIG 그룹 전체 순이익 53억 6천 3백만 달러, 총자산 4,930억 달러 달성

3 American International Group

아메리칸 인터내셔널 그룹(AIG)은 약 130개 국가 및 관할지역에 걸쳐 영업망을 보유하여 세계적으로 보험과 금융서비스를 선도하는 글로벌 기업이다. AIG 계열사들은 그 어느 보험사보다도 가장 광범위한 전 세계 손해보험 및 생명보험 네트워크를 통하여 기업, 기관 및 개인 고객들을 만나고 있다.

AIG계열사들은 기업보험을 취급하는 보험회사 중 미국에서 가장 큰 보험회사이며 AIG American General은 미국 내 최상위에 속하는 생명보험사이다. AIG의 범세계적인 사업은 금융서비스와 연금보험 분야 및 자산관리도 포함하고 있다. AIG의 금융서비스 분야는 항공기 임대, 금융상품, 무역 및 시장조성을 포괄하고 있다.

AIG는 AIG SunAmerica와 AIG VALIC을 통하여 미국에서 가장 거대한 연금보험 비즈니스를 보유하고 있으며 주식, 고정 연금, 대안 투자 및 부동산에 특화된 투자 관리기능으로 개인 및 단체를 위한 자산운용 분야를 선도하고 있다. 아메리칸 인터내셔널 그룹의 보통주식은 뉴욕증권거래소는 물론 런던, 파리, 스위스 및 동경에 상장되어 있다.

4 사업개황

International Lease Finance Corporation은 상업용 첨단 제트항공기를 임대 및 재판매하는 분야에서 범세계적으로 주도적인 위치에 있으며 AIG Financial Products Corp.는 광범위한 표준 또는 주문형 이자율, 통화, 주식투자 및 신용거래와 관련된 상품을 취급하는 전문회사이며, AIG Trading Group, Inc. 및 AIG Global Investment Global, Inc. 그리고 AIG Consumer Financial Group, Inc. 등은 AIG의 브랜드 네임으로 강력하게 지원할 수 있는 급부상중인 다양한 시장에서 소비자 금융업을 발전시켜 나가고 있다.

5 세계적인 네트워크와 역량

- ㅇ 미국에서 최대 규모의 기업관련 화재, 특종에 대한 손해보험사업
- ㅇ 성장일로에 있는 미국 내 개인보험사업
- ㅇ 미국 내 상위 생명보험사로 그룹 전체 매출의 반 정도를 생명보험부문에서 올리고 있음
- ㅇ 최고를 지향하는 다양한 금융서비스사업
- ㅇ 비약적인 성장을 거듭하는 세계적 자산관리사업
- ㅇ Sun America를 통한 퇴직연금 상품판매

6 차별화전략

1) 광범위한 세계적 영업망

AIG의 이익(법인세 공제전)의 반 이상이 해외에서 산출된다. AIG의 세계적인 영업망의 뿌리는 약 80년 전 중국에서 설립되어 동남아로 펼쳐진 해외보험영업에 있으며 현재 그 영업망은 전 세계로 뻗어나가고 있다.

2) 엄격한 보험인수와 제경비 관리

이러한 기본 방침이 AIG의 영업 운영을 주도하고 있으며 그 결과 순사업비용\과 부가사업비용을 합산한 비율이 보험업계 평균치의 10%를 상회한다.

3) 탄탄한 재무구조

AIG는 탄탄한 재무구조와 양호한 재정상태를 자랑하는 보험금융그룹이다. AIG는 포춘지가 선정한 '미국 내 1위 보험회사(property & casualty)'이고 포브스지가 선정한 '2004년 Global 2000대 기업' 중 3위에 올랐다. 또한 비즈니스 위크지가 선정한 '세계 1000대 기업' 중 8위에 선정되어 있다.

제1절 국제적 생산네트워크

1. 국제경영환경의 변화와 생산

국제경영환경의 변화에 적응하고 간단 없는 경쟁압력에서 살아남기 위해서는 기업경영조직이 생산활동과 기술혁신에서 '유연성'을 가지고 있어야 한다. 그러나 이러한 유연성은 숙련노동력의 원활한 공급, 전문 중소기업의 발전, 제품 디자인의 변경을 자유롭게 할 수 있는 네트워크전략이 전제되어야만 가능하다. 지역적 생산네트워크가 범세계적 생산활동과 기술혁신의 네트워크에 연계되는 것은 이러한 유연성을 높이기 위한 방편이 될 수 있다.

국제적 생산네트워크에 편입된 지역은 국제적 생산네트워크에 편입되지 못한 기업들보다 훨씬 먼저 선진 기술집약적 부문에 특화할 수 있고, 국제경영환경의 변화에 적절하게 적응할 수 있다.

2. 다각화 개발전략

그러나 집중과 특화현상이 바람직한 것은 아니다. 우선 생산활동과 기술혁신의 네트워크가 초기조건이 불리한 낙후지역에 형성되는 경우는 거의 없기 때문에, 다른 조건에 변화가 없는 한 집중현상으로 지역간 산업생산 능력의 격차가 확대될 가능성이 있다. 특히 외국인 직접투자가 낙후지역보다는 초기조건이 좋은 지역에 집중될 가능성이 높기 때문에, 낙후지역과 선진지역의 격차는 더욱 심화될 것이다. 또한 특화 문제 역시 낙후지역에 불리하게 작용한다. 산업성장이 지속되고 시장점유율이 늘어나는 한 특정 산업이나 생산공정에 특화하는 것에 큰 문제가 없다.

그러나 시장수요가 포화상태에 이르러 더 이상 시장이 확장될 가능성이 없거나 시장이 축소되기 시작하면 특정 산업에 특화한 지역은 큰 타격을 입을 가능성이 높다. 특히 세계적 추세로 인해 제품수명이 짧아지고 기존의 제조방식이 빠른 속도로 새로운 제조기법에 의해 대체될 가능성이 높아지기 때문에 특정 산업에 특화한 지역은 국제경영환경의 변화에 쉽게 적응하기가 어렵게 되고 상대적으로 더 큰 충격을 받을 가능성이 높아진다.

낙후지역의 입장에서 볼 때 특정 생산활동에 특화하는 것이 반드시 좋은 전략이 될 수 없다. 융통성 없이 특화하는 경우 낙후된 경제기반이 더욱 약화되고 국제경영환경의 변화에 무방비한 상태가 되기 쉽기 때문이다.

따라서 낙후지역은 다각화(diversification)를 중요한 개발전략으로 삼아야 할 것이다.

제 2 절 해외생산과 해외조달

국제적 생산네트워크의 방편으로 해외생산 · 해외조달이 활발하게 활용되고 있다. 해외생산 · 해외조달 네트워크는 직접투자를 통해서 구축되기도 하지만 독립된 기업간의 네트워크 형태로 형성되는 경우가 많다. 해외생산 · 해외조달 네트워크의 경제적 효과가 직접투자의 공간적 · 동태적 효과에 시사하는 점이 많이 있기 때문에 여기서 간단히 언급한다.

1. 해외생산과 해외조달

해외조달(outsourcing)은 다른 기업들(국내기업과 독립된 해외기업) 사이에 부품, 재료, 반제품 등이 거래되는 것을 의미하고, 해외생산(international production)은 동일기업의 자회사간에 거래가 이루어지는 것을 의미한다. 해외생산과 해외조달이 중요한 의미를 갖는 까닭은 중간재 교역을 통해 서로 다른 지역에 위치하는 업체들간에 유기적 관계가 형성되기 때문이다. 이것은 단순한 재화의 거래관계를 넘어서 국제생산분업을 통해 이루어지는 경제적 통합을 의미한다.

그런데 두 기업간의 중간재 교역을 원활하게 하기 위해서는 기술적인 정보나 생산공정에 관해 어느 정도 상호조달(coordination)을 할 필요가 있다. 편의상 수직적 통합과 수평적 통합으로 구분되기도 하지만, 해외생산과 해외조달은 여러 국가에 걸친 '가치사슬(value chain)'(또는 공급사슬)의 통합을 의미한다. 물론 해외생산과 해외조달이 모두 직접투자의 형태로 추진되는 것은 아니다.[1] 다국적기업이 직접투자를 통해 해외생산과 조달을 확대하는 이유는 여러 가지가 있다.

첫째 이유는 높은 투자비용을 회수하기 위해 범세계적인 차원에서 규모의 경제를 실현하는 데 있다. 기업활동이 글로벌화된다고 해서 반드시 해외생산과 조달을 늘릴 필요는 없다. 그러나 규모의 경제가 존재하는 경우에는 생산공정을 '합리화' (rationalization)하여, 부가가치활동을 국가별로 특화하면서 세계 규모의 시장에 제품을 공급하는 것이 유리하다.

둘째 이유는 경쟁의 심화에 대비해서 국가간 생산비용 차이를 최대한 활용하는 데 있다. 그러나 생산비에서 노동비용이 차지하는 비중은 크지 않은 반면, 국가간 임금률의 차이가 감소할 것으로 예상되기 때문에 국가간 생산비용의 중요성은 상대적으로 감소할 것으로 보인다.

셋째 이유는 국내에서 취득하기 어려운 기술이나 생산능력을 해외에서 확보하는 데 있다.

넷째 이유는 시장수요의 변동과 기술변화에 유연하게 반응하고 갑작스런 부품공급 중단이나 환율변동 등에 수반되는 위험을 회피하기 위한 수단으로 다양한 해외생산과 조달을 확대하는 것이다.

2. 해외생산과 해외조달의 제약요인

기술의 발달로 통신비용이 감소하고 새로운 통신수단이 개발되고 있지만, 거리의 장벽이 허물어지지 않았기 때문이다. 아직도 부가가치사슬을 국제적으로 통합하는 운송 · 통신비용은 매우 높다. 또한 협상이나 분쟁해결, 기술적 문제의 해결 따위는 직접 만나서 처리할 수밖에 없다. 그리고 기술의 변화가 너무 빠르다든지 기술의 복합화로 인해 제품이나 생산공정이 기술적으로 너무 복잡해지는 경우 해외생산과 조달이 어렵게 된다.

따라서 어떤 면에서는 수요가 대규모이고, 안정적이며, 제품이 표준화된 상품만이 해외생산과 조달에 적합하다고 할 수 있다.

또한 개별경제의 국제화로 인해 개별시장의 경계가 무의미해지고 수요나 취

1) 다국적기업은 해외생산을 위해 직접투자를 활용할 뿐만 아니라, 합작투자와 전략적 제휴를 활용한다. 해외조달은 합작투자와 전략적 제휴의 형태로 추진되기도 하지만, 주로 '국제하청' (**international subcontracting**)의 형태를 취하며 직접투자가 중요한 수단이 된다. 국제하청은 모기업의 자본재지원과 기술지도를 바탕으로 모기업이 설계하고 계확한 대로 하청업체가 생산하는 경우를 의미한다.

향이 세계적으로 동질화되어 가고 있다고는 하나, 개별시장의 차이점이 근본적으로 없어진 것은 아니다. 국가간 시장의 특성이나 수요자의 선호도가 차별화되는 경향도 상존하기 때문이다. 또한 기술적인 측면에서 생산공정의 분화 및 표준화에 의해 생산활동의 지역적 분화범위가 확대되는가 하면 '간판방식'(just-in-time)과 '간소생산방식'(lean production) 등 생산기법의 발전으로 생산활동의 국지화(localization) 현상이 강화되기도 한다. 국제화 · 세계화에 대한 '개별국가의 반응'(national responsiveness)이 다를 수밖에 없는데, 이러한 나라별 차이 때문에 국제적 생산네트워크 형성을 통한 세계경제 통합이 순조롭게 진행되지 않을 수 있는 것이다.

3. 범세계적 공급자네트워크

여러 가지 제약요인에도 불구하고 장기적으로는 정보화의 진전과 통신 · 수송비용의 하락으로 다국적기업이 글로벌화 경영전략을 추진하기가 쉬워질 것으로 전망된다. 이에 따라 범세계적 공급자네트워크도 확대될 것으로 보인다. 특히 직접투자의 확대를 통한 기업 내 무역(intra-firm trade)이 증대하고 해외생산 · 해외조달 네트워크가 확충될 것이다. 직접투자는 산업 내 무역(intra-industry trade)뿐만 아니라 기업 내 무역을 확대한다. 기업내부거래의 증가에 따르는 기업 내 무역확대는 기업간 거래비용을 절감시키며, 특화효과, 규모의 경제효과, 경쟁촉진효과 등을 유발하여 효율향상에 기여한다. 뿐만 아니라 해외생산 · 해외조달 네트워크를 통해서 다국적기업의 생산기술과 판매기술이 전파됨에 따라, 피투자국 기업은 다국적기업의 판매망을 활용해서 교역규모를 크게 확대할 수 있다.

이와 같은 맥락에서 직접투자와 해외생산 · 해외조달 네트워크는 또한 무역이나 포트폴리오 투자와 같이 여러 국가경제를 통합하는 수단이라고 할 수 있다. 즉 직접투자는 '통합의 경제' 효과와 '규모의 경제' 효과를 극대화하기 위한 경제

〈기업 내 무역확대와 효율향상〉

특화효과 ┐
규모의 경제효과 ├─ 효율향상
경쟁촉진효과 ┘

통합 수단으로 활용될 수 있는 것이다.[2]

4. 노사분규 처리

최근 외국인 기업들의 조사에 의하면, '노사분규 처리'에 있어서 노동부가 중립적인 중재자 역할을 못하고 있다는 것도 투자장애요인으로 지적되고 있다. 불법적인 파업의 경우 정부가 개입하게 되어 있는데, 외국인 투자기업에 대해서는 객관적인 태도를 취하는 경우가 허다하고, 개입하는 경우에도 내국인 노동자의 편만 들어주는 사례가 많다는 것이다. 외국인 투자자의 입장에서도 국내 노동관행에 대한 이해가 부족한 나머지 필요 이상으로 불안감과 불편을 호소하는 경우도 많이 있다.

제3절　노동문제와 각국의 노동사정

1. 현지의 근무관리

여러 경영기능의 책임을 할당할 때 모기업은 일반적으로 노동문제와 노동관계를 현지 관리자에게 분담시키고 현지 관리자측에서도 이 책임을 수용하는 것에 만족하고 있다. 단, 경영관리자가 대상인 경우에는 예외이다. 다국적기업과의 국제적 대립으로 멀지 않아 노동관계의 책임은 본사로 되돌아 올지도 모른다.

수입국 정부는 확대되는 다국적기업을 비호하는 것에 이미 어느 정도 불쾌감을 느끼고 있다. 이들 기업이 다국적 노동조직을 수반하게 되고, 국내 노동조합이 해외로부터의 지령에 따르고 있는 것이 인정된다면 정부로서는 더욱 당혹감을 느끼게 될 것이다.

2) 홍유수, 「전략적 제휴와 기술혁신의 국제화」(대외경제정책연구원, 1994), pp. 18~26.

2. 경영풍토

일본에서는 가장의 권위가 아직 붕괴되지 않고 있어서 종업원은 사장의 이미지에서 부친상을 발견하려고 한다. 인도에서는 가족 전원이 의견을 내게 되어 있으므로, 경영방침에 대한 의견을 내더라도 놀라운 일이 못 된다. 프랑스에서는 어느 세대이든지 간에 출생한 지역에서 일평생 사는 것이 보통이기 때문에 프랑스인 종업원을 고향에서 타향으로 이동시킨다는 것은 생각지도 못할 일이다. 경영풍토 가운데 중요한 요소는 다음의 것을 들 수 있다.

(1) 민족과 욕구

그 사회가 경쟁적인가, 만약 그렇다면 사회의 모든 계층에서도 그러한가, 또 야심보다도 안정에 중점을 두고 있는가.

(2) 연고채용

경영효율을 중시하는 경영원리가 뚜렷이 뿌리내려져 있는 서구 제국에서는 연고채용률은 의문시되고 대개의 경우 거부되고 있다. 그러나 혈족사회의 지배에 익숙해져 있는 사회와 상업·도덕적으로 외지인을 의심하기 쉬운 사회에서는 연고채용률은 허용되고 있고 오히려 바람직한 일로서 인정되고 있다.

(3) 집단 및 개인의 충성심

여기에서는 그 사회에 대한 부족적 · 종족적 및 정치적인 배경은 물론 가족의 중요성도 포함된다. 또 개인이 특정한 문제에 대하여 어디까지 독자적인 입장을 지킬 능력이 있는가, 또한 고용자와 종업원의 관계가 어디까지 개인적인 관계가 될 수 있는가라는 점에 영향을 미치는 사람과 사람의 인과관계에 대해서도 그 가치가 고려되어야 한다.

그리고 회사의 작업집단 내에서 종족종교나 다른 요인으로 집단적인 분열을 불러일으킬 가능성에 대해서도 배려할 필요가 있다.

(4) 권한과 책임에 대한 태도

권한에 대한 존중 정도, 어떤 종류의 권위주의적 통제에 대한 조건은 이 평가에 포함되며, 이러한 반응이 책임을 완수하는 자발성에 어떤 작용을 하는가라는 것도 그 가운데 포함되는 것이다.

⑸ 교육 및 지적 배경

종업원에 따라 훈련이 어느 정도 수용될 것인가, 교육은 기계적으로 하지 않으면 안 되는 것인가에 대한 지식으로 관리자는 어디에 기회가 있는가를 알아차릴 수가 있을 것이다. 또 교육으로 새로운 방법과 개념이 상부층에 어느 정도 수용되는지도 알 수가 있다.

⑹ 지위와 위신

이것은 중요하고 주의깊은 취급을 요하는 영역의 목표가 된다. 어느 사회에서는 제복, 특히 공장감독자의 제복은 급료차 이상으로 큰 의미를 가지고 있다. 모든 계층에서 자존심에 대한 사고방식은 다른 의미를 가지고 있고 자기 나름대로의 배경을 가지고 있다. 라틴아메리카 제국에서는 남자의 자부심이 확고하여 때로는 폭력으로도 지킨다.

연구 과제

1. 유능한 네트워크의 특징을 논하시오.
2. 해외생산과 해외조달을 논하시오.
3. 해외생산과 해외조달의 제약요인을 설명하시오.
4. 국내기업과 국제적 생산네트워크의 연계를 논하시오.
5. 해외생산으로 인한 산업의 공동화 현상을 설명하고 최근 한국 기업의 대중국진출로 인한 국내산업의 공동화 현상을 논하시오.
6. 다음의 용어에 대하여 설명하시오.
   1) 노사분규
   2) 집중과 특화
   3) 해외생산
   4) 해외조달

제25장
국제조세전략

사례연구 ▶ Global 500대 기업

Nippon Life Insurance

① Web Site

http://www.nissay.co. jn

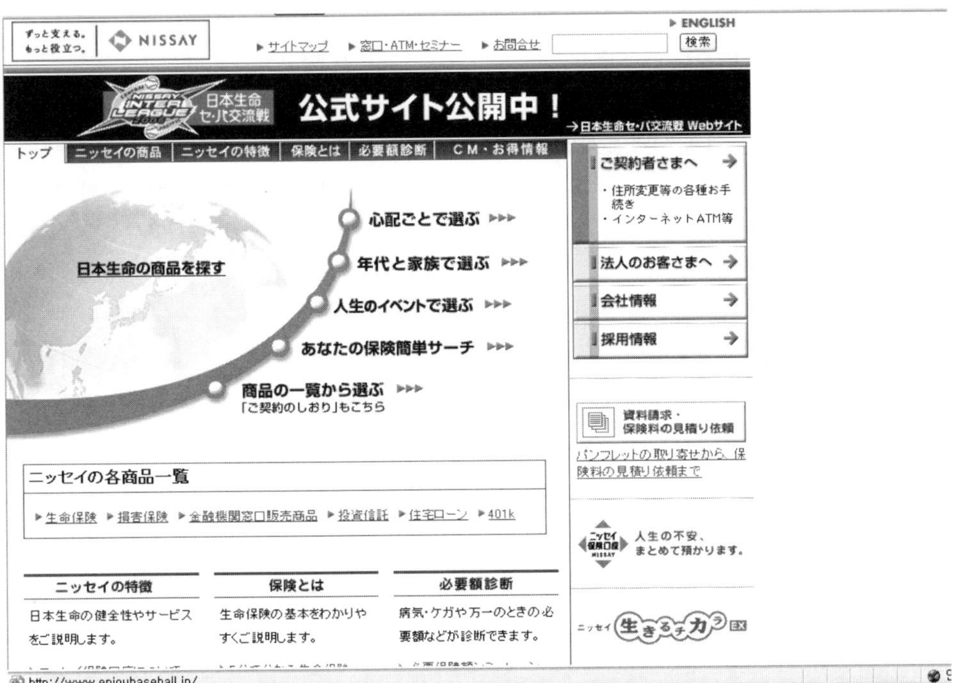

2 기업개요

일본생명보험은 포춘지가 선정하는 500대 기업 중에 56위를 차지하고 있는 아시아의 최대 굴지의 보험회사이다. 일본생명보험이 보유하고 있는 총자산은 한국의 3대(삼성생명, 대한생명, 교보생명) 메이저 생명보험회사들의 총자산을 합친 금액보다 많은 자산을 가지고 있다. 나아가, 아시아에서 가장 큰 규모를 자랑하고 있다.

① 상호: 일본보험생명(Nippon Life Insurance), NISSAY
② 설립일: 1889년
③ 본사: 일본 오사카
④ 총자산: 46조 5,594억 엔
⑤ 매출액: 785억 15백만 달러
⑥ 일반 개인회원: 11,000,000 명
⑦ 법인 고객: 300,000
⑧ 종업원 수: 10,647명
⑨ 사업장 수: 일본 지사 130여 개, 해외사무소 4개 지사
⑩ 현(現) 회장: Kunie Okamoto

3 국제적 네트워크

일본생명보험은 4개 지역에 대표적인 해외지사를 가지고 있다. 미국의 New York, 영국의 London, 독일의 Frankfurt, 중국의 Beijing에 있다. 이 지역은 대륙을 대표하는 4개 해외지사는 총괄업무를 관리하며 그 밑으로 뿔뿔이 흩어진 자회사들간의 유기적인 의사소통 역할을 담당하고 있다.

- 미국: New York, Boston, Chicago, Los Angeles
- 유럽: London, Frankfurt
- 아시아: Beijing, Shanghai, Phillippines, Bangkok, Singapore

4 국제경영전략

일본생명보험의 해외사업은 지금까지 북미 , 필리핀 , 중국 , 타이에서의 생명보험사업에 전력을 다하고 있으며, 투자와 융자에 대한 적극적인 수익의 확보를 목표로 새로운 기회를 적극적으로 찾아나서고 있다. 특히, 일본생명보험은 부동산투자를 점진적으로 확대해 감에 따라

그들의 활동영역을 넓혀 나가고 있다. 또한 개인들의 생명보험뿐만 아니라, 손해보험, 의료보험 등의 혜택을 동시에 받을 수 있는 최고의 종합보험 서비스를 전 세계로 내놓을 목적으로 상품을 구축하고 체계화하기 위한 노력을 하고 있다. 일본생명보험은 아직 한국에 진출을 하지 않았다.

5 주요 사업내용

① 생명보험업

— 생명보험업 면허에 근거하는 보험의 인수
— 자산의 운용
— 대출업무
— 유가증권 투자업무
— 부동산 투자업무

② 보험 외 업무

— 채무의 보증
— 국채 등의 인수, 국채 등의 창구 판매
— 유가증권의 취급, 유가증권 매매
— 투자수익증권 및 투자증권의 판매

6 기업의 규모

① 총자산: 46조 5,594억 엔
② 매출이익: 보험료 수입→4조 8,297억 엔, 자산운용 수익→1조 2,883억 엔
③ 경상이익: 3,574억 엔
④ 관련회사
— 보험 및 보험관련 사업: 15사
— 자산운용관련 사업: 34사
— 자본관련 사업: 11사

7 일본생명보험의 모토

① Consistent protection – 지속적인 관심

② Superior services – 최고의 서비스

③ We aim to be your lifelong partner – 고객과 언제나 함께하는 파트너

8 글로벌 핵심비전

① 적극적인 혁명과 변혁으로 믿음을 주는 경영을 추구한다.

② 고객의 소리에 귀를 기울이는 경영을 추구한다.

③ 희망으로 가득한 기업으로 거듭나기 위한 경영을 추구한다.

8 사회공헌활동'

일본생명보험은 보험사업의 일환으로 서로 돕는 정신에 근거하여 공공성 높은 사업을 진행 중에 있다. 일본생명보험이 벌이고 있는 사업의 성격을 근거로 하여 사회의 발전에 공헌하는 좋은 기업 이미지를 사회에 심어주고 있다. 각 재단법인과 함께 환경, 문화, 고령화 문제, 건강 · 의료 등의 여러 가지 분야에서 사회공헌활동에 참여하고 있다.

① 일본의 미래를 기르는 숲 만들기를 시작으로 하는 여러 가지 환경보전활동을 실시하고 있다.

② 뮤지컬 공연 일본생명보험 명작극장이나 아동 · 소년의 건전육성 조성 등의 활동을 실시하고 있다.

③ 일본이 고령자사회에 접어듦에 따라 건강 및 노인복지의 증진에 관한 조사 연구 및 고령자시설사업을 실시하고 있다.

④ 일본생명보험 병원의 운영을 시작으로 하는 여러 가지 활동을 실시하고 있다.

⑤ 전국 각지에서 많은 임직원이 환경보전 활동 및 복지시설 봉사활동 그리고 재해 · 재난 지원 등의 활동을 실시하고 있다.

제 1 절　해외진출기업과 조세

1. 진출형태

기업은 주재원을 현지에 파견하여 시장조사와 같은 사업의 예비적이고 보조적인 활동을 수행하는 연락사무소 단계를 거친 후에, 현지에 지점을 설치하여 본격적인 영업활동을 수행하게 되며, 더 나아가서 필요한 경우에는 현지에 법인을 설립하여 사업을 영위하게 된다.

진출형태는 지점 및 자회사(완전자회사 혹은 합작회사) 형태 이외에도 상대국 기업에 대한 적극적인 경영참여를 목적으로 하지 않고, 투자수익의 취득만을 목적으로 외국법인의 주식을 취득하는 증권투자(portfolio investment) 형태, 상대국 기업과의 기술용역의 제공 계약과정에서 이루어지는 기술제공 형태, 이자를 목적으로 융자를 행하는 차관제공 형태, 기타 이에 따른 각종 인적 교류 등으로 대별할 수 있다. 기업이 해외진출을 함에 있어서 위에서 예를 든 것 중에 어느 형태로 진출하는 것이 가장 유리한 것인지는 획일적으로는 논할 수 없으며, 자국 및 상대국의 조세 및 외환제도 등 관계법규와 상관습, 수행하는 사업의 성격, 상대국의 경제구조 등을 종합적으로 검토하여 결정하여야 한다.

(1) 자회사 형태의 유리점

지점이나 자회사 형태의 진출이 현지법인 형태보다 세제상 상대적으로 유리한 점은 다음과 같다.

첫째, 주로 해외사업의 초기에는 사업상 손실이 발생하는 경우가 많은데 이 경우 해외지점의 손실은 본국의 세법상 해외사업에 부여하고 있는 각종 혜택, 즉 해외사업에 사용하는 창고, 건물, 기계 등에 대한 특별감가상각, 재고자산에 대한 가격변동준비금, 해외시장 개척준비금 등 각종 준비금의 손금산입과 해외사업에 대한 소득공제혜택 등을 받을 수 있다.

둘째, 해외에서의 세무신고나 회계감사뿐만 아니라, 현지 회사법상 요구사항이 현지법인에 비하여 번잡하지 않기 때문에 운영이 간편하며 그 결과 경영원가를 절감할 수 있다.

셋째, 해외지점의 운영을 위하여 출연된 자본에 대하여는 자본세 등이 과세되지 않는 것이 일반적이나 현지법인에 투자하는 자본에 대해서는 EC제국(일반적으로 1% 과세) 등 많은 국가들이 자본세를 부과한다.

넷째, 현지법인으로 진출하는 경우에는 주주나 이사가 현지법인일 것을 요건으로 하는 경우가 있으나, 지점에 대하여는 그와 같은 요건을 부여하는 경우가 거의 없다.

다섯째, 대부분의 국가가 지점이 사업이익을 본국에 송금하는 경우에는 과세하지 않으나, 현지법인인 자회사가 모회사에게 이익을 배분하는 경우에는 배당소득세를 원천징수한다. 따라서, 지점은 원천세를 부담하지 않고 해외이익을 본국에 송금할 수 있는 장점이 있다.

(2) 현지법인의 유리점

외국에 현지법인인 자회사를 두고 사업을 영위하는 경우에는 다음과 같은 세제상의 이점이 있다.

첫째, 현지세법에서 부여하고 있는 각종 조세감면혜택은 자국법인(외국법인의 현지자회사 포함)에게만 적용되고, 외국법인(지점)에게는 적용되지 않는 경우가 많다(우리나라의 경우에도 내국법인에게만 적용됨).

둘째, 투자한 부분에 대해서만 유한책임을 진다. 또한 현지 세무당국에 대한 소득신고 등이 현지법인의 경우 당해 법인의 소득에 국한되나, 지점의 경우에는 본점의 소득까지 신고해야 할 경우가 있으며, 각종 세무조사시 본점이나 다른 지점의 거래에까지 확대될 수 있다.

셋째, 외국의 실효세율이 국내세율보다 낮은 경우, 외국에서 발생된 이익을 자회사에 유보함으로써 본국의 고율과세를 이연시킬 수 있다.

넷째, 자회사의 경우 현지법인으로 설립되었기 때문에 지점보다 현지에서 사업상 더 좋은 이미지를 확보할 수 있으며, 은행차입 등 자금조달면에 있어서도 지점으로 진출하는 경우보다 유리하다.

다섯째, 해외지점이 본점에서 지급하는 사용료나 이자는 동 지점의 과세 소득계산상 손금으로 용인되지 않는 경우가 많으나, 해외자회사가 모회사에게 지급하는 경우에는 손금으로 용인되기가 쉽다.

여섯째, 해외자회사의 처분에 따른 주식양도소득은 조세협약의 양도소득에 관한 조문에 의하여 해외에서 면세되는 경우가 많으나 해외지점의 처분에 따른

처분이익은 조세협약상 대부분 해외에서 과세된다.[1]

일곱째, 사업상 해외지점을 현지법인으로 전환하는 경우 과세하거나 외환관리당국의 사전승인 등 복잡한 절차를 요하는 국가에 있어서는 처음부터 지점보다 자회사를 설립하는 것이 유리하다.

여덟째, 현지법인인 해외자회사가 지점형태보다 이익금을 본국에 송금하는 방법 및 시기에 있어서 더 많은 재량권이 있다. 지점의 이익은 자동적으로 본점의 이익에 흡수되어 본국에서 과세되나, 자회사의 이익은 분배하지 않고 유보하는 경우에 본국의 과세를 이연시킬 수 있으므로, 본국에서 결손이 발생할 때에 배당하는 등 시기를 조정할 수 있다. 또한 필요한 때는 자회사의 처분시까지 이익을 유보함으로써 이익금을 양도소득 형태로 모회사에서 이전할 수도 있다.

2. 자본조달

해외진출기업이 사업자금을 조달하는 방법은 타인자본에 의한 조달방법과 자기자본에 의한 조달방법이 있다. 차입금에 의하여 자금을 조달하는 경우 자회사의 소득금액계산상 지급이자가 손금용인되므로 과세목적상 유리한 경우가 많다. 그러나 자기자본의 규모에 비하여 부채가 과다한 자본취약회사에 대하여는 여러 가지 규제조치를 부과하고 있는 국가가 있으므로, 해외투자를 행함에 있어서는 자회사의 자본조달을 어떻게 할 것인지에 관한 검토가 반드시 선행되어야 한다.

특히 외국인이 투자하고 있는 법인에 대하여는 많은 국가가 자기자본을 기준으로 하므로 해외차입금의 한도를 규제하고 있다. 국가에 따라서는 관계회사로부터의 차입금만을 규제대상으로 하고 제 3 자로부터의 차입금에 대하여는 관여하지 않는 경우도 있다. 이 해외자회사가 관계회사로부터 직접 차입하지 않고 은행으로부터 차입을 하고 관계회사는 동 은행의 소재국 이외의 지역에 소재하는 같은 은행에 예금을 예치하여 동 예금을 담보제공하게 하는 방법이다. 또한 해외자회사의 은행차입금에 대하여 모회사가 단순히 보증하는 방법도 있다.

그러나 이와 같은 절세목적의 전략적 차입행위가 가능한 국가도 있지만, 모회사의 보증행위나 담보제공행위 자체를 자회사에 대한 실질적 융자행위로 간주하여 차입금의 일부 또는 전부를 자본취약 대상으로 규제하는 국가도 있다.

---

1) OECD모델조약 및 UN모델협약 제13조 제 2 항.

이와 같이 부채비율을 규제하고 있는 국가에서는 허용된 부채비율을 유지하고 있는 한, 자회사의 소득금액계산상 지급이자의 손금인정에는 별문제가 없으나, 부채비율이 규제한도를 초과할 경우에는 초과하는 부분에 대한 지급이자는 손금인정이 거부된다.[2] 또한 일부국가에서는 원금의 상환까지도 배당금의 지급으로 취급하여 과세하는 경우도 있다.

(1) 타인자본에 의한 방법의 이점

타인자본에 의한 자금조달 방법의 세제상의 이점을 들면 다음과 같다.[3]

첫째, 모회사로부터의 차입금에 대하여 지급되는 이자는 자회사의 과세소득계산상 손금으로 용인되기 때문에 해외에서 발생한 자회사의 이익을 과세 없이 본국으로 송금시키는 유용한 수단이 된다. 특히 본국의 세율이 외국의 세율보다 낮은 경우에는 그룹의 이익을 고세율권에서 저세율권으로 이전시키는 효과가 있다.

둘째, 해외자회사가 모회사에게 차입금을 상환하는 경우 배당소득세를 부담하지 않고 자회사의 순이익을 본국에 송금하는 효과를 가져온다. 그러나 앞에서 언급한 바와 같이 자회사의 부채비율을 규제하고 있는 일부 국가에서는 차입금의 상환일지라도 배당금으로 취급하여 과세하는 경우가 있으므로 유의하여야 한다.

셋째, 차입금의 통화를 자국이나 상대국의 통화 중 유리하게 선택할 수 있다. 이 때의 환차손 또는 환차익은 세법규정에 따라 각각 손금(損金) 또는 익금(益金)에 산입한다.

넷째, 자본금으로 투자하는 경우 일부 국가에서는 자본세나 인지세를 부과하는 경우가 있으나 차입금에 대해서는 과세하지 않는다.

다섯째, 주식은 채권으로 쉽게 전환될 수 없는 반면에 융자형태의 투자는 필요한 경우 주식형태로 전환할 수 있으므로 신축성 있는 투자방법이다.

(2) 자기자본에 의한 방법의 이점

한편 자기자본을 취할 경우에는 다음과 같은 장점이 있을 수 있다.

---

2) 특히 미국의 경우에는 이러한 이자금액이 손금으로 인정되지 않는다.

3) 이용섭, 「국제조세의 이론과 실무」(서울: 세경사, 1978), pp. 612~612; 최상영, 「국제조세전략에 관한 연구」(광운대학교 대학원, 1990), pp. 22~51.

첫째, 해외자회사의 세후이익을 배당하지 않고 자회사 내부에 유보함으로써 자회사의 유보이익을 극대화시키고 모회사의 과세소득을 극소화시킬 수 있다. 또한 상대국의 세율이 본국의 세율보다 낮을 경우 이익을 고세율권에서 저세율권으로 이전시킬 수 있다.

둘째, 해외투자에 대하여 본국의 세법에서 부여하고 있는 조세혜택 중 일부는 주식형 투자에 대해서만 적용되며 채권형 투자에 대해서는 적용되지 않는다.

셋째, 부채비율의 한도에 대한 규제가 있는 국가에 투자하는 경우에는 통상 채권 형태의 투자보다 자본금 형태로 투자하는 것이 조세목적상 유리하며 나아가 현지에서의 보다 좋은 사업이미지를 유지할 수 있다.

3. 현지법인의 인수

지점이나 현지법인으로 진출한 기업이 사업의 확장 등 경영목적상 새로운 사업을 인수하는 경우와 외국의 법령에 의거 해외자회사를 새로이 설립하는 경우는 복잡한 절차나 신설법인으로서의 애로가 있기 때문에 기존 현지법인의 주식을 적정가액에 매입하는 경우가 있다.

예를 들면 외국에 있는 제조업체로부터 제품을 구입한 후 판매하여 온 자국법인의 외국자회사가 외국에서의 제품 공급기지를 확보하기 위하여 동 제조업체를 인수하는 경우가 여기에 속한다. 해외에서 기존 사업체를 인수하는 경우 해외사업용 자산의 매입대금이 인수법인의 과세소득계산상 손금산입의 기준이 된다. 즉 재고자산을 취득하는 경우에는 그 취득대가가 손금산입되며 건물이나 기계장치 등의 자본재를 취득하는 경우에는 그 취득대가가 감가상각비 계산의 기준이 된다. 이런 관점에서 본다면 현지법인의 주식을 취득하는 경우와는 세무효과가 다르다.

해외에서 취득한 사업을 지점 형태로 운영하는 경우 당해 취득가액은 자국에서 당해 법인의 과세소득계산상 손금산입되는 비용의 기준이 된다. 따라서 자국의 세법상 자본재에 대한 감가상각이 폭넓게 용인되는 경우에는 인수한 해외사업체를 오히려 지점 형태로 하는 것이 자국의 과세소득을 감소시키는 데 도움이 된다. 사업체의 양수인에게 아직 손금으로 공제받지 않은 이월결손금이 있다면, 사업 양수인은 동 결손금이 앞으로 이익금에서 공제받을 수 있는 결손금인지의 여부를 검토해야 한다. 공제받을 수 있는 이월결손금인 경우 현지법인인 자회사를 새로 설립하여 이 현지법인으로 하여금 사업을 인수하게 하면 절세가 가능하다고 본다.

한편, 현지법인의 인수가 유리한 경우가 있는데, 예를 들면 한국법인이 미국에 진출하는 경우 자사와의 경쟁상품을 미국에서 판매하고 있는 미국법인의 주식을 매입하여 이 법인의 기존 판매망을 통하여 자기 그룹의 제품을 판매하는 경우가 이에 해당한다. 현지법인의 주식을 취득할 경우 인수대상회사의 잠재적 납세의무를 승계하는 수가 있다.

예를 들면 한국법인이 외국법인을 인수하는 경우 자본재의 세무상 자산가액은 실제 매입가격보다 저가인 경우가 일반적이다. 따라서 인수한 후에 동 자산을 처분할 경우 양도소득계산시 적용되는 취득가액의 계산은 한국법인이 외국법인을 인수할 때 실제 지급한 가액이 적용되지 않고 외국법인이 처음 취득시 지급한 원시취득가액을 기초로 하여 계산하기 때문에 그 차액에 해당하는 세액만큼은 경제적으로 승계받는 결과가 된다.

그러나 일부 국가에서는 이와 같은 문제가 발생하지 않을 경우도 있다. 또한 잠재적 납세의무의 승계와는 반대로 외국법인을 인수함으로써 당해 법인의 이월결손금의 공제와 같은 세무혜택을 공제받을 수도 있다. 이월결손금이 인수받은 회사의 이익에서 공제가 가능한 경우 주식양도인은 주식양도가액 평가시에 이월결손금에 상응하는 가액을 주식가액에 반영하고자 할 것이다. 그러나 국가에 따라서는 대주주의 변동이 있는 경우에는 세법상 결손금의 이월을 제한하는 경우도 있다.

4. 지주회사의 설립

지주회사의 운영에 따른 가장 큰 세무혜택은 현지법인을 인수하기 위하여 재원을 차입하는 경우에 발생한다. 해외지주회사가 자금을 차입하여 그 자금으로 현지법인을 매입하게 되면 그룹 연결손익에 의한 법인세 신고제도하에서는 차입금에 대하여 지주회사가 지급하는 이자를 그 자회사의 과세소득과 상계할 수 있다.

지주회사가 제3자로부터 차입하지 않고 본국의 모회사로부터 차입하는 때에도 세무상 유리한 경우가 있다. 이와 같은 방법은 본국에서의 결손이 생기고 해외에서 이익이 발생되는 경우 또는 국내외 세율이 외국보다 낮은 경우에 유리하다. 즉 외국에 있는 지주회사가 본점에 지급하는 이자를 통하여 이익을 고세율국에서 저세율국으로 이전시키는 결과가 된다. 따라서 지주회사의 차입과 관련하여 중요한 것은 지급이자가 본국의 이익과 해외이익 중 어느 쪽에서 상계되는 것이 가장 효과적인가를 결정하는 문제이다.

즉 지급이자가 본국자금으로 공제받는 것이 유리하면 모회사가 기채하여 해외지주회사나 자회사의 취급자금에 충당하고, 반대로 지주회사나 그 자회사의 이익에서 상계하는 것이 유리하면 당해 지주회사나 자회사가 자원을 기채해야 한다. 이 경우 자본취약법인에 대한 규제의 적용을 받지 않도록 부채비율의 규제한도를 초과하지 않아야 한다.

그러나 모회사와 자회사 사이의 지주회사는 과세상 오히려 불이익을 받을 수도 있다. 이러한 불이익은 해외자회사의 처분에 따른 주식양도소득에 대하여 모회사의 소재지국이 국내법상 저율과세 또는 비과세하고 상대국은 조세협약의 규정에 따라 면세하는 경우에 발생한다.

[그림 25-1]에서 지주회사를 개입시키지 않고 모회사가 자회사를 직접 소유한 경우 자회사의 처분에 따라 모회사가 취득하는 주식양도소득은 A국과 B국간에 체결된 조세조약에 의하여 B국에서 면세되고 A국에서는 자국의 국내법에 따라 면세(또는 저율과세)되므로 동 양도소득은 양국에서 비과세된다.

그림 25-1 지주회사 설치에 따른 과세효과

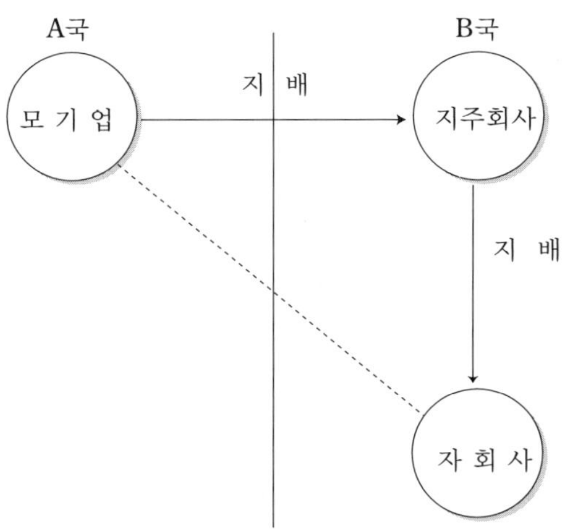

그러나 자회사의 지배를 목적으로 B국에 설치한 지주회사가 취득하는 주식 양도소득은 A·B 양국간 체결된 조세협약이 적용되지 아니하므로 B국의 국내법에 따라 과세되는 결과를 초래한다. 따라서 이러한 상황하에서 조세목적상 해외 지주회사를 설치함에 있어서는 지급이자의 손금처리에 따른 목적의 세무혜택과 미래에 현지법인인 자회사를 처분할 경우 양도소득세의 비과세혜택을 비교하여 지주회사의 설치 여부를 결정하여야 한다.

해외 진출기업측에서는 제3국 소재 지주회사의 이점을 최대한 활용하여 조세를 회피하려고 하는 반면, 최근 각국의 조세당국은 다국적기업의 조세회피를 방지하기 위해서 여러 가지 규제방법을 강화하고 있는 실정이다. 그 결과 제3국 지주회사의 이점이 특정한 상황하에서는 각국의 조세회피 방지규정에 저촉되어 무산되는 경우도 있다.

따라서 절세목적상 해외자회사의 지배를 목적으로 제3국 지주회사를 설치할 것인지에 대하여는 조세조약 및 각국의 국내법상 조세회피 방지규정과 관련하여 그 이해득실을 사전에 면밀히 검토하여야 한다.

또한 해외자회사를 소유·지배하기 위하여 지주회사를 설치하는 경우 이러한 유형의 회사에 대하여 조세혜택을 부여하고 있는 제3국(네덜란드, 스위스, 룩셈부르크 등)에 지주회사를 설립하는 것이 유리할 때가 많다.

제3국 지주회사(offshore holding company)의 세제상의 장점을 열거하면 다음과 같다.

첫째, 원천지국에서 조세절감이 된다. 즉 조세협약상 특혜(배당소득에 대한 경감세율 등)를 부여하고 있는 국가에 지주회사를 설치하여 동 지주회사로 하여금 해외자회사로부터 배당을 받도록 함으로써 배당소득에 대한 원천세를 감면받을 수 있다. 예를 들면 B국에 있는 자회사가 A국(B국과 조세협약이 없음)에 있는 모회사에게 지급하는 배당소득은 B국에서 국내법에 따라 고율로 원천징수된다. 그러나 A국 회사가 제3국인 다른 C국에 지주회사를 설립하여 B국의 자회사를 소유하게 하면, B국 자회사가 C국 지주회사에 지급하는 배당소득에 대해서는 양국간에 체결된 조세조약에 의거 저세율로 원천징수된다.

둘째, 거주지국에서 투자소득과세의 이연(移延)이 된다. [그림 25-2]에서 A국의 모회사가 B국의 자회사로부터 직접 수취하고 배당소득에 대해서는 A국 내에서 국내법상의 세율로 바로 과세되나, C국에 지주회사를 설치하여 동 지주회사가 배당소득을 수취하고, 이 소득을 A국의 모회사에게 분배하지 않고 재투자

그림 25-2 지주회사 이용의 장점

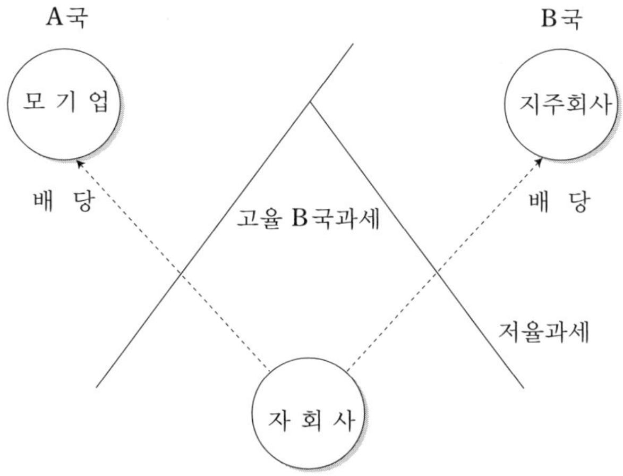

함으로써 A국에서의 배당소득세 납부를 상당기간 이연시킬 수 있는 것이다. 이러한 혜택은 지주회사가 취득하는 이자소득과 사용료소득도 적용된다.

즉 A국의 모회사가 B국의 자회사에게 직접 특허권을 사용토록 하는 대신 제3국인 C국에 특허권 소유회사를 설치하여 동 회사로 하여금 B국에 있는 자회사에게 특허권을 사용허가토록 하고, 사용료를 받게 함으로써 A국에서의 조세부담을 이연시킬 수가 있다. 그러나 이 경우는 A국의 모회사로부터 C국의 지주회사에 대한 특허권 양도문제가 성립될 수 있음을 유의해야 한다.

셋째, 주식양도소득세가 경감될 수 있다. 제3국에 있는 지주회사가 해외자회사를 처분시 지주회사가 취득하는 양도소득에 대해서는 일반적으로 양국간에 체결된 조세조약의 규정에 의거 자회사에서 조세를 감면받을 수 있으며, 나아가 지주회사는 동 소득을 모회사에 배당하지 않고 유보함으로써 모회사가 있는 국가의 과세를 이연시킬 수 있으며, 또한 양도소득에 대하여 비과세하고 있는 국가에 지주회사를 설립함으로써 지주회사가 있는 곳에는 과세되지 않는다.

넷째, 외환관리규제를 회피할 수 있다. 즉 모회사의 소재지국이 국내법에서 해외투자에 대해서 외환규제를 하고 있는 경우는, 제3국에 지주회사를 설치하여 해외자회사를 소유하게 되면 자회사의 배당금을 지주회사가 취득하여 본국에 송금하지 않고 해외에 재투자할 수 있으므로 본국의 외환규제를 피할 수 있다.

5. 지점의 법인전환

해외사업의 초기단계에서는 지점 형태로 사업을 운영하는 경우에도 일정기간이 경과하면 사업의 내용상 현지법인으로 전환해야 할 필요성이 발생하는 경우가 많다.

해외지점을 현지법인으로 전환할 경우 우선 양도소득세 문제를 고려하여야 한다. 해외지점의 자산을 현지법인 앞으로 이전하는 경우 당해 자산의 시가를 기준으로 양도소득을 계산하여 과세하는 국가에 있어서도 세금을 회피하거나 이연시킬 수 있다. 즉 자산의 이전에 따른 납세의무를 이연시키기 위하여 고정자산의 경우, 동 자산을 해외지점이 그대로 보유하고 자회사 앞으로 임대하는 방법을 취할 수 있으며, 재고자산의 경우에는 위탁판매 계약에 의거 현지법인으로 하여금 재고품을 판매토록 함으로써 동 재고품이 자회사에 의하여 판매될 때까지 판매에 따른 납세의무를 이연시킬 수 있다.

해외지점을 법인으로 전환함에 있어서 본국 및 상대국의 세무당국이나 외환관리당국의 사전 승인이 필요한 경우가 있다. 따라서, 지점의 법인전환에 따른 조세부담이 과중하고 당국의 승인을 받기가 어려운 상황에는 처음 투자할 때 지점보다는 해외 현지법인 형태로 사업을 시작하는 것이 바람직할 것이다. 또한 해외지점이 미공제 이월결손금을 보유하고 있는 경우에는 동 결손금을 신설되는 현지법인이 승계받을 수 있는지에 대해서도 사전에 검토할 필요가 있다. 당해 국가의 세법상 결손금의 승계가 허용되지 않는 경우에는 해외지점이 동 결손금의 공제를 받을 때까지 법인전환을 유보하는 방법도 고려될 수 있다.

제 2 절 국제조세전략

1. 기업의 해외진출과 조세문제

해외직접진출을 위하여는, 일반적으로 자본 · 인력 · 기술 등 기업자원이 해외에 상당히 투입되어야 하므로 자원능력이 부족한 중소기업으로서는 위험을 줄이기 위하여 가급적 단계적인 과정을 거치는 것이 바람직하다.

일반적으로 기업의 주재원을 현지에 파견하여 시장조사와 같은 사업에 예비적이고 보조적인 활동을 수행하는 연락사무소(liaison office) 단계를 거친 후에 현지에 지점(branch office)을 설치하여 본격적인 영업활동을 수행하게 되며, 더 나아가서 필요한 경우에는 현지에 법인(subsidiary company)을 설립하여 사업을 영위하게 된다.

이러한 기업의 해외진출에는 필연적으로 상대국에서의 과세문제가 발생하게 된다. 즉 상대국은 외국법인인 한국법인에 지급되는 소득이 자국에서 발생된 소득이므로 자국법에 따라 과세할 수 있는 권한을 가지고 있다. 그러나 상대국법에 따라 고세율로 과세하는 경우 우리나라 기업의 대외진출은 과세장벽에 부딪치게 된다. 여기에 조세조약 체결의 필요성이 있는 것이다.

조세조약은 국제거래에 대하여 각국의 국내법보다 많은 혜택을 부여함으로써 국가간에 경제교류를 촉진시킨다. 우리나라는 기업 및 기술의 대외진출을 촉진시키기 위하여 그 동안 많은 선·후진국과 조세조약을 체결하여 왔는바, 동 조세조약은 해외진출 기업들에게 절세의 수단으로 활용될 수 있다.

또한 기업의 해외사업, 해외진출을 지원·보호하기 위하여 국내의 각 세법(법인세법, 소득세법, 조세감면규제법)에서도 지원제도를 두고 있으므로 해외 진출 기업은 이를 적극 활용하여야 하겠다.

2. 해외 주재원의 조세문제

(1) 주거지국 결정

우리나라 기업이 연락사무소 또는 지점 형태로 외국에 진출하는 경우 당해 사무소나 지점에 직원이 파견된다. 이들 직원의 과세문제는 그가 한국 거주자인지 또는 상대국 거주자인지에 따라 크게 다르다. 즉 우리나라 기업의 해외 주재원이 한국 거주자에 해당되면 그 직원은 상대국에서 발생된 소득에 대하여만 그 국가에서 납세의무가 있다.

반면에 동 해외 주재원이 주재하는 국가의 거주자가 되는 경우 그 국가는 자국발생 소득뿐만 아니라, 자국 밖(한국 포함)에서 발생된 소득에 대하여도 자국법에 따라 과세할 수 있다. 그러므로 당해 직원이 어느 나라 거주자인가를 우선적으로 판정하여야 한다.

거주자 판정은 먼저 각국의 국내법 규정에 따라야 한다. 우리 세법에서는 거주자 또는 국내법인의 해외지점이나 해외영업소에 파견된 임·직원은 거주자로 보도록 규정하고 있다.

따라서 우리나라 국내법에 의하면 해외지점이나 해외영업소에 파견된 직원은 한국 거주자가 된다.

오늘날 대부분의 국가들은 외국기업의 자국 내 지점 등에 근무하는 주재원들이 6개월 또는 1년 이상 자국 내에 체재하는 경우에는 자국 거주자로 보고 있다. 즉 입국 후 최초 6개월 또는 1년간은 비거주자로 취급하여 자국발생 소득에 대하여만 과세하나, 그 기간이 경과하면 거주자로 취급하여 전 세계 소득에 대하여 과세하는 조세제도를 가지고 있다.

따라서 한국 기업의 해외사무소 등에 근무하는 직원이 6개월(또는 1년) 이상 상대국에 체재하는 경우에는 상대국 국내법상 상대국 거주자가 되므로 동 직원은 이중거주자가 된다. 이러한 경우에는 한국과 상대국에서 모두 전 세계 발생소득에 대하여 과세권을 행사하게 되므로 이중과세가 발생한다.

이와 같이 하나의 사람이 양국의 국내법을 적용한 결과 이중거주자가 되는 경우에는 조세조약에 의하여 어느 국가의 거주자인지를 판정하여야 한다.

일반적으로 하나의 사람이 한국과 상대국 거주자에 동시에 해당될 경우 다음과 같은 기준을 순차적으로 적용하여 그의 거주지국을 결정하도록 규정하고 있다.

① 항구적 주거(permanent home)

② 중대한 이해관계의 중심지(center of vital interest)

③ 일상적 거소(habitual abode)

④ 국적(national)

⑤ 양국정부간 상호합의(mutual agreement)

(2) 한국 거주자인 경우

한국기업의 해외사무소 등에 근무하는 직원이 양국의 국내법 및 조세조약을 적용한 결과 한국의 거주자에 해당되는 경우, 상대국은 동 직원의 소득 중 자국원천소득에 대하여만 과세권을 갖는다. 급여소득은 용역이 수행하는 국가에 당해 소득의 원천이 있다. 따라서 상대국은 당해 직원의 급여소득에 대하여 자국법에 따라 과세할 수 있다.

우리나라가 체결한 조세조약에서 규정하고 있는 해외파견 직원의 근로소득에 대한 일반적인 면세요건은 다음과 같다. 즉 외국에서 근로를 제공하는 한국 거주자는 다음의 요건을 모두 만족시키는 경우에 상대국에서 과세되지 아니한다.

① 수취인이 상대국에서 당해 과세연도(또는 曆年) 중 총 183일 이하 체재하고,

② 대가(급여)가 상대국의 거주자가 아닌 한국의 고용주에 의하여 지급되고,

③ 대가(급여)가 당해 고용주가 상대국에 둔 고정사업장(또는 고정시설)에 의하여 부담되지 않을 것.

우리나라 기업의 해외지점에 근무하는 직원의 보수는 위의 요건을 대부분 만족시키지 못하므로 상대국에서 과세될 것이다.동 급여소득이 상대국에서 과세되는 경우, 동 소득은 거주지국인 우리나라에서도 과세되므로 국제적 이중과세가 발생하게 된다. 따라서 거주지국인 우리나라는 이중과세방지를 위하여 동 직원에 대하여 외국납부세액공제를 하고 있다.

또한 소득세법에서는 거주자가 국외에서 근로를 제공하고 받는 보수 중 월 50만 원에 상당하는 급여에 대하여 비과세하고 있으며 국외근로소득세액공제를 추가로 부여하고 있다.

따라서 동 직원의 급여소득에 대하여 자국법에 따라 과세할 수 있으나, 우리나라는 한국원천소득이 아니므로 과세할 수 없다. 또한 현지 거주자를 해외사무소 등에 근무할 직원으로 현지에서 채용하는 경우에는 당해 급여소득이 상대국에서 발생하였을 뿐만 아니라 소득자도 상대국 거주자이므로 한국은 당해 소득에 대하여 과세하지 못한다.

3. 해외지사에 대한 조세문제

(1) 연락사무소

실질적인 사업활동을 수행하는 지점 등과 같은 고정사업장을 설치하기 이전 단계로서 주재원사무소, 즉 단순한 연락사무소(liaison office)만을 두고 있는 경우에는 상대국에서 사업소득에 관한 과세문제는 발생하지 않는다. 그 이유는 조세조약상 외국법인은 고정사업장을 통하여 사업을 수행하는 경우에만 과세되므로, 본사와의 연락업무 · 광고 · 선전 · 정보수집 · 시장조사와 같은 사업의 예비적이고 보조적인 활동만을 수행하는 연락사무소는 일반적으로 고정사업장으로 간주

되지 않기 때문이다.

연락사무소는 적극적인 영업활동, 즉 CREDIT공여 등에 의한 STOCK SALE이나 L/C개설, D/A 거래 등을 할 수 없으나 본사를 대신한 접수 및 제시(이 경우 반드시 본사의 OFFER 양식을 사용해야 함) 등은 현실적으로 가능하므로 운영경비면에서는 가장 경제적이고 편리한 방법이다.

고정사업장이 되지 않는 연락사무소의 예시하면 다음과 같다.

① 상품의 저장, 전시 또는 인도만을 위한 시설의 사용

② 상품의 저장, 전시 또는 인도만을 위한 재고의 보유

③ 타 기업에 의한 가공을 위하여 재고를 보유하는 것

④ 단순한 물품구입, 정보수집 장소

⑤ 기타 예비적 · 보조적 활동을 위한 장소

(2) 지 점

1) 과세범위 우리나라 기업은 조세조약상 고정사업장(즉 지점)을 외국에 두고 동 고정사업장을 통하여 사업을 수행하는 경우에만 그 국가에서 과세된다. 일반적으로 상대국에서 과세할 수 있는 소득은 고정사업장에 귀속되는 소득에 한정하고 있으므로(한·일의 경우는 제외), 우리나라 기업이 상대국에 있는 지점을 통하지 아니하고 본사가 직접 그 국가에 재화나 용역을 제공하고 받는 소득은 그 국가에서 과세되지 아니한다.

2) 관련경비의 손금산입(본점경비의 배부) 해외지점(고정사업장)을 위하여 발생된 경비는 발생장소, 즉 상대국에서 발생되었는지 여부에 관계 없이 상대국 과세소득계산상 손금산입하고 있다.

지점의 경비는 직접경비와 간접경비가 있다. 일반적으로 지점을 위하여 직접 발생된 직접경비뿐만 아니라, 본사에서 발생된 일반관리비 · 경영비와 같은 간접경비도 당해 지점에 합리적으로 배부되는 금액은 손금산입이 된다.

일부 개발도상국(브라질 등)들의 국내법은 자국에서 발생된 경비에 대하여만 손금산입을 허용하고 있으나 조세조약이 체결된 경우에는 지점을 위하여 발생된 모든 경비가 과세목적상 손금산입되는 혜택이 주어진다.

3) 단순구매 등 비과세 고정사업장이 본점 등을 위하여 상대국에서 단순한 구매활동만을 수행하는 경우에는 상대국에서 과세되지 아니한다.

4) 차별과세의 금지 조세조약이 체결되면 우리나라 기업의 해외지점

은 과세목적상 상대국의 기업과 차별과세, 즉 상대국 기업보다 불리한 과세를 받지 아니한다. 일반적으로 해외지점의 과세소득은 그 국가의 국내법인의 경우에 준하여 계산되며, 적용세율도 내국법인과 같다.

5) 본지점 합병결산　　해외지점은 고정사업장으로서 소재지국의 과세를 받게 되므로 소재지국의 법령에 따라 결산을 행하고 세무신고를 이행하여야 함은 당연하다. 그러나 일면 해외지점도 국내의 지점과 마찬가지로 내국법인의 일부이므로 지점의 재무상태, 손익사항이 본사의 결산에 합병되어 내국법인의 신고가 이루어져야 한다.

6) 외국납부세액공제　　국제적 이중과세를 조정하기 위하여 법인세법, 소득세법은 외국납부세액공제 규정을 두고 있으며, 조세감면규제법에 의하면 세액공제와 손금산입을 선택적으로 적용할 수 있도록 되어 있다. 또한 외국납부세액공제에 대하여는 방위세법상의 할증세율이 적용되지 아니한다.

7) 해외 주재원 연말정산 및 지급조서　　연락사무소 및 해외지점에 파견된 주재원은 내국세법상 거주자이므로 이들에게 지급한 급여에 대하여는 국내에서 근무하는 일반직원과 동일하게 연말정산을 하고 지급조서를 제출하여야 한다.

4. 현지법인의 조세문제

1) 현지법인의 납세의무　　기업이 해외에 진출하는 경우 지점 형태보다 현지법인 형태를 취하는 것이 당해 기업에 유리한 경우가 많다. 즉 자금조달의 용이, 법률상 규제완화, 국내법(우리나라의 외자도입법과 같이 외국인의 투자를 장려하기 위한 특별법)상 각종 혜택 향유, 현지 지역사회와의 긴밀화 도모 등을 위하여 현지법인 형태의 진출이 필요한 경우가 있다. 자회사의 형태는 100% 자회사 형태와 합작투자 형태로 나누어진다.

자회사는 현지에서 설립된 법인이므로 상대국의 다른 내국법인과 마찬가지로 전 세계 소득에 대한 법인세를 상대국에서 납부할 의무가 있다.

2) 차별과세의 금지　　조세조약에서는 상대국 기업의 자본이 한국 거주자에 의하여 직접 또는 간접으로 소유 또는 지배되었다는 이유로 상대국이 당해 기업에 대해 불리하게 대우되는 것을 금지하고 있다.

따라서 조세조약이 체결되는 경우 우리나라 법인의 해외자회사는 상대국에서 그와 유사한 다른 상대국 법인과 과세목적상 동일한 취급을 보장받는 것이다.

3) 모·자회사간 부당행위계산의 부인 다국적기업 전체로서의 세후순이익을 극대화하려고 세율이 높은 국가에서 세율이 낮은 국가로 소득을 이전시킴으로써 조세부담을 최소화하고 있다(이른바 가격에 의한 소득이전: transfer pricing).

따라서 조세조약에서는 우리나라 모회사와 상대국에 있는 자회사간의 거래가 독립된 자회사 사이의 거래와 달리 이루어진 경우에는 모·자회사간의 거래가격을 세무당국이 수정하여 과세할 수 있도록 규정하고 있다.

우리나라 법인세법에서도 국외의 출자자와의 거래에 있어서 그 법인의 소득에 대한 조세의 부담을 부당히 감소시킨 것으로 인정되는 경우에는 소득금액을 정부가 계산할 수 있도록 규정하고 있으며 미국·일본 등 선진 제국에서는 이전가격세제를 정비하여 소득의 이전행위를 규제하고 있으므로 현지법인, 지점과의 거래에서 독립된 제3자간 거래가격(arm's length price)으로 거래하지 않는 경우 과세당국에 의해 소득을 재계산당할 수 있으므로 특히 유의하여야 한다.

4) 배당에 대한 제한세율 적용 우리나라 기업이 해외자회사를 설립하여 사업을 영위하는 경우 자회사로부터 배당을 받게 되며, 한국 모회사는 동 배당에 대하여 상대국에서 납세의무가 있다.

조세조약이 체결되지 않은 경우 한국 모회사의 배당소득은 상대국에서 국내법에 따라 과세(일반적으로 고세율)된다.

그러나 조세조약에서는 우리나라 기업이 상대국으로부터 받는 배당소득에 대하여 배당총액의 10~15% 수준(조세조약에 따라 다름)을 한도로 과세하도록 상대국의 과세권을 제한하고 있다.

5) 배당에 대한 간접 및 간주외국납부세액공제 우리나라가 미국·영

표 25-2

자회사 형태로 진출한 경우의 과세문제

구 분	해당국가	조세조약의 혜택	조약상 관련조문
자회사의 소득	상대국	• 차별과세의 금지	무차별
	양 국	• 모·자회사간의 이전가격 부인	특수관계 기업
배 당	상대국	• 제한세율 적용	배당
	한 국	• 간접 및 간주외국세액공제 부여	
주식양도소득	상대국	• 조세조약의 규정에 따라 비과세	양도소득

국 · 덴마크 · 브라질 등과 체결한 조세조약에서는 우리나라 모회사가 상대국에 있는 자회사로부터 배당을 받는 경우, 배당에 대한 상대국 법인세뿐만 아니라(직접외국세액공제), 동 자회사가 그의 소득(법인세공제 전)에 대하여 상대국에서 과세받은 법인세(배당액에 대응하는 부분)까지도 한국에서 모회사의 법인세로부터 공제하도록 규정하고 있다(간접외국세액공제).

또한 개발도상국들은 외국인투자를 유치하기 위하여 외국인투자가가 받는 배당소득에 대하여 조세를 감면하는 경우가 있는데, 우리나라가 체결한 일부 조세조약(필리핀 · 싱가포르 · 말레이시아 · 방글라데시 · 이집트 · 인도네시아 · 브라질 등)에서는 우리나라 기업이 상대체약국으로부터 받는 배당소득이 상대국에서 면세되는 경우에도 상대국에서 법인세를 납부한 것으로 간주하여 한국에서 세액공제를 부여하도록 규정하고 있다.

6) 주식양도소득 과세문제 외국에 현지법인(100% 투자법인 또는 합작법인)을 설립하여 사업을 영위하는 한국법인이 후에 투자액을 회수하는 경우에는 주식양도소득의 과세문제가 발생한다.

우리나라가 체결한 조세조약은 상대국이 한국법인의 주식양도소득을 과세하지 못하도록 체결한 조세조약과 상대국이 자국법에 따라 과세할 수 있도록 체결한 조세조약으로 나누어진다.

제 3 절 조세회피의 유형

1. 이전가격조작

이전가격(移轉價格, transfer pricing)이란 관계회사간의 내부거래에서 형성되는 가격으로서 거래의 대상은 부분품 또는 완제품 등의 실물재화 이외에, 로열티(royalty)지급, 노하우(know-how) 사용료, R & D(연구 · 개발)비용, 이자지급 등의 서비스제공에 대한 대가도 포함이 된다.

그러나 협의의 이전가격은 국경을 달리하여 존재하고 있는 다국적기업의 관계회사들간에 부분품 또는 완제품의 거래시 형성되는 회사의 내부가격을 의미한다. 이전가격을 통한 조작은 조세회피, 관세회피 및 쿼터장벽의 통과 등에 이용되는 것으로서 이 중에서 가장 큰 비중을 차지하는 것은 조세회피의 문제이다. 해외진출기업은 해외지사나 현지법인간의 국제거래에 있어서 이전가격을 정당한 가격에 의하지 않고 자의적 조작을 통해서 교묘하게 변화시키는 것이 가능해진다.

이러한 부당한 이전가격의 조작을 통해서 관계회사간에 소득이전을 도모하고 전체 기업그룹의 조세부담을 부당하게 감소시키는 조세회피가 성행하고 있다. 다국적기업은 당해 기업 전체로서 추구하려는 바람직한 목표에 적합한 원칙이 있다면 어떠한 형태의 가격도 결정할 수 있으므로 공개시장에서 독립적인 당사자간의 합의에 의해 이루어진 시장가격과는 현저히 다른 가격이 되는 경우가 일반적이다.

기업들은 이전가격을 조작할 많은 유인을 가지고 있는데 기업들이 이전가격을 조작하는 근본적 원인을 몇 가지로 나누어 보면, i) 고세율국가에서 저세율국가로 이윤을 이전시키기 위한 목적, ii) 특정 자회사에 대한 부품, 원재료 등의 공급가격을 원가 이하로 낮추어 자회사의 제품가격을 인하시킴으로써 자회사의 경쟁대상업체를 물리치기 위한 목적, iii) 기업그룹 전체의 가격을 통일시키기 위한 목적, iv) 신설기업의 개업비 등을 모회사 또는 관련회사에 부담시키기 위한 목적 등으로 구분된다.

이전가격조작은 수행목적, 이전대상, 이전방향 등에 따라 그 이용방식이 매우 다양하다. 대표적으로 관계회사간에 실효세율의 차이를 이용하는 것 중 흔히 볼 수 있는 경우로서 중과세국 소재의 기업에게는 이전가격을 높게 책정하여 소득을 낮추고, 경과세국 소재의 기업은 그 반대의 조작을 통하여 소득을 크게 함으로써 기업 전체의 세부담을 적게 한다. 이로 인한 기업의 세부담 경감효과는 실효세율의 차이에 의해 크게 좌우되는데 이를 [그림 25-3]을 통해 살펴보면 위와 같다.

먼저 A국과 B국의 세율이 50%, C국의 세율이 20%이고 A국 소재 X사가 생산한 특정 제품의 원가가 1,000달러인 상황에서, i)의 경우와 같이 X사가 이전가격조작 없이 직접 B국 자회사를 통해 판매하면 총납부액은 500달러(=500×50%+500×50%)인 데 반해, ii)의 경우와 같이 X사가 경과세국 소재 자회사를 통해 이전가격을 조작하게 되면 총납부세액은 260달러(=100×50%+800×20%+100×50%)에 불과하게 된다. 만약 이전가격조작을 통하여 얻어진 소득이 모회사로 전액 이전되지 않거나 본국의 국내세법상 유리한 형태로 소득이 전환되어진다면

그림 25-3 이전가격조작 사례

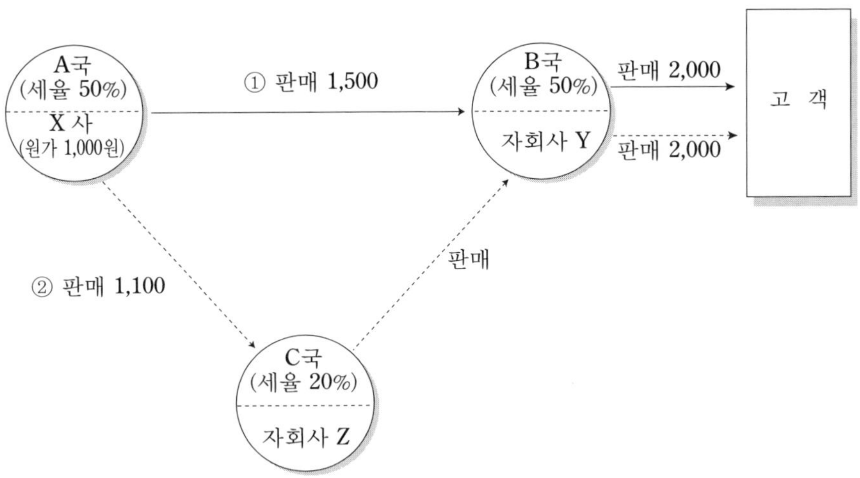

이로 인한 세부담 경감효과는 더욱 커지게 된다.

2. 조세협약의 이용

조세협약의 이용이란 2개국간에 체결된 조세협약에서 규정하고 있는 혜택을 제3국의 거주자가 이용하는 것을 의미한다. 즉 다국적기업이 특정 국가에 진출함에 있어서 당해 국가가 체결하고 있는 조세협약의 체약국 중에서 자기의 조세부담을 가장 가볍게 할 수 있는 국가(제3국)를 선택하여 그 곳에 위장회사(서류상의 회사, paper company)를 설립하거나, 그 곳에서 계약상 거래가 있었던 것처럼 가장함으로써 실제로는 계약과 다르게 재화 또는 용역이 이동하는 현상을 총칭하여 조세협약의 이용이라 한다.

조세협약의 이용방법을 도시하면 [그림 25-4]와 같다.

가령, A국의 독특한 생산기술을 가진 한 기업이 한국기업에게 그 기술을 제공하고 사용료를 받는 기업간 협정을 체결하였다면 A국 기업은 직접 한국 기업에게 기술을 제공하고 사용료를 받기보다는 한국과 A국간 조세협정이 없기 때문에 사용료 총지급액의 25%가 한국에서 원천징수된다. 한국과 조세협약이 체결된 B국에 자회사를 설립하고 동 자회사로 하여금 한국 기업에게 당해 기술을

그림 25-4 조세협약을 이용한 조세부담경감

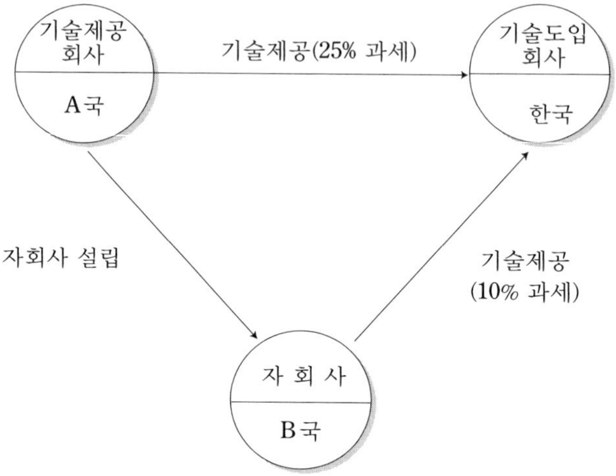

제공하도록 함으로써 당해 기술의 대가는 한국과 B국의 조세협약에 의거하여 총액의 10%(법인세 및 주민세 포함)로 저율과세 혜택을 받는다.

이와 같이 조세협약이 체결되어 있지 아니한 국가에 진출·개입시 조세협정이 체결된 제3국을 통하여 조세경감효과를 노리는 조약의 유·무 차이를 이용하는 방식과 조약 자체에 포함된 허점(loophole)을 이용한 조세회피로 나누어 생각할 수 있다. 즉 고정사업장이 없는 경우 사업소득을 과세하지 않는다는 조세협약의 혜택을 이용하거나 선박·항공기의 국제운수 소득에 대한 비과세 또는 조세경감혜택 등을 이용하는 것이다.

3. 경과세국의 선호

다국적기업들의 조세회피는 전술한 두 가지 방법보다는 경과세국(taxhaven)을 이용하는 방법이 가장 많이 사용되는데 경과세국에 거점회사를 설립하여 타지역에 있는 관련회사의 이윤을 이 곳으로 이전시키고 이 이윤을 본국에 송금하지 않고 경과세국 또는 제3국에 재투자함으로써 조세부담을 극소화시킬 수 있다. 그러므로 경과세국을 이용하는 해외진출기업은 통상 현지에서 가득된 소득을 본국에 송금하지 않는 한 과세부담은 무한히 연기시키는 것이 가능해진다.

표 25-3

경과세국의 유형

유 형	내 용	지역 또는 국가
무세지역 · 국가 (tax paradise)	전형적인 tax haven으로서 직접세 (소득세, 상속세, 증여세, 부유세)가 없는 지역 · 국가	바하마, 버뮤다, 케이만군도, 바누아트, 안도리, 무쿠스, 케이코스, 노휘크도, 뉴칼레도니아 등
저세율 지역 · 국가	소득세, 법인세가 비록 체계화되어 있기는 하지만 적용세율이 현저하게 낮은 지역 · 국가	영령 버진군도, 만도, 네덜란드령 안틸레스, 샤넬도, 바베이도스, 안티쿠아 등
국외소득 면제 지역 · 국가 (tax shelter)	일반적으로 정상과세를 하나, 해외원천소득에 대하여는 면세하는 지역 · 국가	홍콩, 파나마, 라이베리아, 자마이카 등
특정 회사 형태나 사업에 특혜를 주는 국가 (tax resort)	일반적으로 정상과세를 하나, 특별한 사업활동이나 기업에 대해 조세상의 혜택을 부여하는 지역 · 국가	캐나다, 그리스, 룩셈부르크, 리히텐쉬타인 등

경과세국이란 일반적으로 중과세국들로부터의 과중한 조세부담을 회피하고자 하는 외국법인 또는 외국거주자들을 유인하기 위해 이들에게 유리한 조건의 세법 및 조약, 기타 특수한 혜택 등을 제공하고 있는 국가 또는 지역들을 말한다. 그러나 국가간 조세제도의 차이와 세법 및 세율의 잦은 변경으로 인해 경과세국의 분류에 관한 국제적인 기준이 형성되어 있지 않다.

UN전문가 그룹은 경과세국 이용의 세 가지 주요 유형을 i) 비조세목적을 위한 이용, ii) 세부담을 감소시키기 위한 조세목적으로의 이용, iii) 탈세적 목적으로의 이용 등으로 분류하고 있다.[4]

즉 i)은 경과세국이나 그 인근 국가에서의 값싼 노동력을 이용하기 위해서, 또는 보다 안정적인 정치적 환경을 추구하거나 투자자의 거주지국에서 시행중인 법령의 적용을 피하기 위한 수단으로 이용되는 것을 말하고, ii)는 경과세국에서 수행되는 수많은 거래행위가 투자자의 거주지국(또는 제3국)에서의 세부담을 감소하려는 조세목적동기에 따른 것이며, iii)은 세부담 경감이나 조세회피를 위한

4) Department of Economic and Social Affairs, International Corporation, *In Tax Matters: Guideline for International Corporation against the Evasion and Avoidance of Taxes, U.N*(New York: 1984), p. 31.

불법적 수단을 동원하는 제 유형으로서 지주회사, 기지회사, 유령회사를 가공설립하여 주로 가격조작을 이용하는 것을 말한다.

이와 같이 다국적기업들은 경과세국에 자회사를 설치하거나 기타 회사를 설립하여 타 지역에 있는 관련회사의 이윤을 동 기지회사 또는 다른 기지회사에 이전시키고, 동 이윤을 본국에 송금하지 않고 경과세국 또는 외국에 재투자함으로써 조세부담을 최소화한다. 이상에서 설명한 경과세국의 유형을 요약하면 위의 〈표 25-3〉과 같다.

제 4 절 현행 세법상의 규제

1. 이전가격조작과 규제

이전가격조작의 방법은 경제활동의 국제화에 따라 빈번하게 나타나게 되었다. 다국적기업의 활동 중에 해외지점 상호간의 거래에 있어서, 그 대가가 자유로운 시장원리에 의하지 않고 전술한 바와 같이 일정한 방침이나 그룹 자체의 경영정책에 따라 인위적으로 결정이 이루어진다.

이러한 가격결정의 인위성은 각국 정부의 관심을 모으기에 충분한 것이고 따라서 각국은 자의적인 이전가격조작에 대처하기 위한 입법조치를 마련하고 있으며 OECD재무위원회에서도 이 문제에 대해 각국 정부가 공통적으로 대처할 수 있는 방안을 보고서로서 공표하고 있다.[5] 즉 OECD모델협약 제9조에 따르면 특수개발 기업간의 거래가격이 독립기업간에 설정되었을 가격조건과는 다르게 책정되어, 이로 인해 일방체약국이 세수손실이 발생하게 되면 그 일방체약국은 동 거래를 독립기업간 가격으로 환원하여 과세할 수 있도록 하고 있다. 또한 이 때 세무당국이 이전가격에 의한 부당행위를 부인하기 위한 사전요건으로는 i) 상대

5) OECD모델협약에서는 특수관계 기업을 다음과 같이 규정하고 있다.
① 일방체약국의 기업이 타방체약국의 기업의 경영·지배·자본에 직접 또는 간접으로 참여한 경우의 기업.
② 동일인이 일방체약국의 기업과 타방체약국 기업의 경영·지배·자본에 직접 또는 간접으로 참여한 경우의 양 기업.

국과의 사전협의, ii) 거래기업의 특수관계에 대한 규명, iii) 이전가격의 부당성 입증 등이 제시되고 있다.

현재 우리나라를 포함한 세계 각국이 체결한 조세협약에는 이러한 특수관계 기업간 부당행위계산부인규정이 포함되어 있다.

또 다른 이전가격조작의 규제조치로서 이전가격세제를 들 수 있다. 즉 세무당국이 관계기업간 국제거래를 조사하는 한편 독립가격원칙에 의해 설정되지 않은 비용계산을 부인하거나 또는 과세소득을 재조정하여 과세하는 것이다. 우리나라의 경우 다국적기업 또는 특수관계 기업그룹이 이전가격조작을 통하여 조세회피를 꾀하는 것을 방지하지 위하여 법인세법 제20조의 규정을 두고 있다.

법인세법 제20조는 "정부는 대통령령이 정하는 바에 의하여 법인의 행위 또는 소득금액의 계산이 대통령령이 정하는 특수관계에 있는 거래에 있어서 그 법인의 소득에 대한 조세의 부담을 부당히 감소시킨 것으로 인정되는 경우에는 그 법인의 행위 또는 소득금액의 계산에도 불구하고, 그 법인의 사업연도의 소득금액을 계산할 수 있다"라고 규정함으로써 부당행위에 해당하는 경우에는 이를 인정하지 않도록 하고 있다. 이는 청산소득계산 및 외국법인의 소득계산에도 준용하도록 하고 있다.

그러나 우리나라는 아직 이전가격세제가 체계적으로 정비되어 있지 않고, 단지 부당행위계산부인규정만을 국제거래에 준용하고 있으므로 제도 자체가 미비한 형편이다.

2. 조세협약상 규제

조세협약에서는 제3국 거주자에 의한 조세협약의 이용을 방지하기 위하여 수익적 소유자개념(beneficial ownership concept)을 규정하고 있다. 즉 조세협약에서는 이자, 배당, 사용료의 수익적 소유자가 상대체약국의 거주자인 경우에만 협약상 제한세율이 적용되도록 규정하고 있다.

또한 탈세(tax evasion) 및 조세회피(tax avoidance) 방지를 위하여 필요한 정보를 양 체약국의 조세당국간에 교환하도록 규정하고 있다. 나아가서 조세협약에서는 거주자증명제도를 도입하고 있는데, 이는 국내법보다 많은 혜택을 부여하고 있다.

그러나 동 혜택은 상대체약국의 거주자에게만 적용되는바, 특정 소득을 얻는 자가 상대국 거주자임을 증명하는 거주자증명제도 역시 협약의 맹점이용을 방지하기 위한 제도적 장치이다. 이 제도는 현재 일반화되어 있지 않으며 일부 국가에서만 시행하고 있을 뿐이다.

우리나라는 현재 벨기에 및 네덜란드와의 조세협약을 시행함에 있어서 이 제도를 채택하고 있다. 즉 벨기에 또는 네덜란드 거주자가 한국으로부터 배당이자 또는 사용료소득을 받는 경우에는 당해 소득자가 이들 국가의 조세당국이 자국 거주자임을 확인하는 거주자증명서를 우리나라 국세청에 제출하는 경우에만 제한세율의 혜택을 적용받을 수 있다.

그러나 이 규정은 조세협약 맹점이용의 방지를 위한 유용한 수단이기도 하나, 근래에 와서는 세계 각국은 보다 적극적이고 효과적인 조세협약의 맹점이용 방지법을 조세협약에 직접 규정하고 있다.

3. 경과세국 활용상 규제

경과세국을 이용하는 다국적기업들은 대부분 중과세를 하는 선진국에 소재하는 기업들이다. 다국적기업들의 경과세국을 이용한 조세회피가 이들 국가의 국내법 규정을 위반하는 것은 아니다. 자국의 조세수입을 일방적으로 감소시키므로 선진국들은 경과세국을 이용한 자국기업들의 해외투자규제방안을 강구하고 있을 뿐만 아니라, 조세회피지로서 이용되는 국가들이 보다 엄격한 금융 및 재정제도의 채택, 즉 경과세국의 지위를 포기하여 줄 것과 개발도상국들이 경과세국을 통한 다국적기업의 투자에 대하여 중과세하여 줄 것을 희망하는 입장이다.

선진 각국의 세무당국은 규제대상이 되는 경과세국의 이용범위를 통상 두 가지 범주로 분류하고 있다.

첫째, 자국 내에서 실현된 소득을 이전가격의 조작 등을 통하여 경과세국에 이전시키는 것.

둘째, 해외에서 실현된 소득을 그대로 해외에 유보하고 자국으로 송금시키지 않음으로써 자국과세를 회피하는 것.

이와 같은 경과세국의 이용을 규제하기 위하여 선진 제국의 통상 입법적 조치로써 규제, 행정적 수단으로 해결, 구체적 사례에 대하여는 판례에 위임, 정보교환 등 국제적 협조를 통한 해결 등의 네 가지 수단을 강구하고 있다.

그러나 선진 제국에서 강구하고 있는 경과세국의 규제조치는 그 운영면에 있어서 많은 한계점을 가지고 있다. 가장 엄격한 내용을 규정하고 있는 것으로 알려지고 있는 미국의 '서브파트 에프 규정'(Subpart F Rule)의 경우에도 경과세국의 소득 중 극히 한정된 부분만을 규제대상으로 하고 있다. 또한 규정 자체가 매우 복잡하여 극히 소수의 조세전문가만이 이해할 수 있으며, 그리고 세무당국의 세무조사의 한계성 때문에 교묘한 방법으로 이루어지는 조세회피는 규제할 수 없다는 한계점을 가지고 있다.

제 5 절 국제이중과세

1. 국제적 이중과세와 그 발생원인

(1) 국제적 이중과세의 의의

국제적 이중과세(International double taxation)란, 동일한 과세물건에 대해 동종의 조세의 과세권이 2국에 의해 동시에 주장되어, 과세권의 중복 또는 경합이 생긴 상태를 말한다.

각국의 조세제도는 그 나라에 있어서 정치적 · 사회적 · 경제적 제 조건을 배경으로 해서 각각 독자적으로 발달해 왔고, 각국은 그 독자적으로 발달해 온 조세제도하에서 각각 고유의 과세권을 배타적으로 또 보편적으로 행사하고 있으나, 그 과세권이 행사되는 범위가 항상 타국이 과세권을 행사하는 범위와 경합한다거나, 중복되지 않는다고 하는 보장은 없다.

그리고 2국간에 있어서 각각의 과세권이 행사되는 범위가 중복된다거나 경합한 경우에 그 범위에서 국제적인 이중과세라고 하는 문제가 발생하게 된다.

(2) 국제적 이중과세의 발생원인

이중과세를 발생시키는 2국간의 과세권의 중복이나 경합의 원인에는 여러 가지가 있다고 생각되어지나, 일반적으로 물건의 소재지를 기준으로 하여 과세되는 물세(物稅)보다도, 사람의 주·거소를 기준으로 하여 상대적인 담세력(擔稅力)을 참작하여 과세되는 인세특허(人稅特許), 소득을 과세표준으로 하는 소득세나 법인세 등에 대해서 보다 많은 국제적인 이중과세의 문제가 발생한다.

그 발생하는 상태는 i) 거주지국 과세와 원천지국 과세의 경합, ii) 거주지국 과세의 경합, iii) 원천지국 과세의 경합 등 셋으로 대별할 수 있다.

1) 거주지국 과세와 원천지국 과세의 경합 납세의무가 납세자의 주소나 거소, 시민권이라는 인적 지위를 기준으로 하여 결정될 때, 이를 거주지국 과세라 한다.

거주지국 과세는 인적 납세의무라고도 하나, 일반적으로 무제한 납세의무를 부담하는 것을 통례로 한다.

거주지국 과세에 있어서, 자국 내의 거주자(resident)에 있어서는, 자국 내에서 발생한 소득뿐만 아니라, 자국 외에서 생긴 소득도 포함하여 그의 모든 소득에 대해서 과세하게 된다(이른바 전 세계 소득 과세를 말함).

반면에 납세의무가 납세자의 인적 지위에 관계 없이 소득이 가득(稼得)되는 장소를 기준으로 해서 결정될 때 이를 원천지국 과세라고 한다. 원천지국 과세는 물적 납세의무라고도 하나, 일반적으로 제한납세의무를 부담함에 그치고, 자국 내에서 생긴 소득에 대해서만 과세하는 것을 통례로 한다.

일반적으로 선진국 사이에서는, 자국의 거주자에 대해서는 거주지국 과세를 하는 한편, 타국의 거주자, 즉 비거주자(non-resident)에 대해서는, 자국 내에서 사업을 영위하고 또는 자국 내에 투자를 함으로써 소득을 가득한 경우에, 그 자국 내에서 발생한 소득에 대해서 원천지국 과세를 하도록 하고 있는 예가 많다. 이 때문에 A국의 거주자가 B국 내에서도 소득을 가득하고 있는 경우에는 B국에서 생긴 소득에 대해서 가끔 A국의 거주지국 과세와 B의 원천지국의 과세가 경합하여 중복하게 된다.

예를 들면 우리나라에 본점이 있는 법인이 미국 내에서 사업을 영위하고, 또는 미국 내에 투자를 하고 있는 경우에, 그 미국에서 발생한 사업소득 또는 투자소득에 대해서는, 당연히 미국에서 법인세 또는 소득세의 과세를 받게 되는 것이나(원천지국 과세), 이들의 소득은 본점 소재지국이 있는 우리나라에서도 다시 법인세의 과세대상이 되는 것이다(거주지국 과세).

2) 거주지국 과세의 경합 거주지국 과세는 납세자의 인적 지위를 기준으로 하는 것이나, 2국간에 있어서 그 기준을 채택하는 방법이 다를 경우에 충돌하는 일이 있다. 즉 A국에서 거주자로 된 자가 B국에서도 거주자로 취급될 경우에 이중과세가 발생한다. 이는 거주지국 과세의 기준이 되는 인적 지위를 판단

하는 방법이 국가에 따라서 일관성이 없는 경우에 생기는 문제이다.

예를 들면 우리나라는 우리나라 내에 등기상의 본점이 있는 것으로서 거주지국 과세를 주장함에 반해, 영국은 등기상의 본점 소재지가 어디에 있는가에 관계 없이, 런던에 관리지배지를 가지는 것을 이유로 거주지국 과세를 주장한다. 이와 같은 경우에 거주지국 과세의 경합 · 중복을 초래하게 되는 것이다.

3) 원천지국 과세의 경합 예를 들면 어떤 소득에 대해서, A국이 자국에 원천이 있다고 하여 과세권을 주장하고, 동시에 B국도 자국에 원천이 있다고 하여 과세권을 주장할 경우에, 원천지국 과세의 경합 · 중복에 의한 이중과세가 발생하게 되는 것이다.

2. 국제적 이중과세의 배제방법

국제적인 이중과세가 자주 발생할 경우, 이른바 '조세장벽'(tax barrier)이 생기게 되어 각국간의 경제교류에 중대한 지장을 초래하게 된다. 이러한 장벽을 제거하여 경제교류의 원활화를 기하기 위해서, 선진국간에서는 관련된 국제적인 이중과세를 가능한 한 회피하려고 하는 방법을 모색해 오고 있는 것이다.

그 대표적인 방법으로서는 i) 외국소득 면제방법과 ii) 외국세액 공제방법의 두 가지가 있다.

외국소득 면제방법과 외국세액 공제방법의 어느 쪽이 이중과세 배제의 방법으로서 보다 훌륭한가는 논의되어 있지 않으며, 그 어느 쪽을 채택하는가는 각국의 조세정책의 문제이다. 단 양자의 기본적인 차이는 외국소득 면제방법이 '소득 그 자체'에 착안하여 외국소득에 있어서 과세권을 포기하는 것인 반면에, 외국세액 공제방법은 '소득에 과세된 조세'에 착안하여 과세권을 유보하면서 실제적인 세부담면에서 조정하려고 하는 것에 있는 것이다.

3. 각국의 이중과세 배제제도

국제적인 이중과세의 배제는 조세조약(tax convention)의 규정을 가지고서 처음부터 적용하고 있는 국가도 적지 않으나, 우리나라나 일본에서와 같이 우선 국내법에서 이것을 정하고, 조세조약의 유무에 관계 없이 일방적으로 이중과세의 구조를 도모하고 있는 선진국도 많다. 이 경우와 같이 국내법에서 이중과세의 배제규정을 가지고서 조세조약에 있어서 이중과세 배제의 방법을 정하는 경우에는 이른바 확인적으로 상대국에 대해서 약속을 하는 것으로 볼 수 있다.

국내법에서 외국소득 면제방법에 의한 이중과세 배제규정을 두고 있는 국가로서는 스위스, 프랑스, 이탈리아, 벨기에, 네덜란드 등의 서구 제국과 홍콩 등이 있다.

이에 대해서 외국세액 공제방법에 의한 이중과세 배제규정을 두고 있는 국가로서는 우리나라, 일본, 미국, 영국, 독일 등이다(단, 독일은 조세조약에서는 외국소득 면제방법을 도입하고 있는 경우가 많다).

우리나라가 외국세액 공제방법을 채용하고 있는 이유는, 국내투자와 국외투자를 세제면에서 차별하지 않고, 중립적인 과세취급을 하고, 쌍방에 대해서 동일한 조세부담을 구한다고 하는 공평한 요청을 실현하고자 하는 것이라고 설명되고 있다. 그러나 최근 국제적으로 기업의 조세문제가 첨예화되고 있어 이 분야의 연구의 국제적 대응이 필요하다고 하겠다.

최근 외환은행을 인수한 론스타의 과세문제로 한국은 이중공세에 대한 재검토를 하고 미비점을 보완하였다.

연구 과제

1. 한국 기업의 해외진출시 제기되는 조세문제를 논하시오.
2. 미국진출 한국 기업의 이전가격문제가 이슈화되고 있다. 이를 해결하기 위한 방안을 제시하시오.
3. 각국의 이중과세협정을 논하시오.
4. 현지법인의 형태로 진출할 때 얻어지는 이익을 설명하고 한국 기업의 대미국 진출시 제기되는 현지법인화의 문제점을 제시하시오.
5. 다음의 용어에 대해서 설명하시오.
   1) 해외 주재원
   2) 현지법인
   3) 조세회피국

참 고 문 헌

Allen, L.A., *Integrated Marketing: The Customer knows Best, Dun's Review and Modern Industry, 73*, Jan. 1959.

Alsegg, R., *Control Relationship Between American Corporation and Their European Subsidiaries*, 1980.

Asian Productivity Organization, *Intra-national Transfer of Technology*, Tokyo: Nordica International Ltd., 1976.

Autor, D. et al., "Computing Inequality: Have Computers Changed the Labor Market?," *The Quarterly Journal of Economics*, November 1998.

Bartels, R., "Are Domestic and International Marketing Dissimilar?," *Journal of Marketing*, AMA, July 1968.

Behrman, J.N., *Transfer of Manufacturing Technology with in Multinational Enterprises*, Ballinger, Cambridge, Massachusatts, 1976.

Bercovitch, J., *Resolving International Conflicts: The Theory and Practice of Mediation*, Boulder, Colorado: Lynne Rienner Publishers, Inc., 1996.

Boddewyn, J.J., "Foreign and Domestic Divestment and Investment Decision: Like or Unlike?," *Journal of International Business Studies*, Winter 1983.

______, "Foreign Direct Divestment Theory: Is It the Reverse of FDI Theory?," *Weltwirtschaftliches Archiv*, vol. 119, No. 2, 1983.

Boddewyn, J.J. & Torneden, R.L., "U.S. Foreign Divestment: A Preliminary Survey," *Columbia Journal of World Business*, Sum. 1973.

Brooke, M.Z. and Remmers, H.L., *International Management and Business Policy*, London: Houghton Mifflin Company, 1978.

Brynjolfsson, E., "The contribution of Information Technology to Consumer Welfare," *Information Systems Research*, 1996.

Business International Country Assessment Service, *Country Ratings*, August 1981.

Caves, R.E., "International Corporation: The Industrial Economics of Foreign Investment," *Economics*, Feb. 1971.

Chakravarthy, B. & Perlmutter, H., "Strategic Planning for a Global Business," *Columbia Journal of World Business*, Summer 1985.

Chan P.S. and Wong, A., "Global Strategic Alliances and Organizational Learning," *Leadership and Organization Development Journal*, vol. 15, No. 4, 1994.

Chorafas, D., *The Communication Barrier in International Management*, 1979.

Christopher, B.A. & Ghoshal, S., "Changing the Role of Top Management : Beyond

Strategy to Purpose," *Harvard Business Review*, Nov./Dec. 1994.

Daniels, J. D. and Radbaugh, L. H., *International Business*, Addison-Wesley Publishing Company, 1996.

Davis, S. and Meyer, C., *Blue: The Speed of Change in the Connected Economy*, Addison-Wesley, 1998.

Denison, E. F., *Why Growth Rates Differ*, 1967.

Dunning, J. H., *International Production and the Multinational Enterprise*, London: George Allen&Union, 1981.

______, "The Multinational Explaining Changing Patherns of International Production: In Defence if the Electric Theory," *Oxford Bulletin of Economics and Statistics*, vol. 41, No. 4, Nov. 1979.

Durham, W. H., "Applications of Evolutionary Culture Theory," *Annual Review of Anthropology*, vol. 21, 1992.

Erin, A. and Gatignon, H., "Modes of Foreign Entry: A Transaction cost Analysis and Propositions," *Journal of International Business Studies*, Fall 1986.

FASB, Statement No. 52, *Foreign Currency Translation*, Stanford, Conn.: FASB, 1981.

Fayerweather, J., *International Business Management*, 1969.

______, *International Transmission of Resources in International Business Management: A Conceptual Frame Work,* New York: McGraw-Hill Book Co., 1969.

Frook, J. E., "Auctioneers Set Sites on Corporations-Failed Ventures Serve as Lesson to Start-Up," *Internetweek*, 22 September 1997.

Germidis, D., *Transfer of Technology by Multinational Enterprise and Absorptive Capacity of the Developing Countries*, OECD, 1977.

Gilpin, R., *U.S. Power and Multinational Corporation: The Political Economy of Foreign Direct Investment*, New York: Basic Books, 1975.

Goman, C.K., *Managing in a Global Organization: Key to Success in a Changing World*, Menlo Park, CA: Crisp Publications, Inc., 1994.

Gruber, W. and Marguis, D., *Factors in the Transfer of Technology*, Cambridge: the MIT Press, 1969.

Gulliver, P. H., *Disputes and Negotiations: A Cross-Cultural Perspective*, New York: Academic Press, 1979.

Hagemann, H., "Anticipate Your Long-term foreign Exchange Risks," *Harvard Business Review*, March/April 1977.

Heck, H. J., *The International Environment*, AMA Inc., 1969.

Heeman, D.A. and Keegan, W.J., *The Rise of Third World Harvard Business Review*, January 1979.

Hirschman, A. O., *A Bias for Hope*, Yale University Press, 1971.

Hitt, M.A., Ireland, I. R. & Hoskisson, R. E., *Concepts and Cases, Strategic Management – Competitiveness and Globalization,* 3rd. ed., South-Western

College Publsihing, 1999.

Jiro, K., "The Role of 'Customer – to – Customer' Interaction on Computer Networks," *Journal of the Japan Society for Management Information*, vol. 7, No. 3, Dec. 1998.

Johanson, J. and Vahlne, J. E., "The Internationalization process of the Firm – A Model of Knowledge Development and Increasing Foreign Commitments," *Journal of International Business studies*, Spring/Summer 1972.

Kemp, M.C., *The Pure of International Trade*, Prentice-Hall, 1964.

Kolde, E. J., *International Business Enterprise*, 1968.

Kozima, K., *Direct Foreign Investment-A Japanese Model of Multinational Business Operation*, New York: Praeger, 1978.

Kozima, K. and Ozawa, T., "Micro-and Macro-Economic Models of Direct Foreign Investment: Towards A Synthesis," *Hitotsubashi Journal of Economics*, 25, 1984.

Kotler, P., *Marketing Management, Analysis, Planning and Control*, 1980.

Kweekly, J., "Expropriation of U.S. Multinational Investments," *MSU Business Topies*, Winter 1977.

Levitt, T., "The Globalizations of Markets," *Harvard Business Review*, May/June 1983.

McCarthy, E. J., *Basic Marketing, Analytic Approach*, Irwin, 1964.

McDougall, G.D. A., "The Benefits and Costs of Private Investment Abroad: A Theoretical Approach," *Economic Record*, March 1960.

Mitchell, R. B. Tydeman, J. and Georgiades, J., "Structuring the Future-Application of a Scenario-Generation Procedures," *Technological Forecasting and Social Change*, vol. 14, Elsevier North – Holland, Inc., 1979.

Murenbeeld, M., "Economic Factors for Forecasting Foreign Exchange Rate Changes," *Columbia Journal of World Business*, Summer 1975.

Nagy, P.J., "Country Risk, How to Assess, Quantify and Monitor It," *Euromoney Publication*, 1978.

Oliner, S. and Sichel, D., "Computers and Output Growth Revisted: How Big is the Puzzle?," *Brookings Papers on Economic Activity*, vol. 2, 1994.

Oman, C., "Globalization and Regionalization: The Challenge for Developing Countries," *OECD Development Center Studies*, March 1994.

Peppers, D. and Rogers, M., "The One to One Future," *Doubleday*, 1993.

______, "Enterprise One to One," *Doubleday*, 1997.

Gera, S. et al., *Information Technology and Productivity Growth: An Empirical Analysis for Canada and the United States*, Paper prepared for CSLS Conference, 1997.

Perlmutter, H. and Heenan, D. A., *Multinational Organization Development*, Addison-Wesly Publishing Company, 1979.

Porter, M. E., *The Competitive Advantage of Nations*, The Free Press, 1990.

Pruitt, D.G., *Negotiation Behavior*, New York: Academic Press, 1981.

Raiffa, H., *The Art and Science of Negotiations*, Cambridge, Mass: The Belknap Press, Harvard University Press, 1982.

Robinson, R.D., *International Business Policy*, 1964.

______, *International Business Management*, 1973.

Robock, S.H., "Political Risk: Identification and Assessment," *Columbia Journal of World Business*, July/August 1971.

Root, F., *International Trade and Investment*, Cincinnati Ohio: South-Western Publishing Co., 1978.

Rubin, S.J., *Private Foreign Investment: Legal and Economic Realities*, Baltimore: The John's Hopkins Press, 1956.

Ruigrok, W. and Tulder, R.V., *The Logic of International Restructuring*, London: Routledge, 1995.

Solomon, L.D., *The Theory of Financial Management*, New York: Columbia University Press, 1963.

______, *Multinational Corporation and the Emerging World Order*, N. Y., London: Kennikit Press Co., 1978.

Steiner, G.A. and Canon, W.M., *Multinational Corporation*, New York: The McMillan Company, 1966.

Stopford, J.M. and Wells, L., *Managing the Multinational Enterprise*, New York: Basic, 1972.

Sweeney, J.K., "A small company enters the European market," *Harvard Business Review*, September/October 1970.

Telesio, P., *Technology Licensing and Multinational Enterprises*, N.Y.: Praeger Publishers, 1979.

Terpstra, V. and David, K., *The Cultural Environment of International Business*, 3rd ed., Cincinnati Ohio: South-Western Publishing Co., 1991.

______, *The Cultural Environment of International Business*, Cincinnati Ohio: South-Western Publishing Co., 1978.

Truitt, J.F., "Expropriation of Foreign Investment: Summary of the Post World War Ⅱ, Experience of American and British Investors in the Less Developed Countries," *Journal of International Business Studies*, Fall 1970.

Vernon, H., *Storm over the Multinational*, President and Fellows of Harvard College, 1977.

Walton, R.E. and McKersie, R.B., *A Behavioral Theory of Labor Negotiation: An Analysis of a Social Interaction System*, New York: McGraw-Hill, 1965.

Zentner, R.D.(Shell Oil Co.), "Scenarios in Planning," *Chemical Engineering News*, 6 October 1975.

국 문 색 인

영 문 색 인

저자약력

고려대학교 상과대학 경영학과
고려대학교 대학원(경영학박사)
컬럼비아대 비즈니스 스쿨 객원교수
한국국제경영학회 회장
한국경영사학회 회장
한국인터넷비즈니스학회 회장
행정고시 출제위원
현 경희대학교 경영대학 경영학부 교수

저 서

국제금융론
무역학원론
한국기업의 세계화전략
한국기업의 세계경영전략
한국의 해외기업경영
국제금융전략
국제자본전략
금이야기
해외상사원관리
외자기업론
국제인력관리
무역사
한국무역사
다국적기업연구
한국무역연구

제 5 전정판
국제경영학

1988년	3월	15일	초판발행
1993년	3월	25일	개정판발행
1997년	2월	25일	제 2 개정판발행
2003년	2월	20일	전정판발행
2006년	7월	20일	제 4 전정판발행
2012년	2월	28일	제 5 전정판발행
2013년	2월	10일	중판발행

저 자 김 신
발행인 안 종 만
발행처 (주) 박영사
서울특별시 종로구 평동 13-31번지
전화 (733)6771 FAX (736)4818
등록 1959. 3. 11. 제300-1959-1호(倫)

www.pybook.co.kr e-mail: pys@pybook.co.kr

정 가 33,000원 ISBN 978-89-6454-247-7